발빠르게
자격증을
취득한다!

탄탄한 매뉴얼과 최신 기출문제 수록! 빠르고 정확한 합격 지름길!

─── 정보기술자격 ───

ITQ

OA Master

한글 / 파워포인트 / 엑셀(Ver.2016)

MARINEBOOKS

이책의 차례
Information Technology Qualification

1 ITQ 시험안내

2 Part 1 | 한글 NEO(2016)

3 Part 2 | 파워포인트 2016

4 Part 3 | 엑셀 2016

ITQ
시험안내

(한글 기준)

★ 정보기술자격 ITQ 자격 소개

최고의 신뢰성, 최대의 활용도를 갖춘 국가공인자격 ITQ는 실기시험만으로 평가하는 미래형 첨단 IT자격시험입니다.

시험 과목

자격종목	프로그램 및 버전		등급	시험 방식	시험 시간
	S/W	공식버전			
아래한글	한컴오피스	NEO/2020 병행(2022.1월 정기시험부터)	A등급 B등급 C등급	PBT	60분
한셀		* 한셀/한쇼 과목은 NEO버전으로만 운영			
한쇼					
MS워드	MS오피스	2016(2022.1월 정기시험부터)			
한글엑셀					
한글액세스					
한글파워포인트					
인터넷	내장브라우저 IE8.0 이상				

합격 결정기준

등급	점수	수준
A등급	400점 ~ 500점	주어진 과제의 80%~100%를 정확히 해결할 수 있는 능력
B등급	300점 ~ 399점	주어진 과제의 60%~79%를 정확히 해결할 수 있는 능력
C등급	200점 ~ 299점	주어진 과제의 40%~59%를 정확히 해결할 수 있는 능력

ITQ 시험지 미리보기(한글, 파워포인트, 엑셀)

한글

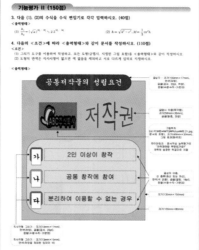

파포

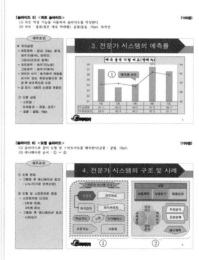

엑셀

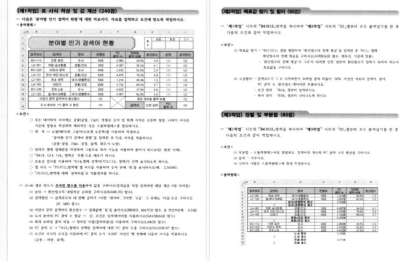
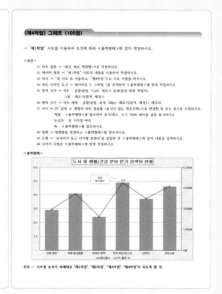

★ 회원가입부터 자격증 수령까지 한눈에!

★ ITQ 답안 작성 요령

수험자 로그인

※ 해당 프로그램은 개인이 연습할 수 있는 답안전송 프로그램으로 실제 답안은 전송되지 않습니다. 또한 시험장 운영체제 및 KOAS 버전에 따라 세부적인 부분에서 차이가 있을 수 있습니다.

❶ KOAS 수험자(연습용) 프로그램을 더블클릭하여 실행합니다.

❷ [KOAS 연습용 시험과목 선택] 대화상자가 표시되면 '시험 과목'과 '수험자 성명'을 입력한 후 <선택>을 클릭합니다.

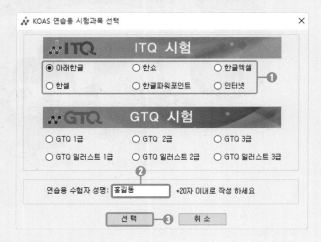

❸ [수험자 등록] 대화상자가 표시되면 본인의 수험번호를 입력한 후 <확인>을 클릭합니다. 이어서, 수험번호 확인 메시지 창에서 수험번호를 확인한 후 <확인>을 클릭합니다.

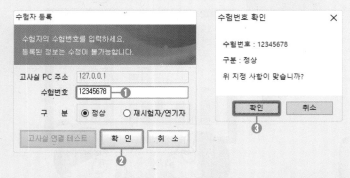

❹ [수험자 버전 선택] 대화상자가 표시되면 사용할 버전을 선택한 후 <확인>을 클릭합니다. 이어서, 수험자 정보(수험번호, 성명, 수험과목 등)를 최종적으로 확인한 후 <확인>을 클릭합니다.

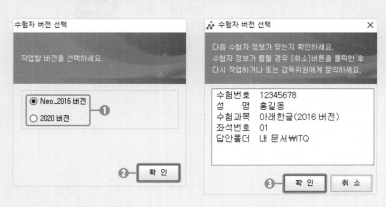

답안 파일 저장 및 감독관 PC로 파일 전송하기

❶ 한글 프로그램을 실행하여 본인의 '수험번호-성명(12345678-홍길동)'으로 [내PC]-[문서]-[ITQ] 폴더에 저장합니다.

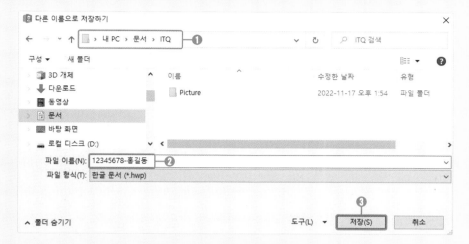

❷ 저장된 답안 파일을 전송하기 위해 [답안 전송]을 클릭합니다. 이어서, 답안파일 전송 메시지 창에서 <확인>을 클릭합니다.

※ 수험자 유의사항에 따라 주기적으로 답안 파일을 저장한 후 [답안 전송]을 클릭합니다.

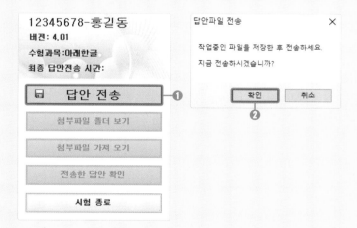

❸ [고사실 PC로 답안 파일 보내기] 대화상자가 표시되면 답안 파일의 존재 유무를 확인한 후 [답안전송]을 클릭합니다. 이어서, 성공 메시지 창에서 <확인>을 클릭합니다.

❹ 답안 파일 전송 상태가 '성공'인지 확인한 후 <닫기>를 클릭합니다.

※ 답안 파일은 [내PC]-[문서]-[ITQ] 폴더에 저장되어야 하며, 답안전송이 실패로 표시될 경우 다시 [답안전송]을 클릭합니다.

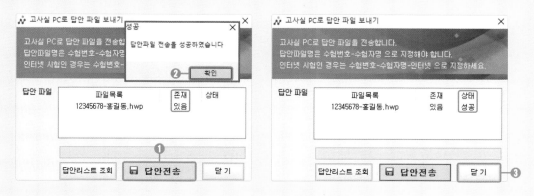

MEMO

ITQ OA Master
Part 1
한글 NEO(2016)

ITQ 한글 NEO(2016) 차례
Information Technology Qualification

출제유형 마스터하기

[공통] 기본 환경 설정

- 편집 용지(용지 종류, 용지 방향, 용지 여백 등)를 설정합니다.
- 구역을 나눈 후 각각의 구역에 문제 번호를 입력합니다.
- 기본 환경 설정이 끝나면 본인의 수험번호와 이름으로 파일을 저장합니다.

출제 유형 미리보기

소스파일: 없음   완성파일: 12345678-홍길동.hwp

《출력형태》

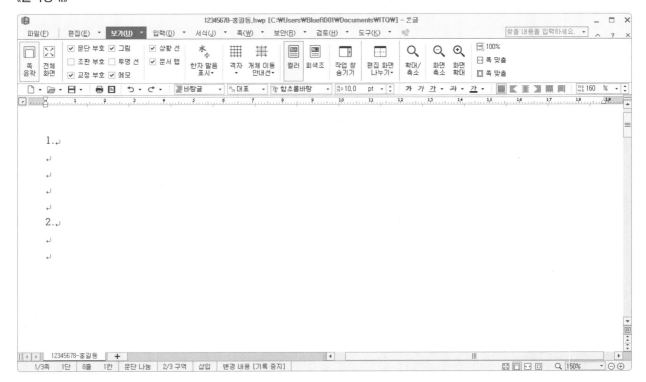

《조건》

○ 파일명은 본인의 "수험번호–성명"으로 입력하여 답안폴더(내 PC\문서\ITQ)에 하나의 파일로 저장해야 하며, 답안문서 파일명이 "수험번호–성명"과 일치하지 않거나, 답안파일을 전송하지 않아 미제출로 처리될 경우 실격 처리합니다(예:12345678-홍길동.hwp).

○ 글꼴에 대한 기본설정은 함초롬바탕, 10포인트, 검정, 줄간격 160%, 양쪽정렬로 합니다.

○ 용지여백은 왼쪽·오른쪽 11mm, 위쪽·아래쪽·머리말·꼬리말 10mm, 제본 0mm로 합니다.

○ 각 항목은 지정된 페이지에 출력형태와 같이 정확히 작성하시기 바라며, 그렇지 않을 경우에 해당 항목은 0점 처리됩니다.

  ※ 페이지 구분 : 1페이지 – 기능평가 I (문제번호 표시 : 1. 2.),
                  2페이지 – 기능평가 II (문제번호 표시 : 3. 4.),
                  3페이지 – 문서작성 능력평가

★ 과정 미리보기   글꼴 기본 설정 ➜ 편집 용지 설정 ➜ 구역 나누기 ➜ 문제 번호 입력 ➜ 답안 파일 저장

01 글꼴 기본설정 확인 및 편집 용지 설정하기

- 글꼴에 대한 기본설정은 함초롬바탕, 10포인트, 검정, 줄간격 160%, 양쪽정렬로 합니다.
- 용지 여백은 왼쪽·오른쪽 11mm, 위쪽·아래쪽·머리말·꼬리말 10mm, 제본 0mm로 합니다.

❶ 한글 NEO를 실행하기 위해 [시작(■)]-[한글(⬛)]을 클릭합니다. 한글 NEO 프로그램이 실행되면 서식 도구 상자에서 **글꼴(함초롬바탕), 글자 크기(10pt), 글자 색(검정), 정렬 방식(양쪽 정렬), 줄 간격(160%)**을 확인합니다.

➕ 해당 조건은 한글 NEO의 기본값이므로 눈으로만 확인합니다.

❷ 편집 용지를 설정하기 위해 **[쪽] 탭-[편집 용지(📄)]**를 클릭합니다. [편집 용지] 대화상자가 나타나면 **[기본] 탭**에서 용지 여백 **왼쪽(11), 오른쪽(11), 위쪽(10), 아래쪽(10), 머리말(10), 꼬리말(10), 제본(0)**의 값을 입력하고 **<설정>**을 클릭합니다.

➕ 편집 용지 바로 가기 키 : F7

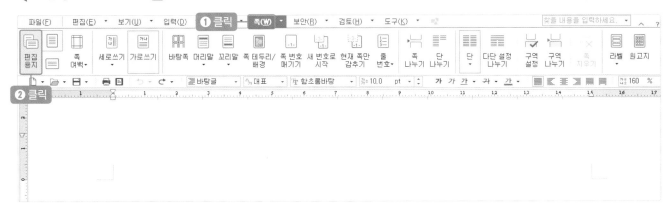

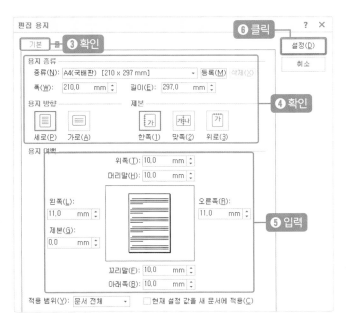

시험꿀팁
- 편집 용지의 여백 설정은 고정적으로 출제되고 있습니다.
- 용지 종류, 용지 방향은 한글 NEO의 기본값이므로 눈으로만 확인합니다.

⑫ 구역 나누기 및 문제 번호 입력하기

○ 각 항목은 지정된 페이지에 출력형태와 같이 정확히 작성하시기 바라며, 그렇지 않을 경우에 해당 항목은 0점 처리됩니다.
※ 페이지 구분 : 1페이지 – 기능평가 I (문제번호 표시 : 1. 2.),
　　　　　　　 2페이지 – 기능평가 II (문제번호 표시 : 3. 4.),
　　　　　　　 3페이지 – 문서작성 능력평가

❶ 하나의 문서를 3개의 구역으로 나누기 위해 1페이지에 커서를 놓고 [쪽] 탭-[구역 나누기(🖶)]를 클릭합니다.

❷ 커서가 2페이지로 이동하면 같은 방법으로 한 번 더 [쪽] 탭-[구역 나누기(🖶)]를 클릭합니다.

　💬 구역 나누기 바로 가기 키 : Alt + Shift + Enter

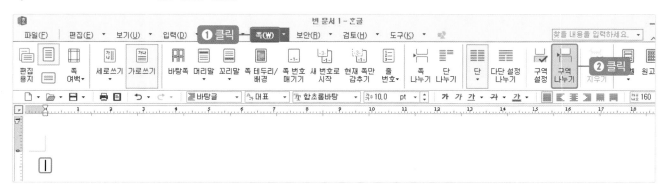

❸ 구역 나누기가 완료되면 총 3개의 페이지가 생성되며, 상태 표시줄에 각각의 페이지마다 **1/3 구역, 2/3 구역, 3/3 구역**으로 표시됩니다.

　💬 · 문서를 나누는 기능에는 '쪽 나누기'와 '구역 나누기'가 있는데, 구역 나누기로 작업하면 문서에 공통으로 적용되는 머리말/꼬리말, 쪽 번호 등을 구역별로 따로 지정할 수 있습니다.
　　　 · 시험에서는 3페이지에만 '머리말'과 '쪽 번호'를 지정하는 문제가 출제되기 때문에 '구역 나누기'로 작업합니다.

시험꿀팁

[보기] 탭-[문단 부호]를 체크(✓)하면 줄 바꿈 기호(↵)가 표시되어 문서를 보다 편리하게 작성할 수 있습니다.

❹ 문제 번호를 입력하기 위해 1페이지 첫 번째 줄을 클릭합니다. 이어서, 1.을 입력한 후 [Enter]를 5번 누릅니다.

> 💬 · [Ctrl]+[Page Up], [Ctrl]+[Page Down] : 첫 페이지와 끝 페이지로 이동
> · [Alt]+[Page Up], [Alt]+[Page Down] : 이전 페이지와 다음 페이지로 이동

❺ 일정한 공간이 띄어지면 문제 번호 2.를 입력하고 [Enter]를 2번 누릅니다.

> 💬 · 문제 번호를 미리 입력해 두면 답안을 좀 더 편하게 작성할 수 있습니다.
> · 문제와 문제 사이에 정해진 간격은 없지만 실제 출제된 문제의 답안 파일을 분석하여 정리한 것이므로 반복적으로 연습하여 익숙하게 만듭니다.

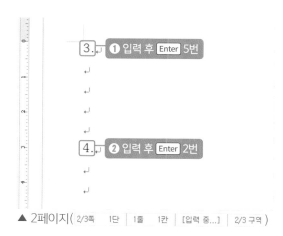

▲ 1페이지 (1/3쪽 │ 1단 │ 1줄 │ 1칸 │ [입력 중...] │ 1/3 구역)

❻ 커서를 2페이지에 놓고 같은 방법으로 문제 번호 3.을 입력한 후 [Enter]를 5번 누릅니다. 일정한 공간이 띄어지면 문제 번호 4.를 입력하고 [Enter]를 2번 누릅니다.

> 💬 3페이지는 문제 번호를 입력하지 않고 비워둡니다.

3. ━ ❶ 입력 후 [Enter] 5번

4. ━ ❷ 입력 후 [Enter] 2번

▲ 2페이지 (2/3쪽 │ 1단 │ 1줄 │ 1칸 │ [입력 중...] │ 2/3 구역)

❼ 기본 환경 설정 작업이 끝나면 [Ctrl]+[Page Up]을 눌러 첫 페이지로 이동합니다.

⑩3 답안 파일 저장하기

> ○ 파일명은 본인의 "수험번호-성명"으로 입력하여 답안폴더(내 PC₩문서₩ITQ)에 하나의 파일로 저장해야 하며, 답안 문서 파일명이 "수험번호-성명"과 일치하지 않거나, 답안파일을 전송하지 않아 미제출로 처리될 경우 실격 처리합니다 (예:12345678-홍길동.hwp).

❶ 문서 작성을 위한 기본 환경 설정이 완료되면 서식 도구 상자에서 **저장하기(🖫)**를 클릭하거나, 메뉴의 **[파일]-[저장하기]**를 클릭합니다.

> 💬 저장하기 바로 가기 키 : [Alt]+[S]

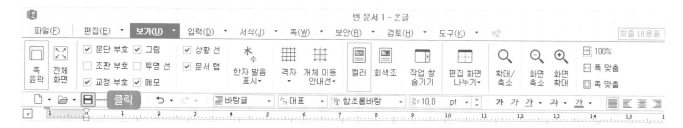

❷ [다른 이름으로 저장하기] 대화상자가 나타나면 **[내 PC]-[문서]-[ITQ] 폴더**를 선택하여 경로를 지정하고 '파일 이름' 입력 칸에 **수험번호-성명** 형식으로 입력한 후 <저장>을 클릭합니다.

➕ 자신의 '수험번호'와 '이름'을 정확하게 입력하도록 합니다.

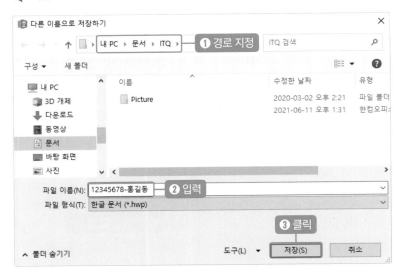

❸ 파일이 저장되면 제목 표시줄에 표시된 파일 이름(**12345678-홍길동**)과 저장 경로([내 PC]-[문서]-[ITQ])를 확인합니다.

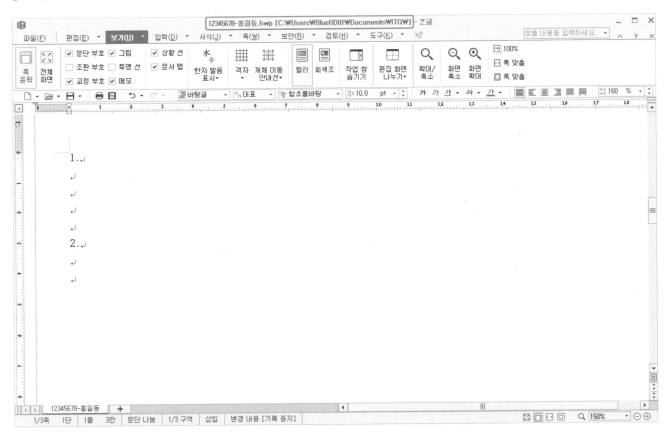

1 아래 《조건》에 맞추어 문서 작성을 위한 기본 환경을 설정해 보세요.

소스파일: 없음
완성파일: 12345678-이가현.hwp

《출력형태》

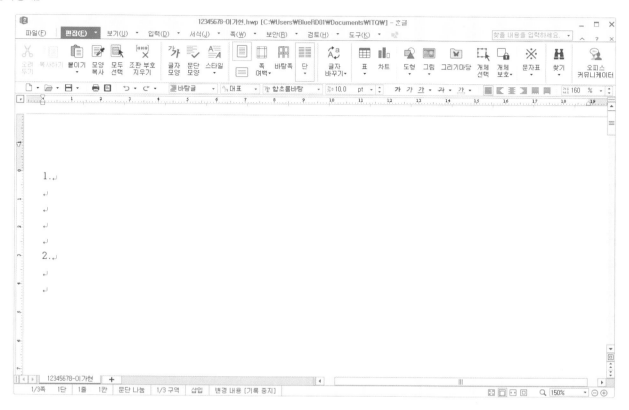

《조건》

○ 파일명은 본인의 "수험번호-성명"으로 입력하여 답안폴더(내 PC\문서\ITQ)에 하나의 파일로 저장해야 하며, 답안 문서 파일명이 "수험번호-성명"과 일치하지 않거나, 답안파일을 전송하지 않아 미제출로 처리될 경우 실격 처리합니다(예:12345678-홍길동.hwp).

○ 글꼴에 대한 기본설정은 함초롬바탕, 10포인트, 검정, 줄간격 160%, 양쪽정렬로 합니다.

○ 용지 여백은 왼쪽·오른쪽 11mm, 위쪽·아래쪽·머리말·꼬리말 10mm, 제본 0mm로 합니다.

○ 각 항목은 지정된 페이지에 출력형태와 같이 정확히 작성하시기 바라며, 그렇지 않을 경우에 해당 항목은 0점 처리됩니다.

　※ 페이지 구분 : 1페이지 - 기능평가 I (문제번호 표시 : 1. 2.),
　　　　　　　　 2페이지 - 기능평가 II (문제번호 표시 : 3. 4.),
　　　　　　　　 3페이지 - 문서작성 능력평가

2 아래 《조건》에 맞추어 문서 작성을 위한 기본 환경을 설정해 보세요.

소스파일: 없음
완성파일: 12345678-최우식.hwp

《출력형태》

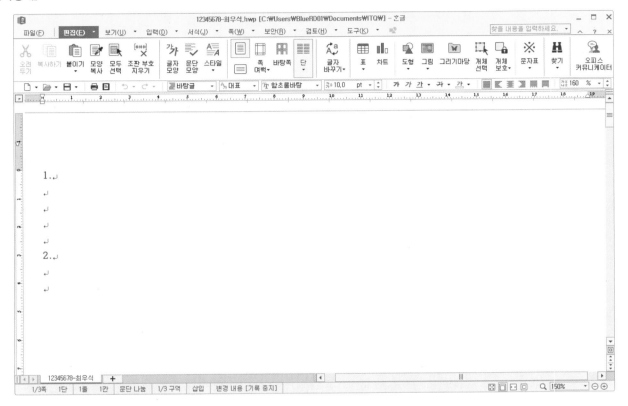

《조건》

○ 파일명은 본인의 "수험번호-성명"으로 입력하여 답안폴더(내 PC₩문서₩ITQ)에 하나의 파일로 저장해야 하며, 답안 문서 파일명이 "수험번호-성명"과 일치하지 않거나, 답안파일을 전송하지 않아 미제출로 처리될 경우 실격 처리합니다(예:12345678-홍길동.hwp).

○ 글꼴에 대한 기본설정은 함초롬바탕, 10포인트, 검정, 줄간격 160%, 양쪽정렬로 합니다.

○ 용지 여백은 왼쪽·오른쪽 11mm, 위쪽·아래쪽·머리말·꼬리말 10mm, 제본 0mm로 합니다.

○ 각 항목은 지정된 페이지에 출력형태와 같이 정확히 작성하시기 바라며, 그렇지 않을 경우에 해당 항목은 0점 처리됩니다.

　　 ※ 페이지 구분 : 1페이지 - 기능평가 I (문제번호 표시 : 1. 2.),
　　　　　　　　　　 2페이지 - 기능평가 II (문제번호 표시 : 3. 4.),
　　　　　　　　　　 3페이지 - 문서작성 능력평가

3 아래 《조건》에 맞추어 문서 작성을 위한 기본 환경을 설정해 보세요.

소스파일: 없음
완성파일: 12345678-김재환.hwp

《출력형태》

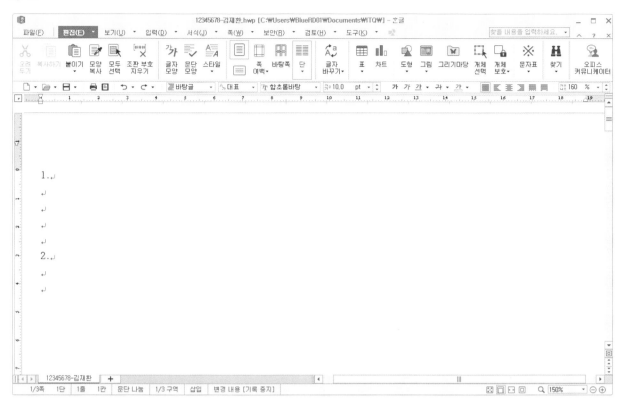

《조건》

○ 파일명은 본인의 "수험번호-성명"으로 입력하여 답안폴더(내 PC\문서\ITQ)에 하나의 파일로 저장해야 하며, 답안 문서 파일명이 "수험번호-성명"과 일치하지 않거나, 답안파일을 전송하지 않아 미제출로 처리될 경우 실격 처리합니다(예:12345678-홍길동.hwp).

○ 글꼴에 대한 기본설정은 함초롬바탕, 10포인트, 검정, 줄간격 160%, 양쪽정렬로 합니다.

○ 용지 여백은 왼쪽·오른쪽 11mm, 위쪽·아래쪽·머리말·꼬리말 10mm, 제본 0mm로 합니다.

○ 각 항목은 지정된 페이지에 출력형태와 같이 정확히 작성하시기 바라며, 그렇지 않을 경우에 해당 항목은 0점 처리됩니다.

　※ 페이지 구분 : 1페이지 - 기능평가 I (문제번호 표시 : 1. 2.),
　　　　　　　　2페이지 - 기능평가 II (문제번호 표시 : 3. 4.),
　　　　　　　　3페이지 - 문서작성 능력평가

실력탄탄

4 아래《조건》에 맞추어 문서 작성을 위한 기본 환경을 설정해 보세요.

소스파일: 없음
완성파일: 12345678-민승현.hwp

《출력형태》

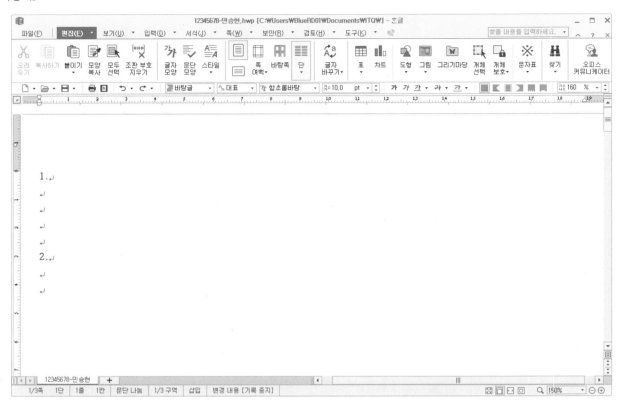

《조건》

○ 파일명은 본인의 "수험번호-성명"으로 입력하여 답안폴더(내 PC\문서\ITQ)에 하나의 파일로 저장해야 하며, 답안 문서 파일명이 "수험번호-성명"과 일치하지 않거나, 답안파일을 전송하지 않아 미제출로 처리될 경우 실격 처리합니다(예:12345678-홍길동.hwp).

○ 글꼴에 대한 기본설정은 함초롬바탕, 10포인트, 검정, 줄간격 160%, 양쪽정렬로 합니다.

○ 용지 여백은 왼쪽·오른쪽 11mm, 위쪽·아래쪽·머리말·꼬리말 10mm, 제본 0mm로 합니다.

○ 각 항목은 지정된 페이지에 출력형태와 같이 정확히 작성하시기 바라며, 그렇지 않을 경우에 해당 항목은 0점 처리됩니다.

　※ 페이지 구분 : 1페이지 - 기능평가 I (문제번호 표시 : 1. 2.),
　　　　　　　　　 2페이지 - 기능평가 II (문제번호 표시 : 3. 4.),
　　　　　　　　　 3페이지 - 문서작성 능력평가

5 아래《조건》에 맞추어 문서 작성을 위한 기본 환경을 설정해 보세요.

소스파일: 없음
완성파일: 12345678-이지은.hwp

《출력형태》

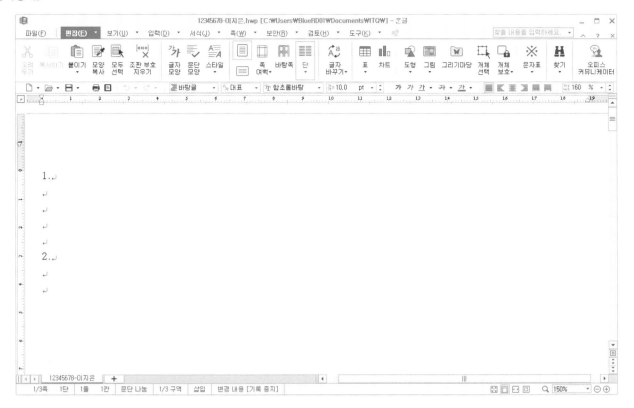

《조건》

○ 파일명은 본인의 "수험번호-성명"으로 입력하여 답안폴더(내 PC₩문서₩ITQ)에 하나의 파일로 저장해야 하며, 답안 문서 파일명이 "수험번호-성명"과 일치하지 않거나, 답안파일을 전송하지 않아 미제출로 처리될 경우 실격 처리합니다(예:12345678-홍길동.hwp).

○ 글꼴에 대한 기본설정은 함초롬바탕, 10포인트, 검정, 줄간격 160%, 양쪽정렬로 합니다.

○ 용지 여백은 왼쪽·오른쪽 11mm, 위쪽·아래쪽·머리말·꼬리말 10mm, 제본 0mm로 합니다.

○ 각 항목은 지정된 페이지에 출력형태와 같이 정확히 작성하시기 바라며, 그렇지 않을 경우에 해당 항목은 0점 처리됩니다.

※ 페이지 구분 : 1페이지 - 기능평가 I (문제번호 표시 : 1. 2.),

2페이지 - 기능평가 II (문제번호 표시 : 3. 4.),

3페이지 - 문서작성 능력평가

6 아래 《조건》에 맞추어 문서 작성을 위한 기본 환경을 설정해 보세요.

소스파일: 없음
완성파일: 12345678-김방탄.hwp

《출력형태》

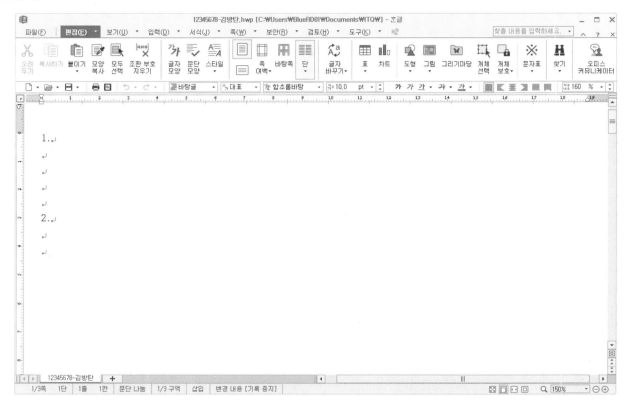

《조건》

○ 파일명은 본인의 "수험번호-성명"으로 입력하여 답안폴더(내 PC₩문서₩ITQ)에 하나의 파일로 저장해야 하며, 답안 문서 파일명이 "수험번호-성명"과 일치하지 않거나, 답안파일을 전송하지 않아 미제출로 처리될 경우 실격 처리합니다(예:12345678-홍길동.hwp).

○ 글꼴에 대한 기본설정은 함초롬바탕, 10포인트, 검정, 줄간격 160%, 양쪽정렬로 합니다.

○ 용지 여백은 왼쪽·오른쪽 11mm, 위쪽·아래쪽·머리말·꼬리말 10mm, 제본 0mm로 합니다.

○ 각 항목은 지정된 페이지에 출력형태와 같이 정확히 작성하시기 바라며, 그렇지 않을 경우에 해당 항목은 0점 처리됩니다.

 ※ 페이지 구분 : 1페이지 - 기능평가 I (문제번호 표시 : 1. 2.),
　　　　　　　　2페이지 - 기능평가 II (문제번호 표시 : 3. 4.),
　　　　　　　　3페이지 - 문서작성 능력평가

[기능평가 I] 스타일 지정
(50점/150점)

- 스타일을 지정할 내용을 오탈자 없이 입력합니다.
- 조건에 맞추어 새로운 스타일을 추가합니다.
- 입력한 내용에 스타일을 지정합니다.

출제 유형 미리보기

소스파일: 02차시(문제).hwp　　완성파일: 02차시(완성).hwp

1. 다음의 《조건》에 따라 스타일 기능을 적용하여 《출력형태》와 같이 작성하시오.(50점)

《조건》

(1) 스타일 이름 – job
(2) 문단 모양 – 왼쪽 여백 : 15pt, 문단 아래 간격 : 10pt
(3) 글자 모양 – 글꼴 : 한글(굴림)/영문(돋움), 크기 : 10pt, 장평 : 95%, 자간 : 5%

《출력형태》

> 1.
>
> The criteria for elementary school students to choose a job were my favorite, and the preference for a job that they could do well, apart from their parents desired job, became clear.
>
> 초등학생들이 직업을 선택하는 기준은 내가 좋아하는 것이 최우선이었으며, 부모의 희망 직업과는 별개로 자신이 잘 할 수 있는 직업에 대한 선호 현상이 뚜렷해졌다.

★ **과정 미리보기**　내용 입력 ➜ 스타일 추가 ➜ 문단 모양 지정 ➜ '한글'→'영문' 글자 모양 지정 ➜ 스타일 적용

❶ 02차시(문제).hwp 파일을 실행한 후 1페이지의 문제 번호(1.) 다음 줄을 클릭하여 커서를 위치시킵니다.

❷ 《출력형태》를 참고하여 내용을 오타 없이 정확하게 입력합니다.

➕ [한/영]을 이용하여 한글과 영문을 전환할 수 있습니다.

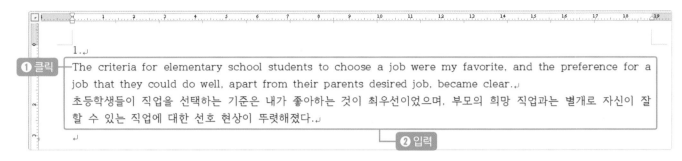

시험꿀팁

《출력형태》를 보면 영문과 한글 사이에 한 줄이 띄어져 있는 것처럼 보이지만 이는 스타일 설정 시 문단 아래 간격에 여백을 지정하는 것이므로 내용을 입력하는 과정에서는 위쪽 결과 이미지처럼 입력합니다.

- 스타일 이름 – job
- 문단 모양 – 왼쪽 여백 : 15pt, 문단 아래 간격 : 10pt
- 글자 모양 – 글꼴 : 한글(굴림)/영문(돋움), 크기 : 10pt, 장평 : 95%, 자간 : 5%

❶ 입력한 내용 전체를 블록으로 지정한 후 [서식] 탭–[스타일 추가하기(🖹)]를 클릭합니다.

➕ 문제 번호(1.)까지 블록을 지정하지 않도록 주의합니다.

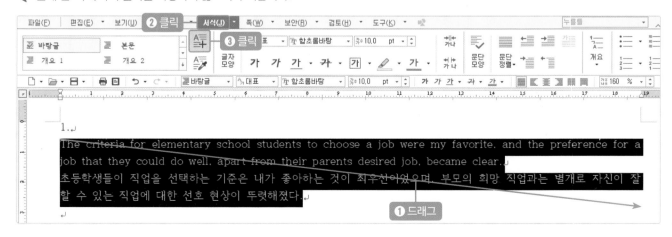

❷ [스타일 추가하기] 대화상자가 나타나면 **스타일 이름(job)**을 입력하고 <문단 모양>을 클릭합니다.

시험꿀팁

스타일 이름은 항상 영문으로 출제되고 있습니다. 오타 없이 입력하도록 합니다.

❸ [문단 모양] 대화상자가 나타나면 [기본] 탭에서 '여백– **왼쪽(15)**'과 '간격– **문단 아래(10)**'를 입력한 후 <설정>을 클릭합니다.

❹ 다시 [스타일 추가하기] 대화상자로 돌아오면 <글자 모양>을 클릭합니다.

시험꿀팁

문단 모양을 지정할 때는 '왼쪽 여백'을 지정하거나, '첫 줄 들여쓰기'를 지정하는 문제가 번갈아가며 출제되고 있습니다. <조건>을 확인하여 실수하지 않도록 주의합니다.

❺ [글자 모양] 대화상자가 나타나면 [기본] 탭에서 **기준 크기(10pt)**, **장평(95%)**, **자간(5%)**의 값을 먼저 입력한 후 **언어(한글)**와 **글꼴(굴림)**을 지정합니다.

❻ 이어서, **언어(영문)**와 **글꼴(돋움)**만 다시 지정한 후 <설정>을 클릭합니다.

➕ 한글과 영문의 '기준 크기, 장평, 자간'은 값이 동일하게 출제되므로 해당 값을 먼저 적용한 후 언어(한글, 영문)별로 글꼴을 따로 지정하는 것이 편리합니다.

시험꿀팁

· 스타일 적용 시 '한글'과 '영문'의 글꼴을 구분하여 지정하는 문제가 고정적으로 출제되고 있습니다.
· 글꼴은 '돋움, 굴림, 궁서'가 주로 출제되고 있습니다.

❼ [스타일 추가하기] 대화상자로 돌아오면 <추가>를 클릭합니다. [서식] 탭의 스타일 목록에 추가된 job을 클릭하여 블록으로 지정된 문장에 스타일을 적용시킵니다.

❽ Esc 를 눌러 블록을 해제한 후 《출력형태》와 같이 스타일이 적용된 것을 확인합니다. 이어서, 서식 도구 상자에서 [저장하기(💾)]를 클릭하거나 Alt + S 를 눌러 파일을 저장합니다.

➕ 스타일이 적용되면 문서의 양 끝에 입력된 단어들이 《출력형태》와 동일한지 확인합니다. 만약 다를 경우에는 입력된 내용 중 누락되거나 틀린 단어가 없는지 확인합니다.

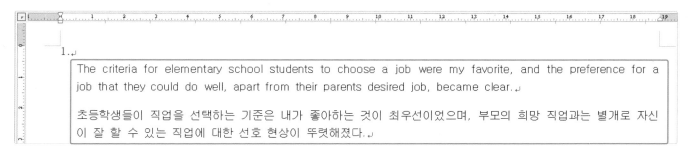

1.↵

The criteria for elementary school students to choose a job were my favorite, and the preference for a job that they could do well, apart from their parents desired job, became clear.↵

초등학생들이 직업을 선택하는 기준은 내가 좋아하는 것이 최우선이었으며, 부모의 희망 직업과는 별개로 자신이 잘 할 수 있는 직업에 대한 선호 현상이 뚜렷해졌다.↵

레벨업 📈 스타일 수정 및 삭제하기

❶ F6 을 누르거나 [서식] 탭의 스타일 목록에서 [자세히(▼)]를 눌러 [스타일]을 클릭합니다.

❷ [스타일] 대화상자가 나타나면 '스타일 목록'에서 수정할 스타일 이름을 선택한 후 '스타일 편집하기(✏)' 아이콘을 클릭합니다. [스타일 편집하기] 대화상자에서 '스타일 이름, 문단 모양, 글자 모양' 등을 수정할 수 있습니다.

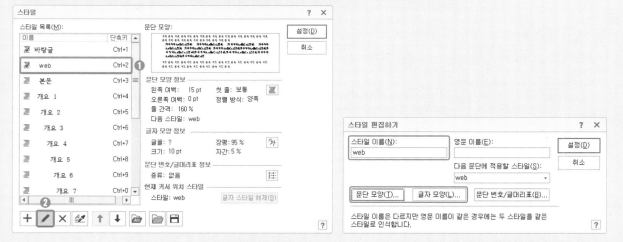

❸ '스타일 지우기(✕)' 아이콘을 클릭하면 선택된 스타일을 삭제할 수 있습니다. 만약, 삭제된 스타일이 적용된 문장이 있는 경우에는 대체할 스타일을 지정할 수 있도록 대화상자가 표시됩니다.

1 다음의 《조건》에 따라 스타일 기능을 적용하여 《출력형태》와 같이 작성하시오.

소스파일: 02차시-01(문제).hwp
완성파일: 02차시-01(완성).hwp

《조건》

(1) 스타일 이름 – book
(2) 문단 모양 – 첫 줄 들여쓰기 : 10pt, 문단 아래 간격 : 10pt
(3) 글자 모양 – 글꼴 : 한글(굴림)/영문(돋움), 크기 : 10pt, 장평 : 95%, 자간 : –5%

《출력형태》

1.

지난 10년간 초등학생들이 도서관에서 대출 받은 도서 목록을 살펴보면 시리즈로 구성된 그림책과 학습 만화가 전체 대출의 80%를 차지했다.

Looking at the list of books borrowed from libraries by elementary school students over the past decade, picture books and learning cartoons consisting of series accounted for 80% of all loans.

첫 줄 들여쓰기가 스타일로 지정된 것이기 때문에 앞쪽 공백은 무시하고 왼쪽에 붙여서 내용을 입력합니다.

2 다음의 《조건》에 따라 스타일 기능을 적용하여 《출력형태》와 같이 작성하시오.

소스파일: 02차시-02(문제).hwp
완성파일: 02차시-02(완성).hwp

《조건》

(1) 스타일 이름 – coding
(2) 문단 모양 – 왼쪽 여백 : 10pt, 문단 아래 간격 : 10pt
(3) 글자 모양 – 글꼴 : 한글(궁서)/영문(돋움), 크기 : 10pt, 장평 : 95%, 자간 : 5%

《출력형태》

1.

코딩은 컴퓨터 언어인 C언어, 파이썬, 자바 등을 활용하여 컴퓨터가 이해할 수 있는 프로그램을 만들어내는 과정이다.

Coding is the process of creating programs that computers can understand by using computer languages such as C language, Python, and Java.

3 다음의 《조건》에 따라 스타일 기능을 적용하여 《출력형태》와 같이 작성하시오.

소스파일: 02차시-03(문제).hwp
완성파일: 02차시-03(완성).hwp

《조건》

(1) 스타일 이름 – virus

(2) 문단 모양 – 왼쪽 여백 : 10pt, 문단 아래 간격 : 10pt

(3) 글자 모양 – 글꼴 : 한글(굴림)/영문(궁서), 크기 : 10pt, 장평 : 105%, 자간 : –10%

《출력형태》

1.

여름에는 세균에 감염된 음식을 섭취하여 세균성 장염에 걸리는 경우가 많고, 환절기나 겨울에는 바이러스성 장염에 걸리는 경우가 많다.

In summer, you often get bacterial enteritis by eating food infected with bacteria, and in winter or during the change of seasons, you often get viral enteritis.

4 다음의 《조건》에 따라 스타일 기능을 적용하여 《출력형태》와 같이 작성하시오.

소스파일: 02차시-04(문제).hwp
완성파일: 02차시-04(완성).hwp

《조건》

(1) 스타일 이름 – ticket

(2) 문단 모양 – 첫 줄 들여쓰기 : 10pt, 문단 아래 간격 : 10pt

(3) 글자 모양 – 글꼴 : 한글(굴림)/영문(돋움), 크기 : 10pt, 장평 : 95%, 자간 : 5%

《출력형태》

1.

티켓 정가에 수백만 원까지 프리미엄을 붙여 티켓을 되파는 불법 거래를 차단하기 위해 불법 거래를 통한 티켓은 사전 통보 없이 취소합니다.

To block illegal transactions that sell tickets back at a premium of up to millions of won, tickets through illegal transactions are canceled without prior notice.

5 다음의 《조건》에 따라 스타일 기능을 적용하여 《출력형태》와 같이 작성하시오.

소스파일: 02차시-05(문제).hwp
완성파일: 02차시-05(완성).hwp

《조건》
(1) 스타일 이름 – taegeukgi
(2) 문단 모양 – 왼쪽 여백 : 15pt, 문단 아래 간격 : 10pt
(3) 글자 모양 – 글꼴 : 한글(궁서)/영문(굴림), 크기 : 10pt, 장평 : 95%, 자간 : 5%

《출력형태》

1.

Following the trend for modern states to adopt national flags, the decision to create a national flag for Korea emerged with the ratification of the Korea and United States Treaty of 1882.

1948년 8월 15일 대한민국 정부가 수립되면서 태극기의 제작법을 통일할 필요성이 커짐에 따라 정부는 1949년 10월 15일에 국기제작법고시를 확정 발표하였다.

6 다음의 《조건》에 따라 스타일 기능을 적용하여 《출력형태》와 같이 작성하시오.

소스파일: 02차시-06(문제).hwp
완성파일: 02차시-06(완성).hwp

《조건》
(1) 스타일 이름 – rock
(2) 문단 모양 – 왼쪽 여백 : 10pt, 문단 아래 간격 : 10pt
(3) 글자 모양 – 글꼴 : 한글(굴림)/영문(돋움), 크기 : 10pt, 장평 : 95%, 자간 : 5%

《출력형태》

1.

Busan is a cultural city where an international rock festival is held annually. Every summer, one big event called Busan International Rock Festival takes place at Dadaepo beach.

부산국제록페스티벌의 셋째 날은 다양하고 풍요로움을 만끽할 만한 모던하고 컬러풀한 밴드들을 한자리에 모아 풍성한 록 음악 향연을 펼칠 예정이다.

[기능평가 I]
표 작성
(100점/150점)

└● 표+차트

- 줄 수와 칸 수를 지정하여 표를 삽입한 후 내용을 입력합니다.
- 블록 계산식을 이용하여 합계 및 평균 등을 계산합니다.
- 《표 조건》에 맞추어 표의 서식을 변경합니다.

출제 유형 미리보기

소스파일: 03차시(문제).hwp   완성파일: 03차시(완성).hwp

2. 다음의 《조건》에 따라 《출력형태》와 같이 표와 차트를 작성하시오.(100점)

《표 조건》

(1) 표 전체(표, 캡션) – 돋움, 10pt
(2) 정렬 – 문자 : 가운데 정렬, 숫자 : 오른쪽 정렬
(3) 셀 배경(면색) : 노랑
(4) 한글의 계산 기능을 이용하여 빈칸에 합계를 구하고, 캡션 기능 사용할 것
(5) 선 모양은 《출력형태》와 동일하게 처리할 것

《출력형태》

직업체험 현장학습 누적 인원(단위 : 명)

구분	1분기	2분기	3분기	4분기	합계
경찰관	20,000	35,000	23,800	12,800	
소방관	20,000	13,800	10,600	27,270	
의사	11,500	10,000	15,000	17,000	
요리사	23,600	27,800	24,500	29,800	

- 표 전체(표, 캡션) – 돋움, 10pt
- 정렬 – 문자 : 가운데 정렬, 숫자 : 오른쪽 정렬

❶ 03차시(문제).hwp 파일을 실행한 후 표를 만들기 위해 문제 번호(2.) 아랫줄에 커서를 놓고 [입력] 탭–
[표(▦)]를 선택합니다.

❷ [표 만들기] 대화상자가 나타나면 《출력형태》와 동일하게 줄 수(5)와 칸 수(6)를 입력하고 '글자처럼 취급'
을 체크한 후 <만들기>를 클릭합니다.

➕ 표 만들기 바로 가기 키 : Ctrl + N , T

❸ 표가 삽입되면 셀 전체를 블록으로 지정한 후 Ctrl + ↓ 를 눌러 셀의 높이를 늘려줍니다.

➕ 셀의 높이를 조절하지 않아도 감점되지 않지만 《출력형태》와 비슷하게 작업하기 위해서 조금 늘려줍니다.

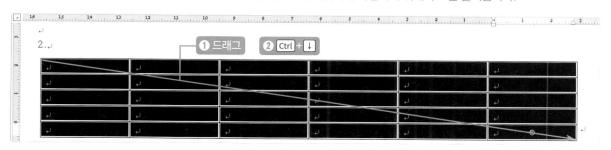

❹ 셀의 높이가 변경되면 서식 도구 상자에서 **글꼴(돋움)**과 **가운데 정렬(▤)**을 지정합니다.

➕ 글꼴을 변경할 때 '돋움'이 보이지 않을 경우에는 글꼴 선택 시 왼쪽 목록의 모든글꼴 그룹에서 찾을 수 있습니다.

시험꿀팁
표 안의 글꼴은 '돋움, 굴림, 궁서'가 자주 출제되고 있습니다.

❺ Esc를 눌러 블록을 해제합니다. 첫 번째 셀을 클릭한 후《출력형태》를 참고하여 데이터를 입력합니다.

➕ ·셀 안에 숫자만 입력(20000)한 후 숫자 셀들을 블록으로 지정합니다. 이어서, 마우스 오른쪽 버튼을 눌러 [1,000 단위 구분 쉼표]–[자릿점 넣기] 메뉴를 이용하여 **천 단위 구분 쉼표**(,)를 넣을 수도 있습니다.
·셀 안에 내용을 입력한 후에는 방향키(↑, ↓, ←, →) 또는 Tab을 눌러 다음 셀로 이동합니다.

구분	1분기	2분기	3분기	4분기	합계
경찰관	20,000	35,000	23,800	12,800	
소방관	20,000	13,800	10,600	27,270	
의사	11,500	10,000	15,000	17,000	
요리사	23,600	27,800	24,500	29,800	

❻ 숫자가 입력된 셀을 오른쪽으로 정렬하기 위해 그림과 같이 블록으로 지정하고 서식 도구 상자에서 **오른쪽 정렬**(▤)을 클릭합니다. 정렬 설정이 완료되면 Esc를 눌러 블록을 해제한 후 결과를 확인합니다.

➕ '합계' 아래쪽 빈 셀은 블록 계산식을 활용하여 숫자가 입력되므로 미리 오른쪽 정렬로 설정합니다.

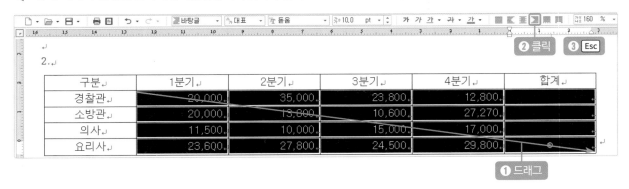

02 블록 계산식을 이용하여 합계를 구하고 캡션 입력하기

한글의 계산 기능을 이용하여 빈칸에 합계를 구하고, 캡션 기능 사용할 것

1. 블록 계산식으로 합계 구하기

❶ **경찰관, 소방관, 의사** 데이터의 합계를 구하기 위해 아래 그림과 같이 셀을 블록으로 지정한 후 [표(▦)] 탭–[계산식(🔢)]–[블록 합계]를 클릭합니다.

➕ ·블록 합계 결과값이 표시되어야 하는 빈 셀까지 모두 블록으로 지정해야 합니다.
·합계를 계산하기 위해 블록으로 지정된 셀 위에서 마우스 오른쪽 버튼을 클릭하여 [블록 계산식]–[블록 합계]를 선택해도 똑같은 결과가 나옵니다.

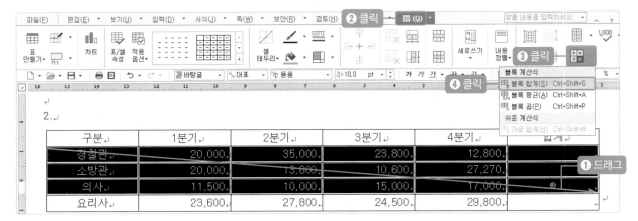

❷ Esc 를 눌러 블록을 해제한 후 블록 합계가 계산된 것을 확인합니다.

구분	7월	8월	9월	10월	합계
경찰관	20,000	35,000	23,800	① Esc 12,800	91,600
소방관	20,000	13,800	10,600	27,270	71,670
의사	11,500	10,000	15,000	17,000	53,500
요리사	23,600	27,800	24,500	29,800	❷ 확인

레벨업 📈 블록 평균 계산식에서 소수점 자릿수 설정하기

소스파일: 블록 평균.hwp

한글 계산 기능은 [표] 탭-[계산식]-[블록 평균]을 이용하여 값의 평균을 구하는 문제도 출제되고 있습니다. 블록 평균을 계산할 때 기본 값인 소수점 두 자리로 지정하는 문제가 출제되지만, 소수점 자릿수를 수정해야 하는 경우도 발생할 수 있으니 《조건》에 제시된 내용을 확인하여 소수점 자릿수를 맞춥니다.

《표 조건》(4) 한글의 계산 기능을 이용하여 빈칸에 평균(소수점 한 자리)를 구하고, 캡션 기능 사용할 것

❶ **블록 평균.hwp** 파일을 불러와 경찰관, 소방관, 의사의 평균을 계산합니다.

❷ 블록 평균이 계산된 값(셀) 위에서 마우스 오른쪽 버튼을 클릭하여 [계산식 고치기]를 선택합니다.

2.

구분	1분기	2분기	3분기		평균
경찰관	20,000	35,000	23,800	❶ 마우스 오른쪽 버튼 클릭	22,900.00
소방관	20,000	13,800	10,600		17,917.50
의사	11,500	10,000	15,000	❷ 계산식 고치기(E)... Ctrl+N,K	13,375.00
요리사	23,600	27,800	24,500		

❸ [계산식] 대화상자가 나타나면 '형식'을 '소수점 이하 한 자리'로 지정한 후 <확인>을 클릭하여 소수점 자릿수가 변경된 것을 확인합니다.

❹ 같은 방법으로 '소방관'과 '의사'의 평균이 입력된 값(셀)에도 소수점 자릿수를 변경합니다.

계산식

계산식(E): =AVG(B?:E?)
함수(F):
쉬운 범위(R):
형식(M): 소수점 이하 한 자리
☑ 세 자리마다

기본 형식
정수형
소수점 이하 한 자리
소수점 이하 두 자리
소수점 이하 세 자리
소수점 이하 네 자리

확인(D)
취소

2.

구분	1분기	2분기	3분기	4분기	평균
경찰관	20,000	35,000	23,800	12,800	22,900.0
소방관	20,000	13,800	10,600	27,270	17,917.5
의사	11,500	10,000	15,000	17,000	13,375.0
요리사	23,600	27,800	24,500	29,800	

2. 캡션 삽입하기　　－ 표 전체(표, 캡션) – 돋움, 10pt

❶ 캡션을 삽입하기 위해 표 안의 셀을 클릭한 후 [표(⊞)] 탭에서 [캡션(🔲)]의 **목록 단추(·)**를 눌러 [위]를 선택합니다.

> ➕ 표 안의 셀 또는 표의 테두리를 클릭해야만 [표] 탭이 활성화됩니다.

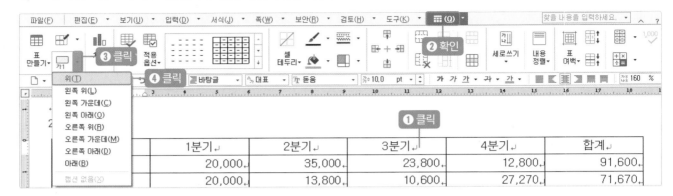

시험꿀팁

캡션을 표 '위'에 삽입하고 오른쪽으로 정렬하는 문제가 고정적으로 출제되고 있습니다.

❷ 표의 왼쪽 위에 **기본 캡션(표 1)**이 삽입된 것을 확인합니다. 해당 내용을 블록으로 지정한 후 《출력형태》를 참고하여 캡션 내용을 입력합니다.

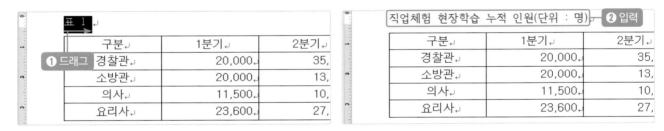

❸ 캡션 내용을 블록으로 지정한 후 서식 도구 상자에서 **글꼴(돋움), 글자 크기(10pt), 오른쪽 정렬(▤)**을 지정합니다.

❹ Esc 를 눌러 블록을 해제한 후 캡션이 《출력형태》와 같은지 확인합니다.

셀 배경색 및 선 모양(테두리) 지정하기

- 셀 배경(면색) : 노랑
- 선 모양은 《출력형태》와 동일하게 처리할 것

1. 셀 배경색 지정하기

❶ 배경색을 적용하려는 셀을 블록으로 지정한 후 [표(▦)] 탭-[셀 배경 색(◈)]의 **목록 단추(·)**를 클릭합니다. 이어서 **색상 테마(▶)**를 클릭하여 [오피스]를 선택합니다.

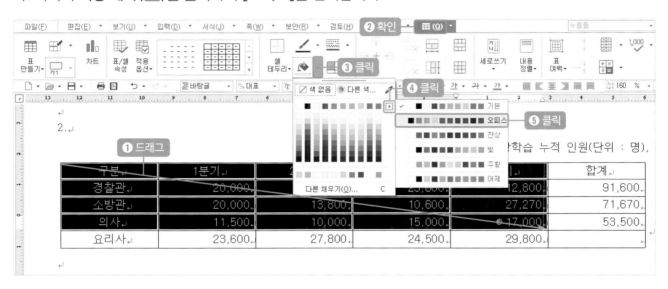

❷ 색상 팔레트가 오피스로 변경되면 **노랑**을 클릭합니다.

💬 색상 위에 마우스 포인터를 위치시키면 색상 이름과 RGB 값이 표시됩니다.

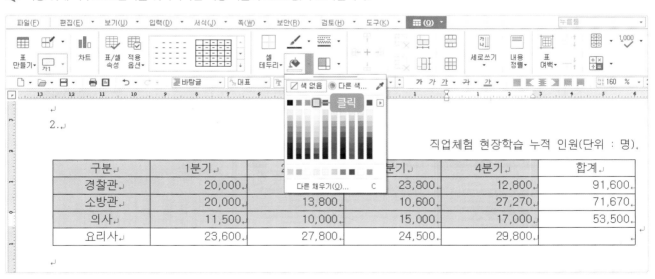

시험꿀팁

셀 배경색은 '노랑'으로 지정하는 문제가 고정적으로 출제되고 있습니다.

 **RGB 값으로 색상 지정하기**

❶ RGB 값을 이용하여 색상을 지정하는 방법도 있습니다. 색상 팔레트에서 [다른 색...]을 클릭하여 [색] 대화상자가 나타나면 '빨강(R), 초록(G), 파랑(B)'의 값을 각각 입력한 후 <설정>을 클릭합니다.

❷ RGB 값은 문제지의 <답안 작성요령>에서 '공통 부분'에 해당 내용 있으니 참고하시기 바랍니다.
    – 빨강(255,0,0), 파랑(0,0,255), 노랑(255,255,0)

❸ Esc 를 눌러 블록을 해제한 후 셀 배경색이 노란색으로 변경된 것을 확인합니다.

직업체험 현장학습 누적 인원(단위 : 명).

구분	1분기	2분기	3분기	4분기	합계
경찰관	20,000	35,000	23,800	12,800	91,600
소방관	20,000	13,800	10,600	27,270	71,670
의사	11,500	10,000	15,000	17,000	53,500
요리사	23,600	27,800	24,500	29,800	

2. 선 모양(테두리) 지정하기　　– 선 모양은《출력형태》와 동일하게 처리할 것

❶ 표의 바깥쪽 테두리를 이중 실선으로 설정하기 위해 셀 전체를 블록으로 지정한 후 마우스 오른쪽 버튼을 클릭하여 [셀 테두리/배경]–[각 셀마다 적용]을 선택합니다.

➕ 셀 테두리/배경 바로 가기 키 : L

❷ [셀 테두리/배경] 대화상자가 나타나면 **[테두리]** 탭에서 **이중 실선(━━━)**과 **바깥쪽(⊞)**을 차례로 선택한 후 <설정>을 클릭합니다.

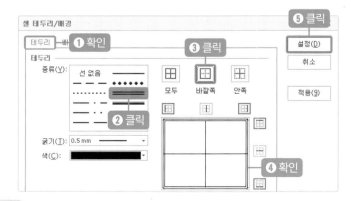

❸ Esc 를 눌러 표의 바깥쪽 테두리가 이중 실선으로 변경된 것을 확인합니다.

❹ 같은 방법으로 1행 전체를 블록으로 지정한 후 [셀 테두리/배경] 대화상자의 **[테두리] 탭**에서 **이중 실선**
(═══)과 **바깥쪽**(▣)을 차례로 선택한 후 <설정>을 클릭합니다.

　➕ 셀 테두리/배경 바로 가기 키 : L

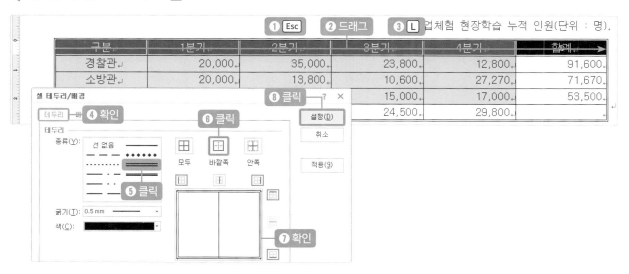

❺ 이번에는 1열 전체를 블록으로 지정한 후 [셀 테두리/배경] 대화상자의 **[테두리] 탭**에서 **이중 실선**(═══)
과 **바깥쪽**(▣)을 차례로 선택한 후 <설정>을 클릭합니다.

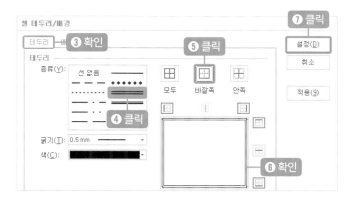

시험꿀팁

표의 바깥쪽 테두리, 1행 전체, 1열 전체를 이중 실선으로
지정하는 문제가 고정적으로 출제되고 있습니다.

❻ 대각선을 지정하기 위해 빈 셀 위에서 마우스 오른쪽 버튼을 눌러 **[셀 테두리/배경]-[각 셀마다 적용]**을
선택합니다.

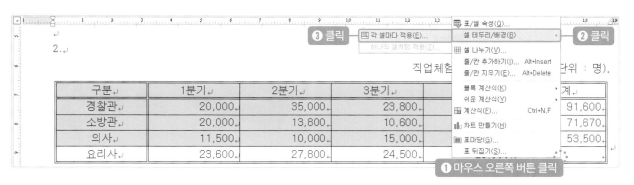

❼ [셀 테두리/배경] 대화상자가 나타나면 **[대각선] 탭**에서 **실선(──)**과 **대각선(◥, ◪)**을 차례로 선택한 후 <설정>을 클릭합니다.

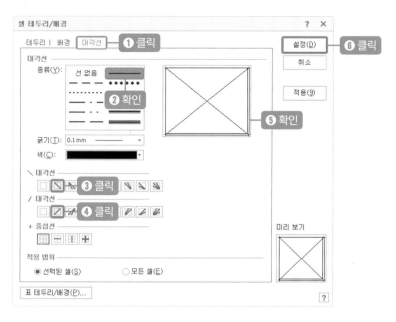

시험꿀팁
빈 셀에 대각선을 지정하는 문제가 고정적으로 출제되고 있습니다.

❽ 빈 셀에 대각선이 삽입된 것을 확인한 후 서식 도구 상자에서 **[저장하기(💾)]**를 클릭하거나 Alt + S 를 눌러 파일을 저장합니다.

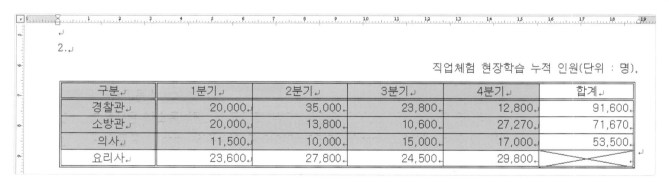

직업체험 현장학습 누적 인원(단위 : 명)

구분	1분기	2분기	3분기	4분기	합계
경찰관	20,000	35,000	23,800	12,800	91,600
소방관	20,000	13,800	10,600	27,270	71,670
의사	11,500	10,000	15,000	17,000	53,500
요리사	23,600	27,800	24,500	29,800	

시험꿀팁
- 표를 작성하는 문제에서는 '선 모양, 셀 배경, 정렬, 캡션'에 대한 조건이 항상 동일하게 출제되고 있습니다.
- 표에 입력한 데이터를 활용하여 계산을 하는 문제가 고정적으로 출제되고 있으니, '블록 평균'과 '블록 합계' 기능을 이용하여 계산하는 방법을 숙지합니다.

1 다음의 《조건》에 따라 《출력형태》와 같이 표를 작성하시오.

소스파일: 03차시-01(문제).hwp
완성파일: 03차시-01(완성).hwp

《표 조건》

(1) 표 전체(표, 캡션) - 돋움, 10pt

(2) 정렬 - 문자 : 가운데 정렬, 숫자 : 오른쪽 정렬

(3) 셀 배경(면색) : 노랑

(4) 한글의 계산 기능을 이용하여 빈칸에 평균(소수점 두 자리)을 구하고, 캡션 기능 사용할 것

(5) 선 모양은 《출력형태》와 동일하게 처리할 것

《출력형태》

2.

인기 대출 도서(단위 : 권)

구분	강아지 똥	내 친구 조이	재주 많은 손	무지개	평균
3학년	1,015	1,145	1,345	1,147	
4학년	1,415	1,334	1,231	1,143	
5학년	1,268	1,187	1,246	1,102	
6학년	1,417	1,562	1,132	1,342	

2 다음의 《조건》에 따라 《출력형태》와 같이 표를 작성하시오.

소스파일: 03차시-02(문제).hwp
완성파일: 03차시-02(완성).hwp

《표 조건》

(1) 표 전체(표, 캡션) - 궁서, 10pt

(2) 정렬 - 문자 : 가운데 정렬, 숫자 : 오른쪽 정렬

(3) 셀 배경(면색) : 노랑

(4) 한글의 계산 기능을 이용하여 빈칸에 평균(소수점 두 자리)을 구하고, 캡션 기능 사용할 것

(5) 선 모양은 《출력형태》와 동일하게 처리할 것

《출력형태》

2.

연도별 인기 프로그래밍 순위(단위 : %)

구분	파이썬	자바	C	자바스크립트	비주얼 베이직
2020	12.05	11.90	10.26	5.34	2.19
2021	12.01	11.50	10.88	6.32	2.12
2022	12.20	11.47	10.91	5.42	2.09
평균					

3 다음의 《조건》에 따라 《출력형태》와 같이 표를 작성하시오.

소스파일: 03차시-03(문제).hwp
완성파일: 03차시-03(완성).hwp

《표 조건》

⑴ 표 전체(표, 캡션) - 굴림, 10pt

⑵ 정렬 - 문자 : 가운데 정렬, 숫자 : 오른쪽 정렬

⑶ 셀 배경(면색) : 노랑

⑷ 한글의 계산 기능을 이용하여 빈칸에 평균(소수점 한 자리)을 구하고, 캡션 기능 사용할 것

⑸ 선 모양은 《출력형태》와 동일하게 처리할 것

《출력형태》

2.

2022년 식중독 감염 현황(단위 : %)

성별/연령별	황색포도상구균	살모넬라	장염비브리오균	노로바이러스	평균
남성	35	25	25	14	
여성	31	30	22	17	
19~29세	30	37	15	12	
13~18세	31	34	19	10	✕

4 다음의 《조건》에 따라 《출력형태》와 같이 표를 작성하시오.

소스파일: 03차시-04(문제).hwp
완성파일: 03차시-04(완성).hwp

《표 조건》

⑴ 표 전체(표, 캡션) - 돋움, 10pt

⑵ 정렬 - 문자 : 가운데 정렬, 숫자 : 오른쪽 정렬

⑶ 셀 배경(면색) : 노랑

⑷ 한글의 계산 기능을 이용하여 빈칸에 합계를 구하고, 캡션 기능 사용할 것

⑸ 선 모양은 《출력형태》와 동일하게 처리할 것

《출력형태》

2.

B가수의 콘서트 날짜별 티켓 가격(단위 : 원)

구분	VVIP석	VIP석	S석	R석	합계
첫째날 공연	208,000	199,000	177,000	150,000	
둘째날 공연	185,000	198,000	153,000	120,000	
셋째날 공연	183,000	195,000	152,000	110,000	
마지막날 공연	210,000	200,000	191,000	170,500	✕

다음의 《조건》에 따라 《출력형태》와 같이 표를 작성하시오.

소스파일: 03차시-05(문제).hwp
완성파일: 03차시-05(완성).hwp

《표 조건》

⑴ 표 전체(표, 캡션) – 굴림, 10pt

⑵ 정렬 – 문자 : 가운데 정렬, 숫자 : 오른쪽 정렬

⑶ 셀 배경(면색) : 노랑

⑷ 한글의 계산 기능을 이용하여 빈칸에 합계를 구하고, 캡션 기능 사용할 것

⑸ 선 모양은 《출력형태》와 동일하게 처리할 것

《출력형태》

2.

국경일 태극기 게양 현황(단위 : %)

구분	2020년	2021년	2022년	2023년	합계
경기도	83.7	84.6	64.9	67.9	
경상도	82.9	85.7	72.9	71.8	
충청도	83.3	75.2	80.6	72.5	
전라도	74.9	70.5	69.7	74.1	

 다음의 《조건》에 따라 《출력형태》와 같이 표를 작성하시오.

소스파일: 03차시-06(문제).hwp
완성파일: 03차시-06(완성).hwp

《표 조건》

⑴ 표 전체(표, 캡션) – 돋움, 10pt

⑵ 정렬 – 문자 : 가운데 정렬, 숫자 : 오른쪽 정렬

⑶ 셀 배경(면색) : 노랑

⑷ 한글의 계산 기능을 이용하여 빈칸에 합계를 구하고, 캡션 기능 사용할 것

⑸ 선 모양은 《출력형태》와 동일하게 처리할 것

《출력형태》

2.

록페스티벌 공연팀 현황(단위 : 회)

구분	범프오브치킨	파월영밴드	오사카모노레일	트랜퀼리티	합계
2021년	19	22	18	22	
2020년	28	13	17	21	
2019년	18	15	20	15	
2018년	18	16	18	18	

[기능평가 I] 차트 작성
(100점/150점)

└ 표+차트

- 표의 데이터를 활용하여 차트를 만듭니다.
- 차트 마법사를 이용하여 《출력형태》와 동일하게 차트를 수정합니다.
- 《차트 조건》에 맞추어 차트의 구성 요소 및 글꼴 서식을 편집합니다.

출제 유형 미리보기

소스파일: 04차시(문제).hwp　　완성파일: 04차시(완성).hwp

2. 다음의 《조건》에 따라 《출력형태》와 같이 표와 차트를 작성하시오.(100점)

《차트 조건》

(1) 차트 데이터는 표 내용에서 분기별 경찰관, 소방관, 의사의 값만 이용할 것
(2) 종류 - <묶은 세로 막대형>으로 작업할 것
(3) 제목 - 굴림, 진하게, 12pt, 속성 - 채우기(하양), 테두리, 그림자(대각선 오른쪽 아래)
　　　【굴림, 진하게, 12pt, 배경 - 선 모양(한 줄로), 그림자2pt)】
　※ 기출문제의 조건은 한컴오피스 2020 버전으로 설정되어 있기 때문에 NEO(2016) 버전 수험자는 괄호([ ])안의 조건을
　　참고하여 작업합니다.
(4) 제목 이외의 전체 글꼴 - 굴림, 보통, 10pt
(5) 축제목과 범례는 《출력형태》와 동일하게 처리할 것

《출력형태》

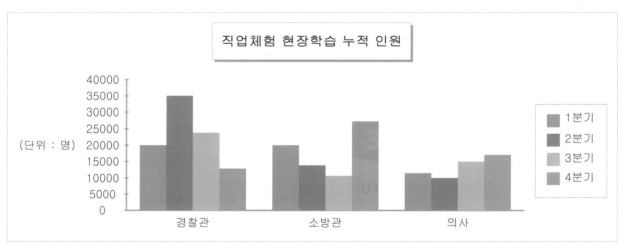

　※ 실제 출제되는 기출문제의 차트 모양은 한컴 오피스 2020 버전으로 작성되었기 때문에 NEO(2016) 버전과는 모양이 약간
　　다릅니다.(P51 참고)

⭐ **과정 미리보기** 　표 블록 지정 ➡ 차트 삽입 ➡ 차트 마법사 ➡ 차트 편집(제목, 범례, 축 제목, 축 이름표 등)

차트 데이터는 표 내용에서 분기별 경찰관, 소방관, 의사의 값만 이용할 것

❶ 04차시(문제).hwp 파일을 실행한 후 차트 데이터로 사용될 셀을 다음과 같이 블록으로 지정합니다. 이어서, [표(▦)] 탭-[차트(▥)]를 클릭합니다.

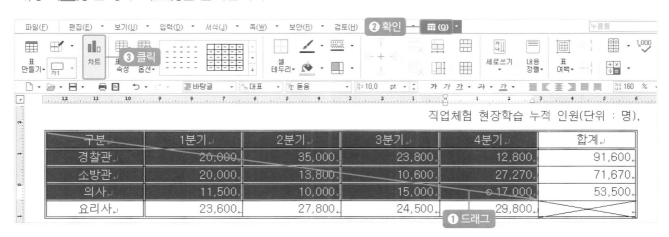

시험꿀팁
표에서 셀 배경색이 노란색으로 지정된 부분을 블록으로 지정하여 차트를 작성하도록 문제가 출제되고 있습니다.

❷ 표 위쪽에 차트가 만들어지면 차트가 선택된 상태에서 [차트(▥)] 탭-[글자처럼 취급]을 클릭한 후 차트가 표 아래쪽으로 이동된 것을 확인합니다.

➕ 기본 차트가 만들어지는 위치(표 위 또는 아래)는 컴퓨터 환경에 따라 다를 수 있습니다.

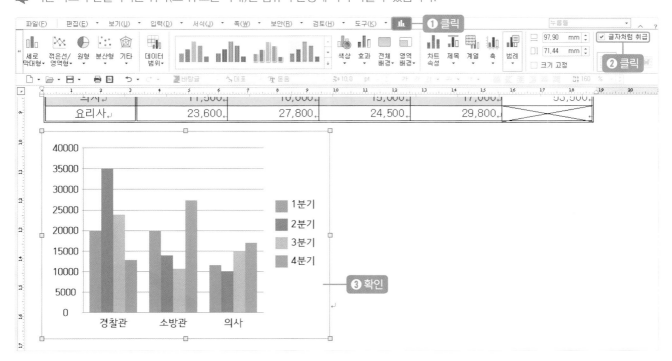

❸ 차트의 오른쪽 조절점(□)을 그림과 같이 드래그하여 가로 크기를 조절합니다.

➕ 차트의 가로 크기는 《출력형태》를 참고합니다. 보통 표의 가로 길이와 동일하게 출제되고 있습니다.

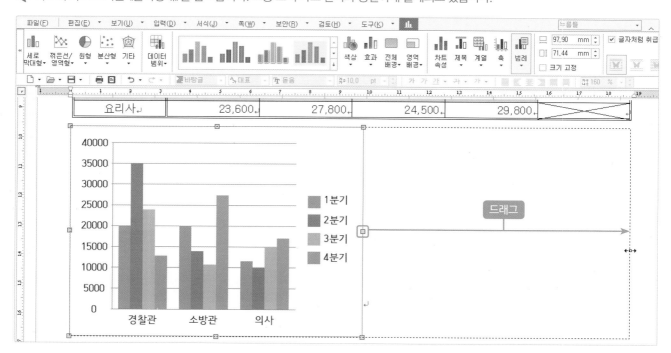

02 차트 마법사를 이용하여 차트 수정하기

- 종류 – <묶은 세로 막대형>으로 작업할 것
- 축제목과 범례는 《출력형태》와 동일하게 처리할 것

❶ 차트를 더블 클릭하여 편집 상태로 전환한 후 차트 위에서 마우스 오른쪽 버튼을 클릭하여 [**차트 마법사**]를 선택합니다.

➕ 차트 편집 상태에서는 조절점이 차트 뒤쪽(╟)으로 숨겨져 보입니다.

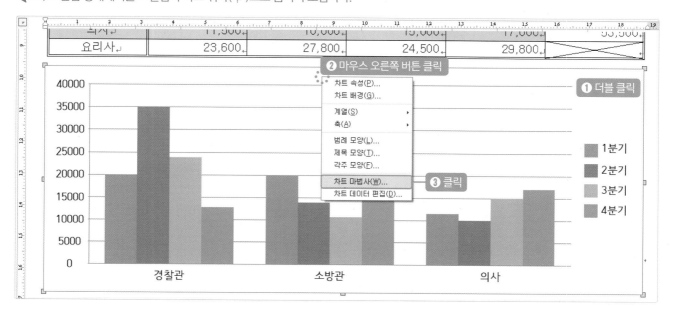

❷ [차트 마법사 – 3단계 중 1단계] 대화상자가 나타나
면 [표준 종류] 탭의 '차트 종류 선택'에서 **세로 막대
형**을, '차트 모양 선택'에서 **묶은 세로 막대형**을 선택
한 후 <다음>을 클릭합니다.

시험꿀팁
차트의 종류는 '세로 막대형–묶은 세로 막대형'이 주로 출제되고
있습니다.

❸ [차트 마법사 – 3단계 중 2단계] 대화상자에서 방향
을 **열**로 선택하고 <다음>을 클릭합니다.

➕ 행/열을 번갈아 클릭하여 《출력형태》와 동일한 차트 모양으로
지정합니다.

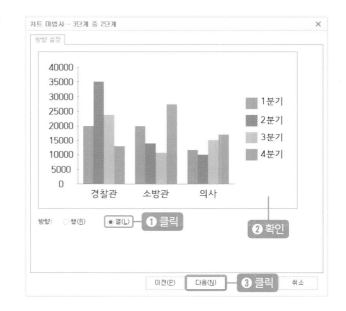

❹ [차트 마법사 – 마지막 단계] 대화상자의 [제목] 탭
에서 **차트 제목(직업체험 현장학습 누적 인원)**과
Y(값) 축((단위 : 명))을 입력합니다.

➕ 차트 제목과 축 제목은 《출력형태》를 참고하여 입력합니다.

❺ 이어서, [범례] 탭을 클릭하여 범례의 **위치(오른쪽)** 를 설정한 후 <확인>을 클릭합니다.

➕ 범례의 위치는 별도 지시사항이 없으므로 《출력형태》를 참고하여 동일하게 배치합니다.

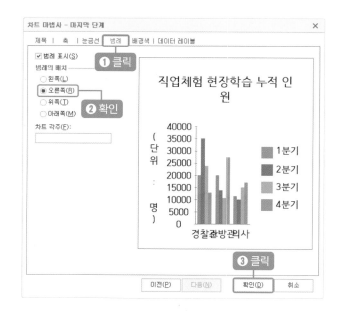

❻ 차트 마법사를 이용하여 수정된 차트를 확인합니다.

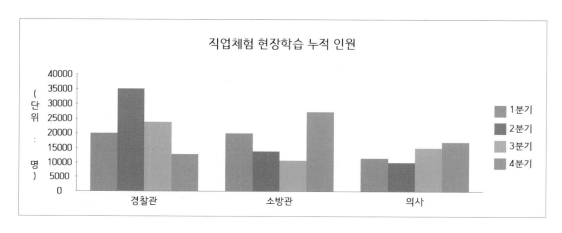

레벨업 📈 **차트의 구성 요소**

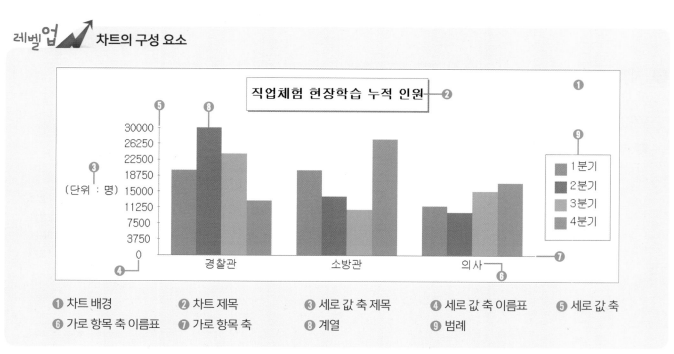

❶ 차트 배경   ❷ 차트 제목   ❸ 세로 값 축 제목   ❹ 세로 값 축 이름표   ❺ 세로 값 축

❻ 가로 항목 축 이름표   ❼ 가로 항목 축   ❽ 계열   ❾ 범례

> · 제목 – 굴림, 진하게, 12pt, 배경 – 선 모양(한 줄로), 그림자(2pt)
> · 제목 이외의 전체 글꼴 – 굴림, 보통, 10pt

1. 차트 제목 및 범례 편집하기

❶ 차트를 더블 클릭하여 편집 상태로 전환한 후 차트 제목을 다시 더블 클릭합니다.

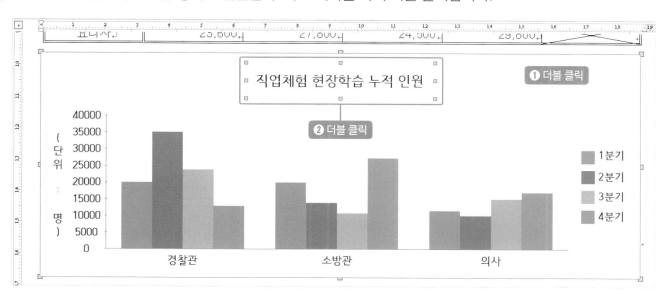

❷ [제목 모양] 대화상자가 나타나면 [배경] 탭에서 선 모양의 **종류(한 줄로)**를 지정하고, 기타의 **그림자**를 클릭하여 **체크**한 후 **위치(2pt)**를 입력합니다.

❸ 이어서, [글자] 탭을 선택하여 글꼴 설정에서 **글꼴(굴림), 크기(12pt), 속성(진하게)**을 지정한 후 <설정>을 클릭합니다.

차트 제목이 두 줄로 표시되는 이유는 입력된 내용의 길이에 비해 텍스트 상자의 가로 너비가 좁기 때문입니다. 이러한 경우에는 차트를 더블 클릭하여 편집 상태로 만든 다음 제목을 클릭한 후 오른쪽 조절점을 드래그하여 《출력형태》와 비슷하게 맞춰줍니다.

❹ 차트 제목이 변경된 것을 확인한 후 범례를 편집하기 위해 차트 편집 상태에서 범례를 더블 클릭합니다.

💬 차트 편집 상태가 해제되었을 경우 차트를 더블 클릭한 후 범례를 작업합니다.

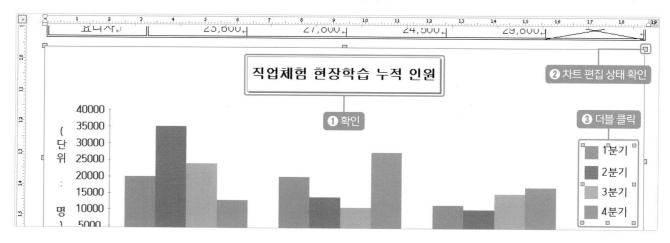

❺ [범례 모양] 대화상자가 나타나면 [배경] 탭에서 선 모양의 **종류(한 줄로)**를 지정합니다.

❻ 이어서, [글자] 탭을 선택하여 글꼴 설정에서 **글꼴(굴림), 크기(10pt), 속성(보통 모양)**을 지정한 후 <설정>을 클릭합니다.

💬 《출력형태》를 확인해 보면 범례에도 테두리가 지정되어 있으므로 별도의 조건이 없더라도 테두리를 지정합니다.

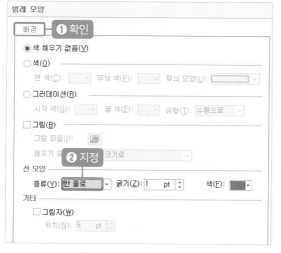

❼ 범례가 변경된 것을 확인합니다.

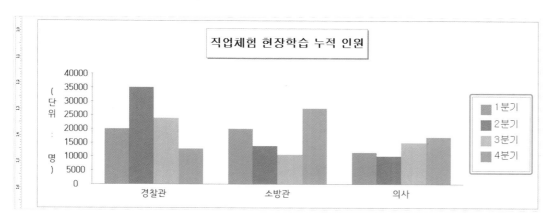

2. 축 제목 및 축 이름표 편집하기   – 제목 이외의 전체 글꼴 – 굴림, 보통, 10pt

❶ 세로 값 축 제목을 편집하기 위해 차트 편집 상태에서 **세로 값 축 제목**을 더블 클릭합니다.

❷ [축 제목 모양] 대화상자가 나타나면 **[글자] 탭**에서 **글자 방향(가로로)**을 선택하고, 글꼴 설정에서 **글꼴 (굴림), 크기(10pt), 속성(보통 모양)**을 지정한 후 <설정>을 클릭합니다.

    ➕ 《출력형태》를 참고하여 '글자 방향'을 가로 또는 세로로 지정합니다.

❸ 가로 항목 축 이름표를 편집하기 위해 차트 편집 상태에서 **가로 항목 축 이름표**를 더블 클릭합니다.

❹ [축 이름표 모양] 대화상자가 나타나면 **[글자] 탭**의 글꼴 설정에서 **글꼴(굴림), 크기(10pt), 속성(보통 모양)**을 지정한 후 <설정>을 클릭합니다.

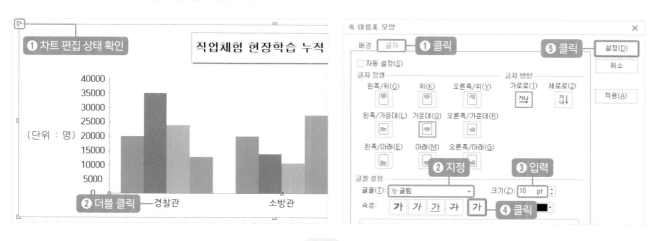

❺ 세로 값 축 이름표를 편집하기 위해 차트 편집 상태에서 **세로 값 축 이름표**를 더블 클릭합니다.

❻ [축 이름표 모양] 대화상자가 나타나면 **[글자] 탭**의 글꼴 설정에서 **글꼴(굴림), 크기(10pt), 속성(보통 모양)**을 지정한 후 <설정>을 클릭합니다.

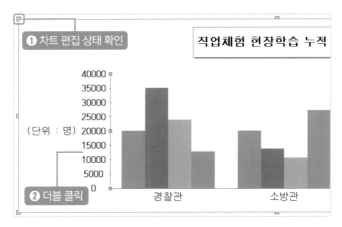

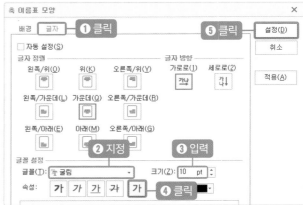

레벨업 📈 차트 눈금 조절하기

소스파일: 차트 눈금.hwp

차트 작성 시 축의 눈금이 《출력형태》와 다르게 표시될 수 있습니다. 이런 경우에는 축 비례 값을 지정하여 눈금을 변경합니다.

❶ **차트 눈금.hwp** 파일을 불러옵니다.

❷ 차트의 '**세로 값 축**'을 더블 클릭하여 [축 모양] 대화상자를 활성화시킵니다.

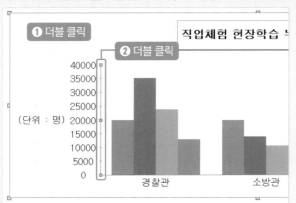

❸ [비례] 탭에서 '자동으로 꾸밈' 항목을 클릭하여 체크를 해제합니다.

❹ 《출력형태》를 참고하여 최솟값, 최댓값, 큰 눈금선에 값을 입력합니다.

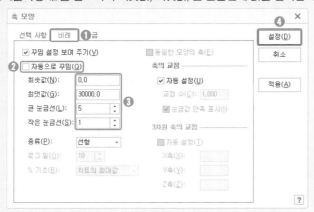

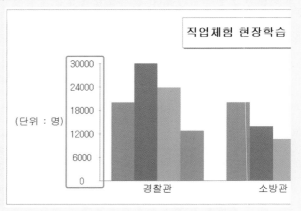

❼ 차트가 완성되면 표의 오른쪽 끝을 클릭하여 커서를 위치시킨 후 Enter 를 두 번 눌러 표와 차트 사이의 간격을 띄어줍니다. 이어서, 《출력형태》와 비교하여 틀린 부분이 없는지 확인합니다.

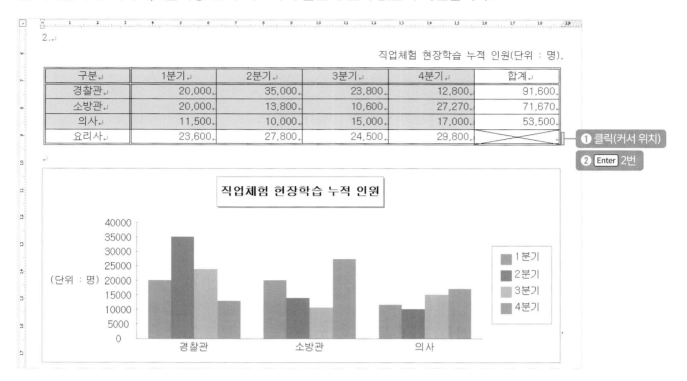

❽ 작업이 완료되면 서식 도구 상자에서 [저장하기(🖫)]를 클릭하거나 Alt + S 를 눌러 파일을 저장합니다.

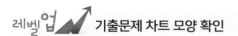 기출문제 차트 모양 확인

❶ 실제 출제되는 기출문제의 차트 모양은 한컴 오피스 2020 버전으로 작성되었기 때문에 '세로 값 축, 가로 항목 축, 제목' 등의 모양이 NEO(2016) 버전과 다릅니다.

❷ NEO(2016) 버전에서 차트 작성시 기출문제와 모양이 다르더라도 올바르게 차트를 작성했다면 감점되지 않습니다.

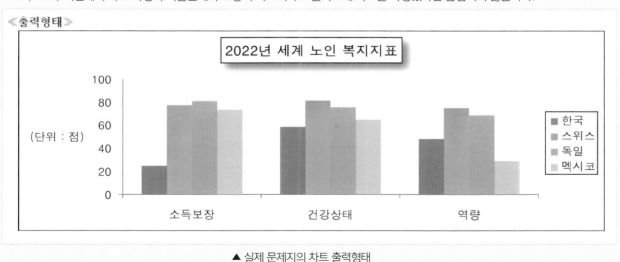

▲ 실제 문제지의 차트 출력형태

실력탄탄

1 다음의 《조건》에 따라 《출력형태》와 같이 차트를 작성하시오.

소스파일: 04차시-01(문제).hwp
완성파일: 04차시-01(완성).hwp

《차트 조건》

(1) 차트 데이터는 표 내용에서 구분별 3학년, 4학년, 5학년의 값만 이용할 것

(2) 종류 - <묶은 세로 막대형>으로 작업할 것

(3) 제목 -【돋움, 진하게, 12pt, 배경 - 선 모양(한 줄로), 그림자(2pt)】

(4) 제목 이외의 전체 글꼴 - 돋움, 보통, 10pt

(5) 축제목과 범례는 《출력형태》와 동일하게 처리할 것

《출력형태》

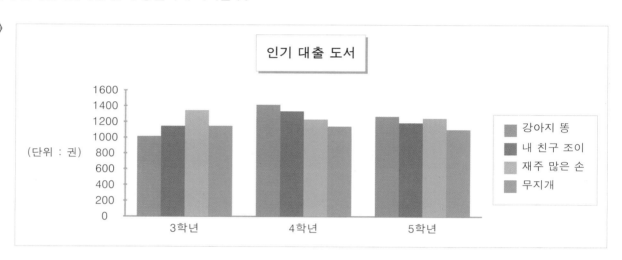

2 다음의 《조건》에 따라 《출력형태》와 같이 차트를 작성하시오.

소스파일: 04차시-02(문제).hwp
완성파일: 04차시-02(완성).hwp

《차트 조건》

(1) 차트 데이터는 표 내용에서 구분별 파이썬, 자바, C, 자바스크립트의 값만 이용할 것

(2) 종류 - <묶은 가로 막대형>으로 작업할 것

(3) 제목 -【굴림, 진하게, 12pt, 배경 - 선 모양(한 줄로), 그림자(2pt)】

(4) 제목 이외의 전체 글꼴 - 굴림, 보통, 10pt

(5) 축제목과 범례는 《출력형태》와 동일하게 처리할 것

《출력형태》

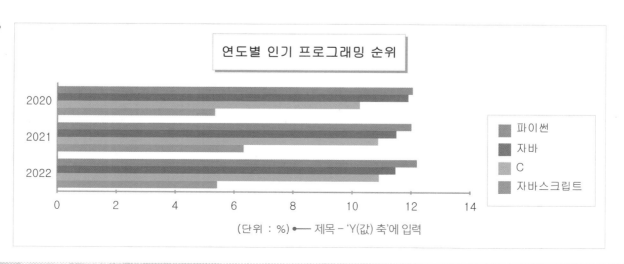

3 다음의 《조건》에 따라 《출력형태》와 같이 차트를 작성하시오.

소스파일: 04차시-03(문제).hwp
완성파일: 04차시-03(완성).hwp

《차트 조건》

(1) 차트 데이터는 표 내용에서 성별/연령별 남성, 여성, 19~29세의 값만 이용할 것

(2) 종류 – <꺾은선형>으로 작업할 것

(3) 제목 – 【궁서, 진하게, 12pt, 배경 – 선 모양(한 줄로), 그림자(2pt)】

(4) 제목 이외의 전체 글꼴 – 궁서, 보통, 10pt

(5) 축제목과 범례는 《출력형태》와 동일하게 처리할 것

《출력형태》

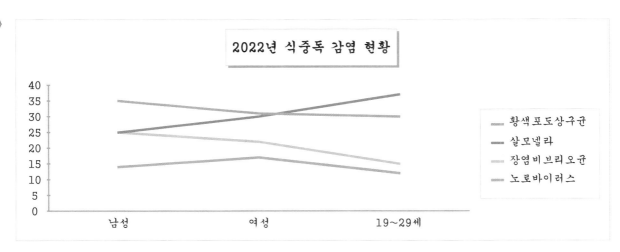

4 다음의 《조건》에 따라 《출력형태》와 같이 차트를 작성하시오.

소스파일: 04차시-04(문제).hwp
완성파일: 04차시-04(완성).hwp

《차트 조건》

(1) 차트 데이터는 표 내용에서 구분별 첫째날 공연, 둘째날 공연, 셋째날 공연의 값만 이용할 것

(2) 종류 – <묶은 세로 막대형>으로 작업할 것

(3) 제목 – 【굴림, 진하게, 12pt, 배경 – 선 모양(한 줄로), 그림자(2pt)】

(4) 제목 이외의 전체 글꼴 – 굴림, 보통, 10pt

(5) 축제목과 범례는 《출력형태》와 동일하게 처리할 것

《출력형태》

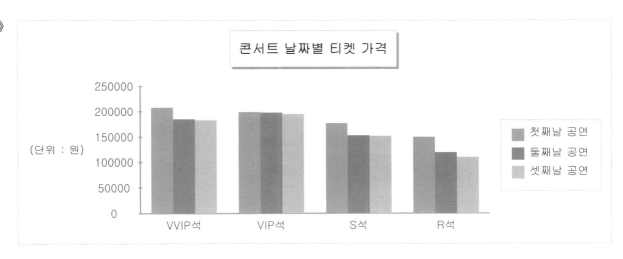

5 다음의 《조건》에 따라 《출력형태》와 같이 차트를 작성하시오.

소스파일: 04차시-05(문제).hwp
완성파일: 04차시-05(완성).hwp

《차트 조건》

(1) 차트 데이터는 표 내용에서 구분별 경기도, 경상도, 충청도의 값만 이용할 것

(2) 종류 – <묶은 세로 막대형>으로 작업할 것

(3) 제목 – 【돋움, 진하게, 12pt, 배경 – 선 모양(한 줄로), 그림자(2pt)】

(4) 제목 이외의 전체 글꼴 – 돋움, 보통, 10pt

(5) 축제목과 범례는 《출력형태》와 동일하게 처리할 것

《출력형태》

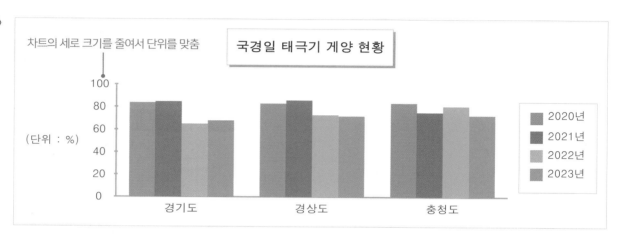

6 다음의 《조건》에 따라 《출력형태》와 같이 차트를 작성하시오.

소스파일: 04차시-06(문제).hwp
완성파일: 04차시-06(완성).hwp

《차트 조건》

(1) 차트 데이터는 표 내용에서 구분별 2021년, 2020년, 2019년의 값만 이용할 것

(2) 종류 – <묶은 가로 막대형>으로 작업할 것

(3) 제목 – 【굴림, 진하게, 12pt, 배경 – 선 모양(한 줄로), 그림자(2pt)】

(4) 제목 이외의 전체 글꼴 – 굴림, 보통, 10pt

(5) 축제목과 범례는 《출력형태》와 동일하게 처리할 것

《출력형태》

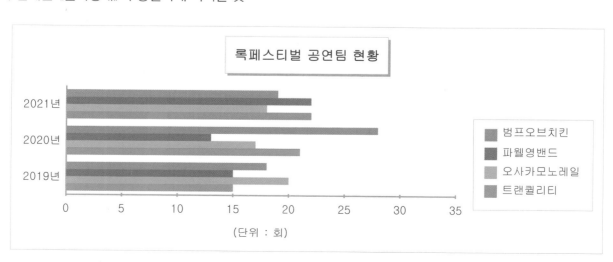

[기능평가II] 수식 입력
(40점/150점)

- 문제 번호를 입력한 후 첫 번째 수식을 입력합니다.
- 문제 번호를 입력한 후 두 번째 수식을 입력합니다.

출제 유형 미리보기

소스파일: 05차시(문제).hwp　　완성파일: 05차시(완성).hwp

3. 다음 (1), (2)의 수식을 수식 편집기로 각각 입력하시오.(40점)

《출력형태》

(1)
$$\int_0^3 \frac{\sqrt{6t^2+11t-6}}{2}\,dt = 15$$

(2)
$$\sum_{k=1}^{n} k^2 \frac{1}{5} n(n+1)(2n+1)$$

⭐ **과정 미리보기**　'(1)' 번호 입력 ➡ 수식 입력 ➡ '(2)' 번호 입력 ➡ 수식 입력

---

01 수식 문제 번호 및 첫 번째 수식 입력하기

❶ 05차시(문제).hwp 파일을 실행한 후 2페이지에 입력된 문제 번호(3.)의 다음 줄을 클릭합니다.

❷ 수식의 첫 번째 문제 번호인 (1)을 입력하고 한 칸을 띄운 다음 [입력] 탭-[수식($f\infty$)]을 클릭합니다.

➕ 수식 바로 가기 키 : Ctrl + N , M

❸ 아래 과정을 참고하여 첫 번째 수식을 작성합니다.

1) [수식 편집기] 대화상자가 나타나면 수식 도구 상자에서 **적분**(∫□ ▾)-∫를 클릭하여 삽입

2) 0을 입력하고 Tab 을 누름 ➡ 3을 입력하고 Tab 을 누름

🔹 현재 수식이 입력되는 곳의 사각형은 빨갛게 표시됩니다.

3) 분수(吕)를 클릭하여 삽입 ➡ 분자에 근호(∛□)를 클릭하여 삽입 ➡ 6t를 입력하고 **위첨자**(A¹)를 클릭하여 삽입
➡ 2를 입력하고 Tab 을 누름

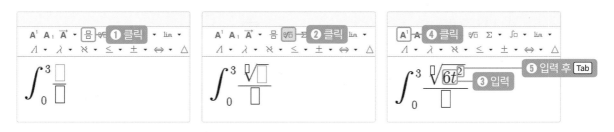

4) +11t−6을 입력 ➡ Tab 을 두 번 누름 ➡ 분모에 2를 입력하고 Tab 을 누름

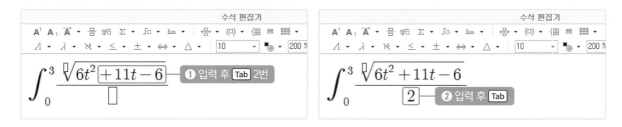

5) dt=15를 입력 ➡ 넣기(➡|)를 클릭

🔹 넣기(➡|)를 클릭하기 전에 완성된 수식을 《출력형태》와 비교하여 틀린 부분이 없는지 확인합니다. 만약 틀린 부분이 있다면 해당 부분을 클릭하여 수식을 수정합니다.

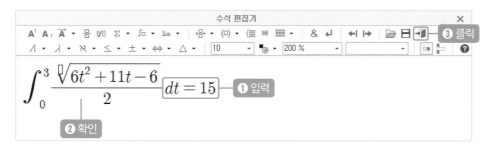

❹ 문서에 첫 번째 수식이 삽입된 것을 확인합니다.

➕ 문서에 삽입된 수식을 더블 클릭하면 [수식 편집기] 대화상자가 활성화되어 수식을 수정할 수 있습니다.

02 수식 문제 번호 및 두 번째 수식 입력하기

❶ 첫 번째 수식 뒤에 커서를 두고 Tab을 3~4번 눌러 간격을 띄웁니다. 이어서, 문제 번호 (2)를 입력하고 한 칸을 띄운 다음 [입력] 탭-[수식($f\infty$)]을 클릭합니다.

❷ 아래 과정을 참고하여 두 번째 수식을 작성합니다.

1) 수식 도구 상자에서 **합(Σ ▾)- ⅀** 를 클릭하여 삽입 ➡ 아래쪽에 k=1을 입력하고 Tab을 누름 ➡ n을 입력하고 Tab을 누름

2) k를 입력하고 **위첨자(A¹)**를 클릭하여 삽입 ➡ 2를 입력하고 Tab을 누름

3) 분수(ᆷ)를 클릭하여 삽입 → 1을 입력하고 Tab 을 누름 → 5를 입력하고 Tab 을 누름

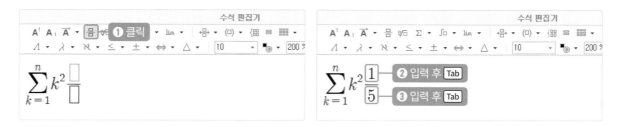

4) n(n+1)(2n+1)을 입력 → 넣기(↤▮)를 클릭

💬 넣기(↤▮)를 클릭하기 전에 완성된 수식을 《출력형태》와 비교하여 틀린 부분이 없는지 확인합니다. 만약 틀린 부분이 있다면 해당 부분을 클릭하여 수식을 수정합니다.

❸ 두 번째 수식이 삽입된 것을 확인한 후 서식 도구 상자에서 [저장하기(▤)]를 클릭하거나 Alt + S 를 눌러 파일을 저장합니다.

3.↵

$$(1) \quad \int_0^3 \frac{\sqrt{6t^2 + 11t - 6}}{2} dt = 15$$

$$(2) \quad \sum_{k=1}^{n} k^2 \frac{1}{5} n(n+1)(2n+1)↵$$

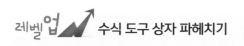

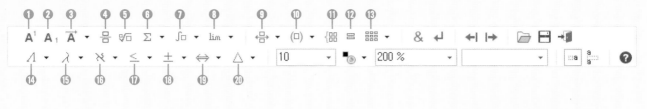

❶ 위첨자

❷ 아래첨자

❸ 장식 기호(A)

❹ 분수

❺ 근호

❻ 합(Σ)

❼ 적분(∫)

❽ 극한(lim)

❾ 상호 관계(음)

❿ 괄호((ㅁ))

⓫ 경우

⓬ 세로 쌓기

⓭ 행렬(▦)

⓮ 그리스 대문자(Λ)

⓯ 그리스 소문자(λ)

⓰ 그리스 기호(א)

⓱ 합, 집합 기호(≤)

⓲ 연산, 논리 기호(±)

⓳ 화살표(↔)

⓴ 기타 기호(△)

실력탄탄

소스파일: 05차시-01(문제).hwp
완성파일: 05차시-01(완성).hwp

1 다음 (1), (2)의 수식을 수식 편집기로 각각 입력해 보세요.

《출력형태》

연산, 논리 기호 ─┐   ┌─ 근호

(1) $$x = \frac{-b \pm \sqrt{b^2 - 4ac}}{2a}$$

분수 ─┘   └─ 위첨자

합 ─┐   ┌─ 위첨자

(2) $$S(n,k) = \frac{1}{k!} \sum_{r-0}^{k} (-1)^{k-r}$$

소스파일: 05차시-02(문제).hwp
완성파일: 05차시-02(완성).hwp

2 다음 (1), (2)의 수식을 수식 편집기로 각각 입력해 보세요.

《출력형태》

┌─ 분수   ─ 그리스 소문자

(1) $$\int_0^a \frac{dx}{\sqrt{a^2 - x^2}} = \frac{\pi}{2}$$

적분 근호 위첨자

(2) $$\tan(x \pm y) = \frac{\tan x \pm \tan y}{1 \mp \tan x \tan y}$$

┌─ 공백 추가

연산, 논리 기호

소스파일: 05차시-03(문제).hwp
완성파일: 05차시-03(완성).hwp

3 다음 (1), (2)의 수식을 수식 편집기로 각각 입력해 보세요.

《출력형태》

장식 기호

(1) $$r = \frac{\sum (x - \bar{x})(y - \bar{y})}{\sqrt{\sum (x - \bar{x})^2 \times \sum (y - \bar{y})^2}}$$

연산, 논리 기호

(2) $$V = \frac{1}{3} a^2 h = \frac{1}{3} a^2 \sqrt{b^2 - \frac{a^2}{2}}$$

4 다음 (1), (2)의 수식을 수식 편집기로 각각 입력해 보세요.

《출력형태》

극한

(1) $$\frac{\lim\limits_{x \to \infty} 1 - \frac{1}{x}}{\sqrt{1 + \frac{3}{x} + \frac{1}{x^2} + 1}} = \lim_{x \to \infty} \frac{1}{\sqrt{x+1}}$$

괄호 　　아래첨자 　　연산, 논리 기호

(2) $$\frac{\left| \frac{d}{dx} lnx \right|_{x=0.90} (2,3-1) \cdot (4,-1,-5)}{10^{\log\left\{\frac{1}{e-1}\int_0^1 e^x dx\right\}}}$$

괄호

5 다음 (1), (2)의 수식을 수식 편집기로 각각 입력해 보세요.

《출력형태》

(1) $$\vec{F} = -\frac{4\pi^2 m}{T^2} + \frac{m}{T^3}$$

(2) $$\overline{AB} = \sqrt{(x_2 - x_1)^2 + (y_2 - y_1)^2}$$

6 다음 (1), (2)의 수식을 수식 편집기로 각각 입력해 보세요.

《출력형태》

(1) $$\frac{F}{h_2} = t_2 k_1 \frac{t_1}{d} = 2 \times 10^{-7} \frac{t_1 t_2}{d}$$

(2) $$\int_a^b A(x-a)(x-b)dx = -\frac{A}{6}(b-a)^3$$

도형 그리기

[기능평가Ⅱ]
(110점/150점)

· 도형과 글상자를 이용하여 문서를 작성합니다.

· 글맵시를 삽입한 후 크기를 변경합니다.

· 그림을 삽입한 후 하이퍼링크를 지정합니다.

출제 유형 미리보기

소스파일: 06차시(문제).hwp   완성파일: 06차시(완성).hwp

4. 다음의 《조건》에 따라 《출력형태》와 같이 문서를 작성하시오.(110점)

《조건》

(1) 그리기 도구를 이용하여 작성하고, 모든 도형(글맵시, 지정된 그림 포함)을 《출력형태》와 같이 작성하시오.

(2) 도형의 면색은 지시사항이 없으면 색 없음을 제외하고 서로 다르게 임의로 지정하시오.

《출력형태》

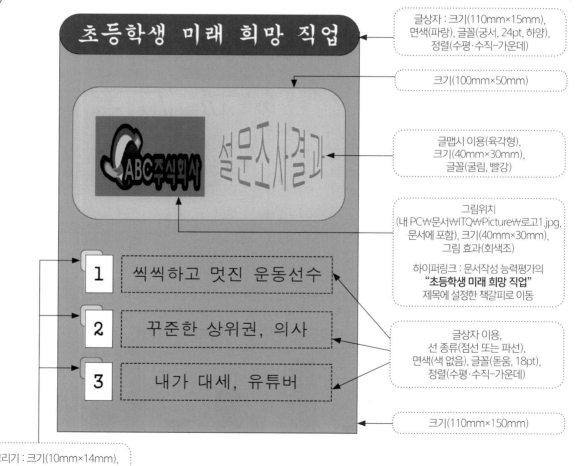

글상자 : 크기(110mm×15mm), 면색(파랑), 글꼴(궁서, 24pt, 하양), 정렬(수평·수직-가운데)

크기(100mm×50mm)

글맵시 이용(육각형), 크기(40mm×30mm), 글꼴(굴림, 빨강)

그림위치 (내 PC₩문서₩ITQ₩Picture₩로고1.jpg, 문서에 포함), 크기(40mm×30mm), 그림 효과(회색조)

하이퍼링크 : 문서작성 능력평가의 **"초등학생 미래 희망 직업"** 제목에 설정한 책갈피로 이동

글상자 이용, 선 종류(점선 또는 파선), 면색(색 없음), 글꼴(돋움, 18pt), 정렬(수평·수직-가운데)

크기(110mm×150mm)

직사각형 그리기 : 크기(10mm×14mm), 면색(하양), 글꼴(궁서, 20pt), 정렬(수평·수직-가운데)

직사각형 그리기 : 크기(8mm×8mm), 면색(하양을 제외한 임의의 색)

⭐ **과정 미리보기**   바탕 도형 삽입 ➡ 중간 도형 삽입 ➡ 제목 글상자 삽입 ➡ 그림&글맵시 삽입 ➡ 목차 도형 삽입 ➡ 책갈피&하이퍼링크 삽입

크기(110mm×150mm)

❶ 06차시(문제).hwp 파일을 실행한 후 2페이지에 입력된 문제 번호(4.)의 다음 줄을 클릭합니다. 바탕 도형을 삽입하기 위해 **[입력] 탭-[직사각형(□)]**을 클릭합니다.

❷ 마우스 포인터의 모양이 '╋'로 바뀌면 드래그하여 직사각형 도형을 삽입합니다.

❸ 도형의 크기를 변경하기 위해 도형을 더블 클릭합니다.

➕ 도형 위에서 마우스 오른쪽 버튼을 클릭하여 [개체 속성]을 선택하거나, 도형을 선택한 후 [P]를 눌러도 됩니다.

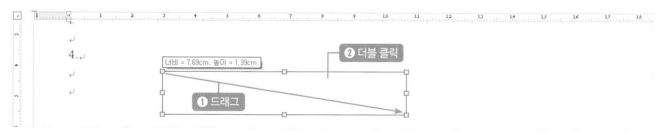

시험꿀팁

맨 뒤쪽의 바탕이 되는 도형을 먼저 만든 후 앞쪽 도형을 차례로 작성하는 것이 좋습니다.

❹ [개체 속성] 대화상자가 나타나면 **[기본] 탭**에서 **너비(110mm)**와 **높이(150mm)**를 입력한 후 **크기 고정** 항목에 **체크**합니다.

➕ '크기 고정' 항목을 체크하면 너비와 높이가 변경되는 것을 방지할 수 있습니다.

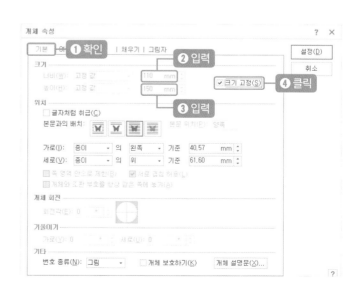

시험꿀팁

바탕 도형은 '너비'와 '높이' 값만 조건으로 제시됩니다.

❺ **[채우기] 탭**을 클릭하여 **색-면 색**에서 임의의 색을 지정한 후 **<설정>**을 클릭합니다. 이어서, 《출력형태》를 참고하여 도형의 위치를 변경합니다.

> · 면색에 대한 별도의 지시사항이 없으면 '하양'이나 '색 채우기 없음'을 제외한 임의의 색을 지정합니다.
> · 도형의 위치는 마우스로 드래그하거나 키보드 방향키를 이용하여 변경할 수 있습니다.

02 중간 도형 삽입하기

크기(100mm×50mm)

❶ 중간 도형을 삽입하기 위해 **[입력] 탭-[직사각형(□)]**을 클릭합니다. 마우스 포인터의 모양이 '╋'로 바뀌면 《출력형태》를 참고하여 비슷한 위치에 삽입한 후 도형을 더블 클릭합니다.

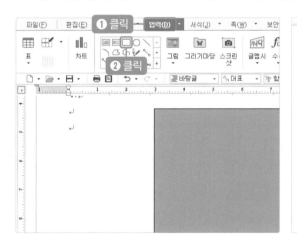 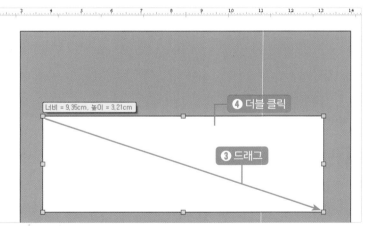

❷ **[개체 속성]** 대화상자가 나타나면 **[기본] 탭**에서 **너비(100mm)**와 **높이(50mm)**를 입력한 후 **크기 고정** 항목에 체크합니다.

시험꿀팁
중간 도형은 '너비'와 '높이' 값만 조건으로 제시됩니다.

❸ **[선] 탭**을 클릭하여 '사각형 모서리 곡률' 항목에서 **둥근 모양(▢)**을 선택합니다.

❹ 계속해서 **[채우기] 탭**을 선택하여 **색-면 색**에서 임의의 색을 선택한 후 <설정>을 클릭합니다.

➕ 사각형 모서리 곡률에 대한 별도의 지시사항이 없기 때문에 《출력형태》를 참고하여 작업합니다.

❺ 도형이 완성되면 《출력형태》를 참고하여 적당한 위치로 드래그하여 이동시킵니다.

➕ 키보드 방향키(↑, ↓, ←, →)를 이용하면 도형의 위치를 세밀하게 변경할 수 있습니다.

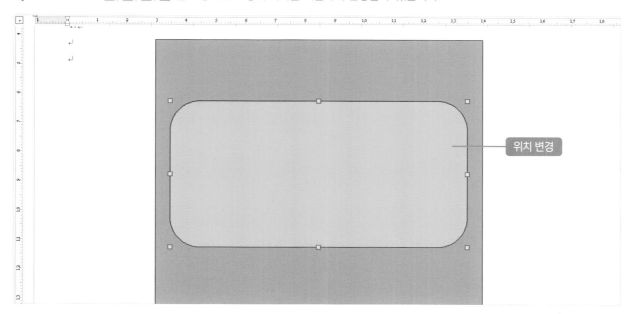

위치 변경

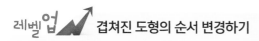 **겹쳐진 도형의 순서 변경하기**

겹쳐진 도형이 《출력형태》와 다를 경우에는 순서를 변경할 도형을 선택
한 후 [도형(▣)]-[맨 앞으로(▣)] 또는 [맨 뒤로(▣)]를 클릭합니다.

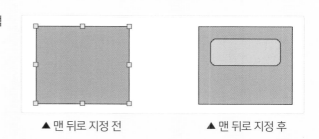

▲ 맨 뒤로 지정 전   ▲ 맨 뒤로 지정 후

글상자 : 크기(110mm×15mm), 면색(파랑), 글꼴(궁서, 24pt, 하양), 정렬(수평·수직-가운데)

❶ 제목이 입력될 글상자를 만들기 위해 **[입력] 탭-[가로 글상자(▦)]**를 클릭합니다. 마우스 포인터의 모양이 '十'로 바뀌면 《출력형태》를 참고하여 비슷한 위치에 삽입한 후 글상자의 테두리를 더블 클릭합니다.

➕ 글상자 바로 가기 키 : Ctrl+N, B

❷ **[개체 속성]** 대화상자가 나타나면 **[기본] 탭**에서 **너비(110mm)**와 **높이(15mm)**를 입력한 후 **크기 고정** 항목에 **체크**합니다.

❸ **[선] 탭**을 클릭하여 '사각형 모서리 곡률' 항목에서 **반원(▢)**을 선택합니다.

❹ 계속해서 **[채우기] 탭**을 클릭하여 **색-면 색**에서 **파랑**을 선택한 후 **<설정>**을 클릭합니다.

➕ '파랑'은 색상 테마(▶)에서 [오피스] 테마로 변경해야 선택할 수 있습니다.

시험꿀팁

제목 글상자의 면색은 《조건》에 제시된 색상으로 지정하며, '파랑과 빨강'이 주로 출제되고 있습니다.

❺ 글상자가 완성되면 《출력형태》를 참고하여 키보드 방향키(←, →, ↑, ↓)로 위치를 변경합니다.

❻ Esc 를 눌러 글상자 선택을 해제한 후 글상자 안을 클릭하여 **제목(초등학생 미래 희망 직업)**을 입력합니다.

➕ 문서의 빈 공간을 클릭해도 글상자의 선택을 해제할 수 있습니다.

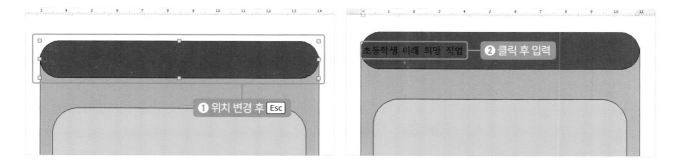

❼ 제목 내용을 마우스로 드래그하여 블록으로 지정한 후 서식 도구 상자에서 **글꼴(궁서), 글자 크기(24pt), 글자 색(하양), 가운데 정렬(≣)**을 지정합니다. 이어서, Esc 를 눌러 블록을 해제합니다.

➕ · 텍스트를 블록으로 지정하지 않고 글상자의 테두리를 선택한 후 글꼴 서식을 변경해도 결과는 동일합니다.
　· '수직-가운데' 정렬은 기본값이기 때문에 눈으로만 확인하며, 만약 수정을 해야 한다면 [개체 속성] 대화상자의 [글상자] 탭에서 '속성-세로 정렬'을 가운데로 변경합니다.

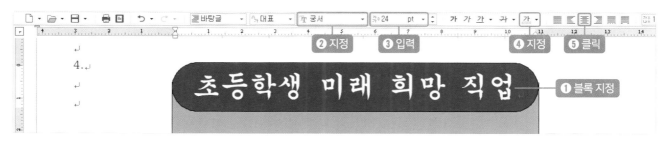

시험꿀팁

글꼴은 '궁서, 돋움, 굴림', 글자 크기는 '20~24pt'가 주로 출제되며, 글자 색은 '하양', 정렬은 '수평·수직-가운데'가 고정적으로 출제되고 있습니다.

---

04 그림 및 글맵시 삽입하기

- 그림위치(내 PC₩문서₩ITQ₩Picture₩로고1.jpg, 문서에 포함), 크기(40mm×30mm), 그림 효과(회색조)
- 글맵시 이용(육각형), 크기(40mm×30mm), 글꼴(굴림, 빨강)

1. 그림 삽입하기

❶ 그림을 삽입하기 위해 [입력] 탭-[그림(🖼)]을 클릭합니다.

➕ 그림 바로 가기 키 : Ctrl + N, I

❷ [그림 넣기] 대화상자가 나타나면 [내 PC]-[문서]-[ITQ]-[Picture] 폴더에서 **로고1.jpg**를 선택하여 아래 그림과 같이 **옵션**을 지정한 후 <넣기>를 클릭합니다.

　💬 그림을 입력할 때 '글자처럼 취급', '마우스로 크기 지정'은 체크를 해제합니다.

❸ 그림의 속성을 변경하기 위해 삽입된 그림을 더블 클릭합니다.

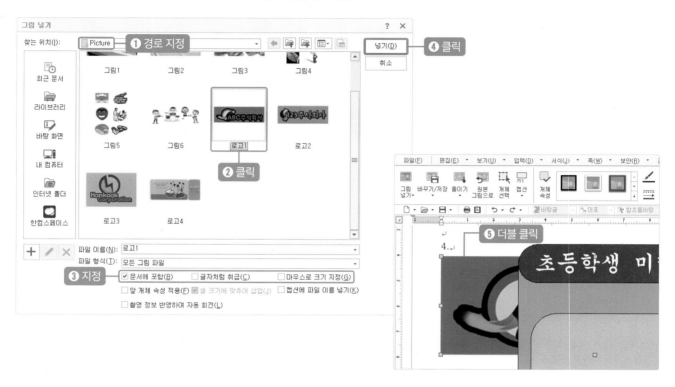

❹ [개체 속성] 대화상자가 나타나면 **[기본] 탭**에서 **너비(40mm)**와 **높이(30mm)**를 입력하고 **크기 고정** 항목에 **체크**한 후 **위치-글 앞으로( )**를 지정합니다.

　💬 위치를 '글 앞으로'로 지정하면 기존에 만들어진 도형 앞에 그림이 표시됩니다.

❺ 계속해서 그림 효과를 지정하기 위해 **[그림] 탭**을 선택한 후 '그림 효과'에서 **회색조( )**를 선택하고 <설정>을 클릭합니다.

❻ 그림의 속성이 변경되면 《출력형태》를 참고하여 적당한 위치로 이동시킨 후 [Esc]를 눌러 선택을 해제합니다.

➕ 키보드 방향키([↑], [↓], [←], [→])를 이용하면 그림의 위치를 세밀하게 변경할 수 있습니다.

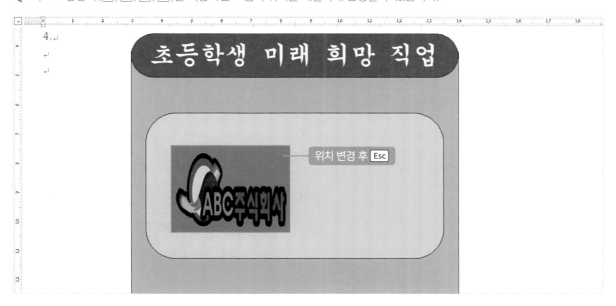

2. 글맵시 삽입하기   – 글맵시 이용(육각형), 크기(40mm×30mm), 글꼴(굴림, 빨강)

❶ 그림 옆에 글맵시를 삽입하기 위해 [입력] 탭–[글맵시(개내)]를 클릭합니다.

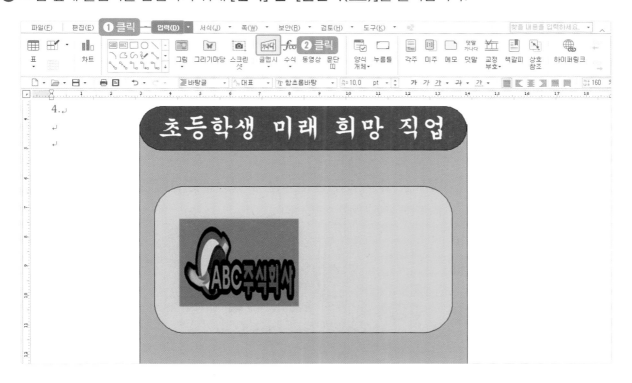

❷ [글맵시 만들기] 대화상자가 나타나면 **내용(설문조사결과)**을 입력하고 **글꼴(굴림)**과 **글맵시 모양(육각형)**을 지정한 후 <설정>을 클릭합니다.

❸ 글맵시의 속성을 변경하기 위해 삽입된 글맵시를 더블 클릭합니다.

➕ 글맵시 위에서 마우스 오른쪽 버튼을 클릭하여 [개체 속성]을 선택해도 됩니다.

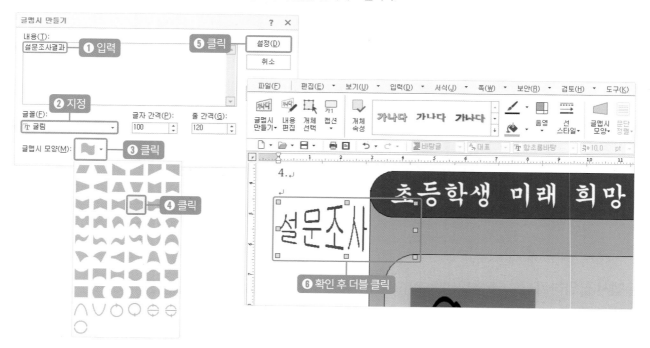

시험꿀팁

글맵시 모양은 '팽창, 물결 1, 갈매기형 수장, 역갈매기형 수장, 등변사다리꼴, 육각형' 등 다양한 모양이 출제되고 있습니다.

❹ [개체 속성] 대화상자가 나타나면 **[기본] 탭**에서 **너비(40mm)**와 **높이(30mm)**를 입력하고 **크기 고정** 항목에 **체크**한 후 **위치-글 앞으로(▤)**를 지정합니다.

❺ 계속해서 **[채우기] 탭**을 클릭하여 **색-면 색**에서 **빨강**을 선택한 후 <설정>을 클릭합니다.

➕ '빨강'은 색상 테마(▶)에서 [오피스] 테마로 변경해야 선택할 수 있습니다.

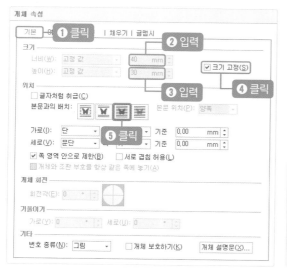

❻ 글맵시의 속성이 변경되면 《출력형태》를 참고하여 적당한 위치로 이동시킨 후 [Esc]를 눌러 선택을 해제합니다.

---

05 목차 도형 및 글상자 삽입하기

- 직사각형 그리기 : 크기(10mm×14mm), 면색(하양), 글꼴(궁서, 20pt), 정렬(수평·수직-가운데)
- 직사각형 그리기 : 크기(8mm×8mm), 면색(하양을 제외한 임의의 색)
- 글상자 이용, 선 종류(점선 또는 파선), 면색(색 없음), 글꼴(돋움, 18pt), 정렬(수평·수직-가운데)

1. 뒤쪽의 목차 도형 삽입하기

❶ 뒤쪽 목차 도형을 삽입하기 위해 [입력] 탭-[직사각형(□)]을 클릭합니다. 마우스 포인터의 모양이 '十'로 바뀌면 《출력형태》를 참고하여 비슷한 위치에 삽입한 후 도형을 더블 클릭합니다.

> ➕ 목차 도형 작업 순서는 《출력형태》를 참고하여 뒤쪽 도형부터 작업을 합니다.

❷ [개체 속성] 대화상자가 나타나면 [기본] 탭에서 너비(8mm)와 높이(8mm)를 입력한 후 크기 고정 항목에 체크합니다.

❸ 계속해서 [선] 탭을 클릭하여 '사각형 모서리 곡률' 항목에서 둥근 모양(□)을 선택합니다.

❹ 마지막으로 [**채우기**] **탭**을 선택하여 **색-면 색**에서 임의의 색을 지정한 후 <설정>을 클릭합니다. 이어서, 《출력형태》를 참고하여 위치를 변경합니다.

2. 번호가 입력된 목차 도형 삽입하기
    – 직사각형 그리기 : 크기(10mm×14mm), 면색(하양), 글꼴(궁서, 20pt),
                   정렬(수평·수직-가운데)

❶ [**입력**] **탭-[직사각형(□)]**을 클릭합니다. 마우스 포인터의 모양이 '**+**'로 바뀌면 《출력형태》를 참고하여 비슷한 위치에 삽입한 후 도형을 더블 클릭합니다.

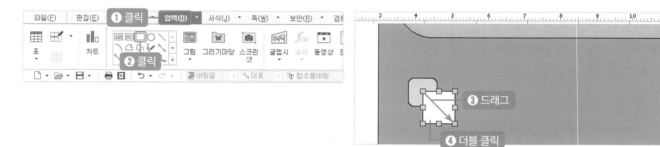

시험꿀팁

도형의 배치 순서는 무작위로 출제가 되기 때문에 번호가 입력된 도형이 뒤쪽(▣)으로 배치되었을 경우에는 해당 도형을 먼저 작업하는 것이 편리합니다.

❷ [**개체 속성**] 대화상자가 나타나면 [**기본**] **탭**에서 **너비(10mm)**와 **높이(14mm)**를 입력한 후 **크기 고정** 항목에 **체크**합니다.

❸ 계속해서 [**채우기**] **탭**을 클릭하여 **색-면 색**에서 **하양**을 선택한 후 <설정>을 클릭합니다.

    💬 '하양'은 색상 테마(▶)에서 [기본] 테마로 변경해야 선택할 수 있습니다.

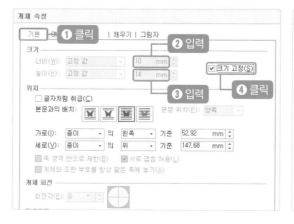 

❹ 《출력형태》를 참고하여 기존에 작성한 뒤쪽 도형을 기준으로 위치를 변경합니다.

➕ 키보드 방향키(↑, ↓, ←, →)를 이용하면 도형의 위치를 세밀하게 변경할 수 있습니다.

❺ 흰색 사각형 도형 안쪽에 텍스트를 입력하기 위해 도형 위에서 마우스 오른쪽 버튼을 클릭하여 [도형 안에 글자 넣기]를 선택합니다.

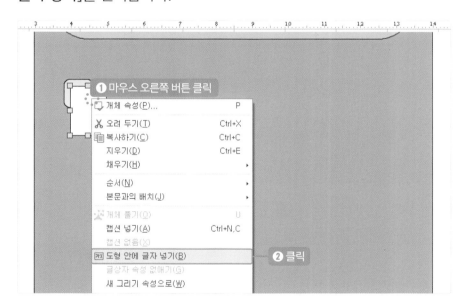

❻ 도형 안쪽에 커서가 활성화되면 1을 입력한 후 글자를 블록으로 지정합니다. 이어서, 글꼴(궁서), 글자 크기 (20pt), 가운데 정렬(≡)을 지정한 후 Esc를 누릅니다.

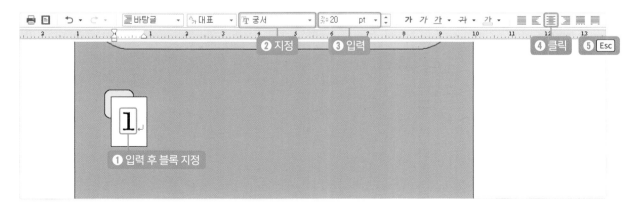

3. 목차 글상자 삽입하기   – 글상자 이용, 선 종류(점선 또는 파선), 면색(색 없음), 글꼴(돋움, 18pt), 정렬(수평·수직-가운데)

❶ 글상자를 삽입하기 위해 **[입력] 탭-[가로 글상자(▤)]**를 클릭합니다. 마우스 포인터의 모양이 '**╋**'로 바뀌면 《출력형태》를 참고하여 비슷한 위치에 삽입합니다.

➕ 글상자의 크기는 조건에 없기 때문에 《출력형태》를 참고하여 적당하게 조절합니다.

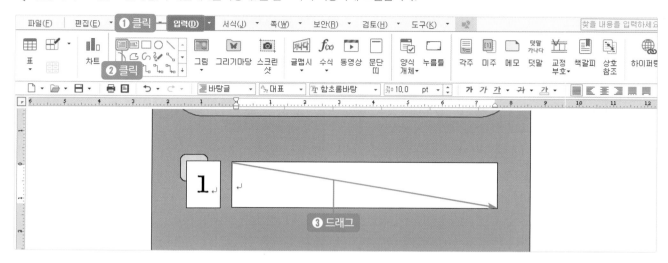

❷ 글상자의 속성을 변경하기 위해 테두리를 더블 클릭합니다.

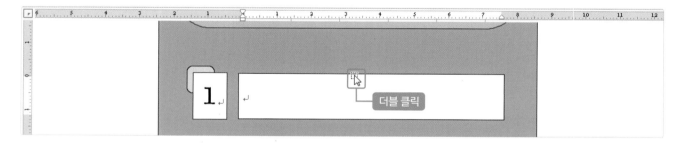

❸ **[개체 속성]** 대화상자가 나타나면 **[선] 탭**에서 '**선**'의 **종류(파선)**를 변경합니다.

❹ 계속해서 **[채우기] 탭**을 클릭하여 '**채우기**'를 **색 채우기 없음**으로 선택한 후 <설정>을 클릭합니다.

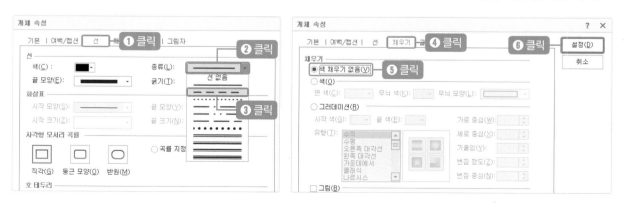

시험꿀팁

· 선 종류는 '점선(··············)'이나 '파선(━ ━ ━ ━)' 중 하나를 선택하면 됩니다.

· 목차 글상자의 면색은 '색 채우기 없음'이 고정적으로 출제되고 있습니다.

❺ Esc 를 눌러 글상자 선택을 해제한 후 글상자 안쪽을 클릭하여 목차 내용을 입력합니다.

❻ 글꼴 서식을 변경하기 위해 해당 내용을 블록으로 지정한 후 **글꼴(돋움), 글자 크기(18pt), 가운데 정렬**(圭)을 지정합니다.

➕ 글상자의 테두리를 클릭한 상태에서 글꼴 서식을 변경해도 결과는 동일합니다.

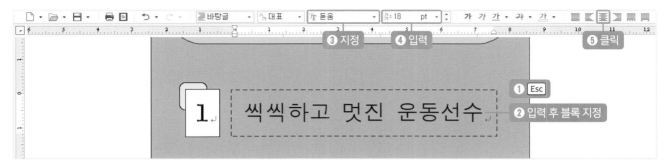

❼ Shift 를 누른 채 목차 작성에 사용된 개체들을 모두 선택한 후 Ctrl + Shift +드래그하여 아래쪽에 복사합니다. 복사된 개체가 선택된 상태에서 한 번 더 Ctrl + Shift +드래그하여 아래쪽에 복사합니다.

➕ Shift 를 누른 채 '뒤쪽 도형, 숫자 도형, 글상자'를 차례로 클릭하여 모두 선택합니다.

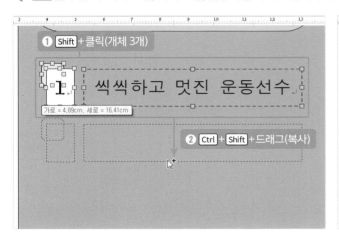
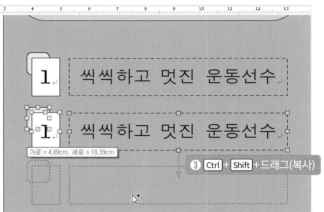

❽ 복사된 목차 도형 및 글상자에 입력된 내용을 블록으로 지정한 후 《출력형태》와 동일한 내용으로 변경합니다.

❾ 내용 수정이 끝나면 뒤쪽 목차 도형을 더블 클릭하여 면 색을 임의의 색으로 변경합니다.

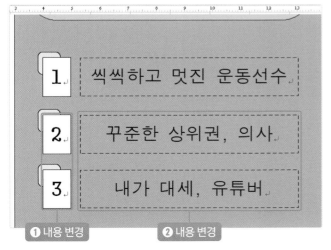
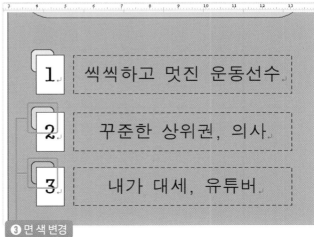

- 하이퍼링크 : 문서작성 능력평가의 **"초등학생 미래 희망 직업"** 제목에 설정한 책갈피로 이동
- 책갈피 이름 : 장래희망

❶ 책갈피를 삽입하기 위해 3페이지 첫 번째 줄에 [문서작성 능력평가]를 참고하여 **제목(초등학생 미래 희망 직업)**을 입력합니다.

❷ 제목의 맨 앞을 클릭하여 커서를 이동시킨 후 **[입력] 탭-[책갈피(📑)]**를 클릭합니다.

➕ 책갈피 바로 가기 키 : Ctrl+K, B

시험꿀팁

3페이지의 제목 앞에 책갈피를 지정하는 문제가 고정적으로 출제되고 있습니다.

❸ [책갈피] 대화상자가 나타나면 **책갈피 이름(장래희망)**을 입력한 후 **<넣기>**를 클릭합니다.

➕ 책갈피 이름은 [문제작성 능력평가] 문제지에 제시된 이름을 입력합니다.

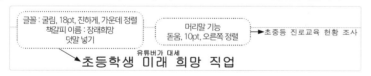

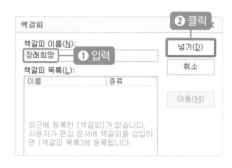

레벨업 📈 책갈피 수정&삭제하기

❶ 책갈피 이름이 잘못 입력된 경우 [입력] 탭-[책갈피(📑)]를 클릭합니다. [책갈피] 대화상자의 '책갈피 목록'에서 이름을 변경할 책갈피를 선택한 후 '책갈피 이름 바꾸기(✏)' 아이콘을 클릭하여 변경합니다.

❷ 책갈피를 삭제하고자 할 때에는 '책갈피 목록'에서 삭제할 책갈피를 선택한 후 '삭제(✕)' 아이콘을 클릭합니다.

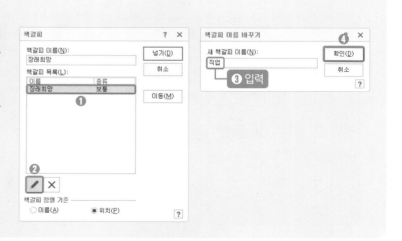

❹ 3페이지에 작성된 책갈피에 하이퍼링크를 지정하기 위해 2페이지에 삽입된 로고 그림을 선택한 후 [입력] 탭-[하이퍼링크(🌐)]를 클릭합니다.

➕ 하이퍼링크 바로 가기 키 : Ctrl + K, H

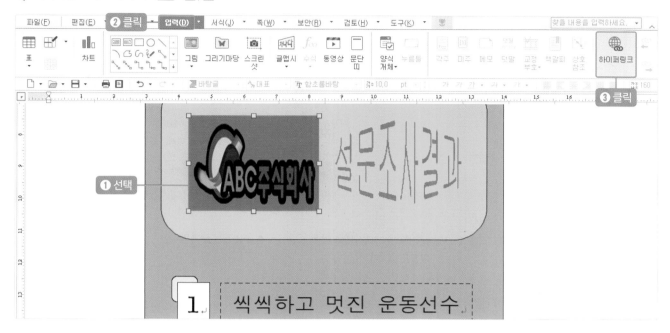

시험꿀팁

'2페이지'에 삽입된 로고 그림을 '3페이지'에 작성된 책갈피로 연결하는 하이퍼링크 문제가 고정적으로 출제되고 있습니다.

❺ [하이퍼링크] 대화상자가 나타나면 '연결 대상'에서 [현재 문서]-**장래희망**을 선택한 후 <넣기>를 클릭합니다.

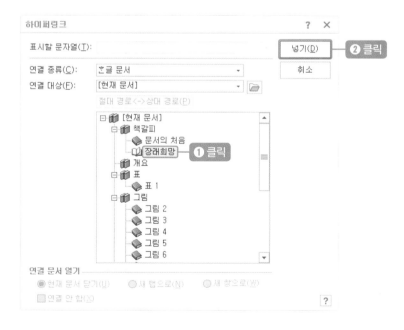

❻ [Esc]를 눌러 그림 선택을 해제합니다. 이어서, 하이퍼링크가 적용된 그림을 클릭하여 책갈피가 삽입된 3페이지의 첫 번째 줄(제목)로 이동하는 것을 확인합니다.

➕ 하이퍼링크가 설정된 곳으로 마우스 포인터를 가져가면 '👆' 모양으로 변경됩니다.

▲ 3페이지 첫 번째 줄

레벨업 **하이퍼링크 해제하기**

❶ 하이퍼링크가 설정된 개체는 [Shift]를 누른 상태에서 선택할 수 있습니다.

❷ 그림이 선택되면 마우스 오른쪽 버튼을 클릭하여 [하이퍼링크]를 선택하거나, [입력]탭-[하이퍼링크]를 클릭합니다.

❸ [하이퍼링크 고치기] 대화상자가 나타나면 하단의 '연결 안 함'을 체크한 후 <고치기>를 클릭합니다.

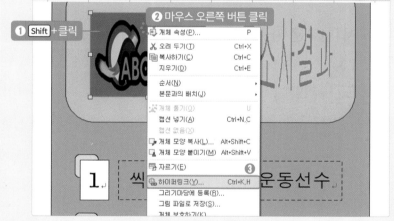

❼ 작업이 완료되면 서식 도구 상자에서 [**저장하기(💾)**]를 클릭하거나 [Alt]+[S]를 눌러 파일을 저장합니다.

1 다음의 《조건》에 따라 《출력형태》와 같이 문서를 작성하시오.

소스파일: 06차시-01(문제).hwp
완성파일: 06차시-01(완성).hwp

《조건》

⑴ 그리기 도구를 이용하여 작성하고, 모든 도형(글맵시, 지정된 그림 포함)을 《출력형태》와 같이 작성하시오.

⑵ 도형의 면색은 지시사항이 없으면 색 없음을 제외하고 서로 다르게 임의로 지정하시오.

《출력형태》

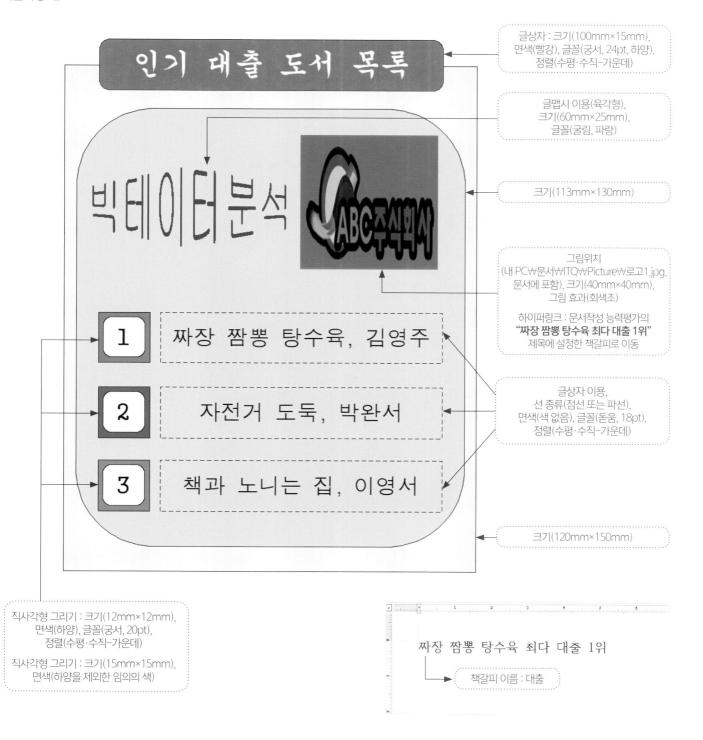

글상자 : 크기(100mm×15mm), 면색(빨강), 글꼴(궁서, 24pt, 하양), 정렬(수평·수직-가운데)

글맵시 이용(육각형), 크기(60mm×25mm), 글꼴(굴림, 파랑)

크기(113mm×130mm)

그림위치
(내 PC₩문서₩ITQ₩Picture₩로고1.jpg, 문서에 포함), 크기(40mm×40mm), 그림 효과(회색조)

하이퍼링크 : 문서작성 능력평가의
"짜장 짬뽕 탕수육 최다 대출 1위"
제목에 설정한 책갈피로 이동

글상자 이용,
선 종류(점선 또는 파선),
면색(색 없음), 글꼴(돋움, 18pt),
정렬(수평·수직-가운데)

크기(120mm×150mm)

직사각형 그리기 : 크기(12mm×12mm), 면색(하양), 글꼴(궁서, 20pt), 정렬(수평·수직-가운데)

직사각형 그리기 : 크기(15mm×15mm), 면색(하양을 제외한 임의의 색)

짜장 짬뽕 탕수육 최다 대출 1위

책갈피 이름 : 대출

2 다음의 《조건》에 따라 《출력형태》와 같이 문서를 작성하시오.

소스파일: 06차시-02(문제).hwp
완성파일: 06차시-02(완성).hwp

《조건》

(1) 그리기 도구를 이용하여 작성하고, 모든 도형(글맵시, 지정된 그림 포함)을 《출력형태》와 같이 작성하시오.

(2) 도형의 면색은 지시사항이 없으면 색 없음을 제외하고 서로 다르게 임의로 지정하시오.

《출력형태》

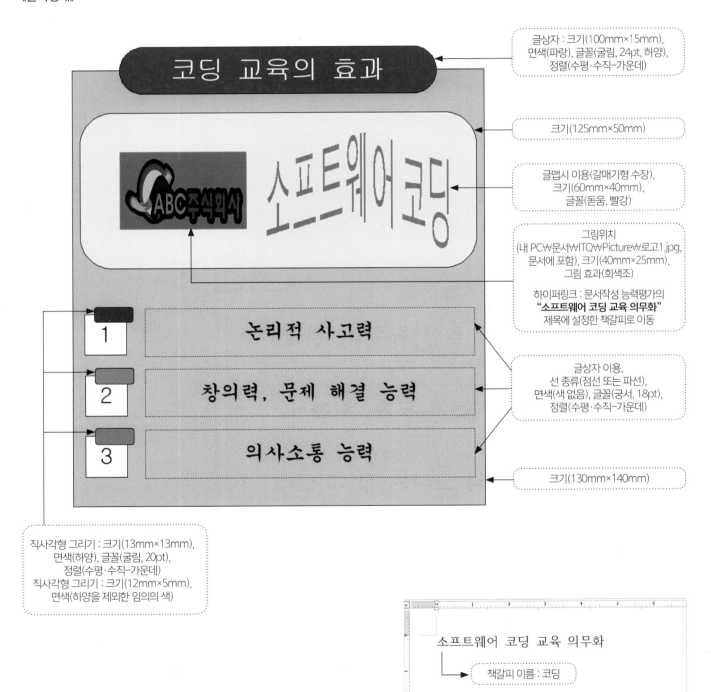

글상자 : 크기(100mm×15mm),
면색(파랑), 글꼴(굴림, 24pt, 하양),
정렬(수평·수직-가운데)

크기(125mm×50mm)

글맵시 이용(갈매기형 수장),
크기(60mm×40mm),
글꼴(돋움, 빨강)

그림위치
(내 PC\문서\ITQ\Picture\로고1.jpg,
문서에 포함), 크기(40mm×25mm),
그림 효과(회색조)

하이퍼링크 : 문서작성 능력평가의
"소프트웨어 코딩 교육 의무화"
제목에 설정한 책갈피로 이동

글상자 이용,
선 종류(점선 또는 파선),
면색(색 없음), 글꼴(궁서, 18pt),
정렬(수평·수직-가운데)

크기(130mm×140mm)

직사각형 그리기 : 크기(13mm×13mm),
면색(하양), 글꼴(굴림, 20pt),
정렬(수평·수직-가운데)
직사각형 그리기 : 크기(12mm×5mm),
면색(하양을 제외한 임의의 색)

소프트웨어 코딩 교육 의무화

책갈피 이름 : 코딩

3 다음의 《조건》에 따라 《출력형태》와 같이 문서를 작성하시오.

소스파일: 06차시-03(문제).hwp
완성파일: 06차시-03(완성).hwp

《조건》

⑴ 그리기 도구를 이용하여 작성하고, 모든 도형(글맵시, 지정된 그림 포함)을 《출력형태》와 같이 작성하시오.

⑵ 도형의 면색은 지시사항이 없으면 색 없음을 제외하고 서로 다르게 임의로 지정하시오.

《출력형태》

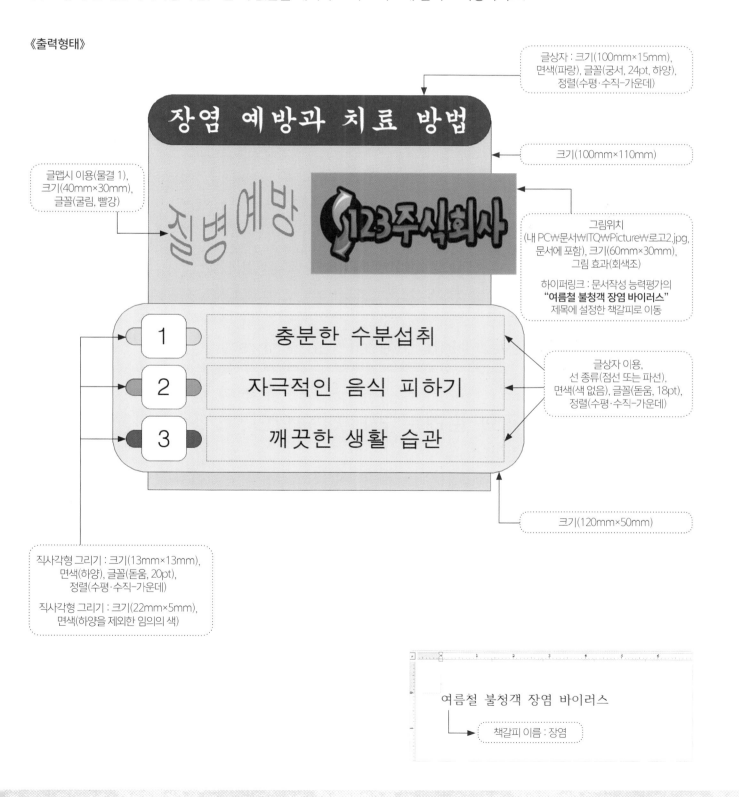

글상자 : 크기(100mm×15mm), 면색(파랑), 글꼴(궁서, 24pt, 하양), 정렬(수평·수직-가운데)

크기(100mm×110mm)

글맵시 이용(물결 1), 크기(40mm×30mm), 글꼴(굴림, 빨강)

그림위치 (내 PC₩문서₩ITQ₩Picture₩로고2.jpg, 문서에 포함), 크기(60mm×30mm), 그림 효과(회색조)

하이퍼링크 : 문서작성 능력평가의 **"여름철 불청객 장염 바이러스"** 제목에 설정한 책갈피로 이동

글상자 이용, 선 종류(점선 또는 파선), 면색(색 없음), 글꼴(돋움, 18pt), 정렬(수평·수직-가운데)

크기(120mm×50mm)

직사각형 그리기 : 크기(13mm×13mm), 면색(하양), 글꼴(돋움, 20pt), 정렬(수평·수직-가운데)

직사각형 그리기 : 크기(22mm×5mm), 면색(하양을 제외한 임의의 색)

여름철 불청객 장염 바이러스

책갈피 이름 : 장염

4 다음의 《조건》에 따라 《출력형태》와 같이 문서를 작성하시오.

소스파일: 06차시-04(문제).hwp
완성파일: 06차시-04(완성).hwp

《조건》

(1) 그리기 도구를 이용하여 작성하고, 모든 도형(글맵시, 지정된 그림 포함)을 《출력형태》와 같이 작성하시오.

(2) 도형의 면색은 지시사항이 없으면 색 없음을 제외하고 서로 다르게 임의로 지정하시오.

《출력형태》

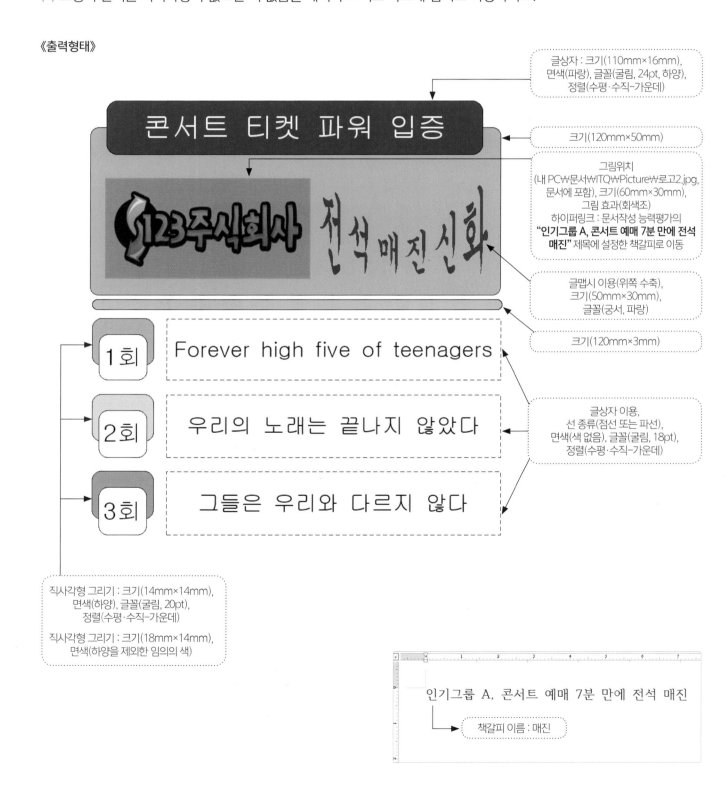

글상자 : 크기(110mm×16mm), 면색(파랑), 글꼴(굴림, 24pt, 하양), 정렬(수평·수직-가운데)

크기(120mm×50mm)

그림위치
(내 PC\문서\ITQ\Picture\로고2.jpg, 문서에 포함), 크기(60mm×30mm), 그림 효과(회색조)
하이퍼링크 : 문서작성 능력평가의 **"인기그룹 A, 콘서트 예매 7분 만에 전석 매진"** 제목에 설정한 책갈피로 이동

글맵시 이용(위쪽 수축), 크기(50mm×30mm), 글꼴(궁서, 파랑)

크기(120mm×3mm)

글상자 이용, 선 종류(점선 또는 파선), 면색(색 없음), 글꼴(굴림, 18pt), 정렬(수평·수직-가운데)

직사각형 그리기 : 크기(14mm×14mm), 면색(하양), 글꼴(굴림, 20pt), 정렬(수평·수직-가운데)

직사각형 그리기 : 크기(18mm×14mm), 면색(하양을 제외한 임의의 색)

인기그룹 A, 콘서트 예매 7분 만에 전석 매진

책갈피 이름 : 매진

5 다음의 《조건》에 따라 《출력형태》와 같이 문서를 작성하시오.

소스파일: 06차시-05(문제).hwp
완성파일: 06차시-05(완성).hwp

《조건》

⑴ 그리기 도구를 이용하여 작성하고, 모든 도형(글맵시, 지정된 그림 포함)을 《출력형태》와 같이 작성하시오.

⑵ 도형의 면색은 지시사항이 없으면 색 없음을 제외하고 서로 다르게 임의로 지정하시오.

《출력형태》

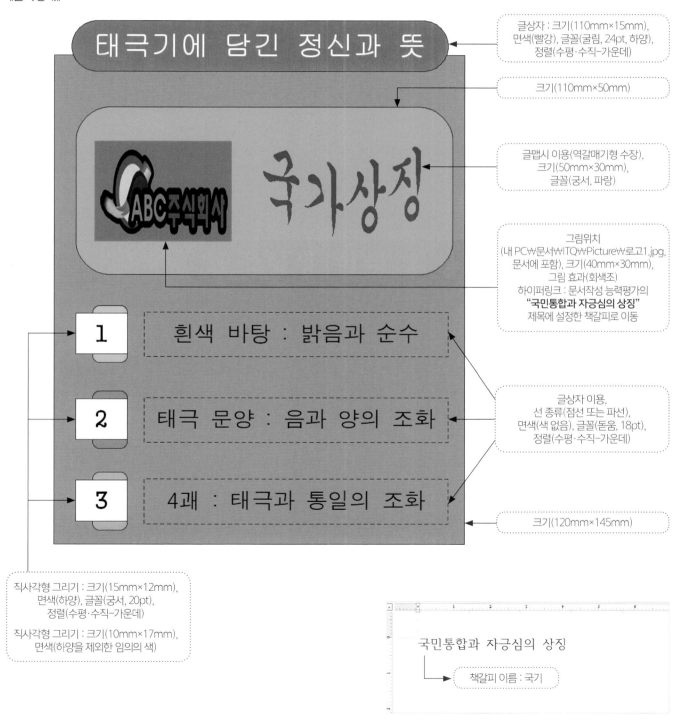

6 다음의 《조건》에 따라 《출력형태》와 같이 문서를 작성하시오.

소스파일: 06차시-06(문제).hwp
완성파일: 06차시-06(완성).hwp

《조건》

(1) 그리기 도구를 이용하여 작성하고, 모든 도형(글맵시, 지정된 그림 포함)을 《출력형태》와 같이 작성하시오.
(2) 도형의 면색은 지시사항이 없으면 색 없음을 제외하고 서로 다르게 임의로 지정하시오.

《출력형태》

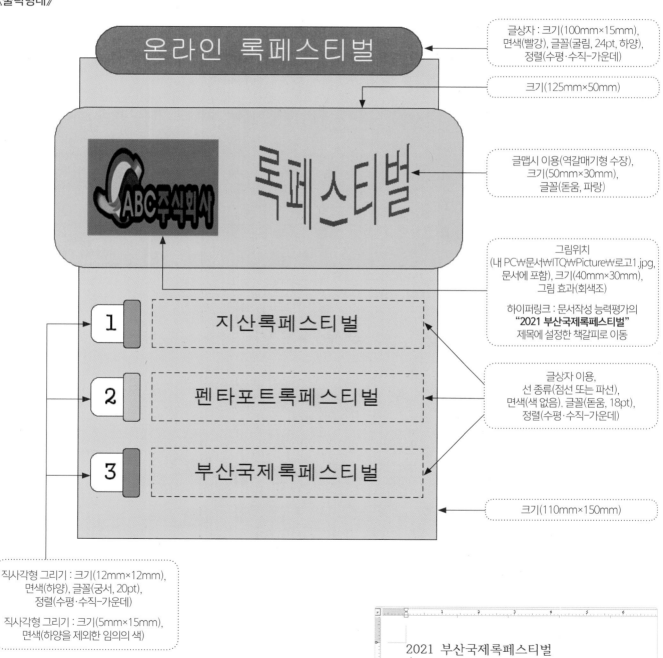

글상자 : 크기(100mm×15mm),
면색(빨강), 글꼴(굴림, 24pt, 하양),
정렬(수평·수직-가운데)

크기(125mm×50mm)

글맵시 이용(역갈매기형 수장),
크기(50mm×30mm),
글꼴(돋움, 파랑)

그림위치
(내 PC\문서\ITQ\Picture\로고1.jpg,
문서에 포함), 크기(40mm×30mm),
그림 효과(회색조)

하이퍼링크 : 문서작성 능력평가의
"2021 부산국제록페스티벌"
제목에 설정한 책갈피로 이동

글상자 이용,
선 종류(점선 또는 파선),
면색(색 없음), 글꼴(돋움, 18pt),
정렬(수평·수직-가운데)

크기(110mm×150mm)

직사각형 그리기 : 크기(12mm×12mm),
면색(하양), 글꼴(궁서, 20pt),
정렬(수평·수직-가운데)

직사각형 그리기 : 크기(5mm×15mm),
면색(하양을 제외한 임의의 색)

2021 부산국제록페스티벌

책갈피 이름 : 록페스티벌

[문서작성 능력평가] (200점)
문서 입력 및 편집

• 오탈자 없이 문서 내용 및 표를 입력합니다.
• 그림을 삽입하여 필요한 부분만 잘라낸 후 크기와 바깥 여백을 지정합니다.
• 지시사항에 맞추어 문서를 편집합니다.

출제 유형 미리보기

소스파일: 07차시(문제).hwp   완성파일: 07차시(완성).hwp

글꼴 : 굴림, 18pt, 진하게, 가운데 정렬
책갈피 이름 : 장래희망
덧말 넣기

머리말 기능
돋움, 10pt, 오른쪽 정렬

초중등 진로교육 현황 조사

그림위치(내 PC₩문서₩ITQ₩Picture₩
그림4.jpg, 문서에 포함)
자르기 기능 이용, 크기(40mm×40mm),
바깥 여백 왼쪽 : 2mm

문단 첫 글자 장식 기능
글꼴 : 궁서, 면색 : 노랑

유튜버가 대세
초등학생 미래 희망 직업

초 등학생들의 미래 희망 직업 조사 결과가 흥미롭다. 교육부와 한국직업능력개발원에 서는 2022년 초중등 학생들을 대상으로 한 희망 직업(職業) 조사 결과 보고서를 발 표했다. 이 중 초등학생들의 희망 직업 결과가 주목할 만하다. 그동안 다년간 1위를 차지했 던 '교사'를 밀어내고 '운동선수'가 1위를 차지했으며, 인터넷방송 진행자인 '유튜버'가 처음 으로 희망 직업 5위로 10권권에 진입한 것은 처음이다.

각종 국제대회(國際大會)에서 성과를 내는 스포츠 선수들을 보면서 손흥민, 김연아와 같 은 운동선수가 되기를 꿈꾸는 것으로 예상된다. 가장 눈길을 끄는 것은 바로 5위에 오른 '유튜버'이다. 1인 미디어 시대가 도래하면서 이미 유튜브에서는 수많은 어린이 인플루언 서ⓐ들이 활약하고 있다. 이 영향으로 유튜버를 꿈꾸는 아이들이 늘어나고 있는 것으로 판단된다.

초중고 학생들이 희망 직업을 선택한 이유로는 '내가 좋아해서', '내가 잘 할 수 있을 것 같아서'가 차례로 1위와 2 위를 차지했다. 부모의 희망 직업과는 별개로 자신이 잘 할 수 있는 직업에 대한 선호 현상이 뚜렷해졌다.

각주

글꼴 : 돋움, 18pt, 하양
음영색 : 파랑

◆ 초등학생 미래 희망 직업 조사 개요

가. 설문기간 및 조사인원
  1) 설문기간 : 2022년 6월 12일 - 7월 20일(약 5주간)
  2) 조사인원 : 전국 400개 초등학교 8,597명
나. 조사 시행 방법
  1) 공문 발송 : 웹 페이지 주소를 전체 대상 학교에 공문 발송
  2) 모바일용 개발 : 응답의 편의성 제공을 위해 모바일용 개발

문단 번호 기능 사용
1수준 : 20pt, 오른쪽정렬,
2수준 : 30pt, 오른쪽정렬
줄 간격 : 180%

표 전체 글꼴 : 돋움, 10pt, 가운데 정렬
셀 배경(그러데이션) : 유형(가운데에서),
시작색(하양), 끝색(노랑)

◆ 희망 직업 순위 변화와 선택 이유

글꼴 : 돋움, 18pt, 밑줄, 강조점

순위	2021년	2022년	비고
1위	교사	운동선수	아시안 게임, 월드컵 등의 스포츠 행사를 통한 높은 관심
2위	운동선수	교사	높은 사명감으로 일하고 다른 사람의 존경을 받는 직업
3위	의사	의사	
4위	요리사	요리사	내가 아이디어를 내고 창의적으로 일할 수 있는 직업
5위	경찰관	유튜버	

글꼴 : 굴림, 24pt, 진하게
장평 105%, 오른쪽 정렬

한국직업능력개발원

각주 구분선 : 5cm

ⓐ 페이스북, 유튜브 등 소셜네트워크서비스에 수십만 명의 구독자를 보유한 SNS 유명인

쪽 번호 매기기
6으로 시작

⑥

⭐ 과정 미리보기   문서 입력 ➜ 조건에 맞추어 문서 편집 ➜ 그림 입력 ➜ 표 작업 및 편집 ➜ 쪽 번호 입력

- 제목 → 글꼴 : 굴림, 18pt, 진하게, 가운데 정렬 / 책갈피 이름 : 장래희망 / 덧말 넣기
- 머리말 → 머리말 기능, 돋움, 10pt, 오른쪽 정렬

1. 문서 내용 입력 및 제목 편집하기

❶ 07차시(문제).hwp 파일을 실행한 후 3페이지에 입력된 제목(직업) 뒤에 커서를 놓고 Enter 를 두 번 누른 후 지시선의 내용을 제외한 본문만 오탈자 없이 입력합니다.

➕ 첫 번째 문단 시작은 띄어쓰기 없이 바로 내용을 입력하면 되고, 나머지 문단을 시작할 때는 Space Bar 를 두 번 누른 후 내용을 입력합니다.

> 초등학생 미래 희망 직업↵ Enter
>
> ↵ Enter
>
> 초등학생들의 미래 희망 직업 조사 결과가 흥미롭다. 교육부와 한국직업능력개발원에서는 2022년 초중등 학생들을 대상으로 한 희망 직업 조사 결과 보고서를 발표했다. 이 중 초등학생들의 희망 직업 결과가 주목할 만하다. 그동안 다년간 1위를 차지했던 '교사'를 밀어내고 '운동선수'가 1위를 차지했으며, 인터넷방송 진행자인 '유튜버'가 처음으로 희망 직업 5위로 10위권에 진입한 것은 처음이다.↵ Enter
>
> Space Bar 2번 각종 국제대회에서 성과를 내는 스포츠 선수들을 보면서 손흥민, 김연아와 같은 운동선수가 되기를 꿈꾸는 것으로 예상된다. 가장 눈길을 끄는 것은 바로 5위에 오른 '유튜버'이다. 1인 미디어 시대가 도래하면서 이미 유튜브에서는 수많은 어린이 인플루언서들이 활약하고 있다. 이 영향으로 유튜버를 꿈꾸는 아이들이 늘어나고 있는 것으로 판단된다.↵ Enter
>
> Space Bar 2번 초중고 학생들이 희망 직업을 선택한 이유로는 '내가 좋아해서', '내가 잘 할 수 있을 것 같아서'가 차례로 1위와 2위를 차지했다. 부모의 희망 직업과는 별개로 자신이 잘 할 수 있는 직업에 대한 선호 현상이 뚜렷해졌다.↵

❷ 제목을 편집하기 위해 블록으로 지정한 후 서식 도구 상자에서 **글꼴(굴림), 글자 크기(18pt), 진하게(가)**, **가운데 정렬(三)**을 지정합니다.

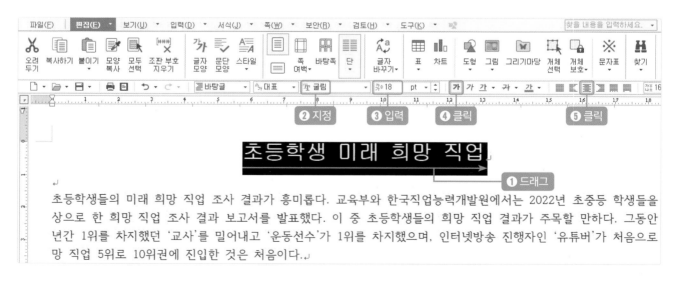

❸ 제목이 블록으로 지정된 상태에서 덧말을 입력하기 위해 **[입력] 탭-[덧말(덧말
가나다)]**을 클릭합니다.

❹ **[덧말 넣기]** 대화상자가 나타나면 덧말 입력 칸에 **유튜버가 대세**를 입력한 후 **<넣기>**를 클릭합니다.

➕ '본말'은 블록으로 지정된 제목 내용이 표시되며, 덧말 위치는 '위'가 기본값이므로 《출력형태》를 참고하여 선택합니다.

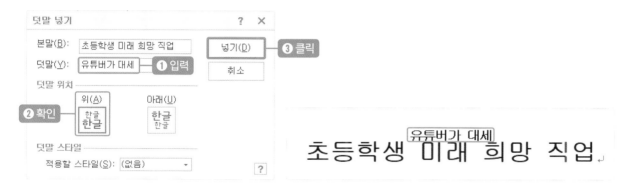

시험꿀팁

제목 위쪽에 덧말을 입력하는 문제가 고정적으로 출제되며, 입력된 덧말을 더블 클릭하면 덧말을 수정할 수 있습니다.

2. 머리말 입력 및 편집하기   – 머리말 기능 → 돋움, 10pt, 오른쪽 정렬

❶ 머리말을 입력하기 위해 **[쪽] 탭-[머리말(▤)]-[위쪽]-[모양 없음]**을 클릭합니다.

➕ 머리말 바로 가기 키 : Ctrl + N , H

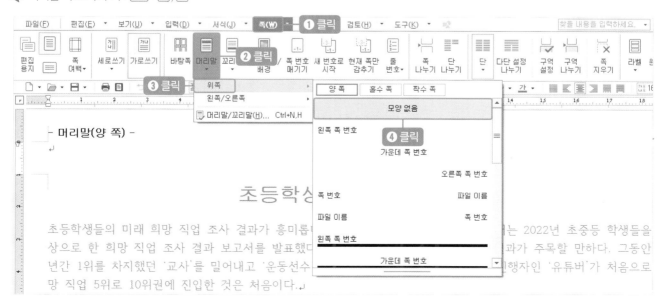

❷ 머리말 입력 부분이 활성화되면 해당 영역을 클릭한 후 문제지를 참고하여 머리말 내용(**초중등 진로교육 현황 조사**)을 입력합니다.

❸ 머리말을 블록으로 지정한 후 서식 도구 상자에서 **글꼴(돋움), 크기(10pt), 오른쪽 정렬(￣)**을 지정합니다.

❹ 머리말 작업이 완료되면 [Esc]를 눌러 결과를 확인한 후 **[머리말/꼬리말] 탭-[머리말/꼬리말 닫기(￣)]**를 클릭합니다.

➕ [Shift]+[Esc]를 눌러서 머리말 편집 상태를 빠져 나올 수도 있습니다.

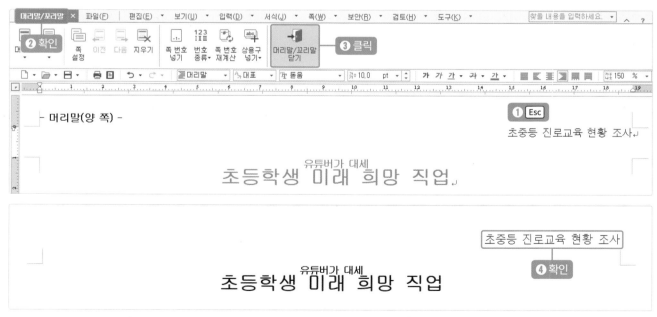

레벨업 ✎ **머리말 수정**

문서에 입력된 머리말을 더블 클릭하면 머리말을 수정할 수 있습니다.

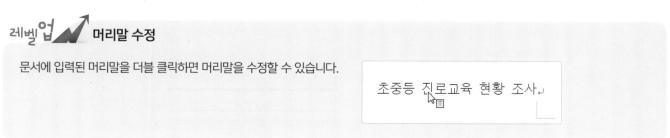

02
02 문단 첫 글자 장식 및 한자 입력하기

문단 첫 글자 장식 기능 → 글꼴 : 궁서, 면색 : 노랑

1. 문단 첫 글자 장식하기

❶ 첫 번째 문단의 첫 글자(초) 앞에 커서를 놓고 [서식] 탭-[문단 첫 글자 장식(輦)]을 클릭합니다.

➕ 글자를 블록으로 지정하지 않도록 주의합니다.

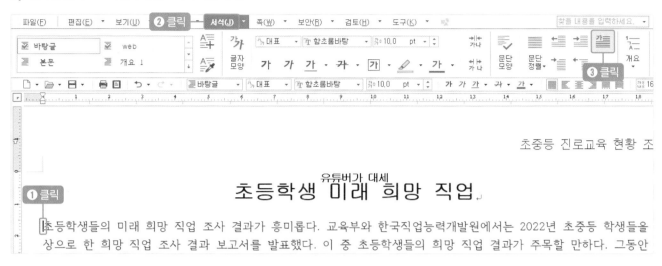

❷ [문단 첫 글자 장식] 대화상자가 나타나면 **모양(2줄(▦))**, **글꼴(궁서)**, **면 색(노랑)**을 지정한 후 **<설정>**을 클릭합니다.

➕ 면 색 '노랑'은 색상 테마(▶)에서 [오피스] 테마로 변경해야 선택할 수 있습니다.

시험꿀팁
- 문단 첫 글자 장식의 모양은 문제지를 참고하여 작업하며, '2줄'이 고정적으로 출제되고 있습니다.
- 글꼴은 '궁서, 굴림, 돋움'이 주로 출제되며, 면 색은 '노랑'이 고정적으로 출제되고 있습니다.

2. 한자 변환하기   – 언급하지 않은 조건은 《출력형태》와 같이 작성합니다.

❶ 본문 내용 중에서 한자로 변환할 단어인 **직업**을 블록으로 지정한 후 F9를 누릅니다.

> ➕ · 한자 변환 작업 전에 문제지에서 변환할 단어(직업, 국제대회)들을 먼저 확인한 후 차례로 작업합니다.
> · [입력]-[한자 입력(✤)]-[한자로 바꾸기] 메뉴를 이용하거나 한자를 눌러 변환할 수도 있습니다.

유튜버가 대세
초등학생 미래 희망 직업⏎

블록 지정+F9

초 등학생들의 미래 희망 직업 조사 결과가 흥미롭다. 교육부와 한국직업능력개발원에서는 2022년 초중등 학생들을 대상으로 한 희망 직업 조사 결과 보고서를 발표했다. 이 중 초등학생들의 희망 직업 결과가 주목할 만하다. 그동안 다년간 1위를 차지했던 '교사'를 밀어내고 '운동선수'가 1위를 차지했으며, 인터넷방송 진행자인 '유튜버'

❷ [한자로 바꾸기] 대화상자가 나타나면 문제지와 동일한 한자를 선택하고 '입력 형식'을 **한글(漢字)**로 선택한 후 <바꾸기>를 클릭합니다.

> ➕ 입력 형식
> – '漢字' : 한글을 한자로만 변환(예 : 韓國)
> – 漢字(한글) : 한자와 한글로 변환(예 : 韓國(한국))
> – 한글(漢字) : 한글과 한자로 변환(예 : 한국(韓國))

❸ 동일한 방법으로 **국제대회**도 문제지와 동일한 한자로 변환합니다.

초 등학생들의 미래 희망 직업 조사 결과가 흥미롭다. 교육부와 한국직업능력개발원에서는 2022년 초중등 학생들을 대상으로 한 희망 직업(職業) 조사 결과 보고서를 발표했다. 이 중 초등학생들의 희망 직업 결과가 주목할 만하다. 그동안 다년간 1위를 차지했던 '교사'를 밀어내고 '운동선수'가 1위를 차지했으며, 인터넷방송 진행자인 '유튜버'가 처음으로 희망 직업 5위로 10위권에 진입한 것은 처음이다.⏎
각종 국제대회(國際大會)에서 성과를 내는 스포츠 선수들을 보면서 손흥민, 김연아와 같은 운동선수가 되기를 꿈꾸는 것으로 예상된다. 가장 눈길을 끄는 것은 바로 5위에 오른 '유튜버'이다. 1인 미디어 시대가 도래하면서 이미 유튜브에서는 수많은 어린이 인플루언서들이 활약하고 있다. 이 영향으로 유튜버를 꿈꾸는 아이들이 늘어나고 있는 것으로 판단된다.⏎

레벨업 📈 한자 변환(복합 단어)

만약 두 개 이상의 복합된 단어를 한자로 변환할 경우에는 괄호를 넣어 해당 단어를 입력한 후 한 단어씩 한자로 변환합니다. 단, 괄호 안의 단어를 한자로 변환할 때는 입력 형식을 '漢字'로 선택합니다.

| 초중고 학생들이 선택한 희망직업과는 별개로 자 | ➡ | 초중고 학생들이 선택한 희망직업(희망직업)과는 | ➡ | 초중고 학생들이 선택한 희망직업(希望직업)과는 | ➡ | 초중고 학생들이 선택한 희망직업(希望職業)과는 |

03 각주 및 그림 입력하기

- 각주 → 각주 구분선 : 5cm
- 그림 입력 → 그림위치(내 PC₩문서₩ITQ₩Picture₩그림4.jpg, 문서에 포함), 자르기 기능 이용, 크기(40mm×40mm),
  바깥 여백 왼쪽 : 2mm

1. 각주 입력하기

❶ 각주를 입력하기 위해 각주를 입력할 단어(인플루언서) 뒤에 커서를 놓은 후 [입력] 탭-[각주(圖)]를 클릭합니다.

➕ 각주 바로 가기 키 : Ctrl+N, N

❷ 문서 하단에 각주 입력 영역이 활성화되면 문제지를 참고하여 각주 내용을 입력합니다.

❸ 각주의 번호 모양을 변경하기 위해 [주석] 탭-[번호 모양(圖)]에서 문제지를 참고하여 번호 모양(Ⓐ,Ⓑ, Ⓒ)을 지정한 후 구분선의 길이(5cm)를 확인합니다.

➕ [주석]-[각주/미주 모양 고치기]를 이용하여 '번호 모양'과 '구분선 길이'를 확인 및 변경할 수도 있습니다.

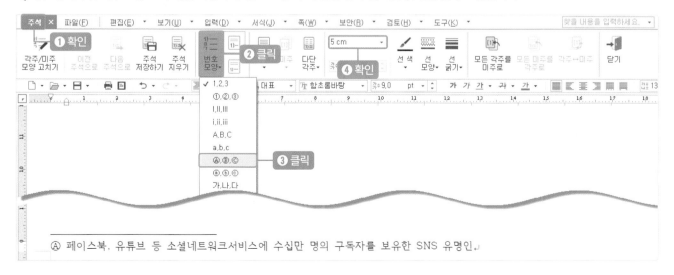

❹ 각주 번호 모양이 변경되면 문제지와 비교하여 결과가 같은지 확인한 후 [주석] 탭에서 닫기(🔳)를 클릭합니다.

> · 문서의 본문 영역을 클릭하거나, Shift + Esc 를 눌러 각주를 닫을 수 있습니다.
> · 문서 아래쪽에 입력된 각주 내용을 클릭하면 각주를 수정할 수 있습니다.

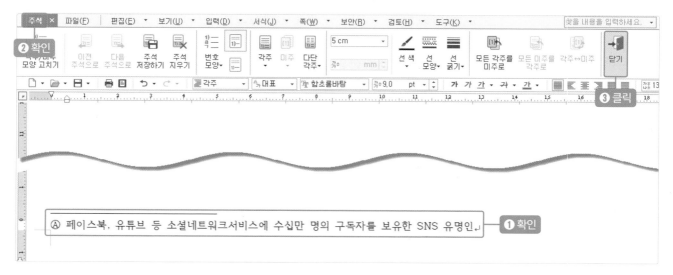

2. 그림 입력하기
– 그림위치(내 PC\문서\ITQ\Picture\그림4.jpg, 문서에 포함), 자르기 기능 이용, 크기(40mm×40mm), 바깥 여백 왼쪽 : 2mm

❶ 그림을 입력하기 위해 [입력] 탭-[그림(🖼)]을 클릭합니다.

> 그림 바로 가기 키 : Ctrl + N , I

❷ [그림 넣기] 대화상자가 나타나면 [내 PC]-[문서]-[ITQ]-[Picture] 폴더에서 그림4.jpg를 선택한 후 문서에 포함을 체크(✓)하고 <넣기>를 클릭합니다.

> 그림을 입력할 때 '글자처럼 취급', '마우스로 크기 지정'은 체크를 해제합니다.

❸ 그림이 삽입되면 그림을 선택한 후 [그림(📷)] 탭-[자르기(🔳)]를 클릭합니다.

➕ Shift 를 누른 채 조절점을 드래그하면 원하는 그림만 빠르게 잘라낼 수 있습니다.

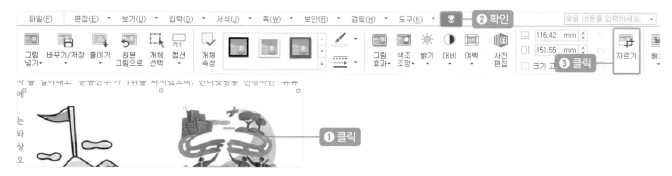
① 클릭

❹ 그림의 테두리에 검정색 자르기 핸들(ㅣ, ━)이 표시되면 마우스로 드래그하여 문제와 동일한 부분만 표시되도록 그림을 잘라냅니다.

➕ ·대각선 자르기 핸들(┌, ┐)은 상하좌우를 동시에 자를 수 있습니다.
　　·그림 자르기가 완료되면 문서의 빈 공간을 클릭하거나 Esc 를 누릅니다.

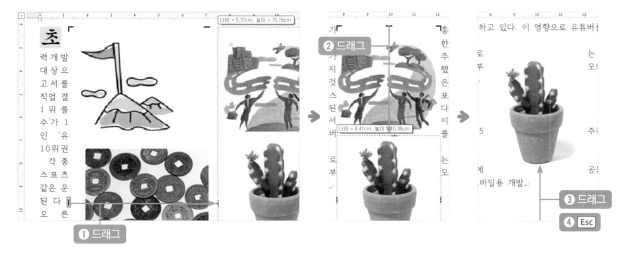
① 드래그 / ② 드래그 / ③ 드래그 / ④ Esc

❺ 그림에 속성을 지정하기 위해 삽입된 그림을 더블 클릭합니다.

➕ 그림 위에서 마우스 오른쪽 버튼을 클릭하여 [개체 속성]을 선택해도 결과는 동일합니다.

더블 클릭

❻ [개체 속성] 대화상자가 나타나면 [기본] 탭에서 **너비(40mm)**와 **높이(40mm)**를 입력한 후 **크기 고정** 항목을 체크합니다. 이어서, 본문과의 배치를 **어울림(▦)**으로 선택합니다.

❼ 계속해서 [여백/캡션] 탭을 클릭하여 '바깥 여백'의 **왼쪽(2mm)** 값을 입력한 후 <설정>을 클릭합니다.

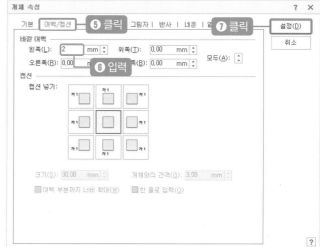

❽ 개체 속성 지정이 완료되면 문제지를 참고하여 그림의 위치를 변경합니다. 단, 그림의 위치를 변경할 때 문장 오른쪽 끝이 문제지와 동일한지 확인합니다.

> 💬 · 그림이 삽입된 문장 오른쪽 끝이 문제지와 다를 경우 '오탈자 및 띄어쓰기'를 확인합니다.
> · 키보드 방향키(↑, ↓, ←, →)를 이용하여 그림의 위치를 미세하게 조절할 수 있습니다.

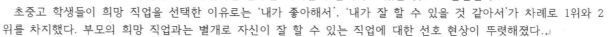

시험꿀팁

[문서작성 능력평가] 부분은 작업량이 많기 때문에 작업 도중에 수시로 문서를 저장해야 합니다. 문서 저장은 [저장하기(🖫)]를 클릭하거나 Alt + S 를 눌러 저장합니다.

04 문서의 나머지 내용을 입력한 후 편집하기

소제목 → 글꼴 : 돋움, 18pt, 하양, 음영색 : 파랑

1. 문서 내용 입력 및 표 만들기

❶ 문장 맨 끝(뚜렷해졌다.) 뒤쪽에 커서를 놓고 [Enter]를 두 번 누른 후 나머지 본문 내용을 입력합니다.

> 　　초중고 학생들이 희망 직업을 선택한 이유로는 '내가 좋아해서', '내가 잘 할 수 있을 것 같아서'가 차례로 1위와 2위를 차지했다. 부모의 희망 직업과는 별개로 자신이 잘 할 수 있는 직업에 대한 선호 현상이 뚜렷해졌다.↵ [Enter]
> ↵ [Enter]
> 초등학생 미래 희망 직업 조사 개요↵
> 설문기간 및 조사인원↵
> 설문기간 : 2022년 6월 12일 – 7월 20일(약 5주간)↵
> 조사인원 : 전국 400개 초등학교 8.597명↵   [Enter]
> 조사 시행 방법↵
> 공문 발송 : 웹 페이지 주소를 전체 대상 학교에 공문 발송↵
> 모바일용 개발 : 응답의 편의성 제공을 위해 모바일용 개발↵
> ↵ [Enter]
> 희망 직업 순위 변화와 선택 이유↵ [Enter]

❷ 표를 만들기 위해 **[입력] 탭-[표(▦)]**를 클릭합니다. [표 만들기] 대화상자가 나타나면 줄 수(6)와 칸 수(4)를 입력한 후 <만들기>를 클릭합니다.

> ✚ · 표를 본문에 입력할 때는 '글자처럼 취급'을 클릭하여 선택합니다.
> 　· 표 바로 가기 키 : [Ctrl]+[N], [T]

❸ 표가 삽입되면 표 오른쪽 끝에서 [Enter]를 두 번 누른 후 단체명을 입력합니다.

↵	↵	↵	↵
↵	↵	↵	↵
↵	↵	↵	↵
↵	↵	↵	↵
↵	↵	↵	↵
↵	↵	↵	↵

↵ [Enter]

↵ [Enter]
한국직업능력개발원↵

2. 특수문자를 입력한 후 소제목 편집하기   – 글꼴 : 돋움, 18pt, 하양, 음영색 : 파랑

❶ 소제목에 특수문자를 입력하기 위해 **초등학생** 왼쪽에 커서를 놓은 후 **[입력]**-**[문자표 목록 단추(ᴹᴬᴾ)]**-
[문자표]를 클릭합니다.

➕ 문자표 바로 가기 키 : [Ctrl]+[F10]

❷ [문자표 입력] 대화상자가 나타나면 [한글(HNC) 문자표] 탭에서 문자 영역을 **전각 기호(일반)**으로 선택합
니다. 이어서, 문제지와 동일한 특수문자(◆)를 선택한 후 <넣기>를 클릭합니다.

❸ 특수문자가 입력되면 [Space Bar]를 눌러 한 칸 띄운 후 똑같은 방법으로 표 제목 왼쪽에도 특수문자(◆)를
입력합니다.

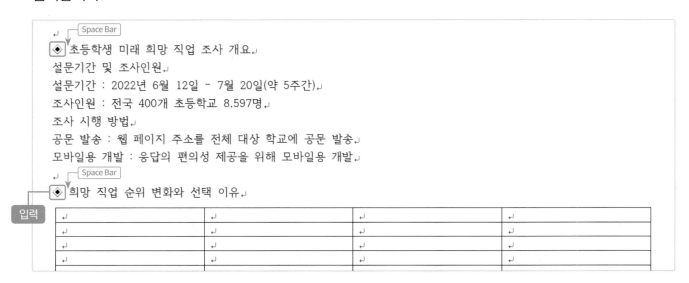

❹ 소제목을 편집하기 위해 다음과 같이 내용을 블록으로 지정한 후 서식 도구 상자에서 **글꼴(돋움)**과 **글자 크기(18pt)**를 지정합니다.

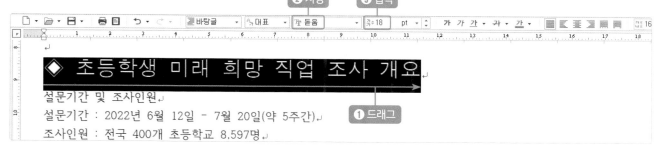

❺ Esc를 눌러 블록을 해제한 후 특수문자를 제외한 내용만 다시 블록으로 지정하고 [편집] 탭-[글자 모양 (가)]을 클릭합니다.

💬 글자 모양 바로 가기 키 : Alt + L

❻ [글자 모양] 대화상자가 나타나면 [기본] 탭에서 **글자 색(하양)**과 **음영 색(파랑)**을 지정한 후 <설정>을 클릭합니다. 모든 작업이 끝나면 Esc를 눌러 소제목 결과를 확인합니다.

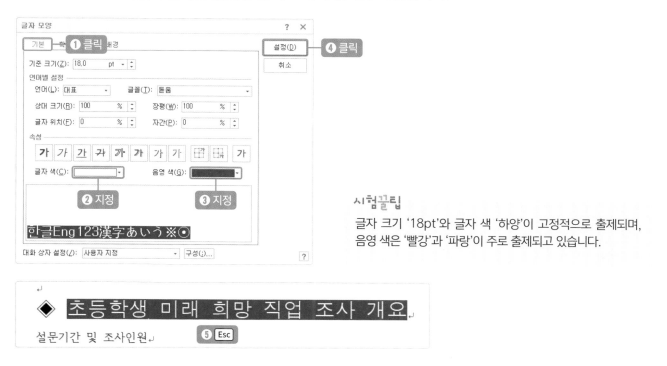

시험꿀팁

글자 크기 '18pt'와 글자 색 '하양'이 고정적으로 출제되며, 음영 색은 '빨강'과 '파랑'이 주로 출제되고 있습니다.

05 문단 번호 입력하기

문단 번호 기능 사용 → 1수준 : 20pt, 오른쪽 정렬, 2수준 : 30pt, 오른쪽 정렬 / 줄 간격 : 180%

1. 문단 번호 사용자 정의

❶ 소제목 아래쪽 내용에 문단 번호를 삽입하기 위해 문단 내용 전체를 블록으로 지정한 후 **[서식] 탭-[문단 번호 목록 단추(·)]-[문단 번호 모양]**을 클릭합니다.

➕ 마우스 오른쪽 버튼을 클릭하여 [문단 번호 모양]을 선택하거나, 바로 가기 키(Ctrl+K, N)를 이용해도 결과는 동일합니다.

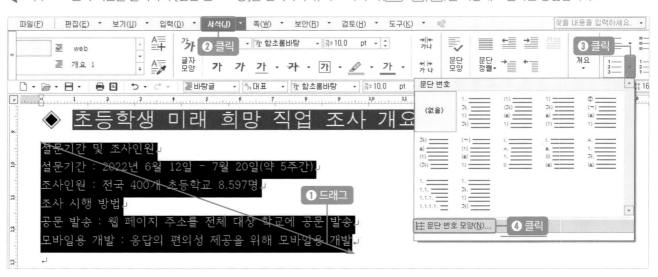

❷ [문단 번호/글머리표] 대화상자가 나타나면 [문단 번호] 탭의 '문단 번호 모양' 항목에서 필요한 **번호 모양**을 선택한 후 <사용자 정의>를 클릭합니다.

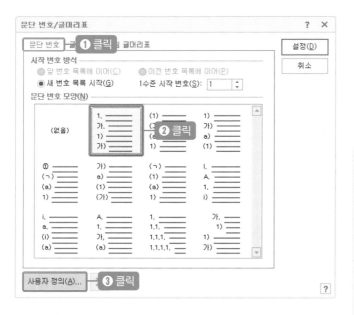

시험꿀팁

[문서작성 능력평가]에서 '1수준'과 '2수준'의 번호 모양을 확인한 다음 1수준과 동일한 모양이 있다면 해당 모양을 선택한 후 <사용자 정의>에서 수정합니다. 만약 동일한 모양이 없다면 원하는 모양을 선택한 후 '1수준'과 '2수준'의 번호 모양을 각각 변경합니다.

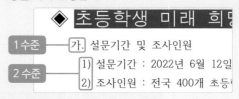

❸ [문단 번호 사용자 정의 모양] 대화상자가 나타나면 **1 수준**이 선택된 것을 확인한 후 '번호 모양'을 **가,나,다**로 지정합니다. 이어서, '번호 위치' 항목에서 **너비 조정(20pt)**과 **정렬(오른쪽)**을 지정합니다.

➕ '1 수준' 번호 모양이 '가.' 형태로 표시되어야 하기 때문에 '가,나,다'를 선택합니다.

❹ 계속해서 다음 수준의 모양을 변경하기 위해 **2 수준**을 선택한 후 '번호 서식'을 **^2)**로 수정하고, '번호 모양'을 **1,2,3**으로 지정합니다. 이어서, '번호 위치' 항목에서 **너비 조정(30pt)**과 **정렬(오른쪽)**을 지정한 후 **<설정>**을 클릭합니다.

➕ '2 수준'은 '1)' 모양으로 번호가 표시되어야 하므로 번호 서식 '^2.'에서 마침표(.)를 삭제한 후 ')'를 입력합니다.

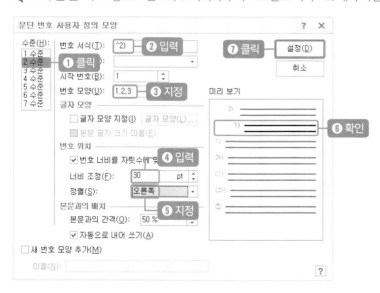

레벨업 📈 문단 번호 사용자 정의 모양

❶ '2 수준'의 문단 번호는 '번호 서식' 변경 없이 번호 모양(①,②,③/ a,b,c)만 선택하여 변경할 수도 있지만 문제지와 동일한 번호 모양이 없는 경우에는 번호 서식(^2.)을 직접 수정해야 합니다.

❷ '번호 서식'이 '^2.'인 상태에서 '번호 모양'을 ①,②,③으로 변경하기 위해서는 '^2.' 뒤에 있는 점(.)을 삭제(^2)한 후 '번호 모양'을 변경해야 합니다. 만약 점을 삭제하지 않은 경우에는 원형 숫자 뒤에 점(.)이 포함되어 '①.'으로 나옵니다.

❺ [문단 번호/글머리 표] 대화상자가 다시 나타나면 새롭게 추가된 문단 번호 모양을 확인한 후 <설정>을 클릭합니다.

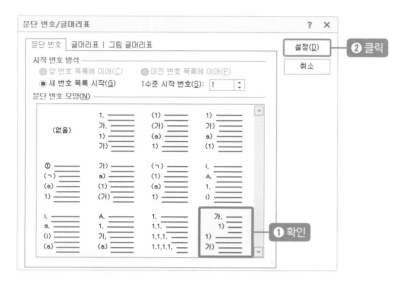

❻ Esc 를 눌러 블록을 해제한 후 문단에 적용된 번호 모양을 확인합니다.

➕ 현재 적용된 문단 번호는 '1수준' 번호 모양입니다.

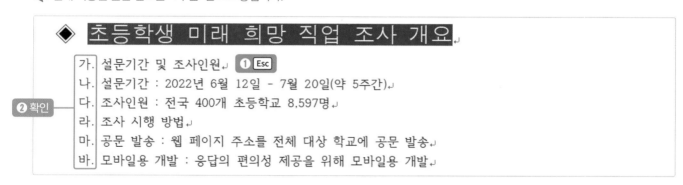

2. 문단 번호 수준 감소 및 줄 간격 변경하기   − 줄 간격 : 180%

❶ 문단 번호 수준을 한 단계 감소시키기 위해 둘째 줄과 셋째 줄을 블록으로 지정합니다. 이어서, [서식] 탭- [한 수준 감소(⛛)]를 클릭합니다.

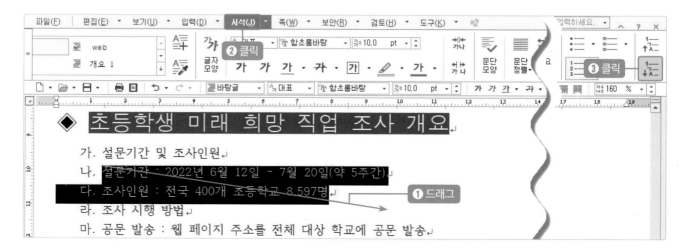

❷ 똑같은 방법으로 다섯째 줄과 여섯째 줄도 문단 번호의 수준을 한 수준 감소시킵니다.

➕ 한 수준 감소 바로 가기 키 : Ctrl+⊞(숫자 패드), 한 수준 증가 바로 가기 키 : Ctrl+⊟(숫자 패드)

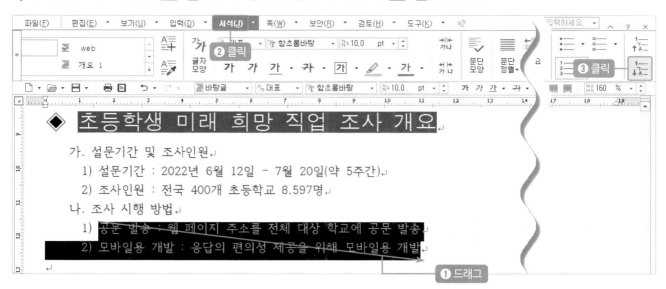

❸ 마지막으로 줄 간격을 변경하기 위해 문단 번호가 적용된 내용 전체를 블록으로 지정합니다. 이어서, 서식 도구 상자에서 줄 간격을 **180%**로 선택한 후 Esc를 누릅니다.

➕ [저장하기(💾)]를 클릭하거나 Alt+S를 눌러 지금까지 작업한 내용을 저장합니다.

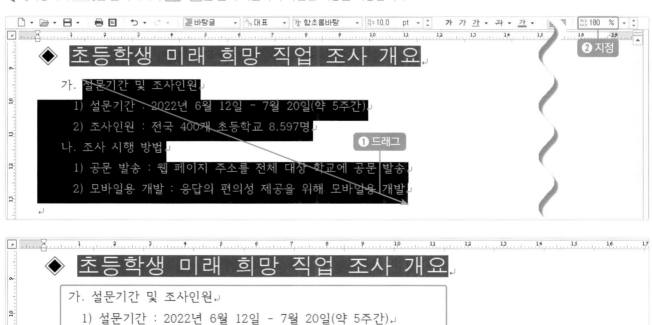

- 표 제목 → 글꼴 : 돋움, 18pt, 밑줄, 강조점
- 표 → 표 전체 글꼴 : 돋움, 10pt, 가운데 정렬
  셀 배경(그러데이션) : 유형(가운데에서), 시작색(하양), 끝색(노랑)

1. 표 제목 편집하기

❶ 표 제목을 편집하기 위해 다음과 같이 입력된 내용을 블록으로 지정한 후 서식 도구 상자에서 **글꼴(돋움)**과 글자 크기(18pt)를 지정합니다.

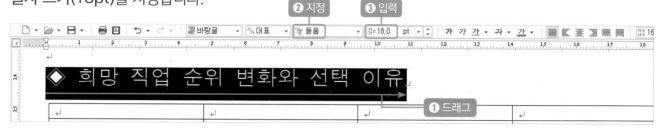

❷ [Esc]를 눌러 블록을 해제합니다. 이어서, 밑줄을 추가하기 위해 특수문자를 제외한 내용만 블록으로 지정한 후 서식 도구 상자에서 **밑줄(가)**을 클릭합니다.

❸ [Esc]를 눌러 블록을 해제합니다. 이어서, 강조점을 지정하기 위해 **순위 변화** 글자만 블록으로 지정한 후 [편집] 탭-[글자 모양(가)]을 클릭합니다.

➕ 글자 모양 바로 가기 키 : [Alt]+[L]

❹ [글자 모양] 대화상자가 나타나면 [확장] 탭에서 '기타' 항목의 **강조점**을 문제지와 동일한 모양(⸚)으로 선택한 후 <설정>을 클릭합니다.

❺ 똑같은 방법으로 **선택 이유** 글자에도 강조점을 지정한 후 [Esc]를 눌러 결과를 확인합니다.

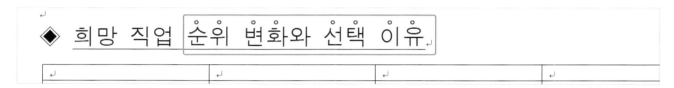

2. 표 작업하기   – 표 전체 글꼴 : 돋움, 10pt, 가운데 정렬

❶ 표 안에 내용을 입력하기 전에 표 안쪽 셀 전체를 블록으로 지정합니다. 이어서, [Ctrl]+[↓]를 1~2번 눌러 표의 높이를 변경한 후 서식 도구 상자에서 **글꼴(돋움), 글자 크기(10pt), 가운데 정렬(틀)**을 지정합니다.

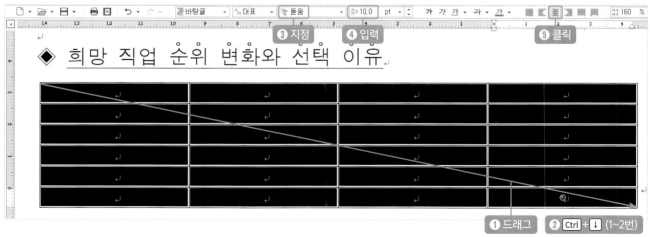

시험꿀팁

• 표 안쪽 글꼴은 '돋움, 굴림, 궁서' 중 하나가 출제되며, 글자 크기 '10pt'와 '가운데 정렬'은 고정적으로 출제되고 있습니다.
• 표의 높이는 채점 대상이 아니지만, 문제지와 비슷하게 맞추기 위해 작업합니다.

❷ 특정 부분의 셀을 합치기 위해 아래 그림처럼 블록을 지정한 후 [표(▥)] 탭-[셀 합치기(▦)]를 클릭합니다.

　　・셀 합치기 바로 가기 키 : M
　　・셀 합치기는 문제지의 표를 참고하여 작업합니다.

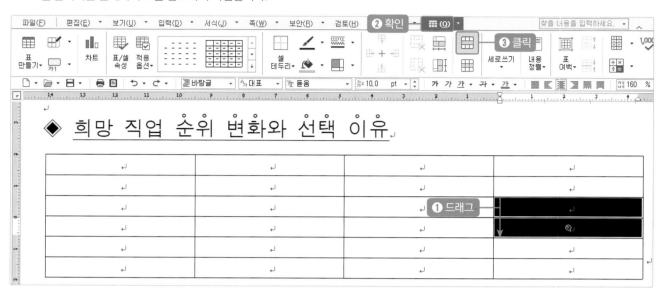

❸ 셀이 합쳐지면 바로 아래쪽 셀 2개를 블록으로 지정한 후 똑같은 방법으로 셀을 합칩니다.

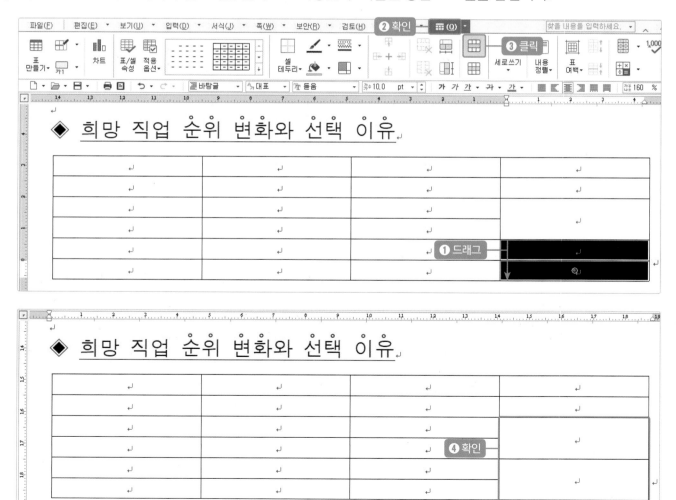

1. 셀 블록 지정 방법

❶ F5를 한 번 누르면 현재 커서가 위치한 셀이 블록으로 지정되며, 방향키를 이용하여 선택된 블록의 위치를 변경할 수 있습니다.

　　▲ F5를 한 번 눌러 특정 셀을 블록으로 지정

❷ F5를 두 번 누르면 현재 커서가 위치한 셀을 블록으로 고정시키며, 방향키를 이용하여 다른 셀들을 블록에 포함시킬 수 있습니다.

　　▲ F5를 두 번 누른 후 방향키로 주변 셀을 블록에 포함

❸ F5를 연속으로 세 번 누르면 표 전체를 블록으로 지정할 수 있습니다.

　　▲ F5를 연속으로 세 번 눌러 전체 셀을 블록으로 지정

2. 셀 나누기 : 셀을 블록으로 지정한 후 [표(⊞)] 탭-[셀 나누기(⊞)]를 클릭하거나, S를 누르면 선택된 셀을 나눌 수 있습니다.
　　셀 나누기는 '줄 수'와 '칸 수'로 구분하여 나눌 수 있습니다.

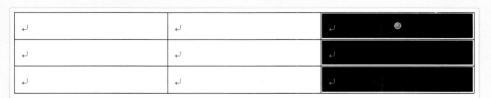

　　▲ 셀을 블록으로 지정한 후 줄 수를 3개로 나누기

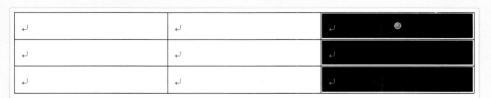

　　▲ 합쳐진 셀이 3개로 나누어진 결과

❹ 첫 번째 셀을 선택한 후 문제지를 참고하여 표 안에 전체 내용을 입력합니다.

💬 셀 안에 내용을 입력한 후 Tab 또는 방향키(↑, ↓, ←, →)를 눌러 다음 셀로 이동할 수 있습니다.

◈ 희망 직업 순위 변화와 선택 이유

순위	2021년	2022년	비고
1위	교사	운동선수	아시안 게임, 월드컵 등의 스포츠 행사를 통한 높은 관심
2위	운동선수	교사	높은 사명감으로 일하고 다른 사람의 존경을 받는 직업
3위	의사	의사	
4위	요리사	요리사	내가 아이디어를 내고 창의적으로 일할 수 있는 직업
5위	경찰관	유튜버	

❺ 간격을 줄일 셀들을 블록으로 지정한 후 Ctrl 을 누른 채 왼쪽 방향키(←)를 눌러 셀의 간격을 줄입니다.

💬 · '순위, 2021년, 2022년'만 블록으로 지정한 후 셀 간격을 조절해도 결과는 동일합니다.
　· 셀의 간격은 문제지의 표를 참고하여 작업합니다.

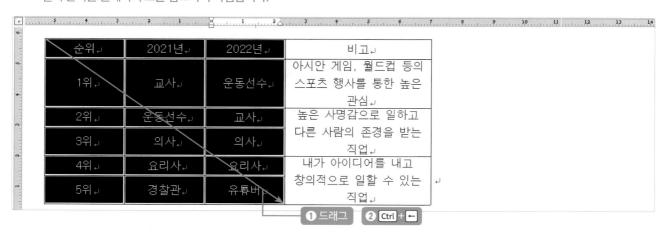

❻ 비고 셀을 클릭하여 블록으로 지정한 후 Ctrl 을 누른 채 오른쪽 방향키(→)를 눌러 셀의 간격을 넓힙니다.

💬 · 블록이 해제되었을 경우에는 '비고' 셀을 클릭한 후 F5 를 눌러 블록으로 지정합니다.
　· 표의 크기는 문장 오른쪽 끝을 넘지 않도록 주의하여 조절합니다.

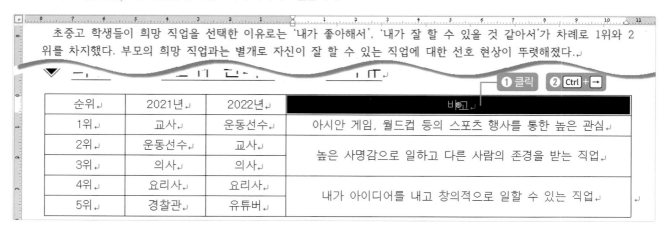

소스파일: 셀 크기 조절.hwp

❶ Ctrl+방향키 : 블록으로 지정된 셀을 기준으로 '너비' 및 '높이'를 조절할 수 있으며, 변경된 셀의 크기만큼 표의 전체 크기도 함께 조절됩니다.

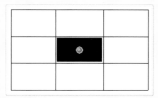 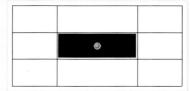

▲ Ctrl+→ 누름

❷ Alt+방향키 : 블록으로 지정된 셀을 기준으로 '너비' 및 '높이'를 조절할 수 있으며, 변경된 셀의 크기는 표의 전체 크기에 아무 영향을 주지 않습니다.

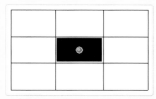 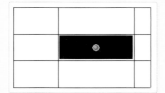

▲ Alt+→ 누름

❸ Shift+방향키 : 블록으로 지정된 셀을 기준으로 해당 셀(칸)의 '너비' 및 '높이'를 조절할 수 있으며, 표 전체 크기에는 변화가 없습니다.

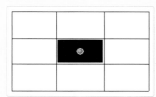 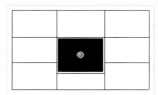

▲ Shift+↓ 누름

❹ 마우스를 이용하여 표의 테두리 또는 특정 셀의 테두리를 드래그하여 '너비' 및 '높이'를 조절할 수 있습니다.

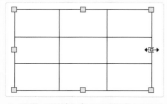 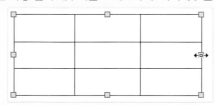

▲ 표를 선택한 후 조절점을 마우스로 드래그하여 표의 전체 너비를 변경

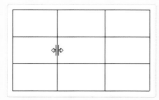 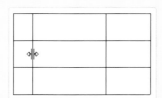

▲ 특정 셀의 테두리를 마우스로 드래그하여 열의 너비를 변경

3. 셀 테두리 및 배경(그러데이션) 지정하기   – 셀 배경(그러데이션) : 유형(가운데에서), 시작색(하양), 끝색(노랑)

❶ 1행에 셀 테두리와 배경색을 지정하기 위해 1행을 블록으로 지정한 후 마우스 오른쪽 버튼을 클릭하여 바로 가기 메뉴에서 [셀 테두리/배경]–[각 셀마다 적용]을 선택합니다.

➕ 셀 테두리 / 배경 바로 가기 키 : ⌊L⌋

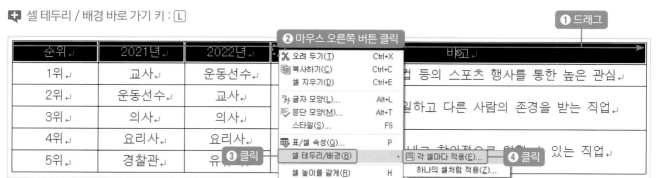

❷ [셀 테두리/배경] 대화상자가 나타나면 [테두리] 탭에서 종류(이중 실선)를 지정한 다음 위(▥), 아래(▥)를 선택합니다.

❸ 계속해서 [배경] 탭의 '채우기' 항목에서 그러데이션을 선택한 후 유형(가운데에서), 시작 색(하양), 끝 색(노랑)을 지정하고 <설정>을 클릭합니다.

➕ 셀 테두리 지정은 문제지의 표를 참고하여 작업합니다.

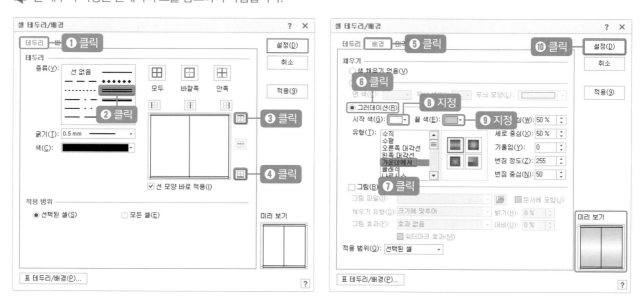

❹ ⌊Esc⌋를 눌러 1행에 지정된 테두리와 그러데이션을 확인합니다.

순위↵	2021년↵	2022년↵	비고↵
1위↵	교사↵	운동선수↵	아시안 게임, 월드컵 등의 스포츠 행사를 통한 높은 관심↵
2위↵	운동선수↵	교사↵	높은 사명감으로 일하고 다른 사람의 존경을 받는 직업↵
3위↵	의사↵	의사↵	
4위↵	요리사↵	요리사↵	내가 아이디어를 내고 창의적으로 일할 수 있는 직업↵
5위↵	경찰관↵	유튜버↵	

⑤ 표의 나머지 셀 테두리를 변경하기 위하여 표 안쪽 셀 전체를 블록으로 지정한 후 마우스 오른쪽 버튼을 클릭하여 바로 가기 메뉴에서 **[셀 테두리/배경]–[각 셀마다 적용]**을 선택합니다.

➡️ 셀 테두리 / 배경 바로 가기 키 : Ⓛ

⑥ [셀 테두리/배경] 대화상자가 나타나면 [테두리] 탭에서 종류(**선 없음**)를 지정한 다음 **왼쪽**(⊞), **오른쪽**(⊞)을 선택한 후 <설정>을 클릭합니다.

➡️ Esc 를 눌러 표의 블록을 해제한 후 왼쪽과 오른쪽에 끝에 적용된 셀 테두리(선 없음)를 확인합니다.

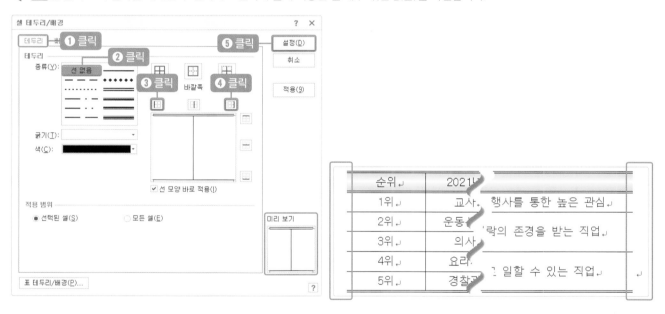

⑦ 다시 표 안쪽 셀 전체를 블록으로 지정한 후 마우스 오른쪽 버튼을 클릭하여 바로 가기 메뉴에서 **[셀 테두리/배경]–[각 셀마다 적용]**을 선택합니다.

➡️ 표의 양끝 테두리는 '선 없음'으로 지정되었기 때문에 빨간 점선으로 표시됩니다.

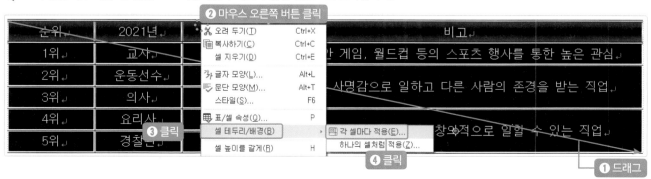

❽ [셀 테두리/배경] 대화상자가 나타나면 [테두리] 탭에서 종류(**이중 실선**)와 **아래(▦)**를 선택한 후 <설정>을 클릭합니다.

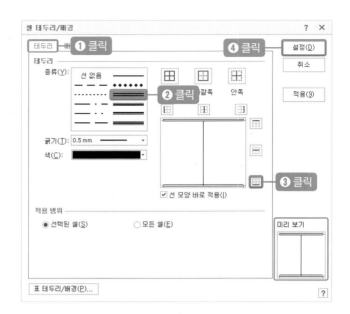

❾ Esc 를 눌러 블록을 해제한 후 완성된 표를 확인합니다.

💬 [저장하기(💾)]를 클릭하거나 Alt + S 를 눌러 지금까지 작업한 내용을 저장합니다.

◆ 희망 직업 순위 변화와 선택 이유

순위	2021년	2022년	비고
1위	교사	운동선수	아시안 게임, 월드컵 등의 스포츠 행사를 통한 높은 관심
2위	운동선수	교사	높은 사명감으로 일하고 다른 사람의 존경을 받는 직업
3위	의사	의사	
4위	요리사	요리사	내가 아이디어를 내고 창의적으로 일할 수 있는 직업
5위	경찰관	유튜버	

---

07 단체명 편집 및 쪽 번호 매기기

• 단체명 → 글꼴 : 굴림, 24pt, 진하게, 장평 105%, 오른쪽 정렬
• 쪽 번호 → 쪽 번호 매기기, 6으로 시작

1. 단체명 편집하기

❶ 단체명을 편집하기 위해 내용을 블록으로 지정한 후 서식 도구 상자에서 **오른쪽 정렬(▤)**을 클릭합니다.

❷ 내용이 블록으로 지정된 상태에서 [편집] 탭-[글자 모양(가)]을 클릭합니다.

➕ 글자 모양 바로 가기 키 : Alt + L

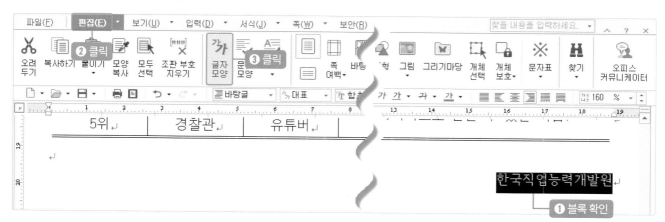

❸ [글자 모양] 대화상자가 나타나면 [기본] 탭에서 **기준 크기(24pt), 글꼴(굴림), 장평(105%), 진하게를** 지정한 후 <설정>을 클릭합니다.

❹ Esc 를 눌러 블록을 해제한 후 서식이 적용된 단체명을 확인합니다.

➕ [저장하기(💾)]를 클릭하거나 Alt + S 를 눌러 지금까지 작업한 내용을 저장합니다.

순위	2021년	2022년	비고
1위	교사	운동선수	아시안 게임, 월드컵 등의 스포츠 행사를 통한 높은 관심
2위	운동선수	교사	높은 사명감으로 일하고 다른 사람의 존경을 받는 직업
3위	의사	의사	
4위	요리사	요리사	내가 아이디어를 내고 창의적으로 일할 수 있는 직업
5위	경찰관	유튜버	

한국직업능력개발원

2. 쪽 번호 매기기   — 쪽 번호 매기기, 6으로 시작

❶ 쪽 번호를 삽입하기 위해 [쪽] 탭-[쪽 번호 매기기(□)]를 클릭합니다.

💬 쪽 번호 매기기 바로 가기 키 : Ctrl + N, P

❷ [쪽 번호 매기기] 대화상자가 나타나면 **번호 위치(오른쪽 아래)**, **번호 모양(①,②,③)**, **줄표 넣기(체크 해제)**, **시작 번호(6)**를 지정 및 입력한 후 <넣기>를 클릭합니다.

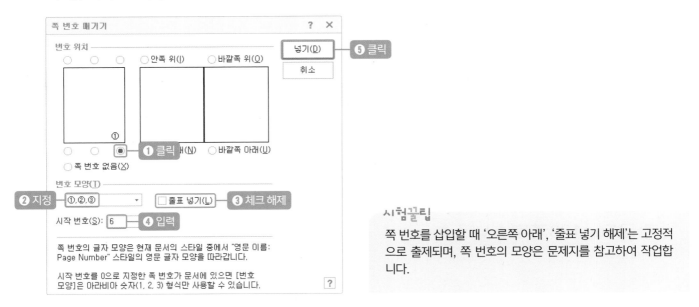

시험꿀팁

쪽 번호를 삽입할 때 '오른쪽 아래', '줄표 넣기 해제'는 고정적으로 출제되며, 쪽 번호의 모양은 문제지를 참고하여 작업합니다.

❸ 문서 아래쪽에 쪽 번호가 삽입된 것을 확인한 후 서식 도구 상자에서 [**저장하기(💾)**]를 클릭하거나 Alt + S를 눌러 파일을 저장합니다.

1 다음의 《조건》에 따라 문서를 작성하시오.

소스파일: 07차시-01(문제).hwp
완성파일: 07차시-01(완성).hwp

글꼴 : 돋움, 18pt, 진하게, 가운데 정렬
책갈피 이름 : 대출
덧말 넣기

머리말 기능
굴림, 10pt, 오른쪽 정렬 ➔ 국립중앙도서관 자료 제공

문단 첫 글자 장식
글꼴 : 궁서, 면색 : 노랑

그림위치(내 PC\문서\ITQ\
Picture\그림4.jpg, 문서에 포함)
자르기 기능 이용, 크기(40mm×35mm),
바깥 여백 왼쪽 : 2mm

초등학교 도서 대출
짜장 짬뽕 탕수육 최다 대출 1위

각주

전국 도서관의 데이터를 분석한 결과A 우리나라 초등학생은 김영주 작가의 '짜장 짬뽕 탕수육' 도서를 가장 많이 대출한 것으로 나타났다. '짜장 짬뽕 탕수육' 도서는 저자가 어린이들의 학교 생활을 면밀하게 관찰해 만든 책으로, 도시로 전학 온 종민이는 화장실에 갈 때마다 친구들에게 놀림을 당한다. 하지만 거기에 굴하지 않고 종민이는 지혜롭고 현명하게 해결해 나간다. 친구들이 좋아하는 짜장, 짬뽕, 탕수육을 활용한 종민이의 센스 있는 문제 해결 방법(方法)은 박수가 절로 나올 정도다. 1999년도에 출간되어 현재의 모습과는 차이는 있지만 순수한 아이들의 모습만은 20년 전이나 지금이나 똑같다는 생각이 든다.

이외에 초등학생들의 10년간 인기 대출(貸出) 도서 상위 500위를 살펴보면 시리즈로 구성된 그림책과 학습만화가 전체 대출의 80%를 차지했다. 하지만 학습만화는 초등학교 저학년에서 고학년으로 갈수록 대출의 비중이 줄어들고, 단권 도서와 시리즈 도서는 증가하는 것으로 나타났다. 연령이 증가할수록 만화 형식 보다는 단행본 형식의 도서를 더 선호하는 것으로 보인다.

♠ **초등학생과 중고등학생의 도서 대출 동향**

글꼴 : 궁서, 18pt, 하양
음영색 : 빨강

가) 초등학생 대출 동향
　a) 시리즈로 구성된 그림책과 학습만화 선호
　b) 고학년으로 갈수록 학습만화의 비중 감소
나) 중고등학생 대출 동향
　a) 문학 도서의 대출 비중 압도적
　b) 진로 관련 도서 대출 증가

문단 번호 기능 사용
1수준 : 20pt, 오른쪽정렬,
2수준 : 30pt, 오른쪽정렬
줄 간격 : 180%

표 전체 글꼴 : 돋움, 10pt, 가운데 정렬
셀 배경(그러데이션) : 유형(가운데에서),
시작색(하양), 끝색(노랑)

♠ *지난 10년간 초등학생 인기 대출 도서*

글꼴 : 궁서, 18pt, 기울임, 강조점

도서명	저자	출판연도	분석
짜장 짬뽕 탕수육	김영주	1999년	전국 844개 도서관 데이터를 수집, 제공하는 '도서관 정보나루'의 지난 10년간 대출 데이터를 활용한 빅데이터 분석 결과
자전거 도둑	박완서	2000년	
책과 노니는 집	이영서	2009년	
마당을 나온 암탉	황선미	2000년	
양파의 왕따 일기	문선	2001년	

글꼴 : 굴림, 24pt, 진하게
장평 90%, 오른쪽 정렬 ➔ # 국립중앙도서관

각주 구분선 : 5cm

A 도서관 정보나루에서 제공하는 데이터를 수집하여 분석하였음

쪽 번호 매기기
3으로 시작 ➔ 다

2 다음의 《조건》에 따라 문서를 작성하시오.

소스파일 : 07차시-02(문제).hwp
완성파일 : 07차시-02(완성).hwp

글꼴 : 궁서, 18pt, 진하게, 가운데 정렬
책갈피 이름 : 코딩
덧말 넣기

머리말 기능
돋움, 10pt, 오른쪽 정렬 → 소프트웨어 코딩 교육

연간 17시간
소프트웨어 코딩 교육 의무화

문단 첫 글자 장식
글꼴 : 궁서, 면 색 : 노랑

그림위치(내 PC\문서\ITQ\Picture\그림5.jpg, 문서에 포함)
자르기 기능 이용, 크기(40mm×40mm),
바깥 여백 왼쪽 : 2mm

2019년부터 전국 초중고교에서 소프트웨어 교육이 의무화되어 코딩 교육이 활발하게 진행되고 있다. 이미 미국, 영국, 싱가포르 등에서는 코딩 교육이 실시되었으며, 대학에서도 필수 교양 과목으로 지정될 만큼 코딩 교육의 중요성은 더욱 강조되고 있다. 코딩은 컴퓨터 언어인 C언어, 파이썬 등을 활용하여 컴퓨터가 이해할 수 있는 프로그램을 만들어내는 과정으로, 4차 산업과 맞물려 코딩 교육(教育)의 중요성이 강조되고 있다.

코딩 교육은 논리적 사고력, 창의력, 문제해결능력[a] 등을 키우는 데 도움이 된다. 어떤 명령어를 입력해야 소프트웨어가 정상적으로 작동할지 생각하고, 스스로 해결해 나가는 과정에서 논리적 사고력, 창의력, 문제해결능력 등을 키울 수 있어, 자연스레 역량을 겸비한 창의융합형 인재로 성장하게 될 것이다.

각주

처음 코딩을 배우게 되면 지금까지와는 다른 컴퓨터의 언어(言語)를 배워야 하기 때문에 어려울 수 있겠지만 코딩 언어를 외우는 것에서 벗어나 교구 등을 활용하여 게임을 하는 것처럼 학습하다 보면 코딩에 흥미를 갖게 될 것이다.

♥ ## 소프트웨어 코딩 교육의 목적과 활동 ◄

글꼴 : 굴림, 18pt, 하양
음영색 : 빨강

I) 코딩 교육의 목적

  (i) 다양한 문제를 창의적이고 효율적으로 해결하는 컴퓨팅 사고력

  (ii) 컴퓨팅 사고력을 통해서 논리력과 문제 해결력

II) 코딩 교육 방법

  (i) 소프트웨어의 기초 원리는 이해하는 놀이 중심 활동

  (ii) 아이디어를 소프트웨어로 구현하여 친구들과 공유

문단 번호 기능 사용
1수준 : 20pt, 오른쪽정렬,
2수준 : 30pt, 오른쪽정렬
줄 간격 : 180%

표 전체 글꼴 : 굴림, 10pt, 가운데 정렬
셀 배경(그러데이션) : 유형(왼쪽 대각선),
시작색(하양), 끝색(노랑)

♥ ## 국가별 코딩 교육 현황과 내용 ◄ 글꼴 : 굴림, 18pt, 밑줄, 강조점

국가	교육시작	내용	비고
대한민국	2019년	연 17시간의 코딩교육 의무화	초등학교 5~6학년 대상
미국	2013년	일부 주에서 정규 교육과정에 포함	대학 입학 시험 과목에 추가
영국		컴퓨팅 과목을 필수 과목으로 지정	5세부터 16세까지 코딩 교육 실시
에스토니아	1992년	가장 먼저 공교육에 코딩 교육 시작	초등학교 1학년부터 교육 시작
핀란드	2016년	가을학기부터 초등학생 코딩 교육 의무화	프로그래밍 언어 1개 이상 마스터

글꼴 : 돋움, 24pt, 진하게
장평 110%, 오른쪽 정렬 → # 블루커뮤니케이션

각주 구분선 : 5cm

[a] 발생 가능한 다양한 문제를 인식하고 해결법을 만들어낼 수 있는 능력

쪽 번호 매기기
5로 시작 → V

3 다음의 《조건》에 따라 문서를 작성하시오.

소스파일 : 07차시-03(문제).hwp
완성파일 : 07차시-03(완성).hwp

글꼴 : 굴림, 18pt, 진하게, 가운데 정렬
책갈피 이름 : 장염
덧말 넣기

머리말 기능
궁서, 10pt, 오른쪽 정렬 ▶ 국민건강관리공단

깨끗한 생활 습관 필요
여름철 불청객 장염 바이러스

그림위치(내 PC\문서\ITQ\
Picture\그림5.jpg, 문서에 포함)
자르기 기능 이용, 크기(45mm×35mm),
바깥 여백 왼쪽 : 2mm

문단 첫 글자 장식
글꼴 : 궁서, 면 색 : 노랑

여 름이 되면 장염 증상을 호소하며 병원을 찾는 사람이 많아진다. 작년 한 해 장염으로 진료를 받은 환자의 26%가 10세 미만의 아이들이다. 장염은 장에 염증이 생기는 질병으로, 크게 세균성 바이러스와 바이러스성 장염으로 구분된다. 여름에는 고온다습한 환경 때문에 세균에 감염된 음식을 섭취해 세균성 장염에 걸리는 경우가 많고, 환절기나 겨울에는 바이러스성 장염에 걸리는 경우가 많다. 장염은 구토, 복통, 열, 식욕부진, 설사 등 다양한 형태(形態)로 나타나는데, 감기의 증상과 비슷해 제때에 치료를 받지 못하는 경우가 생기기도 하므로 세심한 주의가 필요하다.

　영유아ⓐ들이 장염 바이러스에 걸리면 구토나 설사로 인해 탈수가 생기기 쉬우니 수분 섭취가 가장 중요하다. 이온 음료나 쥬스는 상태를 악화시킬 수 있으니, 보리차를 주는 것이 좋다. 또한 이 시기에는 음식물을 소화하는 능력이 떨어지기 때문에 자극적인 음식이나 기름진 음식은 피하는 것이 좋다.

　무엇보다 중요한 것은 장염 증상(症狀)이 나타났을 때 지체없이 병원을 방문하여 전문가의 적절한 치료를 받는 것이 가장 좋다.

각주

◑ 소아 장염의 특징

글꼴 : 돋움, 18pt, 하양
음영색 : 파랑

가. 감염 경로
　㉠ 침 또는 대변 분비물을 통해 주로 감염
　㉡ 어린이집, 유치원 등 단체생활을 하는 곳에서 주로 발생
나. 장염의 증상
　㉠ 구토, 복통, 열, 식욕부진, 설사 등 다양한 형태로 발병
　㉡ 최대 열흘 정도 장염 증상 보임

문단 번호 기능 사용
1수준 : 20pt, 오른쪽정렬,
2수준 : 30pt, 오른쪽정렬
줄 간격 : 180%

표 전체 글꼴 : 굴림, 10pt, 가운데 정렬
셀 배경(그러데이션) : 유형(오른쪽 대각선),
시작색(하양), 끝색(노랑)

◑ *장염에 걸렸을 때 대처 방안*

글꼴 : 돋움, 18pt, 기울임, 강조점

구분	세균성 장염	바이러스성 장염
내용	식중독균에 감염된 음식을 섭취할 경우 발생	바이러스가 묻은 장난감을 입에 넣은 경우 발생
원인균	병원성대장균, 포도상구균	노로바이러스, 로타바이러스
해결 방법	충분한 수분섭취(설사가 심한 경우 1~2일 동안 금식)	
	자극적인 음식 피하기(기름지거나 차가운 음식 섭취 금지)	
	깨끗한 생활 습관(흐르는 물에 손씻기, 육아용품 자주 소독하기)	
	깨끗하고 올바른 식습관만으로 장염 예방 가능	

글꼴 : 궁서, 24pt, 진하게
장평 95%, 오른쪽 정렬 ▶ **임신육아종합포털**

각주 구분선 : 5cm

㉮ 영아와 유아를 합친 단어로 출생부터 만 6세까지의 어린 아이

쪽 번호 매기기
7로 시작 ▶ vii

4 다음의 《조건》에 따라 문서를 작성하시오.

소스파일: 07차시-04(문제).hwp
완성파일: 07차시-04(완성).hwp

글꼴 : 굴림, 18pt, 진하게, 가운데 정렬
책갈피 이름 : 매진
덧말 넣기

머리말 기능
돋움, 10pt, 오른쪽 정렬 → 콘서트 안내

문단 첫 글자 장식
글꼴 : 굴림, 면 색 : 노랑

1세대 아이돌 그룹
인기그룹 A, 콘서트 예매 7분 만에 전석 매진

인 기 아이돌 그룹 A의 인기가 여전하다. 9월 20일부터 9월 22일까지 서울 고척 스카이돔에서 열리는 콘서트의 티켓 예매가 시작 7분 만에 3만 5천 여석에 이르는 모든 좌석(坐席)이 매진되었다. 지난해 잠실 종합운동장에서 열린 콘서트도 10분 만에 10만 여석이 모두 매진되었던 터라 이번 콘서트도 티켓 예매가 치열할 것이라 예상되어 예매처에서도 만반의 준비를 한 것으로 알려졌다.

또한 티켓 정가에 적게는 1만 원에서 많게는 수백만 원까지 프리미엄을 붙여 티켓을 되파는 불법 거래를 차단하기 위해 매크로를 활용한 티켓 예매(豫買)를 차단하고, 불법 거래를 통한 티켓은 주최측에서 사전 통보 없이 취소하기로 했다. 또, 불법 티켓을 소지하고 입장하고자 하는 경우 입구에서 입장이 제한될 수 있다. 한편 콘서트에서 사용된 굿즈 또한 공식 예매 사이트에서 구입이 가능하다. LED 응원봉은 티켓과 페어링Ⓐ을 통해 중앙 제어가 가능해 특색있는 관객석을 연출할 예정이다.

각주

데뷔한 지 20년이 넘은 장수 아이돌 그룹이지만 2년 연속 10만 여석의 좌석을 매진(賣盡)시키며 여전히 건재함을 과시한 이들의 앞으로의 행보가 주목된다.

글꼴 : 굴림, 18pt, 하양
음영색 : 빨강

그림위치(내 PC\문서\ITQ\Picture\그림4.jpg, 문서에 포함)
자르기 기능 이용, 크기(35mm×35mm),
바깥 여백 왼쪽 : 2mm

▨ 추가 티켓 오픈 및 굿즈 현장 판매

A. 추가 티켓 예매

　I) 예매 일정 : 9월 1일 ~ 9월 10일

　II) 오픈 좌석 : 시야 제한석에 한정

B. 굿즈 현장 판매

　I) 판매 위치 : 고척 스카이돔 티켓 부스 앞, 물품별 판매 부스 번호 확인

　II) 판매 물품 : LED 응원봉, 우비, 모자, 팔찌, 티셔츠 등

문단 번호 기능 사용
1수준 : 20pt, 오른쪽정렬,
2수준 : 30pt, 오른쪽정렬
줄 간격 : 180%

▨ *오프라인 굿즈 판매 안내*

글꼴 : 굴림, 18pt, 기울임, 강조점

표 전체 글꼴 : 돋움, 10pt, 가운데 정렬
셀 배경(그러데이션) : 유형【수평】,
시작색(하양), 끝색(노랑)

물품명	세부 내용	부스 번호	비고
LED 응원봉	풍선 모양의 LED 응원봉, 페어링 과정 필요	1번	
우비	단일 사이즈, 흰색으로 된 비닐 재질	2번	인터넷 사이트를 이용하면 쉽게 구매 가능
모자	단일 사이즈, 흰색과 검은색 2종류	3번	
티셔츠	남녀 구분, S, M, L, XL, XXL로 사이즈 구분	4번	
	그 외의 물품	5번	

글꼴 : 돋움, 24pt, 진하게
장평 105%, 오른쪽 정렬 → # 콘서트 대행사 블루

각주 구분선 : 5cm

Ⓐ 무선으로 연결하기 위해 블루투스 장치에 정보를 수동으로 등록하는 데 필요한 절차

쪽 번호 매기기
5로 시작 → ⑤

5 다음의 《조건》에 따라 문서를 작성하시오.

소스파일: 07차시-05(문제).hwp
완성파일: 07차시-05(완성).hwp

글꼴 : 궁서, 18pt, 진하게, 가운데 정렬
책갈피 이름 : 국기
덧말 넣기

머리말 기능
돋움, 10pt, 오른쪽 정렬 → 대한민국의 상징

문단 첫 글자 장식
글꼴 : 굴림, 면 색 : 노랑

각주

그림위치(내 PC₩문서₩ITQ₩
Picture₩그림4.jpg, 문서에 포함)
자르기 기능 이용, 크기(40mm×30mm),
바깥 여백 왼쪽 : 2mm

태극기
국민통합과 자긍심의 상징

우 리나라의 국기⑦ 제정은 1882년(고종 19년) 5월 22일 체결된 조미수호통상조약 조인식이 직접적인 계기가 되었다고 한다. 하지만 아쉽게도 당시 조인식 때 게양된 국기의 형태에 대해서는 현재 정확한 기록이 남아 있지 않다. 태극기(太極旗)는 흰색 바탕에 가운데 태극 문양과 네 모서리의 건곤감리 그리고 4괘로 구성되어 있다. 태극기의 흰 바탕은 밝음과 순수, 그리고 전통적으로 평화를 사랑하는 우리의 민족성을 나타내고 있다. 가운데의 태극 문양은 음(파란색)과 양(빨간색)의 조화를 상징하는 것으로 우주 만물이 음양의 상호 작용에 의해 생성되고 발전한다는 대자연의 진리를 형상화한 것이다. 네 모서리의 4괘는 음과 양이 서로 변화하고 발전하는 모습을 효의 조합을 통해 구체적으로 나타낸 것이다. 우주 만물 중에서 건괘는 하늘을, 곤괘는 땅을, 감괘는 물을, 이괘는 불을 상징한다.

예로부터 우리 선조들이 생활 속에서 즐겨 사용하던 태극 문양을 중심으로 만들어진 태극기는 우주와 더불어 끝없이 창조와 번영을 희구하는 한민족(韓民族)의 이상을 담고 있다. 따라서 우리는 태극기에 담긴 이러한 정신과 뜻을 이어받아 민족의 화합과 통일을 이룩하고, 인류의 행복과 평화에 이바지해야 할 것이다.

♠ 국기 게양 방법

글꼴 : 굴림, 18pt, 하양
음영색 : 빨강

가) 국기 다는 시간
  a) 매일 24시간 달 수 있으나 야간에는 적절한 조명을 해야 한다.
  b) 학교나 군부대는 낮에만 단다.
나) 국기를 매일 게양 및 강하하는 경우
  a) 다는 시각 : 오전 7시
  b) 내리는 시각 : 3월-10월(오후 6시), 11월-2월(오후 5시)

문단 번호 기능 사용
1수준 : 20pt, 오른쪽정렬,
2수준 : 30pt, 오른쪽정렬
줄 간격 : 180%

표 전체 글꼴 : 돋움, 10pt, 가운데 정렬
셀 배경(그러데이션) : 유형【수평】,
시작색(하양), 끝색(노랑)

♠ 국기를 게양하는 날

글꼴 : 굴림, 18pt, 기울임, 강조점

구분	다는 날	날짜	다는 방법	조기 게양
5대 국경일	3.1절	3월 1일	깃봉과 깃면의 사이를 떼지 않고 닮	현충일(6월 6일) 국장기간 국민장 정부지정일
	제헌절	7월 17일		
	광복절	8월 15일		
	개천절	10월 3일		
	한글날	10월 9일		
기념일	국군의 날	10월 1일		

글꼴 : 궁서, 24pt, 진하게
장평 110%, 오른쪽 정렬 → **행정안전부**

각주 구분선 : 5cm

⑦ 국가의 전통과 이상을 특정한 빛깔과 모양으로 나타낸 기

쪽 번호 매기기
4로 시작 → ④

6 다음의 《조건》에 따라 문서를 작성하시오.

소스파일 : 07차시-06(문제).hwp
완성파일 : 07차시-06(완성).hwp

글꼴 : 궁서, 18pt, 진하게, 가운데 정렬
책갈피 이름 : 록페스티벌
덧말 넣기

머리말 기능
돋움, 10pt, 오른쪽 정렬 ▶ 부산 록페스티벌

온라인 록 마니아
2021 부산국제록페스티벌

문단 첫 글자 장식
글꼴 : 굴림, 면 색 : 노랑

각주

그림위치(내 PC₩문서₩ITQ₩
Picture₩그림4.jpg, 문서에 포함)
자르기 기능 이용, 크기(40mm×40mm),
바깥 여백 왼쪽 : 2mm

부산국제록페스티벌(BIROF)ⓐ이 2021년 6월에 온라인으로 개최될 예정입니다. 2000년부터 시작된 이 축제는 2010년까지 매년 여름 다대포 해수욕장 해변에서 개최되었으나, 2011년부터는 삼락생태공원으로 장소를 옮겨 개최되었습니다. 이번 페스티벌은 온라인으로 세계 각국의 록 뮤지션 공연을 통해 열정의 무대를 연출하여 진정한 문화교류를 실현하며, 다양한 장르의 대중적인 록 뮤지션을 초청하여 록페스티벌의 대중화를 추진(推進)하고자 합니다. 자연과 사람, 음악이 어우러져 함께 하는 이번 록페스티벌은 국내는 물론 미국과 일본, 유럽 등 7개국, 14개 팀이 참가하여 진정한 록의 열기를 온몸으로 만끽하게 해 주며, 세계적인 록그룹이 대거 참가하여 축제 분위기를 더욱 고조시킬 것입니다.

이 축제는 세계적인 뮤지션들과의 지속적인 교류(交流)를 통하여 지역 예술인들이 자신들의 음악 활동의 터전을 마련하고 사업적 기반을 마련할 수 있는 토대를 구축하는 계기가 될 것입니다. 단순한 일회성 축제가 아닌 지속적이고 국제적인 행사로 계속 발전하여 부산의 대표적인 문화 상품으로 자리매김할 뿐 아니라 영화와의 결합을 통한 시너지 효과를 창출할 것으로 전망됩니다.

★ 부산국제록페스티벌 개요

글꼴 : 굴림, 18pt, 하양
음영색 : 파랑

I. 기간 및 장소
　A. 기간 : 2021년 6월 14일 - 2021년 6월 17일
　B. 장소 : 부산 삼락생태공원 특설무대, 온라인 홈페이지
II. 참가 규모 및 주최
　A. 참가 규모 : 국내외 유명 록그룹 초청공연
　B. 주최 : (사)부산문화축제위원회

문단 번호 기능 사용
1수준 : 20pt, 오른쪽정렬,
2수준 : 30pt, 오른쪽정렬
줄 간격 : 180%

표 전체 글꼴 : 돋움, 10pt, 가운데 정렬
셀 배경(그러데이션) : 유형【수평】,
시작색(하양), 끝색(노랑)

★ 록페스티벌 공연 일정

글꼴 : 굴림, 18pt, 기울임, 강조점

일정	6월 14일	6월 15일	6월 16일	6월 17일
10:00 - 11:00	시그너처 제막식	클라우디안 공연	갱키스트 공연	포니 공연
13:00 - 14:00	미스터펑키 공연	윤딴딴 공연	해리빅버튼 공연	블락스 공연
14:00 - 15:00			로맨틱 펀치 공연	슈퍼밴드 공연
16:00 - 17:00	공로상 시상	라펠코프 공연	종이 비행기 공연	식전 행사
18:00 - 20:00	개막식			폐막식

글꼴 : 궁서, 24pt, 진하게
장평 110%, 오른쪽 정렬

▶부산문화축제위원회

각주 구분선 : 5cm

ⓐ 매년 부산에서 개최되는 역동적인 아시아 대표 록페스티벌

쪽 번호 매기기
6으로 시작 ▶ vi

☆
2

실전
모의고사

—

정보기술자격(ITQ) 실전모의고사

과 목	코 드	문제유형	시험시간	수험번호	성 명
아래한글	1111	B	60분		

수험자 유의사항

◎ 수험자는 문제지를 받는 즉시 문제지와 **수험표상의 시험과목(프로그램)이 동일한지 반드시 확인**하여야 합니다.

◎ 파일명은 본인의 "수험번호–성명"으로 입력하여 답안폴더(내 PC₩문서₩ITQ)에 하나의 파일로 저장해야 하며, 답안문서 파일명이 "수험번호–성명"과 일치하지 않거나, 답안파일을 전송하지 않아 미제출로 처리될 경우 실격 처리합니다 (예:12345678-홍길동.hwp).

◎ 답안 작성을 마치면 파일을 저장하고, '답안 전송' 버튼을 선택하여 감독위원 PC로 답안을 전송하십시오. 수험생 정보와 저장한 파일명이 다를 경우 전송되지 않으므로 주의하시기 바랍니다.

◎ 답안 작성 중에도 **주기적으로 저장하고, '답안 전송'**하여야 문제 발생을 줄일 수 있습니다. 작업한 내용을 저장하지 않고 전송할 경우 이전에 저장된 내용이 전송되오니 이점 유의하시기 바랍니다.

◎ 답안문서는 지정된 경로 외의 다른 보조기억장치에 저장하는 경우, 지정된 시험 시간 외에 작성된 파일을 활용할 경우, 기타 통신수단(이메일, 메신저, 네트워크 등)을 이용하여 타인에게 전달 또는 외부 반출하는 경우는 부정 처리합니다.

◎ 시험 중 부주의 또는 고의로 시스템을 파손한 경우는 수험자가 변상해야 하며, <수험자 유의사항>에 기재된 방법대로 이행 하지 않아 생기는 불이익은 수험생 당사자의 책임임을 알려 드립니다.

◎ 문제의 조건은 한컴오피스 2020 버전으로 설정되어 있으며 한컴오피스 NEO는 【 】에 표기되어 있습니다. 이와 관련하여 작성한 답안의 출력형태가 문제지와 다를 수 있습니다.

◎ 시험을 완료한 수험자는 답안파일이 전송되었는지 확인한 후 감독위원의 지시에 따라 문제지를 제출하고 퇴실합니다.

답안 작성요령

◎ **온라인 답안 작성 절차**
　수험자 등록 ⇒ 시험 시작 ⇒ 답안파일 저장 ⇒ 답안 전송 ⇒ 시험 종료

◎ **공통 부문**
　• 글꼴에 대한 기본설정은 함초롬바탕, 10포인트, 검정, 줄간격 160%, 양쪽정렬로 합니다.
　• 색상은 조건의 색을 적용하고 색의 구분이 안 될 경우에는 RGB 값을 적용하십시오.
　　(빨강 255,0,0 / 파랑 0,0,255 / 노랑 255,255,0).
　• 각 문항에 주어진 《조건》에 따라 작성하고 언급하지 않은 조건은 《출력형태》와 같이 작성합니다.
　• 용지여백은 왼쪽·오른쪽 11mm, 위쪽·아래쪽·머리말·꼬리말 10mm, 제본 0mm로 합니다.
　• 그림 삽입 문제의 경우 「내 PC₩문서₩ITQ₩Picture」 폴더에서 지정된 파일을 선택하여 삽입하십시오.
　• 삽입한 그림은 반드시 문서에 포함하여 저장해야 합니다(미포함 시 감점 처리).
　• 각 항목은 지정된 페이지에 출력형태와 같이 정확히 작성하시기 바라며, 그렇지 않을 경우에 해당 항목은 0점 처리됩니다.
　　※ 페이지구분 : 1페이지 – 기능평가 I (문제번호 표시 : 1. 2.),
　　　　　　　　　　2페이지 – 기능평가 II (문제번호 표시 : 3. 4.),
　　　　　　　　　　3페이지 – 문서작성 능력평가

◎ **기능평가**
　• 문제와 《조건》은 입력하지 않으며 문제번호와 답(《출력형태》)만 작성합니다.
　• 4번 문제는 묶기를 했을 경우 0점 처리됩니다.

◎ **문서작성 능력평가**
　• A4 용지(210mm×297mm) 1매 크기, 세로 서식 문서로 작성합니다.
　• 　　　　　 표시는 문서작성에 대한 지시사항이므로 작성하지 않습니다.

1. 다음의 《조건》에 따라 스타일 기능을 적용하여 《출력형태》와 같이 작성하시오. (50점)

《조건》
(1) 스타일 이름 – lifelong
(2) 문단 모양 – 첫 줄 들여쓰기 : 10pt, 문단 아래 간격 : 10pt
(3) 글자 모양 – 글꼴 : 한글(굴림)/영문(돋움), 크기 : 10pt, 장평 : 105%, 자간 : −5%

《출력형태》

Lifelong education is the "ongoing, voluntary" pursuit of knowledge for either personal or professional reasons. Therefore, it not only enhances social inclusion, but also self sustainability.

학교교육과 사회교육을 포함하는 평생교육은 개인의 전 생애에 걸쳐 사회, 경제, 문화적으로 발달하는 것을 돕는다. 백세시대를 맞아 평생교육이 중요해지고 있으며 평생교육의 실현을 위한 다각적 방법이 필요하다.

2. 다음의 《조건》에 따라 《출력형태》와 같이 표와 차트를 작성하시오. (100점)

《표 조건》
(1) 표 전체(표, 캡션) – 돋움, 10pt
(2) 정렬 – 문자 : 가운데 정렬, 숫자 : 오른쪽 정렬
(3) 셀 배경(면색) : 노랑
(4) 한글의 계산 기능을 이용하여 빈칸에 평균(소수점 두 자리)을 구하고, 캡션 기능 사용할 것
(5) 선 모양은 《출력형태》와 동일하게 처리할 것

《출력형태》

연도별 평생교육 학습자 수(단위 : 십 명)

지역	2016년	2017년	2018년	2019년	평균
서울	5,110	8,122	9,802	9,302	
부산	3,174	4,541	4,621	4,502	
대구	3,892	3,470	4,553	4,972	
경기	11,021	13,040	1,860	1,820	✕

《차트 조건》
(1) 차트 데이터는 표 내용에서 연도별 서울, 부산, 대구의 값만 이용할 것
(2) 종류 – <묶은 세로 막대형>으로 작업할 것
(3) 제목 – 【궁서, 진하게, 12pt, 배경 – 선 모양(한 줄로), 그림자(2pt)】
(4) 제목 이외의 전체 글꼴 – 궁서, 보통, 10pt
(5) 축제목과 범례는 《출력형태》와 동일하게 처리할 것

《출력형태》

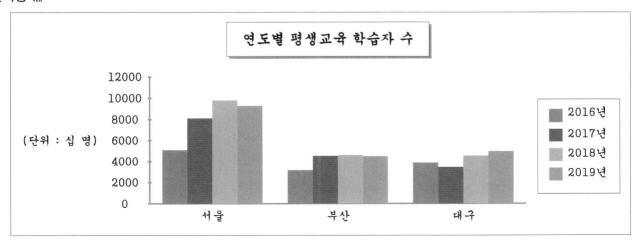

3. 다음 (1), (2)의 수식을 수식 편집기로 각각 입력하시오. (40점)

《출력형태》

$$(1)\ \frac{h_1}{h_2} = (\sqrt{a})^{M_2 - M_1} \fallingdotseq 2.5^{M_2 - M_1}$$

$$(2)\ \sum_{k=1}^{n} k^3 = \frac{n(n+1)}{2} = \sum_{k=1}^{n} k$$

4. 다음의 《조건》에 따라 《출력형태》와 같이 문서를 작성하시오. (110점)

《조건》　　(1) 그리기 도구를 이용하여 작성하고, 모든 도형(글맵시, 지정된 그림 포함)을 《출력형태》와 같이
　　　　　　　　작성하시오.
　　　　　　(2) 도형의 면색은 지시사항이 없으면 색 없음을 제외하고 서로 다르게 임의로 지정하시오.

《출력형태》

글꼴 : 궁서, 18pt, 진하게, 가운데 정렬
책갈피 이름 : 평생교육
덧말 넣기

머리말 기능
굴림, 10pt, 오른쪽 정렬 → 평생교육

100세 시대 ^{배우는 기쁨}평생교육 활성화

문단 첫 글자 장식 기능
글꼴 : 돋움, 면색 : 노랑

각주

그림위치(내 PC₩문서₩ITQ₩Picture₩그림5.jpg, 문서에 포함)
자르기 기능 이용, 크기(40mm×40mm), 바깥 여백 왼쪽 : 2mm

현대사회를 학습과 교육적 시각에서 보면 현대사회는 지식근로자를 필요로 하는 지식기반사회이다. 평생교육⊙은 100세 시대에 그 중요성이 더욱 강조되고 있다. 평생교육에 대한 수요(需要)가 지속적으로 증가하고 있지만 단기 성과 위주로 운영되는 한계점을 보이고 있다. 중장년의 재취업 요구 증가 등 평생교육의 수요 변화로 장기적인 성과를 위한 프로그램이 요구되고 있으나 문화예술교육이나 인문교양교육 중심으로 교육프로그램이 운영되고 있으며 지역별 평생교육 전문 인력도 크게 부족한 상황이다.

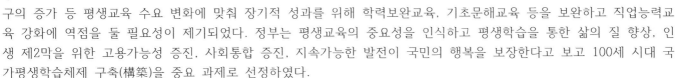

우리나라의 평생교육 프로그램의 유형을 분석한 결과 문화예술교육, 인문교양교육, 직업능력교육, 시민참여교육의 순서로 나타났다. 특히, 중장년의 인생이모작을 위한 재취업 요구의 증가 등 평생교육 수요 변화에 맞춰 장기적 성과를 위해 학력보완교육, 기초문해교육 등을 보완하고 직업능력교육 강화에 역점을 둘 필요성이 제기되었다. 정부는 평생교육의 중요성을 인식하고 평생학습을 통한 삶의 질 향상, 인생 제2막을 위한 고용가능성 증진, 사회통합 증진, 지속가능한 발전이 국민의 행복을 보장한다고 보고 100세 시대 국가평생학습체제 구축(構築)을 중요 과제로 선정하였다.

★ **2021 국가평생학습박람회**

글꼴 : 굴림, 18pt, 하양
음영색 : 파랑

A. 주제 및 기간
 1. 주제 : 배움으로 성장하는 평생학습
 2. 기간 : 2021. 3. 15.(월) - 3. 19.(금)
B. 주최 및 장소
 1. 주최 : 경기도 고양시 일산서구
 2. 장소 : 박람회 전시관 태평양홀

문단 번호 기능 사용
 1수준 : 20pt, 오른쪽정렬,
 2수준 : 30pt, 오른쪽정렬
줄 간격 : 180%

표 전체 글꼴 : 돋움, 10pt, 가운데 정렬
셀 배경(그러데이션) : 유형【수평】,
 시작색(하양), 끝색(노랑)

★ *평생교육 주제별 프로그램*

글꼴 : 굴림, 18pt, 기울임, 강조점

평생교육관		직업능력 특별관	
문해교육	한글교육 등	재취업 교육	재취업을 위한 이직, 전직 프로그램
인문교육	인문학 등	창업 교육	창업, 창직 및 폐업 관련 프로그램
교양교육	국제 예절 등	귀농 교육	귀농, 귀촌 교육 프로그램
시민교육	세계시민교육 등	사회공헌 교육	사회봉사 등 사회공헌 프로그램
평생학습 추구		인생 2막 준비	

각주 구분선 : 5cm

글꼴 : 궁서, 24pt, 진하게
장평 95%, 오른쪽 정렬 → **평생교육박람위원회**

⊙ 유아에서 시작하여 노년에 이르기까지 평생에 걸친 교육

쪽 번호 매기기
2로 시작 → ii

정보기술자격(ITQ) 실전모의고사

과 목	코 드	문제유형	시험시간	수험번호	성 명
아래한글	1111	C	60분		

수험자 유의사항

◎ 수험자는 문제지를 받는 즉시 문제지와 **수험표상의 시험과목(프로그램)이 동일한지 반드시 확인**하여야 합니다.

◎ 파일명은 본인의 "수험번호-성명"으로 입력하여 답안폴더(내 PC₩문서₩ITQ)에 하나의 파일로 저장해야 하며, 답안문서 파일명이 "수험번호-성명"과 일치하지 않거나, 답안파일을 전송하지 않아 미제출로 처리될 경우 실격 처리합니다 (예:12345678-홍길동.hwp).

◎ 답안 작성을 마치면 파일을 저장하고, '답안 전송' 버튼을 선택하여 감독위원 PC로 답안을 전송하십시오. 수험생 정보와 저장한 파일명이 다를 경우 전송되지 않으므로 주의하시기 바랍니다.

◎ 답안 작성 중에도 **주기적으로 저장하고, '답안 전송'**하여야 문제 발생을 줄일 수 있습니다. 작업한 내용을 저장하지 않고 전송할 경우 이전에 저장된 내용이 전송되오니 이점 유의하시기 바랍니다.

◎ 답안문서는 지정된 경로 외의 다른 보조기억장치에 저장하는 경우, 지정된 시험 시간 외에 작성된 파일을 활용할 경우, 기타 통신수단(이메일, 메신저, 네트워크 등)을 이용하여 타인에게 전달 또는 외부 반출하는 경우는 부정 처리합니다.

◎ 시험 중 부주의 또는 고의로 시스템을 파손한 경우는 수험자가 변상해야 하며, <수험자 유의사항>에 기재된 방법대로 이행하지 않아 생기는 불이익은 수험생 당사자의 책임임을 알려 드립니다.

◎ 문제의 조건은 한컴오피스 2020 버전으로 설정되어 있으며 한컴오피스 NEO는 【 】에 표기되어 있습니다. 이와 관련하여 작성한 답안의 출력형태가 문제지와 다를 수 있습니다.

◎ 시험을 완료한 수험자는 답안파일이 전송되었는지 확인한 후 감독위원의 지시에 따라 문제지를 제출하고 퇴실합니다.

답안 작성요령

◎ 온라인 답안 작성 절차

　　수험자 등록 ⇒ 시험 시작 ⇒ 답안파일 저장 ⇒ 답안 전송 ⇒ 시험 종료

◎ 공통 부문

・ 글꼴에 대한 기본설정은 함초롬바탕, 10포인트, 검정, 줄간격 160%, 양쪽정렬로 합니다.

・ 색상은 조건의 색을 적용하고 색의 구분이 안 될 경우에는 RGB 값을 적용하십시오. (빨강 255,0,0 / 파랑 0,0,255 / 노랑 255,255,0).

・ 각 문항에 주어진 《조건》에 따라 작성하고 언급하지 않은 조건은 《출력형태》와 같이 작성합니다.

・ 용지여백은 왼쪽·오른쪽 11mm, 위쪽·아래쪽·머리말·꼬리말 10mm, 제본 0mm로 합니다.

・ 그림 삽입 문제의 경우 「내 PC₩문서₩ITQ₩Picture」 폴더에서 지정된 파일을 선택하여 삽입하십시오.

・ 삽입한 그림은 반드시 문서에 포함하여 저장해야 합니다(미포함 시 감점 처리).

・ 각 항목은 지정된 페이지에 출력형태와 같이 정확히 작성하시기 바라며, 그렇지 않을 경우에 해당 항목은 0점 처리됩니다.

　　※ 페이지구분 : 1페이지 - 기능평가 I (문제번호 표시 : 1. 2.),

　　　　　　　　　 2페이지 - 기능평가 II (문제번호 표시 : 3. 4.),

　　　　　　　　　 3페이지 - 문서작성 능력평가

◎ 기능평가

・ 문제와 《조건》은 입력하지 않으며 문제번호와 답(《출력형태》)만 작성합니다.

・ 4번 문제는 묶기를 했을 경우 0점 처리됩니다.

◎ 문서작성 능력평가

・ A4 용지(210mm×297mm) 1매 크기, 세로 서식 문서로 작성합니다.

・ 　　　　　 표시는 문서작성에 대한 지시사항이므로 작성하지 않습니다.

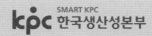

1. 다음의《조건》에 따라 스타일 기능을 적용하여《출력형태》와 같이 작성하시오. (50점)

《조건》 (1) 스타일 이름 – revolution
(2) 문단 모양 – 첫 줄 들여쓰기 : 10pt, 문단 아래 간격 : 10pt
(3) 글자 모양 – 글꼴 : 한글(굴림)/영문(돋움), 크기 : 10pt, 장평 : 105%, 자간 : –5%

《출력형태》

The Fourth Industrial Revolution is building on the Third, the digital revolution that has been occurring since the middle of the last century. It is characterized by a fusion of technologies.

4차 산업혁명은 인공지능을 통해 실재와 가상이 통합돼 사물을 자동적, 지능적으로 제어할 수 있는 가상 물리 시스템의 구축이 기대되는 산업상의 변화로 인공지능, 로봇기술, 생명과학이 주도할 것으로 예상된다.

2. 다음의《조건》에 따라《출력형태》와 같이 표와 차트를 작성하시오. (100점)

《표 조건》 (1) 표 전체(표, 캡션) – 돋움, 10pt
(2) 정렬 – 문자 : 가운데 정렬, 숫자 : 오른쪽 정렬
(3) 셀 배경(면색) : 노랑
(4) 한글의 계산 기능을 이용하여 빈칸에 평균(소수점 두 자리)을 구하고, 캡션 기능 사용할 것
(5) 선 모양은《출력형태》와 동일하게 처리할 것

《출력형태》

4차 산업혁명 관련기술 특허출원(단위 : 건)

기술	2016년	2017년	2018년	2019년	평균
인공지능	1,315	2,216	3,054	4,011	
디지털 헬스케어	3,140	3,047	3,530	4,109	
자율주행	2,896	3,018	3,304	3,986	
지능형 로봇	1,320	1,115	1,485	1,980	

《차트 조건》 (1) 차트 데이터는 표 내용에서 연도별 인공지능, 디지털 헬스케어, 자율주행의 값만 이용할 것
(2) 종류 – <묶은 세로 막대형>으로 작업할 것
(3) 제목 –【궁서, 진하게, 12pt, 배경 – 선 모양(한 줄로), 그림자(2pt)】
(4) 제목 이외의 전체 글꼴 – 궁서, 보통, 10pt
(5) 축제목과 범례는《출력형태》와 동일하게 처리할 것

《출력형태》

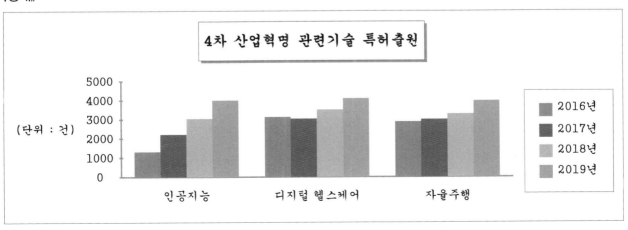

3. 다음 (1), (2)의 수식을 수식 편집기로 각각 입력하시오. (40점)

《출력형태》

(1) $R_H = \dfrac{1}{hc} \times \dfrac{2\pi^2 K^2 me^4}{h^2}$

(2) $V = \dfrac{1}{R} \displaystyle\int_0^q qdq = \dfrac{1}{2}\dfrac{q^2}{R}$

4. 다음의 《조건》에 따라 《출력형태》와 같이 문서를 작성하시오. (110점)

《조건》 (1) 그리기 도구를 이용하여 작성하고, 모든 도형(글맵시, 지정된 그림 포함)을 《출력형태》와 같이 작성하시오.

(2) 도형의 면색은 지시사항이 없으면 색 없음을 제외하고 서로 다르게 임의로 지정하시오.

《출력형태》

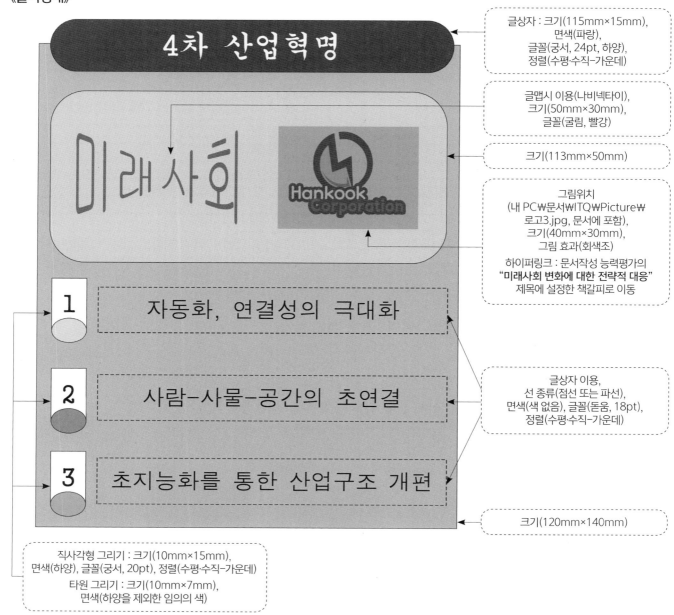

글상자 : 크기(115mm×15mm), 면색(파랑), 글꼴(궁서, 24pt, 하양), 정렬(수평·수직-가운데)

글맵시 이용(나비넥타이), 크기(50mm×30mm), 글꼴(굴림, 빨강)

크기(113mm×50mm)

그림위치(내 PC₩문서₩ITQ₩Picture₩ 로고3.jpg, 문서에 포함), 크기(40mm×30mm), 그림 효과(회색조)

하이퍼링크 : 문서작성 능력평가의 **"미래사회 변화에 대한 전략적 대응"** 제목에 설정한 책갈피로 이동

글상자 이용, 선 종류(점선 또는 파선), 면색(색 없음), 글꼴(돋움, 18pt), 정렬(수평·수직-가운데)

크기(120mm×140mm)

직사각형 그리기 : 크기(10mm×15mm), 면색(하양), 글꼴(궁서, 20pt), 정렬(수평·수직-가운데)

타원 그리기 : 크기(10mm×7mm), 면색(하양을 제외한 임의의 색)

글꼴 : 궁서, 18pt, 진하게, 가운데 정렬
책갈피 이름 : 산업혁명
덧말 넣기

머리말 기능
굴림, 10pt, 오른쪽 정렬 → 4차 산업혁명

제4차 산업혁명
미래사회 변화에 대한 전략적 대응

문단 첫 글자 장식 기능
글꼴 : 돋움, 면색 : 노랑

그림위치(내 PC₩문서₩ITQ₩Picture₩그림4.jpg, 문서에 포함)
자르기 기능 이용, 크기(40mm×40mm), 바깥 여백 왼쪽 : 2mm

벨 이 최초의 실용적인 전화기를 발명(發明)하지 않았다면 오늘날의 스마트폰은 존재하지 않았을 것이고 여전히 파발마나 횃불을 통해 장거리 의사소통을 했을지도 모른다. 인류 역사 변화의 중심에는 새로운 기술의 등장과 혁신이 자리하고 있었고. 새로운 기술의 등장은 단순히 기술의 변화에 그치지 않고 전 세계의 사회 및 경제구조에 큰 변화(變化)를 일으켰다. 기술 혁신과 이로 인해 일어난 사회. 경제 변화가 크게 나타난 시기를 우리는 산업혁명이라고 부른다.

　2019년 다보스포럼에서는 '제4차 산업혁명'이라는 의제가 다시 논의되어졌다. 다보스포럼은 제4차 산업혁명이 가까운 미래에 도래할 것이고. 이로 인해 일자리 지형 변화라는 사회 구조적 변화가 나타날 것이라고 전망하고 있다. 또한 제4차 산업혁명을 디지털 혁명에 기반을 두고 물리적 공간. 디지털적 공간 및 생물학적 공간의 경계가 희석되는 기술융합의 시대라고 정의하면서. 사이버물리시스템㉠에 기반을 둔 제4차 산업혁명은 기계와 제품이 지능을 가지게 되고 인터넷 네트워크로 연결되어 있어 스스로 학습능력을 갖추게 되어 전 세계의 산업구조 및 시장경제 모델에 커다란 영향을 미칠 것으로 전망하고 있다.

각주

※ 4차 산업혁명을 이끄는 기술

글꼴 : 굴림, 18pt, 하양
음영색 : 파랑

　1. 디지털 기술
　　가. 사물 인터넷 : 공급망 모니터링 시스템 등에 활용
　　나. 주문형 경제 : 우버와 같은 플랫폼 비즈니스
　2. 생물학 기술
　　가. 합성생물학 : DNA 데이터로 유기체 제작
　　나. 바이오프린팅 : 3D 프린터로 피부. 뼈. 심장 등 배양

문단 번호 기능 사용
　1수준 : 20pt, 오른쪽정렬,
　2수준 : 30pt, 오른쪽정렬
줄 간격 : 180%

표 전체 글꼴 : 돋움, 10pt, 가운데 정렬
셀 배경(그러데이션) : 유형【수평】,
　시작색(하양), 끝색(노랑)

※ *주요국 4차 산업혁명 대응현황*

글꼴 : 굴림, 18pt, 기울임, 강조점

구분	미국	독일	일본
주요 정책	AMP 2.0	인더스트리 4.0	4차 산업혁명 선도전략
특징	기술자금 보유한 민간 주도	중견, 중소기업 혁신참여 유도	산업구조 재편기회로 활용
추진 주체	민간 주도	민/관 공동	
핵심 기술	빅데이터, 인공지능	자동화 설비/솔루션	산업용 로봇
	공통 : 산업용 사물 인터넷 등		

글꼴 : 궁서, 24pt, 진하게
장평 95%, 오른쪽 정렬 → **정보통신기획평가원**

각주 구분선 : 5cm

㉠ 자동적. 지능적으로 제어되고 모니터링 되는 다양한 물리적 개체들로 구성된 시스템

쪽 번호 매기기
5로 시작 → 마

정보기술자격(ITQ) 실전모의고사

과 목	코 드	문제유형	시험시간	수험번호	성 명
아래한글	1111	A	60분		

수험자 유의사항

◎ 수험자는 문제지를 받는 즉시 문제지와 <u>수험표상의 시험과목(프로그램)이 동일한지 반드시 확인</u>하여야 합니다.
◎ 파일명은 본인의 "수험번호−성명"으로 입력하여 답안폴더(내 PC\문서\ITQ)에 하나의 파일로 저장해야 하며, 답안문서 파일명이 "수험번호−성명"과 일치하지 않거나, 답안파일을 전송하지 않아 미제출로 처리될 경우 실격 처리합니다 (예:12345678−홍길동.hwp).
◎ 답안 작성을 마치면 파일을 저장하고, '답안 전송' 버튼을 선택하여 감독위원 PC로 답안을 전송하십시오. 수험생 정보와 저장한 파일명이 다를 경우 전송되지 않으므로 주의하시기 바랍니다.
◎ 답안 작성 중에도 <u>주기적으로 저장하고, '답안 전송'</u>하여야 문제 발생을 줄일 수 있습니다. 작업한 내용을 저장하지 않고 전송할 경우 이전에 저장된 내용이 전송되오니 이점 유의하시기 바랍니다.
◎ 답안문서는 지정된 경로 외의 다른 보조기억장치에 저장하는 경우, 지정된 시험 시간 외에 작성된 파일을 활용할 경우, 기타 통신수단(이메일, 메신저, 네트워크 등)을 이용하여 타인에게 전달 또는 외부 반출하는 경우는 부정 처리합니다.
◎ 시험 중 부주의 또는 고의로 시스템을 파손한 경우는 수험자가 변상해야 하며, <수험자 유의사항>에 기재된 방법대로 이행하지 않아 생기는 불이익은 수험생 당사자의 책임임을 알려 드립니다.
◎ 문제의 조건은 한컴오피스 2020 버전으로 설정되어 있으며 한컴오피스 NEO는 【 】에 표기되어 있습니다. 이와 관련하여 작성한 답안의 출력형태가 문제지와 다를 수 있습니다.
◎ 시험을 완료한 수험자는 답안파일이 전송되었는지 확인한 후 감독위원의 지시에 따라 문제지를 제출하고 퇴실합니다.

답안 작성요령

◎ **온라인 답안 작성 절차**
　수험자 등록 ⇒ 시험 시작 ⇒ 답안파일 저장 ⇒ 답안 전송 ⇒ 시험 종료
◎ **공통 부문**
　• 글꼴에 대한 기본설정은 함초롬바탕, 10포인트, 검정, 줄간격 160%, 양쪽정렬로 합니다.
　• 색상은 조건의 색을 적용하고 색의 구분이 안 될 경우에는 RGB 값을 적용하십시오.
　　(빨강 255,0,0 / 파랑 0,0,255 / 노랑 255,255,0).
　• 각 문항에 주어진 《조건》에 따라 작성하고 언급하지 않은 조건은 《출력형태》와 같이 작성합니다.
　• 용지여백은 왼쪽·오른쪽 11mm, 위쪽·아래쪽·머리말·꼬리말 10mm, 제본 0mm로 합니다.
　• 그림 삽입 문제의 경우 「내 PC\문서\ITQ\Picture」 폴더에서 지정된 파일을 선택하여 삽입하십시오.
　• 삽입한 그림은 반드시 문서에 포함하여 저장해야 합니다(미포함 시 감점 처리).
　• 각 항목은 지정된 페이지에 출력형태와 같이 정확히 작성하시기 바라며, 그렇지 않을 경우에 해당 항목은 0점 처리됩니다.
　　※ 페이지구분 : 1페이지 − 기능평가 I (문제번호 표시 : 1. 2.),
　　　　　　　　　　　2페이지 − 기능평가 II (문제번호 표시 : 3. 4.),
　　　　　　　　　　　3페이지 − 문서작성 능력평가
◎ **기능평가**
　• 문제와 《조건》은 입력하지 않으며 문제번호와 답(《출력형태》)만 작성합니다.
　• 4번 문제는 묶기를 했을 경우 0점 처리됩니다.
◎ **문서작성 능력평가**
　• A4 용지(210mm×297mm) 1매 크기, 세로 서식 문서로 작성합니다.
　• 　　　　 표시는 문서작성에 대한 지시사항이므로 작성하지 않습니다.

1. 다음의 《조건》에 따라 스타일 기능을 적용하여 《출력형태》와 같이 작성하시오. (50점)

《조건》　(1) 스타일 이름 – governance

　　　　(2) 문단 모양 – 왼쪽 여백 : 15pt, 문단 아래 간격 : 10pt

　　　　(3) 글자 모양 – 글꼴 : 한글(돋움)/영문(굴림), 크기 : 10pt, 장평 : 95%, 자간 : 5%

《출력형태》

Create a framework for governance that forms a private council that links local resources and improves the water quality of private small rivers, centered on local residents.

소하천 지역 주민과 농업인을 중심으로 하는 민간 소하천 수질개선 지역공동체 구성과 지역자원을 연계한 민간 협의체를 구성하는 거버넌스 프레임 워크를 만듭니다.

2. 다음의 《조건》에 따라 《출력형태》와 같이 표와 차트를 작성하시오. (100점)

《표 조건》　(1) 표 전체(표, 캡션) – 돋움, 10pt

　　　　　(2) 정렬 – 문자 : 가운데 정렬, 숫자 : 오른쪽 정렬

　　　　　(3) 셀 배경(면색) : 노랑

　　　　　(4) 한글의 계산 기능을 이용하여 빈칸에 합계를 구하고, 캡션 기능 사용할 것

　　　　　(5) 선 모양은 《출력형태》와 동일하게 처리할 것

《출력형태》

전국 수계 수질개선 지역공동체 현황(단위 : 개)

구분	한강	낙동강	금강	섬진강	합계
환경시민단체	21	13	18	10	
지역마을주민	34	21	16	9	
교육기관	45	28	15	11	
정화시설	9	5	3	2	

《차트 조건》　(1) 차트 데이터는 표 내용에서 구분별 환경시민단체, 지역마을주민, 교육기관의 값만 이용할 것

　　　　　(2) 종류 – <묶은 가로 막대형>으로 작업할 것

　　　　　(3) 제목 –【굴림, 진하게, 12pt, 배경 – 선 모양(한 줄로), 그림자(2pt)】

　　　　　(4) 제목 이외의 전체 글꼴 – 굴림, 보통, 10pt

　　　　　(5) 축제목과 범례는 《출력형태》와 동일하게 처리할 것

《출력형태》

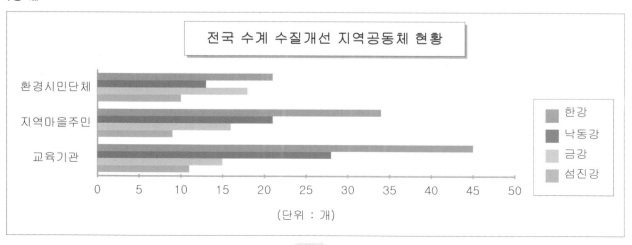

3. 다음 (1), (2)의 수식을 수식 편집기로 각각 입력하시오. (40점)

《출력형태》

(1) $\dfrac{V_2}{V_1} = \dfrac{0.90 \times 10^3}{1.0 \times 10^3} = 0.80$

(2) $\displaystyle\int_a^b A(x-a)(x-b)dx = -\dfrac{A}{6}(b-a)^3$

4. 다음의 《조건》에 따라 《출력형태》와 같이 문서를 작성하시오. (110점)

《조건》　(1) 그리기 도구를 이용하여 작성하고, 모든 도형(글맵시, 지정된 그림 포함)을 《출력형태》와 같이 작성하시오.

　　　　(2) 도형의 면색은 지시사항이 없으면 색 없음을 제외하고 서로 다르게 임의로 지정하시오.

《출력형태》

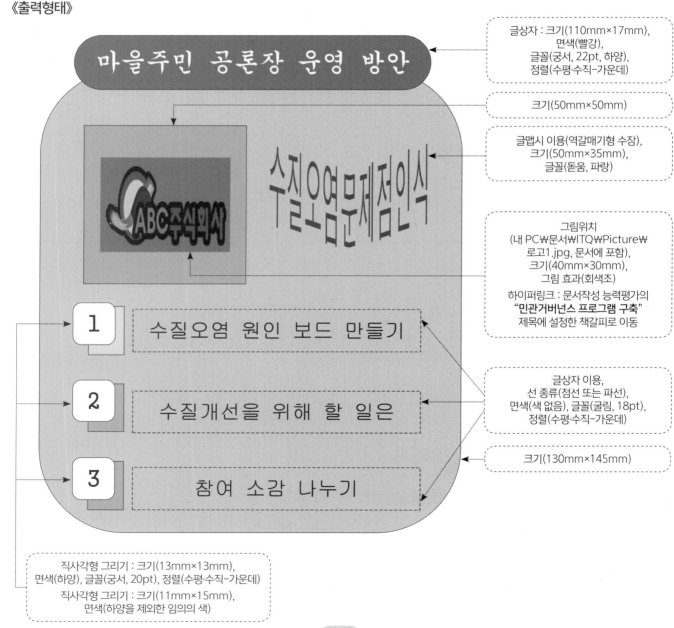

글꼴 : 굴림, 18pt, 진하게, 가운데 정렬
책갈피 이름 : 소하천
덧말 넣기

머리말 기능
돋움, 10pt, 오른쪽 정렬 → 소하천 수질개선

강원 산간지역
민관거버넌스 프로그램 구축

문단 첫 글자 장식 기능
글꼴 : 궁서, 면색 : 노랑

그림위치(내 PC\문서\ITQ\Picture\그림4.jpg, 문서에 포함)
자르기 기능 이용, 크기(40mm×40mm), 바깥 여백 왼쪽 : 2mm

강원 산간지역의 하천 수질은 점오염원보다는 농업비점오염 및 농촌비점오염원의 유입으로 인한 오염(汚染)이 매우 크다. 지형 경사가 큰 산간지역의 특성으로 인하여 우기 시 다량으로 유출되는 토사가 하천으로 유입되면서 수질을 오염시키고, 하류지역 농경지에 토사가 퇴적/매몰되어 부정적인 영향을 미치고 있다. 비점오염원㉠의 특성상 배출범위가 광범위하여 수집을 통한 관리가 불가능한 것이 현실이다.

각주

　　정부에서는 비점오염원 배출 저감을 위한 다양한 방안을 강구하였으나 효과(效果)를 보지 못하였고, 이에 농업비점오염원 배출 저감을 위한 배출원에서부터 사전 예방적 차원의 관리가 중요하다는 것을 인지하게 되었으며, 이를 위해서는 주민과 농업인의 비점오염원 배출 저감 교육과 홍보가 필요하고 주민의 적극적 참여가 매우 중요하다는 것을 강조하게 되었다. 따라서 소하천 수질 관리를 위해서 농업농촌비점오염의 사전 예방적 관리에 주민과 농업인의 적극적 참여를 유도해야 한다. 또한 고령화되는 농촌지역의 특성을 감안한 역량강화 프로그램을 개발 및 운영하여 주민 스스로 지역 환경을 개선하고 지켜나갈 수 있도록 주민의 관심을 유도하는 것이 필요하다.

※ 주민참여 공론장의 목적 및 주요 내용

글꼴 : 궁서, 18pt, 하양
음영색 : 빨강

가. 주민참여 공론장의 목적
　　㉠ 강원산간 흙탕물 발생 및 수질오염에 대한 의견 공유
　　㉡ 소하천 수질개선을 위한 공동의 목표 수립
나. 주민참여 공론장의 주요 내용
　　㉠ 간담회를 통한 소하천 문제점 공유 및 개선안 논의
　　㉡ 수질오염 개선방안을 위한 공론장 운영

문단 번호 기능 사용
1수준 : 20pt, 오른쪽정렬,
2수준 : 30pt, 오른쪽정렬,
줄 간격 : 180%

표 전체 글꼴 : 굴림, 10pt, 가운데 정렬
셀 배경(그러데이션) : 유형【수평】,
시작색(하양), 끝색(노랑)

※ 비점오염원 인식교육

글꼴 : 궁서, 18pt, 기울임, 강조점

구분	교육주제	교육내용	장소
정화활동	수질개선 EM교육	도시의 평균대기질 농도 파악	거주민 인근하천
주민참여	인식개선 교육	미생물을 이용한 쌀뜨물 발효액 만들기	주민센터 교육장
주민실천	실생활 적용교육	토사유출 및 농업비점오염원 관리 필요성	평생교육기관
실천심화	역량강화 교육	비점오염원 저감 시설의 주민참여 관리 방안	평생교육기관
교육시기 운영계획		강원 산간 지역의 주민실천 사업은 농사시기를 고려할 것	

글꼴 : 돋움, 24pt, 진하게
장평 105%, 오른쪽 정렬
원주지방환경청

각주 구분선 : 5cm

㉠ 불특정 장소에서 불특정하게 수질오염물질을 배출하는 배출원

쪽 번호 매기기
6으로 시작 → ⑥

정보기술자격(ITQ) 실전모의고사

과 목	코 드	문제유형	시험시간	수험번호	성 명
아래한글	1111	B	60분		

수험자 유의사항

◎ 수험자는 문제지를 받는 즉시 문제지와 **수험표상의 시험과목(프로그램)이 동일한지 반드시 확인**하여야 합니다.
◎ 파일명은 본인의 "수험번호-성명"으로 입력하여 답안폴더(내 PC₩문서₩ITQ)에 하나의 파일로 저장해야 하며, 답안문서 파일명이 "수험번호-성명"과 일치하지 않거나, 답안파일을 전송하지 않아 미제출로 처리될 경우 실격 처리합니다 (예:12345678-홍길동.hwp).
◎ 답안 작성을 마치면 파일을 저장하고, '답안 전송' 버튼을 선택하여 감독위원 PC로 답안을 전송하십시오. 수험생 정보와 저장한 파일명이 다를 경우 전송되지 않으므로 주의하시기 바랍니다.
◎ 답안 작성 중에도 **주기적으로 저장하고, '답안 전송'**하여야 문제 발생을 줄일 수 있습니다. 작업한 내용을 저장하지 않고 전송할 경우 이전에 저장된 내용이 전송되오니 이점 유의하시기 바랍니다.
◎ 답안문서는 지정된 경로 외의 다른 보조기억장치에 저장하는 경우, 지정된 시험 시간 외에 작성된 파일을 활용할 경우, 기타 통신수단(이메일, 메신저, 네트워크 등)을 이용하여 타인에게 전달 또는 외부 반출하는 경우는 부정 처리합니다.
◎ 시험 중 부주의 또는 고의로 시스템을 파손한 경우는 수험자가 변상해야 하며, <수험자 유의사항>에 기재된 방법대로 이행 하지 않아 생기는 불이익은 수험생 당사자의 책임임을 알려 드립니다.
◎ 문제의 조건은 한컴오피스 2020 버전으로 설정되어 있으며 한컴오피스 NEO는 【 】에 표기되어 있습니다. 이와 관련하여 작성한 답안의 출력형태가 문제지와 다를 수 있습니다.
◎ 시험을 완료한 수험자는 답안파일이 전송되었는지 확인한 후 감독위원의 지시에 따라 문제지를 제출하고 퇴실합니다.

답안 작성요령

◎ 온라인 답안 작성 절차
　수험자 등록 ⇒ 시험 시작 ⇒ 답안파일 저장 ⇒ 답안 전송 ⇒ 시험 종료
◎ 공통 부문
　• 글꼴에 대한 기본설정은 함초롬바탕, 10포인트, 검정, 줄간격 160%, 양쪽정렬로 합니다.
　• 색상은 조건의 색을 적용하고 색의 구분이 안 될 경우에는 RGB 값을 적용하십시오.
　　(빨강 255,0,0 / 파랑 0,0,255 / 노랑 255,255,0).
　• 각 문항에 주어진 《조건》에 따라 작성하고 언급하지 않은 조건은 《출력형태》와 같이 작성합니다.
　• 용지여백은 왼쪽·오른쪽 11mm, 위쪽·아래쪽·머리말·꼬리말 10mm, 제본 0mm로 합니다.
　• 그림 삽입 문제의 경우 「내 PC₩문서₩ITQ₩Picture」 폴더에서 지정된 파일을 선택하여 삽입하십시오.
　• 삽입한 그림은 반드시 문서에 포함하여 저장해야 합니다(미포함 시 감점 처리).
　• 각 항목은 지정된 페이지에 출력형태와 같이 정확히 작성하시기 바라며, 그렇지 않을 경우에 해당 항목은 0점 처리됩니다.
　　※ 페이지구분 : 1페이지 – 기능평가Ⅰ (문제번호 표시 : 1. 2.),
　　　　　　　　　 2페이지 – 기능평가Ⅱ (문제번호 표시 : 3. 4.),
　　　　　　　　　 3페이지 – 문서작성 능력평가
◎ 기능평가
　• 문제와 《조건》은 입력하지 않으며 문제번호와 답(《출력형태》)만 작성합니다.
　• 4번 문제는 묶기를 했을 경우 0점 처리됩니다.
◎ 문서작성 능력평가
　• A4 용지(210mm×297mm) 1매 크기, 세로 서식 문서로 작성합니다.
　• ⬚⬚⬚⬚ 표시는 문서작성에 대한 지시사항이므로 작성하지 않습니다.

1. 다음의 《조건》에 따라 스타일 기능을 적용하여 《출력형태》와 같이 작성하시오. (50점)

《조건》   (1) 스타일 이름 – revolution
                   (2) 문단 모양 – 왼쪽 여백 : 15pt, 문단 아래 간격 : 10pt
                   (3) 글자 모양 – 글꼴 : 한글(돋움)/영문(굴림), 크기 : 10pt, 장평 : 95%, 자간 : 5%

《출력형태》

The Fourth Industrial Revolution is the current trend of automation and data exchange in manufacturing technologies. It includes the internet of things and cloud computing.

4차 산업혁명이란 유전자, 나노, 인공지능, 사물인터넷, 빅데이터, 모바일 등 모든 기술이 융합하여 물리학, 디지털, 생물학 분야가 상호 교류하여 파괴적 혁신을 일으키는 혁명이라 할 수 있다.

2. 다음의 《조건》에 따라 《출력형태》와 같이 표와 차트를 작성하시오. (100점)

《표 조건》   (1) 표 전체(표, 캡션) – 돋움, 10pt
                   (2) 정렬 – 문자 : 가운데 정렬, 숫자 : 오른쪽 정렬
                   (3) 셀 배경(면색) : 노랑
                   (4) 한글의 계산 기능을 이용하여 빈칸에 합계를 구하고, 캡션 기능 사용할 것
                   (5) 선 모양은 《출력형태》와 동일하게 처리할 것

《출력형태》   4차 산업의 지역별 사업체수(단위 : 백 개)

구분	2017년	2018년	2019년	2020년	합계
대전	12	13	15	15	
부산	22	23	26	27	
대구	16	17	19	20	
인천	20	21	23	25	✕

《차트 조건》   (1) 차트 데이터는 표 내용에서 연도별 대전, 부산, 대구의 값만 이용할 것
                   (2) 종류 – <묶은 세로 막대형>으로 작업할 것
                   (3) 제목 – 【굴림, 진하게, 12pt, 배경 – 선 모양(한 줄로), 그림자(2pt)】
                   (4) 제목 이외의 전체 글꼴 – 굴림, 보통, 10pt
                   (5) 축제목과 범례는 《출력형태》와 동일하게 처리할 것

《출력형태》

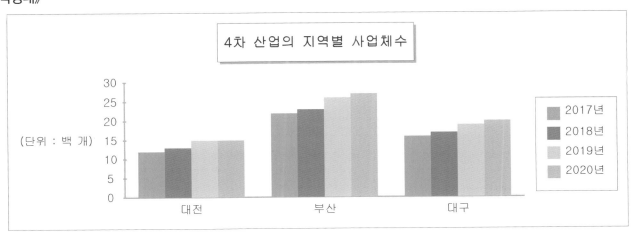

3. 다음 (1), (2)의 수식을 수식 편집기로 각각 입력하시오. (40점)

《출력형태》

(1) $\dfrac{a^4}{T^2} - 1 = \dfrac{G}{4\pi^2}(M+m)$

(2) $\displaystyle\int_0^1 (\sin x + \frac{x}{2})dx = \int_0^1 \frac{1+\sin x}{2}dx$

4. 다음의 《조건》에 따라 《출력형태》와 같이 문서를 작성하시오. (110점)

《조건》　(1) 그리기 도구를 이용하여 작성하고, 모든 도형(글맵시, 지정된 그림 포함)을 《출력형태》와 같이 작성하시오.
　　　　 (2) 도형의 면색은 지시사항이 없으면 색 없음을 제외하고 서로 다르게 임의로 지정하시오.

《출력형태》

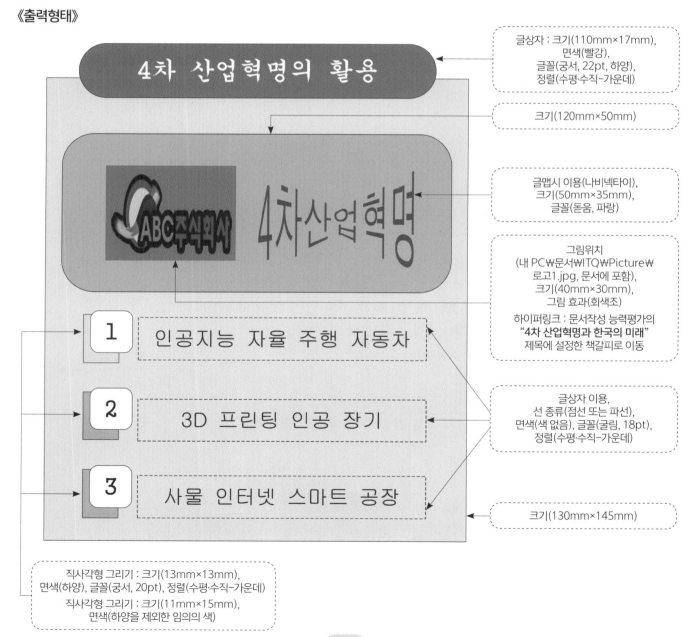

글상자 : 크기(110mm×17mm), 면색(빨강), 글꼴(궁서, 22pt, 하양), 정렬(수평·수직-가운데)

크기(120mm×50mm)

글맵시 이용(나비넥타이), 크기(50mm×35mm), 글꼴(돋움, 파랑)

그림위치 (내 PC₩문서₩ITQ₩Picture₩ 로고1.jpg, 문서에 포함), 크기(40mm×30mm), 그림 효과(회색조)
하이퍼링크 : 문서작성 능력평가의 **"4차 산업혁명과 한국의 미래"** 제목에 설정한 책갈피로 이동

글상자 이용, 선 종류(점선 또는 파선), 면색(색 없음), 글꼴(굴림, 18pt), 정렬(수평·수직-가운데)

크기(130mm×145mm)

직사각형 그리기 : 크기(13mm×13mm), 면색(하양), 글꼴(궁서, 20pt), 정렬(수평·수직-가운데)
직사각형 그리기 : 크기(11mm×15mm), 면색(하양을 제외한 임의의 색)

융합 기술 혁명
4차 산업혁명과 한국의 미래

미래의 일자리는 200만 개가 새롭게 증가하지만 700만 개는 사라질 것으로 전망하면서 세계의 주목을 받았다. 현행 사무와 행정, 제조업 등의 일자리는 대규모로 감소할 것으로 예상되고 비즈니스, 금융, 컴퓨터 분야 등의 일자리가 새롭게 나타날 것으로 예상되었다. 4차 산업혁명⊙은 현재 청년 일자리 부족이 심각한 사회 문제로 제기(提起)되고 있는 한국에도 큰 시사점을 주고 있는 상황이다. 4차 산업혁명은 3차 산업혁명의 토대 위에 물리, 디지털, 바이오 기술의 융합을 특징으로 하고 있고, 교육에서도 이러닝 기반의 새로운 혁신(革新)이 예고되고 있다.

정부에서는 4차 산업혁명 준비의 중요성을 인식하고 '4차 산업혁명과 한국의 미래'라는 주제로 미래 교육 포럼을 기획하고 있다. 미국, 독일 등 선진국과의 4차 산업혁명 준비 정도를 비교 및 점검하고 밝은 미래를 위해 한국이 준비해야 할 핵심 사항들을 분야별 전문가 강연을 통해 공유할 수 있는 장을 마련할 예정이다. 이번 행사는 과학기술정보통신부와 교육부가 공동 주최하고 4차산업혁명포럼추진위원회에서 추진할 계획이다. 이번 행사를 통해 우리 청소년들에게 불확실한 미래를 대비할 수 있는 기회가 제공되길 바란다.

★ 4차 산업혁명의 주요 기술

① 디지털 기술
  (ㄱ) 자료의 디지털화를 통한 복합적인 분석
  (ㄴ) 사물 인터넷, 인공지능, 빅 데이터, 공유 플랫폼
② 바이오 기술
  (ㄱ) 생물학 정보의 분석 및 기술 정밀화를 통한 건강 증진
  (ㄴ) 유전공학, 합성 생물학, 바이오 프린팅

★ 미래 직업 세계의 변화

구분	분야	내용
세분화 및 전문화	기후변화 전문가	기후의 변화 요인을 파악하여 관련 정책을 수립하는 역할
	노년 플래너	노인들의 건강, 일, 경제, 정서 등의 업무를 전문적으로 수행
융합형	홀로그램 전시기획가	홀로그램 기술을 공연이나 전시에 활용하여 콘텐츠를 기획
	사용자 경험 디자이너	사용자의 경험을 중시하여 제품이나 서비스를 생산
과학기술 진보	아바타 개발자	인간의 뇌와 컴퓨터를 연계하여 가상 공간에서의 아바타 개발

포럼추진위원회

⊙ 물질적 재화의 생산에 무생물적 자원을 광범위하게 이용하는 조직적 경제 과정

정보기술자격(ITQ) 실전모의고사

과 목	코 드	문제유형	시험시간	수험번호	성 명
아래한글	1111	C	60분		

수험자 유의사항

◎ 수험자는 문제지를 받는 즉시 문제지와 <u>수험표상의 시험과목(프로그램)이 동일한지 반드시 확인</u>하여야 합니다.

◎ 파일명은 본인의 "수험번호-성명"으로 입력하여 답안폴더(내 PC₩문서₩ITQ)에 하나의 파일로 저장해야 하며, 답안문서 파일명이 "수험번호-성명"과 일치하지 않거나, 답안파일을 전송하지 않아 미제출로 처리될 경우 실격 처리합니다 (예:12345678-홍길동.hwp).

◎ 답안 작성을 마치면 파일을 저장하고, '답안 전송' 버튼을 선택하여 감독위원 PC로 답안을 전송하십시오. 수험생 정보와 저장한 파일명이 다를 경우 전송되지 않으므로 주의하시기 바랍니다.

◎ 답안 작성 중에도 <u>주기적으로 저장하고, '답안 전송'</u>하여야 문제 발생을 줄일 수 있습니다. 작업한 내용을 저장하지 않고 전송할 경우 이전에 저장된 내용이 전송되오니 이점 유의하시기 바랍니다.

◎ 답안문서는 지정된 경로 외의 다른 보조기억장치에 저장하는 경우, 지정된 시험 시간 외에 작성된 파일을 활용할 경우, 기타 통신수단(이메일, 메신저, 네트워크 등)을 이용하여 타인에게 전달 또는 외부 반출하는 경우는 부정 처리합니다.

◎ 시험 중 부주의 또는 고의로 시스템을 파손한 경우는 수험자가 변상해야 하며, <수험자 유의사항>에 기재된 방법대로 이행 하지 않아 생기는 불이익은 수험생 당사자의 책임임을 알려 드립니다.

◎ 문제의 조건은 한컴오피스 2020 버전으로 설정되어 있으며 한컴오피스 NEO는 【 】에 표기되어 있습니다. 이와 관련하여 작성한 답안의 출력형태가 문제지와 다를 수 있습니다.

◎ 시험을 완료한 수험자는 답안파일이 전송되었는지 확인한 후 감독위원의 지시에 따라 문제지를 제출하고 퇴실합니다.

답안 작성요령

◎ 온라인 답안 작성 절차

　수험자 등록 ⇒ 시험 시작 ⇒ 답안파일 저장 ⇒ 답안 전송 ⇒ 시험 종료

◎ 공통 부문

· 글꼴에 대한 기본설정은 함초롬바탕, 10포인트, 검정, 줄간격 160%, 양쪽정렬로 합니다.

· 색상은 조건의 색을 적용하고 색의 구분이 안 될 경우에는 RGB 값을 적용하십시오.
 (빨강 255,0,0 / 파랑 0,0,255 / 노랑 255,255,0).

· 각 문항에 주어진 《조건》에 따라 작성하고 언급하지 않은 조건은 《출력형태》와 같이 작성합니다.

· 용지여백은 왼쪽·오른쪽 11mm, 위쪽·아래쪽·머리말·꼬리말 10mm, 제본 0mm로 합니다.

· 그림 삽입 문제의 경우 「내 PC₩문서₩ITQ₩Picture」 폴더에서 지정된 파일을 선택하여 삽입하십시오.

· 삽입한 그림은 반드시 문서에 포함하여 저장해야 합니다(미포함 시 감점 처리).

· 각 항목은 지정된 페이지에 출력형태와 같이 정확히 작성하시기 바라며, 그렇지 않을 경우에 해당 항목은 0점 처리됩니다.
 ※ 페이지구분 : 1페이지 – 기능평가 I (문제번호 표시 : 1. 2.),
 　　　　　　 2페이지 – 기능평가 II (문제번호 표시 : 3. 4.),
 　　　　　　 3페이지 – 문서작성 능력평가

◎ 기능평가

· 문제와 《조건》은 입력하지 않으며 문제번호와 답(《출력형태》)만 작성합니다.

· 4번 문제는 묶기를 했을 경우 0점 처리됩니다.

◎ 문서작성 능력평가

· A4 용지(210mm×297mm) 1매 크기, 세로 서식 문서로 작성합니다.

· 　　　　표시는 문서작성에 대한 지시사항이므로 작성하지 않습니다.

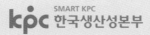

1. 다음의 《조건》에 따라 스타일 기능을 적용하여 《출력형태》와 같이 작성하시오. (50점)

《조건》
(1) 스타일 이름 – namwon
(2) 문단 모양 – 왼쪽 여백 : 15pt, 문단 아래 간격 : 10pt
(3) 글자 모양 – 글꼴 : 한글(돋움)/영문(굴림), 크기 : 10pt, 장평 : 95%, 자간 : 5%

《출력형태》

Namwon is a city of culture and tourism, where you can enjoy pristine natural landscape and colorful festivals all year around including the Chunhyang Festival.

남원은 판소리 다섯 마당 중 춘향가와 흥부가의 배경지가 될 만큼 예로부터 국악의 산실이었으며 , 우리 민족의 영원한 '사랑의 지침서'인 고전 춘향전의 발상지이다 .

2. 다음의 《조건》에 따라 《출력형태》와 같이 표와 차트를 작성하시오. (100점)

《표 조건》
(1) 표 전체(표, 캡션) – 돋움, 10pt
(2) 정렬 – 문자 : 가운데 정렬, 숫자 : 오른쪽 정렬
(3) 셀 배경(면색) : 노랑
(4) 한글의 계산 기능을 이용하여 빈칸에 합계를 구하고, 캡션 기능 사용할 것
(5) 선 모양은 《출력형태》와 동일하게 처리할 것

《출력형태》

남원 축제 방문객 현황(단위 : 만 명)

구분	2016년	2017년	2018년	2019년	합계
바래봉 철쭉제	32	28	29	19	
남원춘향제	23	19	27	28	
남원흥부제	28	18	18	19	
바래봉 눈꽃축제	21	14	21	20	

《차트 조건》
(1) 차트 데이터는 표 내용에서 연도별 바래봉 철쭉제, 남원춘향제, 남원흥부제의 값만 이용할 것
(2) 종류 – <묶은 세로 막대형>으로 작업할 것
(3) 제목 – 【굴림, 진하게, 12pt, 배경 – 선 모양(한 줄로), 그림자(2pt)】
(4) 제목 이외의 전체 글꼴 – 굴림, 보통, 10pt
(5) 축제목과 범례는 《출력형태》와 동일하게 처리할 것

《출력형태》

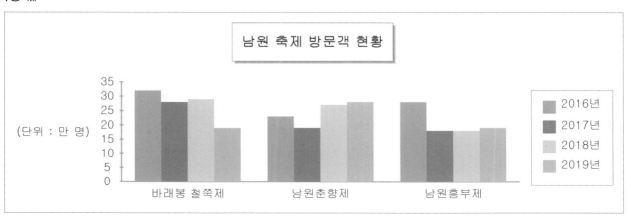

3. 다음 (1), (2)의 수식을 수식 편집기로 각각 입력하시오. (40점)

《출력형태》

$$(1)\ \ g = \frac{GM}{R^2} = \frac{6.67 \times 10^{-11} \times 6.0 \times 10^{24}}{(6.4 \times 10^7)^2}$$

$$(2)\ \ \int_0^3 \frac{\sqrt{6t^2 - 18t + 12}}{5}\,dt = 11$$

4. 다음의 《조건》에 따라 《출력형태》와 같이 문서를 작성하시오. (110점)

《조건》　　(1) 그리기 도구를 이용하여 작성하고, 모든 도형(글맵시, 지정된 그림 포함)을 《출력형태》와 같이
　　　　　　　　작성하시오.
　　　　　　(2) 도형의 면색은 지시사항이 없으면 색 없음을 제외하고 서로 다르게 임의로 지정하시오.

《출력형태》

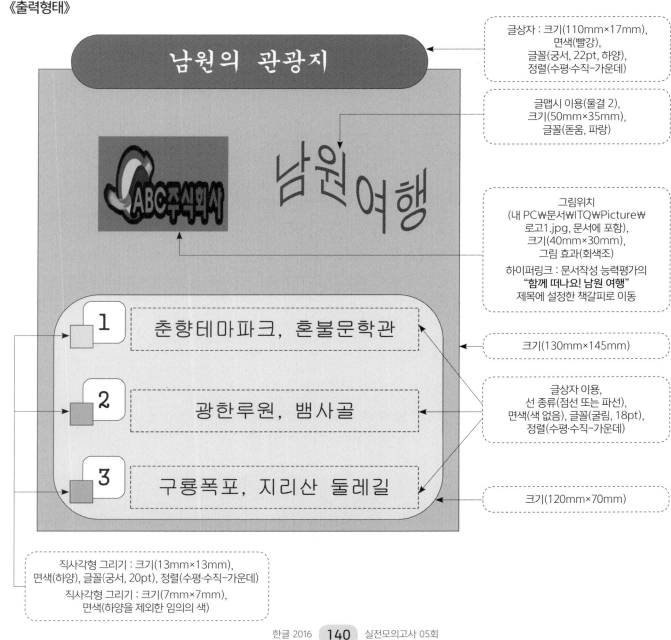

글상자 : 크기(110mm×17mm),
면색(빨강),
글꼴(궁서, 22pt, 하양),
정렬(수평·수직-가운데)

글맵시 이용(물결 2),
크기(50mm×35mm),
글꼴(돋움, 파랑)

그림위치
(내 PC₩문서₩ITQ₩Picture₩
로고1.jpg, 문서에 포함),
크기(40mm×30mm),
그림 효과(회색조)
하이퍼링크 : 문서작성 능력평가의
"함께 떠나요! 남원 여행"
제목에 설정한 책갈피로 이동

크기(130mm×145mm)

글상자 이용,
선 종류(점선 또는 파선),
면색(색 없음), 글꼴(굴림, 18pt),
정렬(수평·수직-가운데)

크기(120mm×70mm)

직사각형 그리기 : 크기(13mm×13mm),
면색(하양), 글꼴(궁서, 20pt), 정렬(수평·수직-가운데)
직사각형 그리기 : 크기(7mm×7mm),
면색(하양을 제외한 임의의 색)

글꼴 : 굴림, 18pt, 진하게, 가운데 정렬
책갈피 이름 : 남원
덧말 넣기

머리말 기능
돋움, 10pt, 오른쪽 정렬 → 행복도시 남원

춘향골 명품 도시
함께 떠나요! 남원 여행

문단 첫 글자 장식 기능
글꼴 : 궁서, 면색 : 노랑

그림위치(내 PC₩문서₩ITQ₩Picture₩그림4.jpg, 문서에 포함)
자르기 기능 이용, 크기(40mm×35mm), 바깥 여백 왼쪽 : 2mm

남원은 동편제 소리의 발상지이며 춘향가와 흥부가의 배경지로서 국악의 역사가 보존 전승되어 온 국악의 본고장으로, 오늘날 동편제 판소리를 정형화한 가왕 송흥록이 태어난 유서 깊은 곳이다. 춘향이의 사연이 얽혀 있는 곳이 많은 관계로 흔히 춘향골이라 부른다. 이에 춘향의 절개와 정절을 부덕의 상징으로 숭상(崇尙)하고 숭모하기 위한 춘향제가 매년 5월 5일을 전후하여 개최(開催)되고 있다. 신비의 영약으로 잘 알려진 고로쇠 약수가 지리산 뱀사골, 달궁, 반야봉 등에 군락을 이룬 고로쇠나무에서 매년 우수 무렵부터 경칩을 지나 보름 정도까지 약 1개월간 채취되어 점차 국민들로부터 각광을 받고 있어 이 또한 널리 알리고자 축제화하였다. 바래봉 자락에서는 해마다 4월 말에서 5월 중순경까지 철쭉○이 장관을 이루어 마치 진홍색 물감을 풀어 놓은 듯 환상적인 비경으로 관광객들을 사로잡고 있다.

각주

또한 남원은 고려 말(1380년) 이성계 장군이 삼남을 휩쓸고 노략질을 하는 왜적을 물리친 황산이 있는 곳으로 고려사, 용비어천가의 고사에 따라 선조 10년(1577년)에 황산대첩비가 건립되었으며, 왜장 아지발도가 이성계의 화살에 맞아 죽을 때 흘린 피가 바위에 붉게 물들어 지금까지 남아 있다는 피바위로도 유명하다.

♥ 남원의 축제 및 문화 예술

글꼴 : 궁서, 18pt, 하양
음영색 : 빨강

① 남원의 대표적 축제

   (ㄱ) 사랑 이야기 축제 : 춘향제

   (ㄴ) 향토 문화 축제 : 흥부제

② 남원의 대표적 문화 예술

   (ㄱ) 국악 분야 : 남원 판소리

   (ㄴ) 국보 : 실상사 백장암 삼층 석탑

문단 번호 기능 사용
1수준 : 20pt, 오른쪽정렬
2수준 : 30pt, 오른쪽정렬
줄 간격 : 180%

표 전체 글꼴 : 굴림, 10pt, 가운데 정렬
셀 배경(그러데이션) : 유형【수평】,
시작색(하양), 끝색(노랑)

♥ 남원 축제 세부내용

글꼴 : 궁서, 18pt, 기울임, 강조점

구분	시기	장소	주요 행사
바래봉 눈꽃축제	12-2월	운봉읍 용산리	눈썰매 운영, 눈꽃 등반, 눈조각 전시
바래봉 철쭉제	3-5월	운봉읍	철쭉제례, 기념식, 철쭉길 등반대회
고로쇠약수제		산내면 부운리	풍년기원 산신제, 지리산골 터울림
남원흥부제	10월	춘향문화 예술회관	남원농악경연, 각종 백일장, 흥부전 한마당
뱀사골 단풍축제		산내면 와운길	산신제와 등산대회, 판소리 체험

글꼴 : 돋움, 24pt, 진하게
장평 105%, 오른쪽 정렬 → **남원시문화관광**

각주 구분선 : 5cm

_____

○ 한국, 중국, 일본 등에 분포하며 걸음을 머뭇거리게 한다는 뜻의 척촉이 변해서 된 이름

쪽 번호 매기기
2로 시작 → ②

정보기술자격(ITQ) 실전모의고사

과 목	코 드	문제유형	시험시간	수험번호	성 명
아래한글	1111	A	60분		

수험자 유의사항

◎ 수험자는 문제지를 받는 즉시 문제지와 **수험표상의 시험과목(프로그램)이 동일한지 반드시 확인**하여야 합니다.

◎ 파일명은 본인의 "수험번호-성명"으로 입력하여 답안폴더(내 PC₩문서₩ITQ)에 하나의 파일로 저장해야 하며, 답안문서 파일명이 "수험번호-성명"과 일치하지 않거나, 답안파일을 전송하지 않아 미제출로 처리될 경우 실격 처리합니다 (예:12345678-홍길동.hwp).

◎ 답안 작성을 마치면 파일을 저장하고, '답안 전송' 버튼을 선택하여 감독위원 PC로 답안을 전송하십시오. 수험생 정보와 저장한 파일명이 다를 경우 전송되지 않으므로 주의하시기 바랍니다.

◎ 답안 작성 중에도 **주기적으로 저장하고, '답안 전송'**하여야 문제 발생을 줄일 수 있습니다. 작업한 내용을 저장하지 않고 전송할 경우 이전에 저장된 내용이 전송되오니 이점 유의하시기 바랍니다.

◎ 답안문서는 지정된 경로 외의 다른 보조기억장치에 저장하는 경우, 지정된 시험 시간 외에 작성된 파일을 활용할 경우, 기타 통신수단(이메일, 메신저, 네트워크 등)을 이용하여 타인에게 전달 또는 외부 반출하는 경우는 부정 처리합니다.

◎ 시험 중 부주의 또는 고의로 시스템을 파손한 경우는 수험자가 변상해야 하며, <수험자 유의사항>에 기재된 방법대로 이행하지 않아 생기는 불이익은 수험생 당사자의 책임임을 알려 드립니다.

◎ 문제의 조건은 한컴오피스 2020 버전으로 설정되어 있으며 한컴오피스 NEO는 【 】에 표기되어 있습니다. 이와 관련하여 작성한 답안의 출력형태가 문제지와 다를 수 있습니다.

◎ 시험을 완료한 수험자는 답안파일이 전송되었는지 확인한 후 감독위원의 지시에 따라 문제지를 제출하고 퇴실합니다.

답안 작성요령

◎ 온라인 답안 작성 절차
  수험자 등록 ⇒ 시험 시작 ⇒ 답안파일 저장 ⇒ 답안 전송 ⇒ 시험 종료

◎ 공통 부문
  • 글꼴에 대한 기본설정은 함초롬바탕, 10포인트, 검정, 줄간격 160%, 양쪽정렬로 합니다.
  • 색상은 조건의 색을 적용하고 색의 구분이 안 될 경우에는 RGB 값을 적용하십시오.
   (빨강 255,0,0 / 파랑 0,0,255 / 노랑 255,255,0).
  • 각 문항에 주어진 《조건》에 따라 작성하고 언급하지 않은 조건은 《출력형태》와 같이 작성합니다.
  • 용지여백은 왼쪽 ·오른쪽 11mm, 위쪽·아래쪽·머리말·꼬리말 10mm, 제본 0mm로 합니다.
  • 그림 삽입 문제의 경우 「내 PC₩문서₩ITQ₩Picture」 폴더에서 지정된 파일을 선택하여 삽입하십시오.
  • 삽입한 그림은 반드시 문서에 포함하여 저장해야 합니다(미포함 시 감점 처리).
  • 각 항목은 지정된 페이지에 출력형태와 같이 정확히 작성하시기 바라며, 그렇지 않을 경우에 해당 항목은 0점 처리됩니다.
    ※ 페이지구분 : 1페이지 – 기능평가Ⅰ(문제번호 표시 : 1. 2.),
                2페이지 – 기능평가Ⅱ(문제번호 표시 : 3. 4.),
                3페이지 – 문서작성 능력평가

◎ 기능평가
  • 문제와 《조건》은 입력하지 않으며 문제번호와 답(《출력형태》)만 작성합니다.
  • 4번 문제는 묶기를 했을 경우 0점 처리됩니다.

◎ 문서작성 능력평가
  • A4 용지(210mm×297mm) 1매 크기, 세로 서식 문서로 작성합니다.
  • ┆┄┄┄┄┆ 표시는 문서작성에 대한 지시사항이므로 작성하지 않습니다.

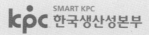

1. 다음의《조건》에 따라 스타일 기능을 적용하여《출력형태》와 같이 작성하시오. (50점)

《조건》　　(1) 스타일 이름 – counseling

　　　　　　(2) 문단 모양 – 왼쪽 여백 : 15pt, 문단 아래 간격 : 10pt

　　　　　　(3) 글자 모양 – 글꼴 : 한글(굴림)/영문(돋움), 크기 : 10pt, 장평 : 95%, 자간 : 5%

《출력형태》

If you need help with crisis or psychological problems such as youth violence, you can get services such as crisis intervention and emergency rescue through the local youth counseling welfare center.

청소년 폭력 등과 같은 위기문제나 심리문제로 도움이 필요한 경우 언제든지 지역 내 청소년상담복지센터를 통해 위기개입, 긴급구조 등 서비스를 제공받을 수 있다.

2. 다음의《조건》에 따라《출력형태》와 같이 표와 차트를 작성하시오. (100점)

《표 조건》　　(1) 표 전체(표, 캡션) – 돋움, 10pt

　　　　　　　(2) 정렬 – 문자 : 가운데 정렬, 숫자 : 오른쪽 정렬

　　　　　　　(3) 셀 배경(면색) : 노랑

　　　　　　　(4) 한글의 계산 기능을 이용하여 빈칸에 합계를 구하고, 캡션 기능 사용할 것

　　　　　　　(5) 선 모양은《출력형태》와 동일하게 처리할 것

《출력형태》

사이버범죄 연도별 검거 현황(단위 : 건)

구분	도박	해킹	음란물	기타	합계
2018년	246	49	274	104	
2017년	462	90	212	89	
2016년	783	45	286	169	
2015년	280	44	290	100	✕

《차트 조건》　(1) 차트 데이터는 표 내용에서 구분별 2018년, 2017년, 2016년의 값만 이용할 것

　　　　　　　(2) 종류 – <묶은 가로 막대형>으로 작업할 것

　　　　　　　(3) 제목 – 【궁서, 진하게, 12pt, 배경 – 선 모양(한 줄로), 그림자(2pt)】

　　　　　　　(4) 제목 이외의 전체 글꼴 – 궁서, 보통, 10pt

　　　　　　　(5) 축제목과 범례는《출력형태》와 동일하게 처리할 것

《출력형태》

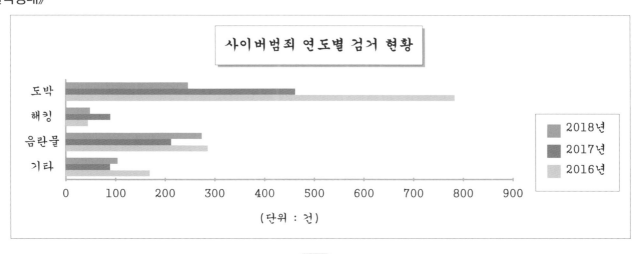

3. 다음 (1), (2)의 수식을 수식 편집기로 각각 입력하시오. (40점)

《출력형태》

기타 기호

(1) $m = \dfrac{\triangle P}{K_a} = \dfrac{\triangle t_b}{K_b} = \dfrac{\triangle t_f}{K_f}$

(2) $\displaystyle\int_0^1 (\sin x + \frac{x}{2})dx = \int_0^1 \frac{1+\sin x}{2}dx$

4. 다음의 《조건》에 따라 《출력형태》와 같이 문서를 작성하시오. (110점)

《조건》 　　(1) 그리기 도구를 이용하여 작성하고, 모든 도형(글맵시, 지정된 그림 포함)을 《출력형태》와 같이
　　　　　　　작성하시오.
　　　　　(2) 도형의 면색은 지시사항이 없으면 색 없음을 제외하고 서로 다르게 임의로 지정하시오.

《출력형태》

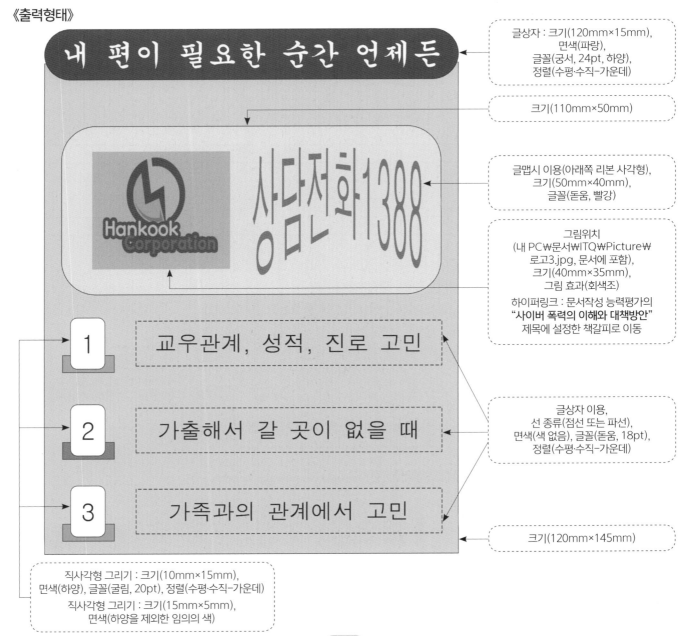

글상자 : 크기(120mm×15mm),
면색(파랑),
글꼴(궁서, 24pt, 하양),
정렬(수평·수직-가운데)

크기(110mm×50mm)

글맵시 이용(아래쪽 리본 사각형),
크기(50mm×40mm),
글꼴(돋움, 빨강)

그림위치
(내 PC₩문서₩ITQ₩Picture₩
로고3.jpg, 문서에 포함),
크기(40mm×35mm),
그림 효과(회색조)

하이퍼링크 : 문서작성 능력평가의
"사이버 폭력의 이해와 대책방안"
제목에 설정한 책갈피로 이동

글상자 이용,
선 종류(점선 또는 파선),
면색(색 없음), 글꼴(돋움, 18pt),
정렬(수평·수직-가운데)

크기(120mm×145mm)

직사각형 그리기 : 크기(10mm×15mm),
면색(하양), 글꼴(굴림, 20pt), 정렬(수평·수직-가운데)
직사각형 그리기 : 크기(15mm×5mm),
면색(하양을 제외한 임의의 색)

글꼴 : 돋움, 18pt, 진하게, 가운데 정렬
책갈피 이름 : 상담
덧말 넣기

머리말 기능
굴림, 10pt, 오른쪽 정렬 → 사이버 폭력의 특성

지도방안
사이버 폭력의 이해와 대책방안

문단 첫 글자 장식 기능
글꼴 : 궁서, 면색 : 노랑

각주

그림위치(내 PC₩문서₩ITQ₩Picture₩그림5.jpg, 문서에 포함)
자르기 기능 이용, 크기(40mm×35mm), 바깥 여백 왼쪽 : 2mm

사이버 폭력(暴力)의 정의는 개인이나 집단이 인터넷①, 전화기 등 정보나 정보통신 기술을 이용하여 글, 이미지, 음성 등으로 금품갈취, 협박, 따돌림, 강제적 심부름, 성희롱, 성폭력 등 정신적, 물질적 피해를 입히는 모든 범죄행위로 사이버 따돌림, 사이버 모욕, 사이버 명예훼손, 사이버 성희롱, 사이버 스토킹, 사이버 갈취 등의 행위를 말한다. 사이버 폭력이 증가하는 이유는 인터넷이 발달하면서 중고등학생 뿐만 아니라 초등학생까지도 스마트폰을 지니고 있을 정도로 누구나 마음만 먹으면 쉽게 사이버 공간에 접할 수 있기 때문이다.

사이버 학교폭력도 마찬가지로, 피해를 당하면 '보복하고 싶다'라는 감정이 앞서게 되고, 이것이 피해자가 가해자로, 가해자가 피해자로 반복되는 악순환(惡循環)으로 계속된다. 적절한 때에, 적절한 방법으로 자녀가 잘 치유되어 피해자, 가해자라는 이름에서 벗어나도록 하는 것, 악순환에 빠지지 않도록 하는 것이 가장 중요하다. 우리 아이들이 사이버 학교폭력에 관계된 어떤 피해자도, 가해자도 되지 않도록 주의를 기울이고, 아이들의 가장 든든한 울타리가 되어 주어야 한다.

♥ **사이버 세상의 순기능과 역기능**

글꼴 : 굴림, 18pt, 하양
음영색 : 파랑

I. 사이버 세상의 순기능
   i. 정보검색이 신속하고 다양한 콘텐츠의 창출과 활용이 가능
   ii. 시공간을 초월하여 다양한 사람들과의 네트워크가 가능
II. 사이버 세상의 역기능
   i. 좋지 않은 소문은 사이버 상에서 순식간에 퍼짐
   ii. 다른 사람을 험담하는 글을 올리면, 많은 사람들이 공유하게 됨

문단 번호 기능 사용
1수준 : 20pt, 오른쪽정렬,
2수준 : 30pt, 오른쪽정렬
줄 간격 : 180%

표 전체 글꼴 : 돋움, 10pt, 가운데 정렬
셀 배경(그러데이션) : 유형(가운데에서),
시작색(하양), 끝색(노랑)

♥ *사이버 폭력의 원인*

글꼴 : 굴림, 18pt, 기울임, 강조점

구분		세부 내용
개인적 요인	심리적	질투, 시기, 높은 공격성, 충동성, 스트레스, 낮은 자아 존중감
	매체관인	인터넷 중독, 윤리의식, 사이버 폭력 용인태도, 기기 접근성, 익명성
관계적 요인	교사	교사의 지지 및 친밀감, 부모의 사이버매체 관리 및 감독 정도
	부모	부모의 양육태도, 친밀감, 의사소통 및 가정폭력 경험
	또래	또래의 지지 및 비행친구 수

글꼴 : 돋움, 24pt, 진하게
장평 95%, 오른쪽 정렬

청소년사이버상담센터

각주 구분선 : 5cm

① 아르파네트에서 시작된 세계 최대 규모의 컴퓨터 통신망

쪽 번호 매기기
5로 시작 → 마

정보기술자격(ITQ) 실전모의고사

과 목	코 드	문제유형	시험시간	수험번호	성 명
아래한글	1111	B	60분		

수험자 유의사항

◎ 수험자는 문제지를 받는 즉시 문제지와 <u>수험표상의 시험과목(프로그램)이 동일한지 반드시 확인</u>하여야 합니다.

◎ 파일명은 본인의 "수험번호-성명"으로 입력하여 답안폴더(내 PC₩문서₩ITQ)에 하나의 파일로 저장해야 하며, 답안문서 파일명이 "수험번호-성명"과 일치하지 않거나, 답안파일을 전송하지 않아 미제출로 처리될 경우 실격 처리합니다 (예:12345678-홍길동.hwp).

◎ 답안 작성을 마치면 파일을 저장하고, '답안 전송' 버튼을 선택하여 감독위원 PC로 답안을 전송하십시오. 수험생 정보와 저장한 파일명이 다를 경우 전송되지 않으므로 주의하시기 바랍니다.

◎ 답안 작성 중에도 <u>주기적으로 저장하고, '답안 전송'</u>하여야 문제 발생을 줄일 수 있습니다. 작업한 내용을 저장하지 않고 전송할 경우 이전에 저장된 내용이 전송되니 이점 유의하시기 바랍니다.

◎ 답안문서는 지정된 경로 외의 다른 보조기억장치에 저장하는 경우, 지정된 시험 시간 외에 작성된 파일을 활용할 경우, 기타 통신수단(이메일, 메신저, 네트워크 등)을 이용하여 타인에게 전달 또는 외부 반출하는 경우는 부정 처리합니다.

◎ 시험 중 부주의 또는 고의로 시스템을 파손한 경우는 수험자가 변상해야 하며, <수험자 유의사항>에 기재된 방법대로 이행하지 않아 생기는 불이익은 수험생 당사자의 책임임을 알려 드립니다.

◎ 문제의 조건은 한컴오피스 2020 버전으로 설정되어 있으며 한컴오피스 NEO는 【 】에 표기되어 있습니다. 이와 관련하여 작성한 답안의 출력형태가 문제지와 다를 수 있습니다.

◎ 시험을 완료한 수험자는 답안파일이 전송되었는지 확인한 후 감독위원의 지시에 따라 문제지를 제출하고 퇴실합니다.

답안 작성요령

◎ 온라인 답안 작성 절차
    수험자 등록 ⇒ 시험 시작 ⇒ 답안파일 저장 ⇒ 답안 전송 ⇒ 시험 종료

◎ 공통 부문
   • 글꼴에 대한 기본설정은 함초롬바탕, 10포인트, 검정, 줄간격 160%, 양쪽정렬로 합니다.
   • 색상은 조건의 색을 적용하고 색의 구분이 안 될 경우에는 RGB 값을 적용하십시오.
     (빨강 255,0,0 / 파랑 0,0,255 / 노랑 255,255,0).
   • 각 문항에 주어진 《조건》에 따라 작성하고 언급하지 않은 조건은 《출력형태》와 같이 작성합니다.
   • 용지여백은 왼쪽 ·오른쪽 11mm, 위쪽·아래쪽·머리말·꼬리말 10mm, 제본 0mm로 합니다.
   • 그림 삽입 문제의 경우 「내 PC₩문서₩ITQ₩Picture」 폴더에서 지정된 파일을 선택하여 삽입하십시오.
   • 삽입한 그림은 반드시 문서에 포함하여 저장해야 합니다(미포함 시 감점 처리).
   • 각 항목은 지정된 페이지에 출력형태와 같이 정확히 작성하시기 바라며, 그렇지 않을 경우에 해당 항목은 0점 처리됩니다.
     ※ 페이지구분 : 1페이지 – 기능평가 I (문제번호 표시 : 1. 2.),
                   2페이지 – 기능평가 II (문제번호 표시 : 3. 4.),
                   3페이지 – 문서작성 능력평가

◎ 기능평가
   • 문제와 《조건》은 입력하지 않으며 문제번호와 답(《출력형태》)만 작성합니다.
   • 4번 문제는 묶기를 했을 경우 0점 처리됩니다.

◎ 문서작성 능력평가
   • A4 용지(210mm×297mm) 1매 크기, 세로 서식 문서로 작성합니다.
   • ⌐⎯⎯⎯¬ 표시는 문서작성에 대한 지시사항이므로 작성하지 않습니다.

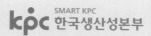

1. 다음의 《조건》에 따라 스타일 기능을 적용하여 《출력형태》와 같이 작성하시오. (50점)

《조건》　(1) 스타일 이름 – noodle

　　　　(2) 문단 모양 – 왼쪽 여백 : 15pt, 문단 아래 간격 : 10pt

　　　　(3) 글자 모양 – 글꼴 : 한글(굴림)/영문(돋움), 크기 : 10pt, 장평 : 95%, 자간 : 5%

《출력형태》

Korean Ramen has become a staple food in Korea. It is the go-to 'meal' for almost every age. Ramen is popular comfort food, mainly because they are cheap, easy to find, and most importantly delicious.

우리나라 라면의 역사는 1963년 9월 식량 부족으로 빈곤했던 시기에 삼양식품이 치킨라면을 선보이면서 시작되었고, 2년 후에 농심에서 롯데라면이 출시되면서 국내 라면 시장이 활성화되었다 .

2. 다음의 《조건》에 따라 《출력형태》와 같이 표와 차트를 작성하시오. (100점)

《표 조건》　(1) 표 전체(표, 캡션) – 돋움, 10pt

　　　　　(2) 정렬 – 문자 : 가운데 정렬, 숫자 : 오른쪽 정렬

　　　　　(3) 셀 배경(면색) : 노랑

　　　　　(4) 한글의 계산 기능을 이용하여 빈칸에 평균(소수점 두 자리)을 구하고, 캡션 기능 사용할 것

　　　　　(5) 선 모양은 《출력형태》와 동일하게 처리할 것

《출력형태》

소매 채널별 평균 가격 비교(단위 : 십원)

소매 채널	온라인	편의점	일반 식품점	대형마트	평균
봉지라면	275	325	314	315	
짜장라면	332	427	397	367	
비빔라면	285	419	339	354	
용기라면	82	105	94	86	

《차트 조건》　(1) 차트 데이터는 표 내용에서 소매 채널별 봉지라면, 짜장라면, 비빔라면의 값만 이용할 것

　　　　　 (2) 종류 – <꺾은선형>으로 작업할 것

　　　　　 (3) 제목 – 【궁서, 진하게, 12pt, 배경 – 선 모양(한 줄로), 그림자(2pt)】

　　　　　 (4) 제목 이외의 전체 글꼴 – 궁서, 보통, 10pt

　　　　　 (5) 축제목과 범례는 《출력형태》와 동일하게 처리할 것

《출력형태》

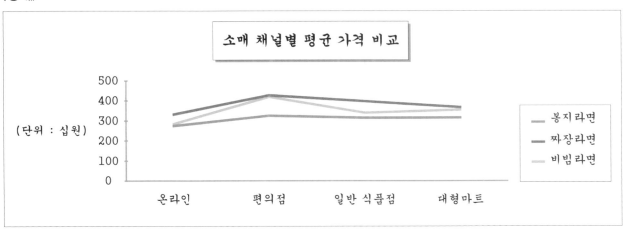

3. 다음 (1), (2)의 수식을 수식 편집기로 각각 입력하시오. (40점)

《출력형태》

(1) $F = \dfrac{4\pi^2}{T^2} - 1 = 4\pi^2 K \dfrac{m}{r^2}$
　　　　　　　　　　　　　　　　(2) $P_A = P \times \dfrac{V_A}{V} = P \times \dfrac{V_A}{V_A + V_B}$

4. 다음의 《조건》에 따라 《출력형태》와 같이 문서를 작성하시오. (110점)

《조건》　　(1) 그리기 도구를 이용하여 작성하고, 모든 도형(글맵시, 지정된 그림 포함)을 《출력형태》와 같이
　　　　　　　작성하시오.
　　　　　(2) 도형의 면색은 지시사항이 없으면 색 없음을 제외하고 서로 다르게 임의로 지정하시오.

《출력형태》

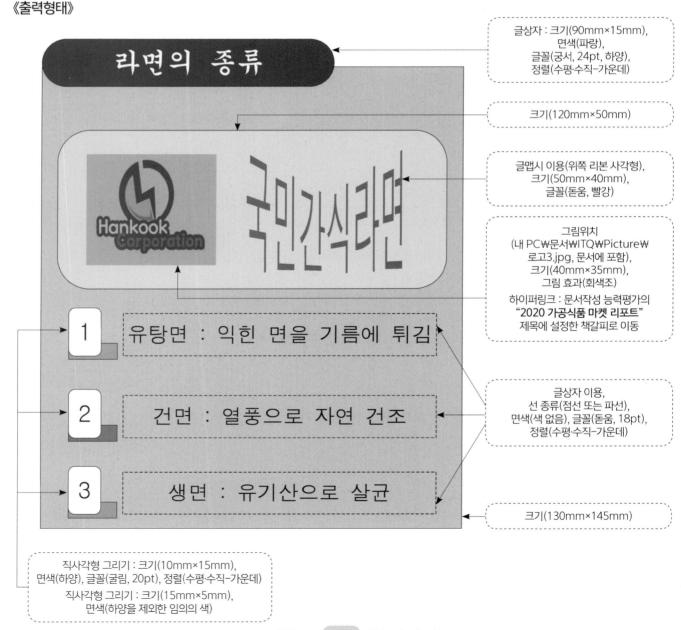

글상자 : 크기(90mm×15mm),
면색(파랑),
글꼴(궁서, 24pt, 하양),
정렬(수평·수직-가운데)

크기(120mm×50mm)

글맵시 이용(위쪽 리본 사각형),
크기(50mm×40mm),
글꼴(돋움, 빨강)

그림위치
(내 PC₩문서₩ITQ₩Picture₩
로고3.jpg, 문서에 포함),
크기(40mm×35mm),
그림 효과(회색조)

하이퍼링크 : 문서작성 능력평가의
"2020 가공식품 마켓 리포트"
제목에 설정한 책갈피로 이동

글상자 이용,
선 종류(점선 또는 파선),
면색(색 없음), 글꼴(돋움, 18pt),
정렬(수평·수직-가운데)

크기(130mm×145mm)

직사각형 그리기 : 크기(10mm×15mm),
면색(하양), 글꼴(굴림, 20pt), 정렬(수평·수직-가운데)
직사각형 그리기 : 크기(15mm×5mm),
면색(하양을 제외한 임의의 색)

글꼴 : 돋움, 18pt, 진하게, 가운데 정렬
책갈피 이름 : 라면
덧말 넣기

머리말 기능
굴림, 10pt, 오른쪽 정렬 → 국내 라면 시장

간편한 야식 라면
2020 가공식품 마켓 리포트

문단 첫 글자 장식 기능
글꼴 : 궁서, 면색 : 노랑

그림위치(내 PC\문서\ITQ\Picture\그림4.jpg, 문서에 포함)
자르기 기능 이용, 크기(40mm×35mm), 바깥 여백 왼쪽 : 2mm

우리나라는 1980년대에 고도의 경제성장과 산업화에 따른 근대화로 기호식 및 간편식, 새로운 식품산업의 발달에 의해 식생활이 변모(變貌)해 왔으며 특히 라면은 친숙한 식품으로 우리의 생활 속에 널리 보급되어 있다. 최근 라면 시장의 특성은 '라면의 변신'과 '생라면'으로 요약할 수 있다. 각주

오뚜기는 파스타[1]면에 토마토소스를 더한 파스타 라면을 출시했는데, 이 라면은 4mm의 넓은 면을 사용하였다. 건조한 토마토, 마카로니 등 파스타 재료를 첨가하였고 여기에 할라피뇨와 청양고추 등을 더해 매콤한 맛을 살린 것이 특징이다. 농심은 유럽풍 퓨전라면인 드레싱 누들을 출시하였다. 튀기지 않은 건면을 사용하여 칼로리를 낮추었으며 소비자가 기호에 맞게 충분한 토핑을 더해 먹을 수 있도록 기존 제품보다 30% 많은 양의 소스를 제공(提供)했는데, 발사믹 소스를 사용한 '오리엔탈 소스맛'과 고소함을 살린 '참깨 소스맛' 두 가지가 그것이다. 풀무원은 유탕면이 아닌 '튀기지 않고 바람에 말린 생면을 사용한 생라면을 출시했는데, 이 라면의 면발 두께는 2.5mm로 기존 라면보다 넓고 굵으며 감자 전분을 더하여 쫄깃한 식감을 살린 것이 특징이다.

글꼴 : 굴림, 18pt, 하양
음영색 : 파랑

★ 국내 라면 시장의 매출 규모 현황 ◀

1) 2020년 매출 규모
　　가) 2019년 대비 21.4% 증가
　　나) 다양한 종류의 라면 출시로 시장 활기 회복
2) 2020년 소매 매출액
　　가) 할인점과 슈퍼마켓 체인에서 가장 많이 판매됨
　　나) 묶음 단위의 대량 판매가 용이한 할인점의 소비 비중이 높음

문단 번호 기능 사용
1수준 : 20pt, 오른쪽정렬,
2수준 : 30pt, 오른쪽정렬
줄 간격 : 180%

표 전체 글꼴 : 돋움, 10pt, 가운데 정렬
셀 배경(그러데이션) : 유형(가운데에서),
시작색(하양), 끝색(노랑)

★ 독특한 나만의 라면 레시피 ◀
글꼴 : 굴림, 18pt, 기울임, 강조점

레시피 제목	방법	게시자
파채라면	편마늘, 파채, 고춧가루, 라면스프 볶다가 면 넣어 끓이기	살림고수
라면투움바	버터, 양파, 편마늘, 새우 볶다가 치즈와 면 넣어 볶기	살림고수
계란마요면	끓인 면에 비빔소스, 라면스프, 치즈가루, 마요네즈 두르고 노른자 섞기	자취생
라면그라탕	양파, 마늘, 베이컨 볶다가 우유를 넣어 끓어오르면 치즈 넣기	자취생
해장라면	다진 마늘, 콩나물, 김치, 김칫국물, 고추를 넣고 고춧가루 추가	슈퍼 레시피

글꼴 : 돋움, 24pt, 진하게
장평 95%, 오른쪽 정렬 → # 식품산업통계정보

각주 구분선 : 5cm

① 이탈리아식 국수로 밀가루를 달걀에 반죽하여 만들며 마카로니, 스파게티가 대표적

쪽 번호 매기기
4로 시작 → ④

정보기술자격(ITQ) 실전모의고사

과 목	코 드	문제유형	시험시간	수험번호	성 명
아래한글	1111	C	60분		

수험자 유의사항

◎ 수험자는 문제지를 받는 즉시 문제지와 <u>수험표상의 시험과목(프로그램)이 동일한지 반드시 확인</u>하여야 합니다.

◎ 파일명은 본인의 "수험번호-성명"으로 입력하여 답안폴더(내 PC\문서\ITQ)에 하나의 파일로 저장해야 하며, 답안문서 파일명이 "수험번호-성명"과 일치하지 않거나, 답안파일을 전송하지 않아 미제출로 처리될 경우 실격 처리합니다 (예:12345678-홍길동.hwp).

◎ 답안 작성을 마치면 파일을 저장하고, '답안 전송' 버튼을 선택하여 감독위원 PC로 답안을 전송하십시오. 수험생 정보와 저장한 파일명이 다를 경우 전송되지 않으므로 주의하시기 바랍니다.

◎ 답안 작성 중에도 <u>주기적으로 저장하고, '답안 전송'</u>하여야 문제 발생을 줄일 수 있습니다. 작업한 내용을 저장하지 않고 전송할 경우 이전에 저장된 내용이 전송되오니 이점 유의하시기 바랍니다.

◎ 답안문서는 지정된 경로 외의 다른 보조기억장치에 저장하는 경우, 지정된 시험 시간 외에 작성된 파일을 활용할 경우, 기타 통신수단(이메일, 메신저, 네트워크 등)을 이용하여 타인에게 전달 또는 외부 반출하는 경우는 부정 처리합니다.

◎ 시험 중 부주의 또는 고의로 시스템을 파손한 경우는 수험자가 변상해야 하며, <수험자 유의사항>에 기재된 방법대로 이행하지 않아 생기는 불이익은 수험생 당사자의 책임임을 알려 드립니다.

◎ 문제의 조건은 한컴오피스 2020 버전으로 설정되어 있으며 한컴오피스 NEO는 【 】에 표기되어 있습니다. 이와 관련하여 작성한 답안의 출력형태가 문제지와 다를 수 있습니다.

◎ 시험을 완료한 수험자는 답안파일이 전송되었는지 확인한 후 감독위원의 지시에 따라 문제지를 제출하고 퇴실합니다.

답안 작성요령

◎ 온라인 답안 작성 절차

　수험자 등록 ⇒ 시험 시작 ⇒ 답안파일 저장 ⇒ 답안 전송 ⇒ 시험 종료

◎ 공통 부문

· 글꼴에 대한 기본설정은 함초롬바탕, 10포인트, 검정, 줄간격 160%, 양쪽정렬로 합니다.

· 색상은 조건의 색을 적용하고 색의 구분이 안 될 경우에는 RGB 값을 적용하십시오. (빨강 255,0,0 / 파랑 0,0,255 / 노랑 255,255,0).

· 각 문항에 주어진 《조건》에 따라 작성하고 언급하지 않은 조건은 《출력형태》와 같이 작성합니다.

· 용지여백은 왼쪽 ·오른쪽 11mm, 위쪽·아래쪽·머리말·꼬리말 10mm, 제본 0mm로 합니다.

· 그림 삽입 문제의 경우 「내 PC\문서\ITQ\Picture」 폴더에서 지정된 파일을 선택하여 삽입하십시오.

· 삽입한 그림은 반드시 문서에 포함하여 저장해야 합니다(미포함 시 감점 처리).

· 각 항목은 지정된 페이지에 출력형태와 같이 정확히 작성하시기 바라며, 그렇지 않을 경우에 해당 항목은 0점 처리됩니다.

　※ 페이지구분 : 1페이지 – 기능평가 I (문제번호 표시 : 1. 2.),

　　　　　　　　 2페이지 – 기능평가 II (문제번호 표시 : 3. 4.),

　　　　　　　　 3페이지 – 문서작성 능력평가

◎ 기능평가

· 문제와 《조건》은 입력하지 않으며 문제번호와 답(《출력형태》)만 작성합니다.

· 4번 문제는 묶기를 했을 경우 0점 처리됩니다.

◎ 문서작성 능력평가

· A4 용지(210mm×297mm) 1매 크기, 세로 서식 문서로 작성합니다.

· ⸦⸦⸦⸦⸦ 표시는 문서작성에 대한 지시사항이므로 작성하지 않습니다.

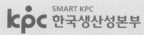

1. 다음의 《조건》에 따라 스타일 기능을 적용하여 《출력형태》와 같이 작성하시오. (50점)

《조건》 (1) 스타일 이름 – kimchi

(2) 문단 모양 – 왼쪽 여백 : 15pt, 문단 아래 간격 : 10pt

(3) 글자 모양 – 글꼴 : 한글(굴림)/영문(돋움), 크기 : 10pt, 장평 : 95%, 자간 : 5%

《출력형태》

While Kimchi, which used to be a daily side dish on the tables of the Korean people is rich in vitamin, which is effective in preventing bacillus proliferation, and contains anticancer compounds.

김치는 익어 가면서 항균 작용을 하게 된다. 숙성 과정 중 발생하는 젖산균은 새콤한 맛을 더해 줄 뿐만 아니라, 장속의 다른 유해균의 작용을 억제하여 이상 발효를 막아주고 병원균을 억제한다.

2. 다음의 《조건》에 따라 《출력형태》와 같이 표와 차트를 작성하시오. (100점)

《표 조건》 (1) 표 전체(표, 캡션) – 돋움, 10pt

(2) 정렬 – 문자 : 가운데 정렬, 숫자 : 오른쪽 정렬

(3) 셀 배경(면색) : 노랑

(4) 한글의 계산 기능을 이용하여 빈칸에 평균(소수점 두 자리)을 구하고, 캡션 기능 사용할 것

(5) 선 모양은 《출력형태》와 동일하게 처리할 것

《출력형태》

미국 절인 배추 국가별 수입동향(단위 : 백만 달러, %)

구분	중국	페루	멕시코	캐나다	평균
2018년	621	658	127	169	
2019년	288	520	148	152	
2020년	577	497	181	168	
점유율(2020년)	24.3	21	7.7	7.1	

《차트 조건》 (1) 차트 데이터는 표 내용에서 국가별 2018년, 2019년, 2020년의 값만 이용할 것

(2) 종류 – <묶은 세로 막대형>으로 작업할 것

(3) 제목 – 【궁서, 진하게, 12pt, 배경 – 선 모양(한 줄로), 그림자(2pt)】

(4) 제목 이외의 전체 글꼴 – 궁서, 보통, 10pt

(5) 축제목과 범례는 《출력형태》와 동일하게 처리할 것

《출력형태》

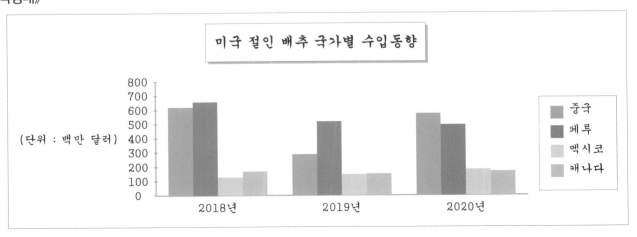

3. 다음 (1), (2)의 수식을 수식 편집기로 각각 입력하시오. (40점)

《출력형태》

$$(1)\ \frac{1}{2}mf^2 = \frac{1}{2}\frac{(m+M)^2}{b}V^2 \qquad\qquad (2)\ \sum_{k=1}^{n}k^3 = \frac{n(n+1)}{2} = \sum_{k=1}^{n}k$$

4. 다음의 《조건》에 따라 《출력형태》와 같이 문서를 작성하시오. (110점)

《조건》   (1) 그리기 도구를 이용하여 작성하고, 모든 도형(글맵시, 지정된 그림 포함)을 《출력형태》와 같이 작성하시오.

              (2) 도형의 면색은 지시사항이 없으면 색 없음을 제외하고 서로 다르게 임의로 지정하시오.

《출력형태》

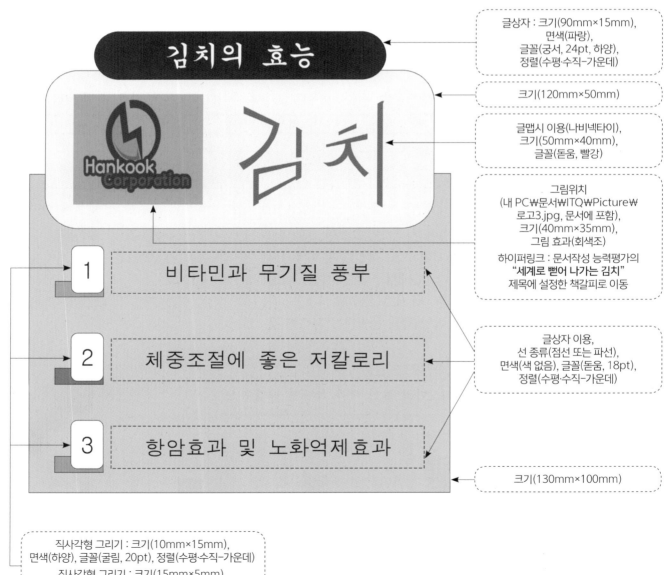

글상자 : 크기(90mm×15mm), 면색(파랑), 글꼴(궁서, 24pt, 하양), 정렬(수평·수직-가운데)

크기(120mm×50mm)

글맵시 이용(나비넥타이), 크기(50mm×40mm), 글꼴(돋움, 빨강)

그림위치
(내 PC\문서\ITQ\Picture\ 로고3.jpg, 문서에 포함), 크기(40mm×35mm), 그림 효과(회색조)
하이퍼링크 : 문서작성 능력평가의 **"세계로 뻗어 나가는 김치"** 제목에 설정한 책갈피로 이동

글상자 이용, 선 종류(점선 또는 파선), 면색(색 없음), 글꼴(돋움, 18pt), 정렬(수평·수직-가운데)

크기(130mm×100mm)

직사각형 그리기 : 크기(10mm×15mm), 면색(하양), 글꼴(굴림, 20pt), 정렬(수평·수직-가운데)
직사각형 그리기 : 크기(15mm×5mm), 면색(하양을 제외한 임의의 색)

김치의 효능

1 비타민과 무기질 풍부

2 체중조절에 좋은 저칼로리

3 항암효과 및 노화억제효과

글꼴 : 돋움, 18pt, 진하게, 가운데 정렬
책갈피 이름 : 김치
덧말 넣기

머리말 기능
굴림, 10pt, 오른쪽 정렬 ▶ 한국의 김치

한국의 전통 식품
세계로 뻗어 나가는 김치

문단 첫 글자 장식 기능
글꼴 : 궁서, 면색 : 노랑

각주

그림위치(내 PC₩문서₩ITQ₩Picture₩그림4.jpg, 문서에 포함)
자르기 기능 이용, 크기(40mm×35mm), 바깥 여백 왼쪽 : 2mm

배추, 무, 오이 등의 채소를 소금에 절이고 고추, 파, 생강 등 여러 가지 양념을 버무려 담근 염장 발효① 식품인 김치는 다방면의 연구를 통해 암을 예방(豫防)하고 살이 빠지며 대장 건강과 피부에도 좋다는 효능이 과학적으로 입증되었다. 미국의 한 건강 관련 잡지는 올리브기름, 콩, 요구르트와 함께 김치를 세계에서 가장 건강한 식품으로 선정한 바 있다.

김치는 오랜 역사를 자랑하는 만큼 각 지역의 기후와 재배작물에 따라 다양한 특징을 보이고 있다. 오늘날과 같이 교통이 발달(發達)하지 않은 과거에는 해당 지역에서 쉽게 구할 수 있는 재료를 이용해 김치를 담갔다. 또한 각 지역의 기후적 특색에 따라 김치 담그는 방법도 차이를 보이게 되었다. 서울을 비롯한 경기 지역은 짜지도 않고 싱겁지도 않은 중간 맛의 온갖 김치가 다 모여 있다. 경상도는 마늘과 고춧가루를 특히 많이 사용하여 맵고 자극적인 것이 특징이다. 멸치젓섞박지, 부추젓김치, 고추김치, 우엉김치, 부추김치 등이 경상도의 별미김치이다. 전라도 김치는 맵고 짭짤하며 진한 맛과 감칠맛이 나는 것이 특징이다. 쌉쓸한 맛의 고들빼기김치와 해남의 갓김치, 나주의 동치미 등이 유명하다.

글꼴 : 굴림, 18pt, 하양
음영색 : 파랑

※ 김치의 원료와 계절별 종류

A. 김치의 원료
  1. 주원료 : 배추, 무, 오이, 미나리, 가지, 부추, 고들빼기 등
  2. 부원료 : 채소류, 과실류, 곡류, 젓갈 등
B. 김치의 계절별 종류
  1. 봄과 여름 : 미나리김치, 얼갈이김치, 열무김치, 오이김치 등
  2. 가을과 겨울 : 총각김치, 가지김치, 굴깍두기, 백김치, 동치미 등

문단 번호 기능 사용
1수준 : 20pt, 오른쪽정렬,
2수준 : 30pt, 오른쪽정렬
줄 간격 : 180%

표 전체 글꼴 : 돋움, 10pt, 가운데 정렬
셀 배경(그러데이션) : 유형(가운데에서),
시작색(하양), 끝색(노랑)

※ *2020 김치로 배우는 체험 및 교육*

글꼴 : 굴림, 18pt, 기울임, 강조점

구분	프로그램	내용	운영기준
체험	김치요리교실	김치를 직접 만들고 만든 김치를 가져가는 체험	10명 이상 단체
	김치과학교실	김치만들기와 초등 교과과정의 과학실험, 미각교육 접목	
	주말 김치 체험	체험과 식사를 함께 즐길 수 있는 김치한끼 체험	2팀 이상
교육	김치소믈리에	김치 고수들의 비법을 전수 받는 심화 과정	매주 수(16주)
	김치 최고 전문가	김치 역사, 문화, 과학, 제조기술을 갖춘 전문가 양성	매주 목(12주)

글꼴 : 돋움, 24pt, 진하게
장평 95%, 오른쪽 정렬 ## 세계김치연구소

각주 구분선 : 5cm

① 미생물이 유기 화합물을 분해하여 알코올류, 유기산류 등을 생성하는 작용

쪽 번호 매기기
2로 시작 ▶ 나

정보기술자격(ITQ) 실전모의고사

과 목	코 드	문제유형	시험시간	수험번호	성 명
아래한글	1111	A	60분		

수험자 유의사항

◎ 수험자는 문제지를 받는 즉시 문제지와 **수험표상의 시험과목(프로그램)이 동일한지 반드시 확인**하여야 합니다.

◎ 파일명은 본인의 "수험번호-성명"으로 입력하여 답안폴더(내 PC₩문서₩ITQ)에 하나의 파일로 저장해야 하며, 답안문서 파일명이 "수험번호-성명"과 일치하지 않거나, 답안파일을 전송하지 않아 미제출로 처리될 경우 실격 처리합니다 (예:12345678-홍길동.hwp).

◎ 답안 작성을 마치면 파일을 저장하고, '답안 전송' 버튼을 선택하여 감독위원 PC로 답안을 전송하십시오. 수험생 정보와 저장한 파일명이 다를 경우 전송되지 않으므로 주의하시기 바랍니다.

◎ 답안 작성 중에도 **주기적으로 저장하고, '답안 전송'**하여야 문제 발생을 줄일 수 있습니다. 작업한 내용을 저장하지 않고 전송할 경우 이전에 저장된 내용이 전송되오니 이점 유의하시기 바랍니다.

◎ 답안문서는 지정된 경로 외의 다른 보조기억장치에 저장하는 경우, 지정된 시험 시간 외에 작성된 파일을 활용할 경우, 기타 통신수단(이메일, 메신저, 네트워크 등)을 이용하여 타인에게 전달 또는 외부 반출하는 경우는 부정 처리합니다.

◎ 시험 중 부주의 또는 고의로 시스템을 파손한 경우는 수험자가 변상해야 하며, <수험자 유의사항>에 기재된 방법대로 이행 하지 않아 생기는 불이익은 수험생 당사자의 책임임을 알려 드립니다.

◎ 문제의 조건은 한컴오피스 2020 버전으로 설정되어 있으며 한컴오피스 NEO는 【 】에 표기되어 있습니다. 이와 관련하여 작성한 답안의 출력형태가 문제지와 다를 수 있습니다.

◎ 시험을 완료한 수험자는 답안파일이 전송되었는지 확인한 후 감독위원의 지시에 따라 문제지를 제출하고 퇴실합니다.

답안 작성요령

◎ **온라인 답안 작성 절차**
　수험자 등록 ⇒ 시험 시작 ⇒ 답안파일 저장 ⇒ 답안 전송 ⇒ 시험 종료

◎ **공통 부문**
　• 글꼴에 대한 기본설정은 함초롬바탕, 10포인트, 검정, 줄간격 160%, 양쪽정렬로 합니다.
　• 색상은 조건의 색을 적용하고 색의 구분이 안 될 경우에는 RGB 값을 적용하십시오.
　　(빨강 255,0,0 / 파랑 0,0,255 / 노랑 255,255,0).
　• 각 문항에 주어진 《조건》에 따라 작성하고 언급하지 않은 조건은 《출력형태》와 같이 작성합니다.
　• 용지여백은 왼쪽·오른쪽 11mm, 위쪽·아래쪽·머리말·꼬리말 10mm, 제본 0mm로 합니다.
　• 그림 삽입 문제의 경우 「내 PC₩문서₩ITQ₩Picture」 폴더에서 지정된 파일을 선택하여 삽입하십시오.
　• 삽입한 그림은 반드시 문서에 포함하여 저장해야 합니다(미포함 시 감점 처리).
　• 각 항목은 지정된 페이지에 출력형태와 같이 정확히 작성하시기 바라며, 그렇지 않을 경우에 해당 항목은 0점 처리됩니다.
　　※ 페이지구분 : 1페이지 - 기능평가 I (문제번호 표시 : 1. 2.),
　　　　　　　　　 2페이지 - 기능평가 II (문제번호 표시 : 3. 4.),
　　　　　　　　　 3페이지 - 문서작성 능력평가

◎ **기능평가**
　• 문제와 《조건》은 입력하지 않으며 문제번호와 답(《출력형태》)만 작성합니다.
　• 4번 문제는 묶기를 했을 경우 0점 처리됩니다.

◎ **문서작성 능력평가**
　• A4 용지(210mm×297mm) 1매 크기, 세로 서식 문서로 작성합니다.
　• ⬚⬚⬚⬚⬚ 표시는 문서작성에 대한 지시사항이므로 작성하지 않습니다.

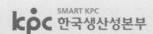

1. 다음의《조건》에 따라 스타일 기능을 적용하여《출력형태》와 같이 작성하시오. (50점)

《조건》　　(1) 스타일 이름 – insurance
　　　　　　(2) 문단 모양 – 왼쪽 여백 : 15pt, 문단 아래 간격 : 10pt
　　　　　　(3) 글자 모양 – 글꼴 : 한글(굴림)/영문(돋움), 크기 : 10pt, 장평 : 95%, 자간 : 5%

《출력형태》

Advanced countries currently provide long-term care service in more various forms prior to our practice because they have experienced the aging phenomenon much earlier.

노인장기요양보험제도는 고령이나 노인성 질병 등의 사유로 일상생활을 혼자서 수행하기 어려운 노인 등에게 신체활동 또는 가사활동 지원 등의 장기요양급여를 제공하는 사회보험제도이다 .

2. 다음의《조건》에 따라《출력형태》와 같이 표와 차트를 작성하시오. (100점)

《표 조건》　　(1) 표 전체(표, 캡션) – 궁서, 10pt
　　　　　　　(2) 정렬 – 문자 : 가운데 정렬, 숫자 : 오른쪽 정렬
　　　　　　　(3) 셀 배경(면색) : 노랑
　　　　　　　(4) 한글의 계산 기능을 이용하여 빈칸에 평균(소수점 두 자리)을 구하고, 캡션 기능 사용할 것
　　　　　　　(5) 선 모양은《출력형태》와 동일하게 처리할 것

《출력형태》

연도별 예상 인구지표(단위 : %)

연도	2015년	2020년	2030년	2040년	평균
0~14세	13.8	12.6	11.5	10.8	
15~64세	73.4	71.7	64.0	56.4	
65세 이상	12.8	15.6	24.5	32.8	
인구성장률	0.53	0.31	0.07	−0.32	

《차트 조건》　　(1) 차트 데이터는 표 내용에서 연도별 0~14세, 15~64세, 65세 이상의 값만 이용할 것
　　　　　　　　(2) 종류 – <묶은 세로 막대형>으로 작업할 것
　　　　　　　　(3) 제목 – 【굴림, 진하게, 12pt, 배경 – 선 모양(한 줄로), 그림자(2pt)】
　　　　　　　　(4) 제목 이외의 전체 글꼴 – 굴림, 보통, 10pt
　　　　　　　　(5) 축제목과 범례는《출력형태》와 동일하게 처리할 것

《출력형태》

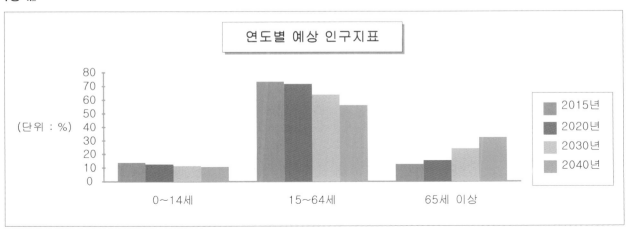

3. 다음 (1), (2)의 수식을 수식 편집기로 각각 입력하시오. (40점)

《출력형태》

(1) $\dfrac{1}{\lambda} = 1.097 \times 10^5 \left(\dfrac{1}{2^2} - \dfrac{1}{n^2} \right)$

(2) $\displaystyle\int_a^b A(x-a)(x-b)\,dx = -\dfrac{A}{6}(b-a)^3$

4. 다음의 《조건》에 따라 《출력형태》와 같이 문서를 작성하시오. (110점)

《조건》   (1) 그리기 도구를 이용하여 작성하고, 모든 도형(글맵시, 지정된 그림 포함)을 《출력형태》와 같이
작성하시오.

            (2) 도형의 면색은 지시사항이 없으면 색 없음을 제외하고 서로 다르게 임의로 지정하시오.

《출력형태》

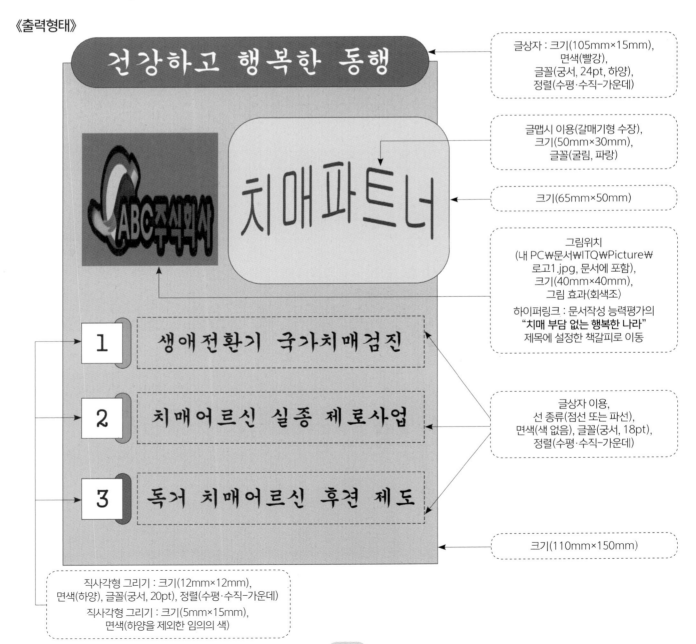

글상자 : 크기(105mm×15mm),
면색(빨강),
글꼴(궁서, 24pt, 하양),
정렬(수평·수직-가운데)

글맵시 이용(갈매기형 수장),
크기(50mm×30mm),
글꼴(굴림, 파랑)

크기(65mm×50mm)

그림위치
(내 PC₩문서₩ITQ₩Picture₩
로고1.jpg, 문서에 포함),
크기(40mm×40mm),
그림 효과(회색조)

하이퍼링크 : 문서작성 능력평가의
"치매 부담 없는 행복한 나라"
제목에 설정한 책갈피로 이동

글상자 이용,
선 종류(점선 또는 파선),
면색(색 없음), 글꼴(궁서, 18pt),
정렬(수평·수직-가운데)

크기(110mm×150mm)

직사각형 그리기 : 크기(12mm×12mm),
면색(하양), 글꼴(궁서, 20pt), 정렬(수평·수직-가운데)
직사각형 그리기 : 크기(5mm×15mm),
면색(하양을 제외한 임의의 색)

글꼴 : 돋움, 18pt, 진하게, 가운데 정렬
책갈피 이름 : 나눔
덧말 넣기

머리말 기능
굴림, 10pt, 오른쪽 정렬 → 치매 국가책임제

고령사회
치매 부담 없는 행복한 나라

문단 첫 글자 장식 기능
글꼴 : 궁서, 면색 : 노랑

각주

그림위치(내 PC\문서\ITQ\Picture\그림4.jpg, 문서에 포함)
자르기 기능 이용, 크기(40mm×35mm), 바깥 여백 왼쪽 : 2mm

현대 국가는 모두 복지국가(A)를 표방하고 있으나 그 내용이나 정도에 차이가 있다. 대부분의 국가에서는 경제발전과 보건의료의 발달로 인한 평균 수명의 연장, 자녀에 대한 가치관의 변화, 보육 및 교육문제 등으로 출산율이 급격히 저하되어 인구구조의 급속한 고령화 문제에 직면하고 있으며, 이러한 사회변화에 따른 새로운 복지수요를 충족하기 위한 것이 장기요양보장제도이다. 노화(老化) 등에 따라 거동이 불편한 사람에 대하여 신체활동이나 일상가사활동을 지속적으로 지원해주는 문제가 사회적으로 굉장히 필요한 지원이 되었다고 할 수 있는 것이다.

유엔은 고령인구(高齡人口) 비율이 7%를 넘으면 고령화 사회, 14%를 넘으면 고령사회, 20% 이상이면 초고령사회로 분류한다. 고령화 속도가 가장 빠른 것으로 알려진 일본도 1994년부터 고령사회로 들어서는데 24년이 걸렸다. 한국은 2000년 고령화 사회에 진입한지 17년 만인 2017년에 고령사회로 들어섰다. 2019년 한국의 고령인구는 769만 3721명으로 전체 인구의 14.8%를 차지한다. 고령사회로 인한 치매 환자의 증가가 예상되기에 치매가 있어도 불편하지 않은 대한민국을 만들기 위한 우리 모두의 지혜가 필요할 때이다.

♥ 대한민국 치매 현주소

글꼴 : 궁서, 18pt, 하양
음영색 : 빨강

가. 인구 고령화와 치매인구 증가

　① 65세 이상 인구는 2050년 38.1%로 증가 예상

　② 2030년에는 전체 노인의 10%가 치매인구로 예상

나. 치매가족의 고통 심화

　① 치매환자 감당으로 인한 가족 갈등 심화

　② 치료 및 간병으로 인한 가계 부담 심화

문단 번호 기능 사용
1수준 : 20pt, 오른쪽정렬,
2수준 : 30pt, 오른쪽정렬
줄 간격 : 180%

표 전체 글꼴 : 돋움, 10pt, 가운데 정렬
셀 배경(그러데이션) : 유형(가운데에서),
시작색(하양), 끝색(노랑)

♥ 치매 국가책임제로 달라지는 내용

글꼴 : 궁서, 18pt, 기울임, 강조점

분야	국가책임제 이전	국가책임제 이후
정보제공	치매 대처 방법 잘 모름	1:1 맞춤형상담, 서비스 연계 및 관리
서비스	경증치매 요양 서비스 받지 못함	경증치매도 장기요양 서비스 혜택 가능
시설확충	치매전문시설 부족, 공격적 환자 거부	입소시설 대폭 확충으로 어르신 돌봄 가능
의료지원	치매 전문 의료기관 부재	중증환자 치매안심요양병원 이용가능
기타	가족들의 피로감 호소	방문요양, 가족휴가제

글꼴 : 굴림, 24pt, 진하게
장평 90%, 오른쪽 정렬 → ## 보건복지부중앙치매센터

각주 구분선 : 5cm

ⓐ 국민의 인간다운 생활을 위해 국가가 적극적으로 복지 혜택을 부여하는 국가

쪽 번호 매기기
6으로 시작 → vi

정보기술자격(ITQ) 실전모의고사

과 목	코 드	문제유형	시험시간	수험번호	성 명
아래한글	1111	A	60분		

수험자 유의사항

◎ 수험자는 문제지를 받는 즉시 문제지와 <u>수험표상의 시험과목(프로그램)이 동일한지 반드시 확인</u>하여야 합니다.

◎ 파일명은 본인의 "수험번호-성명"으로 입력하여 답안폴더(내 PC₩문서₩ITQ)에 하나의 파일로 저장해야 하며, 답안문서 파일명이 "수험번호-성명"과 일치하지 않거나, 답안파일을 전송하지 않아 미제출로 처리될 경우 실격 처리합니다 (예:12345678-홍길동.hwp).

◎ 답안 작성을 마치면 파일을 저장하고, '답안 전송' 버튼을 선택하여 감독위원 PC로 답안을 전송하십시오. 수험생 정보와 저장한 파일명이 다를 경우 전송되지 않으므로 주의하시기 바랍니다.

◎ 답안 작성 중에도 <u>주기적으로 저장하고, '답안 전송'</u>하여야 문제 발생을 줄일 수 있습니다. 작업한 내용을 저장하지 않고 전송할 경우 이전에 저장된 내용이 전송되오니 이점 유의하시기 바랍니다.

◎ 답안문서는 지정된 경로 외의 다른 보조기억장치에 저장하는 경우, 지정된 시험 시간 외에 작성된 파일을 활용할 경우, 기타 통신수단(이메일, 메신저, 네트워크 등)을 이용하여 타인에게 전달 또는 외부 반출하는 경우는 부정 처리합니다.

◎ 시험 중 부주의 또는 고의로 시스템을 파손한 경우는 수험자가 변상해야 하며, <수험자 유의사항>에 기재된 방법대로 이행 하지 않아 생기는 불이익은 수험생 당사자의 책임임을 알려 드립니다.

◎ 문제의 조건은 한컴오피스 2020 버전으로 설정되어 있으며 한컴오피스 NEO는 【 】에 표기되어 있습니다. 이와 관련하여 작성한 답안의 출력형태가 문제지와 다를 수 있습니다.

◎ 시험을 완료한 수험자는 답안파일이 전송되었는지 확인한 후 감독위원의 지시에 따라 문제지를 제출하고 퇴실합니다.

답안 작성요령

◎ 온라인 답안 작성 절차
  수험자 등록 ⇒ 시험 시작 ⇒ 답안파일 저장 ⇒ 답안 전송 ⇒ 시험 종료

◎ 공통 부문
  • 글꼴에 대한 기본설정은 함초롬바탕, 10포인트, 검정, 줄간격 160%, 양쪽정렬로 합니다.
  • 색상은 조건의 색을 적용하고 색의 구분이 안 될 경우에는 RGB 값을 적용하십시오.
    (빨강 255,0,0 / 파랑 0,0,255 / 노랑 255,255,0).
  • 각 문항에 주어진 《조건》에 따라 작성하고 언급하지 않은 조건은 《출력형태》와 같이 작성합니다.
  • 용지여백은 왼쪽·오른쪽 11mm, 위쪽·아래쪽·머리말·꼬리말 10mm, 제본 0mm로 합니다.
  • 그림 삽입 문제의 경우 「내 PC₩문서₩ITQ₩Picture」 폴더에서 지정된 파일을 선택하여 삽입하십시오.
  • 삽입한 그림은 반드시 문서에 포함하여 저장해야 합니다(미포함 시 감점 처리).
  • 각 항목은 지정된 페이지에 출력형태와 같이 정확히 작성하시기 바라며, 그렇지 않을 경우에 해당 항목은 0점 처리됩니다.
    ※ 페이지구분 : 1페이지 - 기능평가 I (문제번호 표시 : 1. 2.),
                    2페이지 - 기능평가 II (문제번호 표시 : 3. 4.),
                    3페이지 - 문서작성 능력평가

◎ 기능평가
  • 문제와 《조건》은 입력하지 않으며 문제번호와 답(《출력형태》)만 작성합니다.
  • 4번 문제는 묶기를 했을 경우 0점 처리됩니다.

◎ 문서작성 능력평가
  • A4 용지(210mm×297mm) 1매 크기, 세로 서식 문서로 작성합니다.
  • ⬚⬚⬚⬚⬚ 표시는 문서작성에 대한 지시사항이므로 작성하지 않습니다.

1. 다음의 《조건》에 따라 스타일 기능을 적용하여 《출력형태》와 같이 작성하시오. (50점)

《조건》　　(1) 스타일 이름 – ransomware
　　　　　　(2) 문단 모양 – 왼쪽 여백 : 15pt, 문단 아래 간격 : 10pt
　　　　　　(3) 글자 모양 – 글꼴 : 한글(궁서)/영문(굴림), 크기 : 10pt, 장평 : 95%, 자간 : 5%

《출력형태》

Ransomware is malicious program that locks the system or encrypts data in combination with ransom and software, and requires money to be paid hostage.

랜섬웨어는 몸값과 소프트웨어의 합성어로 시스템을 잠그거나 데이터를 암호화해 사용할 수 없도록 하고 이를 인질로 금전을 요구하는 악성 프로그램을 말한다.

2. 다음의 《조건》에 따라 《출력형태》와 같이 표와 차트를 작성하시오. (100점)

《표 조건》　　(1) 표 전체(표, 캡션) – 굴림, 10pt
　　　　　　　(2) 정렬 – 문자 : 가운데 정렬, 숫자 : 오른쪽 정렬
　　　　　　　(3) 셀 배경(면색) : 노랑
　　　　　　　(4) 한글의 계산 기능을 이용하여 빈칸에 평균(소수점 두 자리)을 구하고, 캡션 기능 사용할 것
　　　　　　　(5) 선 모양은 《출력형태》와 동일하게 처리할 것

《출력형태》

분기별 악성코드 통계 현황(단위 : 건)

종류	1분기	2분기	3분기	4분기	평균
랜섬웨어	275	255	347	463	
정보탈취	80	130	44	82	
원격제어	224	38	18	25	
기타	42	13	54	73	

《차트 조건》　　(1) 차트 데이터는 표 내용에서 분기별 랜섬웨어, 정보탈취, 원격제어의 값만 이용할 것
　　　　　　　　(2) 종류 – <묶은 세로 막대형>으로 작업할 것
　　　　　　　　(3) 제목 –【궁서, 진하게, 12pt, 배경 – 선 모양(한 줄로), 그림자(2pt)】
　　　　　　　　(4) 제목 이외의 전체 글꼴 – 궁서, 보통, 10pt
　　　　　　　　(5) 축제목과 범례는 《출력형태》와 동일하게 처리할 것

《출력형태》

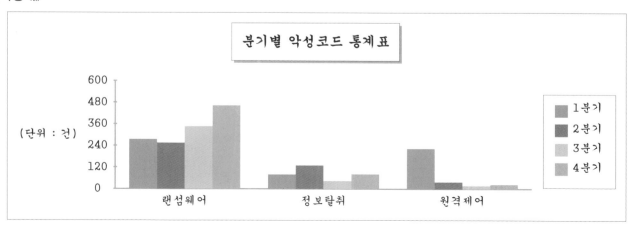

3. 다음 (1), (2)의 수식을 수식 편집기로 각각 입력하시오. (40점)

《출력형태》

(1) $\displaystyle\int_0^3 \frac{\sqrt{6t^2-18t+12}}{5}\,dt = 11$

(2) $\dfrac{b}{\sqrt{a^2+b^2}} = \dfrac{2\tan\theta}{1+\tan^2\theta}$

4. 다음의 《조건》에 따라 《출력형태》와 같이 문서를 작성하시오. (110점)

《조건》 (1) 그리기 도구를 이용하여 작성하고, 모든 도형(글맵시, 지정된 그림 포함)을 《출력형태》와 같이 작성하시오.
(2) 도형의 면색은 지시사항이 없으면 색 없음을 제외하고 서로 다르게 임의로 지정하시오.

《출력형태》

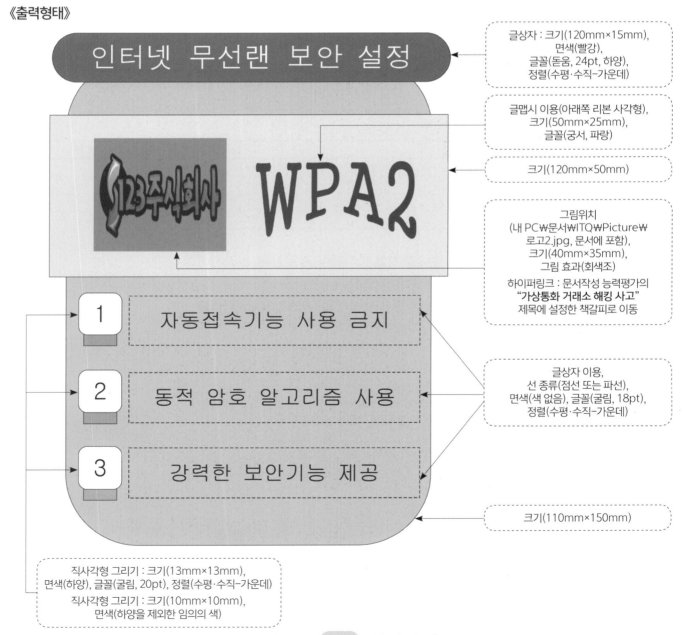

글상자 : 크기(120mm×15mm), 면색(빨강), 글꼴(돋움, 24pt, 하양), 정렬(수평·수직-가운데)

글맵시 이용(아래쪽 리본 사각형), 크기(50mm×25mm), 글꼴(궁서, 파랑)

크기(120mm×50mm)

그림위치 (내 PC₩문서₩ITQ₩Picture₩ 로고2.jpg, 문서에 포함), 크기(40mm×35mm), 그림 효과(회색조)

하이퍼링크 : 문서작성 능력평가의 **"가상통화 거래소 해킹 사고"** 제목에 설정한 책갈피로 이동

글상자 이용, 선 종류(점선 또는 파선), 면색(색 없음), 글꼴(굴림, 18pt), 정렬(수평·수직-가운데)

크기(110mm×150mm)

직사각형 그리기 : 크기(13mm×13mm), 면색(하양), 글꼴(굴림, 20pt), 정렬(수평·수직-가운데)
직사각형 그리기 : 크기(10mm×10mm), 면색(하양을 제외한 임의의 색)

글꼴 : 궁서, 18pt, 진하게, 가운데 정렬
책갈피 이름 : 보안
덧말 넣기

머리말 기능
굴림, 10pt, 오른쪽 정렬 → 인터넷 보호나라

사이버위협
가상통화 거래소 해킹 사고

문단 첫 글자 장식 기능
글꼴 : 돋움, 면색 : 노랑

그림위치(내 PC₩문서₩ITQ₩Picture₩그림4.jpg, 문서에 포함)
자르기 기능 이용, 크기(40mm×35mm), 바깥 여백 왼쪽 : 2mm

지난해 가상통화 관련 문제가 최고의 이슈가 되었다. 국내(國內) 가상통화거래소 해킹으로 인한 파산, 정보유출 등 각종 사고가 지속적으로 발생하였고, 각 언론보도를 통해 끊임없이 언급되었다. 또한 자율주행차 등 사물인터넷 관련 사이버 이슈들도 지속적으로 언론에 보도되었으며, 해외에서는 에퀴팩스 개인정보 유출 사고 관련 이슈 등이 보도되었다. 가상통화는 그 자체의 이슈뿐만 아니라 랜섬웨어, 채굴형 악성코드 등과 결합하여 지능화되고 있는 사이버 범죄 세계의 새로운 수익 모델이 되고 있다. 이에 따라 국회 공청회 등에서 법 제정을 위한 논의가 본격적으로 시작되었다.

정보 수집량이 증가하면서 사이버 위협이 확산되고 이를 효과적으로 처리하기 위해선 인공지능기술이 절대적(絶對的)으로 필요한 상황이다. 일반적으로 인공지능기술을 위해서는 데이터모델, 프로세싱 파워, 빅데이터 등 3가지 요소가 필요하다. 이 중에서도 빅데이터, 즉 관련 데이터가 대량으로 필요한데 하나의 기관 데이터 뿐 아니라 타 기관들의 데이터도 필요하게 된다. 따라서 인공지능㉠의 정확도를 높이기 위해서는 데이터 공유가 꼭 필요하고 이를 어떻게 해결하느냐가 관건이다.

각주

♣ 랜섬웨어 감염경로 및 대책

글꼴 : 굴림, 18pt, 하양
음영색 : 빨강

I) 신뢰할 수 없는 사이트
　(i) 단순한 홈페이지 방문만으로도 감염
　(ii) 주로 드라이브 바이 다운로드 기법을 통해 유포
II) 스팸메일 및 스피어피싱
　(i) 출처가 불분명한 e-mail을 통한 파일, 주소 링크
　(ii) 첨부파일 실행 또는 주소 링크 클릭에 주의가 필요

문단 번호 기능 사용
1수준 : 20pt, 오른쪽정렬,
2수준 : 30pt, 오른쪽정렬
줄 간격 : 180%

표 전체 글꼴 : 돋움, 10pt, 가운데 정렬
셀 배경(그러데이션) : 유형【수평】,
시작색(하양), 끝색(노랑)

♣ 정보보호지원센터 구축현황

글꼴 : 굴림, 18pt, 기울임, 강조점

센터명	구축시기	위치	관할지역
대구센터	2014년 12월	대구광역시 북구 연암로	대구, 경북
호남센터	2015년 08월	광주광역시 서구 양동	광주, 전남, 전북, 제주
중부센터		청주시 청원구 오창읍	충북, 충남, 대전, 강원
동남센터		부산광역시 해운대구 센터중앙로	부산, 경남
경기센터	2016년 10월	성남시 수정구 대왕판교로	경기

각주 구분선 : 5cm

글꼴 : 돋움, 24pt, 진하게
장평 110%, 오른쪽 정렬 → # 한국인터넷진흥원

㉠ 인간의 학습, 추론, 지각 및 자연언어의 이해능력 등을 컴퓨터 프로그램으로 실현한 기술

쪽 번호 매기기
5로 시작 → ⑤

MEMO

☆

3

최신 기출문제

—

정보기술자격(ITQ) 최신기출문제

과 목	코 드	문제유형	시험시간	수험번호	성 명
아래한글	1111	A	60분		

수험자 유의사항

◎ 수험자는 문제지를 받는 즉시 문제지와 <u>수험표상의 시험과목(프로그램)이 동일한지 반드시 확인</u>하여야 합니다.
◎ 파일명은 본인의 "수험번호-성명"으로 입력하여 답안폴더(내 PC\문서\ITQ)에 하나의 파일로 저장해야 하며, 답안문서 파일명이 "수험번호-성명"과 일치하지 않거나, 답안파일을 전송하지 않아 미제출로 처리될 경우 실격 처리합니다 (예:12345678-홍길동.hwp).
◎ 답안 작성을 마치면 파일을 저장하고, '답안 전송' 버튼을 선택하여 감독위원 PC로 답안을 전송하십시오. 수험생 정보와 저장한 파일명이 다를 경우 전송되지 않으므로 주의하시기 바랍니다.
◎ 답안 작성 중에도 <u>주기적으로 저장하고, '답안 전송'</u>하여야 문제 발생을 줄일 수 있습니다. 작업한 내용을 저장하지 않고 전송할 경우 이전에 저장된 내용이 전송되오니 이점 유의하시기 바랍니다.
◎ 답안문서는 지정된 경로 외의 다른 보조기억장치에 저장하는 경우, 지정된 시험 시간 외에 작성된 파일을 활용할 경우, 기타 통신수단(이메일, 메신저, 네트워크 등)을 이용하여 타인에게 전달 또는 외부 반출하는 경우는 부정 처리합니다.
◎ 시험 중 부주의 또는 고의로 시스템을 파손한 경우는 수험자가 변상해야 하며, <수험자 유의사항>에 기재된 방법대로 이행하지 않아 생기는 불이익은 수험생 당사자의 책임임을 알려 드립니다.
◎ 문제의 조건은 한컴오피스 2020 버전으로 설정되어 있으며 한컴오피스 NEO는 【 】에 표기되어 있습니다. 이와 관련하여 작성한 답안의 출력형태가 문제지와 다를 수 있습니다.
◎ 시험을 완료한 수험자는 답안파일이 전송되었는지 확인한 후 감독위원의 지시에 따라 문제지를 제출하고 퇴실합니다.

답안 작성요령

◎ 온라인 답안 작성 절차
　수험자 등록 ⇒ 시험 시작 ⇒ 답안파일 저장 ⇒ 답안 전송 ⇒ 시험 종료
◎ 공통 부문
　· 글꼴에 대한 기본설정은 함초롬바탕, 10포인트, 검정, 줄간격 160%, 양쪽정렬로 합니다.
　· 색상은 조건의 색을 적용하고 색의 구분이 안 될 경우에는 RGB 값을 적용하십시오.
　　(빨강 255,0,0 / 파랑 0,0,255 / 노랑 255,255,0).
　· 각 문항에 주어진 《조건》에 따라 작성하고 언급하지 않은 조건은 《출력형태》와 같이 작성합니다.
　· 용지여백은 왼쪽·오른쪽 11mm, 위쪽·아래쪽·머리말·꼬리말 10mm, 제본 0mm로 합니다.
　· 그림 삽입 문제의 경우 「내 PC\문서\ITQ\Picture」 폴더에서 지정된 파일을 선택하여 삽입하십시오.
　· 삽입한 그림은 반드시 문서에 포함하여 저장해야 합니다(미포함 시 감점 처리).
　· 각 항목은 지정된 페이지에 출력형태와 같이 정확히 작성하시기 바라며, 그렇지 않을 경우에 해당 항목은 0점 처리됩니다.
　　※ 페이지구분 : 1페이지 – 기능평가 I (문제번호 표시 : 1. 2.),
　　　　　　　　　 2페이지 – 기능평가 II (문제번호 표시 : 3. 4.),
　　　　　　　　　 3페이지 – 문서작성 능력평가
◎ 기능평가
　· 문제와 《조건》은 입력하지 않으며 문제번호와 답(《출력형태》)만 작성합니다.
　· 4번 문제는 묶기를 했을 경우 0점 처리됩니다.
◎ 문서작성 능력평가
　· A4 용지(210mm×297mm) 1매 크기, 세로 서식 문서로 작성합니다.
　· 　　　　 표시는 문서작성에 대한 지시사항이므로 작성하지 않습니다.

1. 다음의《조건》에 따라 스타일 기능을 적용하여《출력형태》와 같이 작성하시오. (50점)

《조건》　(1) 스타일 이름 – apprentice
　　　　　(2) 문단 모양 – 왼쪽 여백 : 15pt, 문단 아래 간격 : 10pt
　　　　　(3) 글자 모양 – 글꼴 : 한글(돋움)/영문(굴림), 크기 : 10pt, 장평 : 95%, 자간 : 5%

《출력형태》

An apprentice is a program in which someone learns a trade by working under a certified expert. The course provides students with a good base for securing apprenticeships in all of industries.

도제는 인증된 전문가의 도움을 받아 훈련을 통해 배우는 프로그램 또는 직위이다. 이 과정은 산업에서는 견습생을 확보하고 학생에게는 장인으로 성장할 수 있는 좋은 기반을 제공한다.

2. 다음의《조건》에 따라《출력형태》와 같이 표와 차트를 작성하시오. (100점)

《표 조건》　(1) 표 전체(표, 캡션) – 돋움, 10pt
　　　　　　(2) 정렬 – 문자 : 가운데 정렬, 숫자 : 오른쪽 정렬
　　　　　　(3) 셀 배경(면색) : 노랑
　　　　　　(4) 한글의 계산 기능을 이용하여 빈칸에 합계를 구하고, 캡션 기능 사용할 것
　　　　　　(5) 선 모양은《출력형태》와 동일하게 처리할 것

《출력형태》

산학일체형 도제학교 참여 학생 현황(단위 : 명)

구분	서울	대전	부산	기타	합계
2014년	968	204	298	2,184	
2016년	2,007	873	977	1,721	
2018년	4,963	2,639	3,308	2,916	
2020년	8,926	4,320	5,347	3,301	

《차트 조건》　(1) 차트 데이터는 표 내용에서 지역별 2014년, 2016년, 2018년의 값만 이용할 것
　　　　　　(2) 종류 – <묶은 세로 막대형>으로 작업할 것
　　　　　　(3) 제목 –【굴림, 진하게, 12pt, 배경 – 선 모양(한 줄로), 그림자(2pt)】
　　　　　　(4) 제목 이외의 전체 글꼴 – 굴림, 보통, 10pt
　　　　　　(5) 축제목과 범례는《출력형태》와 동일하게 처리할 것

《출력형태》

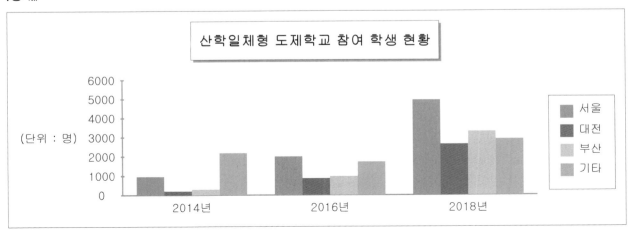

한글 2016 **165** 최신기출문제 01회

3. 다음 (1), (2)의 수식을 수식 편집기로 각각 입력하시오. (40점)

《출력형태》

(1) $\dfrac{t_A}{t_B} = \sqrt{\dfrac{d_B}{d_A}} = \sqrt{\dfrac{M_B}{M_A}}$

(2) $\dfrac{a^4}{T^2} - 1 = \dfrac{G}{4\pi^2}(M+m)$

4. 다음의 《조건》에 따라 《출력형태》와 같이 문서를 작성하시오. (110점)

《조건》 　(1) 그리기 도구를 이용하여 작성하고, 모든 도형(글맵시, 지정된 그림 포함)을 《출력형태》와 같이 작성하시오.

　　　　(2) 도형의 면색은 지시사항이 없으면 색 없음을 제외하고 서로 다르게 임의로 지정하시오.

《출력형태》

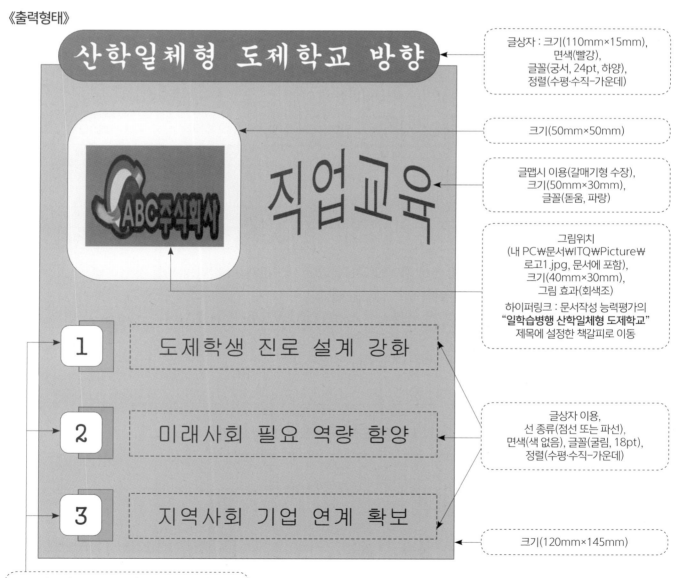

글꼴 : 굴림, 18pt, 진하게, 가운데 정렬
책갈피 이름 : 도제
덧말 넣기

머리말 기능
돋움, 10pt, 오른쪽 정렬 → 산학일체형 도제학교

도제교육
일학습병행 산학일체형 도제학교

문단 첫 글자 장식 기능
글꼴 : 궁서, 면색 : 노랑

각주

그림위치(내 PC₩문서₩ITQ₩Picture₩그림4.jpg, 문서에 포함)
자르기 기능 이용, 크기(40mm×40mm), 바깥 여백 왼쪽 : 2mm

교육부와 고용노동부는 12월 전국 산학일체형 도제학교 관계자가 참석하는 전체 성과 워크숍을 실시한다. 이 워크숍은 고교학점제㉠ 시행 등 학교 여건 변화에 따른 도제학교의 발전방안을 모색(摸索)하고 학교 간 도제학교 운영 노하우를 공유하기 위해 열린다. 이번 워크숍은 한국직업능력개발원 도제교육지원센터에서 2021학년도 주요 사업계획을 소개하고 인적자원개발위원회가 기업 발굴 계획에 대해 안내한다.

또 노무법인 대표가 도제학교 경쟁력 강화를 위한 노동법 특강을 실시하고 우수 운영 학교 및 우수 교사에 대한 표창을 실시한다. 이어 분임별로 유관기관 지원방안과 신규기업 발굴 활성화 방안, 투명한 예산 집행에 대해 의견을 나누고, 도제교육 홍보 및 신입생 모집 등을 주제로 직업교육 발전방안을 논의한다. 산학일체형 도제학교는 독일과 스위스의 도제교육을 우리 현실에 맞게 직업교육 훈련의 현장성을 제고(提高)하기 위해 도입한 것으로 지난 2015년 전국의 특성화고를 대상으로 시작했다. 도제학교는 학교와 기업에서 1년 또는 2년 동안 NCS(국가직무능력표준)기반 공동 교육과정을 통해 기업별 맞춤형 도제교육을 실시하고, 기업에 필요한 전문기능인력을 양성하는 취업과 연계된 일학습 병행 직업교육 훈련 모델이다.

◆ **산학일체형 도제학교 현황과 방향**

글꼴 : 궁서, 18pt, 하양
음영색 : 파랑

　가. 산학일체형 도제학교 현황

　　㉠ 학습과 일의 병행에 대한 학생 만족도 증가

　　㉡ 코로나19의 영향으로 취업생 감소

　나. 산학일체형 도제학교 운영 방향

　　㉠ 기업의 요구와 학생의 요구에 기반을 둔 교육과정 편성

　　㉡ 미래 산업사회 예측을 통한 미래형 교육 운영

문단 번호 기능 사용
1수준 : 20pt, 오른쪽정렬,
2수준 : 30pt, 오른쪽정렬
줄 간격 : 180%

표 전체 글꼴 : 굴림, 10pt, 가운데 정렬
셀 배경(그러데이션) : 유형【수평】,
시작색(하양), 끝색(노랑)

◆ *지역별 산학일체형 도제학교 현황*

글꼴 : 궁서, 18pt, 기울임, 강조점

지역	주요 운영 학교	참여 분야	비고
서울	용산공업고, 성동공업고	절삭 가공	총 33개 과정
경기	부천공업고, 경기자동차과학고, 평촌경영고	금형, 자동차정비, 회계	지역사회 연계형
전남	목포공업고, 영암전자과학고	용접, 전자응용개발	산업계주도형 과정
경북	경주공고, 금호공고	절삭 가공	공동실습소형
기타 지역 현황		인천, 대전, 세종 등 전기공사, 화학물질, 바이오 분야	

글꼴 : 돋움, 24pt, 진하게
장평 105%, 오른쪽 정렬 → ## 도제학교운영협의회

각주 구분선 : 5cm

㉠ 목표한 성취 수준에 도달했을 때 과목을 이수하는 제도

쪽 번호 매기기
5로 시작 → ⑤

정보기술자격(ITQ) 최신기출문제

과 목	코 드	문제유형	시험시간	수험번호	성 명
아래한글	1111	B	60분		

수험자 유의사항

◎ 수험자는 문제지를 받는 즉시 문제지와 <u>수험표상의 시험과목(프로그램)이 동일한지 반드시 확인</u>하여야 합니다.

◎ 파일명은 본인의 "수험번호−성명"으로 입력하여 답안폴더(내 PC₩문서₩ITQ)에 하나의 파일로 저장해야 하며, 답안문서 파일명이 "수험번호−성명"과 일치하지 않거나, 답안파일을 전송하지 않아 미제출로 처리될 경우 실격 처리합니다 (예:12345678-홍길동.hwp).

◎ 답안 작성을 마치면 파일을 저장하고, '답안 전송' 버튼을 선택하여 감독위원 PC로 답안을 전송하십시오. 수험생 정보와 저장한 파일명이 다를 경우 전송되지 않으므로 주의하시기 바랍니다.

◎ 답안 작성 중에도 <u>주기적으로 저장하고, '답안 전송'</u>하여야 문제 발생을 줄일 수 있습니다. 작업한 내용을 저장하지 않고 전송할 경우 이전에 저장된 내용이 전송되오니 이점 유의하시기 바랍니다.

◎ 답안문서는 지정된 경로 외의 다른 보조기억장치에 저장하는 경우, 지정된 시험 시간 외에 작성된 파일을 활용할 경우, 기타 통신수단(이메일, 메신저, 네트워크 등)을 이용하여 타인에게 전달 또는 외부 반출하는 경우는 부정 처리합니다.

◎ 시험 중 부주의 또는 고의로 시스템을 파손한 경우는 수험자가 변상해야 하며, <수험자 유의사항>에 기재된 방법대로 이행하지 않아 생기는 불이익은 수험생 당사자의 책임임을 알려 드립니다.

◎ 문제의 조건은 한컴오피스 2020 버전으로 설정되어 있으며 한컴오피스 NEO는 【 】에 표기되어 있습니다. 이와 관련하여 작성한 답안의 출력형태가 문제지와 다를 수 있습니다.

◎ 시험을 완료한 수험자는 답안파일이 전송되었는지 확인한 후 감독위원의 지시에 따라 문제지를 제출하고 퇴실합니다.

답안 작성요령

◎ **온라인 답안 작성 절차**
수험자 등록 ⇒ 시험 시작 ⇒ 답안파일 저장 ⇒ 답안 전송 ⇒ 시험 종료

◎ **공통 부문**
- 글꼴에 대한 기본설정은 함초롬바탕, 10포인트, 검정, 줄간격 160%, 양쪽정렬로 합니다.
- 색상은 조건의 색을 적용하고 색의 구분이 안 될 경우에는 RGB 값을 적용하십시오. (빨강 255,0,0 / 파랑 0,0,255 / 노랑 255,255,0).
- 각 문항에 주어진 《조건》에 따라 작성하고 언급하지 않은 조건은 《출력형태》와 같이 작성합니다.
- 용지여백은 왼쪽·오른쪽 11mm, 위쪽·아래쪽·머리말·꼬리말 10mm, 제본 0mm로 합니다.
- 그림 삽입 문제의 경우「내 PC₩문서₩ITQ₩Picture」폴더에서 지정된 파일을 선택하여 삽입하십시오.
- 삽입한 그림은 반드시 문서에 포함하여 저장해야 합니다(미포함 시 감점 처리).
- 각 항목은 지정된 페이지에 출력형태와 같이 정확히 작성하시기 바라며, 그렇지 않을 경우에 해당 항목은 0점 처리됩니다.
  ※ 페이지구분 : 1페이지 − 기능평가Ⅰ (문제번호 표시 : 1. 2.),
  　　　　　　　 2페이지 − 기능평가Ⅱ (문제번호 표시 : 3. 4.),
  　　　　　　　 3페이지 − 문서작성 능력평가

◎ **기능평가**
- 문제와 《조건》은 입력하지 않으며 문제번호와 답(《출력형태》)만 작성합니다.
- 4번 문제는 묶기를 했을 경우 0점 처리됩니다.

◎ **문서작성 능력평가**
- A4 용지(210mm×297mm) 1매 크기, 세로 서식 문서로 작성합니다.
- ⬚⬚⬚⬚⬚⬚ 표시는 문서작성에 대한 지시사항이므로 작성하지 않습니다.

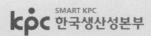

1. 다음의《조건》에 따라 스타일 기능을 적용하여《출력형태》와 같이 작성하시오. (50점)

《조건》 (1) 스타일 이름 - logistics
(2) 문단 모양 - 왼쪽 여백 : 15pt, 문단 아래 간격 : 10pt
(3) 글자 모양 - 글꼴 : 한글(돋움)/영문(굴림), 크기 : 10pt, 장평 : 95%, 자간 : 5%

《출력형태》

KOREA MAT 2021 is the only professional trade exhibition of logistics industry in KOREA exhibiting materials handling & logistics from software to hardware after packaging process.

제11회 국제물류산업전은 물류장비 및 물류자동화 시스템뿐만 아니라 물류산업의 중심인 운송서비스 분야까지 산업 전반을 아우르는 국내 유일의 물류산업 전문 전시회이다.

2. 다음의《조건》에 따라《출력형태》와 같이 표와 차트를 작성하시오. (100점)

《표 조건》 (1) 표 전체(표, 캡션) - 돋움, 10pt
(2) 정렬 - 문자 : 가운데 정렬, 숫자 : 오른쪽 정렬
(3) 셀 배경(면색) : 노랑
(4) 한글의 계산 기능을 이용하여 빈칸에 합계를 구하고, 캡션 기능 사용할 것
(5) 선 모양은《출력형태》와 동일하게 처리할 것

《출력형태》

연도별 국제물류산업전 관람객 현황(단위 : 명)

구분	2016년	2017년	2018년	2019년	합계
1일차	12,200	12,800	11,300	13,200	
2일차	22,700	19,400	20,900	22,900	
3일차	16,800	13,900	14,800	17,800	
4일차	10,600	12,400	10,200	12,600	

《차트 조건》 (1) 차트 데이터는 표 내용에서 연도별 1일차, 2일차, 3일차의 값만 이용할 것
(2) 종류 - <묶은 세로 막대형>으로 작업할 것
(3) 제목 - 【굴림, 진하게, 12pt, 배경 - 선 모양(한 줄로), 그림자(2pt)】
(4) 제목 이외의 전체 글꼴 - 굴림, 보통, 10pt
(5) 축제목과 범례는《출력형태》와 동일하게 처리할 것

《출력형태》

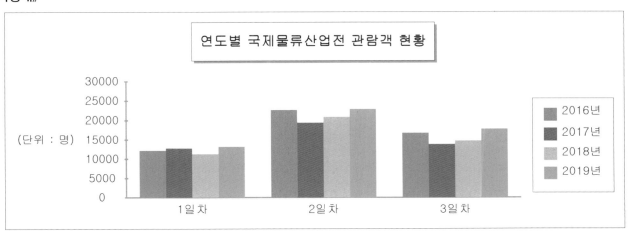

3. 다음 (1), (2)의 수식을 수식 편집기로 각각 입력하시오. (40점)

《출력형태》

(1) $L = \dfrac{m+M}{m} \; V = \dfrac{m+M}{m} \sqrt{2gh}$

(2) $Q = \dfrac{F}{h^2} = \dfrac{1}{3} \dfrac{N}{h^3} m \overline{g^2}$

4. 다음의 《조건》에 따라 《출력형태》와 같이 문서를 작성하시오. (110점)

《조건》　　(1) 그리기 도구를 이용하여 작성하고, 모든 도형(글맵시, 지정된 그림 포함)을 《출력형태》와 같이 작성하시오.

　　　　　(2) 도형의 면색은 지시사항이 없으면 색 없음을 제외하고 서로 다르게 임의로 지정하시오.

《출력형태》

글상자 : 크기(110mm×15mm),
면색(빨강),
글꼴(궁서, 24pt, 하양),
정렬(수평·수직-가운데)

크기(110mm×50mm)

글맵시 이용(물결 1),
크기(50mm×30mm),
글꼴(돋움, 파랑)

그림위치
(내 PC₩문서₩ITQ₩Picture₩
로고1.jpg, 문서에 포함),
크기(40mm×30mm),
그림 효과(회색조)
하이퍼링크 : 문서작성 능력평가의
"제11회 국제물류산업전"
제목에 설정한 책갈피로 이동

운송 서비스 및 솔루션

물류정보시스템

콜드체인 솔루션

글상자 이용,
선 종류(점선 또는 파선),
면색(색 없음), 글꼴(굴림, 18pt),
정렬(수평·수직-가운데)

크기(120mm×145mm)

직사각형 그리기 : 크기(12mm×12mm),
면색(하양), 글꼴(궁서, 20pt), 정렬(수평·수직-가운데)
직사각형 그리기 : 크기(7mm×15mm),
면색(하양을 제외한 임의의 색)

글꼴 : 굴림, 18pt, 진하게, 가운데 정렬
책갈피 이름 : 물류
덧말 넣기

머리말 기능
돋움, 10pt, 오른쪽 정렬 → 물류자동화 시스템

물류산업전시회
제11회 국제물류산업전

문단 첫 글자 장식 기능
글꼴 : 궁서, 면색 : 노랑

각주

그림위치(내 PC₩문서₩ITQ₩Picture₩그림4.jpg, 문서에 포함)
자르기 기능 이용, 크기(40mm×35mm), 바깥 여백 왼쪽 : 2mm

　물류란 물적 유통(Physical Distribution)의 줄인 말로 생산자로부터 소비자로의 물건의 흐름을 가리킨다. 물류는 소유의 효용을 만족시켜주는 거래를 제외한 장소와 시간의 효용을 창출(創出)하는 부분으로 상품을 수송, 하역ⓐ, 보관, 포장하는 과정과 유통가공이나 수송 기초시설 등의 물자유통 과정 그리고 통신 기초시설과 정보망 등의 정보유통 개념을 모두 포함한다. 국내 물류산업은 IT, 전자상거래 등 첨단산업과 융합하여 유망 서비스업으로 진화를 거듭하고 있으며 최근에는 일반 택배와 같은 물류시장이 급성장하며 국민 생활에 대한 기여도가 날로 커지고 있다.

　최신 물류기술을 선보이는 제11회 국제물류산업전은 300여개사 1,500부스 규모로 진행될 예정이며, 코로나19 장기화에 따라 전시부스 외에도 국내외 바이어를 대상으로 한 온라인 상담시스템을 구축하여 포스트 코로나에 대응할 계획이다. 국제물류산업전은 효과적인 물류 시스템, 물류합리화의 효율성 향상에 필요한 최신 정보를 제공하며 기업 물류비 절감의 핵심(核心), 물류자동화 시스템과 운송 시스템, 하드웨어와 소프트웨어 간의 최적화된 솔루션에 대한 올바른 길을 제시하고 있다.

◆ 제11회 국제물류산업전 개요

글꼴 : 궁서, 18pt, 하양
음영색 : 파랑

　① 일시 및 장소
　　(ㄱ) 일시 : 2021년 4월 13일 - 16일, 4일간
　　(ㄴ) 장소 : 고양시 킨텍스 제1전시장
　② 주최 및 후원
　　(ㄱ) 주최 : 한국통합물류협회, 경연전람, 케이와이엑스포
　　(ㄴ) 후원 : 건설기계협동조합, 한국식품콜드체인협회

문단 번호 기능 사용
1수준 : 20pt, 오른쪽정렬,
2수준 : 30pt, 오른쪽정렬
줄 간격 : 180%

표 전체 글꼴 : 굴림, 10pt, 가운데 정렬
셀 배경(그러데이션) : 유형【수평】,
시작색(하양), 끝색(노랑)

◆ 국제물류산업전 관련 주요 세미나

글꼴 : 궁서, 18pt, 기울임, 강조점

날짜	세미나명	주최/주관	장소
4월 13일	2021 춘계학술대회	한국물류과학기술학회	204호
	한국청년물류포럼 물류콘서트	한국청년물류포럼	208호
4월 14일	식품콜드체인 고도화를 위한 신기술 세미나	한국식품콜드체인협회	204호
	물류 구현 자동인식/머신비전 활용 전략 세미나	첨단, 자동인식비전	3층 그랜드볼룸
	포스트 코로나 시대의 물류 그리고 창업	인천창조경제혁신센터	208호

글꼴 : 돋움, 24pt, 진하게
장평 105%, 오른쪽 정렬 → # 국제물류산업전운영위원회

각주 구분선 : 5cm

ⓐ 화물수송 과정에서 짐을 싣고 내리는 일체의 현장 처리 작업

쪽 번호 매기기
2로 시작 → ②

정보기술자격(ITQ) 최신기출문제

과 목	코 드	문제유형	시험시간	수험번호	성 명
아래한글	1111	C	60분		

수험자 유의사항

◎ 수험자는 문제지를 받는 즉시 문제지와 **수험표상의 시험과목(프로그램)이 동일한지 반드시 확인**하여야 합니다.

◎ 파일명은 본인의 "수험번호-성명"으로 입력하여 답안폴더(내 PC\문서\ITQ)에 하나의 파일로 저장해야 하며, 답안문서 파일명이 "수험번호-성명"과 일치하지 않거나, 답안파일을 전송하지 않아 미제출로 처리될 경우 실격 처리합니다 (예:12345678-홍길동.hwp).

◎ 답안 작성을 마치면 파일을 저장하고, '답안 전송' 버튼을 선택하여 감독위원 PC로 답안을 전송하십시오. 수험생 정보와 저장한 파일명이 다를 경우 전송되지 않으므로 주의하시기 바랍니다.

◎ 답안 작성 중에도 **주기적으로 저장하고, '답안 전송'**하여야 문제 발생을 줄일 수 있습니다. 작업한 내용을 저장하지 않고 전송할 경우 이전에 저장된 내용이 전송되오니 이점 유의하시기 바랍니다.

◎ 답안문서는 지정된 경로 외의 다른 보조기억장치에 저장하는 경우, 지정된 시험 시간 외에 작성된 파일을 활용할 경우, 기타 통신수단(이메일, 메신저, 네트워크 등)을 이용하여 타인에게 전달 또는 외부 반출하는 경우는 부정 처리합니다.

◎ 시험 중 부주의 또는 고의로 시스템을 파손한 경우는 수험자가 변상해야 하며, <수험자 유의사항>에 기재된 방법대로 이행 하지 않아 생기는 불이익은 수험생 당사자의 책임임을 알려 드립니다.

◎ 문제의 조건은 한컴오피스 2020 버전으로 설정되어 있으며 한컴오피스 NEO는 【 】에 표기되어 있습니다. 이와 관련하여 작성한 답안의 출력형태가 문제지와 다를 수 있습니다.

◎ 시험을 완료한 수험자는 답안파일이 전송되었는지 확인한 후 감독위원의 지시에 따라 문제지를 제출하고 퇴실합니다.

답안 작성요령

◎ **온라인 답안 작성 절차**
　　수험자 등록 ⇒ 시험 시작 ⇒ 답안파일 저장 ⇒ 답안 전송 ⇒ 시험 종료

◎ **공통 부문**
　• 글꼴에 대한 기본설정은 함초롬바탕, 10포인트, 검정, 줄간격 160%, 양쪽정렬로 합니다.
　• 색상은 조건의 색을 적용하고 색의 구분이 안 될 경우에는 RGB 값을 적용하십시오.
　　(빨강 255,0,0 / 파랑 0,0,255 / 노랑 255,255,0).
　• 각 문항에 주어진 《조건》에 따라 작성하고 언급하지 않은 조건은 《출력형태》와 같이 작성합니다.
　• 용지여백은 왼쪽·오른쪽 11mm, 위쪽·아래쪽·머리말·꼬리말 10mm, 제본 0mm로 합니다.
　• 그림 삽입 문제의 경우 「내 PC\문서\ITQ\Picture」 폴더에서 지정된 파일을 선택하여 삽입하십시오.
　• 삽입한 그림은 반드시 문서에 포함하여 저장해야 합니다(미포함 시 감점 처리).
　• 각 항목은 지정된 페이지에 출력형태와 같이 정확히 작성하시기 바라며, 그렇지 않을 경우에 해당 항목은 0점 처리됩니다.
　　※ 페이지구분 : 1페이지 – 기능평가 I (문제번호 표시 : 1. 2.),
　　　　　　　　　　2페이지 – 기능평가 II (문제번호 표시 : 3. 4.),
　　　　　　　　　　3페이지 – 문서작성 능력평가

◎ **기능평가**
　• 문제와 《조건》은 입력하지 않으며 문제번호와 답(《출력형태》)만 작성합니다.
　• 4번 문제는 묶기를 했을 경우 0점 처리됩니다.

◎ **문서작성 능력평가**
　• A4 용지(210mm×297mm) 1매 크기, 세로 서식 문서로 작성합니다.
　• ⌜‥‥‥⌟ 표시는 문서작성에 대한 지시사항이므로 작성하지 않습니다.

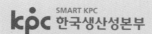

1. 다음의 《조건》에 따라 스타일 기능을 적용하여 《출력형태》와 같이 작성하시오. (50점)

《조건》　(1) 스타일 이름 – museum

　　　　　(2) 문단 모양 – 왼쪽 여백 : 15pt, 문단 아래 간격 : 10pt

　　　　　(3) 글자 모양 – 글꼴 : 한글(돋움)/영문(굴림), 크기 : 10pt, 장평 : 95%, 자간 : 5%

《출력형태》

Located in Majang-dong, Seongdong-gu, the Museum is in a six-level building on land of 1,728 square meters, showing the past, present and future of the stream as well as the whole restoration process.

청계천박물관은 복원되기 이전의 청계천의 모습부터 복원 이후 도시 변화의 모습을 전시하고 있으며 청계천 문화와 관련된 다양한 주제의 전시가 열리고 시민들이 참여하는 문화 소통의 장이 되고 있다.

2. 다음의 《조건》에 따라 《출력형태》와 같이 표와 차트를 작성하시오. (100점)

《표 조건》　(1) 표 전체(표, 캡션) – 돋움, 10pt

　　　　　 (2) 정렬 – 문자 : 가운데 정렬, 숫자 : 오른쪽 정렬

　　　　　 (3) 셀 배경(면색) : 노랑

　　　　　 (4) 한글의 계산 기능을 이용하여 빈칸에 합계를 구하고, 캡션 기능 사용할 것

　　　　　 (5) 선 모양은 《출력형태》와 동일하게 처리할 것

《출력형태》

청계천 유지관리비 내역(단위 : 십만 원)

구분	2015년	2016년	2017년	2018년	합계
시설 수리 및 점검	8,130	9,490	9,480	9,240	
위탁관리비	1,010	1,440	1,420	1,390	
전기료	6,920	6,890	6,940	6,870	
기타경비	3,210	2,170	2,650	2,340	✕

《차트 조건》　(1) 차트 데이터는 표 내용에서 연도별 시설 수리 및 점검, 위탁관리비, 전기료의 값만 이용할 것

　　　　　　 (2) 종류 – <묶은 세로 막대형>으로 작업할 것

　　　　　　 (3) 제목 – 【굴림, 진하게, 12pt, 배경 – 선 모양(한 줄로), 그림자(2pt)】

　　　　　　 (4) 제목 이외의 전체 글꼴 – 굴림, 보통, 10pt

　　　　　　 (5) 축제목과 범례는 《출력형태》와 동일하게 처리할 것

《출력형태》

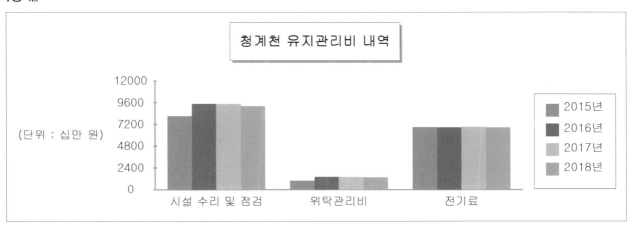

3. 다음 (1), (2)의 수식을 수식 편집기로 각각 입력하시오. (40점)

《출력형태》

(1) $\dfrac{k_x}{2h} \times (-2mk_x) = -\dfrac{mk^2}{h}$

그리스 대문자(※기타 기호와 다름)

(2) $m = \dfrac{\Delta P}{K_a} = \dfrac{\Delta t_b}{K_b} = \dfrac{\Delta t_f}{K_f}$

4. 다음의《조건》에 따라《출력형태》와 같이 문서를 작성하시오. (110점)

《조건》　(1) 그리기 도구를 이용하여 작성하고, 모든 도형(글맵시, 지정된 그림 포함)을《출력형태》와 같이
　　　　　 작성하시오.
　　　　 (2) 도형의 면색은 지시사항이 없으면 색 없음을 제외하고 서로 다르게 임의로 지정하시오.

《출력형태》

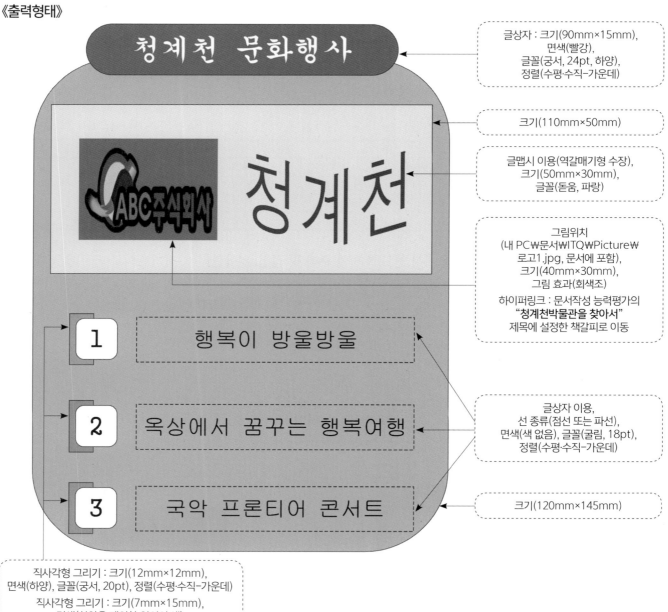

글상자 : 크기(90mm×15mm),
면색(빨강),
글꼴(궁서, 24pt, 하양),
정렬(수평·수직-가운데)

크기(110mm×50mm)

글맵시 이용(역갈매기형 수장),
크기(50mm×30mm),
글꼴(돋움, 파랑)

그림위치
(내 PC₩문서₩ITQ₩Picture₩
로고1.jpg, 문서에 포함),
크기(40mm×30mm),
그림 효과(회색조)

하이퍼링크 : 문서작성 능력평가의
"청계천박물관을 찾아서"
제목에 설정한 책갈피로 이동

글상자 이용,
선 종류(점선 또는 파선),
면색(색 없음), 글꼴(굴림, 18pt),
정렬(수평·수직-가운데)

크기(120mm×145mm)

직사각형 그리기 : 크기(12mm×12mm),
면색(하양), 글꼴(궁서, 20pt), 정렬(수평·수직-가운데)
직사각형 그리기 : 크기(7mm×15mm),
면색(하양을 제외한 임의의 색)

글꼴 : 굴림, 18pt, 진하게, 가운데 정렬
책갈피 이름 : 청계천
덧말 넣기

머리말 기능
돋움, 10pt, 오른쪽 정렬 → 청계천박물관

문단 첫 글자 장식 기능
글꼴 : 궁서, 면색 : 노랑

각주

문화가 흐르는 청계천
청계천박물관을 찾아서

그림위치(내 PC₩문서₩ITQ₩Picture₩그림4.jpg, 문서에 포함)
자르기 기능 이용, 크기(40mm×40mm), 바깥 여백 왼쪽 : 2mm

청계천박물관⊙은 청계천의 역사와 문화(文化)가 살아 숨 쉬는 문화 복합공간으로 2005년 9월 26일에 문을 열었습니다. 문화관 건물 정면의 긴 유리 튜브 형태는 청계천의 물길을 상징하며 지상 4층, 지하 2층의 1,728평 규모로 상설 전시실과 기획 전시실, 교육실과 강당 등을 갖추고 있습니다.

청계천의 역사적 여정이 주제별로 전시된 상설 전시실은 조선 시대부터 현재에 이르기까지 청계천의 역사를 다양한 관점에서 다루고 있으며, 위에서 아래로 흐르는 물의 속성을 따라 4층에서부터 1층으로 내려오며 관람하는 것이 특징입니다. 전시 내용은 '서울, 청계천', '개천시대', '청계천, 청계로', '청계천 복원 사업', '복원 후 10년' 등 크게 5개의 주제로 구성되어 지난 10년간 축적(蓄積)된 청계천 관련 자료들이 총망라되어 있으며, 기획 전시실은 청계천 문화와 관련하여 다양한 주제의 기획 전시와 흥미로운 문화 행사를 선보이면서 청계천의 문화 공간으로 자리 잡게 되었습니다. 또한 문화가 흐르는 청계천의 밤을 비롯하여 다양한 문화이벤트를 강당, 옥상, 청계천, 동대문역사문화공원 야외무대 등 다양한 공간을 활용하여 연극, 영화, 음악 등 매월 다채로운 프로그램을 선보이고 있습니다.

♥ **청계천 교육프로그램**

글꼴 : 궁서, 18pt, 하양
음영색 : 파랑

① 졸졸졸 개천, 콸콸콸 준천
  (ㄱ) 교육기간 : 3월 – 11월(격주 수)
  (ㄴ) 접수대상 : 초등학교 4 - 6학년 학급단체
② 씽씽 보드게임! 청계천 시간여행
  (ㄱ) 교육기간 : 11월 - 12월(매주 수, 목, 금)
  (ㄴ) 접수대상 : 초등학교 1 - 3학년 학급단체

문단 번호 기능 사용
1수준 : 20pt, 오른쪽정렬,
2수준 : 30pt, 오른쪽정렬
줄 간격 : 180%

표 전체 글꼴 : 굴림, 10pt, 가운데 정렬
셀 배경(그러데이션) : 유형【수평】,
시작색(하양), 끝색(노랑)

♥ *청계천아카데미 세부내용*

글꼴 : 궁서, 18pt, 기울임, 강조점

구분	일반 강좌	전문 강좌	현장 투어
프로그램	사업 안내 및 홍보 영상물 상영	비기술(사업조직, 사업홍보, 갈등관리)	청계광장–삼일교, 황학교–두물다리
		기술분야(하천복원, 도시계획)	
소요 시간	20분	각 60분	60분
대상	방문객	벤치마킹 목적의 국내외 전문가 및 단체	방문객
연락처	청계천박물관, 청계천아카데미		서울시 청계천 도보 관광

각주 구분선 : 5cm

글꼴 : 돋움, 24pt, 진하게
장평 105%, 오른쪽 정렬

청계천박물관

⊙ 서울시 성동구 청계천로 530에 위치하며, 청계천 순환 2층 시티투어버스가 경유

쪽 번호 매기기
4로 시작 → ④

정보기술자격(ITQ) 최신기출문제

과 목	코 드	문제유형	시험시간	수험번호	성 명
아래한글	1111	A	60분		

수험자 유의사항

◎ 수험자는 문제지를 받는 즉시 문제지와 **수험표상의 시험과목(프로그램)이 동일한지 반드시 확인**하여야 합니다.

◎ 파일명은 본인의 "수험번호-성명"으로 입력하여 답안폴더(내 PC₩문서₩ITQ)에 하나의 파일로 저장해야 하며, 답안문서 파일명이 "수험번호-성명"과 일치하지 않거나, 답안파일을 전송하지 않아 미제출로 처리될 경우 실격 처리합니다 (예:12345678-홍길동.hwp).

◎ 답안 작성을 마치면 파일을 저장하고, '답안 전송' 버튼을 선택하여 감독위원 PC로 답안을 전송하십시오. 수험생 정보와 저장한 파일명이 다를 경우 전송되지 않으므로 주의하시기 바랍니다.

◎ 답안 작성 중에도 **주기적으로 저장하고, '답안 전송'**하여야 문제 발생을 줄일 수 있습니다. 작업한 내용을 저장하지 않고 전송할 경우 이전에 저장된 내용이 전송되오니 이점 유의하시기 바랍니다.

◎ 답안문서는 지정된 경로 외의 다른 보조기억장치에 저장하는 경우, 지정된 시험 시간 외에 작성된 파일을 활용할 경우, 기타 통신수단(이메일, 메신저, 네트워크 등)을 이용하여 타인에게 전달 또는 외부 반출하는 경우는 부정 처리합니다.

◎ 시험 중 부주의 또는 고의로 시스템을 파손한 경우는 수험자가 변상해야 하며, <수험자 유의사항>에 기재된 방법대로 이행 하지 않아 생기는 불이익은 수험생 당사자의 책임임을 알려 드립니다.

◎ 문제의 조건은 한컴오피스 2020 버전으로 설정되어 있으며 한컴오피스 NEO는 【 】에 표기되어 있습니다. 이와 관련하여 작성한 답안의 출력형태가 문제지와 다를 수 있습니다.

◎ 시험을 완료한 수험자는 답안파일이 전송되었는지 확인한 후 감독위원의 지시에 따라 문제지를 제출하고 퇴실합니다.

답안 작성요령

◎ 온라인 답안 작성 절차

　수험자 등록 ⇒ 시험 시작 ⇒ 답안파일 저장 ⇒ 답안 전송 ⇒ 시험 종료

◎ 공통 부문

・글꼴에 대한 기본설정은 함초롬바탕, 10포인트, 검정, 줄간격 160%, 양쪽정렬로 합니다.

・색상은 조건의 색을 적용하고 색의 구분이 안 될 경우에는 RGB 값을 적용하십시오. (빨강 255,0,0 / 파랑 0,0,255 / 노랑 255,255,0).

・각 문항에 주어진 《조건》에 따라 작성하고 언급하지 않은 조건은 《출력형태》와 같이 작성합니다.

・용지여백은 왼쪽·오른쪽 11mm, 위쪽·아래쪽·머리말·꼬리말 10mm, 제본 0mm로 합니다.

・그림 삽입 문제의 경우 「내 PC₩문서₩ITQ₩Picture」 폴더에서 지정된 파일을 선택하여 삽입하십시오.

・삽입한 그림은 반드시 문서에 포함하여 저장해야 합니다(미포함 시 감점 처리).

・각 항목은 지정된 페이지에 출력형태와 같이 정확히 작성하시기 바라며, 그렇지 않을 경우에 해당 항목은 0점 처리됩니다.

　※ 페이지구분 : 1페이지 - 기능평가Ⅰ(문제번호 표시 : 1. 2.),

　　　　　　　　2페이지 - 기능평가Ⅱ(문제번호 표시 : 3. 4.),

　　　　　　　　3페이지 - 문서작성 능력평가

◎ 기능평가

・문제와 《조건》은 입력하지 않으며 문제번호와 답(《출력형태》)만 작성합니다.

・4번 문제는 묶기를 했을 경우 0점 처리됩니다.

◎ 문서작성 능력평가

・A4 용지(210mm×297mm) 1매 크기, 세로 서식 문서로 작성합니다.

・⬚⬚⬚⬚ 표시는 문서작성에 대한 지시사항이므로 작성하지 않습니다.

1. 다음의 《조건》에 따라 스타일 기능을 적용하여 《출력형태》와 같이 작성하시오. (50점)

《조건》 (1) 스타일 이름 – green

(2) 문단 모양 – 왼쪽 여백 : 15pt, 문단 아래 간격 : 10pt

(3) 글자 모양 – 글꼴 : 한글(굴림)/영문(돋움), 크기 : 10pt, 장평 : 95%, 자간 : 5%

《출력형태》

In the OECD policy brief, Korean Green New Deal was showcased as an exemplary model for green recovery from Covid-19 that will ensure an accelerated transition toward a more sustainable economy.

스마트 그린도시는 도시화, 산업화로 훼손된 자연의 건강성을 회복하고, 코로나19나 아프리카돼지열병 등 야생동물 매개 질병으로부터 안전한 생태환경으로 전환하기 위한 환경부 그린뉴딜 사업입니다.

2. 다음의 《조건》에 따라 《출력형태》와 같이 표와 차트를 작성하시오. (100점)

《표 조건》 (1) 표 전체(표, 캡션) – 돋움, 10pt

(2) 정렬 – 문자 : 가운데 정렬, 숫자 : 오른쪽 정렬

(3) 셀 배경(면색) : 노랑

(4) 한글의 계산 기능을 이용하여 빈칸에 합계를 구하고, 캡션 기능 사용할 것

(5) 선 모양은 《출력형태》와 동일하게 처리할 것

《출력형태》

도시별 하루 생활 폐기물 현황(단위 : 톤)

구분	서울시	인천시	부산시	대전시	광주시
매립	799	252	260	381	158
소각	2,238	692	416	225	26
재활용	6,180	1,323	2,667	1,058	1,085
합계					

《차트 조건》 (1) 차트 데이터는 표 내용에서 구분별 서울시, 인천시, 부산시, 대전시의 값만 이용할 것

(2) 종류 – <묶은 가로 막대형>으로 작업할 것

(3) 제목 – 【굴림, 진하게, 12pt, 배경 – 선 모양(한 줄로), 그림자(2pt)】

(4) 제목 이외의 전체 글꼴 – 굴림, 보통, 10pt

(5) 축제목과 범례는 《출력형태》와 동일하게 처리할 것

《출력형태》

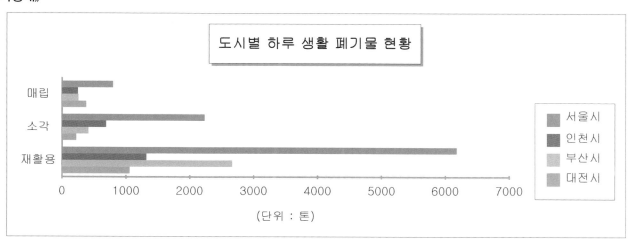

3. 다음 (1), (2)의 수식을 수식 편집기로 각각 입력하시오. (40점)

《출력형태》

$$(1)\ Y = \sqrt{\frac{gL}{2\pi}} = \frac{gT}{2\pi}$$

$$(2)\ \int_0^3 \frac{\sqrt{6t^2 - 18t + 12}}{5}\,dt = 11$$

4. 다음의 《조건》에 따라 《출력형태》와 같이 문서를 작성하시오. (110점)

《조건》　(1) 그리기 도구를 이용하여 작성하고, 모든 도형(글맵시, 지정된 그림 포함)을 《출력형태》와 같이 작성하시오.

(2) 도형의 면색은 지시사항이 없으면 색 없음을 제외하고 서로 다르게 임의로 지정하시오.

《출력형태》

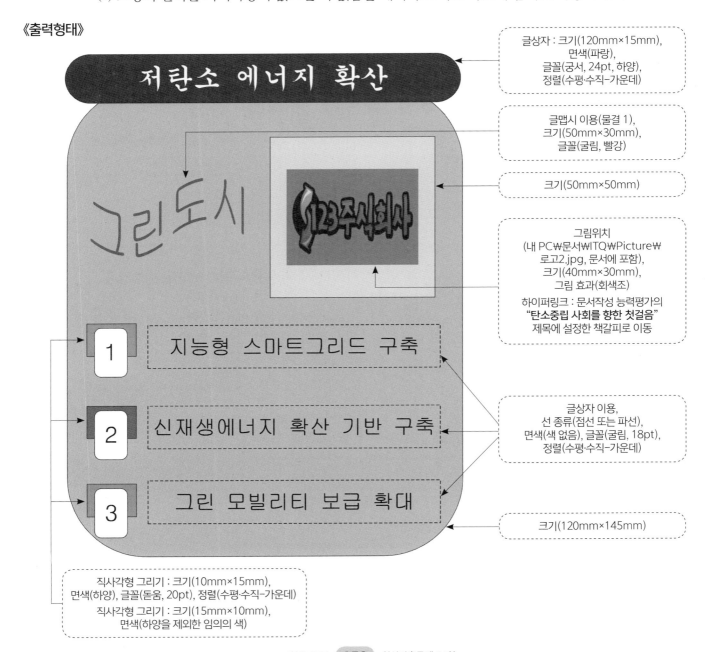

글상자 : 크기(120mm×15mm), 면색(파랑), 글꼴(궁서, 24pt, 하양), 정렬(수평·수직-가운데)

글맵시 이용(물결 1), 크기(50mm×30mm), 글꼴(굴림, 빨강)

크기(50mm×50mm)

그림위치(내 PC\문서\ITQ\Picture\로고2.jpg, 문서에 포함), 크기(40mm×30mm), 그림 효과(회색조)
하이퍼링크 : 문서작성 능력평가의 **"탄소중립 사회를 향한 첫걸음"** 제목에 설정한 책갈피로 이동

글상자 이용, 선 종류(점선 또는 파선), 면색(색 없음), 글꼴(굴림, 18pt), 정렬(수평·수직-가운데)

크기(120mm×145mm)

직사각형 그리기 : 크기(10mm×15mm), 면색(하양), 글꼴(돋움, 20pt), 정렬(수평·수직-가운데)
직사각형 그리기 : 크기(15mm×10mm), 면색(하양을 제외한 임의의 색)

글꼴 : 궁서, 18pt, 진하게, 가운데 정렬
책갈피 이름 : 환경
덧말 넣기

머리말 기능
굴림, 10pt, 오른쪽 정렬 → 한국판 뉴딜 사업

그린뉴딜
탄소중립 사회를 향한 첫걸음

문단 첫 글자 장식 기능
글꼴 : 돋움, 면색 : 노랑

각주

그림위치(내 PC\문서\ITQ\Picture\그림4.jpg, 문서에 포함)
자르기 기능 이용, 크기(40mm×30mm), 바깥 여백 왼쪽 : 2mm

그린뉴딜 5대 주요사업 중 스마트 그린도시에서 탄소중립[A]은 우리 사회가 지향해야 할 방향이다. 국가의 장기적 지향점으로서 앞으로 사회 변화상을 고려해 도전과 기회의 관점에서 바라볼 필요가 있다. 기업이나 개인이 발생시킨 이산화탄소 배출량만큼 이산화탄소 흡수량도 늘려 실질적인 이산화탄소 배출량을 제로로 만든다는 개념이다. 다시 말하면 대기 중으로 배출한 이산화탄소의 양을 상쇄할 정도의 이산화탄소를 다시 흡수하는 대책을 세움으로써 이산화탄소 총량을 중립(中立) 상태로 만든다는 뜻이다.

시행 방안으로는 첫째, 이산화탄소 배출량에 상응하는 만큼의 숲을 조성하여 산소를 공급하거나 화석연료를 대체할 수 있는 무공해에너지인 태양열, 풍력 에너지 등 재생에너지 분야에 투자하는 방법, 둘째, 이산화탄소 배출량에 상응하는 탄소배출권을 구매하는 방법 등이 있다. 탄소배출권이란 이산화탄소 배출량을 돈으로 환산하여 시장에서 거래할 수 있도록 한 것인데, 탄소배출권을 구매하기 위해 지불한 돈은 삼림(森林)을 조성하는 등 이산화탄소 흡수량을 늘리는 데에 사용된다. 각 나라에서는 지구온난화의 주범인 이산화탄소의 배출량을 조절하기 위해 탄소중립 운동을 활발히 시행하고 있다.

■ 국토생태계 녹색 복원

글꼴 : 궁서, 18pt, 하양
음영색 : 파랑

1. 왜 필요할까요?
  가. 도시지역 내 생태공간 확충을 통해 국토의 지속가능성을 확보
  나. 포스트 코로나에 대비하여 사람과 야생동물 간의 안전한 공존
2. 어떻게 하나요?
  가. 국립공원 16개소 및 도시훼손지 25개소 등 자연환경 복원
  나. 멸종 위기종 서식지 중심 복원 및 관리사업 추진

문단 번호 기능 사용
1수준 : 20pt, 오른쪽정렬,
2수준 : 30pt, 오른쪽정렬
줄 간격 : 180%

표 전체 글꼴 : 돋움, 10pt, 가운데 정렬
셀 배경(그러데이션) : 유형(왼쪽 대각선),
시작색(하양), 끝색(노랑)

■ 환경보건센터 운영 현황

글꼴 : 궁서, 18pt, 기울임, 강조점

센터명	전문 분야	유효기간	사업 내용	지역
서경대학교	환경보건 연구정보	2025. 08. 16.	환경보건 분야 연구정보 구축	서울
서울시립대학교	환경보건 전문인력 육성	2025. 07. 26.	환경독성/보건 분야 전문인력 육성	서울
인하대병원	환경보건 전문인력 육성	2025. 07. 26.	환경의학 분야 전문인력 육성	인천
순천향대구미병원	환경독성	2024. 12. 31.	화학물질과 건강영향	구미

글꼴 : 굴림, 24pt, 진하게
장평 105%, 오른쪽 정렬

환경부 그린뉴딜

각주 구분선 : 5cm

[A] 이산화탄소의 실질적인 배출량을 0으로 만든다는 개념

쪽 번호 매기기
5로 시작 → ⑤

정보기술자격(ITQ) 최신기출문제

과 목	코 드	문제유형	시험시간	수험번호	성 명
아래한글	1111	B	60분		

수험자 유의사항

◎ 수험자는 문제지를 받는 즉시 문제지와 <u>수험표상의 시험과목(프로그램)이 동일한지 반드시 확인</u>하여야 합니다.

◎ 파일명은 본인의 "수험번호-성명"으로 입력하여 답안폴더(내 PC\문서\ITQ)에 하나의 파일로 저장해야 하며, 답안문서 파일명이 "수험번호-성명"과 일치하지 않거나, 답안파일을 전송하지 않아 미제출로 처리될 경우 실격 처리합니다. (예:12345678-홍길동.hwp).

◎ 답안 작성을 마치면 파일을 저장하고, '답안 전송' 버튼을 선택하여 감독위원 PC로 답안을 전송하십시오. 수험생 정보와 저장한 파일명이 다를 경우 전송되지 않으므로 주의하시기 바랍니다.

◎ 답안 작성 중에도 <u>주기적으로 저장하고, '답안 전송'</u>하여야 문제 발생을 줄일 수 있습니다. 작업한 내용을 저장하지 않고 전송할 경우 이전에 저장된 내용이 전송되오니 이점 유의하시기 바랍니다.

◎ 답안문서는 지정된 경로 외의 다른 보조기억장치에 저장하는 경우, 지정된 시험 시간 외에 작성된 파일을 활용할 경우, 기타 통신수단(이메일, 메신저, 네트워크 등)을 이용하여 타인에게 전달 또는 외부 반출하는 경우는 부정 처리합니다.

◎ 시험 중 부주의 또는 고의로 시스템을 파손한 경우는 수험자가 변상해야 하며, <수험자 유의사항>에 기재된 방법대로 이행하지 않아 생기는 불이익은 수험생 당사자의 책임임을 알려 드립니다.

◎ 문제의 조건은 한컴오피스 2020 버전으로 설정되어 있으며 한컴오피스 NEO는 【 】에 표기되어 있습니다. 이와 관련하여 작성한 답안의 출력형태가 문제지와 다를 수 있습니다.

◎ 시험을 완료한 수험자는 답안파일이 전송되었는지 확인한 후 감독위원의 지시에 따라 문제지를 제출하고 퇴실합니다.

답안 작성요령

◎ 온라인 답안 작성 절차
　수험자 등록 ⇒ 시험 시작 ⇒ 답안파일 저장 ⇒ 답안 전송 ⇒ 시험 종료

◎ 공통 부문
　· 글꼴에 대한 기본설정은 함초롬바탕, 10포인트, 검정, 줄간격 160%, 양쪽정렬로 합니다.
　· 색상은 조건의 색을 적용하고 색의 구분이 안 될 경우에는 RGB 값을 적용하십시오.
　　(빨강 255,0,0 / 파랑 0,0,255 / 노랑 255,255,0).
　· 각 문항에 주어진 《조건》에 따라 작성하고 언급하지 않은 조건은 《출력형태》와 같이 작성합니다.
　· 용지여백은 왼쪽 ·오른쪽 11mm, 위쪽·아래쪽·머리말·꼬리말 10mm, 제본 0mm로 합니다.
　· 그림 삽입 문제의 경우 「내 PC\문서\ITQ\Picture」 폴더에서 지정된 파일을 선택하여 삽입하십시오.
　· 삽입한 그림은 반드시 문서에 포함하여 저장해야 합니다(미포함 시 감점 처리).
　· 각 항목은 지정된 페이지에 출력형태와 같이 정확히 작성하시기 바라며, 그렇지 않을 경우에 해당 항목은 0점 처리됩니다.
　　※ 페이지구분 : 1페이지 – 기능평가 I (문제번호 표시 : 1. 2.),
　　　　　　　　　　2페이지 – 기능평가 II (문제번호 표시 : 3. 4.),
　　　　　　　　　　3페이지 – 문서작성 능력평가

◎ 기능평가
　· 문제와 《조건》은 입력하지 않으며 문제번호와 답(《출력형태》)만 작성합니다.
　· 4번 문제는 묶기를 했을 경우 0점 처리됩니다.

◎ 문서작성 능력평가
　· A4 용지(210mm×297mm) 1매 크기, 세로 서식 문서로 작성합니다.
　· ⬚⬚⬚⬚ 표시는 문서작성에 대한 지시사항이므로 작성하지 않습니다.

1. 다음의《조건》에 따라 스타일 기능을 적용하여《출력형태》와 같이 작성하시오. (50점)

《조건》　(1) 스타일 이름 - autonomous

　　　　　(2) 문단 모양 - 왼쪽 여백 : 15pt, 문단 아래 간격 : 10pt

　　　　　(3) 글자 모양 - 글꼴 : 한글(굴림)/영문(돋움), 크기 : 10pt, 장평 : 95%, 자간 : 5%

《출력형태》

Autonomous cars have control systems that are capable of analyzing sensory data to distinguish between different cars on the road, which is very useful in planning a path to the desired destination.

이미 실용화되고 있는 무인자동차로는 이스라엘 군에서 미리 설정된 경로를 순찰하는 무인차량과 해외 광산, 건설 현장 등에서 운용되고 있는 덤프트럭 등의 무인운행 시스템이 있다.

2. 다음의《조건》에 따라《출력형태》와 같이 표와 차트를 작성하시오. (100점)

《표 조건》　(1) 표 전체(표, 캡션) - 돋움, 10pt

　　　　　　(2) 정렬 - 문자 : 가운데 정렬, 숫자 : 오른쪽 정렬

　　　　　　(3) 셀 배경(면색) : 노랑

　　　　　　(4) 한글의 계산 기능을 이용하여 빈칸에 평균(소수점 두 자리)을 구하고, 캡션 기능 사용할 것

　　　　　　(5) 선 모양은《출력형태》와 동일하게 처리할 것

《출력형태》

무인자동차 관련 상장사(단위 : 억 원, %)

종목	매출액	영업이익	순이익	주가수익비율	주가순자산비율
테크닉스	2,024	308	300	16.8	2.3
셀프드라이빙	1,967	232	234	8.9	2.1
일렉트로	2,208	229	126	15.3	1.2
평균					

《차트 조건》　(1) 차트 데이터는 표 내용에서 종목별 매출액, 영업이익, 순이익, 주가수익비율의 값만 이용할 것

　　　　　　　(2) 종류 - <묶은 세로 막대형>으로 작업할 것

　　　　　　　(3) 제목 - 【굴림, 진하게, 12pt, 배경 - 선 모양(한 줄로), 그림자(2pt)】

　　　　　　　(4) 제목 이외의 전체 글꼴 - 굴림, 보통, 10pt

　　　　　　　(5) 축제목과 범례는《출력형태》와 동일하게 처리할 것

《출력형태》

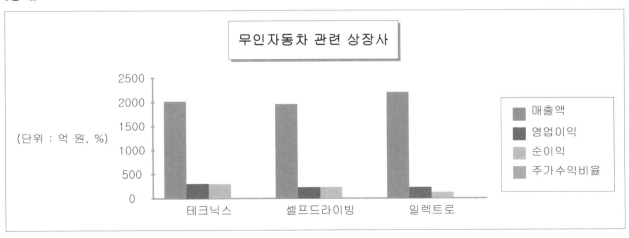

3. 다음 (1), (2)의 수식을 수식 편집기로 각각 입력하시오. (40점)

《출력형태》

(1) $m = \dfrac{\Delta P}{K_a} = \dfrac{\Delta t_b}{K_b} = \dfrac{\Delta t_f}{K_f}$

(2) $h = \sqrt{k^2 - r^2}, M = \dfrac{1}{3}\pi r^2 h$

4. 다음의 《조건》에 따라 《출력형태》와 같이 문서를 작성하시오. (110점)

《조건》 (1) 그리기 도구를 이용하여 작성하고, 모든 도형(글맵시, 지정된 그림 포함)을 《출력형태》와 같이 작성하시오.

(2) 도형의 면색은 지시사항이 없으면 색 없음을 제외하고 서로 다르게 임의로 지정하시오.

《출력형태》

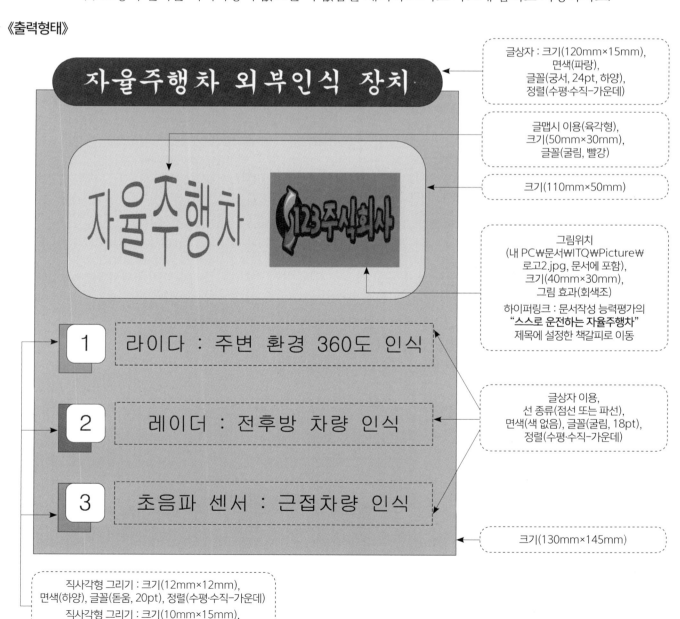

글상자 : 크기(120mm×15mm), 면색(파랑), 글꼴(궁서, 24pt, 하양), 정렬(수평·수직-가운데)

글맵시 이용(육각형), 크기(50mm×30mm), 글꼴(굴림, 빨강)

크기(110mm×50mm)

그림위치 (내 PC₩문서₩ITQ₩Picture₩로고2.jpg, 문서에 포함), 크기(40mm×30mm), 그림 효과(회색조)
하이퍼링크 : 문서작성 능력평가의 **"스스로 운전하는 자율주행차"** 제목에 설정한 책갈피로 이동

글상자 이용, 선 종류(점선 또는 파선), 면색(색 없음), 글꼴(굴림, 18pt), 정렬(수평·수직-가운데)

크기(130mm×145mm)

직사각형 그리기 : 크기(12mm×12mm), 면색(하양), 글꼴(돋움, 20pt), 정렬(수평·수직-가운데)

직사각형 그리기 : 크기(10mm×15mm), 면색(하양을 제외한 임의의 색)

글꼴 : 궁서, 18pt, 진하게, 가운데 정렬
책갈피 이름 : 자율주행
덧말 넣기

머리말 기능
굴림, 10pt, 오른쪽 정렬 → 자율주행

도로위의 혁신
스스로 운전하는 자율주행차

문단 첫 글자 장식 기능
글꼴 : 돋움, 면색 : 노랑

각주

그림위치(내 PC₩문서₩ITQ₩Picture₩그림4.jpg, 문서에 포함)
자르기 기능 이용, 크기(40mm×40mm), 바깥 여백 왼쪽 : 2mm

자율주행 자동차란 운전자의 개입 없이 주변 환경을 인식하고, 주행 상황을 판단하여 차량을 제어(制御)함으로써 스스로 주어진 목적지까지 주행하는 자동차를 말한다. 최근에는 이러한 자율주행 자동차가 교통사고Ⓐ를 줄이고, 교통 효율성을 높이며, 연료를 절감하고, 운전을 대신 해줌으로써 편의를 증대시킬 수 있는 미래의 개인 교통수단으로 주목(注目)받고 있다.

자율주행 자동차 기술로는 운전자 보조 기술, 자동주행 기술, 무인자동차 또는 자율주행 기술이 있다. 운전자 보조 기술은 종방향 또는 횡방향 중 한 가지에 대해서 운전자에게 경고하거나 제어를 도와주는 기술을 말한다. 자동주행 기술은 종횡 방향 모두에 대해 제어를 도와주는 기술을 말한다. 단, 항상 운전자가 주변 상황을 계속 모니터링하고 있다가 언제든지 개입할 수 있다는 가정을 가지고 있다. 자동주행과 자율주행의 차이는 운전자가 항상 개입을 할 수 있도록 준비해야 하는지 아닌지에 따라 구별한다. 자율주행 차량의 경우 운전자가 신문을 보거나 잠을 자도 상관없이 차량이 자율로 주행하는 개념이다.

★ 자율주행 프로세스

글꼴 : 궁서, 18pt, 하양
음영색 : 파랑

    A. 인지
        ⓐ 각종 센서를 이용하여 차선 및 차량에 관한 정보 인지
        ⓑ 경로 선택, 차량 간 통신을 통해 주변 도로 및 상황 정보 획득
    B. 판단 및 제어
        ⓐ 주행상황 판단 및 주행전략 결정, 주행경로 생성
        ⓑ 목표 조향각/토크, 목표 가감속

문단 번호 기능 사용
1수준 : 20pt, 오른쪽정렬,
2수준 : 30pt, 오른쪽정렬
줄 간격 : 180%

표 전체 글꼴 : 돋움, 10pt, 가운데 정렬
셀 배경(그러데이션) : 유형(왼쪽 대각선),
시작색(하양), 끝색(노랑)

★ 자율주행 진행 단계

글꼴 : 궁서, 18pt, 기울임, 강조점

단계	특징	내용	모니터링
1단계	운전자 지원	조향 또는 가속 및 감속 중 하나를 수행	운전자
2단계	부분 자동화	조향 또는 가속 및 감속 모두 수행하는 주행보조 기술	
3단계	조건부 자동화	차량 제어와 주행환경을 인식하지만 운전자가 적절하게 제어	자율주행 시스템
4단계	고도 자동화	모든 측면을 시스템이 수행하지만 전적으로 제어하는 것은 아님	

글꼴 : 굴림, 24pt, 진하게
장평 105%, 오른쪽 정렬

한국전자통신연구원

각주 구분선 : 5cm

Ⓐ 94%에 이르는 대부분의 교통사고는 운전자의 부주의로 인해 발생

쪽 번호 매기기
5로 시작 → E

MEMO

ITQ OA Master
Part 2
파워포인트 2016

ITQ 파워포인트 2016 차례
Information Technology Qualification

1

출제유형 마스터하기

[전체 구성]
(60점)

페이지 설정 및 슬라이드 마스터

· 파워포인트 2016 프로그램을 실행하여 답안 파일을 저장합니다.
· 문제 조건에 따라 슬라이드의 크기를 변경합니다.
· 슬라이드 마스터를 작성한 후 슬라이드를 추가합니다.

출제 유형 미리보기

소스파일: 없음   완성파일: 12345678-홍길동.pptx

[전체구성]

(1) 슬라이드 크기 및 순서 : 크기를 A4 용지로 설정하고 슬라이드 순서에 맞게 작성한다.

(2) 슬라이드 마스터 : 2~6슬라이드의 제목, 하단 로고, 슬라이드 번호는 슬라이드 마스터를 이용하여 작성한다.
   – 제목 글꼴(돋움, 40pt, 흰색), 왼쪽 맞춤, 도형(선 없음)
   – 하단 로고(「내 PC₩문서₩ITQ₩Picture₩로고2.jpg」, 배경(회색) 투명색으로 설정)

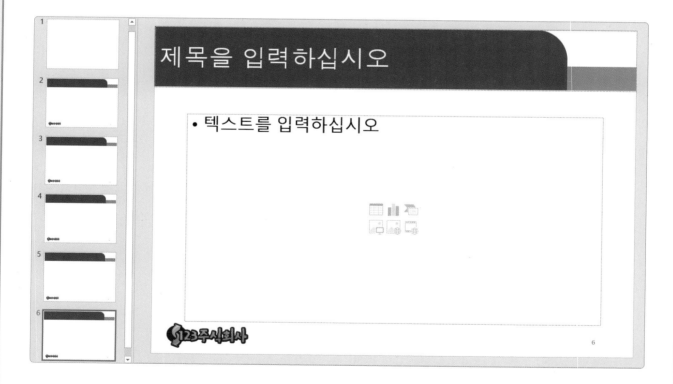

⭐ 과정 미리보기   답안 파일 저장 ➡ 슬라이드 크기 변경 ➡ 슬라이드 마스터 작성 ➡ 슬라이드 추가

01 답안 파일 저장하기

> 파일명은 본인의 "수험번호-성명"으로 입력하여 답안 폴더(내 PC₩문서₩ITQ)에 하나의 파일로 저장해야 하며, 답안 문서 파일명이 "수험번호-성명"과 일치하지 않거나, 답안 파일을 전송하지 않아 미제출로 처리될 경우 실격 처리합니다.
> (예 : 12345678-홍길동.pptx)

❶ [시작(■)]-[PowerPoint 2016(■)]을 클릭하여 파워포인트 2016을 실행한 후 **[새 프레젠테이션]**을 선택합니다.

❷ 파일을 저장하기 위해 **[파일] 탭-[저장]-[찾아보기]**를 클릭합니다.

➕ 프로그램 왼쪽 상단의 [빠른 실행 도구 모음]에서 '저장' 아이콘(🖫)을 클릭하거나, Ctrl+S를 눌러 파일을 저장할 수도 있습니다. 답안 파일은 수시로 저장해야 하므로 Ctrl+S를 사용하는 것을 추천합니다.

❸ [다른 이름으로 저장] 대화상자가 나타나면 [내 PC]-[문서]-[ITQ] 폴더에 **12345678 -홍길동**과 같이 본인의 "수험번호-성명" 형식으로 입력한 후 <저장>을 클릭합니다.

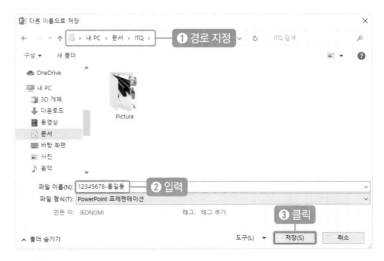

❹ 저장이 완료되면 제목 표시줄에 파일 이름이 **12345678-홍길동**으로 변경된 것을 확인합니다.

---

02 슬라이드 크기 변경하기

(1) 슬라이드 크기 및 순서 : 크기를 A4 용지로 설정하고 슬라이드 순서에 맞게 작성한다.

❶ 슬라이드의 크기를 변경하기 위해 [디자인] 탭-[사용자 지정] 그룹에서 **[슬라이드 크기(☐)]-[사용자 지정 슬라이드 크기]**를 클릭합니다.

❷ [슬라이드 크기] 대화상자가 나타나면 슬라이드 크기를 **A4 용지(210×297mm)**로 선택하고 <확인>을 클릭합니다. 이어서, [콘텐츠 크기 조정] 대화상자가 나타나면 <최대화> 또는 <맞춤 확인>을 클릭합니다.

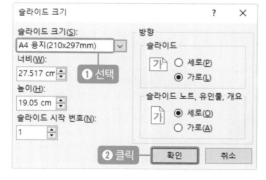

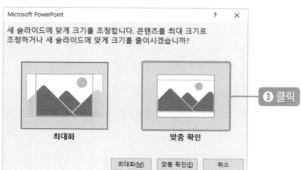

03 슬라이드 마스터 작성하기

(2) 슬라이드 마스터 : 2~6슬라이드의 제목, 하단 로고, 슬라이드 번호는 슬라이드 마스터를 이용하여 작성한다.
- 제목 글꼴(돋움, 40pt, 흰색), 왼쪽 맞춤, 도형(선 없음)
- 하단 로고(「내 PC\문서\ITQ\Picture\로고2.jpg」, 배경(회색) 투명색으로 설정)

1. 제목 도형 삽입하기

❶ [슬라이드 2] ~ [슬라이드 6]에 공통으로 표시되는 제목 도형을 슬라이드 마스터에 삽입하기 위해 [보기] 탭-[마스터 보기] 그룹에서 **[슬라이드 마스터(▦)]**를 클릭합니다.

❷ 왼쪽 [축소판 그림 창]에서 세 번째 **[제목 및 내용 레이아웃]**을 클릭합니다.

❸ 《출력형태》와 같이 제목 도형을 만들기 위해 [삽입] 탭-[일러스트레이션] 그룹에서 **[도형(▨)]-[사각형]-[직사각형(□)]**을 클릭합니다.

❹ 도형이 선택되면 아래 그림과 같이 드래그하여 뒤쪽 도형을 그립니다.

💬 · 삽입할 도형을 선택하면 마우스 포인터가 ＋ 모양으로 바뀌며, 원하는 위치에 드래그하면 도형이 삽입됩니다.
· 삽입된 도형 주변에 나타나는 조절점(○)을 이용하여 크기를 조절한 후 위치를 변경합니다.

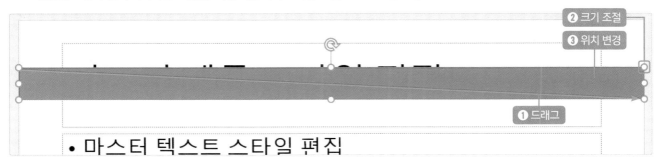

❺ 도형의 윤곽선을 없애기 위해 [그리기 도구-서식] 탭-[도형 스타일] 그룹에서 [도형 윤곽선]-[윤곽선 없음]을 클릭합니다.

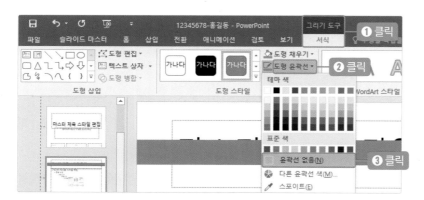

시험꿀팁
슬라이드 마스터에서 작업하는 2~6 슬라이드의 제목 도형은 '선 없음'이 고정적으로 출제됩니다.

❻ 현재 도형 스타일을 계속 유지하기 위해 도형 위에서 마우스 오른쪽 버튼을 클릭하여 [기본 도형으로 설정]을 선택합니다.

➕ 여러 가지 서식이 적용된 도형에 '기본 도형으로 설정'을 지정하면, 이후에 도형을 그릴 때 설정한 서식이 그대로 적용되어 반복 작업을 최소화할 수 있습니다.

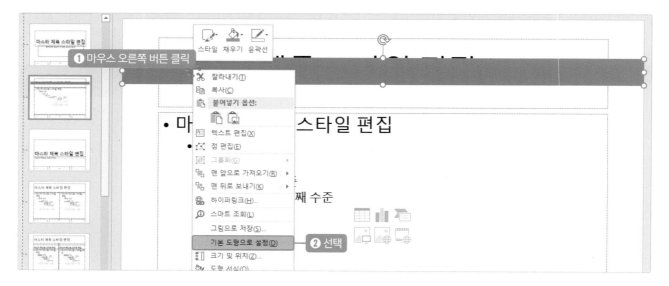

❼ 앞쪽 도형을 삽입하기 위해 [삽입] 탭-[일러스트레이션] 그룹에서 [도형(⬙)]-[사각형]-[한쪽 모서리가 둥근 사각형(⬜)]을 클릭합니다.

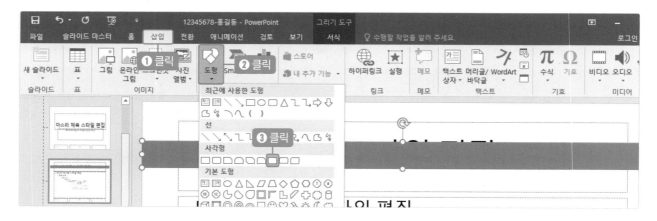

❽ 아래 그림을 참고하여 앞쪽 도형을 그립니다.

　➕ 슬라이드 마스터에서 작업하는 도형의 크기 및 위치는 [슬라이드2] 《목차 슬라이드》를 참고하여 작업합니다.

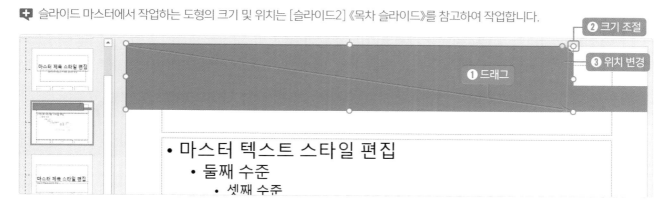

❾ 도형의 노란색 조절점(○)을 왼쪽으로 드래그하여 《출력형태》와 비슷한 모양으로 만듭니다.

시험꿀팁

도형 및 텍스트 상자의 위치를 변경할 때는 마우스 커서가 ✛ 모양일 때 드래그하여 이동시킬 수 있으며, 키보드 방향키(←, →, ↑, ↓)를 이용하면 세밀하게 위치를 변경할 수 있습니다.

❿ 도형의 색상을 변경하기 위해 [그리기 도구-서식] 탭-[도형 스타일] 그룹에서 **[도형 채우기]-[청회색, 텍스트 2]**를 클릭합니다.

　➕ ITQ 파워포인트 시험은 흑백 문제지로 출제되며, 도형 채우기 색상에 대한 별도의 지시사항이 없기 때문에 도형의 명도를 다르게 지정하여 겹치는 도형의 모양을 구분시킵니다.

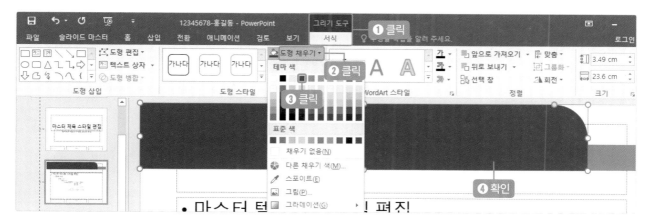

2. 제목 글꼴 지정하기 — 제목 글꼴(돋움, 40pt, 흰색), 왼쪽 맞춤

❶ 도형 뒤쪽의 '마스터 제목 스타일 편집' 텍스트 상자를 도형 앞으로 가져오기 위해 테두리 위에서 마우스 오른쪽 버튼을 클릭한 후 **[맨 앞으로 가져오기]**를 선택합니다.

➕ [그리기 도구-서식] 탭-[정렬] 그룹에서 [앞으로 가져오기(▣)]-[맨 앞으로 가져오기] 메뉴를 이용해도 됩니다.

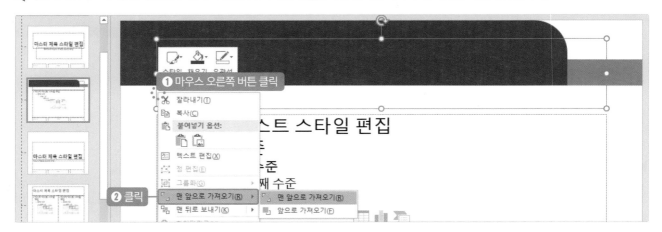

❷ 마스터 제목 텍스트 상자의 크기 및 위치를 아래 그림과 같이 변경합니다.

➕ 텍스트 상자의 테두리를 드래그하여 위치를 이동시킨 후 오른쪽 가운데 조절점(○)으로 슬라이드 가로 크기에 맞추어 크기를 변경합니다.

❸ 텍스트 상자가 선택된 상태에서 [홈] 탭-[글꼴] 그룹에서 **글꼴(돋움), 글꼴 크기(40pt), 글꼴 색(흰색, 배경 1)**을 지정합니다. 이어서, [단락] 그룹에서 텍스트 정렬이 **왼쪽 맞춤(≡)**으로 지정된 것을 확인합니다.

➕ 슬라이드 마스터 작업 시 제목의 텍스트 정렬은 '왼쪽'과 '가운데'가 자주 출제됩니다.

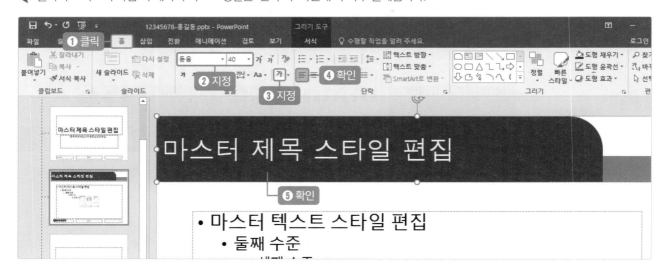

3. 로고 그림 삽입하기   — 하단 로고(「내 PC₩문서₩ITQ₩Picture₩로고2.jpg」, 배경(회색) 투명색으로 설정)

❶ 로고 그림을 삽입하기 위해 [삽입] 탭-[이미지] 그룹에서 **[그림( )]**을 클릭합니다.

❷ [그림 삽입] 대화상자가 나타나면 [내 PC]-[문서]-[ITQ]-[Picture] 폴더에서 **로고2.jpg** 파일을 선택한 후 <삽입>을 클릭합니다.

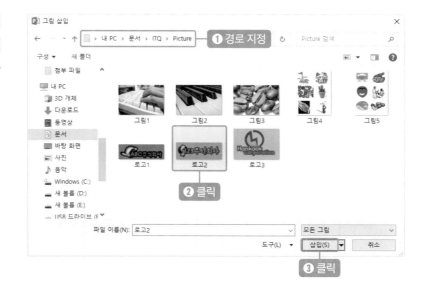

❸ 그림이 삽입되면 로고의 회색 배경을 투명색으로 설정하기 위해 [그림 도구-서식] 탭-[조정] 그룹에서 **[색( )]-[투명한 색 설정]**을 클릭합니다.

❹ 마우스 포인터가 ⚲ 모양으로 바뀌면 로고의 회색 배경을 클릭하여 투명하게 변경합니다.

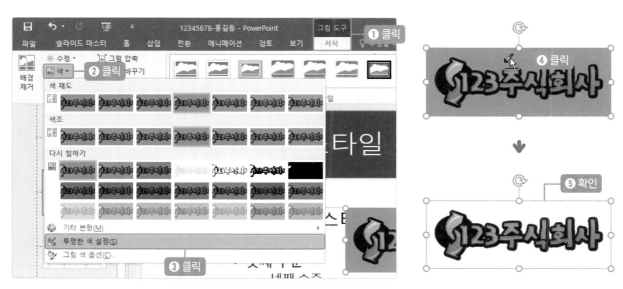

시험꿀팁
삽입한 로고의 배경을 투명하게 만드는 문제는 고정적으로 출제됩니다.

❺ 문제지의 [슬라이드 2]《목차 슬라이드》를 참고하여 로고의 크기 및 위치를 조절합니다.

➕ 그림 주변의 조절점(ㅇ)을 드래그하여 로고의 크기를 조절하고, 그림의 중앙 부분을 드래그하여 위치를 변경합니다.

4. 슬라이드 번호 삽입하기   – 슬라이드 번호는 슬라이드 마스터를 이용하여 작성한다.

❶ 슬라이드 번호를 표시하기 위해 [삽입] 탭–[텍스트] 그룹에서 **[머리글/바닥글(🖹)]**을 클릭합니다. [머리글/바닥글] 대화상자가 나타나면 **슬라이드 번호, 제목 슬라이드에는 표시 안 함**을 체크한 후 <모두 적용>을 클릭합니다.

➕ 문제지를 보면 [슬라이드 1]에는 슬라이드 번호가 없기 때문에 '제목 슬라이드에는 표시 안 함' 옵션을 체크합니다.

레벨업 📈 슬라이드 번호 위치 변경

❶ Shift를 누른 채 슬라이드 아래쪽의 '날짜'와 '바닥글' 텍스트 상자의 테두리를 선택한 후 Delete를 눌러 삭제합니다.

❷ '페이지 번호' 텍스트 상자를 왼쪽 또는 가운데로 드래그하여 위치를 변경한 후 《출력형태》를 참고하여 정렬 방식을 변경합니다.

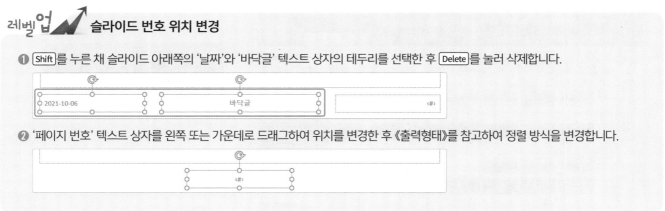

❷ 슬라이드 마스터 작업이 완료되면 [슬라이드 마스터] 탭–[닫기] 그룹에서 **[마스터 보기 닫기(❌)]**를 클릭하여 슬라이드 편집 화면으로 돌아갑니다.

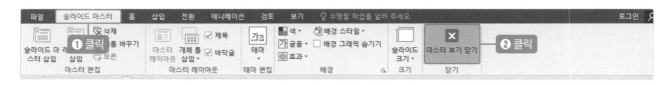

04 슬라이드 추가하기

❶ 왼쪽의 [축소판 그림 창]에서 [슬라이드 1]을 클릭한 후 Enter를 눌러 [슬라이드 2]를 추가합니다. 이어서, **제목 도형, 로고, 슬라이드 번호가 적용되었는지 확인합니다.**

> ✚ 만약 아래와 같은 레이아웃이 표시되지 않을 경우, [슬라이드 2]의 빈 곳 위에서 마우스 오른쪽 버튼을 눌러 [레이아웃]−[제목 및 내용]을 선택합니다.

❷ 확인이 끝나면 Enter를 4번 더 눌러 [슬라이드 6]까지 추가한 후 Ctrl+S를 눌러 답안 파일을 저장합니다.

1 아래 조건에 맞추어 슬라이드 마스터를 작성해 보세요.

소스파일: 없음
완성파일: 12345678-이순신.pptx

《조건》 (1) 슬라이드 크기 및 순서 : 크기를 A4 용지로 설정하고 슬라이드 순서에 맞게 작성한다.

(2) 슬라이드 마스터 : 2~6슬라이드의 제목, 하단 로고, 슬라이드 번호는 슬라이드 마스터를 이용하여 작성한다.
   – 제목 글꼴(굴림, 40pt, 흰색), 가운데 맞춤, 도형(선 없음)
   – 하단 로고(「내 PC\문서\ITQ\Picture\로고1.jpg」, 배경(회색) 투명색으로 설정)

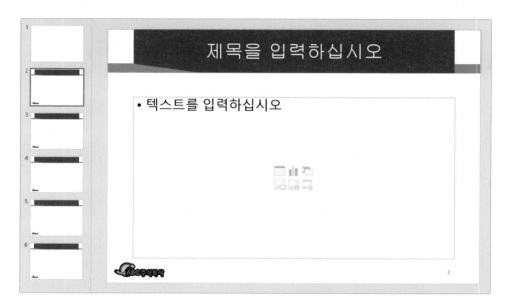

2 아래 조건에 맞추어 슬라이드 마스터를 작성해 보세요.

소스파일: 없음
완성파일: 12345678-정약용.pptx

《조건》 (1) 슬라이드 크기 및 순서 : 크기를 A4 용지로 설정하고 슬라이드 순서에 맞게 작성한다.

(2) 슬라이드 마스터 : 2~6슬라이드의 제목, 하단 로고, 슬라이드 번호는 슬라이드 마스터를 이용하여 작성한다.
   – 제목 글꼴(돋움, 40pt, 흰색), 왼쪽 맞춤, 도형(선 없음)
   – 하단 로고(「내 PC\문서\ITQ\Picture\로고2.jpg」, 배경(회색) 투명색으로 설정)

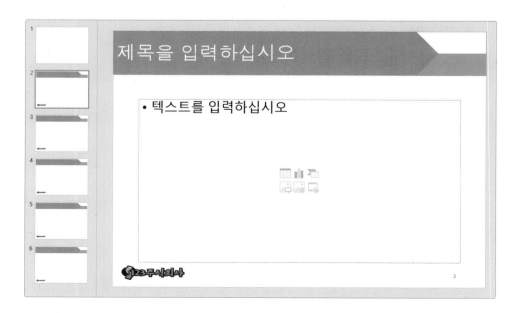

3 아래 조건에 맞추어 슬라이드 마스터를 작성해 보세요.

소스파일: 없음
완성파일: 12345678-유관순.pptx

《조건》 (1) 슬라이드 크기 및 순서 : 크기를 A4 용지로 설정하고 슬라이드 순서에 맞게 작성한다.
    (2) 슬라이드 마스터 : 2~6슬라이드의 제목, 하단 로고, 슬라이드 번호는 슬라이드 마스터를 이용하여 작성한다.
       – 제목 글꼴(돋움, 40pt, '파랑, 강조1'), 가운데 맞춤, 도형(선 없음)
       – 하단 로고(「내 PC₩문서₩ITQ₩Picture₩로고3.jpg」, 배경(연보라) 투명색으로 설정)

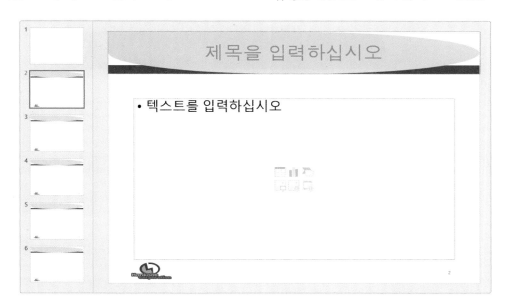

4 아래 조건에 맞추어 슬라이드 마스터를 작성해 보세요.

소스파일: 없음
완성파일: 12345678-안중근.pptx

《조건》 (1) 슬라이드 크기 및 순서 : 크기를 A4 용지로 설정하고 슬라이드 순서에 맞게 작성한다.
    (2) 슬라이드 마스터 : 2~6슬라이드의 제목, 하단 로고, 슬라이드 번호는 슬라이드 마스터를 이용하여 작성한다.
       – 제목 글꼴(돋움, 40pt, 빨강), 가운데 맞춤, 도형(선 없음)
       – 하단 로고(「내 PC₩문서₩ITQ₩Picture₩로고2.jpg」, 배경(회색) 투명색으로 설정)

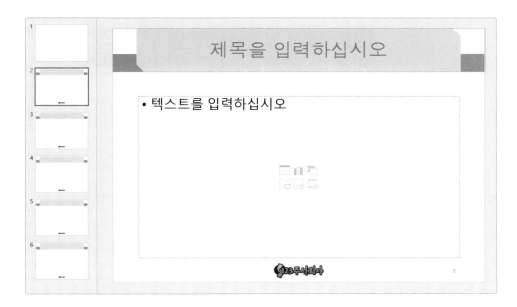

5 아래 조건에 맞추어 슬라이드 마스터를 작성해 보세요.

소스파일: 없음
완성파일: 12345678-김구.pptx

《조건》 (1) 슬라이드 크기 및 순서 : 크기를 A4 용지로 설정하고 슬라이드 순서에 맞게 작성한다.

(2) 슬라이드 마스터 : 2~6슬라이드의 제목, 하단 로고, 슬라이드 번호는 슬라이드 마스터를 이용하여 작성한다.
  - 제목 글꼴(굴림, 40pt, 흰색), 가운데 맞춤, 도형(선 없음)
  - 하단 로고(「내 PC₩문서₩ITQ₩Picture₩로고1.jpg」, 배경(회색) 투명색으로 설정)

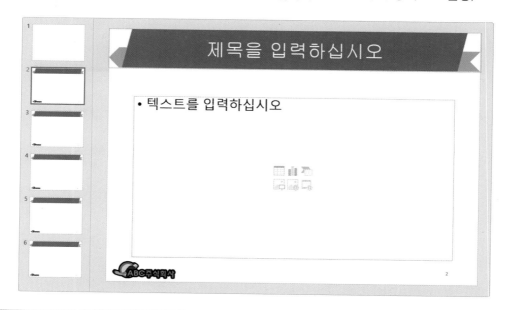

6 아래 조건에 맞추어 슬라이드 마스터를 작성해 보세요.

소스파일: 없음
완성파일: 12345678-윤봉길.pptx

《조건》 (1) 슬라이드 크기 및 순서 : 크기를 A4 용지로 설정하고 슬라이드 순서에 맞게 작성한다.

(2) 슬라이드 마스터 : 2~6슬라이드의 제목, 하단 로고, 슬라이드 번호는 슬라이드 마스터를 이용하여 작성한다.
  - 제목 글꼴(돋움, 40pt, 흰색), 가운데 맞춤, 도형(선 없음)
  - 하단 로고(「내 PC₩문서₩ITQ₩Picture₩로고1.jpg」, 배경(회색) 투명색으로 설정)

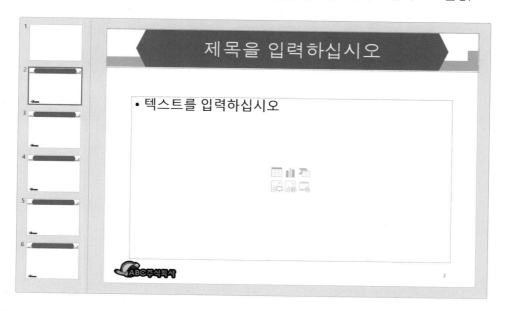

[슬라이드 1] 표지 디자인
(40점)

· 도형 안에 그림을 채웁니다.
· 워드아트를 이용하여 텍스트를 입력합니다.
· 로고 그림을 넣어 배경을 투명하게 변경합니다.

출제 유형 미리보기

소스파일: 02차시(문제).pptx   완성파일: 02차시(완성).pptx

[슬라이드 1]《표지 디자인》

(1) 표지 디자인 : 도형, 워드아트 및 그림을 이용하여 작성한다.

《세부 조건》
① 도형 편집
  – 도형에 그림 채우기 : 「내 PC₩문서₩ITQ₩Picture₩그림1.jpg」, 투명도 50%
  – 도형 효과 : 부드러운 가장자리 5포인트
② 워드아트 삽입
  – 변환 : 삼각형
  – 글꼴 : 굴림, 굵게
  – 텍스트 반사 : 근접 반사, 터치
③ 그림 삽입
  – 「내 PC₩문서₩ITQ₩Picture₩로고2.jpg」
  – 배경(회색) 투명색으로 설정

★ 과정 미리보기 도형 삽입 ➜ 도형에 그림 채우기 및 효과 지정 ➜ 워드아트 삽입 ➜ 워드아트 편집 ➜ 로고 삽입

01 도형 편집하기

① 도형 편집
  – 도형에 그림 채우기 : 「내 PC₩문서₩ITQ₩Picture₩그림1.jpg」, 투명도 50%
  – 도형 효과 : 부드러운 가장자리 5포인트

1. 도형 삽입하기

❶ 02차시(문제).pptx 파일을 실행합니다. 왼쪽 [축소판 그림 창]에서 [슬라이드 1]을 선택한 후 [홈] 탭-[슬라이드] 그룹에서 [레이아웃(▤)]-[빈 화면]을 클릭합니다.

➕ [슬라이드 1] 위에서 마우스 오른쪽 버튼을 클릭하여 [레이아웃]-[빈 화면]을 선택해도 됩니다.

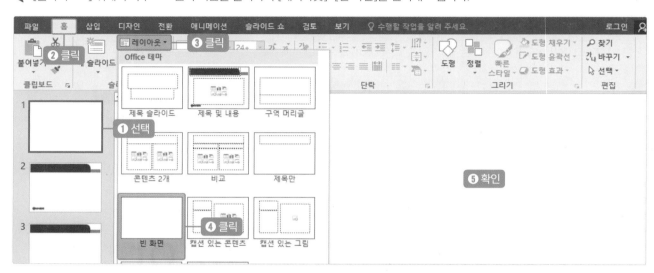

❷ 직사각형을 삽입하기 위해 [삽입] 탭-[일러스트레이션] 그룹에서 [도형(⬡)]-[사각형]-[직사각형(▭)]을 클릭합니다. 이어서, 아래 그림을 참고하여 도형을 그립니다.

➕ 표지 디자인에 사용되는 도형의 모양과 크기는 문제지를 참고하여 작업합니다.

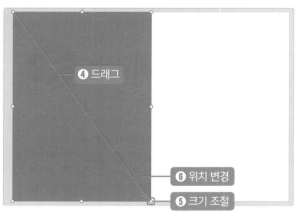

레벨업 📈 아이콘 크기

화면에 보이는 리본 메뉴의 아이콘은 모니터의 크기(해상도)에 따라 교재와 다르게 보일 수 있습니다.

 (넓은 화면)    (좁은 화면)

2. 도형에 그림을 채우고 효과 적용하기

– 도형에 그림 채우기 : 「내 PC₩문서₩ITQ₩Picture₩그림1.jpg」, 투명도 50%
– 도형 효과 : 부드러운 가장자리 5포인트

❶ 도형을 그림으로 채우기 위해 도형이 선택된 상태에서 [그리기 도구-서식] 탭-[도형 스타일] 그룹에서 **[도형 채우기]-[그림]**을 클릭합니다.

❷ [그림 삽입] 창이 나타나면 [파일에서 찾아보기]를 클릭합니다. [그림 삽입] 대화상자가 나타나면 [내 PC]- [문서]-[ITQ]-[Picture] 폴더에서 **그림1.jpg**를 선택한 후 <삽입>을 클릭합니다.

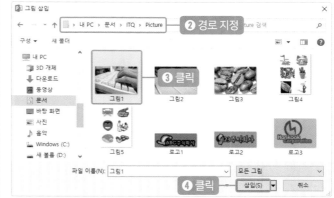

시험꿀팁

[슬라이드 1] 표지 디자인 작업 시 도형 안에 그림을 채우는 문제가 고정적으로 출제되고 있습니다. 이때, 도형의 모양뿐만 아니라 삽입 된 그림의 회전 상태가 《출력형태》와 동일해야 하니 유의하시기 바랍니다.

❸ 도형에 그림이 삽입되면 투명도를 설 정하기 위해 도형 위에서 마우스 오른 쪽 버튼을 클릭하여 **[그림 서식]**을 선 택합니다.

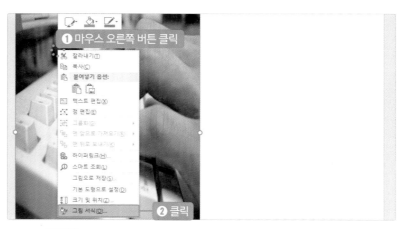

❹ 화면 오른쪽에 [그림 서식] 작업창이 표시되면 [채우기 및 선(⬙)]-[채우기]를 클릭하여 **투명도(50%)**를 입력한 후 <닫기(✖)>를 클릭합니다.

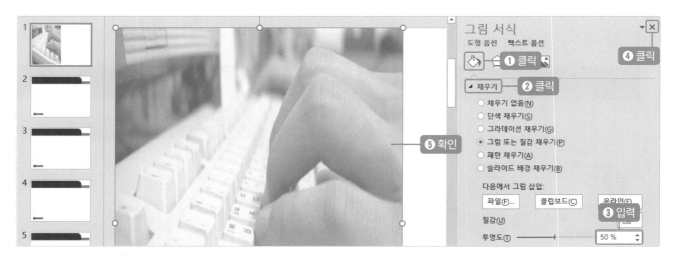

❺ 도형 효과를 적용하기 위해 [그리기 도구-서식] 탭-[도형 스타일] 그룹에서 **[도형 효과]-[부드러운 가장자리]-[5 포인트]**를 클릭합니다.

❻ Esc 를 눌러 도형 선택을 해제한 후 문제지의 [슬라이드 1] 《표지 디자인》과 같은지 확인합니다.

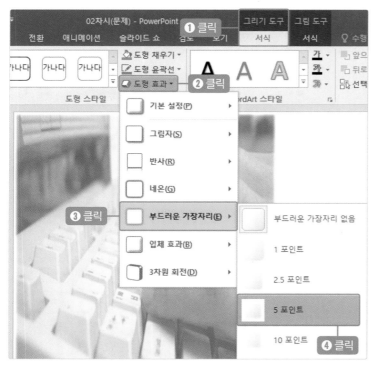

시험꿀팁

그림을 삽입한 도형에 '부드러운 가장자리' 효과를 지정하는 문제가 고정적으로 출제되고 있습니다. 제시된 조건에 알맞은 효과의 크기(포인트)를 선택하도록 합니다.

워드아트 삽입하기

② 워드아트 삽입
　– 변환 : 삼각형
　– 글꼴 : 굴림, 굵게
　– 텍스트 반사 : 근접반사, 터치

1. 워드아트 삽입 및 글꼴 서식 지정하기

❶ 워드아트를 삽입하기 위해 [삽입] 탭-[텍스트] 그룹에서 **[WordArt 삽입(가)]**을 클릭한 후 임의의 워드아트 스타일을 선택합니다.

➕ 다음 작업 과정에서 워드아트의 서식을 지울 예정이기 때문에 임의의 워드아트 스타일을 선택합니다.

❷ '필요한 내용을 적으십시오.'라는 문구의 워드아트가 삽입되면 적용된 서식을 지우기 위해 [그리기 도구-서식] 탭-[WordArt 스타일] 그룹에서 **자세히 버튼(▼)**을 클릭한 후 **[WordArt 서식 지우기]**를 선택합니다.

❸ '필요한 내용을 적으십시오.'라는 문장이 블록으로 지정된 상태에서 문제지의 [슬라이드 1]《표지 디자인》을 참고하여 바로 Youtube Creator를 입력합니다.

➕ 블록 지정이 해제되었을 경우 안쪽 내용을 드래그하여 워드아트 내용을 블록으로 지정합니다.

❹ 이번에는 글꼴 서식을 변경하기 위해 워드아트의 테두리를 클릭하고 [홈] 탭-[글꼴] 그룹에서 **글꼴(굴림)**과 **글꼴 스타일(굵게)**을 지정합니다.

레벨업 📈 텍스트 상자 글꼴 서식 변경 방법

❶ 텍스트 상자의 테두리를 마우스로 클릭하여 글꼴 서식을 변경합니다.
❷ 텍스트 상자 안쪽의 내용을 블록으로 지정한 후 글꼴 서식을 변경합니다.

2. 워드아트에 텍스트 효과 지정하기
– 텍스트 반사 : 근접 반사, 터치 – 변환 : 삼각형

❶ 입력된 워드아트에 반사 효과를 적용하기 위해 [그리기 도구-서식] 탭-[WordArt 스타일] 그룹에서 [**텍스트 효과**]-[**반사**]-[**근접 반사, 터치(A)**]를 클릭합니다.

❷ 변환 효과를 적용하기 위해 [그리기 도구-서식] 탭-[WordArt 스타일] 그룹에서 **[텍스트 효과]-[변환]-[삼각형(abcde)]**을 클릭합니다.

시험꿀팁

워드아트의 모양은 '위쪽 수축, 아래쪽 수축, 역삼각형, 삼각형, 갈매기형 수장, 역갈매기형 수장, 물결1' 등 다양한 유형으로 출제됩니다.

❸ 문제지의 [슬라이드 1] 《표지 디자인》을 참고하여 조절점(○)으로 워드아트의 크기를 조절하고 위치를 변경합니다.

- ・워드아트에 [변환] 효과를 적용한 후에는 조절점(○)을 이용하여 크기를 조절할 수 있습니다.
- ・Ctrl + Shift 를 누른 채 모서리쪽의 조절점을 드래그하면 중앙을 기준으로 동일한 비율을 유지하면서 크기를 조절할 수 있습니다.

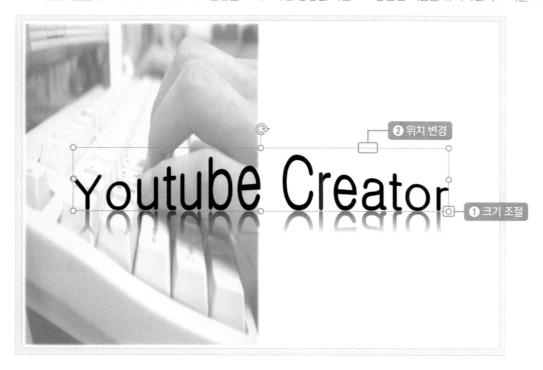

③ 그림 삽입
  - 「내 PC\문서\ITQ\Picture\로고2.jpg」
  - 배경(회색) 투명색으로 설정

❶ 로고 그림을 삽입하기 위해 [삽입] 탭-[이미지] 그룹에서 [그림(🖼)]을 클릭합니다. [그림 삽입] 대화상자가 나타나면 [내 PC]-[문서]-[ITQ]-[Picture] 폴더에서 **로고2.jpg** 파일을 선택한 후 <삽입>을 클릭합니다.

 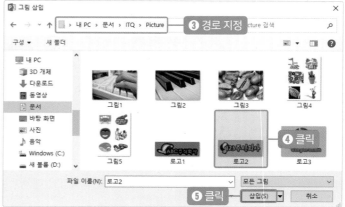

❷ 삽입된 로고의 회색 배경을 투명색으로 설정하기 위해 [그림 도구-서식] 탭-[조정] 그룹에서 [색(🖼)]-[투명한 색 설정]을 클릭합니다.

❸ 마우스 포인터가 🖌 모양으로 바뀌면 로고의 회색 배경을 클릭하여 투명하게 변경합니다.

시험꿀팁

삽입한 로고의 배경을 투명하게 만드는 문제는 고정적으로 출제됩니다.

❹ 문제지의 [슬라이드 1] 《표지 디자인》을 참고하여 로고의 크기 및 위치를 조절합니다.

❺ [슬라이드 1] 작업이 완료되면 Ctrl + S 를 눌러 답안 파일을 저장합니다.

레벨업 《표지 디자인》에 사용되는 도형의 모양 변형 및 대칭

《출력형태》를 참고하여 도형의 모양이 기본 모양과 다를 경우 다음과 같이 작업합니다.

❶
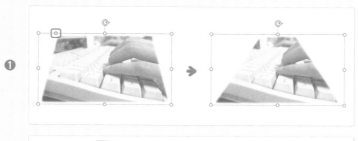
◀ 노란색 조절점을 드래그하여 도형의 모양을 변형

❷

◀ 회전 핸들을 드래그하여 도형을 회전

❸

◀ 회전(🔄) 메뉴를 이용하여 도형을 대칭 :
　[그리기 도구-서식]-[정렬]-[회전(🔄)]

1 《세부 조건》에 맞추어 《표지 디자인》을 작성해 보세요.

소스파일: 02차시-1(문제).pptx
완성파일: 02차시-1(완성).pptx

(1) 표지 디자인 : 도형, 워드아트 및 그림을 이용하여 작성한다.

《세부 조건》

① 도형 편집
 – 도형에 그림 채우기 :
 「내 PC\문서\ITQ\Picture\
 그림2.jpg」, 투명도 50%
 – 도형 효과 :
 부드러운 가장자리 5포인트
② 워드아트 삽입
 – 변환 : 물결 1
 – 글꼴 : 돋움, 굵게
 – 텍스트 반사 : 근접 반사, 터치
③ 그림 삽입
 – 「내 PC\문서\ITQ\Picture\
 로고1.jpg」
 – 배경(회색) 투명색으로 설정

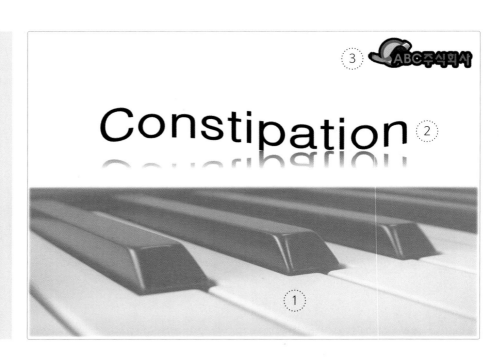

2 《세부 조건》에 맞추어 《표지 디자인》을 작성해 보세요.

소스파일: 02차시-2(문제).pptx
완성파일: 02차시-2(완성).pptx

(1) 표지 디자인 : 도형, 워드아트 및 그림을 이용하여 작성한다.

《세부 조건》

① 도형 편집
 – 도형에 그림 채우기 :
 「내 PC\문서\ITQ\Picture\
 그림1.jpg」, 투명도 50%
 – 도형 효과 :
 부드러운 가장자리 5포인트
② 워드아트 삽입
 – 변환 : 역갈매기형 수장
 – 글꼴 : 돋움, 굵게
 – 텍스트 반사 : 근접 반사, 4 pt 오프셋
③ 그림 삽입
 – 「내 PC\문서\ITQ\Picture\
 로고2.jpg」
 – 배경(회색) 투명색으로 설정

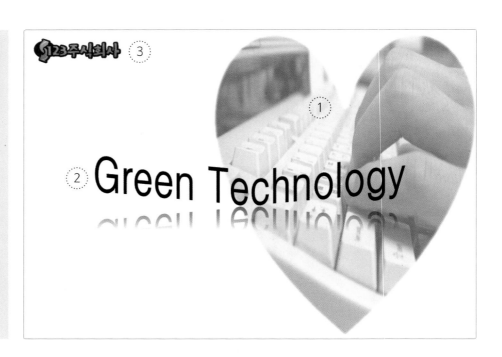

3 《세부 조건》에 맞추어 《표지 디자인》을 작성해 보세요.

소스파일: 02차시-3(문제).pptx
완성파일: 02차시-3(완성).pptx

(1) 표지 디자인 : 도형, 워드아트 및 그림을 이용하여 작성한다.

《세부 조건》

① 도형 편집
  - 도형에 그림 채우기 :
    「내 PC₩문서₩ITQ₩Picture₩
    그림1.jpg」, 투명도 50%
  - 도형 효과 :
    부드러운 가장자리 5포인트
② 워드아트 삽입
  - 변환 : 중지
  - 글꼴 : 굴림, 굵게
  - 텍스트 반사 : 근접 반사, 터치
③ 그림 삽입
  - 「내 PC₩문서₩ITQ₩Picture₩
    로고3.jpg」
  - 배경(연보라) 투명색으로 설정

---

4 《세부 조건》에 맞추어 《표지 디자인》을 작성해 보세요.

소스파일: 02차시-4(문제).pptx
완성파일: 02차시-4(완성).pptx

(1) 표지 디자인 : 도형, 워드아트 및 그림을 이용하여 작성한다.

《세부 조건》

① 도형 편집
  - 도형에 그림 채우기 :
    「내 PC₩문서₩ITQ₩Picture₩
    그림3.jpg」, 투명도 30%
  - 도형 효과 :
    부드러운 가장자리 10포인트
② 워드아트 삽입
  - 변환 : 아래쪽 수축
  - 글꼴 : 굴림, 굵게
  - 텍스트 반사 : 근접 반사, 터치
③ 그림 삽입
  - 「내 PC₩문서₩ITQ₩Picture₩
    로고2.jpg」
  - 배경(회색) 투명색으로 설정

5 《세부 조건》에 맞추어 《표지 디자인》을 작성해 보세요.

소스파일: 02차시-5(문제).pptx
완성파일: 02차시-5(완성).pptx

(1) 표지 디자인 : 도형, 워드아트 및 그림을 이용하여 작성한다.

《세부 조건》

① 도형 편집
- 도형에 그림 채우기 :
「내 PC₩문서₩ITQ₩Picture₩
그림3.jpg」, 투명도 50%
- 도형 효과 :
부드러운 가장자리 5포인트
② 워드아트 삽입
- 변환 : 갈매기형 수장
- 글꼴 : 굴림, 굵게
- 텍스트 반사 : 1/2 반사, 4 pt 오프셋
③ 그림 삽입
- 「내 PC₩문서₩ITQ₩Picture₩
로고1.jpg」
- 배경(회색) 투명색으로 설정

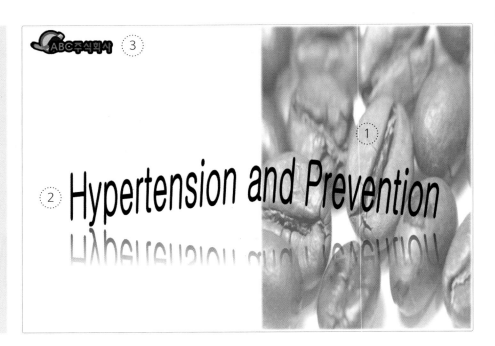

6 《세부 조건》에 맞추어 《표지 디자인》을 작성해 보세요.

소스파일: 02차시-6(문제).pptx
완성파일: 02차시-6(완성).pptx

(1) 표지 디자인 : 도형, 워드아트 및 그림을 이용하여 작성한다.

《세부 조건》

① 도형 편집
- 도형에 그림 채우기 :
「내 PC₩문서₩ITQ₩Picture₩
그림1.jpg」, 투명도 50%
- 도형 효과 :
부드러운 가장자리 5포인트
② 워드아트 삽입
- 변환 : 위쪽 수축
- 글꼴 : 돋움, 굵게
- 텍스트 반사 : 근접 반사, 8 pt 오프셋
③ 그림 삽입
- 「내 PC₩문서₩ITQ₩Picture₩
로고1.jpg」
- 배경(회색) 투명색으로 설정

[슬라이드 2] (60점) 목차 슬라이드

- 도형과 텍스트 상자를 이용하여 목차를 완성합니다.
- 특정 텍스트에 하이퍼링크를 적용합니다.
- 그림을 삽입한 후 필요한 부분만 잘라냅니다.

출제 유형 미리보기

소스파일: 03차시(문제).pptx　　완성파일: 03차시(완성).pptx

[슬라이드 2]《목차 슬라이드》

(1) 《출력형태》와 같이 도형을 이용하여 목차를 작성한다(글꼴 : 굴림, 24pt).
(2) 도형 : 선 없음

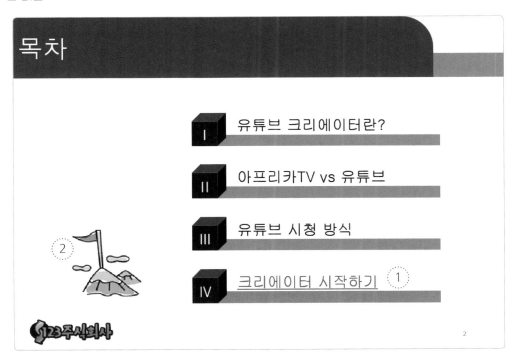

《세부 조건》
① 텍스트에 하이퍼링크 적용 → '슬라이드 6'
② 그림 삽입
  - 「내 PC₩문서₩ITQ₩Picture₩그림4.jpg」
  - 자르기 기능 이용

⭐ 과정 미리보기　목차 도형 작성 후 번호 입력 ➡ 가로 텍스트 상자 작성 ➡ 하이퍼링크 적용 ➡ 그림 삽입 ➡ 그림 편집

(1) 《출력형태》와 같이 도형을 이용하여 목차를 작성한다(글꼴 : 굴림, 24pt).
(2) 도형 : 선 없음

1. 슬라이드 제목 입력하기

❶ 03차시(문제).pptx 파일을 실행한 후 [슬라이드 2]를 선택하여 슬라이드 제목을 입력합니다.

❷ 콘텐츠 상자를 삭제하기 위해 테두리를 선택한 후 Delete 를 누릅니다.

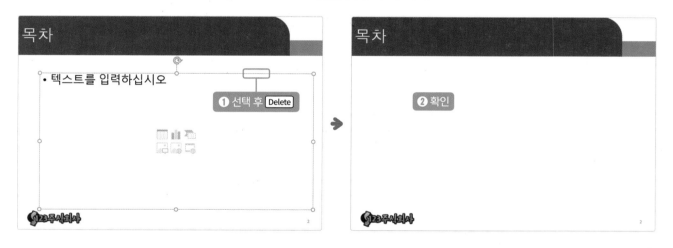

2. 목차 도형 작성하기

❶ 목차 도형 중에서 뒤쪽 도형을 작성하기 위해 [삽입] 탭-[일러스트레이션] 그룹에서 [도형(◈)]-[사각형]-[직사각형(□)]을 선택하여 도형을 그립니다.

➕ 목차 도형의 크기와 위치는 [슬라이드 2]《목차 슬라이드》를 참고하여 작업합니다.

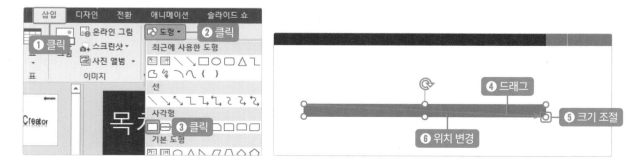

❷ 이번에는 앞쪽 도형을 작성하기 위해 [삽입] 탭-[일러스트레이션] 그룹에서 [도형(⬡)]-[기본 도형]-[정육면체(⬜)]를 선택하여 도형을 그립니다.

➕ 도형이 배치된 순서가 다를 경우 도형 위에서 마우스 오른쪽 버튼을 눌러 [맨 앞으로 가져오기] 또는 [맨 뒤로 보내기]를 클릭하여 배치 순서를 변경할 수 있습니다.

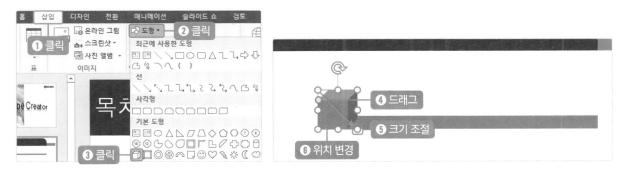

❸ 도형 채우기 색을 변경하기 위해 [그리기 도구-서식] 탭-[도형 스타일] 그룹에서 **[도형 채우기]-[진한 파랑]**을 클릭합니다.

➕ ITQ 파워포인트 시험에서 실제 문제지는 흑백으로 출제됩니다. 색상과 관련된 별도의 지시사항이 없는 경우에는 도형의 밝고 어두운 정도를 확인하여 임의의 색상을 선택하도록 합니다.

 **도형 선 없음**

❶ 슬라이드 마스터에서 도형을 작업할 때 도형 윤곽선을 '윤곽선 없음'으로 선택한 후 '기본 도형으로 설정'을 지정하였기 때문에 [슬라이드 2] 작업 시 윤곽선의 서식을 별도로 변경하지 않습니다.

❷ 만약 '기본 도형으로 설정'이 적용되지 않아 삽입한 도형에 윤곽선이 나타날 경우에는 [그리기 도구-서식] 탭-[도형 스타일] 그룹에서 [도형 윤곽선]-[윤곽선 없음]을 클릭합니다.

3. 텍스트 입력 및 가로 텍스트 상자 삽입하기 – 글꼴 : 굴림, 24pt

❶ 도형 안쪽에 목차 번호를 입력하기 위해 정육면체 도형이 선택된 상태에서 ㅈ을 입력하고 [한자]를 누릅니다. 이어서, 숫자 목록이 나오면 아래로 스크롤하여 Ⅰ를 선택한 후 [Esc]를 누릅니다.

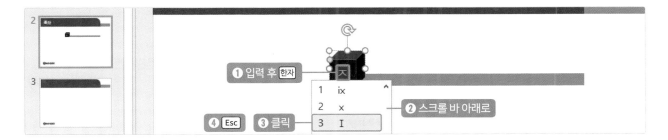

❷ 정육면체 도형이 선택된 상태에서 [홈] 탭-[글꼴] 그룹에서 **글꼴(굴림), 글꼴 크기(24pt)**를 지정합니다.

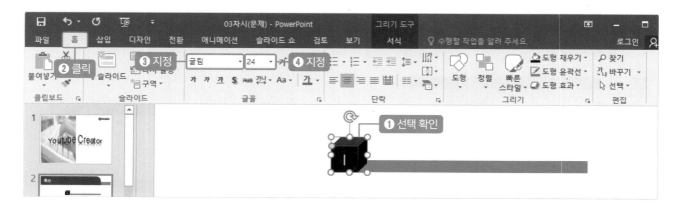

❸ 목차 내용을 입력하기 위해 [삽입] 탭-[텍스트] 그룹에서 [**텍스트 상자(텍스트 상자⦁)**]-[**가로 텍스트 상자**]를 클릭합니다.

💬 [삽입] 탭 [일러스트레이션] 그룹에서 [도형(⬚)]-[기본 도형] 안에서도 '텍스트 상자'를 선택할 수 있습니다.

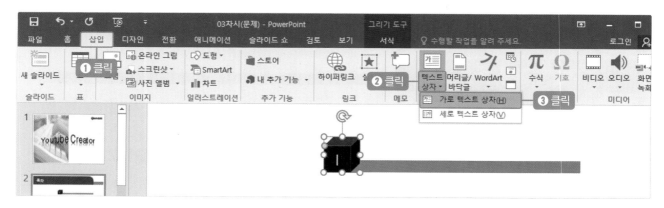

❹ 마우스 포인터가 ↓ 모양으로 바뀌면 정육면체의 오른쪽 빈 곳을 클릭하여 목차 내용(**유튜브 크리에이터란?**)을 입력한 후 [Esc]를 누릅니다.

❺ [홈] 탭-[글꼴] 그룹에서 **글꼴(굴림), 글꼴 크기(24pt)**를 지정한 후 텍스트 상자의 위치를 변경합니다.

💬 텍스트 상자가 선택된 상태에서 키보드의 방향키를 누르면 개체의 위치를 세밀하게 조절할 수 있으며, 위치는 문제지의 [슬라이드 2] 《목차 슬라이드》를 참고하여 변경합니다.

4. 목차 도형 및 텍스트 상자를 복사하여 내용 수정하기

❶ 다음과 같이 도형과 텍스트 상자가 모두 포함되도록 드래그합니다.

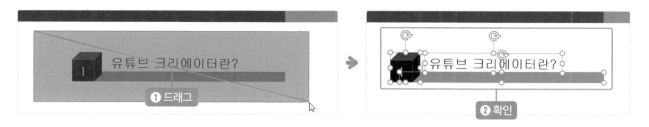

❷ 선택된 도형과 텍스트 상자를 복사하기 위해 [Ctrl]+[Shift]를 누른 채 아래로 드래그합니다.

➕ [Ctrl]+[Shift]를 누른 채 드래그하면 수평 또는 수직 방향으로 반듯하게 복사할 수 있습니다.

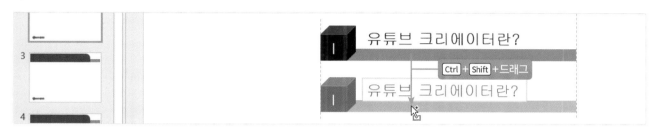

❸ 동일한 방법으로 2번 더 반복하여 목차 작성에 필요한 모든 개체를 복사합니다.

❹ 복사된 개체에 입력된 내용을 블록으로 지정한 다음 아래 그림과 같이 수정합니다.

➕ 입력할 목차의 내용은 [슬라이드 2]《목차 슬라이드》를 참고하여 수정합니다.

레벨업 📈 도형 및 텍스트 상자 글자 수정

❶ 도형 안쪽을 더블 클릭하여 블록으로 지정한 후 'ㅈ'+[한자]를 이용하여 번호를 수정합니다.

▲ 더블클릭　　　　▲ 내용 수정

❷ 텍스트 상자 안쪽을 드래그 또는 연속으로 세 번 클릭하거나 [Ctrl]+[A]를 눌러 내용을 수정합니다.

▲ 드래그 또는 세 번 연속 클릭　　　　▲ 내용 수정

① 텍스트에 하이퍼링크 적용
→ '슬라이드 6'

❶ 하이퍼링크를 적용하기 위해 '크리에이터 시작하기' 텍스트를 드래그하여 블록으로 지정한 후 [삽입] 탭-
[링크] 그룹에서 [**하이퍼링크(🌐)**]를 클릭합니다.

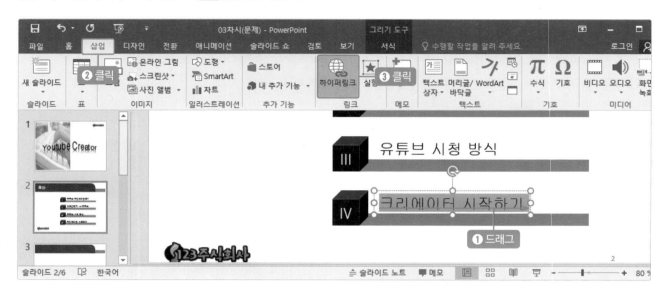

❷ [하이퍼링크 삽입] 대화상자가 나타나면 '연결 대상'은 **현재 문서**를 클릭하고, '이 문서에서 위치 선택'은
슬라이드 6을 선택한 후 <확인>을 클릭합니다.

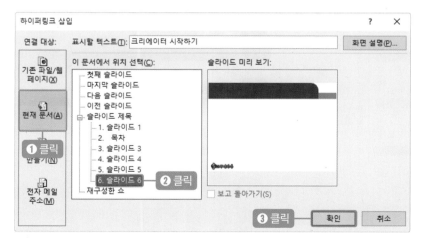

시험꿀팁

'현재 문서'의 특정 슬라이드로 하이퍼링크를 연결하는 문제가 고정적으로 출제됩니다.

❸ [Esc]를 눌러 하이퍼링크가 적용된 텍스트를 확인합니다. 하이퍼링크가 적용된 텍스트는 밑줄과 함께 파란 색으로 표시됩니다.

❹ 6번 슬라이드로 연결되는지 확인하기 위해 [Shift]+[F5]를 눌러 슬라이드 쇼를 실행한 후 하이퍼링크가 적용된 텍스트를 클릭합니다.

　➕　· [F5]를 누르면 첫 번째 슬라이드부터 확인이 가능하고, [Shift]+[F5]를 누르면 현재 활성화된 슬라이드부터 슬라이드 쇼가 실행됩니다.
　　· 하이퍼링크가 설정된 곳에 마우스 포인터를 가져가면 마우스 포인터가 🖑 모양으로 바뀝니다.

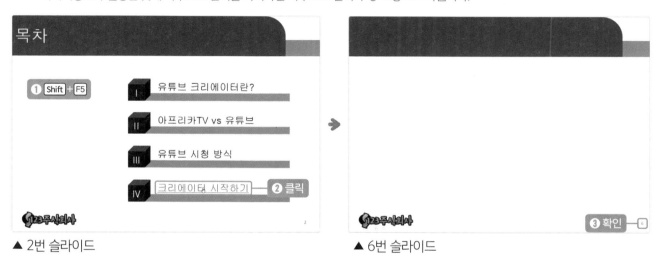

▲ 2번 슬라이드　　　　　　　　　　　　　▲ 6번 슬라이드

❺ [Esc]를 눌러 슬라이드 쇼를 종료한 후 다음 작업을 위해 [슬라이드 2]를 클릭합니다.

　➕　하이퍼링크를 클릭하여 실행한 후에는 글자색이 변경되지만 채점 기준과는 무관합니다.

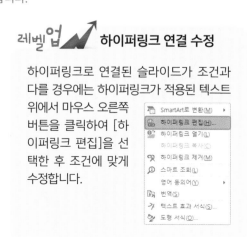

레벨업 📈 하이퍼링크 연결 수정

하이퍼링크로 연결된 슬라이드가 조건과 다를 경우에는 하이퍼링크가 적용된 텍스트 위에서 마우스 오른쪽 버튼을 클릭하여 [하이퍼링크 편집]을 선택한 후 조건에 맞게 수정합니다.

03 그림 삽입하고 자르기

② 그림 삽입
- 「내 PC₩문서₩ITQ₩Picture₩그림4.jpg」
- 자르기 기능 이용

❶ 그림을 삽입하기 위해 [삽입] 탭-[이미지] 그룹에서 **[그림(🖼)]**을 클릭합니다.

❷ [그림 삽입] 대화상자가 나타나면 [내 PC]-[문서]-[ITQ]-[Picture] 폴더에서 **그림4.jpg** 파일을 선택한 후 <삽입>을 클릭합니다.

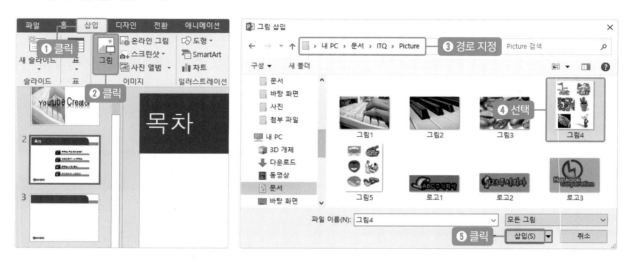

❸ 삽입된 그림에서 불필요한 부분을 잘라내기 위해 [그림 도구-서식] 탭-[크기] 그룹에서 **[자르기(🖼)]**를 클릭합니다.

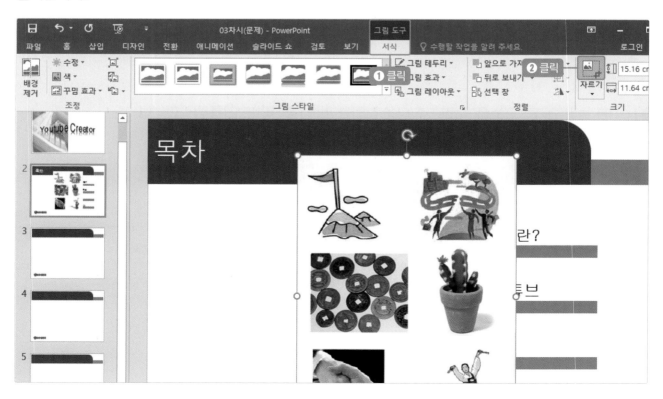

❹ 삽입된 그림에 자르기 핸들이 표시되면 다음과 같이 드래그하여 **첫 번째 그림**만 남긴 후 Esc 를 눌러 그림 자르기를 완료합니다.

➕ 자르기 핸들로 원하는 그림만 잘라낸 다음 슬라이드의 빈 공간을 클릭해도 결과는 동일합니다.

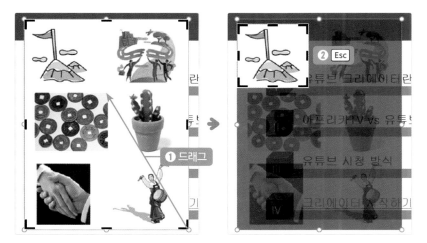

시험꿀팁

[슬라이드 2]에서는 자르기 기능을 이용하여 문제지와 동일한 이미지만 표시되도록 설정하는 문제가 고정적으로 출제됩니다.

❺ 그림을 드래그하여 위치를 이동시킵니다.

➕ 그림의 위치는 문제지의 [슬라이드 2]《목차 슬라이드》를 참고하여 변경합니다.

❻ [슬라이드 2] 작업이 완료되면 Ctrl + S 를 눌러 답안 파일을 저장합니다.

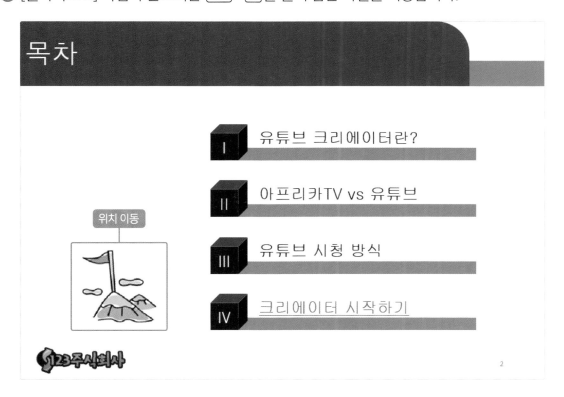

![실력탄탄]

1 《세부 조건》에 맞추어 《목차 슬라이드》를 작성해 보세요.

소스파일: 03차시-1(문제).pptx
완성파일: 03차시-1(완성).pptx

⑴ 출력형태와 같이 도형을 이용하여 목차를 작성한다(글꼴 : 굴림, 24pt).
⑵ 도형 : 선 없음

《세부 조건》

① 텍스트에 하이퍼링크 적용
→ '슬라이드 6'
② 그림 삽입
– 「내 PC₩문서₩ITQ₩Picture₩
그림4.jpg」
– 자르기 기능 이용

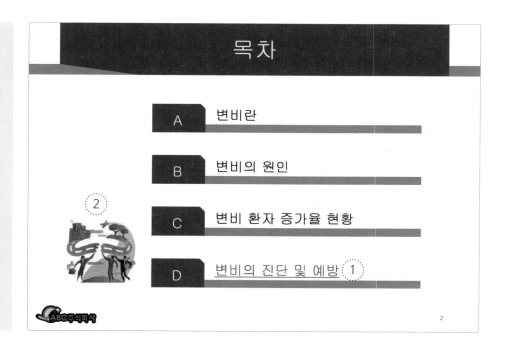

2 《세부 조건》에 맞추어 《목차 슬라이드》를 작성해 보세요.

소스파일: 03차시-2(문제).pptx
완성파일: 03차시-2(완성).pptx

⑴ 출력형태와 같이 도형을 이용하여 목차를 작성한다(글꼴 : 굴림, 24pt).
⑵ 도형 : 선 없음

《세부 조건》

① 텍스트에 하이퍼링크 적용
→ '슬라이드 6'
② 그림 삽입
– 「내 PC₩문서₩ITQ₩Picture₩
그림4.jpg」
– 자르기 기능 이용

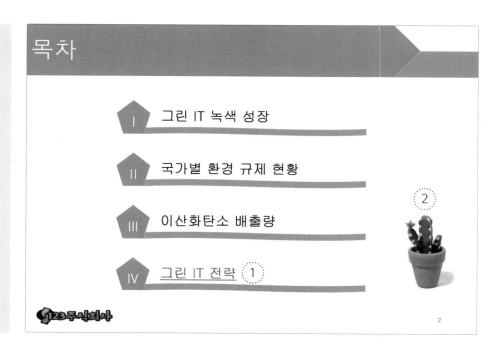

3 《세부 조건》에 맞추어 《목차 슬라이드》를 작성해 보세요.

소스파일: 03차시-3(문제).pptx
완성파일: 03차시-3(완성).pptx

(1) 출력형태와 같이 도형을 이용하여 목차를 작성한다(글꼴 : 굴림, 24pt).
(2) 도형 : 선 없음

《세부 조건》

① 텍스트에 하이퍼링크 적용
  → '슬라이드 3'

② 그림 삽입
  – 「내 PC\문서\ITQ\Picture\
  그림4.jpg」
  – 자르기 기능 이용

4 《세부 조건》에 맞추어 《목차 슬라이드》를 작성해 보세요.

소스파일: 03차시-4(문제).pptx
완성파일: 03차시-4(완성).pptx

(1) 출력형태와 같이 도형을 이용하여 목차를 작성한다(글꼴 : 돋움, 24pt).
(2) 도형 : 선 없음

《세부 조건》

① 텍스트에 하이퍼링크 적용
  → '슬라이드 5'

② 그림 삽입
  – 「내 PC\문서\ITQ\Picture\
  그림5.jpg」
  – 자르기 기능 이용

5 《세부 조건》에 맞추어 《목차 슬라이드》를 작성해 보세요.

소스파일: 03차시-5(문제).pptx
완성파일: 03차시-5(완성).pptx

(1) 출력형태와 같이 도형을 이용하여 목차를 작성한다(글꼴 : 돋움, 24pt).
(2) 도형 : 선 없음

《세부 조건》
① 텍스트에 하이퍼링크 적용
 → '슬라이드 5'
② 그림 삽입
 -「내 PC₩문서₩ITQ₩Picture₩
 그림5.jpg」
 - 자르기 기능 이용

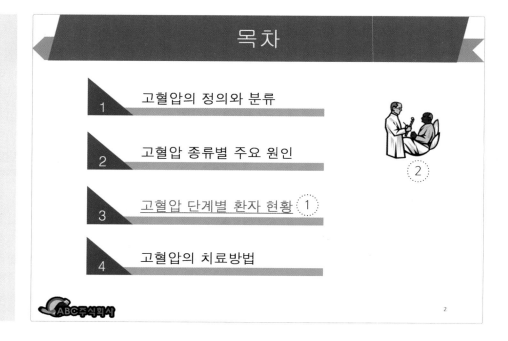

6 《세부 조건》에 맞추어 《목차 슬라이드》를 작성해 보세요.

소스파일: 03차시-6(문제).pptx
완성파일: 03차시-6(완성).pptx

(1) 출력형태와 같이 도형을 이용하여 목차를 작성한다(글꼴 : 굴림, 24pt).
(2) 도형 : 선 없음

《세부 조건》
① 텍스트에 하이퍼링크 적용
 → '슬라이드 6'
② 그림 삽입
 -「내 PC₩문서₩ITQ₩Picture₩
 그림4.jpg」
 - 자르기 기능 이용

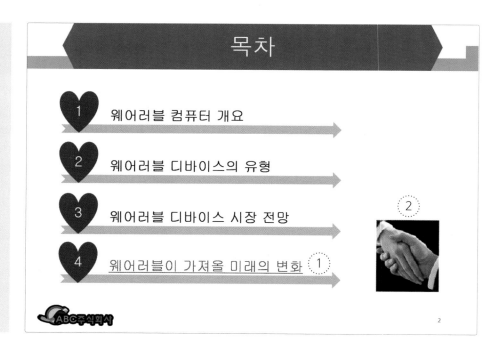

[슬라이드 3] 텍스트/동영상 슬라이드
(60점)

- 텍스트를 입력한 후 목록 수준을 변경합니다.
- 글머리 기호를 삽입합니다.
- 동영상을 삽입하고 재생 옵션을 변경합니다.

출제 유형 미리보기

소스파일: 04차시(문제).pptx   완성파일: 04차시(완성).pptx

[슬라이드 3] 《텍스트/동영상 슬라이드》

(1) 텍스트 작성 : 글머리 기호 사용(❖, ✓)

　　❖문단(굴림, 24pt, 굵게, 줄 간격 : 1.5줄), ✓문단(굴림, 20pt, 줄 간격 : 1.5줄)

Ⅰ. 유튜브 크리에이터란?

❖YouTube Creator

　✓A type of internet celebrity and videographer.

　✓Some YouTube creator have corporate sponsors who pay for product placement in their clips or production of online ads.

❖유튜브 크리에이터

　✓동영상 플랫폼인 유튜브에 동영상을 업로드하는 사람을 유튜버라고 하고, 자신이 만든 콘텐츠를 업로드하는 사람을 유튜브 크리에이터라고 한다.

123주식회사

3

《세부 조건》

① 동영상 삽입 :
　– 「내 PC₩문서₩ITQ₩Picture₩동영상.wmv」
　– 자동 실행, 반복 재생 설정

⭐ **과정 미리보기**　텍스트 입력 ➜ 글머리 기호 매기기 ➜ 문단 서식 지정 ➜ 아래쪽 텍스트 상자 작성 ➜ 동영상 삽입

ⓞ1 텍스트 작성하기

(1) 텍스트 작성 : 글머리 기호 사용(❖, ✓)
    ❖문단(굴림, 24pt, 굵게, 줄 간격 : 1.5줄), ✓문단(굴림, 20pt, 줄 간격 : 1.5줄)

1. 텍스트 입력 및 하위 목록 지정하기

❶ **04차시(문제).pptx** 파일을 실행한 후 **[슬라이드 3]**을 선택하여 슬라이드 제목을 입력합니다.

➕ 로마 숫자는 "ㅈ"+ 한자 를 눌러 "I"을 선택합니다.

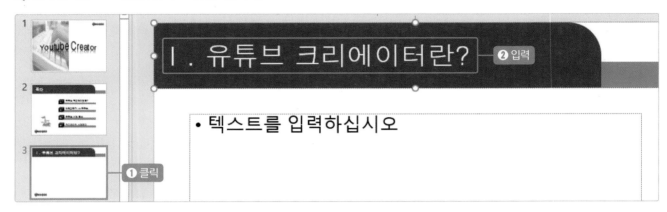

❷ 텍스트 상자에 서식을 설정하기 위해 콘텐츠 상자 테두리 위에서 마우스 오른쪽 버튼을 클릭하여 **[도형 서식]**을 선택합니다.

❸ 화면 오른쪽의 [도형 서식] 작업창에서 [텍스트 옵션]–[텍스트 상자(▤)]의 **자동 맞춤 안 함**을 선택한 후 <닫기(✖)>를 클릭합니다.

➕ 텍스트 상자는 입력된 내용이 넘치면 글꼴 크기와 줄 간격이 텍스트 상자의 크기에 맞추어 줄어들도록 기본적으로 설정되어 있습니다.
   텍스트 상자 옵션에서 '자동 맞춤 안 함'을 선택하면 텍스트 상자의 크기와 무관하게 내용을 입력할 수 있습니다.

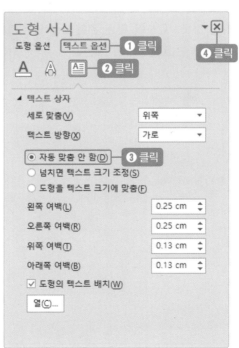

❹ 박스 안쪽을 클릭하여 YouTube Creator를 입력하고 [Enter]를 눌러 다음 문단으로 이동합니다. 이어서, [Tab]을 눌러 하위 목록으로 지정합니다.

➕ 영어를 입력할 때 오탈자가 발생할 수 있으므로 입력 후에는 한 번 더 확인합니다.

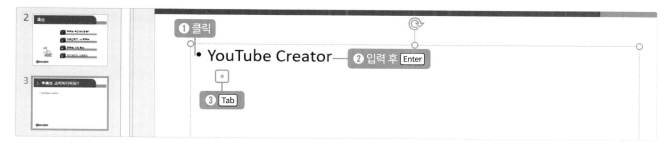

❺ 문제지 [슬라이드 3]《텍스트/동영상 슬라이드》를 참고하여 하위 수준의 내용을 입력합니다.

➕ · 첫 줄을 입력한 후 [Enter]를 누르면 커서가 다음 줄로 이동되면서 새로운 글머리 기호가 나타납니다.
　· 내용이 2줄 이상인 경우에는 [Enter]를 누르지 않고 계속 이어서 입력합니다.

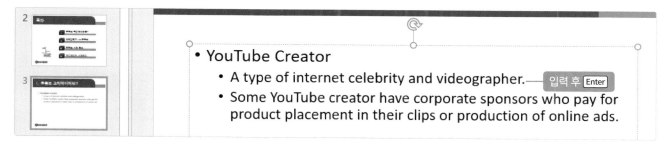

2. 글머리 기호 삽입 및 문단 서식 지정하기 ─ ❖문단(굴림, 24pt, 굵게, 줄 간격 : 1.5줄), ✓문단(굴림, 20pt, 줄 간격 : 1.5줄)

❶ 첫 번째 문단의 제목을 블록으로 지정한 후 [홈] 탭-[단락] 그룹에서 [글머리 기호(☰ ·)]의 목록 단추(·)를 클릭하여 [별표 글머리 기호(❖)]를 선택합니다.

➕ 글머리 기호를 입력한 후 한 칸을 띄어 내용을 입력(❖ YouTube...)하는 문제도 출제되기 때문에 [슬라이드 3]《텍스트/동영상 슬라이드》를 참고하여 작업합니다.

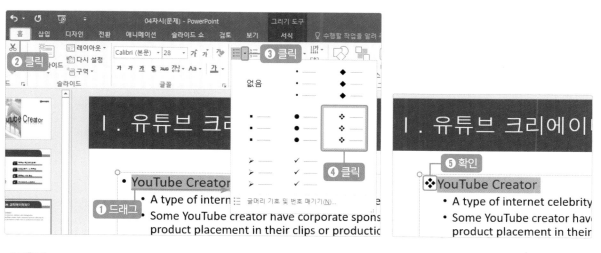

시험꿀팁

글머리 기호는 '❖, ✓, ■, ▪, ●, •, ➢' 모양이 주로 출제됩니다.

❷ 블록이 지정된 상태에서 [홈] 탭-[글꼴] 그룹에서 **글꼴(굴림), 글꼴 크기(24pt), 글꼴 스타일(굵게)**을 지정한 후 [홈] 탭-[단락] 그룹에서 [줄 간격]을 1.5로 선택합니다.

➕ 만약 텍스트의 블록이 해제되었을 경우에는 문단의 제목을 다시 블록으로 지정한 후 서식을 변경합니다.

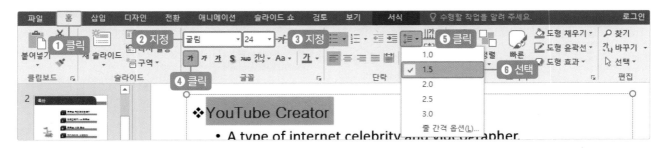

❸ 하위 목록의 문단 내용을 모두 드래그하여 선택한 후 [홈] 탭-[단락] 그룹에서 [글머리 기호(≣ ▾)]의 목록 단추(▾)를 클릭하여 [대조표 글머리 기호(✓)]를 선택합니다.

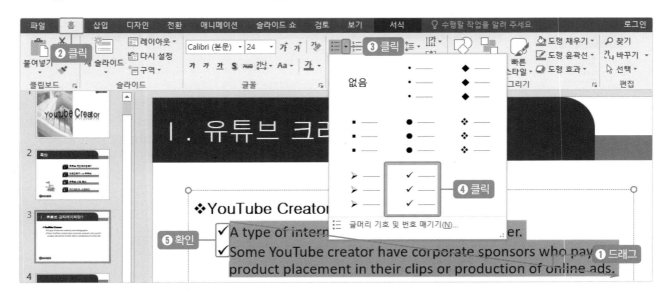

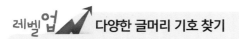
다양한 글머리 기호 찾기

시험에서는 다양한 모양의 글머리 기호가 출제됩니다. 만약, 똑같은 모양의 글머리 기호가 보이지 않는다면 다음 방법을 이용하여 글머리 기호를 찾아 삽입합니다.

❶ [홈] 탭-[단락] 그룹에서 [글머리 기호(≣ ▾)]의 목록 단추(▾)를 클릭하여 [글머리 기호 및 번호 매기기]를 클릭합니다.

❷ [글머리 기호 및 번호 매기기] 대화상자가 나타나면 <사용자 지정>을 클릭합니다.

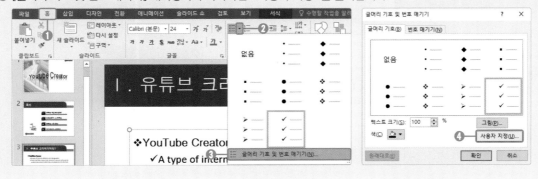

❸ [기호] 대화상자가 나타나면 글꼴을 'Wingdings'로 선택한 후 [슬라이드 3]《텍스트/동영상 슬라이드》와 동일한 글머리 기호를 찾아 <확인>을 클릭합니다.

❹ [글머리 기호 및 번호 매기기] 대화상자로 돌아오면 추가된 글머리 기호를 선택한 후 <확인>을 클릭합니다.

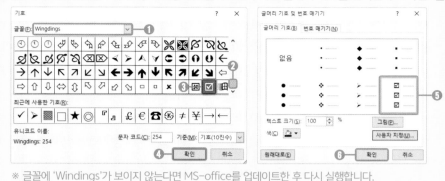

※ 글꼴에 'Windings'가 보이지 않는다면 MS-office를 업데이트한 후 다시 실행합니다.

❹ 블록이 지정된 상태에서 [홈] 탭-[글꼴] 그룹에서 **글꼴(굴림), 글꼴 크기(20pt)**를 지정한 후 [홈] 탭-[단락] 그룹에서 [줄 간격]을 1.5로 선택합니다.

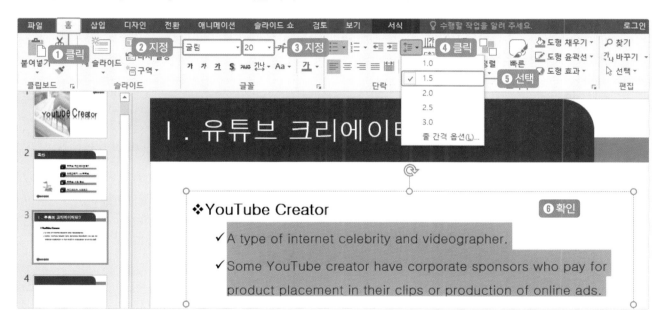

❺ 텍스트 상자 아래쪽의 가운데 조절점(○)을 드래그하여 크기를 줄입니다.

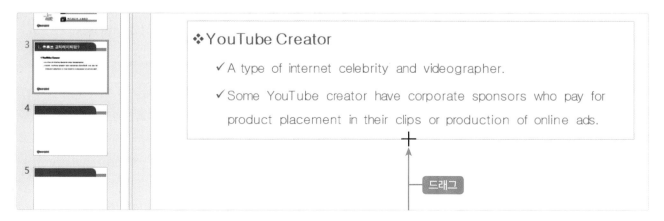

3. 아래쪽 텍스트 상자 작성하기

❶ 텍스트 상자를 복사하기 위해 Ctrl+Shift를 누른 채 텍스트 상자의 테두리를 아래로 드래그하여 복사합니다.

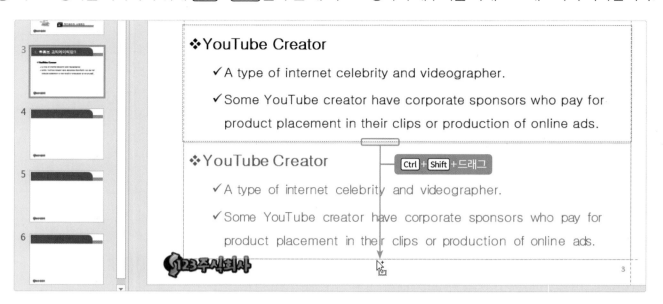

❷ 복사된 텍스트 상자에 제목을 입력하기 위해 제목 맨 앞쪽을 클릭한 후 Ctrl+Delete를 두 번 눌러서 내용을 삭제합니다. 이어서, **유튜브 크리에이터**를 입력합니다.

❸ 두 번째 문단의 하위 목록 내용 전체를 블록으로 지정한 후 문제지를 참고하여 내용을 입력합니다.

- ・내용을 블록으로 지정한 상태에서 Delete를 누르면 영문 내용과 함께 글머리 기호까지 삭제되므로 블록 지정 후 곧바로 내용을 입력합니다.
- ・작업을 취소하려면 Ctrl+Z를 누릅니다.

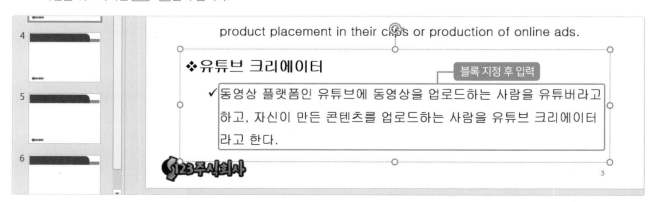

❹ [슬라이드3] 《텍스트/동영상 슬라이드》를 참고하여 텍스트 상자의 오른쪽 조절점(○)을 왼쪽으로 드래그하여 텍스트 상자의 가로 크기를 조절합니다.

> 💬 ·문제지와 동일하게 하위 목록 내용의 오른쪽 끝 글자('람', '하')가 표시되도록 텍스트 상자의 가로 크기를 조절합니다.
> ·만약 오탈자가 없음에도 오른쪽 끝 글자가 출력형태와 동일하게 맞춰지지 않을 경우에는 Shift + Enter 를 눌러 강제로 줄을 바꿔서 맞춥니다.

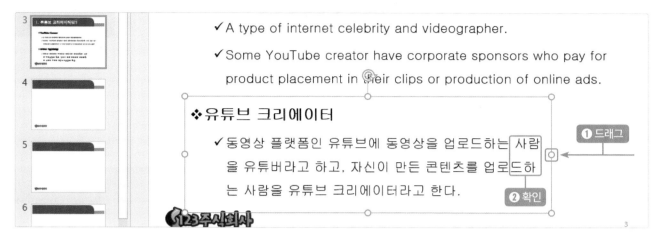

02 동영상 삽입하기

① 동영상 삽입 :
- 「내 PC₩문서₩ITQ₩Picture₩동영상.wmv」
- 자동 실행, 반복 재생 설정

❶ 동영상을 삽입하기 위해 [삽입] 탭-[미디어] 그룹에서 **[비디오(▣)]-[내 PC의 비디오]**를 클릭합니다.

❷ [비디오 삽입] 대화상자가 나타나면 [내 PC]-[문서]-[ITQ]-[Picture] 폴더에서 **동영상.wmv** 파일을 선택한 후 <삽입>을 클릭합니다.

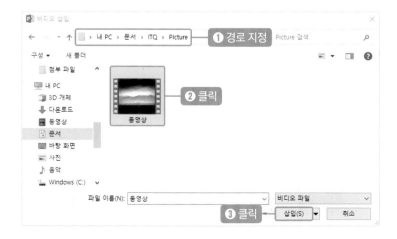

❸ 동영상이 삽입되면 [슬라이드3] 《텍스트/동영상 슬라이드》를 참고하여 크기와 위치를 조절합니다.

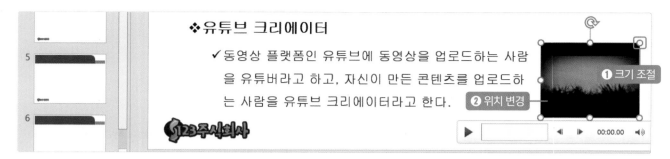

❹ 비디오 옵션을 변경하기 위해 동영상이 선택된 상태에서 [비디오 도구-재생] 탭-[비디오 옵션] 그룹에서 시작을 **자동 실행**으로 선택한 후 **반복 재생** 항목에 체크합니다.

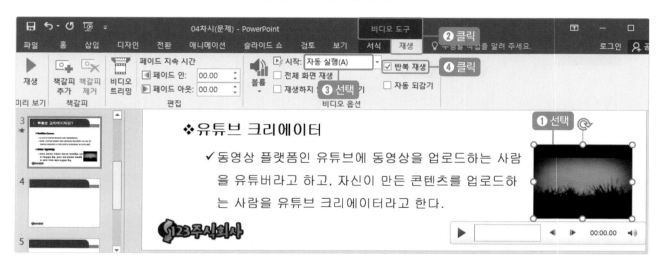

❺ [슬라이드 3] 작업이 완료되면 Ctrl+S를 눌러 답안 파일을 저장합니다.

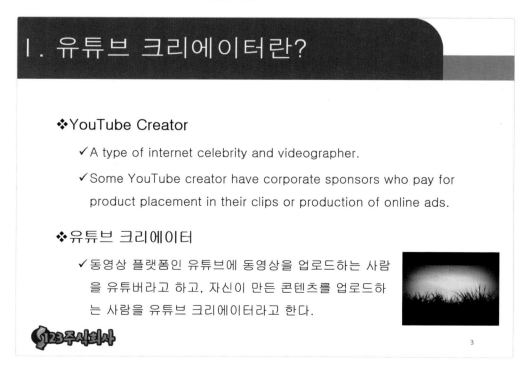

1 《세부 조건》에 맞추어 《텍스트/동영상 슬라이드》를 작성해 보세요.

소스파일: 04차시-1(문제).pptx
완성파일: 04차시-1(완성).pptx

(1) 텍스트 작성 : 글머리 기호 사용(❖, ▪)
　❖문단(굴림, 24pt, 굵게, 줄 간격 : 1.5줄), ▪문단(굴림, 20pt, 줄 간격 : 1.5줄)

《세부 조건》

① 동영상 삽입 :
　- 「내 PC₩문서₩ITQ₩Picture₩
　　동영상.wmv」
　- 자동 실행, 반복 재생 설정

A. 변비란

❖Constipation is

　▪ Defined as having a bowel movement fewer than three times per week

　▪ Some people who are constipated find it painful to have a bowel movement and often experience straining, bloating, and the sensation of a full bowel

❖변비란

　▪ 배변 시 무리한 힘이 필요하거나 대변이 과도하게 딱딱한 경우, 배변이 3~4일에 한번 미만인 경우로 변비는 전 인구의 5~20%가 증상을 호소할 만큼 매우 흔한 증상으로 남자보다 여자에게 흔하게 발생

ABC주식회사

3

2 《세부 조건》에 맞추어 《텍스트/동영상 슬라이드》를 작성해 보세요.

소스파일: 04차시-2(문제).pptx
완성파일: 04차시-2(완성).pptx

(1) 텍스트 작성 : 글머리 기호 사용(❖, ▪)
　❖문단(돋움, 24pt, 굵게, 줄 간격 : 1.5줄), ▪문단(돋움, 20pt, 줄 간격 : 1.5줄)

《세부 조건》

① 동영상 삽입 :
　- 「내 PC₩문서₩ITQ₩Picture₩
　　동영상.wmv」
　- 자동 실행, 반복 재생 설정

I. 그린 IT 녹색 성장

❖ Green computing

　▪ The primary objective of such a program is to account for the triple bottom line and criteria for measuring organizational success

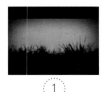

❖ 그린 IT 녹색 성장

　▪ 컴퓨터를 사용할 때 소모되는 에너지를 절약하자는 기술 캠페인

　▪ 냉각장치, CPU, GPU 프로세서 재설계, 대체에너지 사용, 가상화 등을 통해 컴퓨팅을 할 때 소비되는 전력 에너지를 줄임

123주식회사

3

3 《세부 조건》에 맞추어 《텍스트/동영상 슬라이드》를 작성해 보세요.

소스파일: 04차시-3(문제).pptx
완성파일: 04차시-3(완성).pptx

(1) 텍스트 작성 : 글머리 기호 사용(✓, ❖)

　✓문단(굴림, 24pt, 굵게, 줄 간격 : 1.5줄), ❖문단(굴림, 20pt, 줄 간격 : 1.5줄)

《세부 조건》

① 동영상 삽입 :
　－「내 PC₩문서₩ITQ₩Picture₩
　　동영상.wmv」
　－자동 실행, 반복 재생 설정

---

1. 조세박물관의 이해

✓Tax Museum

❖The Tax Museum organizes and displays the contents of the tax system and materials related to historical events of each period from the period of the Three States to the present age

✓설립 취지

❖세금의 역사, 우수한 조세제도, 국세행정의 발전과정 소개

❖세금의 중요성과 국세행정에 대한 이해

❖우리나라의 역사와 민족의 우수성에 대한 자긍심 고취

3

---

4 《세부 조건》에 맞추어 《텍스트/동영상 슬라이드》를 작성해 보세요.

소스파일: 04차시-4(문제).pptx
완성파일: 04차시-4(완성).pptx

(1) 텍스트 작성 : 글머리 기호 사용(◆, ✓)

　◆문단(굴림, 24pt, 굵게, 줄 간격 : 1.5줄), ✓문단(굴림, 20pt, 줄 간격 : 1.5줄)

《세부 조건》

① 동영상 삽입 :
　－「내 PC₩문서₩ITQ₩Picture₩
　　동영상.wmv」
　－자동 실행, 반복 재생 설정

Ⅰ. 비즈니스 프로세스의 이해

◆ Expectation effect

✓BPM provides the greatest ROI opportunity of any IT initiative by delivering

✓A reduction in time for process completion

◆ 비즈니스 프로세스의 개념

✓고객을 위해 가치를 창조하는 업무 활동의 집합으로 기업 경영 활동에서 목표를 달성해 나가는 일련의 단계로서 마케팅, 제조, 판매, 회계, 유통 및 고객 관리 등의 활동

3

5 《세부 조건》에 맞추어 《텍스트/동영상 슬라이드》를 작성해 보세요.

소스파일: 04차시-5(문제).pptx
완성파일: 04차시-5(완성).pptx

(1) 텍스트 작성 : 글머리 기호 사용(◆, ▪)

◆문단(굴림, 24pt, 굵게, 줄 간격 : 1.5줄), ▪문단(굴림, 20pt, 줄 간격 : 1.5줄)

《세부 조건》

① 동영상 삽입 :
  - 「내 PC₩문서₩ITQ₩Picture₩
    동영상.wmv」
  - 자동 실행, 반복 재생 설정

1. 고혈압의 정의와 분류

◆Classification of hypertension

  ▪ A systolic blood pressure of 140mgHg and a diastolic blood pressure of 90mgHg are considered as criteria for high blood pressure, and if either systolic or diastolic blood pressure is higher than the standard

◆고혈압이란?

  ▪ 고혈압이란 혈관에 가해지는 혈류의 압력이 높은 것
  ▪ 혈관은 집집마다 수돗물을 공급하는 수도관과 같은 기능을 하는 것으로 혈액은 혈관을 타고 이동하면서 우리 몸 세포에 영양분과 산소를 골고루 공급함

ABC주식회사

3

---

6 《세부 조건》에 맞추어 《텍스트/동영상 슬라이드》를 작성해 보세요.

소스파일: 04차시-6(문제).pptx
완성파일: 04차시-6(완성).pptx

(1) 텍스트 작성 : 글머리 기호 사용(◆, ➤)

◆문단(굴림, 24pt, 굵게, 줄 간격 : 1.5줄), ➤문단(굴림, 20pt, 줄 간격 : 1.5줄)

《세부 조건》

① 동영상 삽입 :
  - 「내 PC₩문서₩ITQ₩Picture₩
    동영상.wmv」
  - 자동 실행, 반복 재생 설정

1. 웨어러블 컴퓨터 개요

◆ Wearable computer

  ➤Accessories, such as watches, glasses, etc., for the purpose of supplementing/enhancing human abilities with free hands, an electronic device that is integrated into clothing, body

◆ 웨어러블 컴퓨터란?

  ➤입을 수 있는 컴퓨터, 컴퓨터 기능의 디지털 장치를 자유롭게 착용하는 융합 컴퓨팅 기술
  ➤일상생활에 필요한 각종 디지털 기기나 기능을 의복에 통합

ABC주식회사

3

[슬라이드 4] 표 슬라이드
(80점)

· 표를 삽입하고 스타일을 지정합니다.
· 필요한 셀을 병합하여 데이터를 입력합니다.
· 도형을 삽입한 후 그라데이션을 적용합니다.

출제 유형 미리보기

소스파일: 05차시(문제).pptx   완성파일: 05차시(완성).pptx

[슬라이드 4]《표 슬라이드》

(1) 도형과 표 작성 기능을 이용하여 슬라이드를 작성한다(글꼴 : 돋움, 18pt).

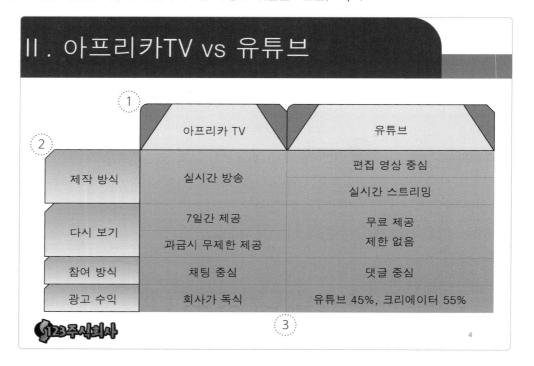

《세부 조건》
① 상단 도형 : 2개 도형의 조합으로 작성
② 좌측 도형 : 그라데이션 효과(선형 아래쪽)
③ 표 스타일 : 테마 스타일 1 – 강조 1

★ **과정 미리보기**   표 삽입 및 스타일 지정 ➜ 상단 도형 삽입 후 복사 ➜ 좌측 도형 삽입(그라데이션 지정) 후 복사

01 표 삽입하기

(1) 도형과 표 작성 기능을 이용하여 슬라이드를 작성한다(글꼴 : 돋움, 18pt).
《세부 조건》
③ 표 스타일 : 테마 스타일 1 – 강조 1

1. 표 삽입하기

❶ 05차시(문제).pptx 파일을 실행한 후 [슬라이드 4]를 선택하여 슬라이드 제목을 입력합니다.

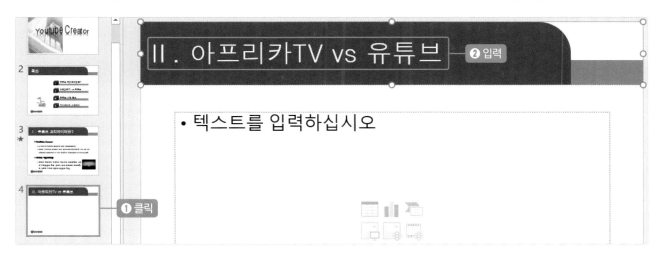

❷ 표를 삽입하기 위해 [삽입] 탭-[표] 그룹에서 [표(▦)]를 클릭합니다. 이어서, 2x6 표 크기를 선택한 후 클릭하여 표를 삽입합니다.

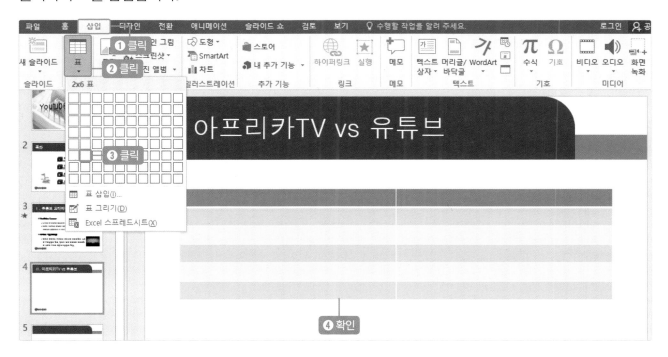

레벨업 📈 표를 삽입하는 다양한 방법

표를 삽입하는 방법은 다양하기 때문에 편한 방법을 사용하여 표를 작성할 수 있습니다.

❶ [삽입] 탭-[표 그룹]에서 [표(▦)]-[표 삽입]을 클릭합니다. [표 삽입] 대화상자가 나타나면 '열 개수(2)'와 '행 개수(6)'를 입력한 후 <확인>을 클릭합니다.

　※ 열은 표의 가로 칸의 개수를, 행은 표의 세로 줄의 개수를 입력합니다.

❷ 슬라이드 중앙의 [개체 삽입 아이콘]에서 [표 삽입(▦)] 아이콘을 클릭하여 [표 삽입] 대화상자가 나타나면 '열 개수'와 '행 개수'를 입력하여 표를 삽입합니다.

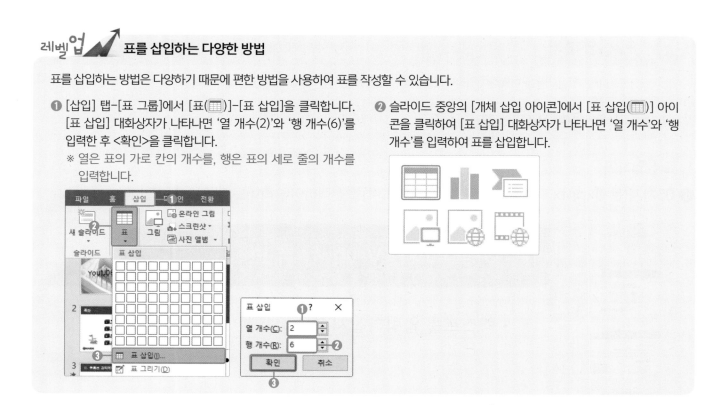

2. 스타일 지정하기　　　– 표 스타일 : 테마 스타일 1 – 강조 1

❶ 표가 삽입되면 표 스타일을 적용하기 위해 [표 도구-디자인] 탭-[표 스타일] 그룹에서 자세히 버튼(▼)을 클릭한 후 [테마 스타일 1 – 강조 1]을 선택합니다.

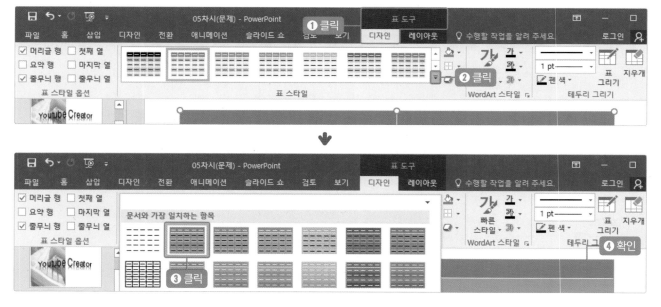

시험꿀팁

표 스타일은 '테마 스타일 1 – 강조 1' ~ '테마 스타일 1 – 강조 6'이 주로 출제됩니다.

❷ 스타일이 변경되면 표가 선택된 상태에서 [표 도구-디자인] 탭-[표 스타일 옵션] 그룹에서 **머리글 행**과 **줄무늬 행**의 체크(✓)를 해제하여 행의 구분을 없앱니다.

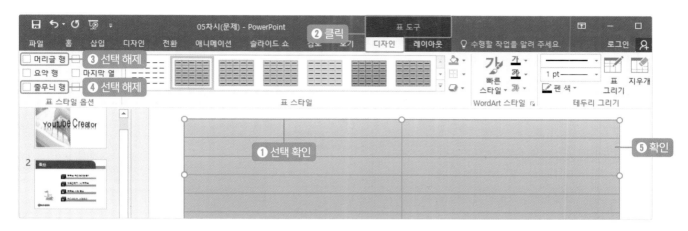

3. 표의 크기 조절 및 셀 병합하기   – 별도의 지시사항이 없을 경우 출력형태를 참조하여 작업

❶ 표 주변에 나타난 조절점(◯)을 드래그하여 아래 그림과 같이 크기를 조절합니다. 이어서, 표의 테두리를 드래그하여 위치를 변경합니다.

✚ · 마우스 포인터가 ⬉ 모양일 때 드래그하여 표의 크기를 조절할 수 있습니다.
　· 마우스 포인터가 ✥ 모양일 때 드래그하여 표의 위치를 이동할 수 있습니다.

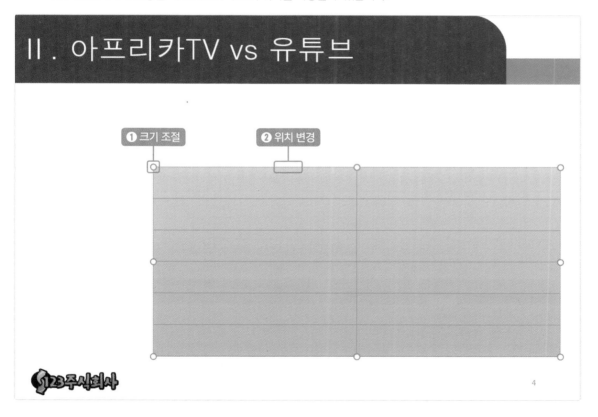

❷ [슬라이드 4] 《표 슬라이드》를 참고하여 병합할 셀을 선택한 후 [표 도구-레이아웃] 탭-[병합] 그룹에서
[셀 병합]을 클릭합니다.

➕ 병합할 셀을 선택한 후 마우스 오른쪽 버튼을 클릭하여 바로 가기 메뉴에서 [셀 병합]을 클릭해도 됩니다.

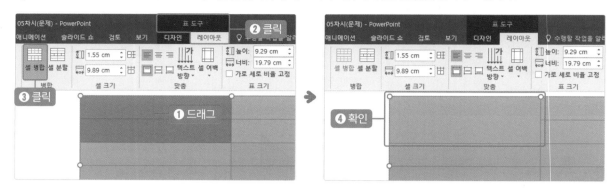

❸ 같은 방법으로 오른쪽 열의 3~4행도 셀을 병합합니다.

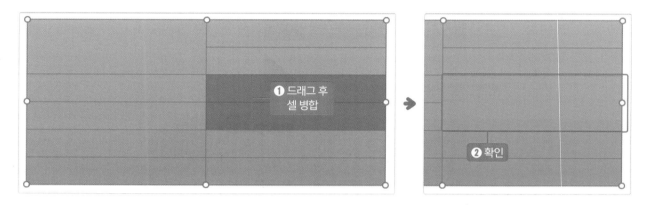

 **셀 분할하기**

표를 만들 때 '셀 병합' 보다 '셀 분할'이 더 편리한 경우가 있기 때문에 사용 방법을 함께 알아두는 것이 좋습니다.

❶ 분할하려는 셀 안에 커서를 두고 [표 도구-레이아웃] 탭-[병합] 그룹에서 [셀 분할(▦)]을 클릭합니다.

※ 셀 안에서 마우스 오른쪽 버튼을 클릭하여 바로 가기 메뉴에서 [셀 분할]을 클릭해도 됩니다.

❷ [셀 분할] 대화상자가 나타나면 분할하려는 열이나 행의 개수를 입력한 후 <확인>을 클릭합니다.

※ 셀 분할 시 '열 개수'는 셀을 세로(칸)로 분할하고, 행 개수는 셀을 가로(줄)로 분할합니다.

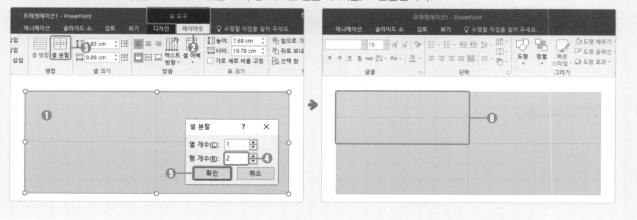

4. 데이터 입력 및 서식 지정하기   － 글꼴 : 돋움, 18pt

❶ [슬라이드 4]《표 슬라이드》를 참고하여 표 안에 데이터를 입력합니다.

➕ 표 안에서 셀을 이동할 때는 Tab 또는 방향키(↑, ↓, ←, →)를 이용하여 각각의 셀에 데이터를 입력합니다.

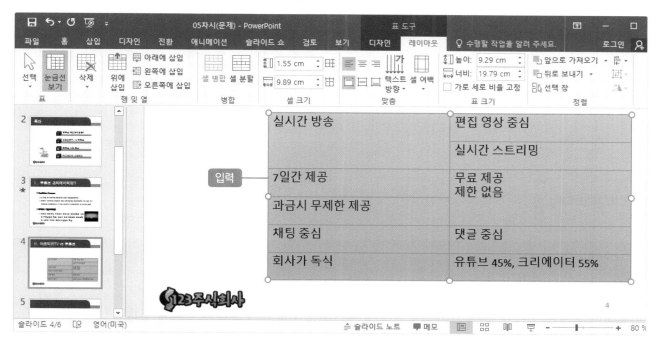

❷ 표의 테두리를 선택한 후 [홈] 탭-[글꼴] 그룹에서 **글꼴(돋움), 글꼴 크기(18pt)**를 지정합니다.

➕ 셀 내용 전체를 블록으로 지정한 후 글꼴 서식을 변경해도 결과는 동일합니다.

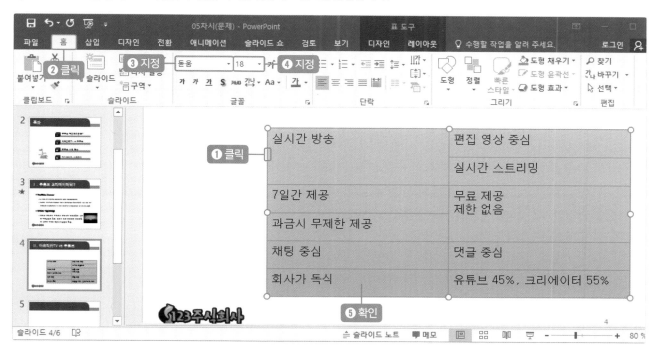

❸ 표 전체 글꼴 서식이 변경되면 [홈] 탭-[단락] 그룹에서 **가운데 맞춤(≡)**을 클릭하고, [텍스트 맞춤]에서 **중간(▭)**을 선택한 후 [줄 간격]을 1.5로 지정합니다.

➕ 텍스트 맞춤과 줄 간격에 대한 별도의 지시사항은 없지만 문제지의 [슬라이드 4]《표 슬라이드》를 참고하여 동일하게 작성합니다. 단, 줄 간격은 채점 기준과 무관하기 때문에 변경하지 않아도 됩니다.

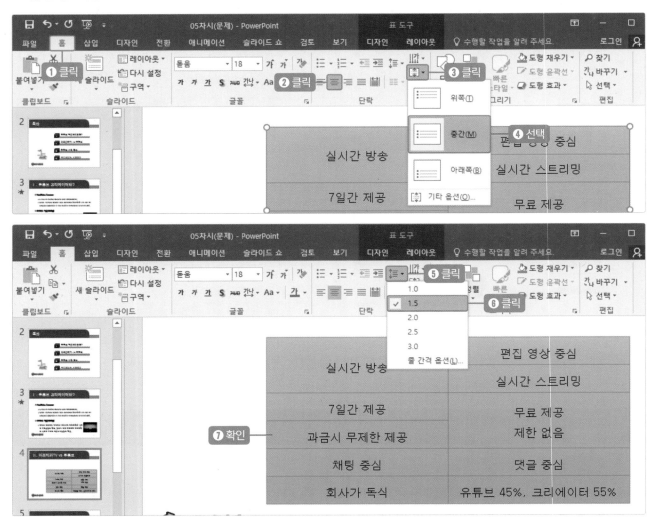

❹ 열의 너비를 조절하기 위해 열 사이의 구분선을 왼쪽으로 드래그합니다.

➕ 열 사이의 구분선에 마우스 포인터를 위치시키면 ◀▶ 모양으로 바뀌며, 해당 구분선을 기준으로 왼쪽과 오른쪽 셀의 너비를 변경할 수 있습니다.

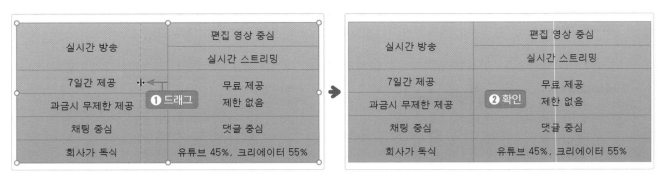

02 상단 도형 삽입하기

(1) 도형과 표 작성 기능을 이용하여 슬라이드를 작성한다(글꼴 : 돋움, 18pt).
《세부 조건》
① 상단 도형 : 2개 도형의 조합으로 작성

1. 뒤쪽 도형 삽입하기

❶ 상단 도형 중 뒤쪽 도형을 삽입하기 위해 [삽입] 탭-[일러스트레이션] 그룹에서 [도형(⬦)]-[사각형]-[한쪽 모서리는 잘리고 다른 쪽 모서리는 둥근 사각형(▱)]을 클릭하여 도형을 그립니다.

➕ [슬라이드 4]《표 슬라이드》를 참고하여 도형의 크기 및 위치를 조절합니다.

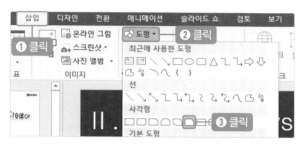 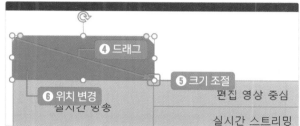

❷ 도형의 윤곽선을 지정하기 위해 [그리기 도구-서식] 탭-[도형 스타일] 그룹에서 [도형 윤곽선]-[검정, 텍스트 1]을 클릭합니다.

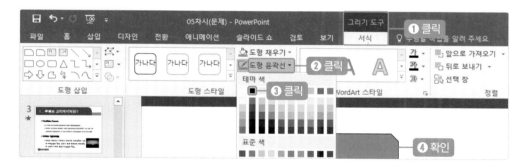

시험꿀팁

[슬라이드 4]《표 슬라이드》의 출력형태를 확인해 보면 도형에 테두리가 적용되어 있기 때문에 '도형 윤곽선'을 임의의 색(예: 검정색)으로 선택합니다.

❸ 윤곽선이 있는 도형 스타일을 계속 유지하기 위해 도형 위에서 마우스 오른쪽 버튼을 클릭하여 [기본 도형으로 설정]을 선택합니다.

➕ 해당 슬라이드부터 작성되는 대부분의 도형은 윤곽선이 표시되기 때문에 윤곽선이 지정된 도형을 '기본 도형으로 설정'한 후 작업을 이어가도록 합니다.

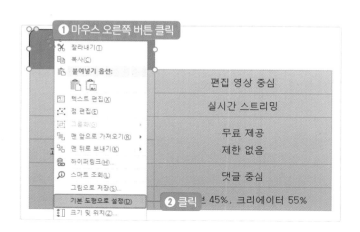

2. 앞쪽 도형 삽입 후 복사하기　　－글꼴 : 돋움, 18pt

❶ 이번엔 앞쪽 도형을 삽입하기 위해 [삽입] 탭-[일러스트레이션] 그룹에서 [도형(⬗)]-[기본 도형]-[사다리꼴(△)]을 클릭하여 도형을 그립니다.

> 💬 앞쪽 도형의 크기 및 위치는 [슬라이드 4]《표 슬라이드》를 참고하여 작업합니다.

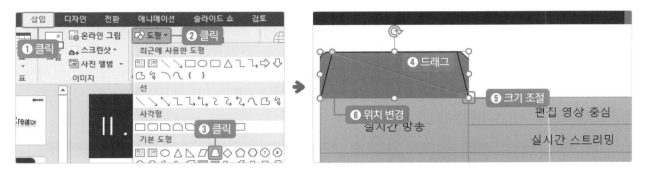

❷ '사다리꼴' 도형의 **노란색 조절점(◉)**을 오른쪽으로 드래그하여 모양을 변형시킵니다.

> 💬 변형된 도형의 모양은 [슬라이드 4]《표 슬라이드》를 참고합니다.

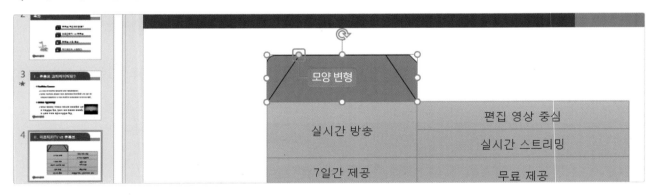

❸ [그리기 도구-서식] 탭-[도형 스타일] 그룹에서 **[도형 채우기]**를 클릭한 후 뒤쪽 도형보다 **연한 색상**을 선택합니다.

시험꿀팁

별도의 지시사항이 없는 상태에서는 도형 채우기의 색상을 임의의 색으로 지정합니다. 단, 현재와 같이 겹치는 도형을 작업할 경우 두 개의 도형이 서로 구분될 수 있도록 다른 색상을 지정하도록 하며, '흰색'과 '검정색'은 선택하지 않습니다.

❹ '사다리꼴' 도형이 선택된 상태에서 **아프리카TV**를 입력한 후 [Esc]를 누릅니다. 이어서, [홈] 탭-[글꼴] 그룹에서 **글꼴(돋움), 글꼴 크기(18pt), 글꼴 색(검정, 텍스트 1)**을 지정합니다.

➕ 《출력형태》를 참고하여 도형에 입력된 텍스트의 색상을 '검정' 또는 '흰색'으로 지정합니다.

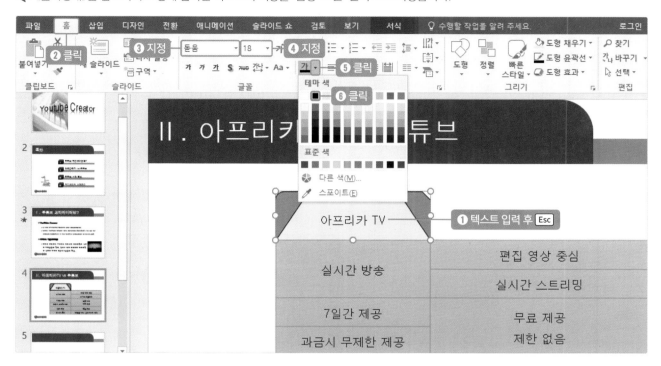

❺ 다음과 같이 겹쳐진 두 개의 도형을 선택한 후 [Ctrl]+[Shift]를 누른 채 오른쪽으로 드래그하여 복사합니다.

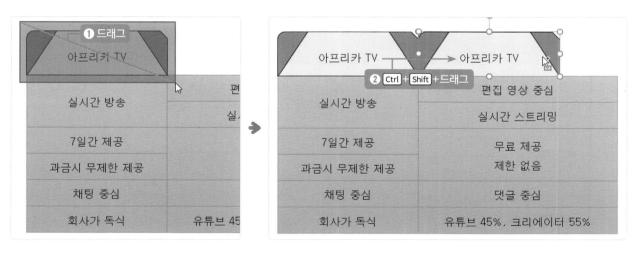

❻ 복사된 도형의 오른쪽 가운데 조절점(○)을 드래그하여 두 개 도형의 가로 너비를 조절한 후 내용을 변경합니다.

➕ 텍스트가 입력된 도형 안쪽을 빠르게 3번 클릭하거나, [Ctrl]+[A]를 누르면 문장 전체를 블록으로 지정할 수 있습니다.

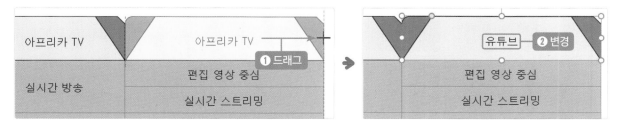

03 좌측 도형 삽입하기

(1) 도형과 표 작성 기능을 이용하여 슬라이드를 작성한다(글꼴 : 돋움, 18pt).
《세부 조건》
② 좌측 도형 : 그라데이션 효과(선형 아래쪽)

1. 도형 삽입하기

❶ 좌측 도형을 삽입하기 위해 [삽입] 탭-[일러스트레이션] 그룹에서 **[도형(⬡)]-[사각형]-[한쪽 모서리가 잘린 사각형(⬜)]**을 클릭하여 도형을 그립니다.

> 💬 ・[슬라이드 4]《표 슬라이드》를 참고하여 좌측 도형의 크기 및 위치를 조절합니다.
>   ・Alt를 누른 채 조절점(○)을 드래그하면 도형의 크기를 세밀하게 조절할 수 있습니다.

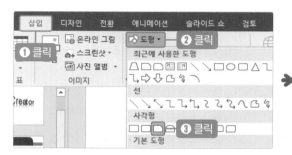 

❷ 삽입된 도형을 좌우 대칭시키기 위해 [그리기 도구-서식] 탭-[정렬] 그룹에서 **[회전(🔄)]-[좌우 대칭]**을 클릭합니다.

> 💬 도형이 선택된 상태에서 [좌우 대칭] 작업을 해야 하며, 만약 도형 선택이 해제되었을 경우에는 다시 도형을 선택합니다.

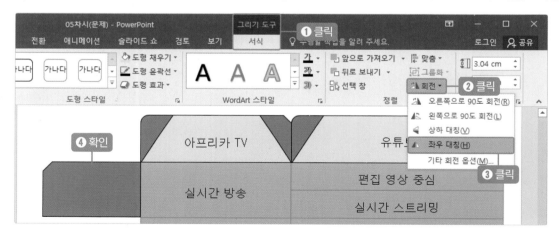

레벨업 📈 도형의 색상

ITQ 시험은 도형의 색상을 지정하는 지시시항이 없기 때문에 문제지를 참고하여 명도(밝고 어두운 정도)로 구분하여 작업합니다.

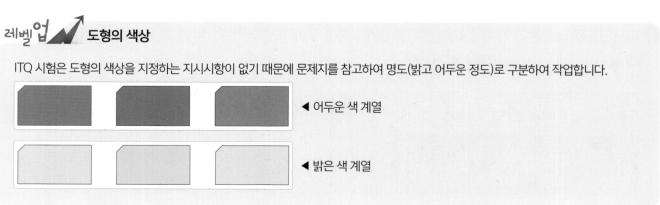

◀ 어두운 색 계열

◀ 밝은 색 계열

2. 그라데이션 적용 후 도형 복사하기   – 좌측 도형 : 그라데이션 효과(선형 아래쪽), 글꼴 : 돋움, 18pt

❶ 그라데이션을 적용하기 위해 [그리기 도구-서식] 탭-[도형 스타일] 그룹에서 **[도형 채우기]-[그라데이션]-[밝은 그라데이션]-[선형 아래쪽]**을 클릭합니다.

> ➕ [밝은 그라데이션]과 [어두운 그라데이션]의 구분은 문제지의 [슬라이드 4]《표 슬라이드》를 참고하여 작업합니다.

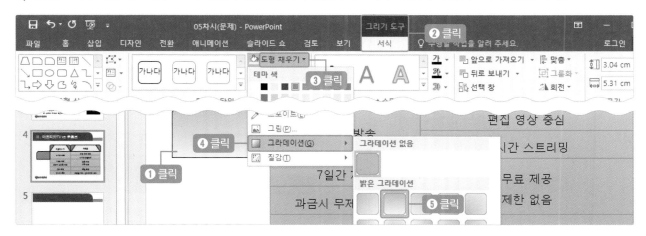

❷ 그라데이션이 적용되면 **제작 방식**을 입력한 후 Esc 를 누릅니다. 이어서, [홈] 탭-[글꼴] 그룹에서 **글꼴(돋움), 글꼴 크기(18pt), 글꼴 색(검정, 텍스트 1)**을 지정합니다.

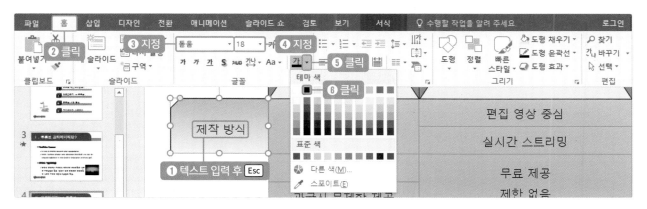

❸ Ctrl + Shift 를 누른 채 작성된 도형을 아래쪽으로 드래그하여 복사한 후 내용을 변경합니다.

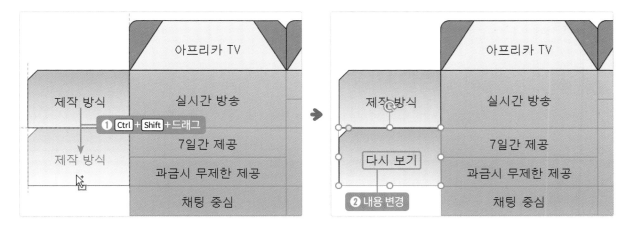

❹ 다시 Ctrl + Shift 를 누른 채 도형을 아래쪽으로 드래그하여 복사한 후 높이를 조절하고 내용을 변경합니다.

➕ 아래쪽 가운데 조절점(○)을 드래그하여 도형의 크기를 조절합니다.

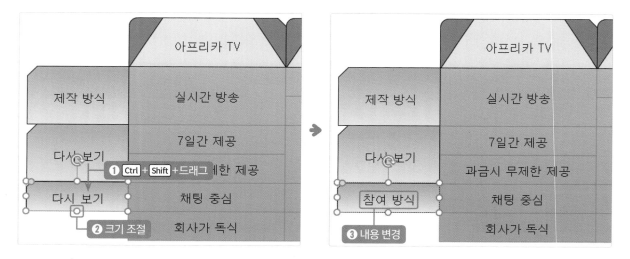

❺ 같은 방법으로 아래쪽에 도형을 복사한 후 내용을 변경합니다.

❻ [슬라이드 4] 작업이 완료되면 Ctrl + S 를 눌러 답안 파일을 저장합니다.

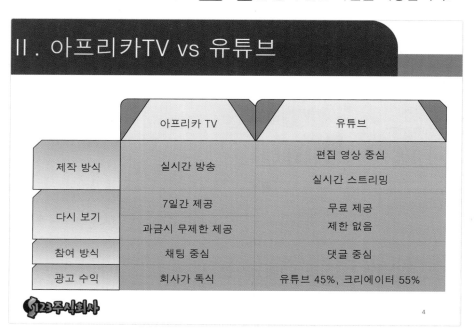

II. 아프리카TV vs 유튜브

	아프리카 TV	유튜브
제작 방식	실시간 방송	편집 영상 중심
		실시간 스트리밍
다시 보기	7일간 제공	무료 제공
	과금시 무제한 제공	제한 없음
참여 방식	채팅 중심	댓글 중심
광고 수익	회사가 독식	유튜브 45%, 크리에이터 55%

레벨업 📈 **텍스트 상자를 활용하여 도형 안쪽에 내용 입력하기**

도형을 삽입한 후 회전을 하게 되면 입력된 내용도 함께 회전됩니다. 이런 경우에는 텍스트 상자를 도형 안쪽에 추가하여 필요한 내용을 입력합니다.

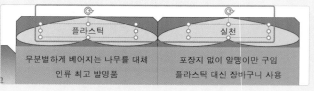

1 《세부 조건》에 맞추어 《표 슬라이드》를 작성해 보세요.

소스파일: 05차시-1(문제).pptx
완성파일: 05차시-1(완성).pptx

(1) 도형과 표 작성 기능을 이용하여 슬라이드를 작성한다(글꼴 : 돋움, 18pt).

《세부 조건》

① 상단 도형 :
   2개 도형의 조합으로 작성

② 좌측 도형 :
   그라데이션 효과(선형 아래쪽)

③ 표 스타일 :
   테마 스타일 1 – 강조 1

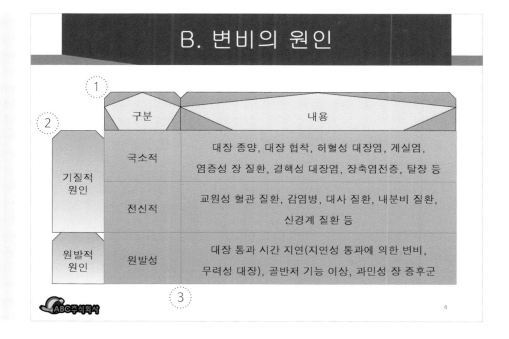

2 《세부 조건》에 맞추어 《표 슬라이드》를 작성해 보세요.

소스파일: 05차시-2(문제).pptx
완성파일: 05차시-2(완성).pptx

(1) 도형과 표 작성 기능을 이용하여 슬라이드를 작성한다(글꼴 : 돋움, 18pt).

《세부 조건》

① 상단 도형 :
   2개 도형의 조합으로 작성

② 좌측 도형 :
   그라데이션 효과(선형 아래쪽)

③ 표 스타일 :
   테마 스타일 1 – 강조 1

II. 국가별 환경 규제 현황

	규제명	분야	내용
EU	WEEK	전자, 자동차	폐기 전자제품 무료 수거
EU	REACH	전 산업분야	원료 유해성 평가
미국	HR 1165	전자	원료 유해성 평가
한국	전기전자제품 및 자동차의 자원순환에 관한 법률	전자, 자동차	6대 유해물질 사용금지 (납, 수은, 카드뮴, 크롬, PBB, PBDE)

123주식회사

4

3 《세부 조건》에 맞추어 《표 슬라이드》를 작성해 보세요.

소스파일: 05차시-3(문제).pptx
완성파일: 05차시-3(완성).pptx

(1) 도형과 표 작성 기능을 이용하여 슬라이드를 작성한다(글꼴 : 돋움, 18pt).

《세부 조건》

① 상단 도형 :
2개 도형의 조합으로 작성

② 좌측 도형 :
그라데이션 효과(선형 아래쪽)

③ 표 스타일 :
테마 스타일 1 - 강조 6

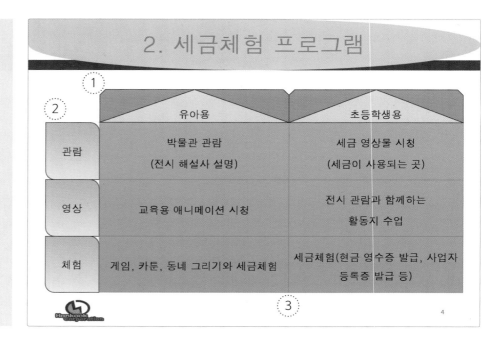

4 《세부 조건》에 맞추어 《표 슬라이드》를 작성해 보세요.

소스파일: 05차시-4(문제).pptx
완성파일: 05차시-4(완성).pptx

(1) 도형과 표 작성 기능을 이용하여 슬라이드를 작성한다(글꼴 : 돋움, 18pt).

《세부 조건》

① 상단 도형 :
2개 도형의 조합으로 작성

② 좌측 도형 :
그라데이션 효과(선형 아래쪽)

③ 표 스타일 :
테마 스타일 1 - 강조 4

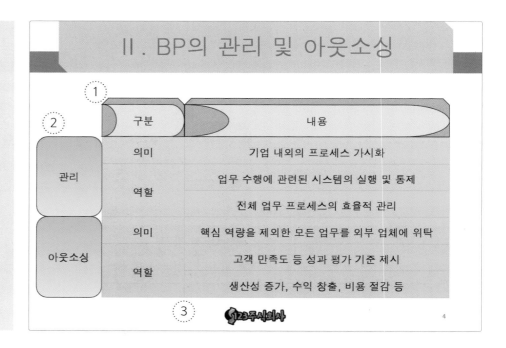

5 《세부 조건》에 맞추어 《표 슬라이드》를 작성해 보세요.

소스파일: 05차시-5(문제).pptx
완성파일: 05차시-5(완성).pptx

(1) 도형과 표 작성 기능을 이용하여 슬라이드를 작성한다(글꼴 : 굴림, 18pt).

《세부 조건》

① 상단 도형 :
   2개 도형의 조합으로 작성

② 좌측 도형 :
   그라데이션 효과(선형 아래쪽)

③ 표 스타일 :
   테마 스타일 1 – 강조 6

2. 고혈압 종류별 주요 원인

	수축기 혈압 이완기 혈압	주요 원인	개선법
정상	120 미만 80 미만	식사성 요인, 지방 및 알코올 과잉섭취	포화지방산과 지방의 섭취를 줄이고, 저염식과 채소, 저지방 유제품 섭취, 절주와 매일 30분 이상 유산소 운동
고혈압 전 단계	120 ~ 139 80 ~ 89	60세 이후 노년층 약물 요인	
고혈압 1단계	140 ~ 159 90 ~ 99	고지혈증, 당뇨병	
고혈압 2단계	160 이상 100 이상	심혈관 질환 가족력(유전), 흡연	

ABC주식회사

4

---

6 《세부 조건》에 맞추어 《표 슬라이드》를 작성해 보세요.

소스파일: 05차시-6(문제).pptx
완성파일: 05차시-6(완성).pptx

(1) 도형과 표 작성 기능을 이용하여 슬라이드를 작성한다(글꼴 : 돋움, 18pt).

《세부 조건》

① 상단 도형 :
   2개 도형의 조합으로 작성

② 좌측 도형 :
   그라데이션 효과(선형 아래쪽)

③ 표 스타일 :
   테마 스타일 1 – 강조 6

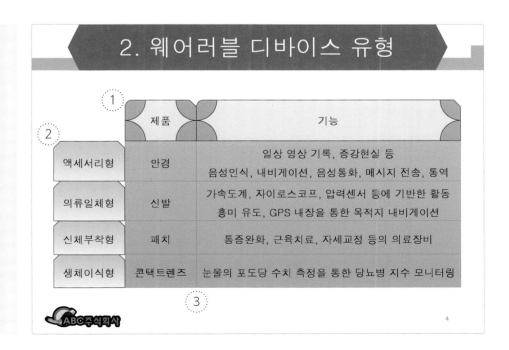

2. 웨어러블 디바이스 유형

	제품	기능
액세서리형	안경	일상 영상 기록, 증강현실 등 음성인식, 내비게이션, 음성통화, 메시지 전송, 통역
의류일체형	신발	가속도계, 자이로스코프, 압력센서 등에 기반한 활동 흥미 유도, GPS 내장을 통한 목적지 내비게이션
신체부착형	패치	통증완화, 근육치료, 자세교정 등의 의료장비
생체이식형	콘택트렌즈	눈물의 포도당 수치 측정을 통한 당뇨병 지수 모니터링

ABC주식회사

4

[슬라이드 5] 차트 슬라이드
(100점)

- 차트를 삽입한 후 필요한 데이터를 입력합니다.
- 차트의 레이아웃을 변경한 후 차트를 편집합니다.
- 도형을 삽입한 후 스타일을 지정합니다.

출제 유형 미리보기

소스파일: 06차시(문제).pptx 완성파일: 06차시(완성).pptx

[슬라이드 5]《차트 슬라이드》

(1) 차트 작성 기능을 이용하여 슬라이드를 작성한다.

(2) 차트 : 종류(묶은 세로 막대형), 글꼴(돋움, 16pt), 외곽선

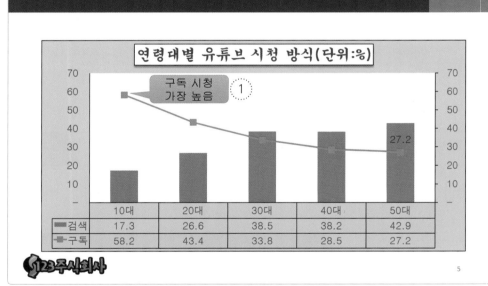

《세부 조건》

※ 차트 설명
- 차트 제목 : 궁서, 24pt, 굵게, 채우기(흰색), 테두리, 그림자(오프셋 아래쪽)
- 차트 영역 : 채우기(노랑), 그림 영역 : 채우기(흰색)
- 데이터 서식 : 구독 계열을 표식이 있는 꺾은선형으로 변경 후 보조 축으로 지정
- 값 표시 : 50대의 구독 계열만

① 도형 삽입
  - 스타일 : 미세 효과 – 파랑, 강조 1
  - 글꼴 : 굴림, 18pt

⭐ **과정 미리보기**   차트 삽입 및 데이터 입력 ➔ 차트 레이아웃 변경 ➔ 차트 세부 조건 설정 ➔ 도형 삽입

01 차트 작성하기

(1) 차트 작성 기능을 이용하여 슬라이드를 작성한다.
(2) 차트 : 종류(묶은 세로 막대형), 글꼴(돋움, 16pt), 외곽선
《세부 조건》
  • 데이터 서식 : 구독 계열을 표식이 있는 꺾은선형으로 변경 후 보조 축으로 지정

1. 차트 삽입하기

❶ 06차시(문제).pptx 파일을 실행한 후 [슬라이드 5]를 선택하여 슬라이드 제목을 입력합니다.

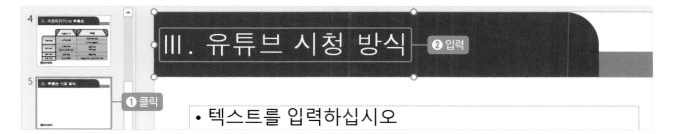

❷ 차트를 삽입하기 위해 [삽입] 탭-[일러스트레이션] 그룹에서 [차트(📊)]를 클릭합니다.

❸ [차트 삽입] 대화상자가 나타나면 [콤보]를 클릭하고 **계열1**은 **묶은 세로 막대형**을 선택합니다. 이어서, **계열2는 표식이 있는 꺾은선형**을 선택하고, **보조 축**을 체크한 후 <확인>을 클릭합니다.

> ➕ · 슬라이드 중앙의 [개체 삽입 아이콘]에서 [차트 삽입(📊)] 아이콘을 클릭해도 [차트 삽입] 대화상자가 나타납니다.
> · '계열 3'은 삭제할 것이므로 기본 값 그대로 둡니다.

시험꿀팁

• 차트 모양은 '묶은 세로 막대형'이 고정적으로 출제되며, 특정 계열을 '표식이 있는 꺾은선형'으로 변경한 후 보조 축으로 지정해야 합니다.
• [콤보]-[사용자 지정 조합]을 이용하여 차트를 작성하면 계열별로 차트의 종류와 보조 축을 한 번에 지정할 수 있어 편리합니다.

2. 데이터 입력하기

❶ 차트가 삽입되면서 워크시트가 나타나면 채우기 핸들(➕)을 아래로 드래그하여 항목을 5개로 만듭니다.

➕ 데이터 입력에 필요한 항목(10대~50대)과 계열(검색, 구독)은 [슬라이드 5] 《차트 슬라이드》를 참고하여 작업합니다.

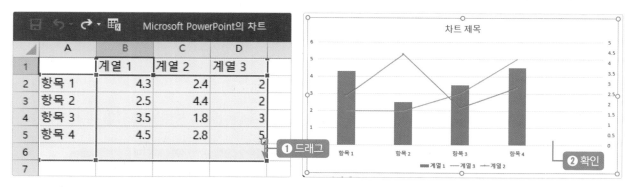

❷ 계열은 **검색**과 **구독** 계열 뿐이므로 채우기 핸들(➕)을 왼쪽으로 드래그하여 계열을 2개로 만듭니다.

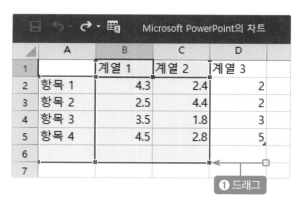

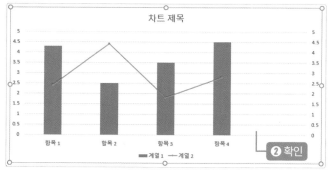

❸ 불필요한 [D1:D5] 영역을 드래그한 후 (Delete)를 눌러 삭제합니다.

➕ 차트에 사용할 데이터 범위를 정확하게 지정했다면 불필요한 영역을 삭제하지 않아도 결과는 동일합니다.

❹ [슬라이드 5] 《차트 슬라이드》를 참고하여 데이터를 입력한 후 워크시트의 <닫기(❌)>를 클릭합니다.

➕ · 차트 아래 '데이터 표'를 참고하여 내용을 입력하며, Tab 또는 키보드 방향키(↑, ↓, ←, →)를 눌러 다른 셀로 이동합니다.
　　· 워크시트를 닫은 후에 입력된 데이터를 수정하려면 [차트 도구]–[디자인] 탭–[데이터] 그룹에서 [데이터 편집(✏)]을 클릭합니다.

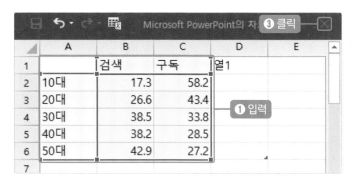
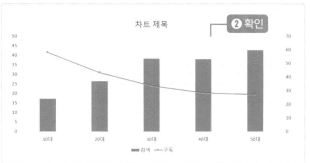

레벨업 📈 워크시트에서 데이터 서식 지정하기

소스파일: 데이터 서식.pptx

다음과 같이 천 단위마다 쉼표(,)가 표시되거나, % 값을 소수 첫째 자리까지 표시하도록 문제가 출제될 수도 있으므로 데이터 서식을 지정하는 방법을 알아두어야 합니다.

	항목 1	항목 2	항목 3	항목 4	항목 5
▬ 계열 1	5,780	3,015	1,873	5,484	3,451
◆ 계열 2	52.5%	20.5%	13.1%	44.5%	62.8%

❶ 입력된 데이터에 천 단위마다 쉼표를 표시하기 위해 [B2:B6] 영역을 드래그하여 범위로 지정하고 Ctrl + 1 을 누릅니다.

➕ 입력된 데이터를 수정하려면 [차트 도구]–[디자인] 탭–[데이터] 그룹에서 [데이터 편집(✏)]을 클릭합니다.

❷ [셀 서식] 대화상자가 나타나면 [표시 형식] 탭에서 '범주'는 '숫자'를 선택하고, '1000 단위 구분 기호(,) 사용'에 체크한 후 <확인>을 클릭합니다.

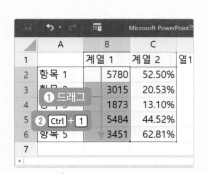

❸ 이번에는 백분율의 소수 첫째 자리까지 표시하기 위해 다음과 같이 범위를 지정하고 Ctrl + 1 을 누릅니다.

❹ [셀 서식] 대화상자가 나타나면 [표시 형식] 탭에서 '범주'는 '백분율'을 선택하고, '소수 자릿수'를 '1'로 지정한 후 <확인>을 클릭합니다.

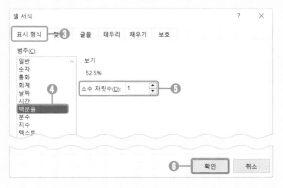

3. 차트 전체 글꼴 및 테두리 설정하기   – 글꼴(돋움, 16pt), 외곽선

❶ 차트가 선택된 상태에서 [홈] 탭-[글꼴] 그룹에서 **글꼴(돋움), 글꼴 크기(16pt)**를 지정합니다.

❷ 차트의 테두리에 서식을 설정하기 위해 [차트 도구-서식] 탭-[도형 스타일] 그룹에서 **[도형 윤곽선]-[검정, 텍스트 1]**을 클릭합니다.

> ➕ 차트의 테두리 색상은 별도의 지시사항이 없기 때문에 문제지의 [슬라이드 5]《차트 슬라이드》를 참고하여 '검정, 텍스트 1'로 지정합니다.

 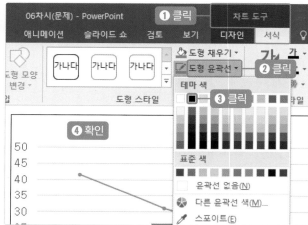

레벨업 📈 차트 구성 요소

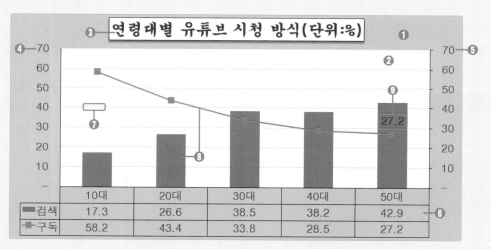

	10대	20대	30대	40대	50대
검색	17.3	26.6	38.5	38.2	42.9
구독	58.2	43.4	33.8	28.5	27.2

❶ 차트 영역   ❷ 그림 영역   ❸ 차트 제목   ❹ 세로(값) 축   ❺ 보조 세로(값) 축
❻ 데이터 표   ❼ 눈금선   ❽ 데이터 계열   ❾ 데이터 레이블

• [차트 도구-서식] 탭-[현재 선택 영역] 그룹에서 [차트 요소(차트 영역 ▾)]를 클릭하면 차트 각각의 구성 요소를 빠르게 선택할 수 있습니다.

(02) 차트 레이아웃 변경하기

❶ 차트 레이아웃을 변경하기 위해 차트가 선택된 상태에서 [차트 도구-디자인] 탭-[차트 레이아웃] 그룹에서 **[빠른 레이아웃(📊)]-[레이아웃 5]**를 클릭합니다.

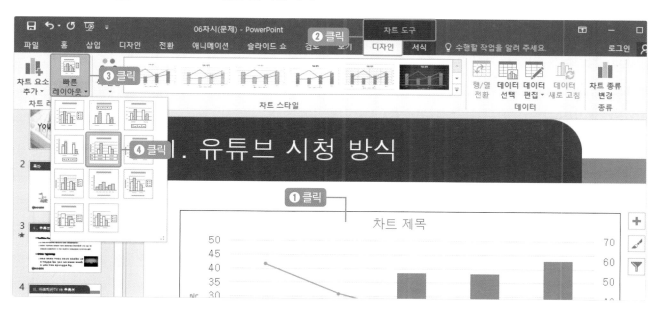

시험꿀팁

[슬라이드 5]《차트 슬라이드》출력형태와 같이 차트 아래쪽에 데이터 표를 표시하기 위해서는 [레이아웃 5]를 선택하여 작업하는 것이 편리합니다.

❷ 차트의 레이아웃이 변경되면 왼쪽 '축 제목'을 삭제하기 위해 **축 제목**을 클릭한 후 Delete 를 누릅니다.

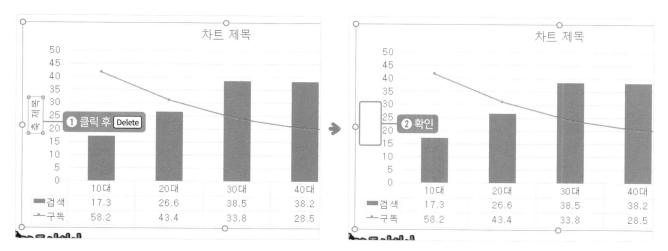

《세부 조건》
• 차트 제목 : 궁서, 24pt, 굵게, 채우기(흰색), 테두리, 그림자(오프셋 아래쪽)
• 차트 영역 : 채우기(노랑), 그림 영역 : 채우기(흰색)
• 값 표시 : 50대의 구독 계열만

1. 차트 제목 서식 지정하기

❶ 차트 제목을 클릭한 후 **차트 제목** 텍스트를 블록으로 지정합니다. 이어서, 제목(**연령대별 유튜브 시청 방식(단위:%)**)를 입력한 후 Esc 를 누릅니다.

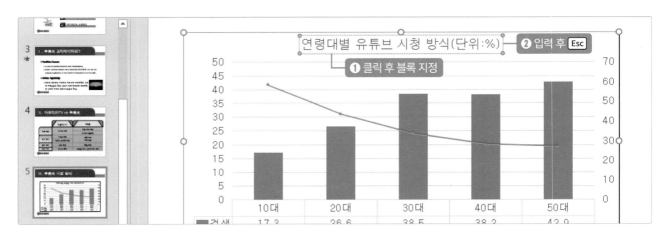

❷ 글꼴 서식을 변경하기 위해 [홈] 탭-[글꼴] 그룹에서 **글꼴(궁서), 글꼴 크기(24pt), 글꼴 스타일(굵게)**을 지정합니다.

➕ 차트 제목 선택이 해제되었을 경우 차트 제목의 테두리를 클릭하여 선택합니다.

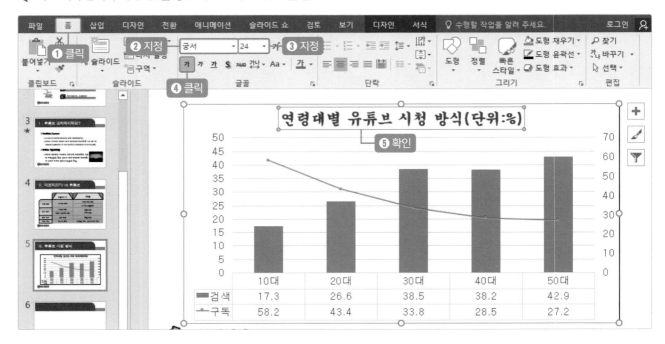

❸ 차트 제목에 서식을 지정하기 위해 [차트 도구-서식] 탭-[도형 스타일] 그룹에서 [도형 채우기]-[흰색, 배경 1]을 선택한 후 [도형 윤곽선]-[검정, 텍스트 1]을 클릭합니다.

💬 차트 제목의 테두리 색상은 별도의 지시사항이 없기 때문에 문제지의 [슬라이드 5] 《차트 슬라이드》를 참고하여 '검정, 텍스트 1'로 지정합니다.

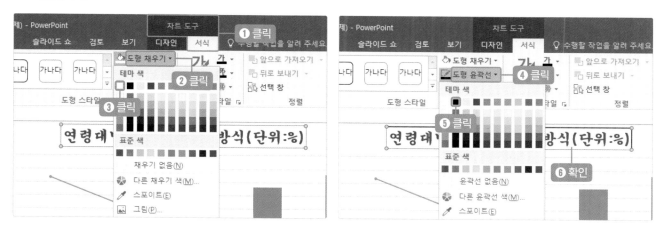

❹ 마지막으로 차트 제목에 그림자 효과를 지정하기 위해 [차트 도구-서식] 탭-[도형 스타일] 그룹에서 [도형 효과]-[그림자]-[바깥쪽-오프셋 아래쪽]을 클릭합니다.

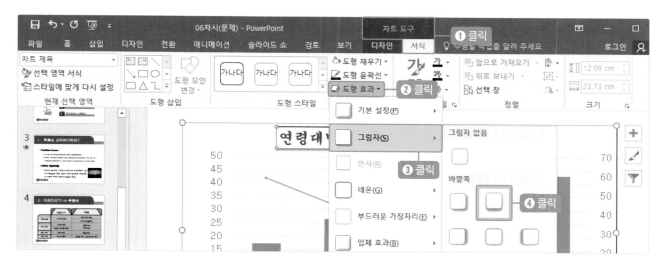

❺ 차트 제목 작업이 완료되면 [슬라이드 5] 《차트 슬라이드》와 비교하여 결과가 같은지 확인합니다.

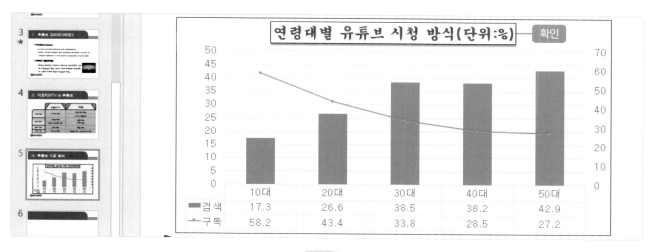

2. 차트 영역 및 그림 영역 서식 지정하기   – 차트 영역 : 채우기(노랑), 그림 영역 : 채우기(흰색)

❶ 차트 영역에 색상을 채우기 위해 차트의 테두리를 선택하고 [차트 도구–서식] 탭–[도형 스타일] 그룹에서 **[도형 채우기]–[노랑]**을 클릭합니다.

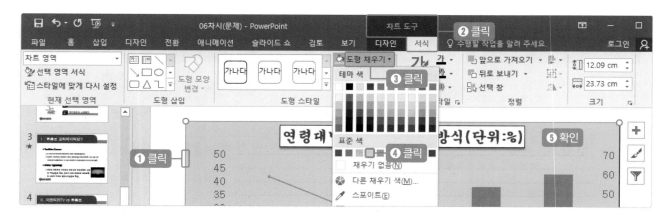

❷ 이어서, 그림 영역을 선택하고 [차트 도구–서식] 탭–[도형 스타일] 그룹에서 **[도형 채우기]–[흰색, 배경 1]**을 클릭합니다.

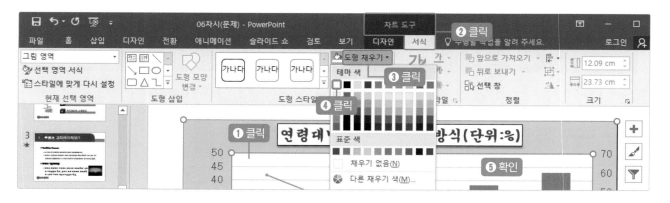

3. 표식의 형식과 크기 변경하기   – 별도의 지시사항이 없을 경우 출력형태를 참조하여 작업

❶ 꺾은선형 그래프의 표식을 설정하기 위해 꺾은선형 그래프 위에서 마우스 오른쪽 버튼을 클릭하여 **[데이터 계열 서식]**을 선택합니다.

➕ 꺾은선형 그래프 계열을 선택하기가 어려운 경우에는 화면 우측 아래에 있는 '확대/축소' 기능을 이용합니다.

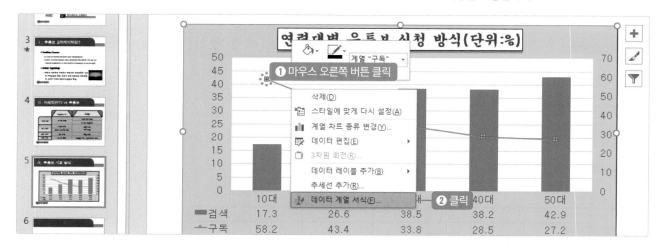

❷ [데이터 계열 서식] 작업창이 활성화되면 [채우기 및 선(🖌)]-[표식]-[표식 옵션]에서 **기본 제공**을 클릭합니다.

❸ **형식을 문제지와 동일하게 선택하고, 크기를 임의의 크기(10)로 지정한 후 <닫기(✖)>를 클릭합니다.**

> 🔲 [슬라이드 5]《차트 슬라이드》를 참고하여 '표식'의 형식을 선택하고, '크기'를 '10'정도로 지정합니다.

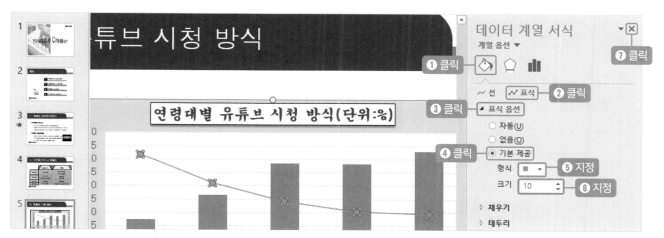

4. 값 표시하기   – 값 표시 : 50대의 구독 계열만

❶ '구독' 계열의 '50대' 요소에만 값을 표시하기 위해 **구독** 계열을 클릭하여 전체를 선택한 후 **50대** 요소만 다시 선택합니다.

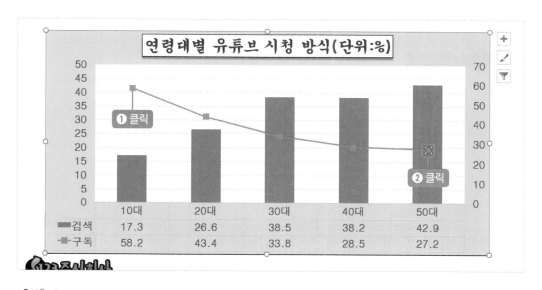

	10대	20대	30대	40대	50대
검색	17.3	26.6	38.5	38.2	42.9
구독	58.2	43.4	33.8	28.5	27.2

시험꿀팁

데이터 레이블(값 표시)은 특정 계열 요소 하나에만 값을 표시하는 문제가 출제되기도 하고, 해당 계열 전체에 값을 표시하는 문제가 출제되기도 합니다.

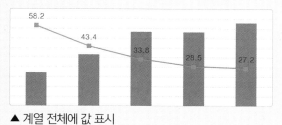

▲ 계열 전체에 값 표시   ▲ 요소 하나에만 값 표시

❷ 50대 요소 위쪽에 데이터 레이블을 넣기 위해 [차트 도구-디자인] 탭-[차트 레이아웃] 그룹에서 [**차트 요소 추가(****)**]-[**데이터 레이블**]-[**위쪽**]을 클릭합니다.

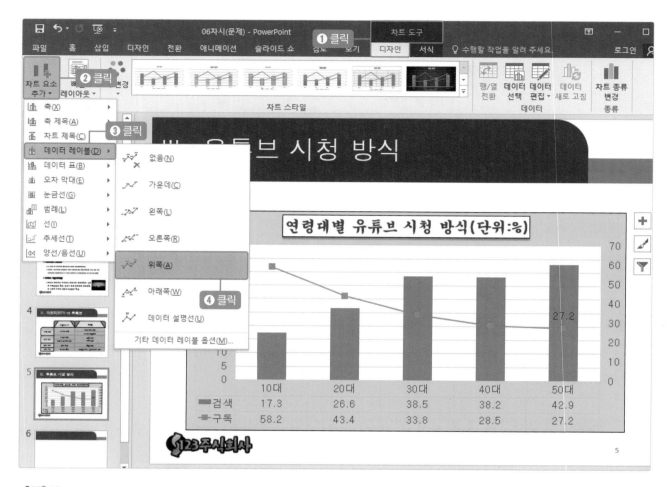

❸ 데이터 레이블이 구독 계열의 50대 요소 위쪽에 추가됩니다.

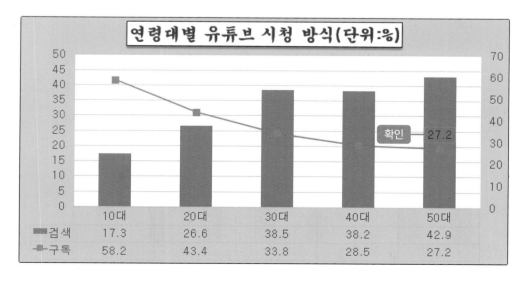

5. 축 서식 지정하기 – 별도의 지시사항이 없을 경우 출력형태를 참조하여 작업

❶ 문제지의 [슬라이드 5] 《차트 슬라이드》를 확인해 보면 세로(값) 축의 표시 결과가 현재 차트와 다르기 때문에 축 서식을 변경해야 합니다.

❷ 축 서식을 설정하기 위해 **세로 축(값)** 위에서 마우스 오른쪽 버튼을 클릭하여 **[축 서식]**을 선택합니다.

➕ 세로(값) 축을 더블 클릭해도 오른쪽에 [축 서식] 작업창이 활성화됩니다.

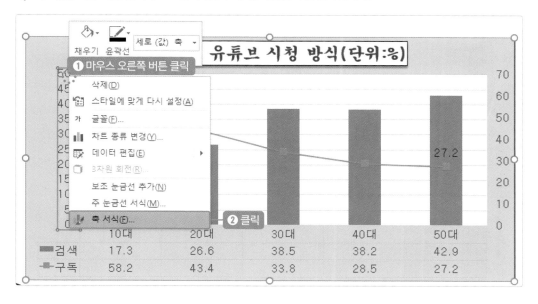

❸ [축 서식] 작업창의 [축 옵션]에서 **경계-최대** 값에 **70**을 입력하고, **단위-주** 값에 **10**을 입력합니다.

❹ 최소값인 '0'을 '-'로 표시하기 위해 [표시 형식]에서 **범주**를 **회계**로 지정한 후 **기호**를 **없음**으로 선택합니다.

❺ 축에 실선을 표시하기 위해 [채우기 및 선(🖌)]-[선]에서 **실선**을 클릭한 후 **색(검정, 텍스트 1)**을 선택합니다.

➕ [슬라이드 5] 《차트 슬라이드》의 차트 그림을 참고하여 축 서식을 작업하며, 다음 작업을 위해 [축 서식] 작업창을 닫지 않습니다.

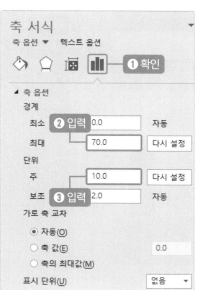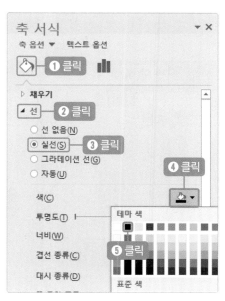

❻ 오른쪽 보조 세로(값) 축을 설정하기 위해 [축 서식] 작업창이 열린 상태에서 보조 축을 클릭한 후 [선]에서 **실선**을 선택하고 색을 **검정, 텍스트 1**로 지정합니다.

❼ 이어서, [축 옵션(▮▮)]-[표시 형식]에서 **범주**를 **회계**로 지정한 후 **기호**를 **없음**으로 선택합니다.

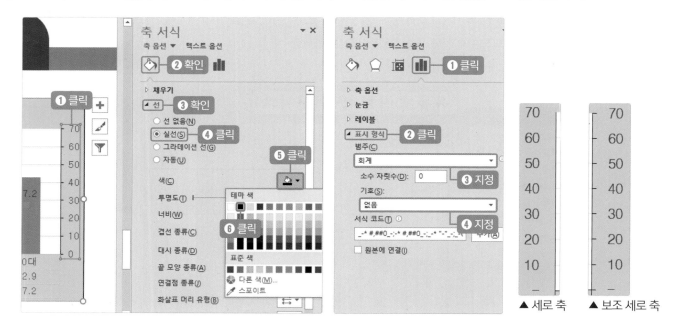

▲ 세로 축   ▲ 보조 세로 축

6. 눈금선 삭제 및 데이터 표 테두리 지정하기   – 별도의 지시사항이 없을 경우 출력형태를 참조하여 작업

❶ 차트에 표시된 눈금선을 없애기 위해 주 눈금선을 클릭합니다. [주 눈금선 서식] 작업창이 표시되면 [채우기 및 선(◇)]-[선]에서 **선 없음**을 선택합니다.

💬 [차트 도구-디자인] 탭-[차트 레이아웃] 그룹에서 [차트 요소 추가]-[눈금선]-[기본 주 가로]를 클릭해도 주 눈금선을 삭제할 수 있습니다.

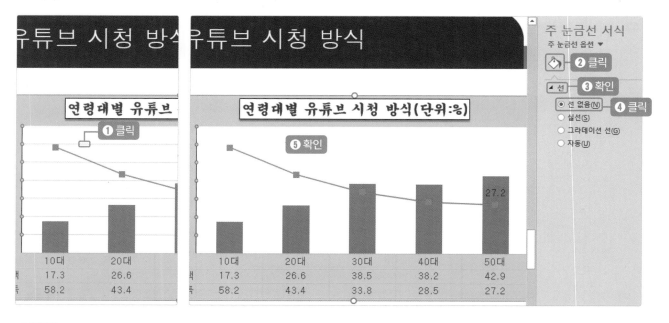

시험꿀팁

차트 삽입 시 눈금선이 기본으로 세팅되기 때문에 [슬라이드 5]《차트 슬라이드》와 동일하게 작업하기 위해서는 주 눈금선 옵션을 '선 없음'으로 지정하도록 합니다.

❷ 마지막으로 데이터 표를 클릭한 후 [데이터 표 서식] 작업창의 [표 옵션]-[채우기 및 선(◇)]-[테두리]에서
실선을 선택합니다. 이어서, 색을 **검정, 텍스트 1**로 선택한 후 <닫기(✖)>를 클릭합니다.

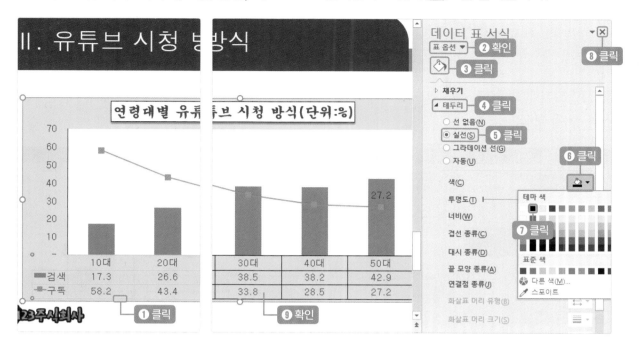

❸ 작업이 완료되면 [슬라이드 5] 《차트 슬라이드》와 비교하여 결과가 같은지 확인합니다.

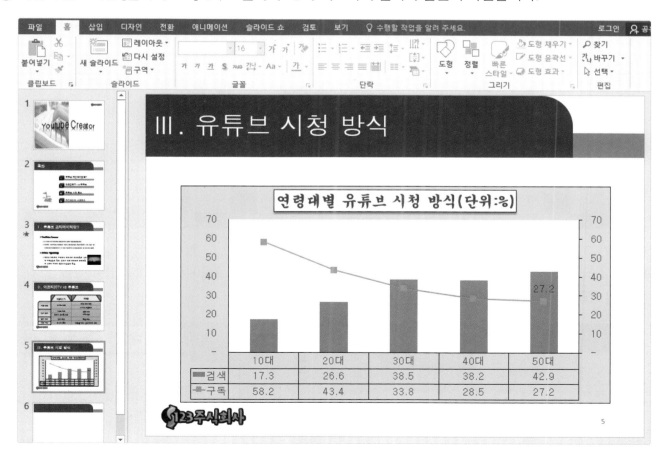

① 도형 삽입
- 스타일 : 미세 효과 - 파랑, 강조 1
- 글꼴 : 굴림, 18pt

❶ 도형을 삽입하기 위해 [삽입] 탭-[일러스트레이션] 그룹에서 [도형(▣)]-[설명선]-[모서리가 둥근 사각형 설명선(◻)]을 클릭합니다.

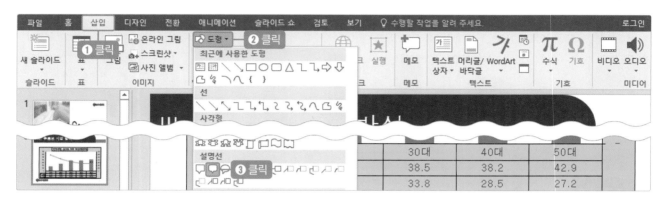

❷ 차트의 그림 영역 안쪽에 도형을 그린 후 조절점(○)으로 크기를 조절하고 위치를 변경합니다. 이어서, 노란색 조절점(○)을 드래그하여 도형의 모양을 변형시킵니다.

➕ 도형의 크기, 위치, 모양은 문제지의 [슬라이드 5]《차트 슬라이드》를 참고하여 작업합니다.

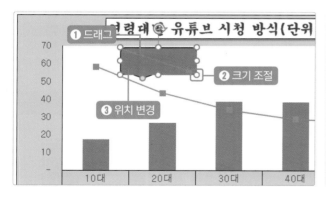
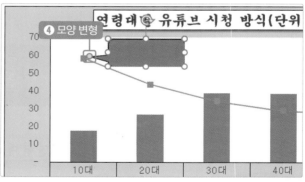

❸ 도형 스타일을 지정하기 위해 [그리기 도구-서식] 탭-[도형 스타일] 그룹에서 자세히 버튼(▾)을 클릭한 후 [미세 효과 - 파랑, 강조 1]을 선택합니다.

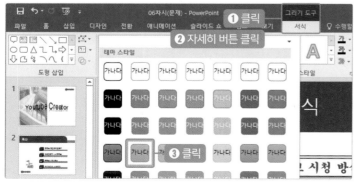

❹ 도형이 선택된 상태에서 텍스트를 입력한 후 Esc를 누릅니다. 이어서, [홈] 탭-[글꼴] 그룹에서 **글꼴(굴림)**, **글꼴 크기(18pt)**를 지정한 후 [단락] 그룹에서 **가운데 맞춤( )**을 클릭합니다.

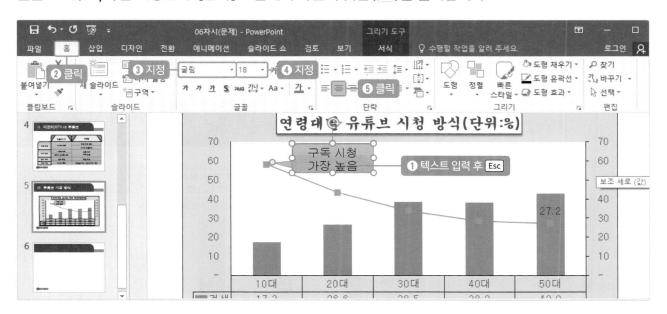

❺ [슬라이드 5] 작업이 완료되면 Ctrl+S를 눌러 답안 파일을 저장합니다.

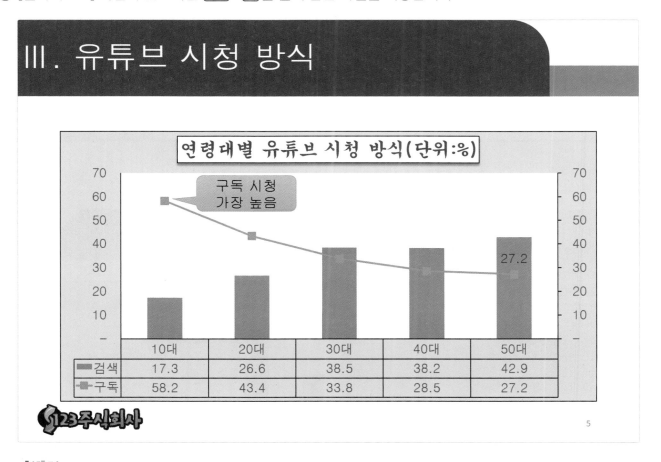

시험꿀팁

차트에 삽입되는 도형의 모양은 다양하게 출제되며, 도형 스타일은 '미세 효과'를 기준으로 여러 가지 색상이 출제되고 있습니다.

1 《세부 조건》에 맞추어 《차트 슬라이드》를 작성해 보세요.

소스파일: 06차시-1(문제).pptx
완성파일: 06차시-1(완성).pptx

(1) 차트 작성 기능을 이용하여 슬라이드를 작성한다.
(2) 차트 : 종류(묶은 세로 막대형), 글꼴(돋움, 16pt), 외곽선

《세부 조건》

※ 차트 설명
· 차트 제목 : 돋움, 20pt, 굵게,
 채우기(흰색), 테두리,
 그림자(오프셋 오른쪽)
· 차트 영역 : 채우기(노랑)
 그림 영역 : 채우기(흰색)
· 데이터 서식 : 여자 계열을 표식이
 있는 꺾은선형으로 변경 후
 보조 축으로 지정
· 값 표시 : 2016년의 여자 계열만

① 도형 삽입
 - 스타일 :
 미세 효과 – 주황, 강조 2
 - 글꼴 : 돋움, 18pt

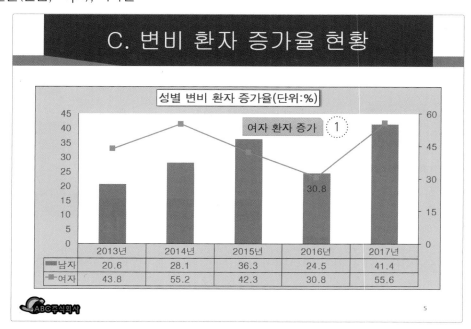

C. 변비 환자 증가율 현황

성별 변비 환자 증가율(단위:%)

여자 환자 증가 ①

30.8

	2013년	2014년	2015년	2016년	2017년
남자	20.6	28.1	36.3	24.5	41.4
여자	43.8	55.2	42.3	30.8	55.6

ABC주식회사

5

---

2 《세부 조건》에 맞추어 《차트 슬라이드》를 작성해 보세요.

소스파일: 06차시-2(문제).pptx
완성파일: 06차시-2(완성).pptx

(1) 차트 작성 기능을 이용하여 슬라이드를 작성한다.
(2) 차트 : 종류(묶은 세로 막대형), 글꼴(돋움, 16pt), 외곽선

《세부 조건》

※ 차트 설명
· 차트 제목 : 궁서, 24pt, 굵게,
 채우기(흰색), 테두리,
 그림자(오프셋 오른쪽)
· 차트 영역 : 채우기(노랑)
 그림 영역 : 채우기(흰색)
· 데이터 서식 : 단위당 배출량 계열을
 표식이 있는 꺾은선형으로 변경 후
 보조 축으로 지정
· 값 표시 : 모니터의 배출비중 계열만

① 도형 삽입
 - 스타일 :
 미세 효과 – 녹색, 강조 6
 - 글꼴 : 굴림, 18pt

III. 이산화탄소 배출량

IT 제품별 이산화탄소 배출량(%)

39   가장 많음 ①

	서버	모니터	프린터	유선통신	무선통신
배출비중	23	39	6	15	9
단위당 배출량	1,674	1,242	827	367	583

123주식회사

5

3 《세부 조건》에 맞추어 《차트 슬라이드》를 작성해 보세요.

소스파일: 06차시-3(문제).pptx
완성파일: 06차시-3(완성).pptx

(1) 차트 작성 기능을 이용하여 슬라이드를 작성한다.
(2) 차트 : 종류(묶은 세로 막대형), 글꼴(굴림, 16pt), 외곽선

《세부 조건》

※ 차트 설명
· 차트 제목 : 굴림, 24pt, 굵게,
  채우기(흰색), 테두리,
  그림자(오프셋 대각선 왼쪽 위)
· 차트 영역 : 채우기(노랑)
  그림 영역 : 채우기(흰색)
· 데이터 서식 : 청소년 계열을 표식이
  있는 꺾은선형으로 변경 후
  보조 축으로 지정
· 값 표시 : 청소년 계열만
① 도형 삽입
  - 스타일 :
    미세 효과 – 황금색, 강조 4
  - 글꼴 : 돋움, 18pt

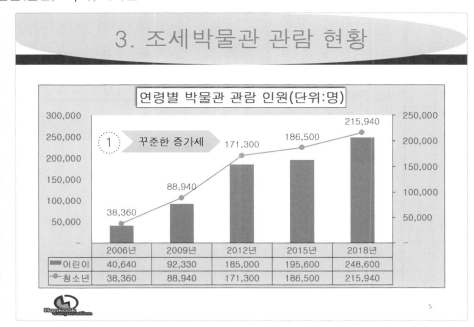

4 《세부 조건》에 맞추어 《차트 슬라이드》를 작성해 보세요.

소스파일: 06차시-4(문제).pptx
완성파일: 06차시-4(완성).pptx

(1) 차트 작성 기능을 이용하여 슬라이드를 작성한다.
(2) 차트 : 종류(묶은 세로 막대형), 글꼴(돋움, 16pt), 외곽선

《세부 조건》

※ 차트 설명
· 차트 제목 : 돋움, 24pt, 굵게,
  채우기(흰색), 테두리,
  그림자(오프셋 위쪽)
· 차트 영역 : 채우기(노랑)
  그림 영역 : 채우기(흰색)
· 데이터 서식 : 2018년 계열을 표식이
  있는 꺾은선형으로 변경 후
  보조 축으로 지정
· 값 표시 : 제조계의 2017년 계열만
① 도형 삽입
  - 스타일 :
    미세 효과 – 주황, 강조 2
  - 글꼴 : 돋움, 18pt

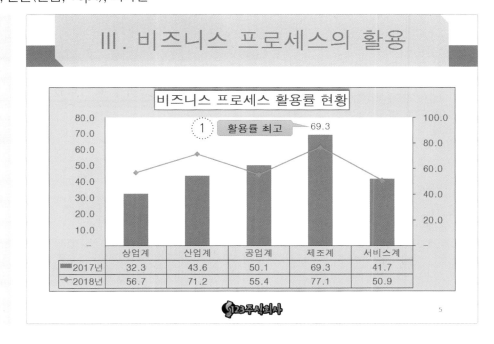

5 《세부 조건》에 맞추어 《차트 슬라이드》를 작성해 보세요.

소스파일: 06차시-5(문제).pptx
완성파일: 06차시-5(완성).pptx

(1) 차트 작성 기능을 이용하여 슬라이드를 작성한다.
(2) 차트 : 종류(묶은 세로 막대형), 글꼴(돋움, 16pt), 외곽선

《세부 조건》

※ 차트 설명
 • 차트 제목 : 궁서, 24pt, 굵게,
  채우기(흰색), 테두리,
  그림자(오프셋 아래쪽)
 • 차트 영역 : 채우기(노랑)
  그림 영역 : 채우기(흰색)
 • 데이터 서식 : 고혈압 2단계 계열을
  표식이 있는 꺾은선형으로 변경 후
  보조 축으로 지정
 • 값 표시 : 2019년의 고혈압 1단계
  계열만

① 도형 삽입
 – 스타일 :
  미세 효과 – 파랑, 강조 1
 – 글꼴 : 굴림, 18pt

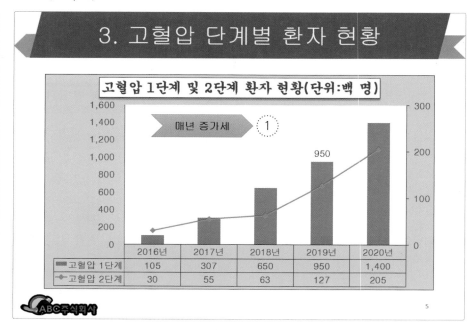

3. 고혈압 단계별 환자 현황

고혈압 1단계 및 2단계 환자 현황(단위:백 명)

매년 증가세 ①

	2016년	2017년	2018년	2019년	2020년
고혈압 1단계	105	307	650	950	1,400
고혈압 2단계	30	55	63	127	205

ABC주식회사

---

6 《세부 조건》에 맞추어 《차트 슬라이드》를 작성해 보세요.

소스파일: 06차시-6(문제).pptx
완성파일: 06차시-6(완성).pptx

(1) 차트 작성 기능을 이용하여 슬라이드를 작성한다.
(2) 차트 : 종류(묶은 세로 막대형), 글꼴(돋움, 16pt), 외곽선

《세부 조건》

※ 차트 설명
 • 차트 제목 : 궁서, 24pt, 굵게,
  채우기(흰색), 테두리,
  그림자(오프셋 아래쪽)
 • 차트 영역 : 채우기(노랑)
  그림 영역 : 채우기(흰색)
 • 데이터 서식 : 2021년 계열을 표식이
  있는 꺾은선형으로 변경 후
  보조 축으로 지정
 • 값 표시 : 워치의 2021년 계열만

① 도형 삽입
 – 스타일 :
  미세 효과 – 파랑, 강조 1
 – 글꼴 : 굴림, 18pt

3. 웨어러블 디바이스 시장 전망

품목별 웨어러블 디바이스 시장 전망

의류시장 침체 ①

32.1

	손목밴드	워치	의류	이어웨어	기타
2017년	39.8	27.9	2.1	1.5	2.4
2021년	21.5	32.1	5.2	4.8	1.3

ABC주식회사

[슬라이드 6] 도형 슬라이드
(100점)

· 다양한 도형을 삽입하고 내용을 입력합니다.
· 스마트아트를 작성한 후 스타일을 지정합니다.
· 개체를 그룹화하여 애니메이션을 적용합니다.

출제 유형 미리보기

소스파일: 07차시(문제).pptx   완성파일: 07차시(완성).pptx

[슬라이드 6]《도형 슬라이드》

(1) 슬라이드와 같이 도형 및 스마트아트를 배치한다(글꼴 : 굴림, 18pt).
(2) 애니메이션 순서 : ① ⇒ ②

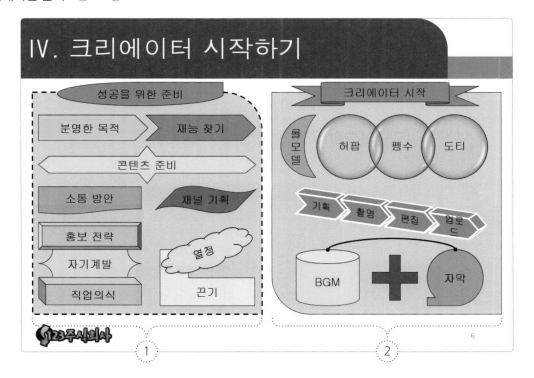

《세부 조건》
① 도형 편집
  – 그룹화 후 애니메이션 효과 : 시계 방향 회전
② 도형 및 스마트아트 편집
  – 스마트아트 디자인 : 3차원 만화, 3차원 벽돌
  – 그룹화 후 애니메이션 효과 : 실선 무늬(세로)

⭐ **과정 미리보기**   배경 도형 작성 ➡ 왼쪽 도형 작성 ➡ 오른쪽 도형 작성 ➡ 스마트아트 삽입 ➡ 애니메이션 지정

01 배경 도형 작성하기

(1) 슬라이드와 같이 도형 및 스마트아트를 배치한다(글꼴 : 굴림, 18pt).

❶ **07차시(문제).pptx** 파일을 실행한 후 [슬라이드 6]을 선택하여 슬라이드 제목을 입력합니다. 이어서, 콘텐츠 상자의 테두리를 클릭한 다음 Delete를 눌러 삭제합니다.

❷ 왼쪽 배경 도형을 삽입하기 위해 [삽입] 탭-[일러스트레이션] 그룹에서 **[도형( )]-[사각형]-[한쪽 모서리가 둥근 사각형( )]**을 클릭하여 도형을 그립니다.

　　➕ [슬라이드 6]을 작업할 때는 뒤쪽의 배경 도형부터 작업하는 것이 편리하며, [슬라이드 6] 《도형 슬라이드》를 참고하여 도형의 크기와 위치를 조절합니다.

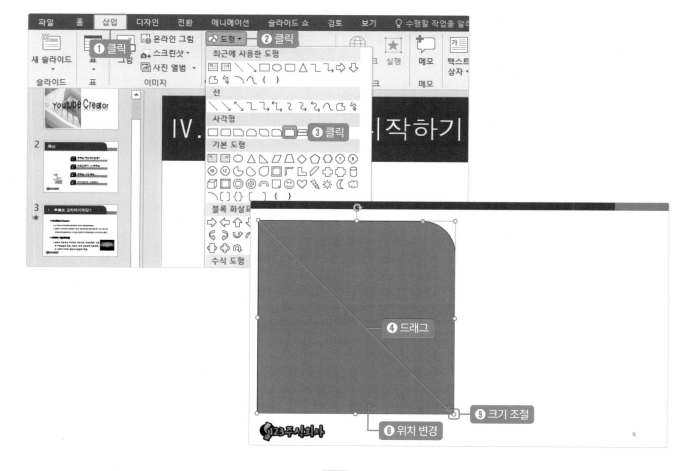

❸ 도형의 색을 연한 색으로 변경하기 위해 [그리기 도구–서식] 탭–[도형 스타일] 그룹에서 [도형 채우기]–
[파랑, 강조 1, 60% 더 밝게]를 클릭합니다.

➕ ITQ 파워포인트 시험에서 [슬라이드 6]을 작성할 때는 도형 채우기 색상과 관련된 별도의 지시사항이 없으므로 도형의 밝고 어두운
정도를 비교 및 확인하여 임의의 색상을 선택하도록 합니다.

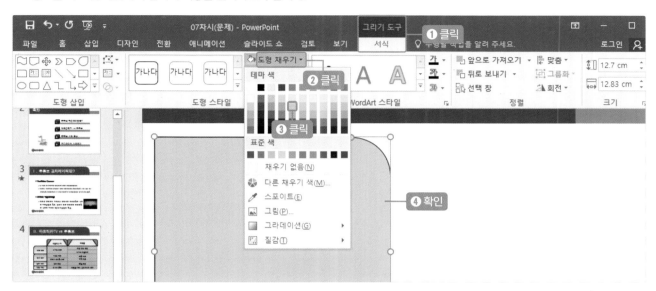

레벨업 📈 도형 윤곽선 서식 지정

❶ [슬라이드 4] 《표 슬라이드》 작업 시 도형의 윤곽선을 변경한 후 '기본 도형으로 설정'을 지정했기 때문에 얇은 검정색 윤곽선이 도형
에 표시됩니다.

❷ 만약, 윤곽선이 나타나지 않을 경우에는 [그리기 도구–서식] 탭–[도형 스타일] 그룹에서 [도형 윤곽선]–[검정, 텍스트 1]을 선택한
다음 '기본 도형으로 설정'을 지정합니다.

❹ Ctrl + Shift 를 누른 채 삽입된 도형을 오른쪽으로 드래그하여 복사합니다.

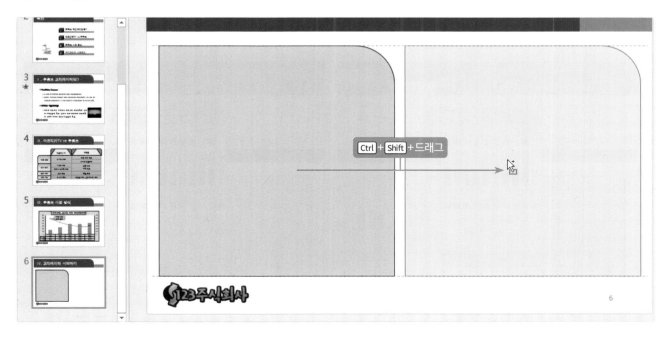

❺ 복사된 도형을 회전시키기 위해 [Shift]를 누른 채 회전 핸들(↻)을 시계 방향으로 드래그합니다.

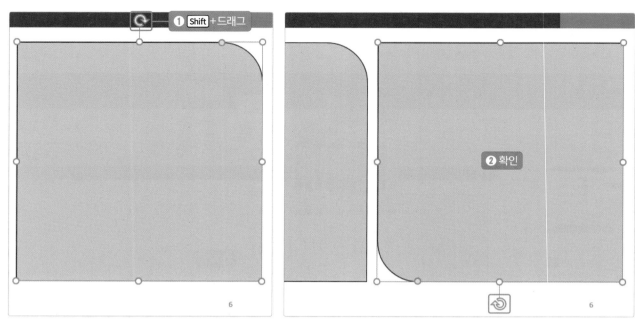

레벨업 📈 도형 회전

회전 핸들(↻)을 이용하여 도형을 회전시켜도 문제지와 다르게 나오는 경우가 있습니다. 이럴 때는 [그리기 도구-서식] 탭-[정렬] 그룹에서 [회전] 기능을 이용하여 도형을 좌우 또는 상하 대칭합니다.

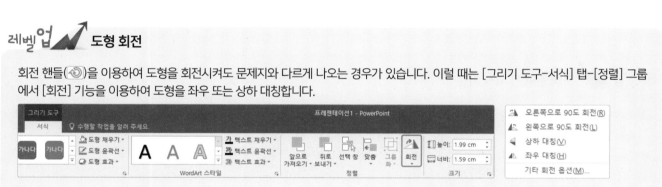

❻ 왼쪽 도형을 선택한 후 [그리기 도구-서식] 탭-[도형 스타일] 그룹에서 **[도형 윤곽선]-[두께]-[2¼pt]**를 클릭합니다. 이어서, **[도형 윤곽선]-[대시]-[파선]**을 클릭하여 왼쪽 도형의 테두리를 변경합니다.

➕ 도형 윤곽선의 두께와 대시 종류는 별도의 지시사항이 없기 때문에 문제지의 [슬라이드 6]《도형 슬라이드》를 참고하여 작업합니다.

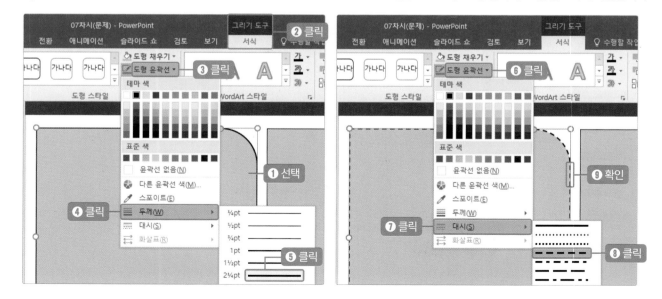

1. 눈물 방울 　　　 – 글꼴 : 굴림, 18pt

❶ 도형을 삽입하기 위해 [삽입] 탭–[일러스트레이션] 그룹에서 [도형]–[기본 도형]–[눈물 방울(○)]을 클릭하여 도형을 그립니다.

➕ 도형의 크기, 위치, 모양은 [슬라이드 6]《도형 슬라이드》를 참고하여 작업합니다.

 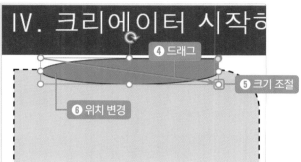

❷ 도형 안에 텍스트(성공을 위한 준비)를 입력한 후 `Esc`를 누릅니다. 이어서, [홈] 탭–[글꼴] 그룹에서 **글꼴(굴림)**, **글꼴 크기(18pt)**, **글꼴 색(검정, 텍스트 1)**을 지정합니다.

❸ 글꼴 서식이 적용된 도형을 기본 도형으로 지정하기 위해 도형 위에서 마우스 오른쪽 버튼을 클릭하여 [**기본 도형으로 설정**]을 선택합니다.

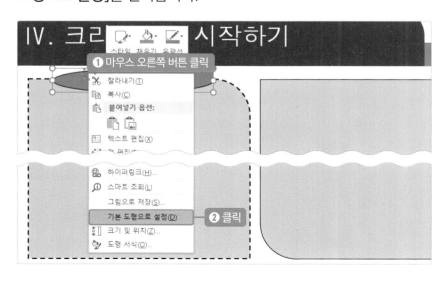

시험꿀팁

글꼴 서식이 적용된 도형을 '기본 도형으로 설정'을 지정하면 모든 서식이 한 번에 적용되기 때문에 새로운 도형을 작성할 때 작업 시간을 단축할 수 있습니다.

2. 오각형

❶ [삽입] 탭-[일러스트레이션] 그룹에서 [도형(⬙)]-[블록 화살표]-[오각형(⬠)]을 클릭하여 도형을 그립니다.

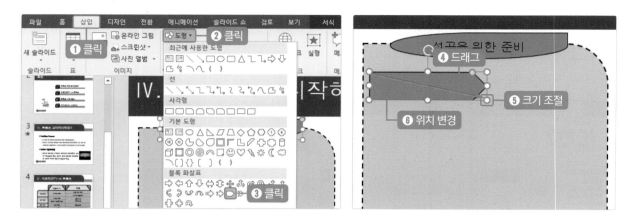

❷ [그리기 도구-서식] 탭-[도형 스타일] 그룹에서 [도형 채우기]-[황금색, 강조 4]를 선택한 후 텍스트(분명한 목적)를 입력합니다.

➕ 채우기 색은 별도의 조건이 없으므로 문제지 [슬라이드 6]《도형 슬라이드》를 참고하여 다른 도형과 구분될 수 있는 색을 사용합니다.

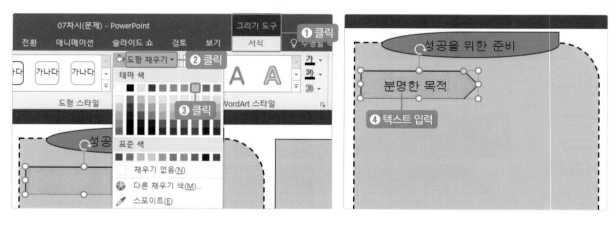

3. 갈매기형 수장

❶ [삽입] 탭-[일러스트레이션] 그룹에서 [도형(⬙)]-[블록 화살표]-[갈매기형 수장(⟫)]을 클릭하여 도형을 그립니다.

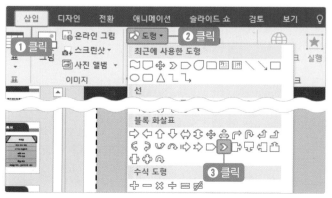
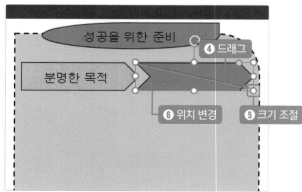

❷ [그리기 도구-서식] 탭-[도형 스타일] 그룹에서 [도형 채우기]-[녹색, 강조 6]을 선택한 후 텍스트(**재능 찾기**)를 입력합니다.

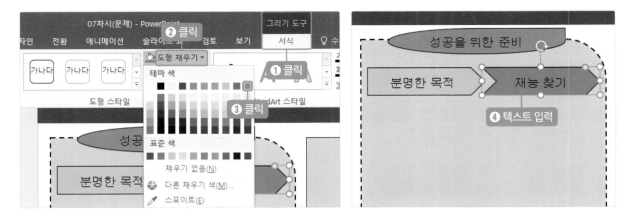

4. 왼쪽/오른쪽/위쪽/아래쪽 화살표

❶ [삽입] 탭-[일러스트레이션] 그룹에서 [도형(🖸)]-[블록 화살표]-[왼쪽/오른쪽/위쪽/아래쪽 화살표(✥)]를 클릭하여 도형을 그립니다.

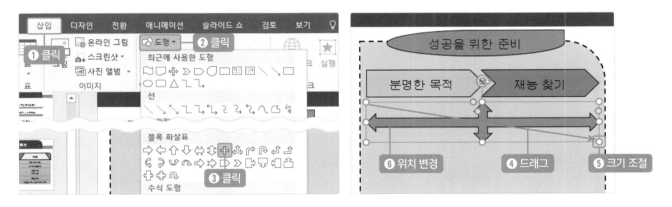

❷ 아래 그림을 참고하여 노란색 조절점(○)으로 도형의 모양을 변형시킵니다.

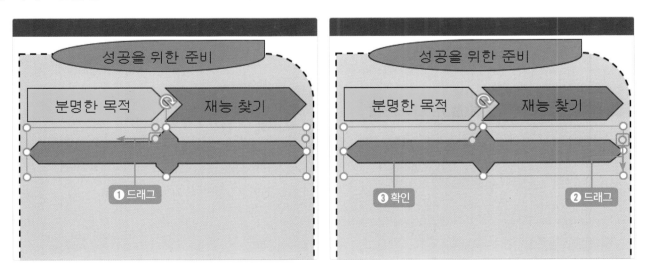

❸ [그리기 도구-서식] 탭-[도형 스타일] 그룹에서 **[도형 채우기]**를 임의의 색으로 지정한 후 텍스트(**콘텐츠 준비**)를 입력합니다.

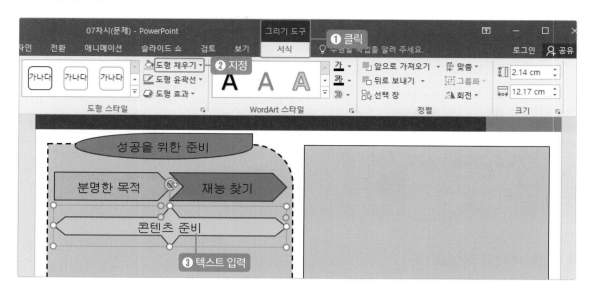

5. 순서도: 문서

❶ [삽입] 탭-[일러스트레이션] 그룹에서 **[도형(⬚)]-[순서도]-[순서도: 문서(▭)]**를 클릭하여 도형을 그립니다.

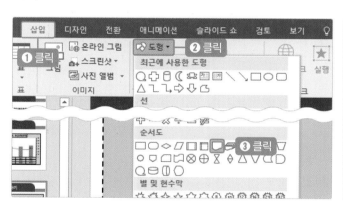

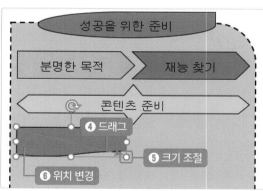

❷ [그리기 도구-서식] 탭-[도형 스타일] 그룹에서 **[도형 채우기]**를 임의의 색으로 지정한 후 텍스트(**소통 방안**)를 입력합니다.

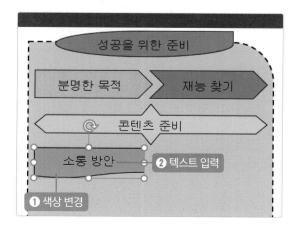

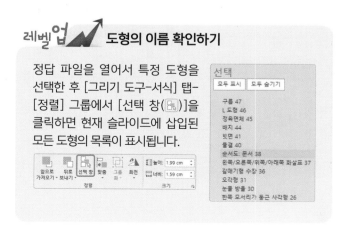

레벨업 📈 도형의 이름 확인하기

정답 파일을 열어서 특정 도형을 선택한 후 [그리기 도구-서식] 탭-[정렬] 그룹에서 [선택 창(⬚)]을 클릭하면 현재 슬라이드에 삽입된 모든 도형의 목록이 표시됩니다.

6. 물결

❶ [삽입] 탭-[일러스트레이션] 그룹에서 [도형(⬡)]-[별 및 현수막]-[물결(▱)]을 클릭하여 도형을 그립니다.

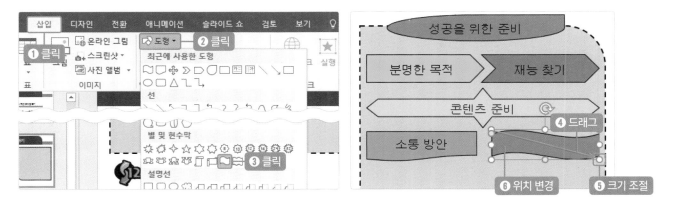

❷ 아래쪽 노란색 조절점(○)을 왼쪽으로 드래그하여 아래 그림과 같이 모양을 변형시킵니다. 이어서, [도형 채우기]를 임의의 색으로 지정한 후 텍스트(채널 기획)를 입력합니다.

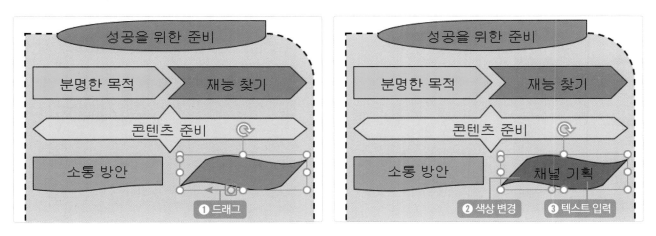

7. 빗면

❶ [삽입] 탭-[일러스트레이션] 그룹에서 [도형(⬡)]-[기본 도형]-[빗면(▭)]을 클릭하여 도형을 그립니다.

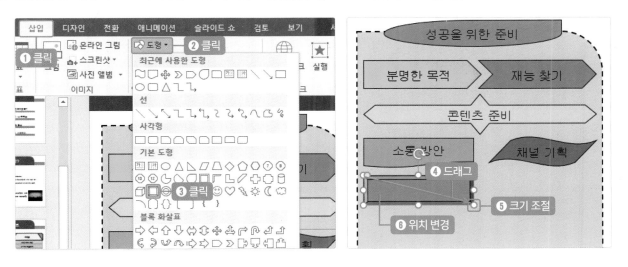

❷ [그리기 도구-서식] 탭-[도형 스타일] 그룹에서 [도형 채우기]를 임의의 색으로 지정한 후 텍스트(**홍보 전략**)를 입력합니다.

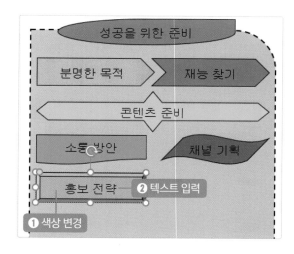

8. 배지

❶ [삽입] 탭-[일러스트레이션] 그룹에서 [**도형(◇)**]-[**기본 도형**]-[**배지(✛)**]를 클릭하여 도형을 그립니다.

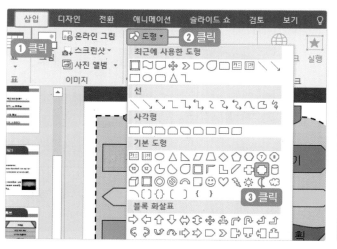
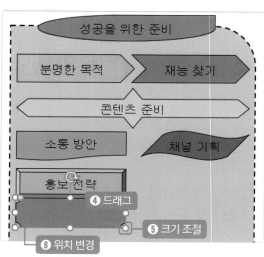

❷ 노란색 조절점(○)을 **오른쪽**으로 드래그하여 아래 그림과 같이 모양을 변형시킵니다. 이어서, [**도형 채우기**]를 임의의 색으로 지정한 후 텍스트(**자기계발**)를 입력합니다.

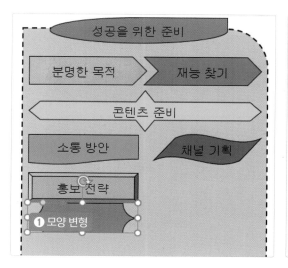
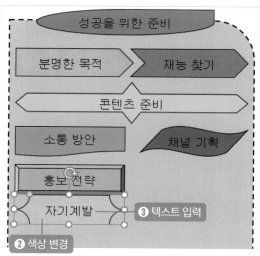

9. 정육면체

❶ [삽입] 탭-[일러스트레이션] 그룹에서 [도형(⬡)]-[기본 도형]-[정육면체(⬜)]를 클릭하여 도형을 그립니다.

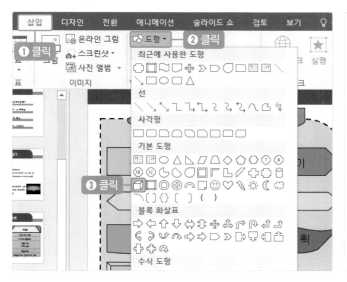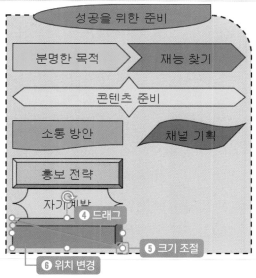

❷ 삽입된 '정육면체' 도형을 좌우 대칭시키기 위해 [그리기 도구-서식] 탭-[정렬] 그룹에서 [회전(⟲)]-[좌우 대칭]을 클릭합니다.

❸ [그리기 도구-서식] 탭-[도형 스타일] 그룹에서 [도형 채우기]를 임의의 색으로 지정한 후 텍스트(직업의식)를 입력합니다.

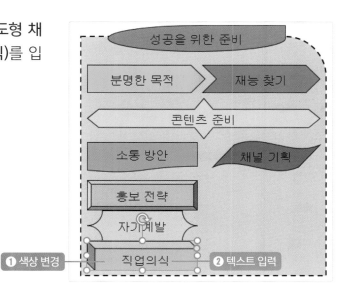

10. L 도형

❶ [삽입] 탭-[일러스트레이션] 그룹에서 [도형(⬡)]-[기본 도형]-[L 도형(⌐)]을 클릭하여 도형을 그립니다.

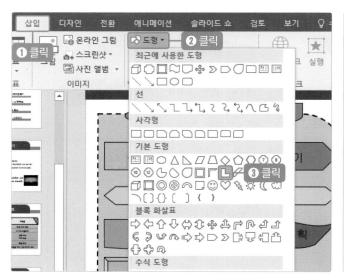 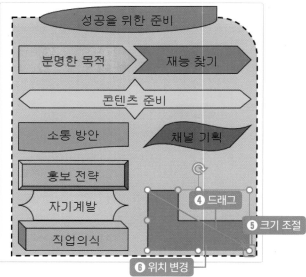

❷ [그리기 도구-서식] 탭-[도형 스타일] 그룹에서 [도형 채우기]를 임의의 색으로 지정한 후 텍스트(끈기)를 입력합니다.

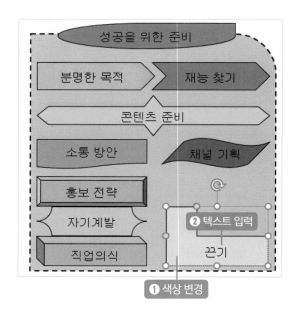

11. 구름

❶ [삽입] 탭-[일러스트레이션] 그룹에서 [도형(⬡)]-[기본 도형]-[구름(☁)]을 클릭하여 도형을 그립니다.

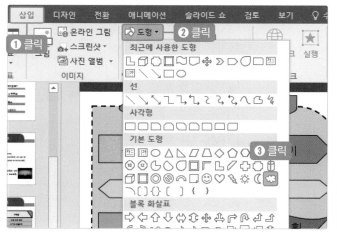 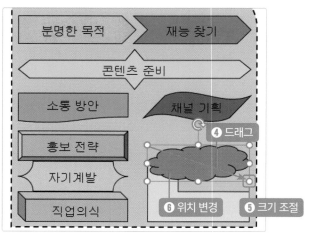

❷ 회전 핸들(⟳)을 왼쪽 방향으로 드래그하여 도형을 회전시킵니다. 이어서, [그리기 도구-서식] 탭-[도형 스타일] 그룹에서 **[도형 채우기]**를 임의의 색으로 지정한 후 텍스트**(열정)**를 입력합니다.

❸ 모든 작업이 끝나면 문제지 [슬라이드 6]《도형 슬라이드》를 참고하여 도형의 크기 및 위치를 최대한 비슷하게 조절합니다.

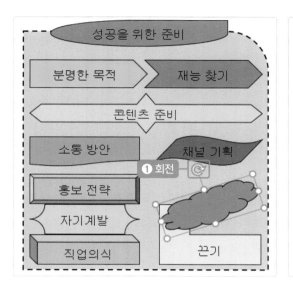 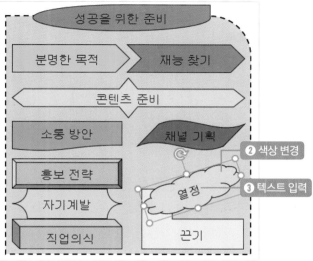

⑬ 오른쪽 도형 작성하기

1. 위쪽 리본 — 글꼴 : 굴림, 18pt

❶ [삽입] 탭-[일러스트레이션] 그룹에서 **[도형(⬡)]-[별 및 현수막]-[위쪽 리본(🎀)]**을 클릭하여 도형을 그립니다.

 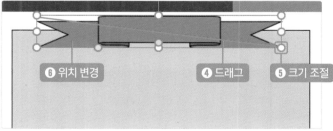

❷ 왼쪽 아래 노란색 조절점(○)을 왼쪽으로 드래그하여 아래 그림과 같이 모양을 변형시킨 후 텍스트**(크리에이터 시작)**를 입력합니다.

➕ 텍스트를 입력한 후 [홈] 탭-[글꼴] 그룹에서 '글꼴, 글꼴 크기, 글꼴 색'이 조건과 같은지 확인합니다.

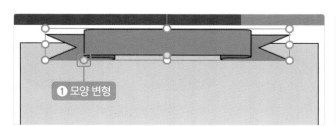 

2. 달

❶ [삽입] 탭-[일러스트레이션] 그룹에서 [도형(⬡)]-[기본 도형]-[달(☽)]을 클릭하여 도형을 그립니다.

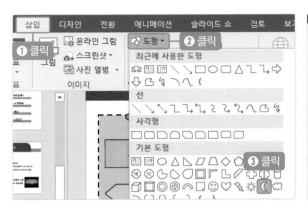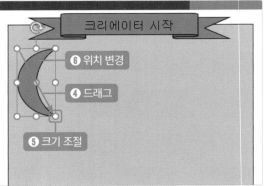

❷ [그리기 도구-서식] 탭-[도형 스타일] 그룹에서 [도형 채우기]를 임의의 색으로 지정한 후 텍스트(롤모델)를 입력합니다. 이어서, 노란색 조절점(○)을 오른쪽으로 드래그하여 아래 그림과 같이 모양을 변형시킵니다.

💬 도형 안에 '롤모델' 글자를 입력할 때는 한글자씩 입력한 후 Enter를 눌러 다음 줄에 입력합니다.

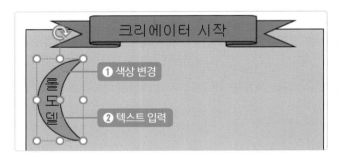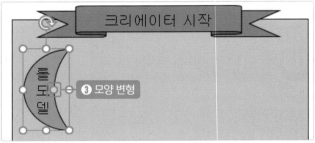

3. 원통

❶ [삽입] 탭-[일러스트레이션] 그룹에서 [도형(⬡)]-[기본 도형]-[원통(⬭)]을 클릭하여 배경 도형 아래쪽에 도형을 그립니다.

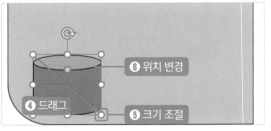

시험꿀팁

[원통(⬭)] 도형은 [순서도]-[자기디스크(⬭)]와 비슷해 보일 수 있으나 도형 윗면의 색상으로 구분이 가능합니다.

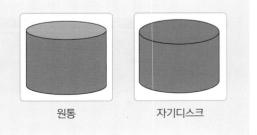

원통   자기디스크

❷ [그리기 도구-서식] 탭-[도형 스타일] 그룹에서 **[도형 채우기]**를 임의의 색으로 지정한 후 텍스트(BGM)를 입력합니다.

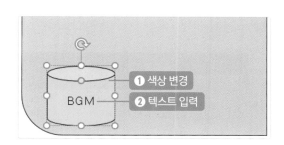

4. 십자형

❶ [삽입] 탭-[일러스트레이션] 그룹에서 **[도형(⬦)]-[기본 도형]-[십자형(✛)]**을 클릭하여 도형을 그립니다.

💬 Shift 를 누른 채 도형을 삽입하면 가로/세로 비율이 일정한 도형을 그릴 수 있습니다.

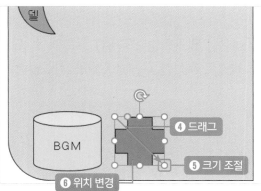

❷ 위쪽 노란색 조절점(○)을 오른쪽으로 드래그하여 아래 그림과 같이 모양을 변형시킵니다. 이어서, [그리기 도구-서식] 탭-[도형 스타일] 그룹에서 **[도형 채우기]**를 임의의 색으로 지정합니다.

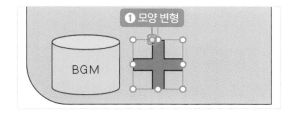
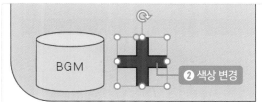

5. 순서도: 순차적 액세스 저장소

❶ [삽입] 탭-[일러스트레이션] 그룹에서 **[도형(⬦)]-[순서도]-[순서도: 순차적 액세스 저장소(◯)]**를 클릭하여 도형을 그립니다.

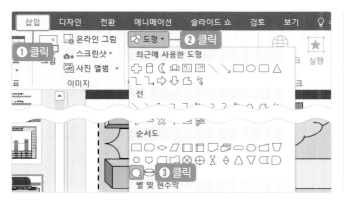
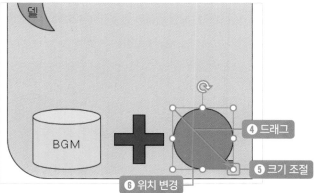

❷ 도형을 좌우 대칭시키기 위해 [그리기 도구-서식] 탭-[정렬] 그룹에서 [회전(⬛)]-[좌우 대칭]을 클릭합니다.

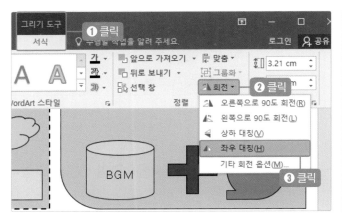
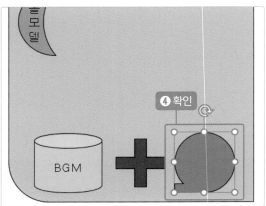

❸ [그리기 도구-서식] 탭-[도형 스타일] 그룹에서 [도형 채우기]를 임의의 색으로 지정한 후 텍스트(자막)를 입력합니다.

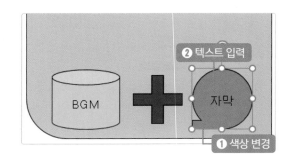

6. 연결선

❶ [삽입] 탭-[일러스트레이션] 그룹에서 [도형(⬛)]-[선]-[구부러진 양쪽 화살표 연결선(⬛)]을 클릭합니다.
❷ 'BGM' 도형 위쪽의 연결점(⬛)을 클릭하여 선을 추가합니다.

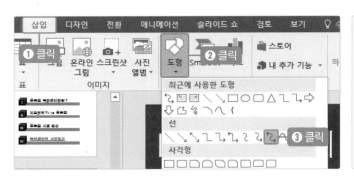
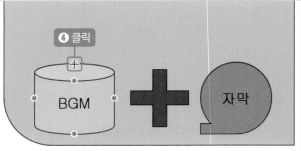

❸ 선이 추가되면 연결선 끝 점(⬛)을 드래그하여 '자막' 도형 위쪽 연결점에 맞추어 선을 연결합니다.

➕ 'BGM'이 입력된 도형 위쪽의 연결점부터 '자막'이 입력된 도형 위쪽 연결점까지 한 번에 드래그하면 빠르게 선을 연결할 수 있습니다.

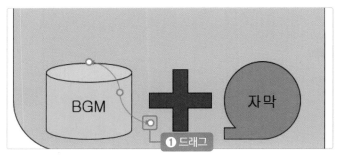
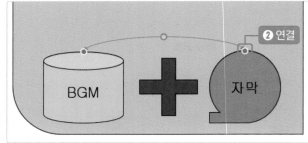

❹ 윤곽선 서식을 지정하기 위해 [그리기 도구-서식] 탭-[도형 스타일] 그룹에서 [도형 윤곽선]-[검정, 텍스트 1]로 지정한 후 [두께]를 [2¼pt]로 선택합니다.

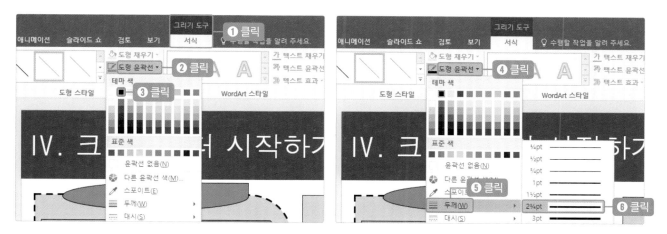

❺ 화살표 머리 모양을 변경하기 위해 [그리기 도구-서식] 탭-[도형 스타일] 그룹에서 [도형 윤곽선]-[화살표]-[화살표 스타일 11]을 클릭합니다.

➕ Esc 를 눌러 적용된 화살표 머리 모양을 확인합니다.

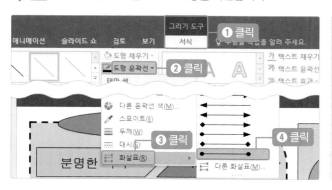

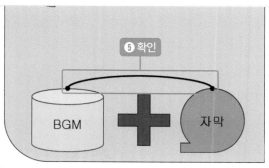

시험꿀팁

연결선으로 이용되는 선 도형은 여러 종류가 있으며, 선의 모양이나 화살표 머리 모양 등을 바꾸는 작업이 출제되고 있습니다.

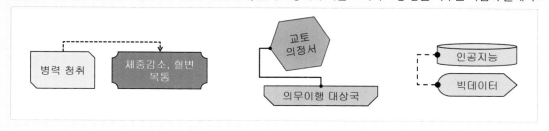

04 SmartArt 삽입하기

(1) 슬라이드와 같이 도형 및 스마트아트를 배치한다.(글꼴 : 굴림, 18pt)

《세부 조건》

② 도형 및 스마트아트 편집
 – 스마트아트 디자인 : 3차원 만화, 3차원 벽돌

1. SmartArt – 선형 벤형 삽입하기   – (1) 슬라이드와 같이 도형 및 스마트아트를 배치한다.

❶ 첫 번째 스마트아트를 삽입하기 위해 [삽입] 탭–[일러스트레이션] 그룹에서 [SmartArt]를 클릭합니다. 이어서, [SmartArt 그래픽 선택] 대화상자가 나타나면 **[관계형]–[선형 벤형]**을 선택한 후 <확인>을 클릭합니다.

➕ 스마트아트의 모양은 문제지 [슬라이드 6]《도형 슬라이드》를 참고하여 작업합니다.

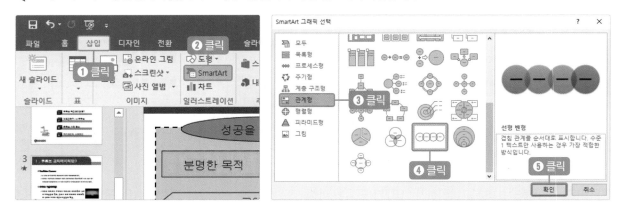

시험꿀팁

- 2개의 스마트아트를 삽입하는 문제가 고정적으로 출제됩니다.
- 스마트아트의 모양은 다양하게 출제되고 있으므로 여러 가지 유형의 문제를 풀어보는 것이 좋습니다.

❷ 스마트아트가 삽입되면 Delete 를 눌러 도형 한 개를 삭제합니다.

➕ 도형을 삭제할 때 원하는 특정 도형을 선택한 후 Delete 를 눌러 삭제할 수도 있습니다.

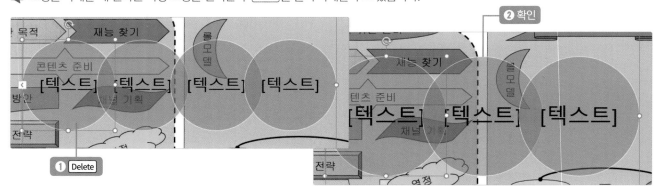

❸ 모서리에 있는 조절점(○)을 이용하여 크기를 조절한 후 테두리를 드래그하여 위치를 변경합니다.

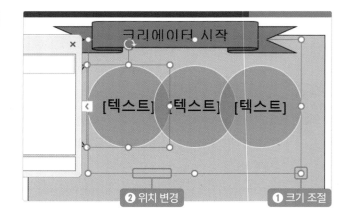

❹ 텍스트 창에 내용을 입력하거나, 각각의 도형을 하나씩 선택한 후 내용을 입력합니다.

➕ 텍스트 창이 보이지 않을 경우 왼쪽의 ◁ 를 클릭하면 텍스트 창이 나타납니다. 텍스트 입력이 완료되면 ▷ 를 눌러 텍스트 창을 닫아줍니다.

레벨업 📈 스마트아트 도형을 삭제 및 추가할 때 유의할 점

소스파일: 도형 추가 및 삭제.pptx

• 계층 구조형 스마트아트의 도형을 삭제 및 추가할 때는 문제지를 참고하여 정확한 위치의 도형을 삭제하거나 추가하도록 합니다.

❶ 스마트아트 도형을 삭제하는 방법 : 삭제하려는 도형 선택 → [Delete]

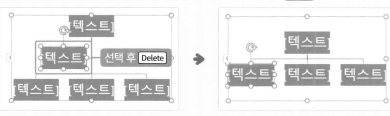

▲ 보조자를 삭제하는 과정

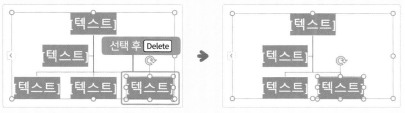

▲ 하위 수준 도형을 삭제하는 과정

❷ 스마트아트 도형을 추가하는 방법 : 기준 도형 위에서 마우스 오른쪽 버튼 클릭 → [도형 추가] → [뒤에 도형 추가] 또는 [아래에 도형 추가] 선택

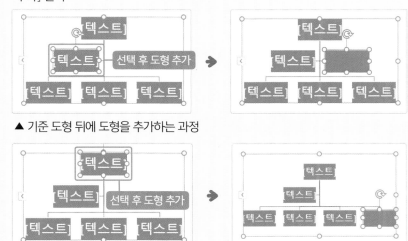

▲ 기준 도형 뒤에 도형을 추가하는 과정

▲ 기준 도형 아래에 도형을 추가하는 과정

2. 스마트아트 편집하기   – 글꼴 : 굴림, 18pt – 스마트아트 디자인 : 3차원 만화, 3차원 벽돌

❶ 스마트아트 디자인을 적용하기 위해 [SmartArt 도구-디자인] 탭-[SmartArt 스타일] 그룹에서 자세히 버튼(▼)]을 클릭한 후 **[3차원]-[만화]**를 선택합니다.

> 💬 스마트아트가 선택된 상태에서 스타일을 지정합니다.

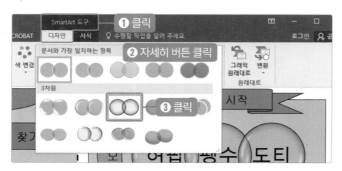
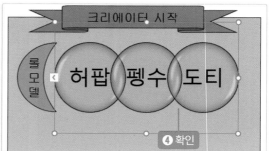

❷ 스마트아트의 테두리를 클릭한 후 [홈] 탭-[글꼴] 그룹에서 **글꼴(굴림), 글꼴 크기(18pt)**를 지정합니다.

> 💬 스마트아트에 디자인을 적용하면 글꼴 서식이 변경될 수 있으므로 글꼴 서식 변경은 가장 마지막에 작업하도록 합니다.

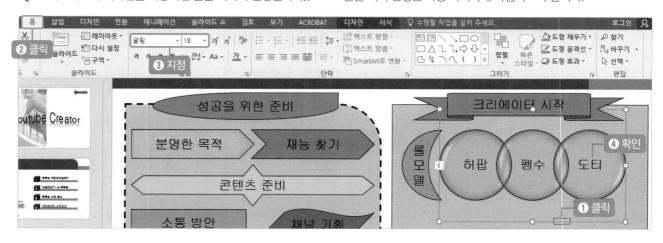

3. SmartArt – 기본 갈매기형 수장 프로세스형 삽입하기   – (1) 슬라이드와 같이 도형 및 스마트아트를 배치한다.

❶ 두 번째 스마트아트를 삽입하기 위해 [삽입] 탭-[일러스트레이션] 그룹에서 [SmartArt(📄)]를 클릭합니다. 이어서, [SmartArt 그래픽 선택] 대화상자가 나타나면 **[프로세스형]-[기본 갈매기형 수장 프로세스형]**을 선택한 후 <확인>을 클릭합니다.

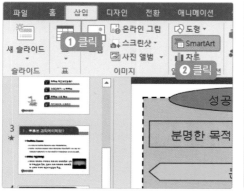
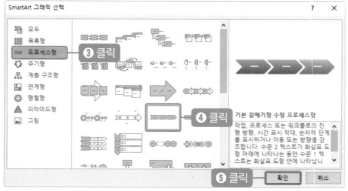

❷ 스마트아트가 삽입되면 모서리에 있는 조절점(○)을 이용하여 크기를 조절하고 테두리를 드래그하여 위치를 변경합니다.

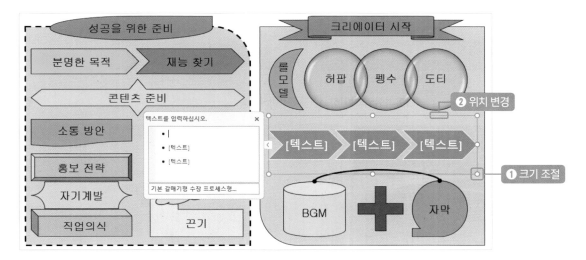

❸ 도형을 추가하기 위해 [SmartArt 도구-디자인] 탭-[그래픽 만들기] 그룹에서 **[도형 추가]**를 클릭합니다.

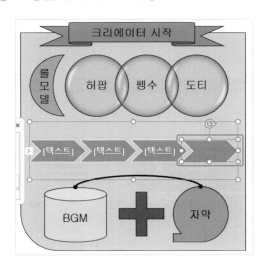

시험꿀팁

그림과 같이 도형 위에서 마우스 오른쪽 버튼을 클릭한 다음 [도형 추가]-[뒤에 도형 추가]를 선택해도 스마트아트에 도형을 추가할 수 있습니다.

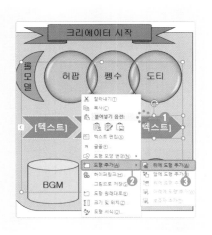

❹ 텍스트 창에 내용을 입력하거나, 각각의 도형을 하나씩 선택한 후 내용을 입력합니다.

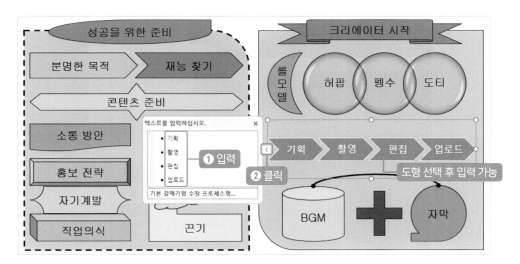

4. 스마트아트 편집하기 – 글꼴 : 굴림, 18pt – 스마트아트 디자인 : 3차원 만화, 3차원 벽돌

❶ 스마트아트 디자인을 적용하기 위해 [SmartArt 도구-디자인] 탭-[SmartArt 스타일] 그룹에서 자세히 버튼(▽)을 클릭한 후 [3차원]-[벽돌]을 선택합니다.

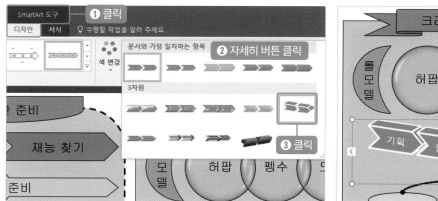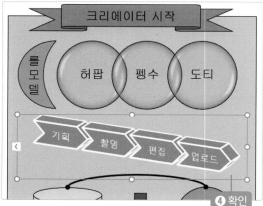

❷ 스마트아트의 테두리를 클릭한 후 [홈] 탭-[글꼴] 그룹에서 **글꼴(굴림), 글꼴 크기(18pt), 글꼴 색(검정, 텍스트 1)**을 지정합니다.

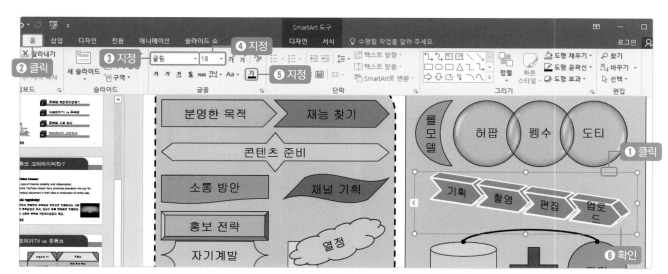

시험꿀팁

도형에 입력된 내용의 띄어쓰기는 《출력형태》와 동일하게 맞추도록 합니다. 만약 '업로드' 텍스트가 1줄로 입력되어 있을 경우에는 해당 도형을 선택한 다음 크기를 조절할 수 있습니다. 단, 현재 스마트아트와 같이 3차원 회전이 된 상태에서는 크기 조절이 안되기 때문에 스마트아트의 스타일을 해제한 다음 도형의 크기를 조절하도록 합니다.

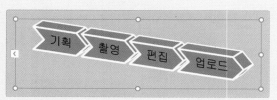

▲ SmartArt 스타일을 해제한 후 도형의 크기를 조절   ▲ SmartArt 스타일을 다시 적용한 후 글꼴 서식 변경

> (2) 애니메이션 순서 : ① ⇒ ②
> 《세부 조건》
> ① 도형 편집   ② 도형 및 스마트아트 편집
>   – 그룹화 후 애니메이션 효과 : 시계 방향 회전   – 그룹화 후 애니메이션 효과 : 실선 무늬(세로)

1. 왼쪽 도형 애니메이션 지정하기

❶ 슬라이드 왼쪽에 삽입된 도형들이 모두 선택될 수 있도록 드래그한 후 마우스 오른쪽 버튼을 클릭하여 **[그룹화]-[그룹]**을 선택합니다.

➕ 그룹 지정 바로 가기 키 : Ctrl + G

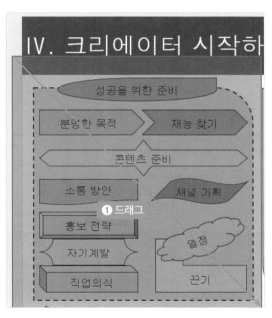

❷ 애니메이션을 지정하기 위해 [애니메이션] 탭-[애니메이션] 그룹에서 자세히 버튼(▽)을 클릭하여 **[나타내기]-[시계 방향 회전]**을 선택합니다.

➕ 조건에서 애니메이션 순서가 ① ⇒ ②라고 하였으므로 반드시 왼쪽 도형 그룹에 대한 애니메이션을 먼저 지정합니다.

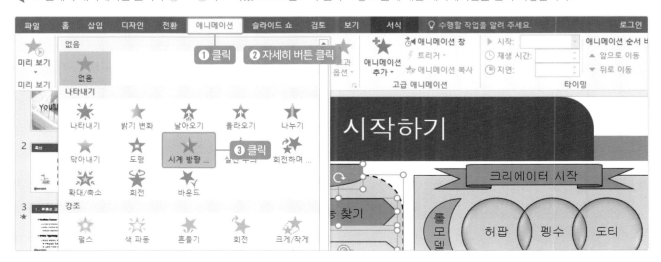

2. 오른쪽 도형 애니메이션 지정하기   – 그룹화 후 애니메이션 효과 : 실선 무늬(세로)

❶ 이번에는 오른쪽 도형들을 그룹화하기 위해 다음과 같이 드래그하여 삽입된 도형을 모두 선택한 후 마우스 오른쪽 버튼을 클릭하여 **[그룹화]-[그룹]**을 선택합니다.

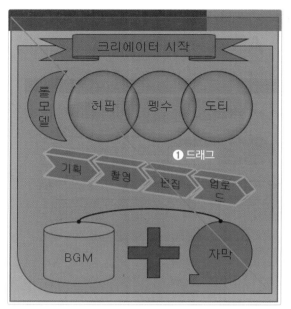 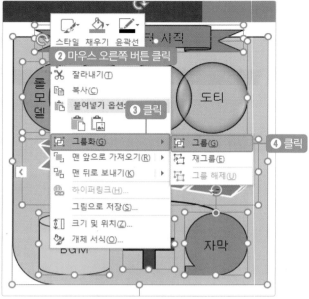

❷ 애니메이션을 지정하기 위해 [애니메이션] 탭-[애니메이션] 그룹에서 자세히 버튼(▼)을 클릭하여 **[나타내기]-[실선 무늬]**를 선택합니다.

레벨업   **추가 나타내기 효과**

만약 문제지에서 제시된 애니메이션이 보이지 않을 경우에는 [추가 나타내기 효과]를 클릭하여 이름이 동일한 애니메이션을 선택합니다.

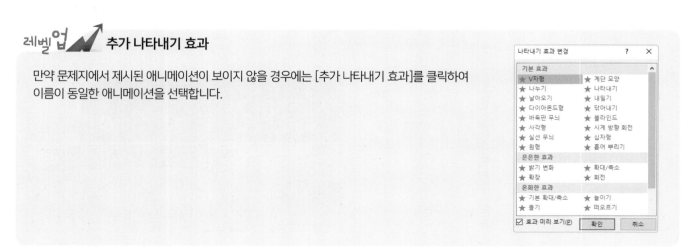

❸ 애니메이션의 방향을 지정하기 위해 [애니메이션] 탭-[애니메이션] 그룹에서 **[효과 옵션( )]-[세로]**를 클릭합니다.

❹ 애니메이션이 적용되면 애니메이션 순서를 나타내는 번호가 왼쪽 도형이 **1**, 오른쪽 도형이 **2**로 표시되는 것을 확인한 후 Ctrl+S를 눌러 답안 파일을 저장합니다.

➕ [애니메이션] 탭-[미리보기] 그룹에서 [미리 보기]를 클릭하면 도형에 적용된 애니메이션을 확인할 수 있습니다.

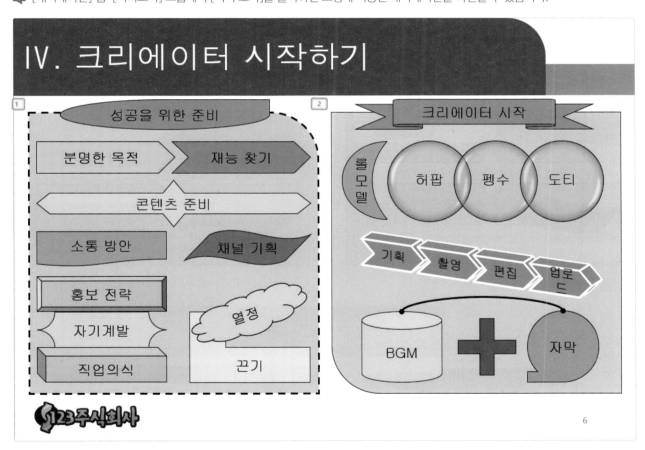

1 《세부 조건》에 맞추어 《도형 슬라이드》를 작성해 보세요.

소스파일: 07차시-1(문제).pptx
완성파일: 07차시-1(완성).pptx

(1) 슬라이드와 같이 도형 및 스마트아트를 배치한다(글꼴 : 굴림, 18pt).

(2) 애니메이션 순서 : ① ⇒ ②

《세부 조건》

① 도형 편집
- 그룹화 후 애니메이션 효과 :
닦아내기(위에서)

② 도형 및 스마트아트 편집
- 스마트아트 디자인 :
3차원 광택 처리,
강한 효과
- 그룹화 후 애니메이션 효과 :
시계 방향 회전

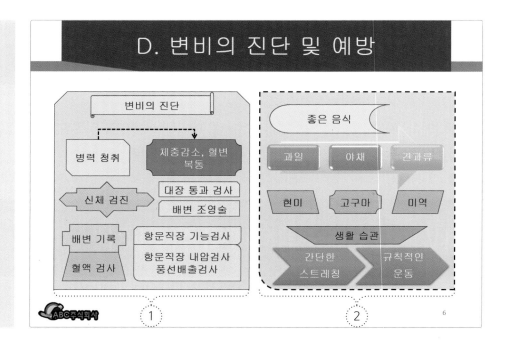

2 《세부 조건》에 맞추어 《도형 슬라이드》를 작성해 보세요.

소스파일: 07차시-2(문제).pptx
완성파일: 07차시-2(완성).pptx

(1) 슬라이드와 같이 도형 및 스마트아트를 배치한다(글꼴 : 굴림, 18pt).

(2) 애니메이션 순서 : ① ⇒ ②

《세부 조건》

① 도형 및 스마트아트 편집
- 스마트아트 디자인 :
3차원 광택 처리,
3차원 만화
- 그룹화 후 애니메이션 효과 :
닦아내기(왼쪽에서)

② 도형 편집
- 그룹화 후 애니메이션 효과 :
바운드

3 《세부 조건》에 맞추어 《도형 슬라이드》를 작성해 보세요.

소스파일: 07차시-3(문제).pptx
완성파일: 07차시-3(완성).pptx

(1) 슬라이드와 같이 도형 및 스마트아트를 배치한다(글꼴 : 굴림, 18pt).
(2) 애니메이션 순서 : ① ⇒ ②

《세부 조건》

① 도형 편집
　- 그룹화 후 애니메이션 효과 :
　　나누기(세로 바깥쪽으로)
② 도형 및 스마트아트 편집
　- 스마트아트 디자인 :
　　3차원 만화,
　　3차원 경사
　- 그룹화 후 애니메이션 효과 :
　　밝기 변화

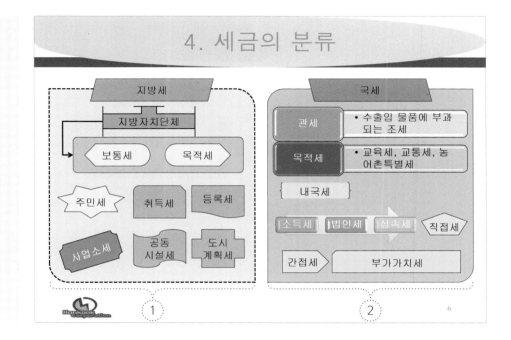

4 《세부 조건》에 맞추어 《도형 슬라이드》를 작성해 보세요.

소스파일: 07차시-4(문제).pptx
완성파일: 07차시-4(완성).pptx

(1) 슬라이드와 같이 도형 및 스마트아트를 배치한다(글꼴 : 굴림, 18pt).
(2) 애니메이션 순서 : ① ⇒ ②

《세부 조건》

① 도형 및 스마트아트 편집
　- 스마트아트 디자인 :
　　강한 효과,
　　3차원 만화
　- 그룹화 후 애니메이션 효과 :
　　실선 무늬(세로)
② 도형 편집
　- 그룹화 후 애니메이션 효과 :
　　시계 방향 회전

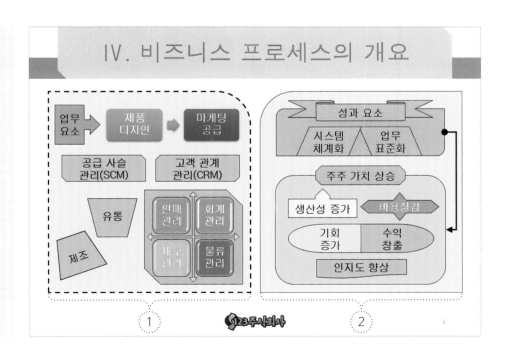

5 《세부 조건》에 맞추어 《도형 슬라이드》를 작성해 보세요.

소스파일: 07차시-5(문제).pptx
완성파일: 07차시-5(완성).pptx

(1) 슬라이드와 같이 도형 및 스마트아트를 배치한다(글꼴 : 궁서, 18pt).
(2) 애니메이션 순서 : ① ⇒ ②

《세부 조건》

① 도형 및 스마트아트 편집
 - 스마트아트 디자인 :
  3차원 경사,
  3차원 광택 처리
 - 그룹화 후 애니메이션 효과 :
  날아오기(오른쪽에서)
② 도형 편집
 - 그룹화 후 애니메이션 효과 :
  나타내기

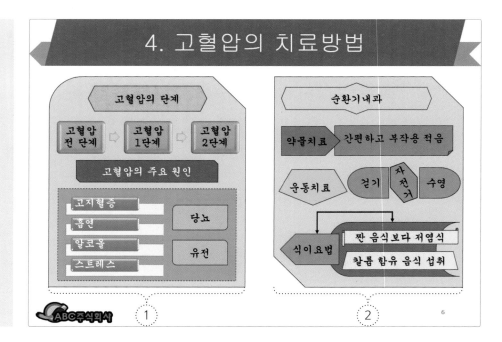

6 《세부 조건》에 맞추어 《도형 슬라이드》를 작성해 보세요.

소스파일: 07차시-6(문제).pptx
완성파일: 07차시-6(완성).pptx

(1) 슬라이드와 같이 도형 및 스마트아트를 배치한다(글꼴 : 굴림, 18pt).
(2) 애니메이션 순서 : ① ⇒ ②

《세부 조건》

① 도형 및 스마트아트 편집
 - 스마트아트 디자인 :
  3차원 만화,
  3차원 광택 처리
 - 그룹화 후 애니메이션 효과 :
  닦아내기(아래에서)
② 도형 편집
 - 그룹화 후 애니메이션 효과 :
  바운드

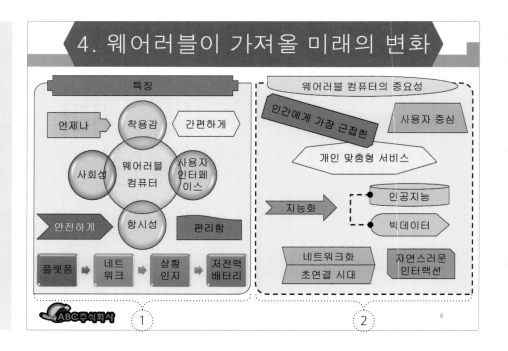

☆

2

실전
모의고사

—

정보기술자격(ITQ) 실전모의고사

과 목	코 드	문제유형	시험시간	수험번호	성 명
한글파워포인트	1142	A	60분		

수험자 유의사항

◎ 수험자는 문제지를 받는 즉시 문제지와 **수험표상의 시험과목(프로그램)이 동일한지 반드시 확인**하여야 합니다.

◎ 파일명은 본인의 "수험번호-성명"으로 입력하여 답안폴더(내 PC\문서\ITQ)에 하나의 파일로 저장해야 하며, 답안문서 파일명이 "수험번호-성명"과 일치하지 않거나, 답안파일을 전송하지 않아 미제출로 처리될 경우 실격 처리합니다 (예:12345678-홍길동.pptx).

◎ 답안 작성을 마치면 파일을 저장하고, '답안 전송' 버튼을 선택하여 감독위원 PC로 답안을 전송하십시오. 수험생 정보와 저장한 파일명이 다를 경우 전송되지 않으므로 주의하시기 바랍니다.

◎ 답안 작성 중에도 **주기적으로 저장하고, '답안 전송'**하여야 문제 발생을 줄일 수 있습니다. 작업한 내용을 저장하지 않고 전송할 경우 이전에 저장된 내용이 전송되오니 이점 유의하시기 바랍니다.

◎ 답안문서는 지정된 경로 외의 다른 보조기억장치에 저장하는 경우, 지정된 시험 시간 외에 작성된 파일을 활용할 경우, 기타 통신수단(이메일, 메신저, 네트워크 등)을 이용하여 타인에게 전달 또는 외부 반출하는 경우는 부정 처리합니다.

◎ 시험 중 부주의 또는 고의로 시스템을 파손한 경우는 수험자가 변상해야 하며, <수험자 유의사항>에 기재된 방법대로 이행하지 않아 생기는 불이익은 수험생 당사자의 책임임을 알려 드립니다.

◎ 문제의 조건은 MS오피스 2016 버전으로 설정되어 있으니 유의하시기 바랍니다.

◎ 시험을 완료한 수험자는 답안파일이 전송되었는지 확인한 후 감독위원의 지시에 따라 문제지를 제출하고 퇴실합니다.

답안 작성요령

◎ 온라인 답안 작성 절차

  수험자 등록 ⇒ 시험 시작 ⇒ 답안파일 저장 ⇒ 답안 전송 ⇒ 시험 종료

◎ 슬라이드의 크기는 A4 Paper로 설정하여 작성합니다.

◎ 슬라이드의 총 개수는 6개로 구성되어 있으며 슬라이드 1부터 순서대로 작업하고 반드시 문제와 세부 조건대로 합니다.

◎ 별도의 지시사항이 없는 경우 출력형태를 참조하여 글꼴색은 검정 또는 흰색으로 작성하고, 기타사항은 전체적인 균형을 고려하여 작성합니다.

◎ 슬라이드 도형 및 개체에 출력형태와 다른 스타일(그림자, 외곽선 등)을 적용했을 경우 감점처리 됩니다.

◎ 슬라이드 번호를 작성합니다(슬라이드 1에는 생략).

◎ 2~6번 슬라이드 제목 도형과 하단 로고는 슬라이드 마스터를 이용하여 출력형태와 동일하게 작성합니다(슬라이드 1에는 생략).

◎ 문제와 세부조건, 세부조건 번호 ⠐(점선원)는 입력하지 않습니다.

◎ 각 개체의 위치는 오른쪽의 슬라이드와 동일하게 구성합니다.

◎ 그림 삽입 문제의 경우 반드시 「내 PC\문서\ITQ\Picture」 폴더에서 정확한 파일을 선택하여 삽입하십시오.

◎ 각 슬라이드를 각각의 파일로 작업해서 저장할 경우 실격 처리됩니다.

전체 구성 (60점)

(1) 슬라이드 크기 및 순서 : 크기를 A4 용지로 설정하고 슬라이드 순서에 맞게 작성한다.

(2) 슬라이드 마스터 : 2~6슬라이드의 제목, 하단 로고, 슬라이드 번호는 슬라이드 마스터를 이용하여 작성한다.
- 제목 글꼴(굴림, 40pt, 흰색), 가운데 맞춤, 도형(선 없음)
- 하단 로고(「내 PC₩문서₩ITQ₩Picture₩로고2.jpg」, 배경(회색) 투명색으로 설정)

슬라이드 1   표지 디자인 (40점)

(1) 표지 디자인 : 도형, 워드아트 및 그림을 이용하여 작성한다.

세부조건

① 도형 편집
- 도형에 그림 채우기 :
「내 PC₩문서₩ITQ₩Picture₩
그림3.jpg」, 투명도 50%
- 도형 효과 :
부드러운 가장자리 5포인트
② 워드아트 삽입
- 변환 : 역삼각형
- 글꼴 : 궁서, 굵게
- 텍스트 반사 :
1/2 반사, 터치
③ 그림 삽입
- 「내 PC₩문서₩ITQ₩Picture₩
로고2.jpg」
- 배경(회색) 투명색으로 설정

슬라이드 2   목차 슬라이드 (60점)

(1) 출력형태와 같이 도형을 이용하여 목차를 작성한다(글꼴 : 굴림, 24pt).

(2) 도형 : 선 없음

세부조건

① 텍스트에 하이퍼링크 적용
→ '슬라이드 4'
② 그림 삽입
- 「내 PC₩문서₩ITQ₩Picture₩
그림4.jpg」
- 자르기 기능 이용

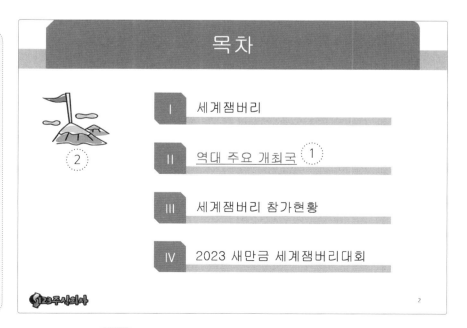

(1) 텍스트 작성 : 글머리 기호 사용(❖, •)

❖ 문단(굴림, 24pt, 굵게, 줄 간격 : 1.5줄), • 문단(굴림, 20pt, 줄 간격 : 1.5줄)

세부조건

① 동영상 삽입 :
 – 「내 PC￦문서￦ITQ￦Picture￦ 동영상.wmv」
 – 자동 실행, 반복 재생 설정

(1) 도형과 표 작성 기능을 이용하여 슬라이드를 작성한다(글꼴 : 돋움, 18pt).

세부조건

① 상단 도형 :
 2개 도형의 조합으로 작성
② 좌측 도형 :
 그라데이션 효과(선형 아래쪽)
③ 표 스타일 :
 테마 스타일 1 – 강조 1

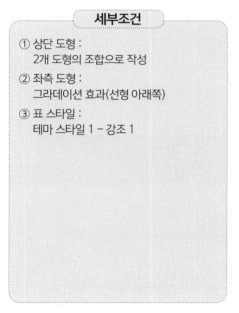

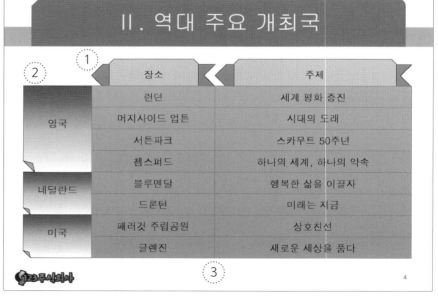

(1) 차트 작성 기능을 이용하여 슬라이드를 작성한다.

(2) 차트 : 종류(묶은 세로 막대형), 글꼴(돋움, 16pt), 외곽선

세부조건

※ 차트 설명
- 차트 제목 : 궁서, 24pt, 굵게,
  채우기(흰색), 테두리,
  그림자(오프셋 아래쪽)
- 차트 영역 : 채우기(노랑)
  그림 영역 : 채우기(흰색)
- 데이터 서식 : 참가자 계열을
  표식이 있는 꺾은선형으로 변경 후
  보조 축으로 지정
- 값 표시 : 2015년의 참가자 계열만
① 도형 삽입
  - 스타일 :
  미세 효과 – 파랑, 강조 1
  - 글꼴 : 굴림, 18pt

---

(1) 슬라이드와 같이 도형 및 스마트아트를 배치한다(글꼴 : 굴림, 18pt).

(2) 애니메이션 순서 : ① ⇒ ②

세부조건

① 도형 및 스마트아트 편집
  - 스마트아트 디자인 :
  3차원 경사,
  3차원 광택 처리
  - 그룹화 후 애니메이션 효과 :
  바운드
② 도형 편집
  - 그룹화 후 애니메이션 효과 :
  시계 방향 회전

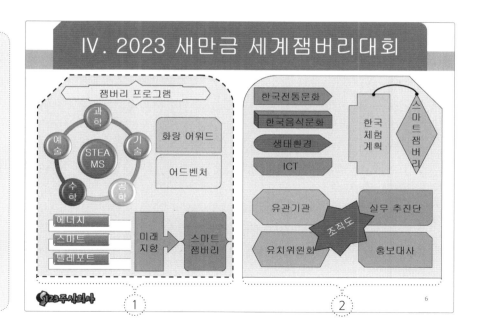

정보기술자격(ITQ) 실전모의고사

과 목	코 드	문제유형	시험시간	수험번호	성 명
한글파워포인트	1142	A	60분		

수험자 유의사항

◎ 수험자는 문제지를 받는 즉시 문제지와 <u>수험표상의 시험과목(프로그램)이 동일한지 반드시 확인</u>하여야 합니다.

◎ 파일명은 본인의 "수험번호–성명"으로 입력하여 답안폴더(내 PC\문서\ITQ)에 하나의 파일로 저장해야 하며, 답안문서 파일명이 "수험번호–성명"과 일치하지 않거나, 답안파일을 전송하지 않아 미제출로 처리될 경우 실격 처리합니다 (예:12345678-홍길동.pptx).

◎ 답안 작성을 마치면 파일을 저장하고, '답안 전송' 버튼을 선택하여 감독위원 PC로 답안을 전송하십시오. 수험생 정보와 저장한 파일명이 다를 경우 전송되지 않으므로 주의하시기 바랍니다.

◎ 답안 작성 중에도 <u>주기적으로 저장하고, '답안 전송'</u>하여야 문제 발생을 줄일 수 있습니다. 작업한 내용을 저장하지 않고 전송할 경우 이전에 저장된 내용이 전송되오니 이점 유의하시기 바랍니다.

◎ 답안문서는 지정된 경로 외의 다른 보조기억장치에 저장하는 경우, 지정된 시험 시간 외에 작성된 파일을 활용할 경우, 기타 통신수단(이메일, 메신저, 네트워크 등)을 이용하여 타인에게 전달 또는 외부 반출하는 경우는 부정 처리합니다.

◎ 시험 중 부주의 또는 고의로 시스템을 파손한 경우는 수험자가 변상해야 하며, <수험자 유의사항>에 기재된 방법대로 이행하지 않아 생기는 불이익은 수험생 당사자의 책임임을 알려 드립니다.

◎ 문제의 조건은 MS오피스 2016 버전으로 설정되어 있으니 유의하시기 바랍니다.

◎ 시험을 완료한 수험자는 답안파일이 전송되었는지 확인한 후 감독위원의 지시에 따라 문제지를 제출하고 퇴실합니다.

답안 작성요령

◎ 온라인 답안 작성 절차

　수험자 등록 ⇒ 시험 시작 ⇒ 답안파일 저장 ⇒ 답안 전송 ⇒ 시험 종료

◎ 슬라이드의 크기는 A4 Paper로 설정하여 작성합니다.

◎ 슬라이드의 총 개수는 6개로 구성되어 있으며 슬라이드 1부터 순서대로 작업하고 반드시 문제와 세부 조건대로 합니다.

◎ 별도의 지시사항이 없는 경우 출력형태를 참조하여 글꼴색은 검정 또는 흰색으로 작성하고, 기타사항은 전체적인 균형을 고려하여 작성합니다.

◎ 슬라이드 도형 및 개체에 출력형태와 다른 스타일(그림자, 외곽선 등)을 적용했을 경우 감점처리 됩니다.

◎ 슬라이드 번호를 작성합니다(슬라이드 1에는 생략).

◎ 2~6번 슬라이드 제목 도형과 하단 로고는 슬라이드 마스터를 이용하여 출력형태와 동일하게 작성합니다(슬라이드 1에는 생략).

◎ 문제와 세부조건, 세부조건 번호 ⦙(점선원)는 입력하지 않습니다.

◎ 각 개체의 위치는 오른쪽의 슬라이드와 동일하게 구성합니다.

◎ 그림 삽입 문제의 경우 반드시 「내 PC\문서\ITQ\Picture」 폴더에서 정확한 파일을 선택하여 삽입하십시오.

◎ 각 슬라이드를 각각의 파일로 작업해서 저장할 경우 실격 처리됩니다.

kpc 한국생산성본부

(1) 슬라이드 크기 및 순서 : 크기를 A4 용지로 설정하고 슬라이드 순서에 맞게 작성한다.
(2) 슬라이드 마스터 : 2~6슬라이드의 제목, 하단 로고, 슬라이드 번호는 슬라이드 마스터를 이용하여 작성한다.
    – 제목 글꼴(돋움, 40pt, 흰색), 왼쪽 맞춤, 도형(선 없음)
    – 하단 로고(「내 PC₩문서₩ITQ₩Picture₩로고3.jpg」, 배경(연보라) 투명색으로 설정)

슬라이드 1   표지 디자인 (40점)

(1) 표지 디자인 : 도형, 워드아트 및 그림을 이용하여 작성한다.

세부조건

① 도형 편집
   – 도형에 그림 채우기 :
     「내 PC₩문서₩ITQ₩Picture₩
     그림2.jpg」, 투명도 50%
   – 도형 효과 :
     부드러운 가장자리 5포인트
② 워드아트 삽입
   – 변환 : 위로 기울기
   – 글꼴 : 돋움, 굵게
   – 텍스트 반사 :
     근접 반사, 4 pt 오프셋
③ 그림 삽입
   – 「내 PC₩문서₩ITQ₩Picture₩
     로고3.jpg」
   – 배경(연보라) 투명색으로 설정

슬라이드 2   목차 슬라이드 (60점)

(1) 출력형태와 같이 도형을 이용하여 목차를 작성한다(글꼴 : 굴림, 24pt).
(2) 도형 : 선 없음

세부조건

① 텍스트에 하이퍼링크 적용
   → '슬라이드 6'
② 그림 삽입
   – 「내 PC₩문서₩ITQ₩Picture₩
     그림4.jpg」
   – 자르기 기능 이용

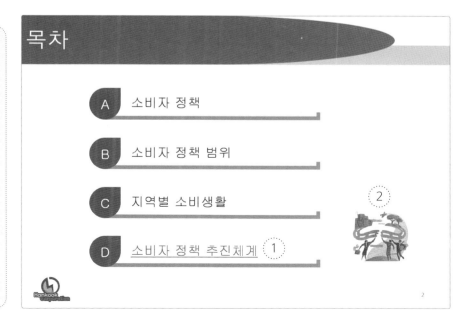

(1) 텍스트 작성 : 글머리 기호 사용(◆, ✓)

◆문단(굴림, 24pt, 굵게, 줄 간격 : 1.5줄), ✓문단(굴림, 20pt, 줄 간격 : 1.5줄)

세부조건

① 동영상 삽입 :
- 「내 PC₩문서₩ITQ₩Picture₩
  동영상.wmv」
- 자동 실행, 반복 재생 설정

A. 소비자 정책

◆ **Consumer law**

   ✓Consumer law is considered as an area of law that
regulates private law relationships between individual
consumers and the businesses that sell those goods and
services

◆ **소비자 정책**

   ✓시장경제에서 소비자 문제를 해결하기 위하여 정부가 법과 제도 등을 통하여
시장에 직/간접적으로 개입하는 일련의 과정

   ✓보호론적 관점에서 소비자가 자주적으로 문제를 해결할 수 있도록 지원해 주
는 주권론적 관점으로 패러다임이 전환

3

---

(1) 도형과 표 작성 기능을 이용하여 슬라이드를 작성한다(글꼴 : 돋움, 18pt).

세부조건

① 상단 도형 :
2개 도형의 조합으로 작성
② 좌측 도형 :
그라데이션 효과(선형 아래쪽)
③ 표 스타일 :
테마 스타일 1 – 강조 4

B. 소비자 정책 범위

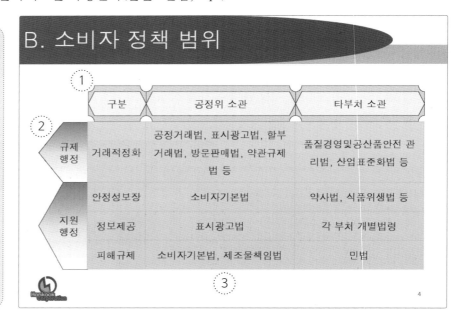

구분		공정위 소관	타부처 소관
규제행정	거래적정화	공정거래법, 표시광고법, 할부거래법, 방문판매법, 약관규제법 등	품질경영및공산품안전 관리법, 산업표준화법 등
지원행정	안정성보장	소비자기본법	약사법, 식품위생법 등
	정보제공	표시광고법	각 부처 개별법령
	피해규제	소비자기본법, 제조물책임법	민법

4

| 슬라이드 5 | 차트 슬라이드 | (100점) |

(1) 차트 작성 기능을 이용하여 슬라이드를 작성한다.
(2) 차트 : 종류(묶은 세로 막대형), 글꼴(돋움, 16pt), 외곽선

세부조건

※ 차트 설명
  · 차트 제목 : 궁서, 24pt, 굵게,
    채우기(흰색), 테두리,
    그림자(오프셋 오른쪽)
  · 차트 영역 : 채우기(노랑)
    그림 영역 : 채우기(흰색)
  · 데이터 서식 : 2017년 계열을
    표식이 있는 꺾은선형으로 변경 후
    보조 축으로 지정
  · 값 표시 : 대전의 2017년 계열만
① 도형 삽입
  – 스타일 :
    미세 효과 – 파랑, 강조 1
  – 글꼴 : 돋움, 18pt

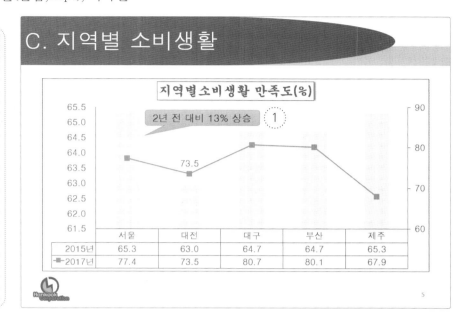

| 슬라이드 6 | 도형 슬라이드 | (100점) |

(1) 슬라이드와 같이 도형 및 스마트아트를 배치한다(글꼴 : 굴림, 18pt).
(2) 애니메이션 순서 : ① ⇒ ②

세부조건

① 도형 편집
  – 그룹화 후 애니메이션 효과 :
    바운드
② 도형 및 스마트아트 편집
  – 스마트아트 디자인 :
    3차원 경사,
    3차원 만화
  – 그룹화 후 애니메이션 효과 :
    시계 방향 회전

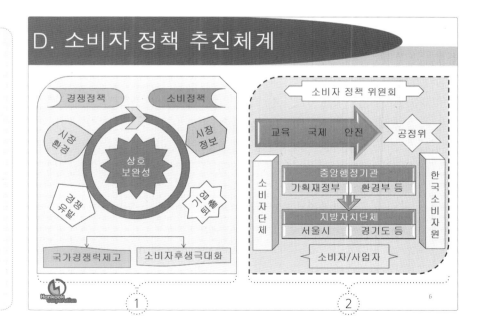

정보기술자격(ITQ) 실전모의고사

과 목	코 드	문제유형	시험시간	수험번호	성 명
한글파워포인트	1142	A	60분		

수험자 유의사항

◎ 수험자는 문제지를 받는 즉시 문제지와 <u>수험표상의 시험과목(프로그램)이 동일한지 반드시 확인</u>하여야 합니다.

◎ 파일명은 본인의 "수험번호-성명"으로 입력하여 답안폴더(내 PC₩문서₩ITQ)에 하나의 파일로 저장해야 하며, 답안문서 파일명이 "수험번호-성명"과 일치하지 않거나, 답안파일을 전송하지 않아 미제출로 처리될 경우 실격 처리합니다 (예:12345678-홍길동.pptx).

◎ 답안 작성을 마치면 파일을 저장하고, '답안 전송' 버튼을 선택하여 감독위원 PC로 답안을 전송하십시오. 수험생 정보와 저장한 파일명이 다를 경우 전송되지 않으므로 주의하시기 바랍니다.

◎ 답안 작성 중에도 <u>주기적으로 저장하고, '답안 전송'</u>하여야 문제 발생을 줄일 수 있습니다. 작업한 내용을 저장하지 않고 전송할 경우 이전에 저장된 내용이 전송되오니 이점 유의하시기 바랍니다.

◎ 답안문서는 지정된 경로 외의 다른 보조기억장치에 저장하는 경우, 지정된 시험 시간 외에 작성된 파일을 활용할 경우, 기타 통신수단(이메일, 메신저, 네트워크 등)을 이용하여 타인에게 전달 또는 외부 반출하는 경우는 부정 처리합니다.

◎ 시험 중 부주의 또는 고의로 시스템을 파손한 경우는 수험자가 변상해야 하며, <수험자 유의사항>에 기재된 방법대로 이행하지 않아 생기는 불이익은 수험생 당사자의 책임임을 알려 드립니다.

◎ 문제의 조건은 MS오피스 2016 버전으로 설정되어 있으니 유의하시기 바랍니다.

◎ 시험을 완료한 수험자는 답안파일이 전송되었는지 확인한 후 감독위원의 지시에 따라 문제지를 제출하고 퇴실합니다.

답안 작성요령

◎ 온라인 답안 작성 절차

수험자 등록 ⇒ 시험 시작 ⇒ 답안파일 저장 ⇒ 답안 전송 ⇒ 시험 종료

◎ 슬라이드의 크기는 A4 Paper로 설정하여 작성합니다.

◎ 슬라이드의 총 개수는 6개로 구성되어 있으며 슬라이드 1부터 순서대로 작업하고 반드시 문제와 세부 조건대로 합니다.

◎ 별도의 지시사항이 없는 경우 출력형태를 참조하여 글꼴색은 검정 또는 흰색으로 작성하고, 기타사항은 전체적인 균형을 고려하여 작성합니다.

◎ 슬라이드 도형 및 개체에 출력형태와 다른 스타일(그림자, 외곽선 등)을 적용했을 경우 감점처리 됩니다.

◎ 슬라이드 번호를 작성합니다(슬라이드 1에는 생략).

◎ 2~6번 슬라이드 제목 도형과 하단 로고는 슬라이드 마스터를 이용하여 출력형태와 동일하게 작성합니다(슬라이드 1에는 생략).

◎ 문제와 세부조건, 세부조건 번호 ⦂(점선원)는 입력하지 않습니다.

◎ 각 개체의 위치는 오른쪽의 슬라이드와 동일하게 구성합니다.

◎ 그림 삽입 문제의 경우 반드시 「내 PC₩문서₩ITQ₩Picture」 폴더에서 정확한 파일을 선택하여 삽입하십시오.

◎ 각 슬라이드를 각각의 파일로 작업해서 저장할 경우 실격 처리됩니다.

kpc 한국생산성본부

(1) 슬라이드 크기 및 순서 : 크기를 A4 용지로 설정하고 슬라이드 순서에 맞게 작성한다.
(2) 슬라이드 마스터 : 2~6슬라이드의 제목, 하단 로고, 슬라이드 번호는 슬라이드 마스터를 이용하여 작성한다.
- 제목 글꼴(돋움, 40pt, 흰색), 가운데 맞춤, 도형(선 없음)
- 하단 로고(「내 PC₩문서₩ITQ₩Picture₩로고1.jpg」, 배경(회색) 투명색으로 설정)

슬라이드 1   표지 디자인   (40점)

(1) 표지 디자인 : 도형, 워드아트 및 그림을 이용하여 작성한다.

세부조건

① 도형 편집
- 도형에 그림 채우기 :
「내 PC₩문서₩ITQ₩Picture₩
그림1.jpg」, 투명도 50%
- 도형 효과 :
부드러운 가장자리 5포인트
② 워드아트 삽입
- 변환 : 휘어 내려가기
- 글꼴 : 맑은 고딕, 굵게
- 텍스트 반사 :
근접 반사, 터치
③ 그림 삽입
- 「내 PC₩문서₩ITQ₩Picture₩
로고1.jpg」
- 배경(회색) 투명색으로 설정

슬라이드 2   목차 슬라이드   (60점)

(1) 출력형태와 같이 도형을 이용하여 목차를 작성한다(글꼴 : 돋움, 24pt).
(2) 도형 : 선 없음

세부조건

① 텍스트에 하이퍼링크 적용
→ '슬라이드 5'
② 그림 삽입
- 「내 PC₩문서₩ITQ₩Picture₩
그림4.jpg」
- 자르기 기능 이용

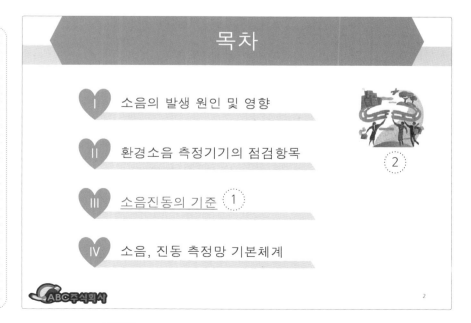

슬라이드 3   텍스트/동영상 슬라이드 (60점)

(1) 텍스트 작성 : 글머리 기호 사용(✓, ▪)

✓문단(굴림, 24pt, 굵게, 줄 간격 : 1.5줄), ▪ 문단(굴림, 20pt, 줄 간격 : 1.5줄)

세부조건

① 동영상 삽입 :
- 「내 PC₩문서₩ITQ₩Picture₩동영상.wmv」
- 자동 실행, 반복 재생 설정

Ⅰ. 소음의 발생 원인 및 영향

✓Impact and Damage of Noise

- ▪ Physiological and psychological effects on the human body and lowering of work efficiency
- ▪ Short-term effects include a decrease in heart rate and skin peripheral vasoconstriction, increase in respiratory size

✓소음의 발생 원인

- ▪ 가정에서 사용하는 TV, 피아노, 세탁기 등이 유발하는 생활소음, 자동차, 철도, 비행기와 같은 교통 수단의 이동에서 나오는 소음, 공장에서 나는 기계음

ABC주식회사   3

슬라이드 4   표 슬라이드 (80점)

(1) 도형과 표 작성 기능을 이용하여 슬라이드를 작성한다(글꼴 : 돋움, 18pt).

세부조건

① 상단 도형 :
2개 도형의 조합으로 작성
② 좌측 도형 :
그라데이션 효과(선형 아래쪽)
③ 표 스타일 :
테마 스타일 1 – 강조 1

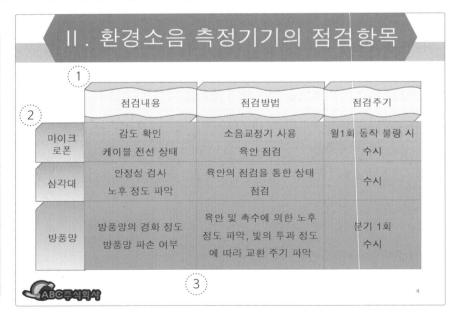

Ⅱ. 환경소음 측정기기의 점검항목

	점검내용	점검방법	점검주기
마이크로폰	감도 확인 케이블 전선 상태	소음교정기 사용 육안 점검	월1회 동작 불량 시 수시
삼각대	안정성 검사 노후 정도 파악	육안의 점검을 통한 상태 점검	수시
방풍망	방풍망의 경화 정도 방풍망 파손 여부	육안 및 촉수에 의한 노후 정도 파악, 빛의 투과 정도에 따라 교환 주기 파악	분기 1회 수시

ABC주식회사   4

(1) 차트 작성 기능을 이용하여 슬라이드를 작성한다.
(2) 차트 : 종류(묶은 세로 막대형), 글꼴(돋움, 16pt), 외곽선

세부조건

※ 차트 설명
　· 차트 제목 : 궁서, 24pt, 굵게,
　　채우기(흰색), 테두리,
　　그림자(오프셋 대각선 오른쪽 위)
　· 차트 영역 : 채우기(노랑)
　　그림 영역 : 채우기(흰색)
　· 데이터 서식 :
　　밤 계열을 표식이 있는 꺾은선형으로
　　변경 후 보조 축으로 지정
　· 값 표시 : 마 지역의 밤 계열만
① 도형 삽입
　– 스타일 :
　　미세 효과 – 파랑, 강조 1
　– 글꼴 : 돋움, 18pt

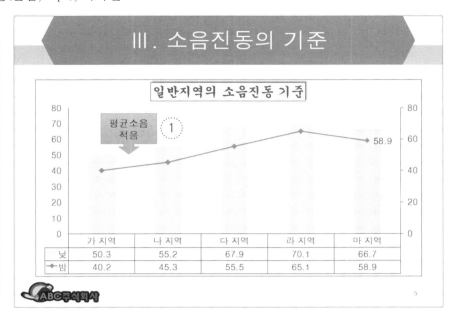

세부조건

① 도형 및 스마트아트 편집
　– 스마트아트 디자인 :
　　3차원 벽돌,
　　3차원 경사
　– 그룹화 후 애니메이션 효과 :
　　실선 무늬(세로)
② 도형 편집
　– 그룹화 후 애니메이션 효과 :
　　회전하며 밝기 변화

(1) 슬라이드와 같이 도형 및 스마트아트를 배치한다(글꼴 : 굴림, 18pt).
(2) 애니메이션 순서 : ① ⇒ ②

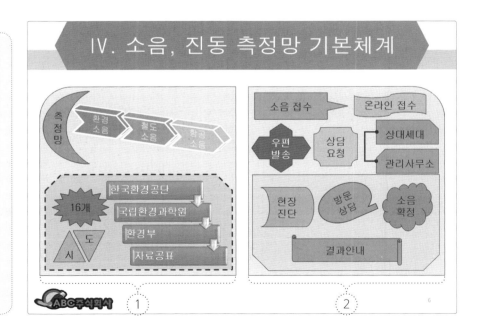

정보기술자격(ITQ) 실전모의고사

과 목	코 드	문제유형	시험시간	수험번호	성 명
한글파워포인트	1142	A	60분		

수험자 유의사항

◎ 수험자는 문제지를 받는 즉시 문제지와 <u>수험표상의 시험과목(프로그램)이 동일한지 반드시 확인</u>하여야 합니다.

◎ 파일명은 본인의 "수험번호-성명"으로 입력하여 답안폴더(내 PC₩문서₩ITQ)에 하나의 파일로 저장해야 하며, 답안문서 파일명이 "수험번호-성명"과 일치하지 않거나, 답안파일을 전송하지 않아 미제출로 처리될 경우 실격 처리합니다 (예:12345678-홍길동.pptx).

◎ 답안 작성을 마치면 파일을 저장하고, '답안 전송' 버튼을 선택하여 감독위원 PC로 답안을 전송하십시오. 수험생 정보와 저장한 파일명이 다를 경우 전송되지 않으므로 주의하시기 바랍니다.

◎ 답안 작성 중에도 <u>주기적으로 저장하고, '답안 전송'</u>하여야 문제 발생을 줄일 수 있습니다. 작업한 내용을 저장하지 않고 전송할 경우 이전에 저장된 내용이 전송되오니 이점 유의하시기 바랍니다.

◎ 답안문서는 지정된 경로 외의 다른 보조기억장치에 저장하는 경우, 지정된 시험 시간 외에 작성된 파일을 활용할 경우, 기타 통신수단(이메일, 메신저, 네트워크 등)을 이용하여 타인에게 전달 또는 외부 반출하는 경우는 부정 처리합니다.

◎ 시험 중 부주의 또는 고의로 시스템을 파손한 경우는 수험자가 변상해야 하며, <수험자 유의사항>에 기재된 방법대로 이행하지 않아 생기는 불이익은 수험생 당사자의 책임임을 알려 드립니다.

◎ 문제의 조건은 MS오피스 2016 버전으로 설정되어 있으니 유의하시기 바랍니다.

◎ 시험을 완료한 수험자는 답안파일이 전송되었는지 확인한 후 감독위원의 지시에 따라 문제지를 제출하고 퇴실합니다.

답안 작성요령

◎ 온라인 답안 작성 절차
    수험자 등록 ⇒ 시험 시작 ⇒ 답안파일 저장 ⇒ 답안 전송 ⇒ 시험 종료

◎ 슬라이드의 크기는 A4 Paper로 설정하여 작성합니다.

◎ 슬라이드의 총 개수는 6개로 구성되어 있으며 슬라이드 1부터 순서대로 작업하고 반드시 문제와 세부 조건대로 합니다.

◎ 별도의 지시사항이 없는 경우 출력형태를 참조하여 글꼴색은 검정 또는 흰색으로 작성하고, 기타사항은 전체적인 균형을 고려하여 작성합니다.

◎ 슬라이드 도형 및 개체에 출력형태와 다른 스타일(그림자, 외곽선 등)을 적용했을 경우 감점처리 됩니다.

◎ 슬라이드 번호를 작성합니다(슬라이드 1에는 생략).

◎ 2~6번 슬라이드 제목 도형과 하단 로고는 슬라이드 마스터를 이용하여 출력형태와 동일하게 작성합니다(슬라이드 1에는 생략).

◎ 문제와 세부조건, 세부조건 번호 ⦂⦂(점선원)는 입력하지 않습니다.

◎ 각 개체의 위치는 오른쪽의 슬라이드와 동일하게 구성합니다.

◎ 그림 삽입 문제의 경우 반드시 「내 PC₩문서₩ITQ₩Picture」 폴더에서 정확한 파일을 선택하여 삽입하십시오.

◎ 각 슬라이드를 각각의 파일로 작업해서 저장할 경우 실격 처리됩니다.

kpc 한국생산성본부

(1) 슬라이드 크기 및 순서 : 크기를 A4 용지로 설정하고 슬라이드 순서에 맞게 작성한다.
(2) 슬라이드 마스터 : 2~6슬라이드의 제목, 하단 로고, 슬라이드 번호는 슬라이드 마스터를 이용하여 작성한다.
　　－ 제목 글꼴(돋움, 40pt, 빨강), 가운데 맞춤, 도형(선 없음)
　　－ 하단 로고(「내 PC₩문서₩ITQ₩Picture₩로고1.jpg」, 배경(회색) 투명색으로 설정)

슬라이드 1　　표지 디자인 (40점)

(1) 표지 디자인 : 도형, 워드아트 및 그림을 이용하여 작성한다.

세부조건

① 도형 편집
　－ 도형에 그림 채우기 :
　　「내 PC₩문서₩ITQ₩Picture₩
　　그림1.jpg」, 투명도 50%
　－ 도형 효과 :
　　부드러운 가장자리 5포인트
② 워드아트 삽입
　－ 변환 : 삼각형
　－ 글꼴 : 돋움, 굵게
　－ 텍스트 반사 :
　　1/2 반사, 터치
③ 그림 삽입
　－「내 PC₩문서₩ITQ₩Picture₩
　　로고1.jpg」
　－ 배경(회색) 투명색으로 설정

슬라이드 2　　목차 슬라이드 (60점)

(1) 출력형태와 같이 도형을 이용하여 목차를 작성한다(글꼴 : 굴림, 24pt).
(2) 도형 : 선 없음

세부조건

① 텍스트에 하이퍼링크 적용
　→ '슬라이드 4'
② 그림 삽입
　－「내 PC₩문서₩ITQ₩Picture₩
　　그림5.jpg」
　－ 자르기 기능 이용

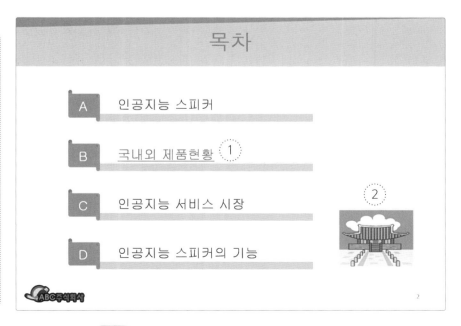

(1) 텍스트 작성 : 글머리 기호 사용(❖, ✓)

❖ 문단(굴림, 24pt, 굵게, 줄 간격 : 1.5줄), ✓ 문단(굴림, 20pt, 줄 간격 : 1.5줄)

세부조건

① 동영상 삽입 :
- 「내 PC₩문서₩ITQ₩Picture₩ 동영상.wmv」
- 자동 실행, 반복 재생 설정

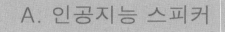

A. 인공지능 스피커

❖ **Artificial Intelligence Speaker**
✓ Voice command device with a virtual secretary that provides interactive action and hands free activation with the help of more than one hot word

❖ **인공지능 스피커**
✓ 인공지능은 인간의 지능이 가지는 학습, 추리, 적응, 논증 따위의 기능을 갖춘 컴퓨터 시스템
✓ 인공지능 스피커는 음성인식을 통하여서도 음악 감상, 정보 검색 등의 기능을 수행할 수 있음

ABC주식회사   3

(1) 도형과 표 작성 기능을 이용하여 슬라이드를 작성한다(글꼴 : 돋움, 18pt).

세부조건

① 상단 도형 :
2개 도형의 조합으로 작성
② 좌측 도형 :
그라데이션 효과(선형 아래쪽)
③ 표 스타일 :
테마 스타일 1 – 강조 6

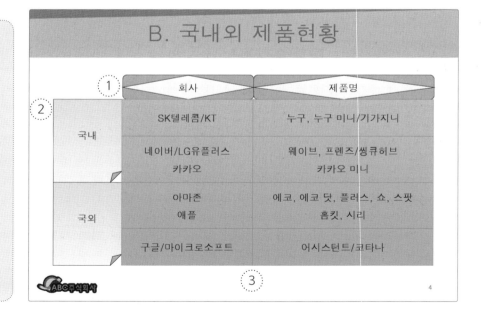

B. 국내외 제품현황

회사	제품명
SK텔레콤/KT	누구, 누구 미니/기가지니
네이버/LG유플러스 카카오	웨이브, 프렌즈/씽큐허브 카카오 미니
아마존 애플	에코, 에코 닷, 플러스, 쇼, 스팟 홈킷, 시리
구글/마이크로소프트	어시스턴트/코타나

국내 / 국외

ABC주식회사   4

차트 슬라이드 (100점)

(1) 차트 작성 기능을 이용하여 슬라이드를 작성한다.
(2) 차트 : 종류(묶은 세로 막대형), 글꼴(돋움, 16pt), 외곽선

세부조건

※ 차트 설명
 · 차트 제목 : 궁서, 24pt, 굵게,
  채우기(흰색), 테두리,
  그림자(오프셋 위쪽)
 · 차트 영역 : 채우기(노랑)
  그림 영역 : 채우기(흰색)
 · 데이터 서식 : 영상처리 계열을
  표식이 있는 꺾은선형으로 변경 후
  보조 축으로 지정
 · 값 표시 : 2020년의 영상처리 계열만
① 도형 삽입
 - 스타일 :
  미세 효과 - 주황, 강조 2
 - 글꼴 : 굴림, 18pt

도형 슬라이드 (100점)

(1) 슬라이드와 같이 도형 및 스마트아트를 배치한다(글꼴 : 굴림, 18pt).
(2) 애니메이션 순서 : ① ⇒ ②

세부조건

① 도형 및 스마트아트 편집
 - 스마트아트 디자인 :
  3차원 벽돌,
  3차원 광택 처리
 - 그룹화 후 애니메이션 효과 :
  실선 무늬(세로)
② 도형 편집
 - 그룹화 후 애니메이션 효과 :
  회전하며 밝기 변화

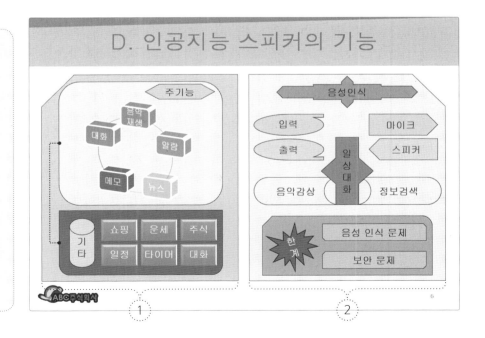

정보기술자격(ITQ) 실전모의고사

과 목	코 드	문제유형	시험시간	수험번호	성 명
한글파워포인트	1142	A	60분		

수험자 유의사항

◎ 수험자는 문제지를 받는 즉시 문제지와 <u>수험표상의 시험과목(프로그램)이 동일한지 반드시 확인</u>하여야 합니다.

◎ 파일명은 본인의 "수험번호-성명"으로 입력하여 답안폴더(내 PC₩문서₩ITQ)에 하나의 파일로 저장해야 하며, 답안문서 파일명이 "수험번호-성명"과 일치하지 않거나, 답안파일을 전송하지 않아 미제출로 처리될 경우 실격 처리합니다 (예:12345678-홍길동.pptx).

◎ 답안 작성을 마치면 파일을 저장하고, '답안 전송' 버튼을 선택하여 감독위원 PC로 답안을 전송하십시오. 수험생 정보와 저장한 파일명이 다를 경우 전송되지 않으므로 주의하시기 바랍니다.

◎ 답안 작성 중에도 <u>주기적으로 저장하고, '답안 전송'</u>하여야 문제 발생을 줄일 수 있습니다. 작업한 내용을 저장하지 않고 전송할 경우 이전에 저장된 내용이 전송되오니 이점 유의하시기 바랍니다.

◎ 답안문서는 지정된 경로 외의 다른 보조기억장치에 저장하는 경우, 지정된 시험 시간 외에 작성된 파일을 활용할 경우, 기타 통신수단(이메일, 메신저, 네트워크 등)을 이용하여 타인에게 전달 또는 외부 반출하는 경우는 부정 처리합니다.

◎ 시험 중 부주의 또는 고의로 시스템을 파손한 경우는 수험자가 변상해야 하며, <수험자 유의사항>에 기재된 방법대로 이행하지 않아 생기는 불이익은 수험생 당사자의 책임임을 알려 드립니다.

◎ 문제의 조건은 MS오피스 2016 버전으로 설정되어 있으니 유의하시기 바랍니다.

◎ 시험을 완료한 수험자는 답안파일이 전송되었는지 확인한 후 감독위원의 지시에 따라 문제지를 제출하고 퇴실합니다.

답안 작성요령

◎ 온라인 답안 작성 절차
  수험자 등록 ⇒ 시험 시작 ⇒ 답안파일 저장 ⇒ 답안 전송 ⇒ 시험 종료

◎ 슬라이드의 크기는 A4 Paper로 설정하여 작성합니다.

◎ 슬라이드의 총 개수는 6개로 구성되어 있으며 슬라이드 1부터 순서대로 작업하고 반드시 문제와 세부 조건대로 합니다.

◎ 별도의 지시사항이 없는 경우 출력형태를 참조하여 글꼴색은 검정 또는 흰색으로 작성하고, 기타사항은 전체적인 균형을 고려하여 작성합니다.

◎ 슬라이드 도형 및 개체에 출력형태와 다른 스타일(그림자, 외곽선 등)을 적용했을 경우 감점처리 됩니다.

◎ 슬라이드 번호를 작성합니다(슬라이드 1에는 생략).

◎ 2~6번 슬라이드 제목 도형과 하단 로고는 슬라이드 마스터를 이용하여 출력형태와 동일하게 작성합니다(슬라이드 1에는 생략).

◎ 문제와 세부조건, 세부조건 번호 ◌(점선원)는 입력하지 않습니다.

◎ 각 개체의 위치는 오른쪽의 슬라이드와 동일하게 구성합니다.

◎ 그림 삽입 문제의 경우 반드시 「내 PC₩문서₩ITQ₩Picture」 폴더에서 정확한 파일을 선택하여 삽입하십시오.

◎ 각 슬라이드를 각각의 파일로 작업해서 저장할 경우 실격 처리됩니다.

kpc 한국생산성본부

(1) 슬라이드 크기 및 순서 : 크기를 A4 용지로 설정하고 슬라이드 순서에 맞게 작성한다.
(2) 슬라이드 마스터 : 2~6슬라이드의 제목, 하단 로고, 슬라이드 번호는 슬라이드 마스터를 이용하여 작성한다.
- 제목 글꼴(돋움, 40pt, 파랑), 왼쪽 맞춤, 도형(선 없음)
- 하단 로고(「내 PC￦문서￦ITQ￦Picture￦로고2.jpg」, 배경(회색) 투명색으로 설정)

슬라이드 1 　 표지 디자인 (40점)

(1) 표지 디자인 : 도형, 워드아트 및 그림을 이용하여 작성한다.

세부조건

① 도형 편집
- 도형에 그림 채우기 :
「내 PC￦문서￦ITQ￦Picture￦
그림1.jpg」, 투명도 50%
- 도형 효과 :
부드러운 가장자리 5포인트
② 워드아트 삽입
- 변환 : 삼각형
- 글꼴 : 돋움, 굵게
- 텍스트 반사 :
1/2 반사, 4 pt 오프셋
③ 그림 삽입
- 「내 PC￦문서￦ITQ￦Picture￦
로고2.jpg」
- 배경(회색) 투명색으로 설정

슬라이드 2 　 목차 슬라이드 (60점)

(1) 출력형태와 같이 도형을 이용하여 목차를 작성한다(글꼴 : 굴림, 24pt).
(2) 도형 : 선 없음

세부조건

① 텍스트에 하이퍼링크 적용
→ '슬라이드 6'
② 그림 삽입
- 「내 PC￦문서￦ITQ￦Picture￦
그림5.jpg」
- 자르기 기능 이용

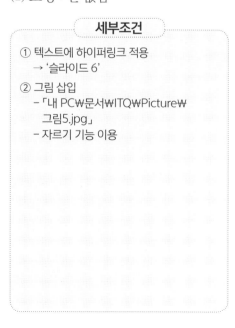

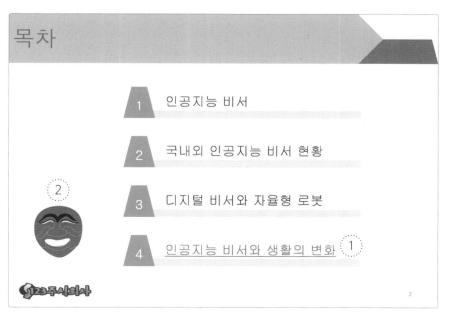

슬라이드 3   텍스트/동영상 슬라이드   (60점)

(1) 텍스트 작성 : 글머리 기호 사용(❖, ➢)

   ❖ 문단(굴림, 24pt, 굵게, 줄 간격 : 1.5줄), ➢문단(굴림, 20pt, 줄 간격 : 1.5줄)

세부조건

① 동영상 삽입 :
- 「내 PC₩문서₩ITQ₩Picture₩
  동영상.wmv」
- 자동 실행, 반복 재생 설정

1. 인공지능 비서

❖ **AI secretary**

  ➢ A Software that combines artificial intelligence and advanced technology to understand the user's language and perform the instructions that the user wants

❖ **인공지능 비서**

  ➢ 머신러닝, 음성인식, 문장분석, 상황인지 등 인공지능 기술과 첨단 기술이 결합해 사용자의 언어를 이해

  ➢ 사용자가 원하는 지시사항을 수행하는 소프트웨어 애플리케이션

슬라이드 4   표 슬라이드   (80점)

(1) 도형과 표 작성 기능을 이용하여 슬라이드를 작성한다(글꼴 : 돋움, 18pt).

세부조건

① 상단 도형 :
   2개 도형의 조합으로 작성
② 좌측 도형 :
   그라데이션 효과(선형 아래쪽)
③ 표 스타일 :
   테마 스타일 1 – 강조 4

2. 국내외 인공지능 비서 현황

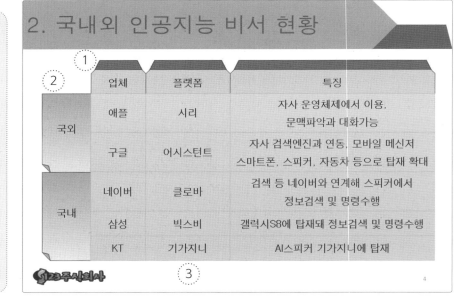

	업체	플랫폼	특징
국외	애플	시리	자사 운영체제에서 이용, 문맥파악과 대화기능
	구글	어시스턴트	자사 검색엔진과 연동, 모바일 메신저 스마트폰, 스피커, 자동차 등으로 탑재 확대
국내	네이버	클로바	검색 등 네이버와 연계해 스피커에서 정보검색 및 명령수행
	삼성	빅스비	갤럭시S8에 탑재돼 정보검색 및 명령수행
	KT	기가지니	AI스피커 기가지니에 탑재

| **차트 슬라이드** | (100점)

(1) 차트 작성 기능을 이용하여 슬라이드를 작성한다.
(2) 차트 : 종류(묶은 세로 막대형), 글꼴(돋움, 16pt), 외곽선

세부조건

※ 차트 설명
- 차트 제목 : 궁서, 24pt, 굵게,
  채우기(흰색), 테두리,
  그림자(오프셋 위쪽)
- 차트 영역 : 채우기(노랑)
  그림 영역 : 채우기(흰색)
- 데이터 서식 : 자율형 로봇 계열을
  표식이 있는 꺾은선형으로 변경 후
  보조 축으로 지정
- 값 표시 : 2024년의 자율형 로봇 계열만

① 도형 삽입
- 스타일 :
  미세 효과 – 파랑, 강조 5
- 글꼴 : 굴림, 18pt

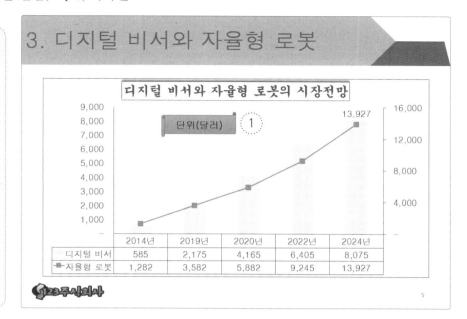

| **도형 슬라이드** | (100점)

(1) 슬라이드와 같이 도형 및 스마트아트를 배치한다(글꼴 : 굴림, 18pt).
(2) 애니메이션 순서 : ① ⇒ ②

세부조건

① 도형 및 스마트아트 편집
- 스마트아트 디자인 :
  3차원 광택 처리,
  3차원 만화
- 그룹화 후 애니메이션 효과 :
  밝기 변화
② 도형 편집
- 그룹화 후 애니메이션 효과 :
  나누기(세로 바깥쪽으로)

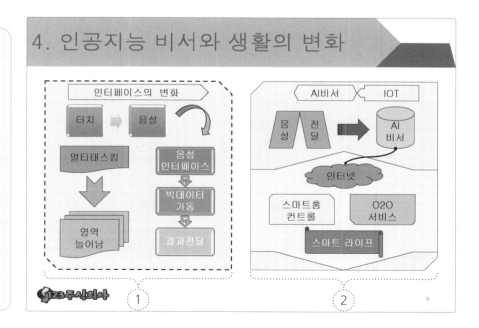

정보기술자격(ITQ) 실전모의고사

과 목	코 드	문제유형	시험시간	수험번호	성 명
한글파워포인트	1142	A	60분		

수험자 유의사항

◎ 수험자는 문제지를 받는 즉시 문제지와 **수험표상의 시험과목(프로그램)이 동일한지 반드시 확인**하여야 합니다.

◎ 파일명은 본인의 "수험번호-성명"으로 입력하여 답안폴더(내 PC₩문서₩ITQ)에 하나의 파일로 저장해야 하며, 답안문서 파일명이 "수험번호-성명"과 일치하지 않거나, 답안파일을 전송하지 않아 미제출로 처리될 경우 실격 처리합니다 (예:12345678-홍길동.pptx).

◎ 답안 작성을 마치면 파일을 저장하고, '답안 전송' 버튼을 선택하여 감독위원 PC로 답안을 전송하십시오. 수험생 정보와 저장한 파일명이 다를 경우 전송되지 않으므로 주의하시기 바랍니다.

◎ 답안 작성 중에도 **주기적으로 저장하고, '답안 전송'**하여야 문제 발생을 줄일 수 있습니다. 작업한 내용을 저장하지 않고 전송할 경우 이전에 저장된 내용이 전송되오니 이점 유의하시기 바랍니다.

◎ 답안문서는 지정된 경로 외의 다른 보조기억장치에 저장하는 경우, 지정된 시험 시간 외에 작성된 파일을 활용할 경우, 기타 통신수단(이메일, 메신저, 네트워크 등)을 이용하여 타인에게 전달 또는 외부 반출하는 경우는 부정 처리합니다.

◎ 시험 중 부주의 또는 고의로 시스템을 파손한 경우는 수험자가 변상해야 하며, <수험자 유의사항>에 기재된 방법대로 이행하지 않아 생기는 불이익은 수험생 당사자의 책임임을 알려 드립니다.

◎ 문제의 조건은 MS오피스 2016 버전으로 설정되어 있으니 유의하시기 바랍니다.

◎ 시험을 완료한 수험자는 답안파일이 전송되었는지 확인한 후 감독위원의 지시에 따라 문제지를 제출하고 퇴실합니다.

답안 작성요령

◎ 온라인 답안 작성 절차

수험자 등록 ⇒ 시험 시작 ⇒ 답안파일 저장 ⇒ 답안 전송 ⇒ 시험 종료

◎ 슬라이드의 크기는 A4 Paper로 설정하여 작성합니다.

◎ 슬라이드의 총 개수는 6개로 구성되어 있으며 슬라이드 1부터 순서대로 작업하고 반드시 문제와 세부 조건대로 합니다.

◎ 별도의 지시사항이 없는 경우 출력형태를 참조하여 글꼴색은 검정 또는 흰색으로 작성하고, 기타사항은 전체적인 균형을 고려하여 작성합니다.

◎ 슬라이드 도형 및 개체에 출력형태와 다른 스타일(그림자, 외곽선 등)을 적용했을 경우 감점처리 됩니다.

◎ 슬라이드 번호를 작성합니다(슬라이드 1에는 생략).

◎ 2~6번 슬라이드 제목 도형과 하단 로고는 슬라이드 마스터를 이용하여 출력형태와 동일하게 작성합니다(슬라이드 1에는 생략).

◎ 문제와 세부조건, 세부조건 번호 ⦂(점선원)는 입력하지 않습니다.

◎ 각 개체의 위치는 오른쪽의 슬라이드와 동일하게 구성합니다.

◎ 그림 삽입 문제의 경우 반드시 「내 PC₩문서₩ITQ₩Picture」 폴더에서 정확한 파일을 선택하여 삽입하십시오.

◎ 각 슬라이드를 각각의 파일로 작업해서 저장할 경우 실격 처리됩니다.

kpc 한국생산성본부

전체 구성 (60점)

(1) 슬라이드 크기 및 순서 : 크기를 A4 용지로 설정하고 슬라이드 순서에 맞게 작성한다.
(2) 슬라이드 마스터 : 2~6슬라이드의 제목, 하단 로고, 슬라이드 번호는 슬라이드 마스터를 이용하여 작성한다.
　　－ 제목 글꼴(굴림, 40pt, 흰색), 가운데 맞춤, 도형(선 없음)
　　－ 하단 로고(「내 PC₩문서₩ITQ₩Picture₩로고2.jpg」, 배경(회색) 투명색으로 설정)

슬라이드 1　　표지 디자인 (40점)

(1) 표지 디자인 : 도형, 워드아트 및 그림을 이용하여 작성한다.

세부조건

① 도형 편집
　－ 도형에 그림 채우기 :
　　「내 PC₩문서₩ITQ₩Picture₩
　　그림3.jpg」, 투명도 50%
　－ 도형 효과 :
　　부드러운 가장자리 5포인트
② 워드아트 삽입
　－ 변환 : 아래쪽 수축
　－ 글꼴 : 궁서, 굵게
　－ 텍스트 반사 :
　　1/2 반사, 터치
③ 그림 삽입
　－「내 PC₩문서₩ITQ₩Picture₩
　　로고2.jpg」
　－ 배경(회색) 투명색으로 설정

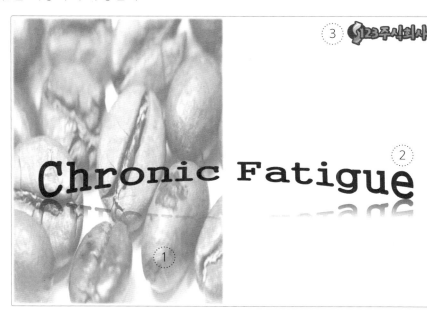

슬라이드 2　　목차 슬라이드 (60점)

(1) 출력형태와 같이 도형을 이용하여 목차를 작성한다(글꼴 : 굴림, 24pt).
(2) 도형 : 선 없음

세부조건

① 텍스트에 하이퍼링크 적용
　→ '슬라이드 4'
② 그림 삽입
　－「내 PC₩문서₩ITQ₩Picture₩
　　그림4.jpg」
　－ 자르기 기능 이용

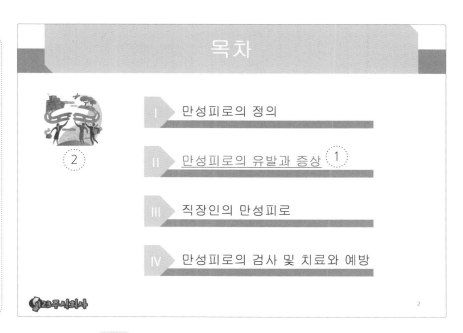

(1) 텍스트 작성 : 글머리 기호 사용(❖, •)

　　❖ 문단(굴림, 24pt, 굵게, 줄 간격 : 1.5줄), • 문단(굴림, 20pt, 줄 간격 : 1.5줄)

세부조건

① 동영상 삽입 :
- 「내 PC₩문서₩ITQ₩Picture₩동영상.wmv」
- 자동 실행, 반복 재생 설정

I. 만성피로의 정의

❖ Chronic fatigue syndrome

- Self-reported impairment in short-term memory or concentration
- Tender cervical or axillary nodes
- Postexertional malaise lasting more than 24 hr

❖ 만성피로란?

- 충분히 휴식을 취하고 일을 줄여도 기운이 없어서 지속적인 노력이나 집중이 필요한 일을 할 수 없는 상태로 원인에 관계없이 6개월 이상 지속되거나 반복되는 심한 피로 증상

3

(1) 도형과 표 작성 기능을 이용하여 슬라이드를 작성한다(글꼴 : 돋움, 18pt).

세부조건

① 상단 도형 :
　2개 도형의 조합으로 작성
② 좌측 도형 :
　그라데이션 효과(선형 아래쪽)
③ 표 스타일 :
　테마 스타일 1 - 강조 1

II. 만성피로의 유발과 증상

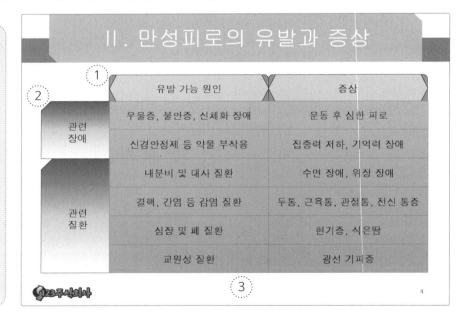

	유발 가능 원인	증상
관련 장애	우울증, 불안증, 신체화 장애	운동 후 심한 피로
	신경안정제 등 약물 부작용	집중력 저하, 기억력 장애
	내분비 및 대사 질환	수면 장애, 위장 장애
관련 질환	결핵, 간염 등 감염 질환	두통, 근육통, 관절통, 전신 통증
	심장 및 폐 질환	현기증, 식은땀
	교원성 질환	광선 기피증

4

(1) 차트 작성 기능을 이용하여 슬라이드를 작성한다.
(2) 차트 : 종류(묶은 세로 막대형), 글꼴(돋움, 16pt), 외곽선

세부조건

※ 차트 설명
 · 차트 제목 : 궁서, 24pt, 굵게,
  채우기(흰색), 테두리,
  그림자(오프셋 아래쪽)
 · 차트 영역 : 채우기(노랑)
  그림 영역 : 채우기(흰색)
 · 데이터 서식 : 남자 계열을
  표식이 있는 꺾은선형으로 변경 후
  보조 축으로 지정
 · 값 표시 : 2017년의 남자 계열만
① 도형 삽입
 – 스타일 :
  미세 효과 – 파랑, 강조 1
 – 글꼴 : 굴림, 18pt

슬라이드 6　　**도형 슬라이드**　　　　　　　　　　(100점)

(1) 슬라이드와 같이 도형 및 스마트아트를 배치한다(글꼴 : 굴림, 18pt).
(2) 애니메이션 순서 : ① ⇒ ②

세부조건

① 도형 및 스마트아트 편집
 – 스마트아트 디자인 :
  3차원 경사,
  3차원 벽돌
 – 그룹화 후 애니메이션 효과 :
  바운드
② 도형 편집
 – 그룹화 후 애니메이션 효과 :
  시계 방향 회전

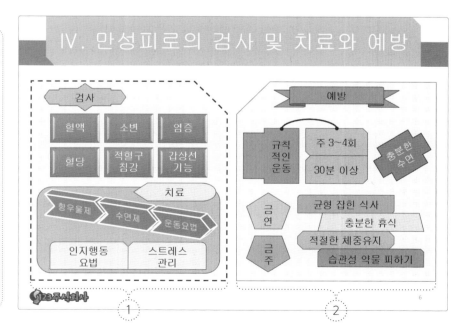

정보기술자격(ITQ) 실전모의고사

과 목	코 드	문제유형	시험시간	수험번호	성 명
한글파워포인트	1142	A	60분		

수험자 유의사항

◎ 수험자는 문제지를 받는 즉시 문제지와 **수험표상의 시험과목(프로그램)이 동일한지 반드시 확인**하여야 합니다.

◎ 파일명은 본인의 "수험번호-성명"으로 입력하여 답안폴더(내 PC₩문서₩ITQ)에 하나의 파일로 저장해야 하며, 답안문서 파일명이 "수험번호-성명"과 일치하지 않거나, 답안파일을 전송하지 않아 미제출로 처리될 경우 실격 처리합니다 (예:12345678-홍길동.pptx).

◎ 답안 작성을 마치면 파일을 저장하고, '답안 전송' 버튼을 선택하여 감독위원 PC로 답안을 전송하십시오. 수험생 정보와 저장한 파일명이 다를 경우 전송되지 않으므로 주의하시기 바랍니다.

◎ 답안 작성 중에도 **주기적으로 저장하고, '답안 전송'**하여야 문제 발생을 줄일 수 있습니다. 작업한 내용을 저장하지 않고 전송할 경우 이전에 저장된 내용이 전송되오니 이점 유의하시기 바랍니다.

◎ 답안문서는 지정된 경로 외의 다른 보조기억장치에 저장하는 경우, 지정된 시험 시간 외에 작성된 파일을 활용할 경우, 기타 통신수단(이메일, 메신저, 네트워크 등)을 이용하여 타인에게 전달 또는 외부 반출하는 경우는 부정 처리합니다.

◎ 시험 중 부주의 또는 고의로 시스템을 파손한 경우는 수험자가 변상해야 하며, <수험자 유의사항>에 기재된 방법대로 이행하지 않아 생기는 불이익은 수험생 당사자의 책임임을 알려 드립니다.

◎ 문제의 조건은 MS오피스 2016 버전으로 설정되어 있으니 유의하시기 바랍니다.

◎ 시험을 완료한 수험자는 답안파일이 전송되었는지 확인한 후 감독위원의 지시에 따라 문제지를 제출하고 퇴실합니다.

답안 작성요령

◎ 온라인 답안 작성 절차

수험자 등록 ⇒ 시험 시작 ⇒ 답안파일 저장 ⇒ 답안 전송 ⇒ 시험 종료

◎ 슬라이드의 크기는 A4 Paper로 설정하여 작성합니다.

◎ 슬라이드의 총 개수는 6개로 구성되어 있으며 슬라이드 1부터 순서대로 작업하고 반드시 문제와 세부 조건대로 합니다.

◎ 별도의 지시사항이 없는 경우 출력형태를 참조하여 글꼴색은 검정 또는 흰색으로 작성하고, 기타사항은 전체적인 균형을 고려하여 작성합니다.

◎ 슬라이드 도형 및 개체에 출력형태와 다른 스타일(그림자, 외곽선 등)을 적용했을 경우 감점처리 됩니다.

◎ 슬라이드 번호를 작성합니다(슬라이드 1에는 생략).

◎ 2~6번 슬라이드 제목 도형과 하단 로고는 슬라이드 마스터를 이용하여 출력형태와 동일하게 작성합니다(슬라이드 1에는 생략).

◎ 문제와 세부조건, 세부조건 번호 ☼(점선원)는 입력하지 않습니다.

◎ 각 개체의 위치는 오른쪽의 슬라이드와 동일하게 구성합니다.

◎ 그림 삽입 문제의 경우 반드시 「내 PC₩문서₩ITQ₩Picture」 폴더에서 정확한 파일을 선택하여 삽입하십시오.

◎ 각 슬라이드를 각각의 파일로 작업해서 저장할 경우 실격 처리됩니다.

kpc 한국생산성본부

(1) 슬라이드 크기 및 순서 : 크기를 A4 용지로 설정하고 슬라이드 순서에 맞게 작성한다.
(2) 슬라이드 마스터 : 2~6슬라이드의 제목, 하단 로고, 슬라이드 번호는 슬라이드 마스터를 이용하여 작성한다.
  – 제목 글꼴(돋움, 40pt, 흰색), 가운데 맞춤, 도형(선 없음)
  – 하단 로고(「내 PC₩문서₩ITQ₩Picture₩로고3.jpg」, 배경(연보라) 투명색으로 설정)

슬라이드 1   표지 디자인 (40점)

(1) 표지 디자인 : 도형, 워드아트 및 그림을 이용하여 작성한다.

세부조건

① 도형 편집
 – 도형에 그림 채우기 :
  「내 PC₩문서₩ITQ₩Picture₩
  그림2.jpg」, 투명도 50%
 – 도형 효과 :
  부드러운 가장자리 5포인트
② 워드아트 삽입
 – 변환 : 물결 1
 – 글꼴 : 돋움, 굵게
 – 텍스트 반사 :
  근접 반사, 4 pt 오프셋
③ 그림 삽입
 – 「내 PC₩문서₩ITQ₩Picture₩
  로고3.jpg」
 – 배경(연보라) 투명색으로 설정

슬라이드 2   목차 슬라이드 (60점)

(1) 출력형태와 같이 도형을 이용하여 목차를 작성한다(글꼴 : 굴림, 24pt).
(2) 도형 : 선 없음

세부조건

① 텍스트에 하이퍼링크 적용
 → '슬라이드 6'
② 그림 삽입
 – 「내 PC₩문서₩ITQ₩Picture₩
  그림5.jpg」
 – 자르기 기능 이용

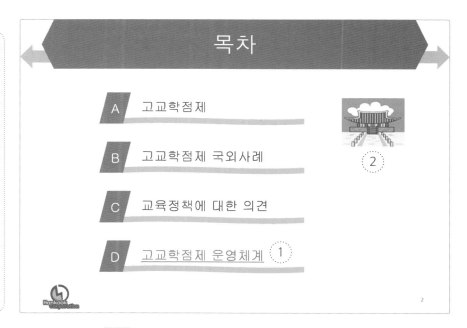

(1) 텍스트 작성 : 글머리 기호 사용(◆, ✓)

　　◆문단(굴림, 24pt, 굵게, 줄 간격 : 1.5줄), ✓문단(굴림, 20pt, 줄 간격 : 1.5줄)

세부조건

① 동영상 삽입 :
　- 「내 PC₩문서₩ITQ₩Picture₩
　　동영상.wmv」
　- 자동 실행, 반복 재생 설정

A. 고교학점제

◆High School Credit System

　✓In high schools in the United States, where all courses are usually the same number of hours, often meeting every day, students earn one credit for a course that lasts all year, or a half credit per course per semester

◆고교학점제

　✓고등학생들이 적성과 희망 진로에 따라 필요한 과목을 선택해 배우고 기준학점을 채우면 졸업을 인정받는 제도

　✓교육부는 오는 2022년 고교학점제를 도입할 예정

①

3

---

(1) 도형과 표 작성 기능을 이용하여 슬라이드를 작성한다(글꼴 : 돋움, 18pt).

세부조건

① 상단 도형 :
　2개 도형의 조합으로 작성
② 좌측 도형 :
　그라데이션 효과(선형 아래쪽)
③ 표 스타일 :
　테마 스타일 1 - 강조 5

B. 고교학점제 국외사례

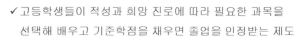

	미국	핀란드	영국	캐나다	한국
졸업요건	학점이수 졸업시험	학점이수 졸업시험	졸업시험	학점이수 졸업시험	출석일수
내신	절대평가	절대평가	절대평가	절대평가	상대평가
대학입시	SAT 고교내신	고교내신 졸업시험 대학별시험	고교내신 졸업시험	고교내신 졸업시험	수능시험 고교내신 대학별시험

③

4

슬라이드 5	차트 슬라이드	(100점)

(1) 차트 작성 기능을 이용하여 슬라이드를 작성한다.
(2) 차트 : 종류(묶은 세로 막대형), 글꼴(돋움, 16pt), 외곽선

세부조건

※ 차트 설명
- 차트 제목 : 궁서, 24pt, 굵게,
  채우기(흰색), 테두리,
  그림자(오프셋 왼쪽)
- 차트 영역 : 채우기(노랑)
  그림 영역 : 채우기(흰색)
- 데이터 서식 : 고교학점제 계열을
  표식이 있는 꺾은선형으로 변경 후
  보조 축으로 지정
- 값 표시 : 보통의 고교학점제 계열만
① 도형 삽입
  - 스타일 :
    미세 효과 – 파랑, 강조 1
  - 글꼴 : 돋움, 18pt

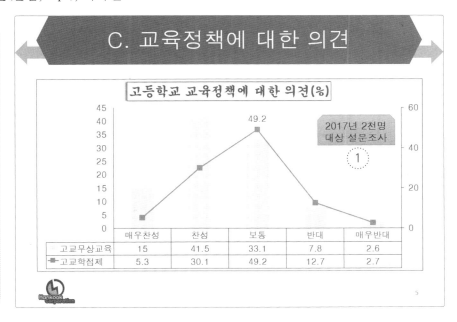

슬라이드 6	도형 슬라이드	(100점)

(1) 슬라이드와 같이 도형 및 스마트아트를 배치한다(글꼴 : 굴림, 18pt).
(2) 애니메이션 순서 : ① ⇒ ②

세부조건

① 도형 및 스마트아트 편집
  - 스마트아트 디자인 :
    3차원 경사,
    3차원 만화
  - 그룹화 후 애니메이션 효과 :
    바운드
② 도형 편집
  - 그룹화 후 애니메이션 효과 :
    시계 방향 회전

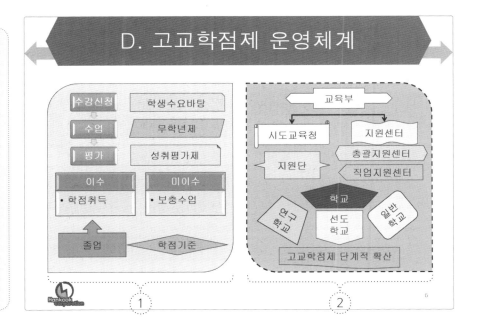

정보기술자격(ITQ) 실전모의고사

과 목	코 드	문제유형	시험시간	수험번호	성 명
한글파워포인트	1142	A	60분		

수험자 유의사항

◎ 수험자는 문제지를 받는 즉시 문제지와 **수험표상의 시험과목(프로그램)이 동일한지 반드시 확인**하여야 합니다.

◎ 파일명은 본인의 "수험번호-성명"으로 입력하여 답안폴더(내 PC₩문서₩ITQ)에 하나의 파일로 저장해야 하며, 답안문서 파일명이 "수험번호-성명"과 일치하지 않거나, 답안파일을 전송하지 않아 미제출로 처리될 경우 실격 처리합니다 (예:12345678-홍길동.pptx).

◎ 답안 작성을 마치면 파일을 저장하고, '답안 전송' 버튼을 선택하여 감독위원 PC로 답안을 전송하십시오. 수험생 정보와 저장한 파일명이 다를 경우 전송되지 않으므로 주의하시기 바랍니다.

◎ 답안 작성 중에도 **주기적으로 저장하고, '답안 전송'**하여야 문제 발생을 줄일 수 있습니다. 작업한 내용을 저장하지 않고 전송할 경우 이전에 저장된 내용이 전송되오니 이점 유의하시기 바랍니다.

◎ 답안문서는 지정된 경로 외의 다른 보조기억장치에 저장하는 경우, 지정된 시험 시간 외에 작성된 파일을 활용할 경우, 기타 통신수단(이메일, 메신저, 네트워크 등)을 이용하여 타인에게 전달 또는 외부 반출하는 경우는 부정 처리합니다.

◎ 시험 중 부주의 또는 고의로 시스템을 파손한 경우는 수험자가 변상해야 하며, <수험자 유의사항>에 기재된 방법대로 이행하지 않아 생기는 불이익은 수험생 당사자의 책임임을 알려 드립니다.

◎ 문제의 조건은 MS오피스 2016 버전으로 설정되어 있으니 유의하시기 바랍니다.

◎ 시험을 완료한 수험자는 답안파일이 전송되었는지 확인한 후 감독위원의 지시에 따라 문제지를 제출하고 퇴실합니다.

답안 작성요령

◎ 온라인 답안 작성 절차

수험자 등록 ⇒ 시험 시작 ⇒ 답안파일 저장 ⇒ 답안 전송 ⇒ 시험 종료

◎ 슬라이드의 크기는 A4 Paper로 설정하여 작성합니다.

◎ 슬라이드의 총 개수는 6개로 구성되어 있으며 슬라이드 1부터 순서대로 작업하고 반드시 문제와 세부 조건대로 합니다.

◎ 별도의 지시사항이 없는 경우 출력형태를 참조하여 글꼴색은 검정 또는 흰색으로 작성하고, 기타사항은 전체적인 균형을 고려하여 작성합니다.

◎ 슬라이드 도형 및 개체에 출력형태와 다른 스타일(그림자, 외곽선 등)을 적용했을 경우 감점처리 됩니다.

◎ 슬라이드 번호를 작성합니다(슬라이드 1에는 생략).

◎ 2~6번 슬라이드 제목 도형과 하단 로고는 슬라이드 마스터를 이용하여 출력형태와 동일하게 작성합니다(슬라이드 1에는 생략).

◎ 문제와 세부조건, 세부조건 번호 ⦂(점선원)는 입력하지 않습니다.

◎ 각 개체의 위치는 오른쪽의 슬라이드와 동일하게 구성합니다.

◎ 그림 삽입 문제의 경우 반드시 「내 PC₩문서₩ITQ₩Picture」 폴더에서 정확한 파일을 선택하여 삽입하십시오.

◎ 각 슬라이드를 각각의 파일로 작업해서 저장할 경우 실격 처리됩니다.

(1) 슬라이드 크기 및 순서 : 크기를 A4 용지로 설정하고 슬라이드 순서에 맞게 작성한다.
(2) 슬라이드 마스터 : 2~6슬라이드의 제목, 하단 로고, 슬라이드 번호는 슬라이드 마스터를 이용하여 작성한다.
- 제목 글꼴(돋움, 40pt, 흰색), 가운데 맞춤, 도형(선 없음)
- 하단 로고(「내 PC\문서\ITQ\Picture\로고1.jpg」, 배경(회색) 투명색으로 설정)

슬라이드 1　　표지 디자인 (40점)

(1) 표지 디자인 : 도형, 워드아트 및 그림을 이용하여 작성한다.

세부조건

① 도형 편집
- 도형에 그림 채우기 :
「내 PC\문서\ITQ\Picture\
그림1.jpg」, 투명도 50%
- 도형 효과 :
부드러운 가장자리 5포인트
② 워드아트 삽입
- 변환 : 휘어 내려가기
- 글꼴 : 맑은 고딕, 굵게
- 텍스트 반사 :
근접 반사, 터치
③ 그림 삽입
- 「내 PC\문서\ITQ\Picture\
로고1.jpg」
- 배경(회색) 투명색으로 설정

슬라이드 2　　목차 슬라이드 (60점)

(1) 출력형태와 같이 도형을 이용하여 목차를 작성한다(글꼴 : 돋움, 24pt).
(2) 도형 : 선 없음

세부조건

① 텍스트에 하이퍼링크 적용
→ '슬라이드 5'
② 그림 삽입
- 「내 PC\문서\ITQ\Picture\
그림4.jpg」
- 자르기 기능 이용

(1) 텍스트 작성 : 글머리 기호 사용(✓, ▪)

    ✓문단(굴림, 24pt, 굵게, 줄 간격 : 1.5줄), ▪ 문단(굴림, 20pt, 줄 간격 : 1.5줄)

세부조건

① 동영상 삽입 :
   – 「내 PC₩문서₩ITQ₩Picture₩
     동영상.wmv」
   – 자동 실행, 반복 재생 설정

Ⅰ. 물의 성질과 구조

✓ The Structure of Water

  ▪ Among water vapor, it exists as a separate molecule, H2O, and its structure is an isosceles triangle

  ▪ In the ordinary ice crystals, the water molecules have a diachromatic structure that is formed by hydrogen bonding

✓ 물의 성질

  ▪ 물 분자는 한 개의 산소와 두 개의 수소 원자로 구성 되었으며, 산소원자와 수소원자는 각각 공유결합을 하는데 산소원자가 전자를 당기는 힘이 더 강해 전기음성도의 차이와 굽은 형 구조에 의해 물은 극성을 띰

ABC주식회사

3

---

(1) 도형과 표 작성 기능을 이용하여 슬라이드를 작성한다(글꼴 : 돋움, 18pt).

세부조건

① 상단 도형 :
  2개 도형의 조합으로 작성

② 좌측 도형 :
  그라데이션 효과(선형 아래쪽)

③ 표 스타일 :
  테마 스타일 1 – 강조 1

Ⅱ. 물의 등급과 BOD

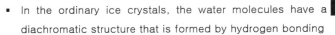

	BOD	지표 생물군	특징
1등급	1ppm 이하	산천어, 버들치	가장 깨끗한 물, 냄새가 나지 않고 정수 과정을 거쳐 수돗물로 사용 가능
2등급	3ppm 이하	쉬리, 은어	그냥 마실 수는 없으며, 약간의 여과를 거쳐 식수로 사용
3등급	6ppm 이하	잉어, 메기	황갈색의 흐리고 탁하며, 수돗물로 적합하지 않고 공업용수로 사용
4등급	6ppm 이상	어떤 물고기도 살 수 없음	오염 정도가 심해 수돗물로 쓰이지 못하며, 오랫동안 접하면 피부병을 일으킴

ABC주식회사

3

4

(1) 차트 작성 기능을 이용하여 슬라이드를 작성한다.
(2) 차트 : 종류(묶은 세로 막대형), 글꼴(돋움, 16pt), 외곽선

세부조건

※ 차트 설명
　· 차트 제목 : 궁서, 24pt, 굵게,
　　채우기(흰색), 테두리,
　　그림자(오프셋 대각선 오른쪽 위)
　· 차트 영역 : 채우기(노랑)
　　그림 영역 : 채우기(흰색)
　· 데이터 서식 :
　　수소이온농도(pH) 계열을
　　표식이 있는 꺾은선형으로 변경 후
　　보조 축으로 지정
　· 값 표시 : 우치의 수온 계열만
① 도형 삽입
　- 스타일 : 미세 효과 – 파랑, 강조 1
　- 글꼴 : 돋움, 18pt

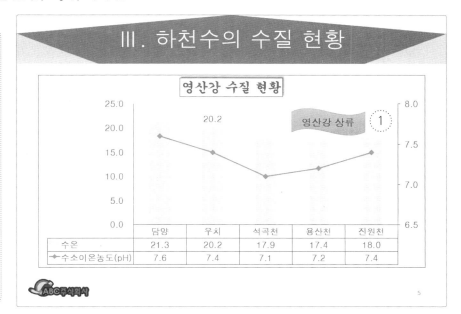

슬라이드 6　**도형 슬라이드**　　　(100점)

(1) 슬라이드와 같이 도형 및 스마트아트를 배치한다(글꼴 : 굴림, 18pt).
(2) 애니메이션 순서 : ① ⇒ ②

세부조건

① 도형 편집
　- 그룹화 후 애니메이션 효과 :
　　실선 무늬(세로)
② 도형 및 스마트아트 편집
　- 스마트아트 디자인 :
　　3차원 경사,
　　3차원 벽돌
　- 그룹화 후 애니메이션 효과 :
　　회전하며 밝기 변화

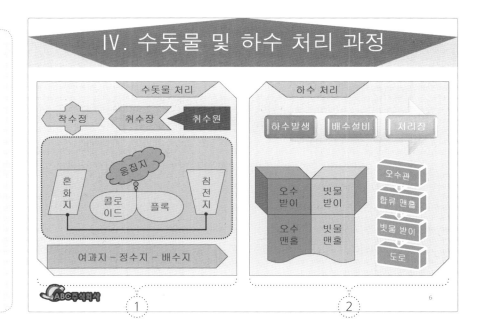

정보기술자격(ITQ) 실전모의고사

과 목	코 드	문제유형	시험시간	수험번호	성 명
한글파워포인트	1142	A	60분		

수험자 유의사항

◎ 수험자는 문제지를 받는 즉시 문제지와 <u>수험표상의 시험과목(프로그램)이 동일한지 반드시 확인</u>하여야 합니다.

◎ 파일명은 본인의 "수험번호-성명"으로 입력하여 답안폴더(내 PC\문서\ITQ)에 하나의 파일로 저장해야 하며, 답안문서 파일명이 "수험번호-성명"과 일치하지 않거나, 답안파일을 전송하지 않아 미제출로 처리될 경우 실격 처리합니다 (예:12345678-홍길동.pptx).

◎ 답안 작성을 마치면 파일을 저장하고, '답안 전송' 버튼을 선택하여 감독위원 PC로 답안을 전송하십시오. 수험생 정보와 저장한 파일명이 다를 경우 전송되지 않으므로 주의하시기 바랍니다.

◎ 답안 작성 중에도 <u>주기적으로 저장하고, '답안 전송'</u>하여야 문제 발생을 줄일 수 있습니다. 작업한 내용을 저장하지 않고 전송할 경우 이전에 저장된 내용이 전송되오니 이점 유의하시기 바랍니다.

◎ 답안문서는 지정된 경로 외의 다른 보조기억장치에 저장하는 경우, 지정된 시험 시간 외에 작성된 파일을 활용할 경우, 기타 통신수단(이메일, 메신저, 네트워크 등)을 이용하여 타인에게 전달 또는 외부 반출하는 경우는 부정 처리합니다.

◎ 시험 중 부주의 또는 고의로 시스템을 파손한 경우는 수험자가 변상해야 하며, <수험자 유의사항>에 기재된 방법대로 이행하지 않아 생기는 불이익은 수험생 당사자의 책임임을 알려 드립니다.

◎ 문제의 조건은 MS오피스 2016 버전으로 설정되어 있으니 유의하시기 바랍니다.

◎ 시험을 완료한 수험자는 답안파일이 전송되었는지 확인한 후 감독위원의 지시에 따라 문제지를 제출하고 퇴실합니다.

답안 작성요령

◎ 온라인 답안 작성 절차

    수험자 등록 ⇒ 시험 시작 ⇒ 답안파일 저장 ⇒ 답안 전송 ⇒ 시험 종료

◎ 슬라이드의 크기는 A4 Paper로 설정하여 작성합니다.

◎ 슬라이드의 총 개수는 6개로 구성되어 있으며 슬라이드 1부터 순서대로 작업하고 반드시 문제와 세부 조건대로 합니다.

◎ 별도의 지시사항이 없는 경우 출력형태를 참조하여 글꼴색은 검정 또는 흰색으로 작성하고, 기타사항은 전체적인 균형을 고려하여 작성합니다.

◎ 슬라이드 도형 및 개체에 출력형태와 다른 스타일(그림자, 외곽선 등)을 적용했을 경우 감점처리 됩니다.

◎ 슬라이드 번호를 작성합니다(슬라이드 1에는 생략).

◎ 2~6번 슬라이드 제목 도형과 하단 로고는 슬라이드 마스터를 이용하여 출력형태와 동일하게 작성합니다(슬라이드 1에는 생략).

◎ 문제와 세부조건, 세부조건 번호 ⦂(점선원)는 입력하지 않습니다.

◎ 각 개체의 위치는 오른쪽의 슬라이드와 동일하게 구성합니다.

◎ 그림 삽입 문제의 경우 반드시 「내 PC\문서\ITQ\Picture」 폴더에서 정확한 파일을 선택하여 삽입하십시오.

◎ 각 슬라이드를 각각의 파일로 작업해서 저장할 경우 실격 처리됩니다.

kpc 한국생산성본부

(1) 슬라이드 크기 및 순서 : 크기를 A4 용지로 설정하고 슬라이드 순서에 맞게 작성한다.
(2) 슬라이드 마스터 : 2~6슬라이드의 제목, 하단 로고, 슬라이드 번호는 슬라이드 마스터를 이용하여 작성한다.
  - 제목 글꼴(돋움, 40pt, 빨강), 가운데 맞춤, 도형(선 없음)
  - 하단 로고(「내 PC₩문서₩ITQ₩Picture₩로고1.jpg」, 배경(회색) 투명색으로 설정)

슬라이드 1 표지 디자인 (40점)

(1) 표지 디자인 : 도형, 워드아트 및 그림을 이용하여 작성한다.

세부조건

① 도형 편집
 - 도형에 그림 채우기 :
   「내 PC₩문서₩ITQ₩Picture₩
   그림1.jpg」, 투명도 50%
 - 도형 효과 :
   부드러운 가장자리 5포인트
② 워드아트 삽입
 - 변환 : 위쪽 수축
 - 글꼴 : 돋움, 굵게
 - 텍스트 반사 :
   1/2 반사, 터치
③ 그림 삽입
 - 「내 PC₩문서₩ITQ₩Picture₩
   로고1.jpg」
 - 배경(회색) 투명색으로 설정

슬라이드 2 목차 슬라이드 (60점)

(1) 출력형태와 같이 도형을 이용하여 목차를 작성한다(글꼴 : 굴림, 24pt).
(2) 도형 : 선 없음

세부조건

① 텍스트에 하이퍼링크 적용
 → '슬라이드 4'
② 그림 삽입
 - 「내 PC₩문서₩ITQ₩Picture₩
   그림5.jpg」
 - 자르기 기능 이용

(1) 텍스트 작성 : 글머리 기호 사용(❖, ✓)

    ❖문단(굴림, 24pt, 굵게, 줄 간격 : 1.5줄), ✓문단(굴림, 20pt, 줄 간격 : 1.5줄)

세부조건

① 동영상 삽입 :
  - 「내 PC₩문서₩ITQ₩Picture₩
    동영상.wmv」
  - 자동 실행, 반복 재생 설정

A. 초미세먼지란?

❖What's CAI

    ✓The CAI(Comprehensive air-quality index) is a way of describing ambient air quality based on health risk of air pollution

❖초미세먼지

    ✓먼지는 입자의 크기에 따라 총먼지, 지름이 10마이크로미터 이하인 미세먼지, 지름이 2.5마이크로미터 이하인 초미세먼지로 나뉨

    ✓미세먼지는 호흡기 질환을 일으키는 직접적인 원인이 됨

ABC주식회사

3

---

(1) 도형과 표 작성 기능을 이용하여 슬라이드를 작성한다(글꼴 : 돋움, 18pt).

세부조건

① 상단 도형 :
  2개 도형의 조합으로 작성
② 좌측 도형 :
  그라데이션 효과(선형 아래쪽)
③ 표 스타일 :
  테마 스타일 1 – 강조 6

B. 미세먼지 예보등급 및 내용

	등급 나쁨	등급 매우나쁨
미세먼지	81~150	151이상
민감군 행동요령	장시간 또는 무리한 실외활동 제한. 특히 천식환자는 흡입기 더 자주 사용	실내활동, 실외활동 시 의사와 반드시 상의
일반인 행동요령	장시간 또는 무리한 실외활동 제한. 특히 눈, 기침이나 목의 통증 환자는 외출 자제	장시간 실외활동 자제, 미세먼지 차단 마스크 착용 필수, 창문을 닫고, 빨래는 실내에서 건조

ABC주식회사

4

(1) 차트 작성 기능을 이용하여 슬라이드를 작성한다.
(2) 차트 : 종류(묶은 세로 막대형), 글꼴(돋움, 16pt), 외곽선

세부조건

※ 차트 설명
 · 차트 제목 : 궁서, 24pt, 굵게,
   채우기(흰색), 테두리,
   그림자(오프셋 위쪽)
 · 차트 영역 : 채우기(노랑)
   그림 영역 : 채우기(흰색)
 · 데이터 서식 : 초미세먼지 계열을
   표식이 있는 꺾은선형으로 변경 후
   보조 축으로 지정
 · 값 표시 : 영국의 초미세먼지 계열만
① 도형 삽입
 - 스타일 :
   미세 효과 - 주황, 강조 2
 - 글꼴 : 굴림, 18pt

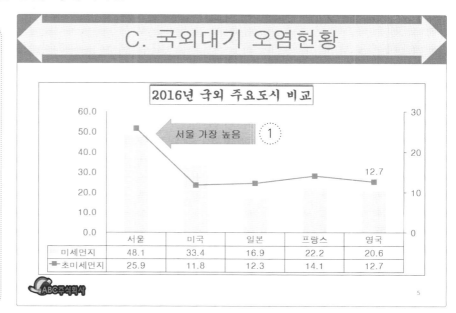

	서울	미국	일본	프랑스	영국
미세먼지	48.1	33.4	16.9	22.2	20.6
초미세먼지	25.9	11.8	12.3	14.1	12.7

(1) 슬라이드와 같이 도형 및 스마트아트를 배치한다(글꼴 : 굴림, 18pt).
(2) 애니메이션 순서 : ① ⇒ ②

세부조건

① 도형 편집
 - 그룹화 후 애니메이션 효과 :
   실선 무늬(세로)
② 도형 및 스마트아트 편집
 - 스마트아트 디자인 :
   3차원 만화, 3차원 경사
 - 그룹화 후 애니메이션 효과 :
   회전하며 밝기 변화

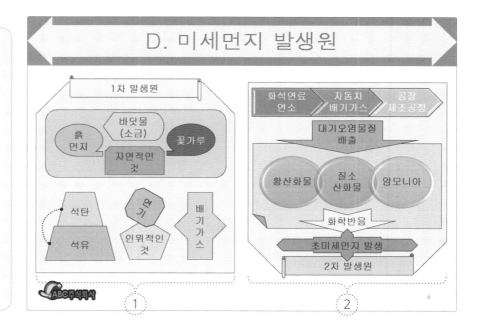

정보기술자격(ITQ) 실전모의고사

과 목	코 드	문제유형	시험시간	수험번호	성 명
한글파워포인트	1142	A	60분		

수험자 유의사항

◎ 수험자는 문제지를 받는 즉시 문제지와 <u>수험표상의 시험과목(프로그램)이 동일한지 반드시 확인</u>하여야 합니다.

◎ 파일명은 본인의 "수험번호-성명"으로 입력하여 답안폴더(내 PC₩문서₩ITQ)에 하나의 파일로 저장해야 하며, 답안문서 파일명이 "수험번호-성명"과 일치하지 않거나, 답안파일을 전송하지 않아 미제출로 처리될 경우 실격 처리합니다 (예:12345678-홍길동.pptx).

◎ 답안 작성을 마치면 파일을 저장하고, '답안 전송' 버튼을 선택하여 감독위원 PC로 답안을 전송하십시오. 수험생 정보와 저장한 파일명이 다를 경우 전송되지 않으므로 주의하시기 바랍니다.

◎ 답안 작성 중에도 <u>주기적으로 저장하고, '답안 전송'</u>하여야 문제 발생을 줄일 수 있습니다. 작업한 내용을 저장하지 않고 전송할 경우 이전에 저장된 내용이 전송되오니 이점 유의하시기 바랍니다.

◎ 답안문서는 지정된 경로 외의 다른 보조기억장치에 저장하는 경우, 지정된 시험 시간 외에 작성된 파일을 활용할 경우, 기타 통신수단(이메일, 메신저, 네트워크 등)을 이용하여 타인에게 전달 또는 외부 반출하는 경우는 부정 처리합니다.

◎ 시험 중 부주의 또는 고의로 시스템을 파손한 경우는 수험자가 변상해야 하며, <수험자 유의사항>에 기재된 방법대로 이행하지 않아 생기는 불이익은 수험생 당사자의 책임임을 알려 드립니다.

◎ 문제의 조건은 MS오피스 2016 버전으로 설정되어 있으니 유의하시기 바랍니다.

◎ 시험을 완료한 수험자는 답안파일이 전송되었는지 확인한 후 감독위원의 지시에 따라 문제지를 제출하고 퇴실합니다.

답안 작성요령

◎ 온라인 답안 작성 절차

  수험자 등록 ⇒ 시험 시작 ⇒ 답안파일 저장 ⇒ 답안 전송 ⇒ 시험 종료

◎ 슬라이드의 크기는 A4 Paper로 설정하여 작성합니다.

◎ 슬라이드의 총 개수는 6개로 구성되어 있으며 슬라이드 1부터 순서대로 작업하고 반드시 문제와 세부 조건대로 합니다.

◎ 별도의 지시사항이 없는 경우 출력형태를 참조하여 글꼴색은 검정 또는 흰색으로 작성하고, 기타사항은 전체적인 균형을 고려하여 작성합니다.

◎ 슬라이드 도형 및 개체에 출력형태와 다른 스타일(그림자, 외곽선 등)을 적용했을 경우 감점처리 됩니다.

◎ 슬라이드 번호를 작성합니다(슬라이드 1에는 생략).

◎ 2~6번 슬라이드 제목 도형과 하단 로고는 슬라이드 마스터를 이용하여 출력형태와 동일하게 작성합니다(슬라이드 1에는 생략).

◎ 문제와 세부조건, 세부조건 번호 ⦂(점선원)는 입력하지 않습니다.

◎ 각 개체의 위치는 오른쪽의 슬라이드와 동일하게 구성합니다.

◎ 그림 삽입 문제의 경우 반드시 「내 PC₩문서₩ITQ₩Picture」 폴더에서 정확한 파일을 선택하여 삽입하십시오.

◎ 각 슬라이드를 각각의 파일로 작업해서 저장할 경우 실격 처리됩니다.

kpc 한국생산성본부

전체 구성 (60점)

(1) 슬라이드 크기 및 순서 : 크기를 A4 용지로 설정하고 슬라이드 순서에 맞게 작성한다.

(2) 슬라이드 마스터 : 2~6슬라이드의 제목, 하단 로고, 슬라이드 번호는 슬라이드 마스터를 이용하여 작성한다.
- 제목 글꼴(돋움, 40pt, 파랑), 가운데 맞춤, 도형(선 없음)
- 하단 로고(「내 PC₩문서₩ITQ₩Picture₩로고2.jpg」, 배경(회색) 투명색으로 설정)

슬라이드 1 표지 디자인 (40점)

(1) 표지 디자인 : 도형, 워드아트 및 그림을 이용하여 작성한다.

세부조건

① 도형 편집
- 도형에 그림 채우기 :
「내 PC₩문서₩ITQ₩Picture₩
그림3.jpg」, 투명도 50%
- 도형 효과 :
부드러운 가장자리 5포인트

② 워드아트 삽입
- 변환 : 휘어 내려가기
- 글꼴 : 돋움, 굵게
- 텍스트 반사 :
1/2 반사, 4 pt 오프셋

③ 그림 삽입
- 「내 PC₩문서₩ITQ₩Picture₩
로고2.jpg」
- 배경(회색) 투명색으로 설정

슬라이드 2 목차 슬라이드 (60점)

(1) 출력형태와 같이 도형을 이용하여 목차를 작성한다(글꼴 : 굴림, 24pt).

(2) 도형 : 선 없음

세부조건

① 텍스트에 하이퍼링크 적용
→ '슬라이드 6'

② 그림 삽입
- 「내 PC₩문서₩ITQ₩Picture₩
그림5.jpg」
- 자르기 기능 이용

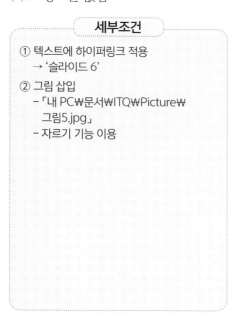

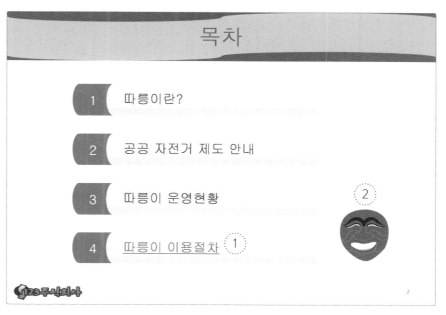

(1) 텍스트 작성 : 글머리 기호 사용(❖, ➢)

    ❖ 문단(굴림, 24pt, 굵게, 줄 간격 : 1.5줄), ➢ 문단(굴림, 20pt, 줄 간격 : 1.5줄)

세부조건

① 동영상 삽입 :
    – 「내 PC₩문서₩ITQ₩Picture₩
      동영상.wmv」
    – 자동 실행, 반복 재생 설정

---

1. 따릉이란?

❖ **Voucher purchase**

    ➢ Select "Voucher Purchase" button

    ➢ Select a voucher(for one hour or two hours) and make a payment

    ➢ Check the rental number(eight-digit number consisting of 1 to 6)

❖ **따릉이란?**

    ➢ 서울시의 공공 자전거로 누구나, 언제나, 어디서나 쉽고
      편리하게 이용할 수 있는 자전거 무인대여 시스템으로 서
      울시의 교통체증, 대기오염 문제를 해결하고 건강한 사회
      와 시민들의 삶의 질을 높이고자 마련됨

123주식회사   3

---

(1) 도형과 표 작성 기능을 이용하여 슬라이드를 작성한다(글꼴 : 돋움, 18pt).

세부조건

① 상단 도형 :
    2개 도형의 조합으로 작성
② 좌측 도형 :
    그라데이션 효과(선형 아래쪽)
③ 표 스타일 :
    테마 스타일 1 – 강조 4

---

2. 공공 자전거 제도 안내

	지역	명칭	요금
국내	서울시	따릉이	일반권(60분) 1,000원
	고양시	피프틴	
	안산시	페달로	
	세종시	어울링	
해외	중국	오포(Ofo), 모바이크(Mobike)	30분 1위안
	캐나다 몬트리올	빅시(Bixi)	30분 1.50달러
	미국 보스턴	허브웨이(Hub way)	1일 6~7달러

123주식회사   4

슬라이드 5 　차트 슬라이드 　(100점)

(1) 차트 작성 기능을 이용하여 슬라이드를 작성한다.
(2) 차트 : 종류(묶은 세로 막대형), 글꼴(돋움, 16pt), 외곽선

세부조건

※ 차트 설명
 ・차트 제목 : 궁서, 24pt, 굵게,
   채우기(흰색), 테두리,
   그림자(오프셋 위쪽)
 ・차트 영역 : 채우기(노랑)
   그림 영역 : 채우기(흰색)
 ・데이터 서식 : 이용건수(천건) 계열을
   표식이 있는 꺾은선형으로 변경 후
   보조 축으로 지정
 ・값 표시 :
   2017년 12월의 이용건수(천건) 계열만
① 도형 삽입
 - 스타일 :
   미세 효과 - 파랑, 강조 5
 - 글꼴 : 굴림, 18pt

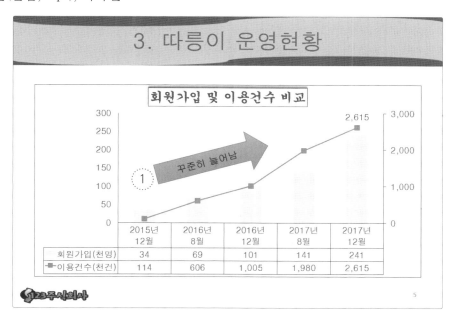

슬라이드 6 　도형 슬라이드 　(100점)

(1) 슬라이드와 같이 도형 및 스마트아트를 배치한다(글꼴 : 굴림, 18pt).
(2) 애니메이션 순서 : ① ⇒ ②

세부조건

① 도형 편집
 - 그룹화 후 애니메이션 효과 :
   밝기 변화
② 도형 및 스마트아트 편집
 - 스마트아트 디자인 :
   3차원 광택 처리,
   강한 효과
 - 그룹화 후 애니메이션 효과 :
   나누기(세로 바깥쪽으로)

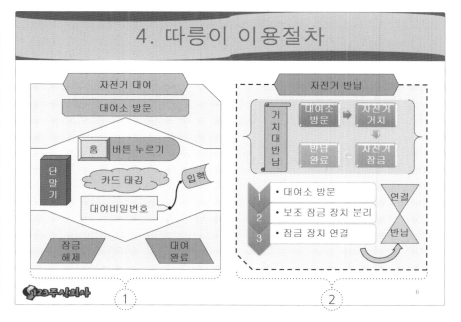

MEMO

☆

3

최신
기출문제

—

정보기술자격(ITQ) 최신기출문제

과 목	코 드	문제유형	시험시간	수험번호	성 명
한글파워포인트	1142	A	60분		

수험자 유의사항

◎ 수험자는 문제지를 받는 즉시 문제지와 <u>수험표상의 시험과목(프로그램)이 동일한지 반드시 확인</u>하여야 합니다.

◎ 파일명은 본인의 "수험번호-성명"으로 입력하여 답안폴더(내 PC\문서\ITQ)에 하나의 파일로 저장해야 하며, 답안문서 파일명이 "수험번호-성명"과 일치하지 않거나, 답안파일을 전송하지 않아 미제출로 처리될 경우 실격 처리합니다 (예:12345678-홍길동.pptx).

◎ 답안 작성을 마치면 파일을 저장하고, '답안 전송' 버튼을 선택하여 감독위원 PC로 답안을 전송하십시오. 수험생 정보와 저장한 파일명이 다를 경우 전송되지 않으므로 주의하시기 바랍니다.

◎ 답안 작성 중에도 <u>주기적으로 저장하고, '답안 전송'</u>하여야 문제 발생을 줄일 수 있습니다. 작업한 내용을 저장하지 않고 전송할 경우 이전에 저장된 내용이 전송되오니 이점 유의하시기 바랍니다.

◎ 답안문서는 지정된 경로 외의 다른 보조기억장치에 저장하는 경우, 지정된 시험 시간 외에 작성된 파일을 활용할 경우, 기타 통신수단(이메일, 메신저, 네트워크 등)을 이용하여 타인에게 전달 또는 외부 반출하는 경우는 부정 처리합니다.

◎ 시험 중 부주의 또는 고의로 시스템을 파손한 경우는 수험자가 변상해야 하며, <수험자 유의사항>에 기재된 방법대로 이행하지 않아 생기는 불이익은 수험생 당사자의 책임임을 알려 드립니다.

◎ 문제의 조건은 MS오피스 2016 버전으로 설정되어 있으니 유의하시기 바랍니다.

◎ 시험을 완료한 수험자는 답안파일이 전송되었는지 확인한 후 감독위원의 지시에 따라 문제지를 제출하고 퇴실합니다.

답안 작성요령

◎ 온라인 답안 작성 절차
  수험자 등록 ⇒ 시험 시작 ⇒ 답안파일 저장 ⇒ 답안 전송 ⇒ 시험 종료

◎ 슬라이드의 크기는 A4 Paper로 설정하여 작성합니다.

◎ 슬라이드의 총 개수는 6개로 구성되어 있으며 슬라이드 1부터 순서대로 작업하고 반드시 문제와 세부 조건대로 합니다.

◎ 별도의 지시사항이 없는 경우 출력형태를 참조하여 글꼴색은 검정 또는 흰색으로 작성하고, 기타사항은 전체적인 균형을 고려하여 작성합니다.

◎ 슬라이드 도형 및 개체에 출력형태와 다른 스타일(그림자, 외곽선 등)을 적용했을 경우 감점처리 됩니다.

◎ 슬라이드 번호를 작성합니다(슬라이드 1에는 생략).

◎ 2~6번 슬라이드 제목 도형과 하단 로고는 슬라이드 마스터를 이용하여 출력형태와 동일하게 작성합니다(슬라이드 1에는 생략).

◎ 문제와 세부조건, 세부조건 번호 ( )(점선원)는 입력하지 않습니다.

◎ 각 개체의 위치는 오른쪽의 슬라이드와 동일하게 구성합니다.

◎ 그림 삽입 문제의 경우 반드시 「내 PC\문서\ITQ\Picture」 폴더에서 정확한 파일을 선택하여 삽입하십시오.

◎ 각 슬라이드를 각각의 파일로 작업해서 저장할 경우 실격 처리됩니다.

kpc 한국생산성본부

전체 구성 (60점)

(1) 슬라이드 크기 및 순서 : 크기를 A4 용지로 설정하고 슬라이드 순서에 맞게 작성한다.
(2) 슬라이드 마스터 : 2~6슬라이드의 제목, 하단 로고, 슬라이드 번호는 슬라이드 마스터를 이용하여 작성한다.
 – 제목 글꼴(굴림, 40pt, 흰색), 가운데 맞춤, 도형(선 없음)
 – 하단 로고(「내 PC\문서\ITQ\Picture\로고3.jpg」, 배경(연보라) 투명색으로 설정)

슬라이드 1   표지 디자인 (40점)

(1) 표지 디자인 : 도형, 워드아트 및 그림을 이용하여 작성한다.

세부조건

① 도형 편집
 – 도형에 그림 채우기 :
 「내 PC\문서\ITQ\Picture\
 그림2.jpg」, 투명도 50%
 – 도형 효과 :
 부드러운 가장자리 5포인트
② 워드아트 삽입
 – 변환 : 오른쪽 줄이기
 – 글꼴 : 돋움, 굵게
 – 텍스트 반사 :
 근접 반사, 터치
③ 그림 삽입
 – 「내 PC\문서\ITQ\Picture\
 로고3.jpg」
 – 배경(연보라) 투명색으로 설정

슬라이드 2   목차 슬라이드 (60점)

(1) 출력형태와 같이 도형을 이용하여 목차를 작성한다(글꼴 : 굴림, 24pt).
(2) 도형 : 선 없음

세부조건

① 텍스트에 하이퍼링크 적용
 → '슬라이드 6'
② 그림 삽입
 – 「내 PC\문서\ITQ\Picture\
 그림4.jpg」
 – 자르기 기능 이용

(1) 텍스트 작성 : 글머리 기호 사용(◆, ▪)

　　◆문단(굴림, 24pt, 굵게, 줄 간격 : 1.5줄), ▪ 문단(굴림, 20pt, 줄 간격 : 1.5줄)

세부조건

① 동영상 삽입 :
- 「내 PC₩문서₩ITQ₩Picture₩동영상.wmv」
- 자동 실행, 반복 재생 설정

Ⅰ. 블록체인

◆**Block Chain**

　▪ A blockchain, originally block chain, is a growing list of records, called blocks, which are linked using cryptography

　▪ Each block contains a cryptographic hash of the previous block, a timestamp, and transaction data

◆**블록체인 기술**

　▪ 비트코인을 비롯한 대부분의 암호화폐 거래에 사용하며 블록체인 소프트웨어를 실행하는 많은 사용자들의 각 컴퓨터에서 서버가 운영되어 중앙은행 없이 개인 간의 자유로운 거래 가능

3

---

(1) 도형과 표 작성 기능을 이용하여 슬라이드를 작성한다(글꼴 : 돋움, 18pt).

세부조건

① 상단 도형 :
　2개 도형의 조합으로 작성
② 좌측 도형 :
　그라데이션 효과(선형 아래쪽)
③ 표 스타일 :
　테마 스타일 1 – 강조 5

Ⅱ. 블록체인 세미나

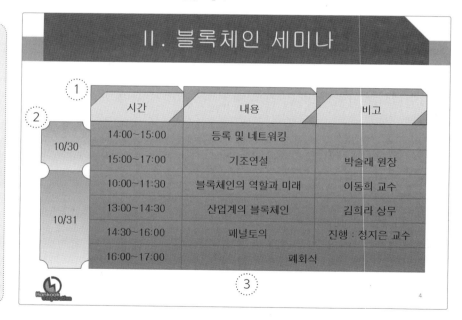

	시간	내용	비고
10/30	14:00~15:00	등록 및 네트워킹	
	15:00~17:00	기조연설	박술래 원장
10/31	10:00~11:30	블록체인의 역할과 미래	이동희 교수
	13:00~14:30	산업계의 블록체인	김희라 상무
	14:30~16:00	패널토의	진행 : 정지은 교수
	16:00~17:00	폐회식	

4

차트 슬라이드 (100점)

(1) 차트 작성 기능을 이용하여 슬라이드를 작성한다.
(2) 차트 : 종류(묶은 세로 막대형), 글꼴(돋움, 16pt), 외곽선

세부조건

※ 차트 설명
· 차트 제목 : 돋움, 20pt, 굵게,
  채우기(흰색), 테두리,
  그림자(오프셋 오른쪽)
· 차트 영역 : 채우기(노랑)
  그림 영역 : 채우기(흰색)
· 데이터 서식 : 구매경험 있음 계열을
  표식이 있는 꺾은선형으로 변경 후
  보조 축으로 지정
· 값 표시 : 50대의 구매경험 있음 계열만
① 도형 삽입
  – 스타일 :
    미세 효과 – 파랑, 강조 1
  – 글꼴 : 돋움, 18pt

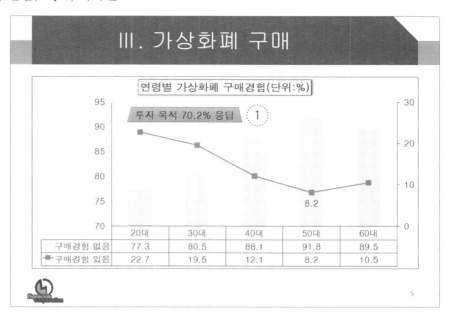

도형 슬라이드 (100점)

(1) 슬라이드와 같이 도형 및 스마트아트를 배치한다(글꼴 : 굴림, 18pt).
(2) 애니메이션 순서 : ① ⇒ ②

세부조건

① 도형 편집
  – 그룹화 후 애니메이션 효과 :
    닦아내기(위에서)
② 도형 및 스마트아트 편집
  – 스마트아트 디자인 :
    3차원 광택 처리,
    강한 효과
  – 그룹화 후 애니메이션 효과 :
    시계 방향 회전

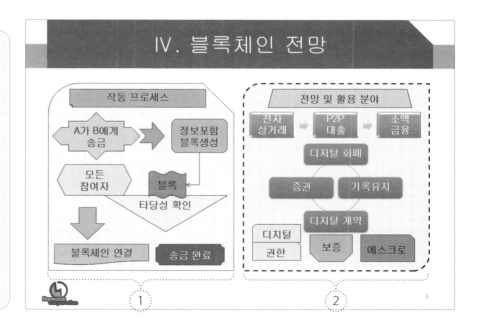

정보기술자격(ITQ) 최신기출문제

과 목	코 드	문제유형	시험시간	수험번호	성 명
한글파워포인트	1142	A	60분		

수험자 유의사항

◎ 수험자는 문제지를 받는 즉시 문제지와 **수험표상의 시험과목(프로그램)이 동일한지 반드시 확인**하여야 합니다.

◎ 파일명은 본인의 "수험번호-성명"으로 입력하여 답안폴더(내 PC₩문서₩ITQ)에 하나의 파일로 저장해야 하며, 답안문서 파일명이 "수험번호-성명"과 일치하지 않거나, 답안파일을 전송하지 않아 미제출로 처리될 경우 실격 처리합니다 (예:12345678-홍길동.pptx).

◎ 답안 작성을 마치면 파일을 저장하고, '답안 전송' 버튼을 선택하여 감독위원 PC로 답안을 전송하십시오. 수험생 정보와 저장한 파일명이 다를 경우 전송되지 않으므로 주의하시기 바랍니다.

◎ 답안 작성 중에도 **주기적으로 저장하고, '답안 전송'**하여야 문제 발생을 줄일 수 있습니다. 작업한 내용을 저장하지 않고 전송할 경우 이전에 저장된 내용이 전송되오니 이점 유의하시기 바랍니다.

◎ 답안문서는 지정된 경로 외의 다른 보조기억장치에 저장하는 경우, 지정된 시험 시간 외에 작성된 파일을 활용할 경우, 기타 통신수단(이메일, 메신저, 네트워크 등)을 이용하여 타인에게 전달 또는 외부 반출하는 경우는 부정 처리합니다.

◎ 시험 중 부주의 또는 고의로 시스템을 파손한 경우는 수험자가 변상해야 하며, <수험자 유의사항>에 기재된 방법대로 이행하지 않아 생기는 불이익은 수험생 당사자의 책임임을 알려 드립니다.

◎ 문제의 조건은 MS오피스 2016 버전으로 설정되어 있으니 유의하시기 바랍니다.

◎ 시험을 완료한 수험자는 답안파일이 전송되었는지 확인한 후 감독위원의 지시에 따라 문제지를 제출하고 퇴실합니다.

답안 작성요령

◎ 온라인 답안 작성 절차

　수험자 등록 ⇒ 시험 시작 ⇒ 답안파일 저장 ⇒ 답안 전송 ⇒ 시험 종료

◎ 슬라이드의 크기는 A4 Paper로 설정하여 작성합니다.

◎ 슬라이드의 총 개수는 6개로 구성되어 있으며 슬라이드 1부터 순서대로 작업하고 반드시 문제와 세부 조건대로 합니다.

◎ 별도의 지시사항이 없는 경우 출력형태를 참조하여 글꼴색은 검정 또는 흰색으로 작성하고, 기타사항은 전체적인 균형을 고려하여 작성합니다.

◎ 슬라이드 도형 및 개체에 출력형태와 다른 스타일(그림자, 외곽선 등)을 적용했을 경우 감점처리 됩니다.

◎ 슬라이드 번호를 작성합니다(슬라이드 1에는 생략).

◎ 2~6번 슬라이드 제목 도형과 하단 로고는 슬라이드 마스터를 이용하여 출력형태와 동일하게 작성합니다(슬라이드 1에는 생략).

◎ 문제와 세부조건, 세부조건 번호 ⦙⦙(점선원)는 입력하지 않습니다.

◎ 각 개체의 위치는 오른쪽의 슬라이드와 동일하게 구성합니다.

◎ 그림 삽입 문제의 경우 반드시 「내 PC₩문서₩ITQ₩Picture」 폴더에서 정확한 파일을 선택하여 삽입하십시오.

◎ 각 슬라이드를 각각의 파일로 작업해서 저장할 경우 실격 처리됩니다.

(1) 슬라이드 크기 및 순서 : 크기를 A4 용지로 설정하고 슬라이드 순서에 맞게 작성한다.
(2) 슬라이드 마스터 : 2~6슬라이드의 제목, 하단 로고, 슬라이드 번호는 슬라이드 마스터를 이용하여 작성한다.
   – 제목 글꼴(돋움, 40pt, 흰색), 왼쪽 맞춤, 도형(선 없음)
   – 하단 로고(「내 PC₩문서₩ITQ₩Picture₩로고2.jpg」, 배경(회색) 투명색으로 설정)

슬라이드 1　　표지 디자인 (40점)

(1) 표지 디자인 : 도형, 워드아트 및 그림을 이용하여 작성한다.

세부조건

① 도형 편집
   – 도형에 그림 채우기 :
     「내 PC₩문서₩ITQ₩Picture₩
     그림1.jpg」, 투명도 50%
   – 도형 효과 :
     부드러운 가장자리 5포인트
② 워드아트 삽입
   – 변환 : 삼각형
   – 글꼴 : 돋움, 굵게
   – 텍스트 반사 :
     근접 반사, 4 pt 오프셋
③ 그림 삽입
   – 「내 PC₩문서₩ITQ₩Picture₩
     로고2.jpg」
   – 배경(회색) 투명색으로 설정

슬라이드 2　　목차 슬라이드 (60점)

(1) 출력형태와 같이 도형을 이용하여 목차를 작성한다(글꼴 : 굴림, 24pt).
(2) 도형 : 선 없음

세부조건

① 텍스트에 하이퍼링크 적용
   → '슬라이드 6'
② 그림 삽입
   – 「내 PC₩문서₩ITQ₩Picture₩
     그림5.jpg」
   – 자르기 기능 이용

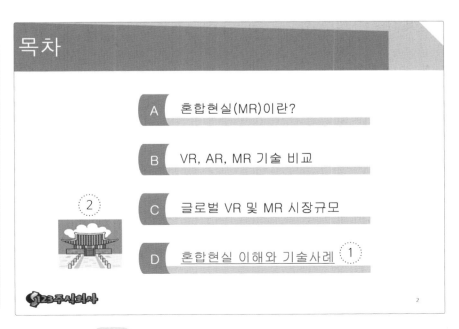

(1) 텍스트 작성 : 글머리 기호 사용(❖, ▪)

❖ 문단(굴림, 24pt, 굵게, 줄 간격 : 1.5줄), ▪ 문단(굴림, 20pt, 줄 간격 : 1.5줄)

세부조건

① 동영상 삽입 :
- 「내 PC₩문서₩ITQ₩Picture₩동영상.wmv」
- 자동 실행, 반복 재생 설정

A. 혼합현실(MR)이란?

❖ Mixed Reality(MR)
  - A reality created by mixing various methods
  - A word that refers to all the ways that exist between reality, virtual reality(VR) and augmented reality(AR)

❖ 혼합현실
  - 다양한 방식을 혼합해 만들어낸 현실로 현실과 가상현실, 증강현실 사이에 존재할 수 있는 모든 방식을 통틀어 일컫는 말

123주식회사

3

(1) 도형과 표 작성 기능을 이용하여 슬라이드를 작성한다(글꼴 : 돋움, 18pt).

세부조건

① 상단 도형 :
  2개 도형의 조합으로 작성
② 좌측 도형 :
  그라데이션 효과(선형 아래쪽)
③ 표 스타일 :
  테마 스타일 1 – 강조 1

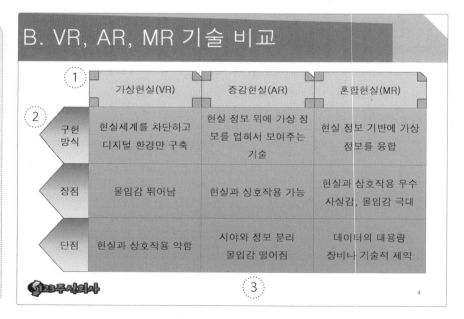

B. VR, AR, MR 기술 비교

	가상현실(VR)	증강현실(AR)	혼합현실(MR)
구현 방식	현실세계를 차단하고 디지털 환경만 구축	현실 정보 위에 가상 정보를 업혀서 보여주는 기술	현실 정보 기반에 가상 정보를 융합
장점	몰입감 뛰어남	현실과 상호작용 가능	현실과 상호작용 우수 사실감, 몰입감 극대
단점	현실과 상호작용 약함	시야와 정보 분리 몰입감 떨어짐	데이터의 대용량 장비나 기술적 제약

123주식회사

4

슬라이드 5 　 차트 슬라이드 　 (100점)

(1) 차트 작성 기능을 이용하여 슬라이드를 작성한다.
(2) 차트 : 종류(묶은 세로 막대형), 글꼴(돋움, 16pt), 외곽선

세부조건

※ 차트 설명
　· 차트 제목 : 궁서, 24pt, 굵게,
　　채우기(흰색), 테두리,
　　그림자(오프셋 오른쪽)
　· 차트 영역 : 채우기(노랑)
　　그림 영역 : 채우기(흰색)
　· 데이터 서식 : MR 계열을
　　표식이 있는 꺾은선형으로 변경 후
　　보조 축으로 지정
　· 값 표시 : 2018년의 MR 계열만
① 도형 삽입
　– 스타일 :
　　미세 효과 – 주황, 강조 2
　– 글꼴 : 굴림, 18pt

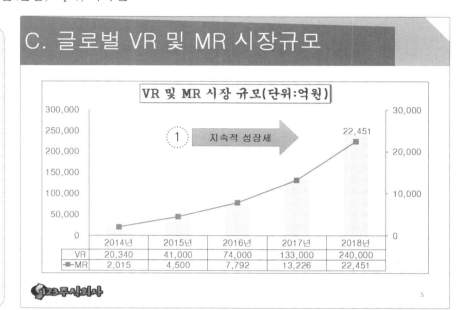

슬라이드 6 　 도형 슬라이드 　 (100점)

(1) 슬라이드와 같이 도형 및 스마트아트를 배치한다(글꼴 : 굴림, 18pt).
(2) 애니메이션 순서 : ① ⇒ ②

세부조건

① 도형 및 스마트아트 편집
　– 스마트아트 디자인 :
　　3차원 광택 처리,
　　3차원 만화
　– 그룹화 후 애니메이션 효과 :
　　닦아내기(위에서)
② 도형 편집
　– 그룹화 후 애니메이션 효과 :
　　바운드

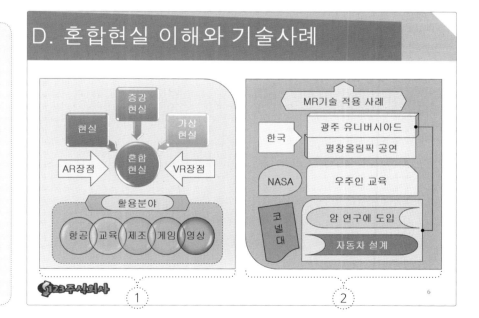

정보기술자격(ITQ) 최신기출문제

과 목	코 드	문제유형	시험시간	수험번호	성 명
한글파워포인트	1142	A	60분		

수험자 유의사항

◎ 수험자는 문제지를 받는 즉시 문제지와 <u>수험표상의 시험과목(프로그램)이 동일한지 반드시 확인</u>하여야 합니다.

◎ 파일명은 본인의 "수험번호-성명"으로 입력하여 답안폴더(내 PC\문서\ITQ)에 하나의 파일로 저장해야 하며, 답안문서 파일명이 "수험번호-성명"과 일치하지 않거나, 답안파일을 전송하지 않아 미제출로 처리될 경우 실격 처리합니다 (예:12345678-홍길동.pptx).

◎ 답안 작성을 마치면 파일을 저장하고, '답안 전송' 버튼을 선택하여 감독위원 PC로 답안을 전송하십시오. 수험생 정보와 저장한 파일명이 다를 경우 전송되지 않으므로 주의하시기 바랍니다.

◎ 답안 작성 중에도 <u>주기적으로 저장하고, '답안 전송'</u>하여야 문제 발생을 줄일 수 있습니다. 작업한 내용을 저장하지 않고 전송할 경우 이전에 저장된 내용이 전송되오니 이점 유의하시기 바랍니다.

◎ 답안문서는 지정된 경로 외의 다른 보조기억장치에 저장하는 경우, 지정된 시험 시간 외에 작성된 파일을 활용할 경우, 기타 통신수단(이메일, 메신저, 네트워크 등)을 이용하여 타인에게 전달 또는 외부 반출하는 경우는 부정 처리합니다.

◎ 시험 중 부주의 또는 고의로 시스템을 파손한 경우는 수험자가 변상해야 하며, <수험자 유의사항>에 기재된 방법대로 이행하지 않아 생기는 불이익은 수험생 당사자의 책임임을 알려 드립니다.

◎ 문제의 조건은 MS오피스 2016 버전으로 설정되어 있으니 유의하시기 바랍니다.

◎ 시험을 완료한 수험자는 답안파일이 전송되었는지 확인한 후 감독위원의 지시에 따라 문제지를 제출하고 퇴실합니다.

답안 작성요령

◎ 온라인 답안 작성 절차

　수험자 등록 ⇒ 시험 시작 ⇒ 답안파일 저장 ⇒ 답안 전송 ⇒ 시험 종료

◎ 슬라이드의 크기는 A4 Paper로 설정하여 작성합니다.

◎ 슬라이드의 총 개수는 6개로 구성되어 있으며 슬라이드 1부터 순서대로 작업하고 반드시 문제와 세부 조건대로 합니다.

◎ 별도의 지시사항이 없는 경우 출력형태를 참조하여 글꼴색은 검정 또는 흰색으로 작성하고, 기타사항은 전체적인 균형을 고려하여 작성합니다.

◎ 슬라이드 도형 및 개체에 출력형태와 다른 스타일(그림자, 외곽선 등)을 적용했을 경우 감점처리 됩니다.

◎ 슬라이드 번호를 작성합니다(슬라이드 1에는 생략).

◎ 2~6번 슬라이드 제목 도형과 하단 로고는 슬라이드 마스터를 이용하여 출력형태와 동일하게 작성합니다(슬라이드 1에는 생략).

◎ 문제와 세부조건, 세부조건 번호 ◌(점선원)는 입력하지 않습니다.

◎ 각 개체의 위치는 오른쪽의 슬라이드와 동일하게 구성합니다.

◎ 그림 삽입 문제의 경우 반드시 「내 PC\문서\ITQ\Picture」 폴더에서 정확한 파일을 선택하여 삽입하십시오.

◎ 각 슬라이드를 각각의 파일로 작업해서 저장할 경우 실격 처리됩니다.

kpc 한국생산성본부

전체 구성 (60점)

(1) 슬라이드 크기 및 순서 : 크기를 A4 용지로 설정하고 슬라이드 순서에 맞게 작성한다.
(2) 슬라이드 마스터 : 2~6슬라이드의 제목, 하단 로고, 슬라이드 번호는 슬라이드 마스터를 이용하여 작성한다.
- 제목 글꼴(굴림, 40pt, 흰색), 가운데 맞춤, 도형(선 없음)
- 하단 로고(「내 PC₩문서₩ITQ₩Picture₩로고3.jpg」, 배경(연보라) 투명색으로 설정)

슬라이드 1   표지 디자인   (40점)

(1) 표지 디자인 : 도형, 워드아트 및 그림을 이용하여 작성한다.

세부조건

① 도형 편집
- 도형에 그림 채우기 :
「내 PC₩문서₩ITQ₩Picture₩
그림1.jpg」, 투명도 50%
- 도형 효과 :
부드러운 가장자리 5포인트
② 워드아트 삽입
- 변환 : 위쪽 팽창
- 글꼴 : 굴림, 굵게
- 텍스트 반사 :
근접 반사, 터치
③ 그림 삽입
- 「내 PC₩문서₩ITQ₩Picture₩
로고3.jpg」
- 배경(연보라) 투명색으로 설정

슬라이드 2   목차 슬라이드   (60점)

(1) 출력형태와 같이 도형을 이용하여 목차를 작성한다(글꼴 : 굴림, 24pt).
(2) 도형 : 선 없음

세부조건

① 텍스트에 하이퍼링크 적용
→ '슬라이드 3'
② 그림 삽입
- 「내 PC₩문서₩ITQ₩Picture₩
그림4.jpg」
- 자르기 기능 이용

(1) 텍스트 작성 : 글머리 기호 사용(✓, ❖)
　　✓문단(굴림, 24pt, 굵게, 줄 간격 : 1.5줄), ❖문단(굴림, 20pt, 줄 간격 : 1.5줄)

세부조건

① 동영상 삽입 :
　– 「내 PC₩문서₩ITQ₩Picture₩
　　동영상.wmv」
　– 자동 실행, 반복 재생 설정

Ⅰ. 임대주택 입주조건

✓Rental housing classification

❖Housing supplied for the purpose of conversion to apartments after rental or rental, divided into private rental housing according to the Special Act on Public Rental Housing and Private Rental Housing

✓입주조건

❖임대주택 건설 최초공고일 1년 전부터 입주 시까지 무주택자

❖임대주택 건설지역의 거주자로 전용면적 15평 이하인 경우 월평균 소득이 전년도의 도시 근로자 평균소득 이하

3

(1) 도형과 표 작성 기능을 이용하여 슬라이드를 작성한다(글꼴 : 돋움, 18pt).

세부조건

① 상단 도형 :
　2개 도형의 조합으로 작성
② 좌측 도형 :
　그라데이션 효과(선형 아래쪽)
③ 표 스타일 :
　테마 스타일 1 – 강조 1

Ⅱ. 임대주택 구분 및 조건비교

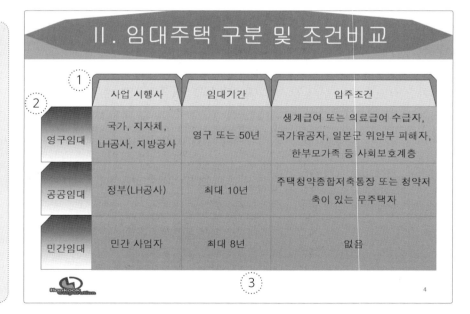

	사업 시행사	임대기간	입주조건
영구임대	국가, 지자체, LH공사, 지방공사	영구 또는 50년	생계급여 또는 의료급여 수급자, 국가유공자, 일본군 위안부 피해자, 한부모가족 등 사회보호계층
공공임대	정부(LH공사)	최대 10년	주택청약종합저축통장 또는 청약저축이 있는 무주택자
민간임대	민간 사업자	최대 8년	없음

4

(1) 차트 작성 기능을 이용하여 슬라이드를 작성한다.
(2) 차트 : 종류(묶은 세로 막대형), 글꼴(굴림, 16pt), 외곽선

세부조건

※ 차트 설명
　・차트 제목 : 굴림, 24pt, 굵게,
　　채우기(흰색), 테두리,
　　그림자(오프셋 대각선 왼쪽 아래)
　・차트 영역 : 채우기(노랑)
　　그림 영역 : 채우기(흰색)
　・데이터 서식 : 노부모, 다자녀 계열을
　　표식이 있는 꺾은선형으로 변경 후
　　보조 축으로 지정
　・값 표시 : 노부모, 다자녀 계열만
① 도형 삽입
　- 스타일 :
　　미세 효과 – 파랑, 강조 1
　- 글꼴 : 돋움, 18pt

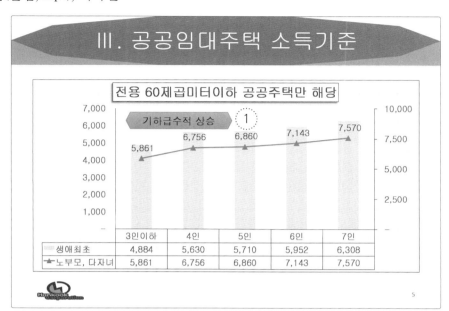

---

(1) 슬라이드와 같이 도형 및 스마트아트를 배치한다(글꼴 : 굴림, 18pt).
(2) 애니메이션 순서 : ① ⇒ ②

세부조건

① 도형 편집
　- 그룹화 후 애니메이션 효과 :
　　나누기(세로 바깥쪽으로)
② 도형 및 스마트아트 편집
　- 스마트아트 디자인 :
　　3차원 만화,
　　3차원 경사
　- 그룹화 후 애니메이션 효과 :
　　밝기 변화

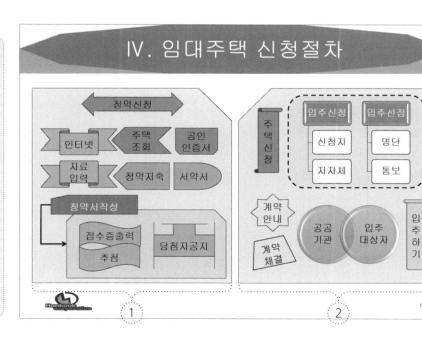

정보기술자격(ITQ) 최신기출문제

과 목	코 드	문제유형	시험시간	수험번호	성 명
한글파워포인트	1142	A	60분		

수험자 유의사항

◎ 수험자는 문제지를 받는 즉시 문제지와 <u>수험표상의 시험과목(프로그램)이 동일한지 반드시 확인</u>하여야 합니다.

◎ 파일명은 본인의 "수험번호-성명"으로 입력하여 답안폴더(내 PC₩문서₩ITQ)에 하나의 파일로 저장해야 하며, 답안문서 파일명이 "수험번호-성명"과 일치하지 않거나, 답안파일을 전송하지 않아 미제출로 처리될 경우 실격 처리합니다 (예:12345678-홍길동.pptx).

◎ 답안 작성을 마치면 파일을 저장하고, '답안 전송' 버튼을 선택하여 감독위원 PC로 답안을 전송하십시오. 수험생 정보와 저장한 파일명이 다를 경우 전송되지 않으므로 주의하시기 바랍니다.

◎ 답안 작성 중에도 <u>주기적으로 저장하고, '답안 전송'</u>하여야 문제 발생을 줄일 수 있습니다. 작업한 내용을 저장하지 않고 전송할 경우 이전에 저장된 내용이 전송되오니 이점 유의하시기 바랍니다.

◎ 답안문서는 지정된 경로 외의 다른 보조기억장치에 저장하는 경우, 지정된 시험 시간 외에 작성된 파일을 활용할 경우, 기타 통신수단(이메일, 메신저, 네트워크 등)을 이용하여 타인에게 전달 또는 외부 반출하는 경우는 부정 처리합니다.

◎ 시험 중 부주의 또는 고의로 시스템을 파손한 경우는 수험자가 변상해야 하며, <수험자 유의사항>에 기재된 방법대로 이행하지 않아 생기는 불이익은 수험생 당사자의 책임임을 알려 드립니다.

◎ 문제의 조건은 MS오피스 2016 버전으로 설정되어 있으니 유의하시기 바랍니다.

◎ 시험을 완료한 수험자는 답안파일이 전송되었는지 확인한 후 감독위원의 지시에 따라 문제지를 제출하고 퇴실합니다.

답안 작성요령

◎ 온라인 답안 작성 절차

　수험자 등록 ⇒ 시험 시작 ⇒ 답안파일 저장 ⇒ 답안 전송 ⇒ 시험 종료

◎ 슬라이드의 크기는 A4 Paper로 설정하여 작성합니다.

◎ 슬라이드의 총 개수는 6개로 구성되어 있으며 슬라이드 1부터 순서대로 작업하고 반드시 문제와 세부 조건대로 합니다.

◎ 별도의 지시사항이 없는 경우 출력형태를 참조하여 글꼴색은 검정 또는 흰색으로 작성하고, 기타사항은 전체적인 균형을 고려하여 작성합니다.

◎ 슬라이드 도형 및 개체에 출력형태와 다른 스타일(그림자, 외곽선 등)을 적용했을 경우 감점처리 됩니다.

◎ 슬라이드 번호를 작성합니다(슬라이드 1에는 생략).

◎ 2~6번 슬라이드 제목 도형과 하단 로고는 슬라이드 마스터를 이용하여 출력형태와 동일하게 작성합니다(슬라이드 1에는 생략).

◎ 문제와 세부조건, 세부조건 번호 ⃝(점선원)는 입력하지 않습니다.

◎ 각 개체의 위치는 오른쪽의 슬라이드와 동일하게 구성합니다.

◎ 그림 삽입 문제의 경우 반드시 「내 PC₩문서₩ITQ₩Picture」 폴더에서 정확한 파일을 선택하여 삽입하십시오.

◎ 각 슬라이드를 각각의 파일로 작업해서 저장할 경우 실격 처리됩니다.

kpc 한국생산성본부

(1) 슬라이드 크기 및 순서 : 크기를 A4 용지로 설정하고 슬라이드 순서에 맞게 작성한다.
(2) 슬라이드 마스터 : 2~6슬라이드의 제목, 하단 로고, 슬라이드 번호는 슬라이드 마스터를 이용하여 작성한다.
　　　 – 제목 글꼴(돋움, 40pt, 빨강), 가운데 맞춤, 도형(선 없음)
　　　 – 하단 로고(「내 PC\문서\ITQ\Picture\로고2.jpg」, 배경(회색) 투명색으로 설정)

슬라이드 1　　표지 디자인 (40점)

(1) 표지 디자인 : 도형, 워드아트 및 그림을 이용하여 작성한다.

세부조건

① 도형 편집
　– 도형에 그림 채우기 :
　　「내 PC\문서\ITQ\Picture\
　　그림3.jpg」, 투명도 50%
　– 도형 효과 :
　　부드러운 가장자리 5포인트
② 워드아트 삽입
　– 변환 : 이중 물결 1
　– 글꼴 : 굴림, 굵게
　– 텍스트 반사 :
　　근접 반사, 터치
③ 그림 삽입
　–「내 PC\문서\ITQ\Picture\
　　로고2.jpg」
　– 배경(회색) 투명색으로 설정

슬라이드 2　　목차 슬라이드 (60점)

(1) 출력형태와 같이 도형을 이용하여 목차를 작성한다(글꼴 : 굴림, 24pt).
(2) 도형 : 선 없음

세부조건

① 텍스트에 하이퍼링크 적용
　→ '슬라이드 5'
② 그림 삽입
　–「내 PC\문서\ITQ\Picture\
　　그림5.jpg」
　– 자르기 기능 이용

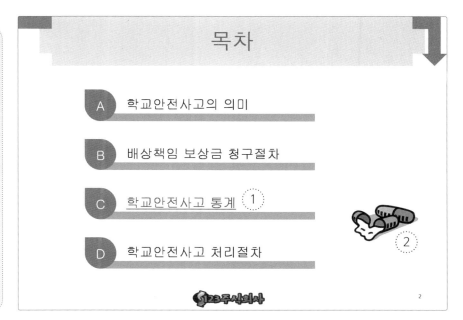

(1) 텍스트 작성 : 글머리 기호 사용(◆, ✓)

   ◆문단(굴림, 24pt, 굵게, 줄 간격 : 1.5줄), ✓문단(굴림, 20pt, 줄 간격 : 1.5줄)

세부조건

① 동영상 삽입 :
- 「내 PC₩문서₩ITQ₩Picture₩
  동영상.wmv」
- 자동 실행, 반복 재생 설정

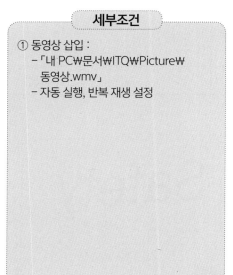

(1) 도형과 표 작성 기능을 이용하여 슬라이드를 작성한다(글꼴 : 돋움, 18pt).

세부조건

① 상단 도형 :
   2개 도형의 조합으로 작성
② 좌측 도형 :
   그라데이션 효과(선형 아래쪽)
③ 표 스타일 :
   테마 스타일 1 – 강조 2

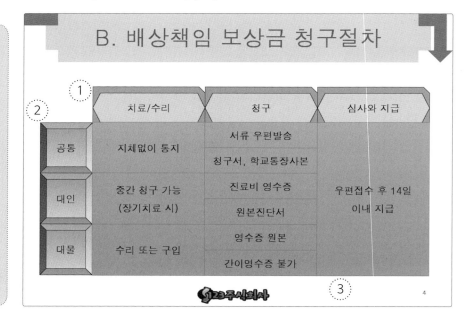

슬라이드 5 　　차트 슬라이드 　　　　　　　　　　(100점)

(1) 차트 작성 기능을 이용하여 슬라이드를 작성한다.
(2) 차트 : 종류(묶은 세로 막대형), 글꼴(돋움, 16pt), 외곽선

세부조건

※ 차트 설명
 • 차트 제목 : 돋움, 24pt, 굵게,
  채우기(흰색), 테두리,
  그림자(오프셋 위쪽)
 • 차트 영역 : 채우기(노랑)
  그림 영역 : 채우기(흰색)
 • 데이터 서식 : 2016년 계열을
  표식이 있는 꺾은선형으로 변경 후
  보조 축으로 지정
 • 값 표시 : 특수학교의 2016년 계열만
 ① 도형 삽입
  – 스타일 :
   미세 효과 – 주황, 강조 2
  – 글꼴 : 돋움, 18pt

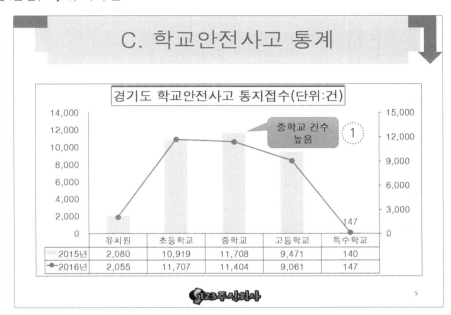

슬라이드 6 　　도형 슬라이드 　　　　　　　　　　(100점)

(1) 슬라이드와 같이 도형 및 스마트아트를 배치한다(글꼴 : 굴림, 18pt).
(2) 애니메이션 순서 : ① ⇒ ②

세부조건

① 도형 및 스마트아트 편집
  – 스마트아트 디자인 :
   3차원 벽돌,
   3차원 만화
  – 그룹화 후 애니메이션 효과 :
   실선 무늬(세로)
② 도형 편집
  – 그룹화 후 애니메이션 효과 :
   시계 방향 회전

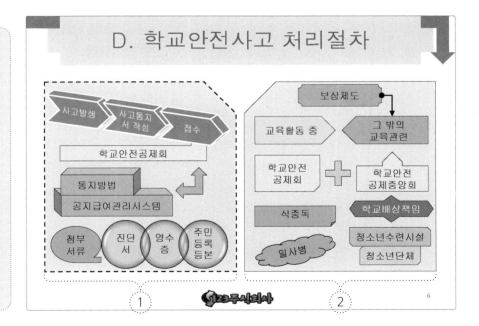

정보기술자격(ITQ) 최신기출문제

과 목	코 드	문제유형	시험시간	수험번호	성 명
한글파워포인트	1142	A	60분		

수험자 유의사항

◎ 수험자는 문제지를 받는 즉시 문제지와 <u>수험표상의 시험과목(프로그램)이 동일한지 반드시 확인</u>하여야 합니다.

◎ 파일명은 본인의 "수험번호–성명"으로 입력하여 답안폴더(내 PC₩문서₩ITQ)에 하나의 파일로 저장해야 하며, 답안문서 파일명이 "수험번호–성명"과 일치하지 않거나, 답안파일을 전송하지 않아 미제출로 처리될 경우 실격 처리합니다 (예:12345678–홍길동.pptx).

◎ 답안 작성을 마치면 파일을 저장하고, '답안 전송' 버튼을 선택하여 감독위원 PC로 답안을 전송하십시오. 수험생 정보와 저장한 파일명이 다를 경우 전송되지 않으므로 주의하시기 바랍니다.

◎ 답안 작성 중에도 <u>주기적으로 저장하고, '답안 전송'</u>하여야 문제 발생을 줄일 수 있습니다. 작업한 내용을 저장하지 않고 전송할 경우 이전에 저장된 내용이 전송되오니 이점 유의하시기 바랍니다.

◎ 답안문서는 지정된 경로 외의 다른 보조기억장치에 저장하는 경우, 지정된 시험 시간 외에 작성된 파일을 활용할 경우, 기타 통신수단(이메일, 메신저, 네트워크 등)을 이용하여 타인에게 전달 또는 외부 반출하는 경우는 부정 처리합니다.

◎ 시험 중 부주의 또는 고의로 시스템을 파손한 경우는 수험자가 변상해야 하며, <수험자 유의사항>에 기재된 방법대로 이행하지 않아 생기는 불이익은 수험생 당사자의 책임임을 알려 드립니다.

◎ 문제의 조건은 MS오피스 2016 버전으로 설정되어 있으니 유의하시기 바랍니다.

◎ 시험을 완료한 수험자는 답안파일이 전송되었는지 확인한 후 감독위원의 지시에 따라 문제지를 제출하고 퇴실합니다.

답안 작성요령

◎ 온라인 답안 작성 절차
  수험자 등록 ⇒ 시험 시작 ⇒ 답안파일 저장 ⇒ 답안 전송 ⇒ 시험 종료

◎ 슬라이드의 크기는 A4 Paper로 설정하여 작성합니다.

◎ 슬라이드의 총 개수는 6개로 구성되어 있으며 슬라이드 1부터 순서대로 작업하고 반드시 문제와 세부 조건대로 합니다.

◎ 별도의 지시사항이 없는 경우 출력형태를 참조하여 글꼴색을 검정 또는 흰색으로 작성하고, 기타사항은 전체적인 균형을 고려하여 작성합니다.

◎ 슬라이드 도형 및 개체에 출력형태와 다른 스타일(그림자, 외곽선 등)을 적용했을 경우 감점처리 됩니다.

◎ 슬라이드 번호를 작성합니다(슬라이드 1에는 생략).

◎ 2~6번 슬라이드 제목 도형과 하단 로고는 슬라이드 마스터를 이용하여 출력형태와 동일하게 작성합니다(슬라이드 1에는 생략).

◎ 문제와 세부조건, 세부조건 번호 ⸛(점선원)는 입력하지 않습니다.

◎ 각 개체의 위치는 오른쪽의 슬라이드와 동일하게 구성합니다.

◎ 그림 삽입 문제의 경우 반드시 「내 PC₩문서₩ITQ₩Picture」 폴더에서 정확한 파일을 선택하여 삽입하십시오.

◎ 각 슬라이드를 각각의 파일로 작업해서 저장할 경우 실격 처리됩니다.

kpc 한국생산성본부

(1) 슬라이드 크기 및 순서 : 크기를 A4 용지로 설정하고 슬라이드 순서에 맞게 작성한다.
(2) 슬라이드 마스터 : 2~6슬라이드의 제목, 하단 로고, 슬라이드 번호는 슬라이드 마스터를 이용하여 작성한다.
    – 제목 글꼴(돋움, 40pt, 흰색), 가운데 맞춤, 도형(선 없음)
    – 하단 로고(「내 PC\문서\ITQ\Picture\로고2.jpg」, 배경(회색) 투명색으로 설정)

슬라이드 1 표지 디자인 (40점)

(1) 표지 디자인 : 도형, 워드아트 및 그림을 이용하여 작성한다.

세부조건

① 도형 편집
 – 도형에 그림 채우기 :
   「내 PC\문서\ITQ\Picture\
   그림2.jpg」, 투명도 50%
 – 도형 효과 :
   부드러운 가장자리 5포인트
② 워드아트 삽입
 – 변환 : 삼각형
 – 글꼴 : 궁서, 굵게
 – 텍스트 반사 :
   1/2 반사, 터치
③ 그림 삽입
 – 「내 PC\문서\ITQ\Picture\
   로고2.jpg」
 – 배경(회색) 투명색으로 설정

슬라이드 2 목차 슬라이드 (60점)

(1) 출력형태와 같이 도형을 이용하여 목차를 작성한다(글꼴 : 돋움, 24pt).
(2) 도형 : 선 없음

세부조건

① 텍스트에 하이퍼링크 적용
 → '슬라이드 6'
② 그림 삽입
 – 「내 PC\문서\ITQ\Picture\
   그림4.jpg」
 – 자르기 기능 이용

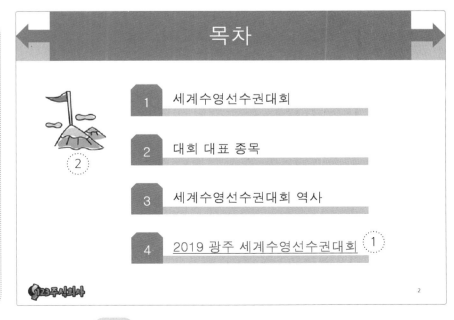

(1) 텍스트 작성 : 글머리 기호 사용(➤, ▪)
　　➤문단(굴림, 24pt, 굵게, 줄 간격 : 1.5줄), ▪ 문단(굴림, 20pt, 줄 간격 : 1.5줄)

세부조건

① 동영상 삽입 :
　– 「내 PC₩문서₩ITQ₩Picture₩
　　동영상.wmv」
　– 자동 실행, 반복 재생 설정

1. 세계수영선수권대회

➤World Championships for Swimming
　▪ Swimming events range from 50m up to 1,500m in freestyle, backstroke, breaststroke and butterfly, with the winners decided after preliminaries, semi-finals and finals

➤국제수영연맹(FINA)
　▪ 수영종목 경기대회의 국제관리기구
　▪ 공식 수영종목은 경영, 수구, 다이빙, 아티스틱 수영, 오픈워터 수영 및 하이다이빙으로 5개 대륙 209개의 국가연맹이 회원국으로 등재되어 있음

3

---

(1) 도형과 표 작성 기능을 이용하여 슬라이드를 작성한다(글꼴 : 돋움, 18pt).

세부조건

① 상단 도형 :
　2개 도형의 조합으로 작성
② 좌측 도형 :
　그라데이션 효과(선형 아래쪽)
③ 표 스타일 :
　테마 스타일 1 – 강조 5

2. 대회 대표 종목

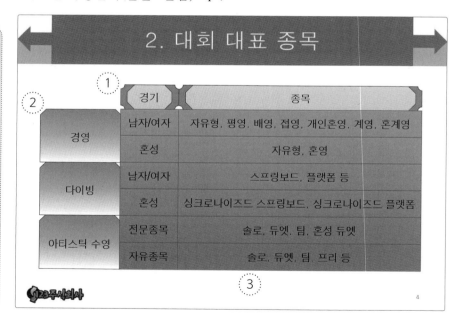

경기		종목
경영	남자/여자	자유형, 평영, 배영, 접영, 개인혼영, 계영, 혼계영
	혼성	자유형, 혼영
다이빙	남자/여자	스프링보드, 플랫폼 등
	혼성	싱크로나이즈드 스프링보드, 싱크로나이즈드 플랫폼
아티스틱 수영	전문종목	솔로, 듀엣, 팀, 혼성 듀엣
	자유종목	솔로, 듀엣, 팀, 프리 등

4

(1) 차트 작성 기능을 이용하여 슬라이드를 작성한다.
(2) 차트 : 종류(묶은 세로 막대형), 글꼴(돋움, 16pt), 외곽선

세부조건

※ 차트 설명
 ・차트 제목 : 궁서, 24pt, 굵게,
  채우기(흰색), 테두리,
  그림자(오프셋 오른쪽)
 ・차트 영역 : 채우기(노랑)
  그림 영역 : 채우기(흰색)
 ・데이터 서식 : 선수(명) 계열을
  표식이 있는 꺾은선형으로 변경 후
  보조 축으로 지정
 ・값 표시 : 2009년의 선수(명) 계열만
 ① 도형 삽입
  – 스타일 :
   미세 효과 – 파랑, 강조 5
  – 글꼴 : 돋움, 18pt

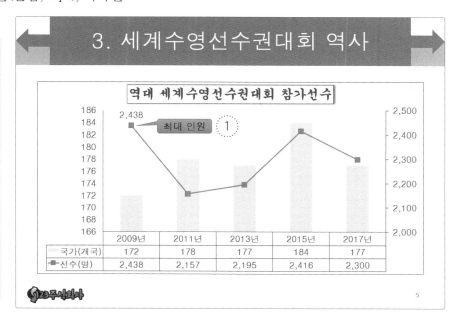

(1) 슬라이드와 같이 도형 및 스마트아트를 배치한다(글꼴 : 굴림, 18pt).
(2) 애니메이션 순서 : ① ⇒ ②

세부조건

① 도형 및 스마트아트 편집
 – 스마트아트 디자인 :
  3차원 광택 처리,
  3차원 벽돌
 – 그룹화 후 애니메이션 효과 :
  올라오기(서서히 아래로)
② 도형 편집
 – 그룹화 후 애니메이션 효과 :
  나타내기

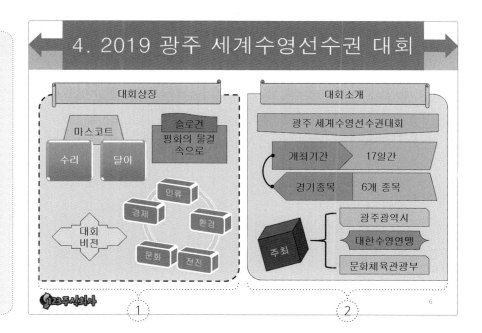

MEMO

ITQ OA Master
Part 3
엑셀 2016

ITQ 엑셀 2016 차례
Information Technology Qualification

출제유형 마스터하기

답안 파일 준비하기

- 시트를 추가한 후 이름을 변경합니다.
- 시트를 그룹화하여 A열의 너비를 조절합니다.
- 기본 설정이 끝나면 답안 파일을 저장합니다.

소스파일: 직접 입력   완성파일: 12345678-홍길동.xlsx

출제 유형 미리보기

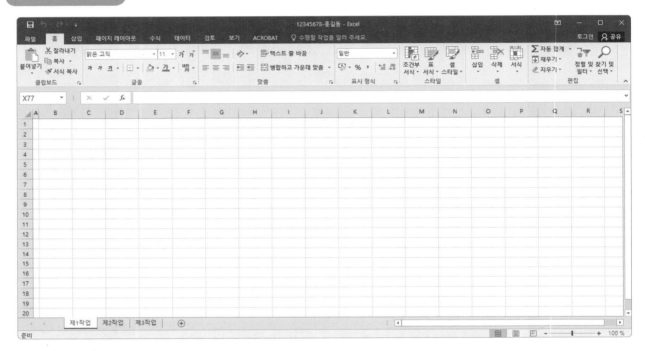

《답안 작성 요령》

- 문제는 총 4단계, 즉 제1작업부터 제4작업까지 구성되어 있으며 반드시 제1작업부터 순서대로 작성하고 조건대로 작업하시오.
- 모든 작업시트의 A열은 열 너비 '1'로, 나머지 열은 적당하게 조절하시오.
- 모든 작업시트의 테두리는 《출력형태》와 같이 작업하시오.
- 해당 작업란에서는 각각 제시된 조건에 따라 《출력형태》와 같이 작업하시오.
- 답안 시트 이름은 "제1작업", "제2작업", "제3작업", "제4작업"이어야 하며 답안 시트 이외의 것은 감점 처리됩니다.
- 각 시트를 파일로 나누어 작업해서 저장할 경우 실격 처리됩니다.

⭐ 과정 미리보기   시트 추가 ➤ 시트 이름 변경 ➤ 시트 그룹화 ➤ A열 너비 조절 ➤ 답안 파일 저장

01 시트 추가 후 이름 변경하기

답안 시트 이름은 "제1작업", "제2작업", "제3작업", "제4작업"이어야 하며 답안 시트 이외의 것은 감점 처리됩니다.

❶ [시작(■)]–[Excel 2016(X▤)]을 클릭하여 **새 통합 문서**를 선택하거나 [Esc]를 눌러 통합 문서를 활성화합니다.

❷ 시트 2개를 추가하기 위해 아래쪽 시트 탭에서 **새 시트(⊕) 아이콘**을 두 번 클릭합니다.

❸ 시트 이름을 변경하기 위해 [Sheet1]을 더블클릭하여 **제1작업**으로 입력한 후 [Enter]를 누릅니다.

❹ 똑같은 방법으로 나머지 시트 2개의 이름을 **제2작업**과 **제3작업**으로 변경합니다.

➕ [제4작업] 시트는 [출제유형 07]에서 차트를 작성한 후 시트 이름과 위치를 변경합니다.

레벨업 📈 **바로 가기 메뉴를 이용하여 시트 이름 변경하기**

이름을 변경할 시트 위에서 마우스 오른쪽 버튼을 클릭하여
[이름 바꾸기]를 선택합니다.

02 시트 그룹화 후 열 너비 조절하기

모든 작업시트의 A열은 열 너비 '1'로, 나머지 열은 적당하게 조절하시오.

❶ 시트를 그룹화하기 위해 **[제1작업]** 시트를 클릭한 후 Shift 를 누른 채 **[제3작업]** 시트를 선택합니다.

➕ 시트가 그룹화되면 제목 표시줄의 파일 이름 뒤에 그룹(통합 문서1 [그룹] - Excel)이 표시됩니다.

❷ 그룹화된 모든 시트의 A열 너비를 동시에 변경하기 위해 [A]열의 열 머리글 위에서 마우스 오른쪽 버튼을
클릭하여 **[열 너비]**를 선택하고, 열 너비를 1로 입력한 후 <확인>을 클릭합니다.

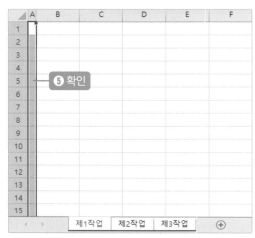

❸ **[제2작업]** 또는 **[제3작업]** 시트를 클릭하여 그룹을 해제시킨 후 각각의 시트를 선택해 **A열의 너비가 1로**
변경되었는지 확인합니다.

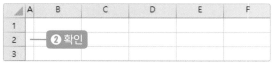

 바로 가기 메뉴를 이용하여 시트 그룹화 및 그룹화 해제하기

시트 탭 위에서 마우스 오른쪽 버튼을 클릭하여 [모든 시트 선택] 또는 [시트 그룹 해제]를 선택하면 시트를 그룹화하거나 해제시킬 수
있습니다.

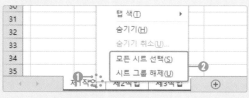

❹ 기본 작업이 끝나면 [파일] 탭-[저장]-**[찾아보기]**를 클릭합니다.

➕ 왼쪽 상단의 [빠른 실행 도구 모음]에서 '저장' 아이콘(🖫)을 클릭하거나, Ctrl+S를 눌러 파일을 저장할 수도 있습니다.

❺ [다른 이름으로 저장] 대화상자에서 [내 PC]-[문서]-[ITQ] 폴더에 **12345678-홍길동**과 같이 본인의 '수험번호-성명' 형식으로 입력한 후 <저장>을 클릭합니다.

[제1작업] 표 서식 작성 I (데이터 입력 및 제목 작성)

- 데이터 입력에 필요한 기본 서식(글꼴, 정렬)을 지정합니다.
- 셀에 데이터를 입력한 후 테두리를 지정합니다.
- 도형을 이용하여 제목을 작성한 후 그림자를 지정합니다.

소스파일: 02차시(문제).xlsx   완성파일: 02차시(완성).xlsx

출제 유형 미리보기 다음은 '게임 S/W 판매 현황'에 대한 자료이다. 자료를 입력하고 조건에 맞도록 작업하시오.

《출력형태》

	A	B	C	D	E	F	G	H	I	J
1							결재	담당	과장	부장
2			게임 S/W 판매 현황							
3										
4		제품코드	제품명	개발사	유형	가격	상반기 판매량	하반기 판매량	순위	출시연도
5		PSE2019	잠수함	아람	액션	32,700	6,820	7,520	(1)	(2)
6		SCA2020	좀비5	지성소프트	액션	28,400	4,852	5,180	(1)	(2)
7		SAV2017	제로2	지성소프트	어드벤처	32,700	4,501	3,870	(1)	(2)
8		SCC2021	골프	아람	스포츠	30,500	4,782	4,820	(1)	(2)
9		KAV2018	풋볼	지성소프트	스포츠	34,900	4,890	7,510	(1)	(2)
10		SCE2018	릴리 스토리	소리아	액션	32,600	2,570	2,500	(1)	(2)
11		PSA2021	다나의 눈	소리아	어드벤처	28,400	3,570	3,790	(1)	(2)
12		SAB2019	아소의 나라	소리아	어드벤처	28,400	2,780	2,450	(1)	(2)
13		소리아 제품의 평균 가격			(3)		아람 제품의 총 상반기 판매량			(5)
14		최대 하반기 판매량			(4)		제품명	잠수함	가격	(6)
15										

《조건》

○ 모든 데이터의 서식에는 글꼴(굴림, 11pt), 정렬은 숫자 및 회계 서식은 오른쪽 정렬, 나머지 서식은 가운데 정렬로 작성하며 예외적인 것은 《출력형태》를 참조하시오.

○ 제 목 ➡ 도형(양쪽 모서리가 잘린 사각형)과 그림자(오프셋 오른쪽)를 이용하여 작성하고 "게임 S/W 판매 현황"을 입력한 후 다음 서식을 적용하시오(글꼴-굴림, 24pt, 검정, 굵게, 채우기-노랑).

○ 임의의 셀에 결재란을 작성하여 그림으로 복사 기능을 이용하여 붙이기 하시오(단, 원본 삭제).

○ 「B4:J4, G14, I14」 영역은 '주황'으로 채우기 하시오.

○ 유효성 검사를 이용하여 「H14」 셀에 제품명(「C5:C12」 영역)이 선택 표시되도록 하시오.

○ 셀 서식 ➡ 「F5:F12」 영역에 셀 서식을 이용하여 숫자 뒤에 '원'을 표시하시오(예 : 32,700원).

○ 「H5:H12」 영역에 대해 '하반기판매량'으로 이름정의를 하시오.

★ **과정 미리보기** 기본 서식 지정 ➡ 데이터 입력 및 셀 병합 ➡ 테두리 지정 ➡ 도형 삽입 및 제목 입력 ➡ 그림자 지정

기본 서식 지정 및 데이터 입력하기

> ○ 모든 데이터의 서식에는 글꼴(굴림, 11pt), 정렬은 숫자 및 회계 서식은 오른쪽 정렬, 나머지 서식은 가운데 정렬로 작성하며 예외적인 것은 《출력형태》를 참조하시오.
>
> ☞ 다음은 '게임 S/W 판매 현황'에 대한 자료이다. 자료를 입력하고 조건에 맞도록 작업하시오.

1. 기본 서식 지정하기

❶ 02차시(문제).xlsx 파일을 실행한 후 [제1작업] 시트를 선택합니다. 데이터 입력에 필요한 기본 서식을 지정하기 위해 ◢(전체 선택)을 클릭합니다.

❷ [홈] 탭-[글꼴] 그룹에서 **글꼴(굴림)**과 **글꼴 크기(11)**를 지정한 후 [맞춤] 그룹에서 **가운데 맞춤(≡)**을 클릭합니다.

➕ 전체 선택 바로 가기 키 : Ctrl + A

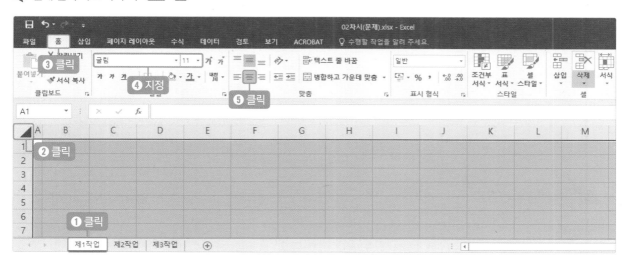

2. 셀 병합 및 데이터 입력하기

❶ 데이터를 입력하기 전 셀을 병합하기 위해 [B13:D13] 영역을 드래그한 후 Ctrl 을 누른 상태에서 [B14:D14], [F13:F14], [G13:I13] 영역을 드래그합니다.

❷ [홈] 탭-[맞춤] 그룹에서 **병합하고 가운데 맞춤(🖻)**을 클릭한 후 병합된 셀들을 확인합니다.

❸ 《출력형태》를 참고하여 각각의 셀에 데이터를 입력합니다.

➕ • 데이터 입력 후 키보드 방향키 또는 [Tab]을 누르면 다른 셀로 이동할 수 있습니다.
　• [G4], [H4] 셀은 윗줄 내용을 입력한 후 [Alt]+[Enter]를 눌러 아래줄 내용을 입력합니다.
　• [C10] 셀 내용 : 릴리 스토리, [C12] 셀 내용 : 아소의 나라

A	B	C	D	E	F	G	H	I	J
1									
2									
3									
4	제품코드	제품명	개발사	유형	가격	상반기 판매량	하반기 판매량	순위	출시연도
5	PSE2019	잠수함	아람	액션	32700	6820	7520		
6	SCA2020	좀비5	지성소프트	액션	28400	4852	5180		
7	SAV2017	제로2	지성소프트	어드벤처	32700	4501	3870		
8	SCC2021	골프	아람	스포츠	30500	4782	4820		
9	KAV2018	풋볼	지성소프트	스포츠	34900	4890	7510		
10	SCE2018	릴리 스토리	소리아	액션	32600	2570	2500		
11	PSA2021	다나의 눈	소리아	어드벤처	28400	3570	3790		
12	SAB2019	아소의 나라	소리아	어드벤처	28400	2780	2450		
13		소리아 제품의 평균 가격				아람 제품의 총 상반기 판매량				
14		최대 하반기 판매량				제품명		가격		
15									

시험꿀팁

ITQ 시험은 작업에 필요한 데이터를 제공하지 않기 때문에 수험생이 문제지의 《출력형태》를 보면서 직접 입력해야 합니다.

레벨업 📈 데이터 입력 방법

소스파일: 데이터 입력.xlsx　　완성파일: 데이터 입력(완성).xlsx

❶ 날짜 입력 : 키보드의 하이픈(−)을 이용하여 입력합니다.(예 : 2023-12-25)

– 날짜 또는 숫자를 입력할 때 셀의 너비가 좁으면 '#####'으로 표시되며, 열 너비를 넓히면 정상적으로 표시됩니다.

❷ 백분율 입력 : 키보드의 퍼센트(%)를 이용하여 입력합니다.(예 : 58%)

❸ 소숫점 입력 : 키보드의 마침표(.)를 이용하여 입력합니다.(예 : 0.1 / 0.01 / 0.15%)

❹ 소수 자릿수 지정 : 숫자를 입력한 후 [셀 서식] 대화상자에서 [표시 형식] 탭-[범주]의 '숫자', '회계', '백분율'에서 원하는  를 지정합니다.(예 : 1.0 / 1.00 / 10.0% / 10.00%)

– 셀 서식 대화상자 바로 가기 키 : [Ctrl]+[1]

❺ 두 줄 데이터 입력 : 윗줄 내용을 입력한 후 [Alt]+[Enter]를 눌러 다음줄의 내용을 입력합니다.

❻ 셀 이동 : 데이터 입력 후 다음 셀로 이동할 때는 [Tab] 또는 방향키(↓, ↑, →, ←)를 누릅니다.

❼ 데이터 수정 : 해당 셀을 더블클릭하거나 [F2]를 눌러 수정합니다.

▶ **데이터 입력.xlsx** 파일을 불러와 아래 그림을 참고하여 빈 셀에 데이터를 입력해 보세요.

A	B	C	D	E	F	G	H
4	제품코드	제품명	개발사	유형	출시일	공급 비율	점유율 (단위:%)
5	PSE2019	잠수함	아람	액션	2020-01-03	80%	15.70
6	SCA2020	좀비5	지성소프트	액션	2021-02-17	86.1%	93.0
7	SAV2017	제로2	지성소프트	어드벤처	2020-05-25	85%	55.00
8	SCC2021	골프	아람	스포츠	2023-08-08	87.50%	25.0
9	KAV2018	풋볼	지성소프트	스포츠	2022-11-07	77.8%	12.5
10	SCE2018	릴리 스토리	소리아	액션	2023-12-23	0.1%	10.0
11	PSA2021	다나의 눈	소리아	어드벤처	2021-10-19	0.45%	30.2
12	SAB2019	아소의 나라	소리아	어드벤처	2022-09-28	11.2%	23.7

소수 자릿수 지정

3. 열 너비 및 행 높이 조절하기　　모든 작업 시트의 A열은 열 너비 '1'로, 나머지 열은 적당하게 조절하시오.

❶ [C] 열과 [D] 열의 열 너비를 조절하기 위해 열 머리글 사이에 마우스 포인터(✛)를 위치시킨 후 더블클릭
합니다.

➕ 열 머리글 경계선을 더블클릭하면 해당 열에서 가장 긴 글자에 맞추어 자동으로 열의 너비가 조절됩니다.

레벨업 📈 마우스로 드래그하여 열 너비 조절하기

경계선을 더블클릭하여 열의 너비를 조절한 이후에도 《출력형태》와 비교하여 간격이 좁다고 판단되면 열 머리글 사이에 마우스 포인터
(✛)를 위치시킨 후 드래그하여 열의 너비를 조절합니다.

A	B	C	D	E	F	G
4	제품코드	제품명	개발사	유형	가격	상반기 판매량
5	PSE2019	잠수함	아람	액션	32700	6820
6	SCA2020	좀비5	지성소프트	액션	28400	4852
7	SAV2017	제로2	지성소프트	어드벤처	32700	4501

❷ 똑같은 방법으로 《출력형태》를 참고하여 열 너비를 조절합니다.

A	B	C	D	E	F	G	H	I	J
1									
2									
3									
4	제품코드	제품명	개발사	유형	가격	상반기 판매량	하반기 판매량	순위	출시연도
5	PSE2019	잠수함	아람	액션	32700	6820	7520		
6	SCA2020	좀비5	지성소프트	액션	28400	4852	5180		
7	SAV2017	제로2	지성소프트	어드벤처	32700	4501	3870		
8	SCC2021	골프	아람	스포츠	30500	4782	4820		
9	KAV2018	풋볼	지성소프트	스포츠	34900	4890	7510		
10	SCE2018	릴리 스토리	소리아	액션	32600	2570	2500		
11	PSA2021	다나의 눈	소리아	어드벤처	28400	3570	3790		
12	SAB2019	아소의 나라	소리아	어드벤처	28400	2780	2450		
13	소리아 제품의 평균 가격					아람 제품의 총 상반기 판매량			
14	최대 하반기 판매량					제품명		가격	

❸ 제목이 입력될 [1:3] 행의 높이를 조절하기 위해 [1:3] 행의 머리글을 드래그한 후 행 머리글 위에서 마우스 오른쪽 버튼을 클릭하여 **[행 높이]**를 선택합니다.

❹ [행 높이] 대화상자에서 25를 입력한 후 <확인>을 클릭합니다.

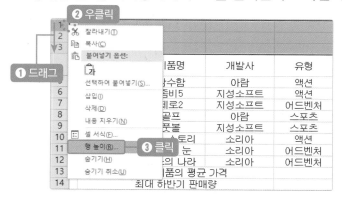 

❺ 본문 제목과 내용이 입력될 **[4:14] 행**의 높이도 똑같은 방법으로 변경합니다.

➕ 제목 [4] 행은 32, 본문 [5:14] 행은 22로 행의 높이를 변경합니다.

제품코드	제품명	개발사	유형	가격	상반기 판매량	하반기 판매량	순위	출시연도
PSE2019	잠수함	아람	액션	32700	6820	7520		
SCA2020	좀비5	지성소프트	액션	28400	4852	5180		
SAV2017	제로2	지성소프트	어드벤처	32700	4501	3870		
SCC2021	골프	아람	스포츠	30500	4782	4820		
KAV2018	풋볼	지성소프트	스포츠	34900	4890	7510		
SCE2018	릴리 스토리	소리아	액션	32600	2570	2500		
PSA2021	다나의 눈	소리아	어드벤처	28400	3570	3790		
SAB2019	아소의 나라	소리아	어드벤처	28400	2780	2450		
소리아 제품의 평균 가격					아람 제품의 총 상반기 판매량			
최대 하반기 판매량					제품명		가격	

시험꿀팁

행의 높이는 별도의 조건이 없으며, 채점 기준과도 무관하기 때문에 《출력형태》를 참고하여 적당한 높이로 조절합니다.

02 셀 테두리 지정하기

◎ 모든 작업시트의 테두리는 《출력형태》와 같이 작업하시오.

❶ 셀에 테두리를 지정하기 위해 **[B4:J14]** 영역을 드래그한 후 [홈] 탭-[글꼴] 그룹에서 테두리(▦)의 목록 단추(▾)를 눌러 **모든 테두리(⊞)**를 선택합니다.

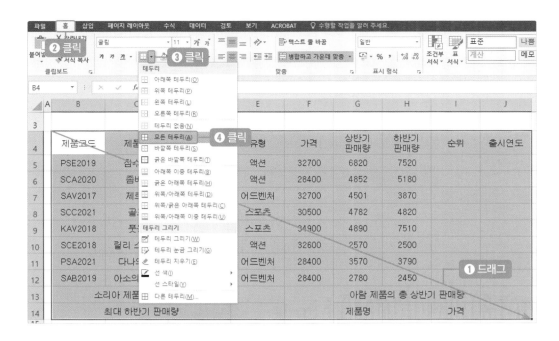

❷ 바깥쪽 테두리를 지정하기 위해 테두리(⊞)의 목록 단추(▾)를 눌러 **굵은 바깥쪽 테두리**(▢)를 선택합니다.

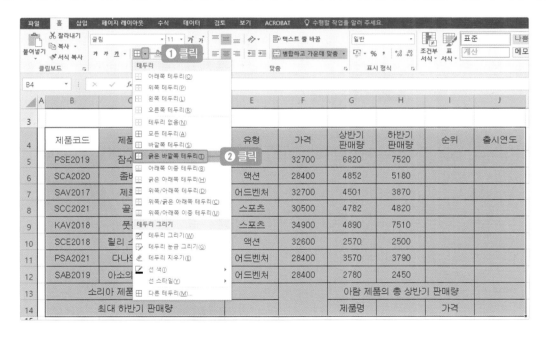

❸ 표 안쪽의 일부분을 굵은 테두리로 지정하기 위해 [B4:J4]를 영역으로 지정한 후 Ctrl 을 누른 상태에서 [B13:J14] 영역을 드래그합니다.

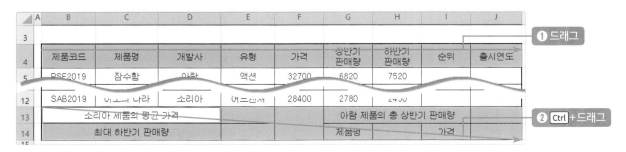

❹ [홈] 탭-[글꼴] 그룹에서 테두리(田)의 목록 단추(▾)를 눌러 **굵은 바깥쪽 테두리(回)**를 선택합니다.

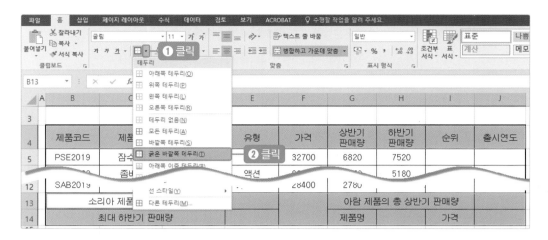

❺ 대각선을 추가하기 위해 [F13:F14] 셀 위에서 마우스 오른쪽 버튼을 클릭하여 **[셀 서식]**을 선택합니다.

➕ 셀 서식 바로 가기 키 : Ctrl + 1

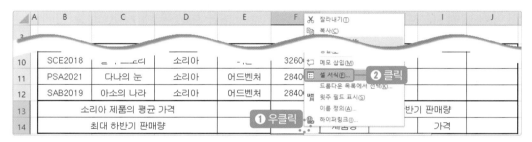

❻ [셀 서식] 대화상자-[테두리] 탭을 클릭하여 **대각선 테두리(◿, ◺)**를 지정한 후 <확인>을 클릭합니다.

➕ • 대각선 테두리 지정 시 선의 '스타일'을 확인합니다.
   • 테두리 작업이 끝나면 《출력형태》와 같은지 확인합니다.

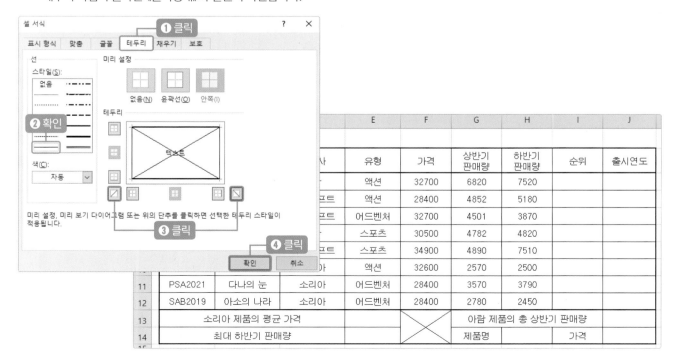

03 도형을 이용하여 제목 작성하기

○ 제 목 ⇒ 도형(양쪽 모서리가 잘린 사각형)과 그림자(오프셋 오른쪽)를 이용하여 작성하고 "게임 S/W 판매 현황"을 입력한
후 다음 서식을 적용하시오(글꼴-굴림, 24pt, 검정, 굵게, 채우기-노랑).

❶ 제목에 사용할 도형을 삽입하기 위해 [삽입] 탭-[일러스트레이션] 그룹에서 [도형(⬡)]-사각형-**양쪽 모서
리가 잘린 사각형(⬡)**을 클릭합니다.

❷ 마우스 포인터가 '+' 모양으로 변경되면 **[B1:G3]** 영역에 적당한 크기로 드래그하여 도형을 삽입합니다.

➕ 도형의 크기 및 위치는 《출력형태》를 참고하여 조절합니다.

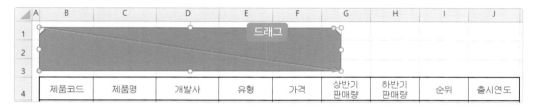

 **도형 편집 조절점**

❶ 도형을 원하는 방향으로 회전시킬 수 있습니다.
❷ 도형의 모양을 변형시킬 수 있습니다.
❸ 도형의 크기를 조절할 수 있습니다.

❸ 도형이 삽입되면 제목(게임 S/W 판매 현황)을 입력한 후 [Esc]를 누릅니다. [홈] 탭-[글꼴] 그룹에서 **글꼴
(굴림)**, **글꼴 크기(24)**, **굵게(가)**, **글꼴 색(검정, 텍스트 1)**을 각각 지정합니다.

➕ 제목 입력 후 텍스트가 없는 도형의 빈 부분을 클릭해도 글꼴 서식을 지정할 수 있습니다.

❹ 도형에 색을 채우기 위해 채우기 색(🖌)의 목록 단추(▾)를 눌러 **노랑**을 지정한 후 [홈] 탭-[맞춤] 그룹에서 세로 **가운데 맞춤**(≡)과 가로 **가운데 맞춤**(≡)을 각각 클릭합니다.

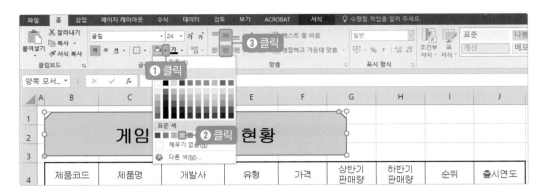

시험꿀팁

도형을 채우는 색상은 '노랑'이 고정적으로 출제되고 있습니다.

❺ 도형에 그림자를 지정하기 위해 [그리기 도구-서식] 탭-[도형 스타일] 그룹에서 [도형 효과(🔲)]-[그림자]-**바깥쪽-오프셋 오른쪽**(🔲)을 클릭합니다.

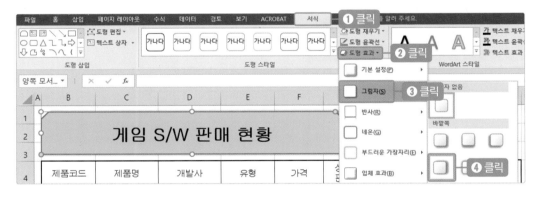

❻ 모든 작업이 완료되면 Ctrl+S를 눌러 파일을 저장합니다.

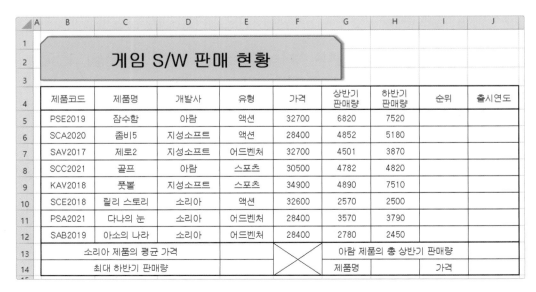

	제품코드	제품명	개발사	유형	가격	상반기 판매량	하반기 판매량	순위	출시연도
5	PSE2019	잠수함	아람	액션	32700	6820	7520		
6	SCA2020	좀비5	지성소프트	액션	28400	4852	5180		
7	SAV2017	제로2	지성소프트	어드벤처	32700	4501	3870		
8	SCC2021	골프	아람	스포츠	30500	4782	4820		
9	KAV2018	풋볼	지성소프트	스포츠	34900	4890	7510		
10	SCE2018	릴리 스토리	소리아	액션	32600	2570	2500		
11	PSA2021	다나의 눈	소리아	어드벤처	28400	3570	3790		
12	SAB2019	아소의 나라	소리아	어드벤처	28400	2780	2450		
13	소리아 제품의 평균 가격					아람 제품의 **총** 상반기 판매량			
14	최대 하반기 판매량					제품명		가격	

 1 다음은 '관심 상품 TOP8 현황'에 대한 자료이다. 자료를 입력하고 조건에 맞도록 작업하시오.

소스파일: 직접입력
완성파일: 02차시-1(완성).xlsx

《출력형태》

상품코드	상품명	제조사	분류	가격	점수 (5점 만점)	조회수	순위	상품평 차트
EA4-475	베이킹소다	JWP	생활용품	4640	4.6	23869	(1)	(2)
SF4-143	모이스쳐페이셜크림	ANS	뷰티	19900	4.5	10967	(1)	(2)
QA4-548	샘물 12개	MB	식품	6390	4.5	174320	(1)	(2)
PF4-525	멸균흰우유 10개	MB	식품	17800	4.2	18222	(1)	(2)
KE4-124	퍼펙트클렌징폼	ANS	뷰티	7150	4.5	14825	(1)	(2)
DA7-125	섬유유연제	JWP	생활용품	14490	4.2	52800	(1)	(2)
PF4-122	즉석밥 세트	ANS	식품	17650	5	30763	(1)	(2)
WF1-241	롤화장지	JWP	생활용품	8560	4	12870	(1)	(2)
최저 가격			(3)			생활용품 조회수 합계		(5)
뷰티 상품 개수			(4)			상품코드		점수 (5점 만점) (6)

《조건》

○ 모든 데이터의 서식에는 글꼴(굴림, 11pt), 정렬은 숫자 및 회계 서식은 오른쪽 정렬, 나머지 서식은 가운데 정렬로 작성하며 예외적인 것은 《출력형태》를 참조하시오.

○ 제 목 ⇒ 도형(평행 사변형)과 그림자(오프셋 오른쪽)를 이용하여 작성하고 "관심 상품 TOP8 현황"을 입력한 후 다음 서식을 적용하시오(글꼴-굴림, 24pt, 검정, 굵게, 채우기-노랑).

○ 임의의 셀에 결재란을 작성하여 그림으로 복사 기능을 이용하여 붙이기 하시오(단, 원본 삭제).

○ 「B4:J4, G14, I14」 영역은 '주황'으로 채우기 하시오.

○ 유효성 검사를 이용하여 「H14」 셀에 상품코드(「B5:B12」 영역)가 선택 표시되도록 하시오.

○ 셀 서식 ⇒ 「F5:F12」 영역에 셀 서식을 이용하여 숫자 뒤에 '원'을 표시하시오(예 : 4,640원).

○ 「E5:E12」 영역에 대해 '분류'로 이름정의를 하시오.

2 다음은 'ICT 기반 스마트 팜 현황'에 대한 자료이다. 자료를 입력하고 조건에 맞도록 작업하시오.

소스파일: 직접입력
완성파일: 02차시-2(완성).xlsx

《출력형태》

관리코드	품목명	ICT 제어수준	시공업체	운영기간 (년)	시공비 (단위:천원)	농가면적	순위	도입연도
SW4-118	수박	관수제어	JUM	4.1	1580	6800	(1)	(2)
PZ3-124	감귤	관수제어	GRN	1.7	3250	12500	(1)	(2)
HG7-521	포도	관수/병해충제어	GRN	1.5	3150	11500	(1)	(2)
LM6-119	망고	병해충제어	JUM	3.1	1600	7550	(1)	(2)
KB8-518	딸기	관수/병해충제어	SEON	4.2	1850	8250	(1)	(2)
PA5-918	사과	관수제어	GRN	4.2	1550	5250	(1)	(2)
PE2-422	복숭아	병해충제어	JUM	2.5	1200	3200	(1)	(2)
LS6-719	배	관수/병해충제어	SEON	3.2	2000	8500	(1)	(2)
관수제어 시공비(단위:천원)의 합계			(3)		최대 농가면적			(5)
병해충제어 농가면적 평균			(4)		관리코드		시공비 (단위:천원)	(6)

《조건》

○ 모든 데이터의 서식에는 글꼴(굴림, 11pt), 정렬은 숫자 및 회계 서식은 오른쪽 정렬, 나머지 서식은 가운데 정렬로 작성하며 예외적인 것은 《출력형태》를 참조하시오.

○ 제 목 ⇒ 도형(가로로 말린 두루마리 모양)과 그림자(오프셋 대각선 오른쪽 아래)를 이용하여 작성하고 "ICT 기반 스마트 팜 현황"을 입력한 후 다음 서식을 적용하시오(글꼴-굴림, 24pt, 검정, 굵게, 채우기-노랑).

○ 임의의 셀에 결재란을 작성하여 그림으로 복사 기능을 이용하여 붙이기 하시오(단, 원본 삭제).

○ 「B4:J4, G14, I14」 영역은 '주황'으로 채우기 하시오.

○ 유효성 검사를 이용하여 「H14」 셀에 관리코드(「B5:B12」 영역)가 선택 표시되도록 하시오.

○ 셀 서식 ⇒ 「H5:H12」 영역에 셀 서식을 이용하여 숫자 뒤에 '평'을 표시하시오(예 : 6,800평).

○ 「H5:H12」 영역에 대해 '농가면적'으로 이름정의를 하시오.

3 다음은 '푸른길 작은 도서관 대출 현황'에 대한 자료이다. 자료를 입력하고 조건에 맞도록 작업하시오.

소스파일: 직접입력
완성파일: 02차시-3(완성).xlsx

《출력형태》

관리코드	대출도서	대출자	학교명	대출일	누적 대출권수	도서 포인트	출판사	포인트 순위
3127-P	바다 목욕탕	전수민	월계초등학교	2022-05-03	1024	224	(1)	(2)
3861-K	땅콩 동그라미	박지현	산월초등학교	2022-05-08	954	194	(1)	(2)
3738-G	모치모치 나무	김종환	수문초등학교	2022-05-02	205	121	(1)	(2)
3928-G	해리포터	이지은	산월초등학교	2022-05-07	1238	250	(1)	(2)
3131-P	책 읽는 도깨비	정찬호	월계초등학교	2022-05-09	367	122	(1)	(2)
3955-P	꼬마 지빠귀	권제인	수문초등학교	2022-05-11	107	160	(1)	(2)
3219-K	퀴즈 과학상식	김승희	월계초등학교	2022-05-02	1501	315	(1)	(2)
3713-P	아기 고둥 두마리	유인혜	산월초등학교	2022-05-07	886	154	(1)	(2)
최대 도서 포인트			(3)		월계초등학교 학생의 도서 포인트 합계			(5)
수문초등학교 학생의 누적 대출권수 평균			(4)		대출도서		대출자	(6)

제목: 푸른길 작은 도서관 대출 현황

《조건》

○ 모든 데이터의 서식에는 글꼴(굴림, 11pt), 정렬은 숫자 및 회계 서식은 오른쪽 정렬, 나머지 서식은 가운데 정렬로 작성하며 예외적인 것은 《출력형태》를 참조하시오.

○ 제 목 ⇒ 도형(십자형)과 그림자(오프셋 오른쪽)를 이용하여 작성하고 "푸른길 작은 도서관 대출 현황"을 입력한 후 다음 서식을 적용하시오(글꼴-굴림, 24pt, 검정, 굵게, 채우기-노랑).

○ 임의의 셀에 결재란을 작성하여 그림으로 복사 기능을 이용하여 붙이기 하시오(단, 원본 삭제).

○ 「B4:J4, G14, I14」 영역은 '주황'으로 채우기 하시오.

○ 유효성 검사를 이용하여 「H14」 셀에 대출도서(「C5:C12」 영역)가 선택 표시되도록 하시오.

○ 셀 서식 ⇒ 「G5:G12」 영역에 셀 서식을 이용하여 숫자 뒤에 '권'을 표시하시오(예 : 1,024권).

○ 「E5:E12」 영역에 대해 '학교명'으로 이름정의를 하시오.

4 다음은 '첨단문화센터 강좌 현황'에 대한 자료이다. 자료를 입력하고 조건에 맞도록 작업하시오.

소스파일: 직접입력
완성파일: 02차시-4(완성).xlsx

《출력형태》

관리코드	강좌명	지점	강사명	수강인원	강의 시작일	수강료 (단위:원)	수강인원 순위	분류
CH005	캘리그라피	송파	김은경	38	2022-05-11	98000	(1)	(2)
CA002	미술 아트팡팡	송파	임송이	18	2022-05-05	55000	(1)	(2)
BH009	동화 속 쿠키나라	은평	양영아	55	2022-05-02	35000	(1)	(2)
AH001	피트니스 요가	구로	진현숙	68	2022-05-07	120000	(1)	(2)
CH007	서예교실	구로	권재웅	41	2022-05-02	30000	(1)	(2)
BC005	스위트 홈베이킹	송파	윤송이	58	2022-05-13	60000	(1)	(2)
AC003	필라테스	구로	박장원	21	2022-05-21	70000	(1)	(2)
CA006	성인 팝아트	은평	임진우	25	2022-05-24	110000	(1)	(2)
송파지점 수강인원 합계			(3)		최대 수강료(단위:원)			(5)
은평지점 수강인원 평균			(4)		강좌명		강사명	(6)

제목 ⇒ 첨단문화센터 강좌 현황

《조건》

○ 모든 데이터의 서식에는 글꼴(굴림, 11pt), 정렬은 숫자 및 회계 서식은 오른쪽 정렬, 나머지 서식은 가운데 정렬로 작성하며 예외적인 것은 《출력형태》를 참조하시오.

○ 제 목 ⇒ 도형(평행 사변형)과 그림자(오프셋 가운데)를 이용하여 작성하고 "첨단문화센터 강좌 현황"을 입력한 후 다음 서식을 적용하시오(글꼴-굴림, 24pt, 검정, 굵게, 채우기-노랑).

○ 임의의 셀에 결재란을 작성하여 그림으로 복사 기능을 이용하여 붙이기 하시오(단, 원본 삭제).

○ 「B4:J4, G14, I14」 영역은 '주황'으로 채우기 하시오.

○ 유효성 검사를 이용하여 「H14」 셀에 강좌명(「C5:C12」 영역)이 선택 표시되도록 하시오.

○ 셀 서식 ⇒ 「F5:F12」 영역에 셀 서식을 이용하여 숫자 뒤에 '명'을 표시하시오(예 : 38명).

○ 「H5:H12」 영역에 대해 '수강료'로 이름정의를 하시오.

[제1작업] 표 서식 작성 II (결재란 및 셀 서식 작업)

- 셀에 색을 채우고 조건에 맞게 셀 서식을 지정합니다.
- 지정된 위치에 유효성 검사를 적용하고 특정 셀 범위를 이름으로 정의합니다.
- 결재란을 작성한 후 그림으로 복사하여 지정된 위치에 붙여넣습니다.

소스파일: 03차시(문제).xlsx   완성파일: 03차시(완성).xlsx

출제 유형 미리보기   다음은 '게임 S/W 판매 현황'에 대한 자료이다. 자료를 입력하고 조건에 맞도록 작업하시오.

《출력형태》

제품코드	제품명	개발사	유형	가격	상반기 판매량	하반기 판매량	순위	출시연도
							결재	담당 / 과장 / 부장
PSE2019	잠수함	아람	액션	32,700	6,820	7,520	(1)	(2)
SCA2020	좀비5	지성소프트	액션	28,400	4,852	5,180	(1)	(2)
SAV2017	제로2	지성소프트	어드벤처	32,700	4,501	3,870	(1)	(2)
SCC2021	골프	아람	스포츠	30,500	4,782	4,820	(1)	(2)
KAV2018	풋볼	지성소프트	스포츠	34,900	4,890	7,510	(1)	(2)
SCE2018	릴리 스토리	소리아	액션	32,600	2,570	2,500	(1)	(2)
PSA2021	다나의 눈	소리아	어드벤처	28,400	3,570	3,790	(1)	(2)
SAB2019	아소의 나라	소리아	어드벤처	28,400	2,780	2,450	(1)	(2)
소리아 제품의 평균 가격			(3)		아람 제품의 총 상반기 판매량			(5)
최대 하반기 판매량			(4)		제품명	잠수함	가격	(6)

(제목: 게임 S/W 판매 현황)

《조건》

○ 모든 데이터의 서식에는 글꼴(굴림, 11pt), 정렬은 숫자 및 회계 서식은 오른쪽 정렬, 나머지 서식은 가운데 정렬로 작성하며 예외적인 것은 《출력형태》를 참조하시오.

○ 제 목 ⇒ 도형(양쪽 모서리가 잘린 사각형)과 그림자(오프셋 오른쪽)를 이용하여 작성하고 "게임 S/W 판매 현황"을 입력한 후 다음 서식을 적용하시오(글꼴-굴림, 24pt, 검정, 굵게, 채우기-노랑).

○ 임의의 셀에 결재란을 작성하여 그림으로 복사 기능을 이용하여 붙이기 하시오(단, 원본 삭제).

○ 「B4:J4, G14, I14」 영역은 '주황'으로 채우기 하시오.

○ 유효성 검사를 이용하여 「H14」 셀에 제품명(「C5:C12」 영역)이 선택 표시되도록 하시오.

○ 셀 서식 ⇒ 「F5:F12」 영역에 셀 서식을 이용하여 숫자 뒤에 '원'을 표시하시오(예 : 32,700원).

○ 「H5:H12」 영역에 대해 '하반기판매량'으로 이름정의를 하시오.

⭐ **과정 미리보기**   색 채우기 ➡ 데이터 유효성 검사 ➡ 셀 서식 지정 ➡ 이름 정의 ➡ 결재란 작성

01 색 채우기 및 데이터 유효성 검사 지정하기

○ 「B4:J4, G14, I14」 영역은 '주황'으로 채우기 하시오.
○ 유효성 검사를 이용하여 「H14」 셀에 제품명(「C5:C12」 영역)이 선택 표시되도록 하시오.

1. 셀에 색 채우기

❶ 03차시(문제).xlsx 파일을 실행한 후 [제1작업] 시트를 선택합니다. 셀에 색을 채우기 위해 [B4:J4] 영역을 드래그한 후 Ctrl 을 누른 상태에서 [G14], [I14] 셀을 각각 클릭합니다.

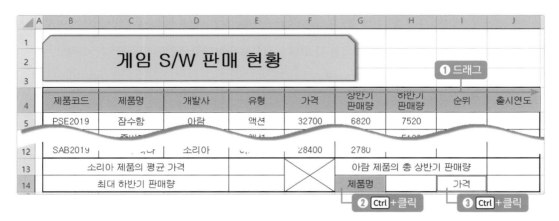

❷ [홈] 탭-[글꼴] 그룹에서 채우기 색(🖌)의 목록 단추(▾)를 눌러 **주황**을 선택합니다.

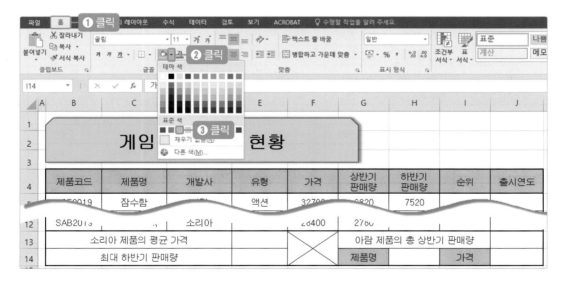

시험꿀팁

❶ 셀 채우기 색은 '주황'이 고정적으로 출제되고 있습니다.
❷ [제1작업]은 문제지의 《조건》에 맞추어 순서대로 작업하는 것이 좋습니다. 단, '결재란 작성'은 셀 서식 작업 등으로 인하여 셀의 너비가 변경될 수 있기 때문에 맨 마지막에 작업하는 것이 효과적입니다.

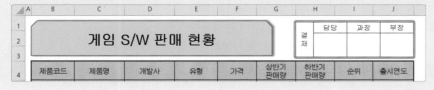

2. 유효성 검사하기   유효성 검사를 이용하여 「H14」 셀에 제품명(「C5:C12」 영역)이 선택 표시되도록 하시오.

❶ 유효성 검사를 적용할 [H14] 셀을 선택한 후 [데이터] 탭-[데이터 도구] 그룹에서 **데이터 유효성 검사(📋)** 를 클릭합니다.

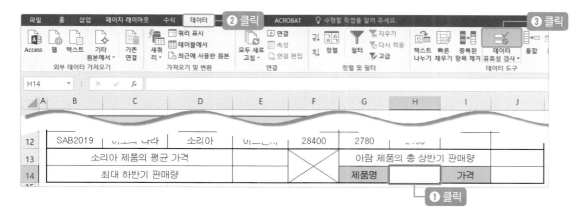

❷ [데이터 유효성] 대화상자-[설정] 탭에서 **제한 대상(목록)**을 선택하고, 원본을 [C5:C12] 영역으로 지정한 후 <확인>을 클릭합니다.

➕ 원본 입력 칸을 클릭한 후 [C5:C12] 영역을 드래그하여 범위를 지정할 수 있습니다.

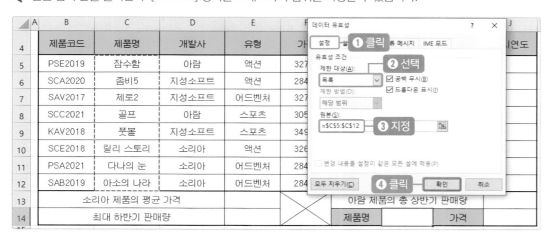

❸ [H14] 셀의 목록 단추(🔽)를 눌러 《출력형태》와 동일하게 **잠수함**을 선택합니다.

 **유효성 검사 삭제**

❶ 유효성 검사가 적용된 [H14] 셀을 클릭한 후 [데이터] 탭-[데이터 도구] 그룹에서 **데이터 유효성 검사(📋)**를 클릭합니다.

❷ [데이터 유효성] 대화상자에서 <모두 지우기>를 클릭합니다.

(02) 셀 서식 지정 및 이름 정의하기

○ 모든 데이터의 서식에는 글꼴(굴림, 11pt), 정렬은 숫자 및 회계 서식은 오른쪽 정렬, 나머지 서식은 가운데 정렬로 작성하며 예외적인 것은 《출력형태》를 참조하시오.
○ 셀 서식 ⇒ 「F5:F12」 영역에 셀 서식을 이용하여 숫자 뒤에 '원'을 표시하시오(예 : 32,700원).
○ 「H5:H12」 영역에 대해 '하반기판매량'으로 이름정의를 하시오.

1. 셀 서식 지정하기

❶ 숫자에 천단위 구분 기호를 넣기 위해 **[G5:H12]** 영역을 드래그한 후 [홈] 탭-[표시 형식] 그룹에서 **쉼표 스타일(,)**을 클릭합니다.

💬 숫자에 쉼표 스타일(,)을 적용하면 [셀 서식] 대화상자의 [표시 형식]-범주가 '회계'로 지정됩니다.

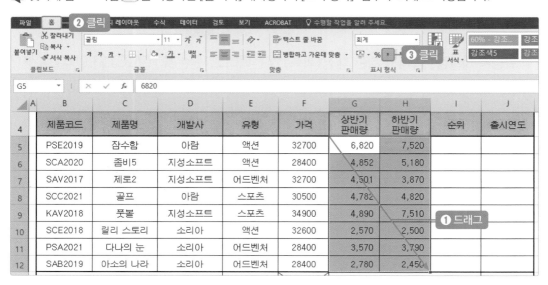

❷ 사용자 지정 표시 형식을 적용하기 위해 **[F5:F12]** 영역을 드래그한 후 마우스 오른쪽 버튼을 클릭하여 **[셀 서식]**을 선택합니다.

💬 셀 서식 바로 가기 키 : Ctrl + 1

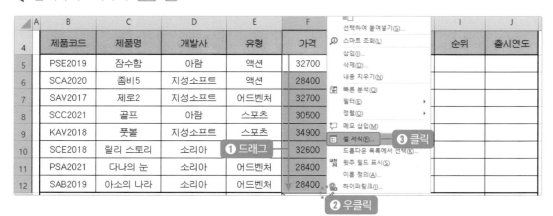

❸ [셀 서식] 대화상자-[표시 형식] 탭의 범주에서 **사용자 지정**을 선택하고, 형식 입력 칸에 **#,##0"원"**을 입력한 후 <확인>을 클릭합니다.

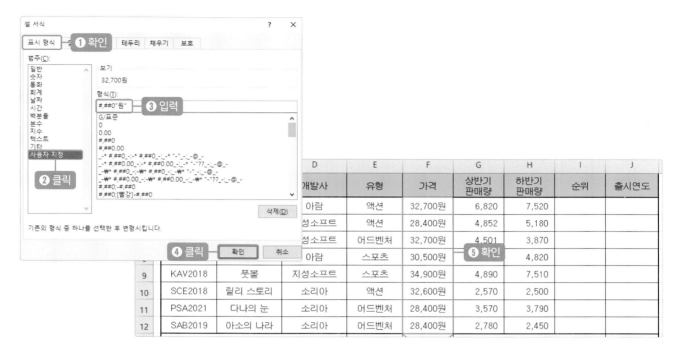

시험꿀팁

사용자 지정 표시 형식을 이용하여 셀 서식을 변경하는 문제가 고정적으로 출제되고 있습니다.

❹ 숫자 데이터를 오른쪽으로 정렬시키기 위해 **[F5:H12]** 영역을 드래그한 후 [홈] 탭-[맞춤] 그룹에서 **오른쪽 맞춤(≡)**을 클릭합니다.

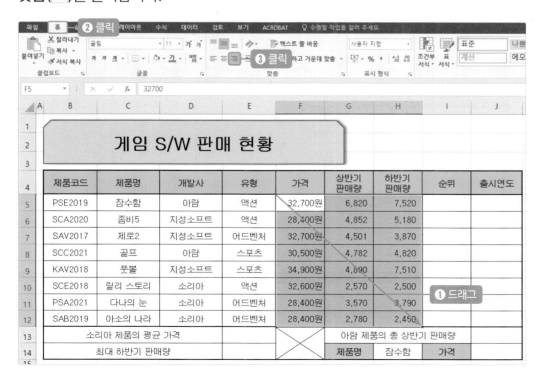

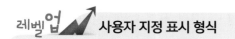

사용자 지정 표시 형식

소스파일: 셀 서식(문제).xlsx   완성파일: 셀 서식(완성).xlsx

❶ # : 숫자를 표시하는 기호이며, 유효하지 않은 숫자 0은 표시하지 않습니다.

데이터 입력 : 1.0	형식 지정 : #.#	결과 : 1

❷ 0 : 숫자를 표시하는 기호이며, 유효하지 않은 숫자 0을 표시합니다.

데이터 입력 : 1.0	형식 지정 : #.0	결과 : 1.0

❸ ,(쉼표) : 천 단위 구분 기호를 표시합니다.

데이터 입력 : 123456	형식 지정 : #,##0	결과 : 123,456

❹ .(마침표) : 소수점을 표시합니다.

데이터 입력 : 123	형식 지정 : 0.00	결과 : 123.00

❺ " " : 큰 따옴표(" ") 안쪽의 텍스트를 표시합니다.

데이터 입력 : 50000	형식 지정 : #,##0"원"	결과 : 50,000원

❻ @ : 특정 문자를 연결하여 표시합니다.

데이터 입력 : ITQ	형식 지정 : @"엑셀"	결과 : ITQ엑셀

❼ G/표준 : 특별한 서식 없이 입력상태 그대로 숫자를 표시합니다.

데이터 입력 : 100	형식 지정 : G/표준"m"	결과 : 100m

▶ 셀 서식(문제).xlsx 파일을 불러와 아래 그림처럼 결과가 나오도록 사용자 지정 표시 형식을 적용해 보세요.

사용자 지정 표시 형식

등록횟수	인원	전월매출	판매금액	키	무게	만족도	판매수량	소비전력
3회	20명	8,230천원	6,800원	178.5미터	2.5kg	85점	250개	500 W/h
2회	121명	7,557천원	22,000원	170.0미터	1.0kg	90점	116개	92 W/h
5회	134명	11,350천원	1,200원	169.3미터	2.3kg	82점	320개	130 W/h
4회	139명	7,237천원	4,800원	180.0미터	0.3kg	79점	162개	48 W/h
3회	98명	9,336천원	2,500원	178.3미터	1.0kg	92점	190개	700 W/h
0회	134명	8,755천원	12,800원	179.3미터	0.7kg	86점	225개	92 W/h
7회	17명	10,205천원	3,500원	165.5미터	2.7kg	98점	167개	48 W/h
4회	20명	9,450천원	15,500원	180.3미터	4.2kg	80점	147개	600 W/h
힌트 : #, 0, " " 사용		힌트 : #, 0, 콤마(,), " " 사용		힌트 : #, 0, 점(.), " " 사용			힌트 : G/표준, 공백, " " 사용	

시험꿀팁

시험에 자주 사용하는 사용자 지정 표시 형식

#,##0"명", 0.0"kg", G/표준"명"

2. 이름 정의하기   「H5:H12」 영역에 대해 '하반기판매량'으로 이름정의를 하시오.

❶ 특정 영역을 이름으로 정의하기 위해 [H5:H12] 영역을 드래그한 후 이름 상자에 **하반기판매량**를 입력하고 Enter 를 누릅니다.

	B	C	D	E	F	G	H	I	J
4	제품코드	제품명	개발사	유형	가격	상반기 판매량	하반기 판매량	순위	출시연도
5	PSE2019	잠수함	아람	액션	32,700원	6,820	7,520		
6	SCA2020	좀비5	지성소프트	액션	28,400원	4,852	5,180		
7	SAV2017	제로2	지성소프트	어드벤처	32,700원	4,501	3,870		
8	SCC2021	골프	아람	스포츠	30,500원	4,782	4,820		
9	KAV2018	풋볼	지성소프트	스포츠	34,900원	4,890	7,510		
10	SCE2018	릴리 스토리	소리아	액션	32,600원	2,570	2,500		
11	PSA2021	다나의 눈	소리아	어드벤처	28,400원	3,970	3,790		
12	SAB2019	아소의 나라	소리아	어드벤처	28,400원	2,780	2,450		

레벨업 🔼 이름 정의 삭제

❶ 이름 정의를 삭제하기 위해서는 [수식] 탭-[정의된 이름] 그룹에서 **이름 관리자(🗀)**를 클릭합니다.

❷ [이름 관리자] 대화상자에서 삭제할 이름을 선택한 후 <삭제>를 클릭합니다.

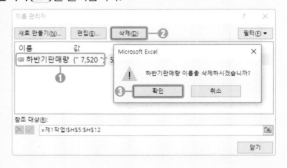

---

03 결재란 작성하기

○ 임의의 셀에 결재란을 작성하여 그림으로 복사 기능을 이용하여 붙이기 하시오(단, 원본 삭제).

1. 임의의 셀에 결재란 작성하기

❶ 결재란을 작성하기 위해 데이터가 없는 **임의의 셀([M16:O16])**에 **결재 라인(담당, 과장, 부장)**을 차례대로 입력합니다.

> 🔁 결재란 작성은 기존의 데이터에 영향을 주지 않는 곳에서 작업을 해야 하기 때문에 [제2작업] 시트에서 작업하는 것도 하나의 방법입니다.

	K	L	M	N	O	P
15						
16			담당	과장	부장	입력
17						
18						
19						
20						

❷ [L16:L17] 영역을 드래그한 후 [홈] 탭-[맞춤] 그룹에서 **병합하고 가운데 맞춤**(🔳)을 클릭하고 **결재**를 입력합니다.

➕ '결'을 입력한 후 Alt + Enter 를 눌러 '재'를 입력하면 두 줄로 입력이 가능합니다.

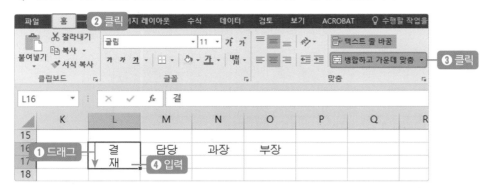

❸ 테두리를 지정하기 위해 [L16:O17] 영역을 드래그한 후 [홈] 탭-[글꼴] 그룹에서 테두리(🔳)의 목록 단추 (▾)를 눌러 **모든 테두리**(⊞)를 선택합니다.

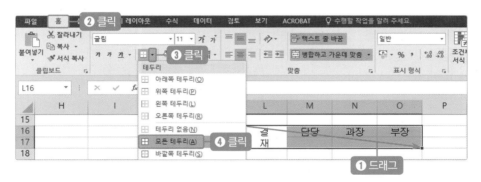

❹ 결재란의 크기를 변경하기 위해 《출력형태》를 참고하여 **행([16], [17])의 높이**와 **열([L], [M:O])의 너비**를 각각 조절합니다.

레벨업 📈 **결재란 크기 조절하기**

❶ 결재란의 행 높이와 열 너비는 《출력형태》를 참고하여 작업합니다.
❷ 정답 파일과 동일하게 행 높이와 열 너비를 맞추기 위해서는 아래 그림을 참고하여 작업합니다.

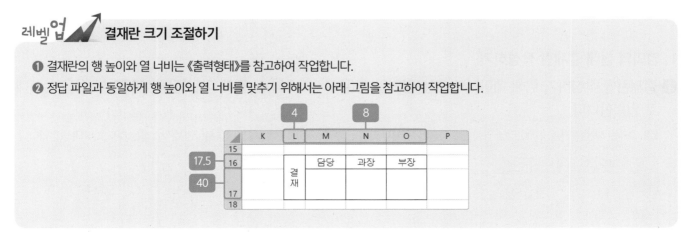

2. 그림으로 복사하여 붙여넣기   그림으로 복사 기능을 이용하여 붙이기 하시오(단, 원본 삭제).

❶ 완성된 결재란을 그림으로 복사하기 위해 [L16:O17] 영역을 드래그한 후 [홈] 탭-[클립보드] 그룹에서 복사(📋)의 목록 단추(▾)를 눌러 **그림으로 복사**를 선택합니다.

❷ [그림 복사] 대화상자에서 **모양**과 **형식**을 확인한 후 <확인>을 클릭합니다.

❸ 그림으로 복사된 결재란을 붙여넣기 위해 [H1] 셀을 클릭한 후 [홈] 탭의 [클립보드] 그룹에서 **붙여넣기(📋)** 를 클릭합니다.

　➕ 붙여 넣기 바로 가기 키 : Ctrl + V

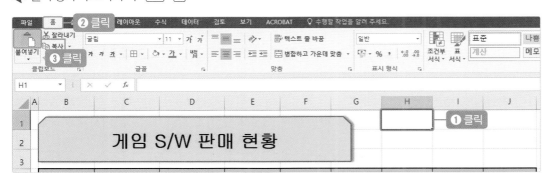

❹ 결재란이 삽입되면 《출력형태》를 참고하여 **조절점(◯)**으로 크기를 조절한 후 **방향키(↓, ↑, →, ←)**로 위치를 변경합니다.

❺ 결재란 원본을 삭제하기 위해 [L:O] 열 머리글을 드래그한 후 선택된 열 머리글 위에서 마우스 오른쪽 버튼을 클릭하여 [삭제]를 선택합니다.

1 다음은 '관심 상품 TOP8 현황'에 대한 자료이다. 자료를 입력하고 조건에 맞도록 작업하시오.

소스파일: 03차시-1(문제).xlsx
완성파일: 03차시-1(완성).xlsx

《출력형태》

상품코드	상품명	제조사	분류	가격	점수 (5점 만점)	조회수	순위	상품평 차트
EA4-475	베이킹소다	JWP	생활용품	4,640원	4.6	23,869	(1)	(2)
SF4-143	모이스쳐페이셜크림	ANS	뷰티	19,900원	4.5	10,967	(1)	(2)
QA4-548	샘물 12개	MB	식품	6,390원	4.5	174,320	(1)	(2)
PF4-525	멸균흰우유 10개	MB	식품	17,800원	4.2	18,222	(1)	(2)
KE4-124	퍼펙트클렌징폼	ANS	뷰티	7,150원	4.5	14,825	(1)	(2)
DA7-125	섬유유연제	JWP	생활용품	14,490원	4.2	52,800	(1)	(2)
PF4-122	즉석밥 세트	ANS	식품	17,650원	5.0	30,763	(1)	(2)
WF1-241	롤화장지	JWP	생활용품	8,560원	4.0	12,870	(1)	(2)
최저 가격			(3)		생활용품 조회수 합계			(5)
뷰티 상품 개수			(4)		상품코드	EA4-475	점수 (5점 만점)	(6)

표 상단에 결재란: 결재 / 담당 / 대리 / 팀장

제목: 관심 상품 TOP8 현황

《조건》

○ 모든 데이터의 서식에는 글꼴(굴림, 11pt), 정렬은 숫자 및 회계 서식은 오른쪽 정렬, 나머지 서식은 가운데 정렬로 작성하며 예외적인 것은 《출력형태》를 참조하시오.

○ 제 목 ⇒ 도형(평행 사변형)과 그림자(오프셋 오른쪽)를 이용하여 작성하고 "관심 상품 TOP8 현황"을 입력한 후 다음 서식을 적용하시오(글꼴-굴림, 24pt, 검정, 굵게, 채우기-노랑).

○ 임의의 셀에 결재란을 작성하여 그림으로 복사 기능을 이용하여 붙이기 하시오(단, 원본 삭제).

○「B4:J4, G14, I14」 영역은 '주황'으로 채우기 하시오.

○ 유효성 검사를 이용하여「H14」 셀에 상품코드(「B5:B12」 영역)가 선택 표시되도록 하시오.

○ 셀 서식 ⇒「F5:F12」 영역에 셀 서식을 이용하여 숫자 뒤에 '원'을 표시하시오(예 : 4,640원).

○「E5:E12」 영역에 대해 '분류'로 이름정의를 하시오.

2 다음은 'ICT 기반 스마트 팜 현황'에 대한 자료이다. 자료를 입력하고 조건에 맞도록 작업하시오.

소스파일: 03차시-2(문제).xlsx
완성파일: 03차시-2(완성).xlsx

《출력형태》

	관리코드	품목명	ICT 제어수준	시공업체	운영기간(년)	시공비(단위:천원)	농가면적	순위	도입연도
				결재	담당	팀장	센터장		
SW4-118	수박	관수제어	JUM	4.1	1,580	6,800평	(1)	(2)
PZ3-124	감귤	관수제어	GRN	1.7	3,250	12,500평	(1)	(2)
HG7-521	포도	관수/병해충제어	GRN	1.5	3,150	11,500평	(1)	(2)
LM6-119	망고	병해충제어	JUM	3.1	1,600	7,550평	(1)	(2)
KB8-518	딸기	관수/병해충제어	SEON	4.2	1,850	8,250평	(1)	(2)
PA5-918	사과	관수제어	GRN	4.2	1,550	5,250평	(1)	(2)
PE2-422	복숭아	병해충제어	JUM	2.5	1,200	3,200평	(1)	(2)
LS6-719	배	관수/병해충제어	SEON	3.2	2,000	8,500평	(1)	(2)
관수제어 시공비(단위:천원)의 합계			(3)		최대 농가면적			(5)
병해충제어 농가면적 평균			(4)		관리코드	SW4-118	시공비(단위:천원)	(6)

(제목 도형 내용: **ICT 기반 스마트 팜 현황**)

《조건》

○ 모든 데이터의 서식에는 글꼴(굴림, 11pt), 정렬은 숫자 및 회계 서식은 오른쪽 정렬, 나머지 서식은 가운데 정렬로 작성하며 예외적인 것은《출력형태》를 참조하시오.

○ 제 목 ⇒ 도형(가로로 말린 두루마리 모양)과 그림자(오프셋 대각선 오른쪽 아래)를 이용하여 작성하고 "ICT 기반 스마트 팜 현황"을 입력한 후 다음 서식을 적용하시오(글꼴-굴림, 24pt, 검정, 굵게, 채우기-노랑).

○ 임의의 셀에 결재란을 작성하여 그림으로 복사 기능을 이용하여 붙이기 하시오(단, 원본 삭제).

○「B4:J4, G14, I14」영역은 '주황'으로 채우기 하시오.

○ 유효성 검사를 이용하여「H14」셀에 관리코드(「B5:B12」영역)가 선택 표시되도록 하시오.

○ 셀 서식 ⇒「H5:H12」영역에 셀 서식을 이용하여 숫자 뒤에 '평'을 표시하시오(예 : 6,800평).

○「H5:H12」영역에 대해 '농가면적'으로 이름정의를 하시오.

3 다음은 '푸른길 작은 도서관 대출 현황'에 대한 자료이다. 자료를 입력하고 조건에 맞도록 작업하시오.

소스파일: 03차시-3(문제).xlsx
완성파일: 03차시-3(완성).xlsx

《출력형태》

관리코드	대출도서	대출자	학교명	대출일	누적 대출권수	도서 포인트	출판사	포인트 순위
3127-P	바다 목욕탕	전수민	월계초등학교	2022-05-03	1,024권	224	(1)	(2)
3861-K	땅콩 동그라미	박지현	산월초등학교	2022-05-08	954권	194	(1)	(2)
3738-G	모치모치 나무	김종환	수문초등학교	2022-05-02	205권	121	(1)	(2)
3928-G	해리포터	이지은	산월초등학교	2022-05-07	1,238권	250	(1)	(2)
3131-P	책 읽는 도깨비	정찬호	월계초등학교	2022-05-09	367권	122	(1)	(2)
3955-P	꼬마 지빠귀	권제인	수문초등학교	2022-05-11	107권	160	(1)	(2)
3219-K	퀴즈 과학상식	김승희	월계초등학교	2022-05-02	1,501권	315	(1)	(2)
3713-P	아기 고등 두마리	유인혜	산월초등학교	2022-05-07	886권	154	(1)	(2)

제목: 푸른길 작은 도서관 대출 현황

결재: 담당 / 대리 / 부장

최대 도서 포인트: (3)
수문초등학교 학생의 누적 대출권수 평균: (4)
월계초등학교 학생의 도서 포인트 합계: (5)
대출도서: 바다 목욕탕 / 대출자: (6)

《조건》

○ 모든 데이터의 서식에는 글꼴(굴림, 11pt), 정렬은 숫자 및 회계 서식은 오른쪽 정렬, 나머지 서식은 가운데 정렬로 작성하며 예외적인 것은 《출력형태》를 참조하시오.

○ 제 목 ⇒ 도형(십자형)과 그림자(오프셋 오른쪽)를 이용하여 작성하고 "푸른길 작은 도서관 대출 현황"을 입력한 후 다음 서식을 적용하시오(글꼴-굴림, 24pt, 검정, 굵게, 채우기-노랑).

○ 임의의 셀에 결재란을 작성하여 그림으로 복사 기능을 이용하여 붙이기 하시오(단, 원본 삭제).

○ 「B4:J4, G14, I14」 영역은 '주황'으로 채우기 하시오.

○ 유효성 검사를 이용하여 「H14」 셀에 대출도서(「C5:C12」 영역)가 선택 표시되도록 하시오.

○ 셀 서식 ⇒ 「G5:G12」 영역에 셀 서식을 이용하여 숫자 뒤에 '권'을 표시하시오(예 : 1,024권).

○ 「E5:E12」 영역에 대해 '학교명'으로 이름정의를 하시오.

4 다음은 '첨단문화센터 강좌 현황'에 대한 자료이다. 자료를 입력하고 조건에 맞도록 작업하시오.

소스파일: 03차시-4(문제).xlsx
완성파일: 03차시-4(완성).xlsx

《출력형태》

관리코드	강좌명	지점	강사명	수강인원	강의 시작일	수강료 (단위:원)	수강인원 순위	분류
						결재	담당	과장	부장
CH005	캘리그라피	송파	김은경	38명	2022-05-11	98,000	(1)	(2)
CA002	미술 아트팡팡	송파	임송이	18명	2022-05-05	55,000	(1)	(2)
BH009	동화 속 쿠키나라	은평	양영아	55명	2022-05-02	35,000	(1)	(2)
AH001	피트니스 요가	구로	진현숙	68명	2022-05-07	120,000	(1)	(2)
CH007	서예교실	구로	권재웅	41명	2022-05-02	30,000	(1)	(2)
BC005	스위트 홈베이킹	송파	윤송이	58명	2022-05-13	60,000	(1)	(2)
AC003	필라테스	구로	박장원	21명	2022-05-21	70,000	(1)	(2)
CA006	성인 팝아트	은평	임진우	25명	2022-05-24	110,000	(1)	(2)
송파지점 수강인원 합계			(3)			최대 수강료(단위:원)		(5)
은평지점 수강인원 평균			(4)			강좌명	캘리그라피	강사명	(6)

제목 도형: 첨단문화센터 강좌 현황

《조건》

○ 모든 데이터의 서식에는 글꼴(굴림, 11pt), 정렬은 숫자 및 회계 서식은 오른쪽 정렬, 나머지 서식은 가운데 정렬로 작성하며 예외적인 것은 《출력형태》를 참조하시오.

○ 제 목 ⇒ 도형(평행 사변형)과 그림자(오프셋 가운데)를 이용하여 작성하고 "첨단문화센터 강좌 현황"을 입력한 후 다음 서식을 적용하시오(글꼴-굴림, 24pt, 검정, 굵게, 채우기-노랑).

○ 임의의 셀에 결재란을 작성하여 그림으로 복사 기능을 이용하여 붙이기 하시오(단, 원본 삭제).

○ 「B4:J4, G14, I14」 영역은 '주황'으로 채우기 하시오.

○ 유효성 검사를 이용하여 「H14」 셀에 강좌명(「C5:C12」 영역)이 선택 표시되도록 하시오.

○ 셀 서식 ⇒ 「F5:F12」 영역에 셀 서식을 이용하여 숫자 뒤에 '명'을 표시하시오(예 : 38명).

○ 「H5:H12」 영역에 대해 '수강료'로 이름정의를 하시오.

[제1작업] 값 계산 및 조건부 서식

· 조건에 주어진 함수를 이용하여 값을 계산합니다.
· 조건부 서식을 이용하여 특정 셀에 서식을 지정합니다.

소스파일: 04차시(문제).xlsx   완성파일: 04차시(완성).xlsx

출제 유형 미리보기 다음은 '게임 S/W 판매 현황'에 대한 자료이다. 자료를 입력하고 조건에 맞도록 작업하시오.

《출력형태》

제품코드	제품명	개발사	유형	가격	상반기 판매량	하반기 판매량	순위	출시연도
				게임 S/W 판매 현황		결재	담당 과장 부장	
PSE2019	잠수함	아람	액션	32,700	6,820	7,520	(1)	(2)
SCA2020	좀비5	지성소프트	액션	28,400	4,852	5,180	(1)	(2)
SAV2017	제로2	지성소프트	어드벤처	32,700	4,501	3,870	(1)	(2)
SCC2021	골프	아람	스포츠	30,500	4,782	4,820	(1)	(2)
KAV2018	풋볼	지성소프트	스포츠	34,900	4,890	7,510	(1)	(2)
SCE2018	릴리 스토리	소리아	액션	32,600	2,570	2,500	(1)	(2)
PSA2021	다나의 눈	소리아	어드벤처	28,400	3,570	3,790	(1)	(2)
SAB2019	아소의 나라	소리아	어드벤처	28,400	2,780	2,450	(1)	(2)
소리아 제품의 평균 가격			(3)		아람 제품의 총 상반기 판매량			(5)
최대 하반기 판매량			(4)		제품명	잠수함	가격	(6)

《조건》

☞ (1)~(6) 셀은 반드시 주어진 함수를 이용하여 값을 구하시오(결과값을 직접 입력하면 해당 셀은 0점 처리됨).

(1) 순위 ⇒ 상반기 판매량의 내림차순 순위를 1~3까지 구하고, 그 외에는 공백으로 표시하시오(IF, RANK.EQ 함수).

(2) 출시연도 ⇒ 제품코드의 마지막 네 글자를 추출하여 '년'을 붙이시오(RIGHT 함수, & 연산자)(예 : 2019년).

(3) 소리아 제품의 평균 가격 ⇒ (SUMIF, COUNTIF 함수)

(4) 최대 하반기 판매량 ⇒ 정의된 이름(하반기판매량)을 이용하여 구하시오(MAX 함수).

(5) 아람 제품의 총 상반기 판매량 ⇒ 조건은 입력데이터를 이용하시오(DSUM 함수).

(6) 가격 ⇒ 「H14」셀에서 선택한 제품명에 대한 가격을 표시하시오(VLOOKUP 함수).

(7) 조건부 서식의 수식을 이용하여 가격이 '30,000' 이하인 행 전체에 다음의 서식을 적용하시오(글꼴 : 파랑, 굵게).

⭐ **과정 미리보기** (1)~(6)까지 함수 계산 ➡ 조건부 서식 지정

함수 작성 방법

> 함수는 복잡한 수식 및 계산 등을 쉽고 간편하게 처리할 수 있도록 만들어 놓은 것으로 '수학 함수, 통계 함수, 논리 함수, 데이터베이스 함수' 등 다양한 함수를 제공합니다.

1. 함수 구성

함수는 '**등호, 함수 이름, 괄호, 인수**'로 구성되어 있으며, 왼쪽부터 순서대로 작성합니다.

- **등호(=)** : 수식 계산은 반드시 등호(=)를 먼저 입력한 후 작성합니다.
- **함수 이름** : 계산에 필요한 함수 이름을 입력합니다.
- **괄호( )** : 함수의 인수를 표시하는 영역입니다.
- **인수** : 계산에 필요한 인수(범위, 배열, 수식, 상수, 함수 등)는 쉼표(,)로 구분하며, 최대 255개까지 사용할 수 있습니다. 단, 함수에 따라 인수가 생략될 수는 있지만 괄호는 생략할 수 없습니다.
- **큰 따옴표("")** : 텍스트를 인수로 사용할 경우 큰 따옴표로 묶어줍니다.

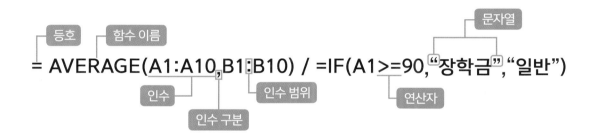

2. 함수 마법사

❶ 간단한 함수 계산은 셀에 직접 입력하여 결과를 추출하면 되지만, 함수식을 모르는 경우에는 [수식] 탭-[함수 라이브러리] 그룹에서 **함수 삽입** 또는 수식 입력줄의 **함수 삽입(f_x)**을 이용합니다.

➕ 함수 마법사 바로 가기 키 : Shift + F3

❷ [함수 마법사] 대화상자에서 원하는 함수(예 : SUMIF)를 선택하면 해당 함수에서 사용하는 인수 대한 자세한 설명을 확인할 수 있기 때문에 오류없이 결과값을 추출할 수 있습니다.

- **SUMIF(함수명)** : 주어진 조건에 의해 지정된 셀들의 합을 구합니다.
- **Range(조건 범위)** : 조건에 맞는지를 검사할 셀들입니다.
- **Criteria(조건)** : 더할 셀의 조건을 지정하는 수, 식 또는 텍스트입니다.
- **Sum_range(합계 범위)** : 합을 구할 실제 셀들입니다.

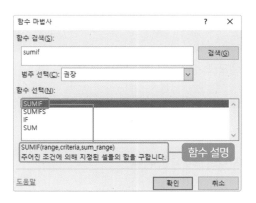

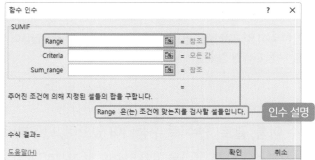

02 연산자

엑셀에서 주로 사용하는 연산자는 '산술 연산자, 비교 연산자, 참조 연산자, 텍스트 연결 연산자' 등이 있습니다.

1. 산술 연산자

연산자	의미	사용 예	연산자	의미	사용 예
+	덧셈	=A1+C1	/	나눗셈	=C5/2
−	뺄셈	=D5−A1	%	백분율	=A1*5%
*	곱셈	=B1*D1	^	거듭제곱(지수)	=B1^2

2. 비교 연산자

연산자	의미	사용 예	연산자	의미	사용 예
>	크다(초과)	=A1>C1	>=	크거나 같다(이상)	=C5>=50
<	작다(미만)	=D5<A1	<=	작거나 같다(이하)	=A1<=30
=	같다	=B1=D1	<>	같지 않다	=B1<>C1

3. 참조 연산자

연산자	사용 예	의미
콜론(:)	=A1:D5	[A1] 셀부터 [D5] 셀까지 참조
콤마(,)	=A1,B1,C1	[A1], [B1], [C1] 셀만 참조
공백	=A1:C5 C1:D5	두 개의 셀 범위 중 중복되는 셀을 참조([C1:C5])

4. 텍스트 연결 연산자

연산자	사용 예	의미
&	="ITQ"&"엑셀"	앞뒤 텍스트를 연결(ITQ엑셀)

03 셀 참조

셀 참조는 수식 계산 시 특정 셀의 주소를 참조하여 계산하는 것으로 크게 **상대 참조**와 **절대 참조**로 구분됩니다.

소스파일: 셀 참조(문제).xlsx　　완성파일: 셀 참조(완성).xlsx

❶ 셀을 참조할 때 **상대참조, 절대참조, 혼합참조** 등으로 변환시키기 위해서는 F4 를 누릅니다. 참조 변환 순서는 F4 를 누를 때마다 아래 그림처럼 순서에 맞추어 자동으로 변환됩니다.

= B1 → = \$B\$1 → = B\$1 → = \$B1 → = A1

상대참조　　절대참조　　행 고정 혼합참조　　열 고정 혼합참조　　상대참조

❷ 상대 참조(C3:E3)는 수식이 복사될 때 참조할 셀의 위치가 계산식의 위치에 따라 자동으로 변경됩니다.

➕ 함수식에서 특정 범위를 참조할 때는 해당 범위를 키보드로 입력하거나 마우스로 드래그하여 범위를 지정합니다.

이름	한글	엑셀	파포	총점	상대 참조
김한국	80	75	100	255	▶ =SUM(C3:E3)
너미국	90	65	80	235	▶ =SUM(C4:E4)
그중국	70	60	80	210	▶ =SUM(C5:E5)

❸ 절대 참조(\$C\$7)는 수식이 복사될 때 참조할 셀의 위치가 변경되지 않고 고정됩니다.

이름	한글	엑셀	파포	총점	절대 참조
김한국	80	75	100	265	▶ =SUM(C3:E3)+\$C\$7
너미국	90	65	80	245	▶ =SUM(C4:E4)+\$C\$7
그중국	70	60	80	220	▶ =SUM(C5:E5)+\$C\$7
가산점	10				

❹ 혼합 참조(\$B3,F\$2)는 행과 열 중 하나는 상대 참조, 다른 하나는 절대 참조로 지정되어 셀을 참조합니다.

이름	미나	수로	말똥	철수	혼합 참조
김	김미나	김수로	김말똥	김철수	▶ =\$B3&F\$2
이	이미나	이수로	이말똥	이철수	▶ =\$B4&F\$2
박	박미나	박수로	박말똥	박철수	▶ =\$B5&F\$2

 **특별 부록**

시험에 자주 출제되는
함수 및 중첩함수

함수명 옆에 시험 출제 빈도수에 맞추어 최대 5개까지 <u>별 모양(★)</u>을 표시했습니다. 별 모양이 많은 것은 매우 중요한 함수이기 때문에 반드시 숙지해 하며, 별 모양이 없는 함수는 시험에 거의 출제되지는 않지만 기본적인 사용 방법은 알아두는 것이 좋습니다.

1. SUM(★)

설명	인수로 지정된 모든 숫자들의 합계를 구합니다.
함수식 및 정답	· =SUM(인수1,인수2...) · =SUM(C2:E2)
예제	[문제] 학생별 ITQ 시험에 대한 총점을 구하시오. 풀이 : ITQ한글, ITQ엑셀, ITQ파포의 점수를 더하여 [F2] 셀에 총점을 구합니다.

	B	C	D	E	F	G
1	이름	ITQ한글	ITQ엑셀	ITQ파포	총점	함수식
2	손민정	85	75	80	240	=SUM(C2:E2)
3	이정혁	70	75	60	205	=SUM(C3:E3)
4	박나래	80	90	100	270	=SUM(C4:E4)

2. SUMIF(★★★★)

설명	주어진 조건에 만족하는 셀들의 합계를 구합니다.
함수식 및 정답	· =SUMIF(조건 범위,조건,합계를 구할 범위) · =SUMIF(G2:G6,"합격",F2:F6)
예제	[문제] 결과가 '합격'인 사람들의 총점 합계를 구하시오. 풀이 : 결과가 합격인 사람들의 총점을 모두 더하여 병합된 [B9] 셀에 합계를 구합니다.

	B	C	D	E	F	G
1	이름	ITQ한글	ITQ엑셀	ITQ파포	총점	결과
2	손민정	85	75	80	240	합격
3	이정혁	70	75	60	205	불합격
4	박나래	80	90	100	270	합격
5	오필승	70	80	90	240	합격
6	유승현	60	70	70	200	불합격
7						
8	결과가 합격인 사람들의 총점 합계				함수식	
9	750				=SUMIF(G2:G6,"합격",F2:F6)	

 함수 마법사(fx)

함수 사용이 익숙하지 않아 셀에 직접 함수식을 입력하기가 어려운 수험생은 **함수 마법사**(Shift + F3)를 이용합니다.

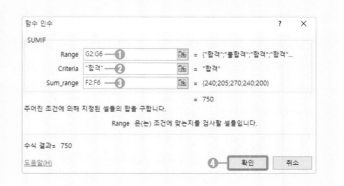

3. ROUND, ROUNDUP, ROUNDDOWN 함수(★★★)

설명	인수를 지정한 자릿수에 맞추어 반올림/올림/내림하여 값을 구합니다.
함수식 및 정답	• =ROUND(인수,반올림 자릿수), =ROUNDDOWN(인수,내림 자릿수), =ROUNDUP(인수,올림 자릿수) • =ROUND(B2,0), =ROUNDDOWN(B2,1), =ROUNDUP(B2,2) • =ROUND(B2,-1), =ROUNDDOWN(B2,-2), =ROUNDUP(B2,-3)

예제1	[문제] 데이터를 이용하여 정수부터 소수 둘째자리까지 차례대로 구하시오. 풀이 : 데이터 값([B2])을 기준으로 '정수(0), 소수 첫째 자리(1), 소수 둘째 자리(2)'까지 데이터가 표시되도록 [C2:E2] 셀에 값을 구합니다.

	A	B	C	D	E
1		데이터	반올림하여 정수로 표시	내림하여 소수 첫째자리까지 표시	올림하여 소수 둘째자리까지 표시
2		1234.178	1234	1234.1	1234.18
3		함수식	=ROUND(B2,0)	=ROUNDDOWN(B2,1)	=ROUNDUP(B2,2)

예제2	[문제] 데이터를 이용하여 십, 백, 천의 단위까지 차례대로 구하시오. 풀이 : 데이터 값([B2])을 기준으로 '십의 자리(-1), 백의 자리(-2), 천의 자리(-3)'까지 데이터가 표시되도록 반올림, 내림, 올림하여 [C2:E2] 셀에 값을 구합니다.

	A	B	C	D	E
1		데이터	반올림하여 십의 자리까지 표시	내림하여 백의 자리까지 표시	올림하여 천의 자리까지 표시
2		123,456	123,460	123,400	124,000
3		함수식	=ROUND(B2,-1)	=ROUNDDOWN(B2,-2)	=ROUNDUP(B2,-3)

 레벨업 **자릿수 지정(ROUND, ROUNDDOWN, ROUNDUP 공통)**

아래 표는 반올림(ROUND)을 기준으로 작성한 내용이기 때문에 **내림**과 **올림**을 사용한 경우에는 결과값이 다르게 나옵니다. 아래 표를 기준으로 ROUNDDOWN과 ROUNDUP 함수를 사용하였을 때 결과값이 어떻게 다른지 확인합니다.

자릿수	설명	함수식
3	소수 넷째 자리에서 반올림하여 소수 셋째 자리까지 표시	=ROUND(1.5454,3) → 1.545
2	소수 셋째 자리에서 반올림하여 소수 둘째 자리까지 표시	=ROUND(1.5454,2) → 1.55
1	소수 둘째 자리에서 반올림하여 소수 첫째 자리까지 표시	=ROUND(1.5454,1) → 1.5
0	소수 첫째 자리에서 반올림하여 일의 자리(정수)를 표시	=ROUND(1.5454,0) → 2
-1	정수 첫째 자리에서 반올림하여 십의 자리를 표시	=ROUND(1545,-1) → 1550
-2	정수 둘째 자리에서 반올림하여 백의 자리를 표시	=ROUND(1545,-2) → 1500
-3	정수 셋째 자리에서 반올림하여 천의 자리를 표시	=ROUND(1545,-3) → 2000

4. INT(★)

설명	소수점 아래를 버리고 가장 가까운 정수로 내림하여 값을 구합니다.
함수식 및 정답	· =INT(인수) · =INT(B2/(C2*C2))
예제	[문제] 몸무게와 키를 이용하여 BMI 지수를 정수로 구하시오. 풀이 : BMI 계산 공식(몸무게/키*키)을 입력하여 [D2] 셀에 값을 구합니다. 단, BMI 결과가 소수점으로 나오기 때문에 INT로 묶어서 정수로 구합니다.

A	B	C	D	E
1	몸무게(Kg)	키(M)	BMI	함수식
2	73.3	1.78	23	=INT(B2/(C2*C2))
3	80.7	1.53	34	=INT(B3/(C3*C3))
4	67.4	1.84	19	=INT(B4/(C4*C4))

5. MOD

설명	숫자를 나누어 나머지 값을 구합니다.
함수식 및 정답	· =MOD(숫자,나누는 숫자) · =MOD(B2,C2)
예제	[문제] 사탕 개수를 인원에 맞추어 나누었을 때 나머지를 구하시오. 풀이 : 사탕 개수를 인원 수로 나눈 후 [D2] 셀에 나머지 값만 구합니다.

A	B	C	D	E
1	사탕 개수	인원	나머지	함수식
2	73	4	1	=MOD(B2,C2)
3	95	3	2	=MOD(B3,C3)
4	85	4	1	=MOD(B4,C4)

6. PRODUCT

설명	인수로 지정된 모든 숫자들을 곱하여 값을 구합니다.
함수식 및 정답	· =PRODUCT(인수1,인수2...) · =PRODUCT(C2:D2)
예제	[문제] 품명들에 대한 각각의 판매금액을 구하시오. 풀이 : [C2*D2]를 곱하여 [E2] 셀에 품명별 판매금액을 구합니다.

A	B	C	D	E	F
1	품명	판매수량	단가	판매금액	함수식
2	이이폰	11	15,000	165,000	=PRODUCT(C2:D2)
3	스피커	12	20,000	240,000	=PRODUCT(C3:D3)
4	마이크	13	13,000	169,000	=PRODUCT(C4:D4)

7. SUMPRODUCT

설명	두 개 이상의 배열에 대응하는 값끼리 곱해서 합계를 구합니다.
함수식 및 정답	· =SUMPRODUCT(배열1,배열2...) · =SUMPRODUCT(C2:C4,D2:D4)
예제	[문제] 다음 품명들의 총판매총액을 구하시오. 풀이 : C열과 D열의 행에 입력된 값을 곱한 결과값을 모두 더하여 [G2] 셀에 총판매총액을 구합니다.

▲A	B	C	D	E	F	G	H	I
1	품명	수량	단가					
2	이이폰	21	15,000		총판매총액	1,054,000		
3	스피커	22	20,000		함수식	=SUMPRODUCT(C2:C4,D2:D4)		
4	마이크	23	13,000					

02 통계 함수

소스파일: 통계(문제).xlsx   완성파일: 통계(완성).xlsx

1. RANK.EQ(★★★★★)

설명	· 특정 목록에서 지정한 숫자의 순위를 구합니다. · **범위** : 특정 범위를 기준으로 순위를 결정할 때는 '절대참조'로 고정시킵니다. · **순위 결정** : 0을 입력하거나 생략하면 '내림차순', 0이 아닌 숫자(1)를 입력하면 '오름차순'으로 순위를 구합니다.
함수식 및 정답	· =RANK.EQ(순위를 구하려는 수,범위,순위 결정 방법) · =RANK.EQ(F2,$F$2:$F$4)
예제	[문제] 총점을 이용하여 내림차순으로 순위를 구하시오. 풀이 : 총점([F2:F4]) 범위를 기준으로 [G2] 셀에 학생별 총점 순위를 내림차순으로 구합니다.

▲A	B	C	D	E	F	G	H
1	이름	ITQ한글	ITQ엑셀	ITQ파포	총점	순위	함수식
2	손민정	85	75	80	240	2	=RANK.EQ(F2,$F$2:$F$4)
3	이정혁	70	75	60	205	3	=RANK.EQ(F3,$F$2:$F$5)
4	박나래	80	90	100	270	1	=RANK.EQ(F4,$F$2:$F$6)

2. MAX/MIN(★★★★)

설명	· MAX : 셀 범위 내에서 최대값을 구합니다. · MIN : 셀 범위 내에서 최소값을 구합니다.
함수식 및 정답	· =MAX(인수1,인수2...) / =MIN(인수1,인수2...) · =MAX(F2:F4) / =MIN(F2:F4)

예제	[문제] 총점 중에서 가장 높은 총점과 가장 낮은 총점을 구하시오.
	풀이 : · 총점([F2:F4]) 범위를 기준으로 [C5] 셀에 가장 높은 총점을 구합니다.
	· 총점([F2:F4]) 범위를 기준으로 [E5] 셀에 가장 낮은 총점을 구합니다.

	A	B	C	D	E	F
1		이름	ITQ한글	ITQ엑셀	ITQ파포	총점
2		손민정	85	75	80	240
3		이정혁	70	75	60	205
4		박나래	80	90	100	270
5		가장 높은 총점	270	가장 낮은 총점	205	
6		함수식	=MAX(F2:F4)	함수식	=MIN(F2:F4)	

3. LARGE/SMALL(★★★★)

설명	· LARGE : 셀 범위 내에서 K번째의 큰 값을 구합니다.
	· SMALL : 셀 범위 내에서 K번째의 작은 값을 구합니다.

함수식 및 정답	· =LARGE(범위,K) / =SMALL(범위,K)
	· =LARGE(F2:F4,2) / =SMALL(F2:F4,1)

예제	[문제] 총점 중에서 2번째로 높은 총점과 1번째로 낮은 총점을 구하시오.
	풀이 : · 총점([F2:F4]) 범위를 기준으로 [C5] 셀에 2번째로 높은 총점을 구합니다.
	· 총점([F2:F4]) 범위를 기준으로 [E5] 셀에 1번째로 낮은 총점을 구합니다.

	A	B	C	D	E	F
1		이름	ITQ한글	ITQ엑셀	ITQ파포	총점
2		손민정	85	75	80	240
3		이정혁	70	75	60	205
4		박나래	80	90	100	270
5		2번째로 높은 총점	240	1번째로 낮은 총점	205	
6		함수식	=LARGE(F2:F4,2)	함수식	=SMALL(F2:F4,1)	

4. COUNTIF(★★★★)

설명	· 주어진 조건에 만족하는 셀들의 개수를 구합니다.
	· 비교 연산자(>=, <= 등)를 사용할 경우 큰 따옴표("")로 묶습니다.

함수식 및 정답	· =COUNTIF(조건 범위,조건)
	· =COUNTIF(F2:F4,">=240")

예제	[문제] 총점이 240점 이상인 학생수를 구하시오.
	풀이 : 총점([F2:F4]) 범위를 기준으로 병합된 [E5] 셀에 총점이 240점 이상인 셀의 개수를 구합니다.

	A	B	C	D	E	F
1		이름	ITQ한글	ITQ엑셀	ITQ파포	총점
2		손민정	85	75	80	240
3		이정혁	70	75	60	205
4		박나래	80	90	100	270
5		총점이 240점 이상인 학생수			2	
6		함수식			=COUNTIF(F2:F4,">=240")	

5. AVERAGE(★★)

설명	인수로 지정된 모든 숫자들의 평균을 구합니다.
함수식 및 정답	• =AVERAGE(인수1,인수2...) • =AVERAGE(C2:E2)
예제	[문제] 학생별 ITQ 시험 점수에 대한 평균을 구하시오. 풀이 : ITQ한글, ITQ엑셀, ITQ파포 점수의 평균을 [F2] 셀에 구합니다.

	A	B	C	D	E	F	G
1		이름	ITQ한글	ITQ엑셀	ITQ파포	평균	함수식
2		손민정	85	75	80	80	=AVERAGE(C2:E2)
3		이정혁	70	75	60	68	=AVERAGE(C3:E3)
4		박나래	80	90	100	90	=AVERAGE(C4:E4)

6. COUNT/COUNTA(★)

설명	• COUNT : 셀 범위 내에서 숫자가 입력된 셀의 개수를 구합니다. • COUNTA : 셀 범위 내에서 데이터가 입력된 모든 셀의 개수를 구합니다.
함수식 및 정답	• =COUNT(인수1,인수2...) / =COUNTA(인수1,인수2...) • =COUNT(C2:C5) / =COUNTA(C2:C5)
예제	[문제] ITQ엑셀 시험 접수 인원과 시험 응시 인원을 구하시오. 풀이 : • ITQ엑셀 시험에 접수한 모든 인원(숫자+문자)을 [F1] 셀에 구합니다. 　　　• ITQ엑셀 시험에 응시한 인원(숫자)을 [F3] 셀에 구합니다.

	A	B	C	D	E	F
1		이름	ITQ엑셀		시험 접수 인원	4
2		손민정	75		함수식	=COUNTA(C2:C5)
3		이정혁	75		시험 응시 인원	3
4		박나래	미응시		함수식	=COUNT(C2:C5)
5		오필승	80			

7. MEDIAN

설명	셀 범위에서 중간값을 구합니다.
함수식 및 정답	• =MEDIAN(셀 범위) • =MEDIAN(C2:E2)
예제	[문제] 과목별 ITQ 시험 점수 중에서 중간값을 구하시오. 풀이 : 과목별 ITQ 시험 점수([C2:E2])의 중간값을 [F2] 셀에 구합니다.

	A	B	C	D	E	F	G
1		이름	ITQ한글	ITQ엑셀	ITQ파포	중간값	함수식
2		손민정	85	75	80	80	=MEDIAN(C2:E2)
3		이정혁	70	75	60	70	=MEDIAN(C3:E3)
4		박나래	80	90	100	90	=MEDIAN(C4:E4)

03 논리 함수

소스파일: 논리(문제).xlsx   완성파일: 논리(완성).xlsx

1. IF(★★★★★)

설명	조건에 만족하면 '참(TRUE)'에 해당하는 값을, 그렇지 않으면 '거짓(FALSE)'에 해당하는 값을 표시합니다.
함수식 및 정답	• =IF(조건식,참값,거짓값) • =IF(F2>=240,"합격","불합격")
예제	[문제] 총점이 240점 이상이면 '합격' 그렇지 않으면 '불합격'으로 표시하시오. 풀이 : 총점([F2])이 240점 이상이면 '합격' 그렇지 않으면 '불합격'을 [G2] 셀에 표시합니다.

	B	C	D	E	F	G	H
1	이름	ITQ한글	ITQ엑셀	ITQ파포	총점	결과	함수식
2	손민정	85	75	80	240	합격	=IF(F2>=240,"합격","불합격")
3	이정혁	70	75	60	205	불합격	=IF(F3>=240,"합격","불합격")

2. AND(★)

설명	모든 조건을 만족하면 '참(TRUE)', 그렇지 않으면 '거짓(FALSE)'을 표시합니다.
함수식 및 정답	• =AND(조건1,조건2…) • =AND(C2>=70,D2>=70,E2>=70)
예제	[문제] ITQ한글, ITQ엑셀, ITQ파포 점수 모두가 70점 이상일 때 결과를 구하시오. 풀이 : 과목별([C2:E2]) 모든 점수가 70점 이상일 때 'TRUE'를 그렇지 않으면 'FALSE'를 [F2] 셀에 표시합니다.

	B	C	D	E	F	G
1	이름	ITQ한글	ITQ엑셀	ITQ파포	결과	함수식
2	손민정	85	75	80	TRUE	=AND(C2>=70,D2>=70,E2>=70)
3	이정혁	70	75	60	FALSE	=AND(C3>=70,D3>=70,E3>=70)

3. OR(★)

설명	조건 중 하나라도 만족을 하면 '참(TRUE)', 그렇지 않으면 '거짓(FALSE)'을 표시합니다.
함수식 및 정답	• =OR(조건1,조건2…) • =OR(C2>=100,D2>=100,E2>=100)
예제	[문제] ITQ한글, ITQ엑셀, ITQ파포 점수 중 한 과목이라도 100점 이상일 때 결과를 구하시오. 풀이 : 과목별([C2:E2]) 점수 중에서 한 과목이라도 100점 이상일 때 'TRUE'를 그렇지 않으면 'FALSE'를 [F2] 셀에 표시합니다.

	B	C	D	E	F	G
1	이름	ITQ한글	ITQ엑셀	ITQ파포	결과	함수식
2	박나래	80	90	100	TRUE	=OR(C2>=100,D2>=100,E2>=100)
3	오필승	70	80	90	FALSE	=OR(C3>=100,D3>=100,E3>=100)

04 텍스트 함수

1. LEFT/RIGHT(★★★★)

설명	· LEFT : 텍스트의 왼쪽부터 원하는 개수만큼 문자를 추출합니다. · RIGHT : 텍스트의 오른쪽부터 원하는 개수만큼 문자를 추출합니다.
함수식 및 정답	· =LEFT(텍스트,추출할 문자수) / =RIGHT(텍스트,추출할 문자수) · =LEFT(B2,1) / =RIGHT(B2,2)
예제	[문제] 성명에서 '성'과 '이름'을 분리시켜 텍스트를 추출하시오. 풀이 : · 성명([B2])에서 왼쪽 첫 번째 텍스트만 추출하여 [C2] 셀에 '성'을 표시합니다. 　　　· 성명([B2])에서 오른쪽 두 번째 텍스트까지 추출하여 [D2] 셀에 '이름'을 표시합니다.

	A	B	C	D
1		성명	성	이름
2		손민정	손	민정
3		함수식	=LEFT(B2,1)	=RIGHT(B2,2)

2. MID(★★★★)

설명	텍스트의 특정 위치부터 원하는 개수만큼 문자를 추출합니다.
함수식 및 정답	· =MID(텍스트,추출 시작 위치,추출할 문자수) · =MID(C2,2,4)
예제	[문제] 사번 중에서 두 번째 텍스트부터 다섯 번째 텍스트를 이용하여 '입사연도'를 구하시오. 풀이 : 사번([C2]) 중에서 두 번째 텍스트(2)부터 다섯 번째 텍스트(3)까지 추출하여 [D2] 셀에 입사연도를 표시합니다.

	A	B	C	D	E
1		이름	사번	입사연도	함수식
2		손민정	M2023A1	2023	=MID(C2,2,4)
3		이정혁	M2022A1	2022	=MID(C3,2,4)

3. REPT

설명	텍스트를 지정한 횟수만큼 반복해서 표시합니다.
함수식 및 정답	· =REPT(텍스트,반복할 횟수) · =REPT("★",D2)
예제	[문제] 평가 점수만큼 "★"을 반복하여 만족도를 표시하시오. 풀이 : 평가점수([D2])의 값만큼 "★"을 반복하여 [E2] 셀에 표시합니다.

	A	B	C	D	E	F
1		교수	학과	평가점수	만족도	함수식
2		손민정	건축학과	3	★★★	=REPT("★",D2)
3		이정혁	컴공과	2	★★	=REPT("★",D3)
4		박나래	디자인학과	3	★★★	=REPT("★",D4)

4. CONCATENATE

설명	여러 텍스트를 하나의 텍스트로 연결하여 표시합니다.
함수식 및 정답	· =CONCATENATE(텍스트1,텍스트2...) · =CONCATENATE(B2,C2," : ",D2)
예제	[문제] 이름, 부서, 콜론(:), 전화번호를 연결하여 사원정보를 표시하시오. 풀이 : 이름([B2]), 부서([C2]), 콜론(" : "), 전화번호([D2])를 연결하여 [E2] 셀에 사원정보를 표시합니다.

	B	C	D	E	F
1	이름	부서	전화번호	사원정보	함수식
2	손민정	(총무부)	010-1234-5678	손민정(총무부) : 010-1234-5678	=CONCATENATE(B2,C2," : ",D2)
3	이정혁	(기획부)	010-5678-1234	이정혁(기획부) : 010-5678-1234	=CONCATENATE(B3,C3," : ",D3)

05 날짜/시간 함수

소스파일: 날짜_시간(문제).xlsx   완성파일: 날짜_시간(완성).xlsx

1. WEEKDAY(★★★)

설명	· 날짜에서 해당하는 요일의 번호를 구합니다. · 요일 번호를 구할 때 날짜 유형(1, 2, 3)에 따라 반환되는 번호가 다릅니다.
함수식 및 정답	· =WEEKDAY(날짜,날짜 유형) · =WEEKDAY(C2,2)
예제	[문제] 입사날짜에 맞추어 요일 번호를 구하시오.(예 : 월요일) 풀이 : 입사날짜([C2])에서 날짜 유형이 2번인 요일 번호를 구하여 [D2] 셀에 표시합니다.

	B	C	D	E
1	이름	입사날짜	요일 번호	함수식
2	손민정	2023-01-09	1	=WEEKDAY(C2,2)
3	이정혁	2022-07-14	4	=WEEKDAY(C3,2)
4	박나래	2021-05-09	7	=WEEKDAY(C4,2)

레벨업 📈 날짜 유형

날짜 유형	월	화	수	목	금	토	일
1 또는 생략 : 1(일요일)~7(토요일)	2	3	4	5	6	7	1
2 : 1(월요일)~7(일요일)	1	2	3	4	5	6	7
3 : 0(월요일)~6(일요일)	0	1	2	3	4	5	6

※ 시험에서는 두 번째 날짜 유형(2)이 자주 출제되고 있으며, 문제 뒤의 예시(예 : 월요일)를 확인합니다.

2. YEAR/MONTH/DAY(★★)

설명	· YEAR : 날짜에서 연도(1900~9999년)를 추출합니다. · MONTH : 날짜에서 월(1월~12월)을 추출합니다. · DAY : 날짜에서 일(1일~31일)을 추출합니다.
함수식 및 정답	· =YEAR(날짜) / =MONTH(날짜) / =DAY(날짜) · =YEAR(C2) / =MONTH(C2) / =DAY(C2)
예제	[문제] 입사날짜를 이용하여 '입사연도', '입사월', '입사일'을 각각 구하시오. 풀이 : · 입사날짜([C2])에서 연도만 추출하여 [D2] 셀에 표시합니다. 　　　 · 입사날짜([C2])에서 월만 추출하여 [E2] 셀에 표시합니다. 　　　 · 입사날짜([C2])에서 일만 추출하여 [F2] 셀에 표시합니다.

	B	C	D	E	F
1	이름	입사날짜	입사연도	입사월	입사일
2	손민정	2023-01-09	2023	1	9
3	함수식		=YEAR(C2)	=MONTH(C2)	=DAY(C2)

3. DATE(★)

설명	날짜에 해당하는 값(연도, 월, 일)을 이용하여 특정 날짜를 표시합니다.
함수식 및 정답	· =DATE(년,월,일) · =DATE(C2,D2,E2)
예제	[문제] 입사연도, 입사월, 입사일을 이용하여 입사날짜를 표시하시오. 풀이 : 입사연도([C2]), 입사월([D2]), 입사일([E2])을 이용하여 [F2] 셀에 입사날짜(년-월-일)를 표시합니다.

	A	B	C	D	E	F	G
1		이름	입사연도	입사월	입사일	입사날짜	함수식
2		손민정	2023	1	9	2023-01-09	=DATE(C2,D2,E2)

4. TODAY/NOW

설명	· TODAY : 시스템의 현재 날짜를 표시합니다. · NOW : 시스템의 현재 날짜와 시간을 표시합니다.
함수식 및 정답	· =TODAY() / =NOW() · 정답 결과(작성일)는 시스템의 현재 날짜와 시간을 기준으로 추출되기 때문에 파일을 열때마다 결과가 계속 변경됩니다.
예제	[문제] 현재 날짜와 시간을 구하시오. 풀이 : · 현재 날짜를 [C2] 셀에 표시합니다. 　　　 · 현재 날짜와 시간을 [C3] 셀에 표시합니다.

	A	B	C	D
1		날짜와 시간	작성일	함수식
2		현재 날짜	2023-01-02	=TODAY()
3		현재 날짜와 시간	2023-01-02 0:25	=NOW()

1. VLOOKUP(★★★★★)

설명	• 범위의 첫 번째 열에서 찾을 값을 검색한 후 지정한 열과 교차하는 값을 표시합니다.(행과 열이 교차하는 값을 표시) • **찾을 값** : 범위의 첫 번째 열에서 찾고자 하는 값으로 '텍스트' 또는 '셀 주소'로 지정합니다. • **범위** : 찾고자 하는 데이터가 포함된 전체 범위를 지정합니다. 단, 범위를 지정할 때는 찾을 값이 들어있는 열이 전체 범위에서 '첫 번째 열'로 지정되어야 합니다. • **열 번호** : 범위를 기준으로 찾고자 하는 값이 있는 열 번호를 지정합니다. • **찾을 방법** : 정확하게 일치하는 값을 찾기 위해서는 FALSE(또는 0)를 입력하며, 비슷하게 일치하는 값을 찾기 위해서는 TRUE(생략 또는 1)를 입력합니다.
함수식 및 정답	• =VLOOKUP(찾을 값,범위,열 번호,찾을 방법) • =VLOOKUP("박나래",B2:G4,5,0) / =VLOOKUP(C2,C2:G4,5,FALSE)
예제	[문제] • 이름이 '박나래'인 학생의 '총점'을 표시하시오. 　　　• 학번이 'M2023A1'인 학생의 '결과'를 표시하시오. 풀이 : • 범위([B2:G4])의 첫 번째 열(이름)에서 '박나래'를 찾아서 동일한 값이 있으면 해당 행의 다섯 번째 열(총점)의 값을 병합된 [B7] 셀에 표시해 줍니다. 　　　• 범위([C2:G4])의 첫 번째 열(학번)에서 'M2023A1'을 찾아서 동일한 값이 있으면 해당 행의 다섯 번째 열(결과)의 값을 병합된 [B9] 셀에 표시해 줍니다. ※ 아래 표 참조

	B	C	D	E	F	G
1	이름	학번	ITQ엑셀	ITQ파포	총점	결과
2	손민정	M2023A1	75	80	155	합격
3	이정혁	M2023A2	75	60	135	불합격
4	박나래	M2023A3	90	100	190	합격
5						
6	이름이 박나래인 학생의 총점				함수식	
7	190				=VLOOKUP("박나래",B2:G4,5,0)	
8	학번이 M2023A1 학생의 결과				함수식	
9	합격				=VLOOKUP(C2,C2:G4,5,FALSE)	

2. CHOOSE(★★★★)

설명	인수 목록에서 특정 번호에 해당하는 값을 표시합니다.
함수식 및 정답	• =CHOOSE(번호,인수1,인수2...) • =CHOOSE(C2,"우수사원","일반사원","수습사원")
예제	[문제] 구분이 1이면 '우수사원', 2이면 '일반사원', 3이면 '수습사원'으로 사원증에 표시하시오. 풀이 : 구분 번호에 해당하는 값(1 : 우수사원, 2 : 일반사원, 3 : 수습사원)을 찾아서 [D2] 셀에 표시합니다.

	A	B	C	D	E
1		이름	구분	사원증	함수식
2		손민정	1	우수사원	=CHOOSE(C2,"우수사원","일반사원","수습사원")
3		이정혁	3	수습사원	=CHOOSE(C3,"우수사원","일반사원","수습사원")
4		박나래	2	일반사원	=CHOOSE(C4,"우수사원","일반사원","수습사원")

3. INDEX(★★)

설명	특정 범위에서 행과 열이 교차하는 셀의 값을 표시합니다.
함수식 및 정답	• =INDEX(범위,행 번호,열 번호) • =INDEX(B1:E4,4,4)
예제	[문제] 품명이 마이크인 제품의 판매금액을 찾아서 [H2] 셀에 표시하시오. 풀이 : 전체 범위([B1:E4])에서 마이크가 포함된 행 번호(4)와 판매금액이 포함된 열 번호(4)를 지정하여 마이크의 판매금액을 [H2] 셀에 표시합니다.

	A	B	C	D	E	F	G	H
1		품명	수량	단가	판매금액			
2		이이폰	21	15,000	315,000		마이크 판매금액	299,000
3		스피커	22	20,000	440,000		함수식	=INDEX(B1:E4,4,4)
4		마이크	23	13,000	299,000			

4. MATCH(★★)

설명	• 특정 범위에서 값을 찾아 해당 위치를 숫자로 표시합니다. • 검색 옵션이 '0'이면 정확하게 일치하는 값을 찾고, '1' 또는 '-1'이면 유사한 값(최대값, 최소값)을 찾습니다.
함수식 및 정답	• =MATCH(찾는값,범위,검색 옵션) • =MATCH("마이크",B2:B4,0)
예제	[문제] 품명이 마이크인 제품의 위치를 찾아 표시하시오. 풀이 : "마이크"를 지정된 범위([B2:B4])에서 찾아 정확하게 일치하는 값이 있으면 해당 값의 위치를 [H2] 셀에 표시합니다.

	A	B	C	D	E	F	G	H
1		품명	수량	단가	판매금액			
2		이이폰	21	15,000	315,000		마이크 위치	3
3		스피커	22	20,000	440,000		함수식	=MATCH("마이크",B2:B4,0)
4		마이크	23	13,000	299,000			

5. HLOOKUP

설명	• 범위의 첫 번째 행에서 찾을 값을 검색한 후 지정한 행과 교차하는 값을 표시합니다. • **찾을 값** : 범위의 첫 번째 행에서 찾고자 하는 값으로 '텍스트' 또는 '셀 주소'로 지정합니다. • **범위** : 찾고자 하는 데이터가 포함된 전체 범위를 지정합니다. 단, 범위를 지정할 때는 찾을 값이 들어있는 행이 전체 범위에서 '첫 번째 행'으로 지정되어야 합니다. • **행 번호** : 범위를 기준으로 찾고자 하는 값이 있는 행 번호를 지정합니다. • **찾을 방법** : 정확하게 일치하는 값을 찾기 위해서는 FALSE(또는 0)를 입력하며, 비슷하게 일치하는 값을 찾기 위해서는 TRUE(생략 또는 1)을 입력합니다.
함수식 및 정답	• =HLOOKUP(찾을 값,범위,행 번호,찾을 방법) • =HLOOKUP("이정혁",B1:F4,3,0)
예제	[문제] 이름이 이정혁인 학생의 ITQ엑셀 점수를 표시하시오. 풀이 : 범위([B1:F3])의 첫 번째 행에서 '이정혁'을 찾아서 동일한 값이 있으면 해당 열의 세 번째 행(ITQ 엑셀)의 값을 병합된 [B6] 셀에 표시해 줍니다.

	B	C	D	E	F	G
1	이름	손민정	이정혁	박나래	총점	결과
2	ITQ한글	90	85	75	250	합격
3	ITQ엑셀	80	90	85	255	합격
4						
5	이름이 이정혁인 학생의 ITQ엑셀 점수			함수식		
6	90			=HLOOKUP("이정혁",B1:F3,3,0)		

---

07 데이터베이스 함수

소스파일: 데이터베이스(문제).xlsx 완성파일: 데이터베이스(완성).xlsx

1. DSUM/DAVERAGE(★★★★)

설명	• DSUM : 데이터베이스에서 조건에 맞는 필드(열)의 합계를 구합니다. • DAVERAGE : 데이터베이스에서 조건에 맞는 필드(열)의 평균을 구합니다.
함수식 및 정답	• =DSUM(데이터베이스,필드,조건 범위) / =DAVERAGE(데이터베이스,필드,조건 범위) • =DSUM(B1:H5,6,C1:C2) / =DAVERAGE(B1:H5,G1,H1:H2)
예제	[문제] • 성별이 '여'인 학생들의 총점 합계를 구하시오. 　　　• 결과가 '합격'인 학생들의 총점 평균을 구하시오. 풀이 : • 데이터베이스([B1:H5])에서 '성별'이 여([C1:C2])인 학생들의 총점([G2:G5]) 합계를 계산하여 [J2] 셀에 표시합니다. 　　　• 데이터베이스([B1:H5])에서 '결과'가 합격([H1:H2])인 학생들의 총점([G2:G5]) 평균을 계산하여 [J4] 셀에 표시합니다.

	B	C	D	E	F	G	H	I	J	K
1	이름	성별	ITQ한글	ITQ엑셀	ITQ파포	총점	결과		성별이 '여'인 학생들의 총점 합계	함수식
2	손민정	여	85	75	80	240	합격		510	=DSUM(B1:H5,6,C1:C2)
3	이정혁	남	70	75	60	205	불합격		결과가 '합격'인 학생들의 총점 평균	함수식
4	박나래	여	80	90	100	270	합격		250	=DAVERAGE(B1:H5,G1,H1:H2)
5	오필승	남	70	80	90	240	합격			

2. DCOUNT/DCOUNTA(★★★)

설명	· DCOUNT : 데이터베이스에서 조건에 맞는 필드(열)의 셀 개수를 구합니다.(숫자가 포함된 셀) · DCOUNTA : 데이터베이스에서 조건에 맞는 필드(열)의 셀 개수를 구합니다.(빈 셀을 제외한 숫자와 문자가 포함된 셀)
함수식 및 정답	· =DCOUNT(데이터베이스,필드,조건 범위) / =DCOUNTA(데이터베이스,필드,조건 범위) · =DCOUNT(B1:H6,6,C1:C2) / =DCOUNTA(B1:H6,B1,H1:H2) ※ 데이터베이스 함수의 필드 지정은 해당 '열의 위치(6)' 또는 '셀 주소([G1])'를 입력해도 결과는 동일합니다.
예제	[문제] · 성별이 '여'인 학생 중에서 시험에 응시한 학생수를 구하시오. · 이름을 기준으로 결과가 '합격'인 학생수를 구하시오. 풀이 : · 데이터베이스([B1:H6])에서 '성별'이 여([C1:C2])인 학생 중 시험에 응시([G2:G6])한 셀 개수(숫자 셀)를 계산하여 [J2] 셀에 표시합니다. · 데이터베이스([B1:H6])에서 '결과'가 합격([H1:H2])인 학생 이름([B2:B6])의 셀 개수(문자 셀)를 계산하여 [J4] 셀에 표시합니다.

	A	B	C	D	E	F	G	H	I	J	K
1		이름	성별	ITQ한글	ITQ엑셀	ITQ파포	응시(1) 미응시(-)	결과		시험에 응시한 '여학생' 인원수	함수식
2		손민정	여	85	75	80	1	합격		2	=DCOUNT(B1:H6,6,C1:C2)
3		이정혁	남	70	75	60	-	불합격		결과가 '합격'인 학생의 인원수	함수식
4		박나래	여	80	90	100	1	합격		3	=DCOUNTA(B1:H6,B1,H1:H2)
5		오필승	남	70	80	90	1	합격			
6		김미순	여	60	70	70	-	불합격			

3. DMAX/DMIN(★★)

설명	· DMAX : 데이터베이스에서 조건에 맞는 필드(열)의 가장 큰값을 구합니다. · DMIN : 데이터베이스에서 조건에 맞는 필드(열)의 가장 작은값을 구합니다.
함수식 및 정답	· =DMAX(데이터베이스,필드,조건 범위) / =DMIN(데이터베이스,필드,조건 범위) · =DMAX(B1:H6,4,C1:C2) / =DMIN(B1:H6,E1,H1:H2)
예제	[문제] · 성별이 '여'인 학생들 중에서 가장 높은 ITQ엑셀 점수를 구하시오. · 결과가 '합격'인 학생들 중에서 가장 낮은 ITQ엑셀 점수를 구하시오. 풀이 : · 데이터베이스([B1:H6])에서 성별이 여([C1:C2])인 학생들 중 ITQ엑셀([E2:E6]) 점수가 가장 높은 값을 [J2] 셀에 표시합니다. · 데이터베이스([B1:H6])에서 결과가 합격([H1:H2])인 학생들 중 ITQ엑셀([E2:E6]) 점수가 가장 낮은 값을 [J4] 셀에 표시합니다.

	A	B	C	D	E	F	G	H	I	J	K
1		이름	성별	ITQ한글	ITQ엑셀	ITQ파포	총점	결과		성별이 '여'인 학생들 중 가장 높은 ITQ엑셀 점수	함수식
2		손민정	여	85	75	80	240	합격		90	=DMAX(B1:H6,4,C1:C2)
3		이정혁	남	70	75	60	205	불합격		결과가 '합격'인 학생들 중 가장 낮은 ITQ엑셀 점수	함수식
4		박나래	여	80	90	100	270	합격		75	=DMIN(B1:H6,E1,H1:H2)
5		오필승	남	70	80	90	240	합격			
6		유승현	남	60	70	70	200	불합격			

08 자주 사용하는 중첩 함수

소스파일: 중첩 함수(문제).xlsx   완성파일: 중첩 함수(완성).xlsx

1. 운동종류(IF, LEFT)

> 운동종류 ⇒ 회원코드의 첫 번째 값이 H이면 '헬스', P이면 'PT', 그 외에는 '스피닝'으로 표시하시오
> (IF, LEFT 함수).

	A	B	C	D	E	F	G	H	I
1		회원코드	회원명	등록일	담당자	등록경로	등록비 (단위:원)	등록횟수	운동종류
2		H2834	김미지	2023-06-03	이하늘	카톡채널	80,000	3회	

❶ [I2] 셀을 클릭하여 =IF를 입력한 후 Ctrl + A 를 누릅니다.

	A	B	C	D	E	F	G	H	I
1		회원코드	회원명	등록일	담당자	등록경로	등록비 (단위:원)	등록횟수	운동종류
2		H2834	김미지	2023-06-03	이하늘	카톡채널	80,000	3회	=IF

입력 후 Ctrl + A

❷ [함수 인수] 대화상자에서 각각의 입력 칸에 필요한 내용을 입력한 후 함수를 중첩하기 위해 **수식 입력줄의 IF를 클릭**합니다.

➕ 함수 사용 방법을 잘 모르는 경우에는 인수 입력 칸(예 : Value_if_false)을 클릭하여 대화상자 중간에 나오는 해설을 확인합니다.

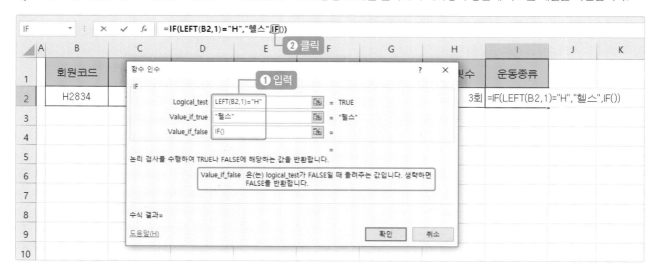

▶ **1차 함수 풀이**

함수식 : =IF(조건식,참값,거짓값) / LEFT(텍스트,추출할 문자수)

- **LEFT(B2,1)="H"** : 회원코드(H2834)의 왼쪽 첫 번째 글자가 'H'인지 판단합니다. 직접 입력이 힘든 경우에는 함수 마법사를 이용하여 작성합니다.
- **"헬스"** : 조건이 참(H이면)이면 '헬스'를 표시합니다.
- **IF()** : 조건이 거짓(H가 아니면)일 때 다른 IF 함수가 실행됩니다.

함수 마법사를 이용하여 중첩 함수 사용하기

❶ [함수 인수] 대화상자에서 중첩하여 사용할 **함수명**과 함께 **괄호()**를 입력합니다.

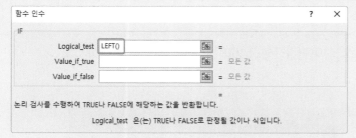

❷ 중첩된 함수(LEFT)를 활성화시키기 위해 수식 입력줄의 **LEFT**를 클릭합니다.

❸ 새로운 LEFT [함수 인수] 대화상자에서 LEFT에 관련된 값들을 입력한 후 이전의 IF 함수로 되돌아가기 위해 수식 입력줄의 'IF'를 클릭합니다.

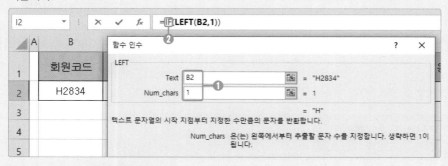

❹ 이전에 작업했던 IF [함수 인수] 대화상자에서 IF 함수에 관련된 나머지 값(참, 거짓)들을 입력합니다. 단, 조건이 거짓일 때는 다시 중첩 함수를 사용해야 하기 때문에 세 번째 입력 칸에는 IF()를 입력합니다.

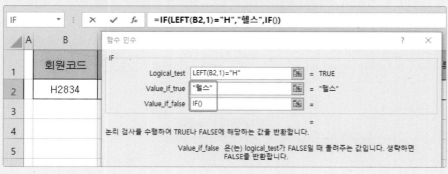

❸ 새로운 [함수 인수] 대화상자에서 각각의 입력 칸에 필요한 내용을 입력한 후 <확인>을 클릭합니다.

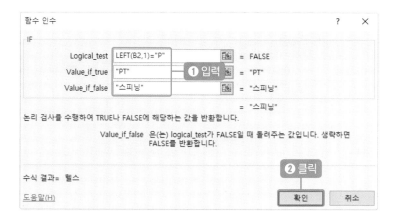

▶ **2차 함수 풀이**

함수식 : =IF(조건식,참값,거짓값) / LEFT(텍스트,추출할 문자수)

– LEFT(B2,1)="P" : 회원코드(H2834)의 왼쪽 첫 번째 글자가 'P'인지 판단합니다.
– "PT" : 조건이 참(P이면)이면 'PT'를 표시합니다.
– "스피닝" : 조건이 거짓(P가 아니면)이면 '스피닝'을 표시합니다.

❹ 정답 : =IF(LEFT(B2,1)="H","헬스",IF(LEFT(B2,1)="P","PT","스피닝"))

	A	B	C	D	E	F	G	H	I
1		회원코드	회원명	등록일	담당자	등록경로	등록비 (단위:원)	등록횟수	운동종류
2		H2834	김미지	2023-06-03	이하늘	카톡채널	80,000	3회	헬스

2. 순위(IF, RANK.EQ, & 연산자)

순위 ⇒ 판매수량의 내림차순 순위를 1~3까지 구한 결과값에 '위'를 붙이고, 그 외에는 공백으로 표시하시오 (IF, RANK.EQ 함수, & 연산자)(예 : 1위).

	A	B	C	D	E	F	G	H
1		상품코드	상품명	제조회사	방식	판매가격 (단위:원)	판매수량	순위
2		SH-129	로보스틱	삼성전자	흡입전용	270,000	810대	
3		RH-254	라이드스토 S1	샤오미	흡입+걸레	640,000	1,565대	
4		LG-176	로보킹 R76	LG전자	걸레전용	230,000	897대	
5		SH-124	제트봇AI	삼성전자	흡입+걸레	430,000	2,450대	
6		RH-125	트윈보스 S9	샤오미	흡입전용	290,000	1,200대	
7		SG-256	파워봇 V20	삼성전자	걸레전용	240,000	2,654대	

❶ [H2] 셀을 클릭하여 =IF를 입력한 후 Ctrl+A를 누릅니다.

	A	B	C	D	E	F	G	H
1		상품코드	상품명	제조회사	방식	판매가격 (단위:원)	판매수량	순위
2		SH-129	로보스틱	삼성전자	흡입전용	270,000	810대	=IF ─ 입력 후 Ctrl+A IF(logical_test, [va
3		RH-254	라이드스토 S1	샤오미	흡입+걸레	640,000	1,565대	

❷ [함수 인수] 대화상자에서 각각의 입력 칸에 필요한 내용을 입력한 후 <확인>을 클릭합니다.

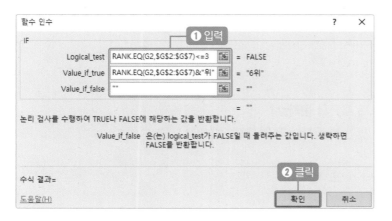

▶ 함수 풀이

함수식 : =IF(조건식,참값,거짓값) / =RANK.EQ(순위를 구하려는 수,범위,순위 결정 방법)

- RANK.EQ(G2,$G$2:$G$7)<=3 : 판매수량($G$2:$G$7) 열을 기준으로 로보스틱의 판매수량([G2])이 내림차순
으로 몇 위인지 구한 후 해당 값이 3이하인지 확인합니다.
  (※ 함수식 입력이 힘든 경우에는 함수 마법사를 중첩하여 작성합니다.)
- RANK.EQ(G2,$G$2:$G$7)&"위" : 조건이 참(순위가 3이하)이면 RANK.EQ 함수로 순위를 구한 후 결과 뒤에
문자 "위"를 붙여서 표시합니다.
- "" : 조건이 거짓(순위가 4이상)이면 공백("")을 표시합니다.

❸ 정답 : =IF(RANK.EQ(G2,$G$2:$G$7)<=3,RANK.EQ(G2,$G$2:$G$7)&"위","")

❹ [H2] 셀의 채우기 핸들(➕)을 [H7] 셀까지 드래그하여 나머지 순위를 구합니다.

	A	B	C	D	E	F	G	H
1		상품코드	상품명	제조회사	방식	판매가격 (단위:원)	판매수량	순위
2		SH-129	로보스틱	삼성전자	흡입전용	270,000	810대	
3		RH-254	라이드스토 S1	샤오미	흡입+걸레	640,000	1,565대	3위
4		LG-176	로보킹 R76	LG전자	걸레전용	230,000	897대	
5		SH-124	제트봇AI	삼성전자	흡입+걸레	430,000	2,450대	2위
6		RH-125	트윈보스 S9	샤오미	흡입전용	290,000	1,200대	
7		SG-256	파워봇 V20	삼성전자	걸레전용	240,000	2,654대	1위
8								

드래그

3. 연료(CHOOSE, MID)

연료 ⇒ 관리코드 2번째 글자가 1이면 '가솔린', 2이면 '디젤', 3이면 '하이브리드'로 구하시오
(CHOOSE, MID함수).

	관리코드	제조사	구분	차종	주행거리 (km)	연식	판매가	연료
1	관리코드	제조사	구분	차종	주행거리 (km)	연식	판매가	연료
2	S1-001	현대	승용차	아반떼X	13,226	2020년	5,150,000원	

❶ [I2] 셀을 클릭하여 =CHOOSE를 입력한 후 Ctrl + A 를 누릅니다.

	관리코드	제조사	구분	차종	주행거리 (km)	연식	판매가	연료
1	관리코드	제조사	구분	차종	주행거리 (km)	연식	판매가	연료
2	S1-001	현대	승용차	아반떼X	13,226	2020년	5,150,000원	=CHOOSE — 입력 후 Ctrl + A

❷ [함수 인수] 대화상자에서 각각의 입력 칸에 필요한 내용을 입력한 후 <확인>을 클릭합니다.

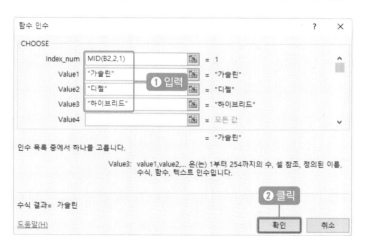

▶ 함수 풀이
  함수식 : =CHOOSE(번호,인수1,인수2...) / =MID(텍스트,추출 시작 위치,추출할 문자수)
  – MID(B2,2,1) : 관리코드(S1-001)의 2번째 글자를 추출하여 번호(1)로 사용합니다.
  – "가솔린" : 번호가 1이면 첫 번째 인수인 '가솔린'을 표시합니다.
  – "디젤" : 번호가 2이면 두 번째 인수인 '디젤'을 표시합니다.
  – "하이브리드" : 번호가 3이면 세 번째 인수인 '하이브리드'를 표시합니다.

❸ 정답 : =CHOOSE(MID(B2,2,1),"가솔린","디젤","하이브리드")

	관리코드	제조사	구분	차종	주행거리 (km)	연식	판매가	연료
1	관리코드	제조사	구분	차종	주행거리 (km)	연식	판매가	연료
2	S1-001	현대	승용차	아반떼X	13,226	2020년	5,150,000원	가솔린

4. 방송요일(CHOOSE, WEEKDAY)

방송요일 ⇒ 방송일에 대한 요일을 구하시오(CHOOSE, WEEKDAY 함수)(예 : 월).

A	B	C	D	E	F	G	H	I
	상품코드	상품명	방송일	분류	판매가격	판매수량 (단위:대)	상품평 (단위:건)	방송요일
	W2113	드럼 세탁기	2023-02-08	세탁기	1,298천원	4,456	356	

❶ [I2] 셀을 클릭하여 =CHOOSE를 입력한 후 Ctrl + A 를 누릅니다.

A	B	C	D	E	F	G	H	I
	상품코드	상품명	방송일	분류	판매가격	판매수량 (단위:대)	상품평 (단위:건)	방송요일
	W2113	드럼 세탁기	2023-02-08	세탁기	1,298천원	4,456	356	=CHOOSE — 입력 후 Ctrl + A

❷ [함수 인수] 대화상자에서 각각의 입력 칸에 필요한 내용을 입력한 후 <확인>을 클릭합니다.

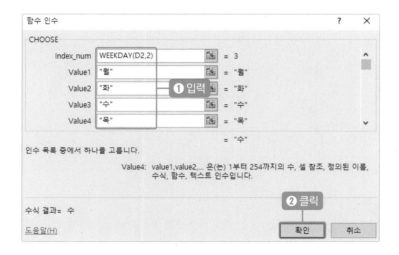

▶ 함수 풀이

함수식 : =CHOOSE(번호,인수1,인수2...) / =WEEKDAY(날짜,날짜 유형)

– WEEKDAY(D2,2) : 방송일(2023-02-08)을 기준으로 날짜 유형(2)에 맞는 요일별 번호(1~7)를 추출하여 번호로 사용합니다.

– "월", "화", "수", "목", "금", "토", "일" : 날짜 유형2 번호(1~7)에 따라 해당 하는 요일(월~일)을 표시합니다.

❸ 정답 : =CHOOSE(WEEKDAY(D2,2),"월","화","수","목","금","토","일")

A	B	C	D	E	F	G	H	I
	상품코드	상품명	방송일	분류	판매가격	판매수량 (단위:대)	상품평 (단위:건)	방송요일
	W2113	드럼 세탁기	2023-02-08	세탁기	1,298천원	4,456	356	수

5. 분류가 3인승인 제품의 판매수량 평균(ROUND, DAVERAGE)

> 분류가 3인승인 제품의 판매수량 평균 ⇒ 반올림하여 정수로 구하시오. 단, 조건은 입력데이터를 이용하시오
> (ROUND, DAVERAGE 함수)(예 : 451.6 → 452).

상품코드	상품명	분류	제조사	탑승 가능 무게(kg)	상품가격 (단위:원)	판매수량
DC02-2	아우디 Z8	3인승	몬스터	30	623,000	285대
HG02-1	벤츠 Z3	1인승	붕붕카	15	420,000	281대
HG01-2	그릭블루 L2	1인승	몬스터	18	357,000	321대
TC01-3	판도라 S9	2인승	몬스터	15	534,000	93대
TC04-3	트윈 L5	3인승	베베카	16	652,000	126대
분류가 3인승인 제품의 판매수량 평균				✕	최대 탑승 가능 무게(kg)	

❶ [E7] 셀을 클릭하여 =ROUND를 입력한 후 Ctrl + A 를 누릅니다.

❷ [함수 인수] 대화상자에서 각각의 입력 칸에 필요한 내용을 입력한 후 함수를 중첩하기 위해 **수식 입력줄의 DAVERAGE를 클릭**합니다.

> ▶ **1차 함수 풀이**
>
> 함수식 : =ROUND(인수,반올림 자릿수)
> - DAVERAGE() : DAVERAGE 함수로 계산한 결과값을 반올림할 숫자(인수)로 가져오기 위해 'DAVERAGE()'를
>   입력합니다.
> - 0 : DAVERAGE 함수의 결과값을 반올림하여 정수로 표시해야 하기 때문에 자릿수 값을 '0'으로 입력합니다.
> ※ 중첩 함수를 사용해야 하기 때문에 <확인>을 누르지 않고 수식 입력줄의 'DAVERAGE'를 클릭합니다.

❸ 새로운 [함수 인수] 대화상자에서 각각의 입력 칸에 필요한 내용을 입력한 후 <확인>을 클릭합니다.

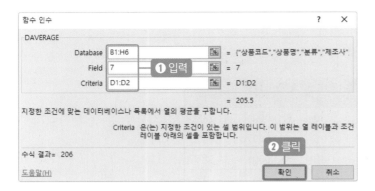

> ▶ **2차 함수 풀이**
>
> 함수식 : **=DAVERAGE(데이터베이스,필드,조건 범위)**
> – B1:H6 : 찾고자 하는 데이터(3인승)가 들어 있는 '데이터베이스(범위)'를 지정합니다.
> – 7 : 조건이 일치하는 값(3인승)에 대한 판매수량의 평균을 계산하기 위해 해당 '열의 위치(7 또는 [H1])'를 지정합니다.
> – D1:D2 : 데이터베이스(범위)에서 찾을 '조건(분류가 3인승)'을 지정합니다.

❹ 정답 : **=ROUND(DAVERAGE(B1:H6,7,D1:D2),0)**

	B	C	D	E	F	G	H
1	상품코드	상품명	분류	제조사	탑승 가능 무게(kg)	상품가격 (단위:원)	판매수량
2	DC02-2	아우디 Z8	3인승	몬스터	30	623,000	285대
3	HG02-1	벤츠 Z3	1인승	붕붕카	15	420,000	281대
4	HG01-2	그릭블루 L2	1인승	몬스터	18	357,000	321대
5	TC01-3	판도라 S9	2인승	몬스터	15	534,000	93대
6	TC04-3	트윈 L5	3인승	베베카	16	652,000	126대
7	분류가 3인승인 제품의 판매수량 평균		206	✕		최대 탑승 가능 무게(kg)	

6. 김치 판매금액(단위:원)의 합계(ROUND, SUMIF)

김치 판매금액(단위:원)의 합계 ⇒ 반올림하여 천원 단위까지 구하시오(ROUND, SUMIF 함수)
(예 : 1,723,500 → 1,724,000).

	B	C	D	E	F	G	H
1	반찬코드	반찬명	분류	검색태그	마진율	판매수량	판매금액 (단위:원)
2	E121	진미채볶음	밑반찬	인기	32%	250개	750,000
3	K242	열무김치	김치	저장	28%	116개	580,000
4	C121	감자스팸볶음	어린이	아이	35%	320개	1,280,000
5	K252	총각김치	김치	저장	27%	162개	1,296,500
6	E122	오이무침	밑반찬	제철	30%	190개	570,500
7	김치 판매금액(단위:원)의 합계			✕		최대 마진율	

❶ [E7] 셀을 클릭하여 =ROUND를 입력한 후 Ctrl+A를 누릅니다.

❷ [함수 인수] 대화상자에서 각각의 입력 칸에 필요한 내용을 입력한 후 함수를 중첩하기 위해 **수식 입력줄의 SUMIF를 클릭합니다.**

> ▶ **1차 함수 풀이**
> **함수식 : =ROUND(인수,반올림 자릿수)**
> - SUMIF() : SUMIF 함수로 계산한 결과값을 반올림할 숫자(인수)로 가져오기 위해 'SUMIF()'를 입력합니다.
> - -3 : SUMIF 함수의 결과값을 반올림하여 천원 단위까지 표시해야 하기 때문에 자릿수 값을 '-3'으로 입력합니다.
> ※ 중첩 함수를 사용해야 하기 때문에 <확인>을 누르지 않고 수식 입력줄의 'SUMIF'를 클릭합니다.

❸ 새로운 [함수 인수] 대화상자에서 각각의 입력 칸에 필요한 내용을 입력한 후 <확인>을 클릭합니다.

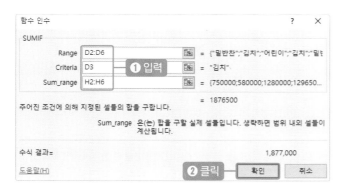

> ▶ **2차 함수 풀이**
> **함수식 : =SUMIF(조건 범위,조건,합계를 구할 범위)**
> - D2:D6 : 찾고자 하는 데이터(김치)가 들어 있는 '분류'를 범위로 지정합니다.
> - D3 : 찾고자 하는 '조건(김치 또는 [D3])'을 지정합니다.
> - H2:H6 : 조건이 일치하는 값(김치)에 대한 판매금액(단위:원)의 합계를 계산하기 위해 범위를 지정합니다.

❹ 정답 : =ROUND(SUMIF(D2:D6,D3,H2:H6),-3)

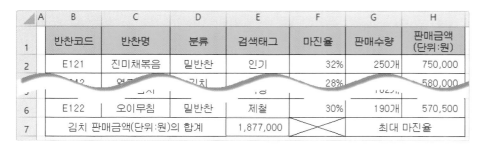

	B	C	D	E	F	G	H
1	반찬코드	반찬명	분류	검색태그	마진율	판매수량	판매금액(단위:원)
2	E121	진미채볶음	밑반찬	인기	32%	250개	750,000
	42	연구	김치		28%	102개	580,000
6	E122	오이무침	밑반찬	제철	30%	190개	570,500
7	김치 판매금액(단위:원)의 합계			1,877,000	✕	최대 마진율	

7. 직장 어린이집의 인원 평균(SUMIF, COUNTIF)

직장 어린이집의 인원 평균 ⇒ 정의된 이름(분류)을 이용하여 분류가 직장인 어린이집의 인원 평균을 구하시오 (SUMIF, COUNTIF 함수).

A	B	C	D	E	F	G 정원(단위:명)	H
1	분류코드	어린이집명	지역	분류	등록률(%)	정원(단위:명)	인원
2	BB9002	아이꿈 어린이집	부산	가정	72	25	20명
3	SA1003	서울숲속 어린이집	서울	직장	98	123	121명
4	DN6007	아이터 어린이집	대구	국공립	97	138	134명
5	GA3014	영재 어린이집	강원	직장	96	145	139명
6	GB6015	간성 어린이집	강원	국공립	83	118	98명
7	직장 어린이집의 인원 평균				✕	가장 많은 인원	

❶ [E7] 셀을 클릭하여 =SUMIF를 입력한 후 Ctrl + A 를 누릅니다.

A	B	C	D	E	F	G 정원(단위:명)	H
1	분류코드	어린이집명	지역	분류	등록률(%)	정원(단위:명)	인원
2	BB9002	아이꿈 어린이집	부산	가정	72	25	20명
	1003	서울숲속		서울	98		121명
5	GA	어린이집		직장		145	
6	GB6015	간성 어린이집	강원	국공립	83	118	98명
7	직장 어린이집의 인원 평균			=SUMIF	✕	가장 많은 인원	

입력 후 Ctrl + A

❷ [함수 인수] 대화상자에서 각각의 입력 칸에 필요한 내용을 입력한 후 <확인>을 클릭합니다.

▶ 1차 함수 풀이

함수식 : =SUMIF(조건 범위,조건,합계를 구할 범위)

- 분류 : 찾고자 하는 데이터(직장)가 들어있는 '분류(이름으로 정의 됨)'를 범위로 지정합니다.
- "직장" : 찾고자 하는 '조건(직장 또는 [E3])'을 지정합니다.
- H2:H6 : 조건이 일치하는 값(직장)에 대한 '인원의 합계'를 계산하기 위해 범위를 지정합니다.

❸ SUMIF 합계 결과를 직장 개수로 나누기 위해 수식 입력줄 맨 끝을 클릭하여 /를 입력한 후 COUNTIF를 입력하고 [Ctrl]+[A]를 누릅니다.

❹ [함수 인수] 대화상자에서 각각의 입력 칸에 필요한 내용을 입력한 후 <확인>을 클릭합니다.

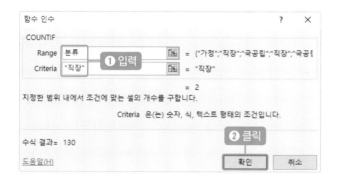

▶ 2차 함수 풀이

함수식 : COUNTIF(조건 범위,조건)

– "분류" : 찾고자 하는 데이터(직장)가 들어 있는 '분류(이름으로 정의 됨)'를 범위로 지정합니다.

– "직장" : 찾고자 하는 '조건(직장 또는 [E3])'을 지정하여 직장이 입력된 셀의 개수를 구합니다.

❺ 정답 : **=SUMIF(분류,"직장",H2:H6)/COUNTIF(분류,"직장")**

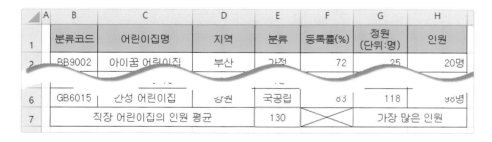

8. 판매량이 평균 이상인 상품 수(COUNTIF, >= 연산자, AVERAGE)

판매량이 평균 이상인 상품 수 ⇒ (COUNTIF, AVERAGE 함수)

	상품코드	상품명	판매개시일	카테고리	가격	입고량 (단위:EA)	판매량
2	VE-A01	버섯9종	2023-09-02	채소	1,900원	25,000	19,648
3	FS-Y23	생연어	2023-11-15	수산	14,500원	6,500	5,350
4	FU-S02	냉동 산딸기	2023-12-05	과일	8,500원	28,000	13,420
5	FU-A15	아보카도	2023-04-26	과일	2,640원	8,500	5,100
6	VE-H26	햇양파	2023-07-30	채소	2,600원	26,000	21,056
7	판매량이 평균 이상인 상품 수					상품명	버섯9종

❶ [E7] 셀을 클릭하여 =COUNTIF를 입력한 후 [Ctrl]+[A]를 누릅니다.

❷ [함수 인수] 대화상자에서 각각의 입력 칸에 필요한 내용을 입력한 후 <확인>을 클릭합니다.

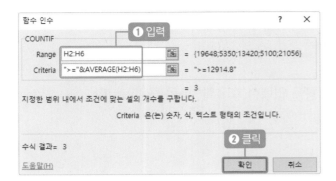

> ▶ 함수 풀이
> 함수식 : COUNTIF(조건 범위,조건) / =AVERAGE(인수1,인수2…)
> – H2:H6 : 찾고자 하는 데이터가 들어 있는 '판매량'을 범위로 지정합니다.
> – ">="&AVERAGE(H2:H6) : 판매량 중에서 평균 이상인 값을 조건으로 지정하기 위해 비교 연산자(>=)는 큰 따옴표("")로 묶어주고 '& 연산자'를 이용하여 함수를 연결합니다.(예: ">="&함수)

❸ 정답 : =COUNTIF(H2:H6,">="&AVERAGE(H2:H6))

	B	C	D	E	F	G	H
1	상품코드	상품명	판매개시일	카테고리	가격	입고량(단위:EA)	판매량
2	VE-A01	버섯9종	2023-09-02	채소	1,900원	25,000	19,648
3	FS-Y23	생연어	2023-11-15	수산	14,500원	6,500	5,350
4	FU-S02	냉동 산딸기	2023-12-05	과일	8,500원	28,000	13,420
5	FU-A15	아보카도	2023-04-26	과일	2,640원	8,500	5,100
6	VE-H26	햇양파	2023-07-30	채소	2,600원	26,000	21,056
7	판매량이 평균 이상인 상품 수			3	✕	상품명	버섯9종

9. 판매금액(VLOOKUP, VLOOKUP)

판매금액 ⇒ 「G7」 셀에서 선택한 상품코드에 대한 「상품가격(단위:원) × 판매수량」을 구하시오.

	B	C	D	E	F	G	H	I
1	상품코드	상품명	분류	제조사	상품가격(단위:원)	판매수량	사은품	판매순위
2	DC02-2	아우디 Z8	3인승	몬스터	623,000	9대	보조 리모컨	3
3	HG02-1	벤츠 Z3	1인승	붕붕카	420,000	8대	배터리 충전킷	4
4	HG01-2	그릭블루 L2	1인승	몬스터	357,000	7대	보조 리모컨	5
5	TC01-3	판도라 S9	2인승	몬스터	534,000	10대	쿨시트	2
6	TC04-3	트윈 L5	2인승	베베카	652,000	12대	쿨시트	1
7	분류가 1인승인 제품의 판매수량 합계			15대	상품코드	DC02-2	판매금액	

❶ [I7] 셀을 클릭하여 =VLOOKUP을 입력한 후 Ctrl + A 를 누릅니다.

❷ [함수 인수] 대화상자에서 각각의 입력 칸에 필요한 내용을 입력한 후 <확인>을 클릭합니다.

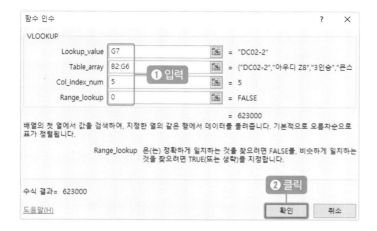

▶ **1차 함수 풀이**
   함수식 : =VLOOKUP(찾을 값,범위,열 번호,찾을 방법)
   – G7 : 범위에서 찾고자 하는 '데이터(값)'를 지정합니다.
   – B2:G6 : 찾을 데이터(값)가 포함된 '전체 범위'를 지정합니다. 단, 범위를 지정할 때는 찾을 값이 들어있는 열([상품 코드])이 전체 범위에서 첫 번째 열[B2]로 지정되어야 합니다.
   – 5 : 범위([B2:G6])에서 찾을값(상품코드)과 일치하는 '상품가격(단위:원)'을 추출하기 위해 열의 위치를 지정합니다.
   – 0 : 조건과 정확하게 일치하는 값을 찾기 위해 '0' 또는 'FALSE'를 입력합니다.

❸ VLOOKUP으로 구한 상품가격(단위:원)에 '판매수량'을 곱하기 위해 수식 입력줄 맨 끝을 클릭하여 *를 입력한 후 =VLOOKUP을 입력하고 Ctrl + A 를 누릅니다.

❹ 새로운 [함수 인수] 대화상자에서 각각의 입력 칸에 필요한 내용을 입력한 후 <확인>을 클릭합니다.

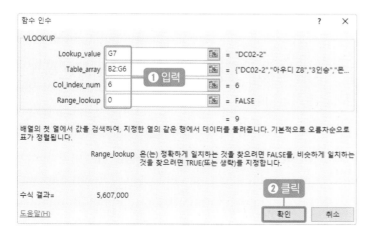

▶ **2차 함수 풀이**

함수식 : =VLOOKUP(찾을 값,범위,열 번호,찾을 방법)

- G7 : 범위에서 찾고자 하는 '데이터(값)'를 지정합니다.
- B2:G6 : 찾을 데이터(값)가 포함된 '전체 범위'를 지정합니다. 단, 범위를 지정할 때는 찾을 값이 들어있는 열([상품 코드])이 전체 범위에서 첫 번째 열[B2]로 지정되어야 합니다.
- 6 : 범위([B2:G6])에서 찾을 값(상품코드)과 일치하는 '판매수량'을 추출하기 위해 해당 열의 위치를 지정합니다.
- 0 : 조건과 정확하게 일치하는 값을 찾기 위해 '0' 또는 'FALSE'를 입력합니다.

❺ 정답 : =VLOOKUP(G7,B2:G6,5,0)*VLOOKUP(G7,B2:G6,6,0)

	A	B	C	D	E	F	G	H	I
1		상품코드	상품명	분류	제조사	상품가격 (단위:원)	판매수량	사은품	판매 순위
2		DC02-2	아우디 Z8	3인승	몬스터	623,000	9대	보조 리모컨	3
3		HG02-1	벤츠 Z3	1인승	붕붕카	420,000	8대	배터리 충전킷	4
4		HG01-2	그릭블루 L2	1인승	몬스터	357,000	7대	보조 리모컨	5
5		TC01-3	판도라 S9	2인승	몬스터	534,000	10대	쿨시트	2
6		TC04-3	트윈 L5	2인승	베베카	652,000	12대	쿨시트	1
7		분류가 1인승인 제품의 판매수량 합계			15대	상품코드	DC02-2	판매금액	5,607,000

10. 밴드를 통해 등록한 회원명(INDEX, MATCH)

밴드를 통해 등록한 회원명 ⇒ 등록경로가 밴드인 회원명을 구하시오(INDEX, MATCH 함수).

	A	B	C	D	E	F	G	H
1		회원코드	회원명	등록일	담당자	등록경로	등록비 (단위:원)	등록횟수
2		H2834	김미지	2023-06-03	이하늘	카톡채널	80,000	3회
3		P2543	임상희	2023-09-14	김미래	밴드	140,000	2회
4		H1296	이희열	2023-10-05	이정혁	홈페이지	50,000	5회
5		Y4621	고현욱	2023-02-07	김미래	카톡채널	230,000	4회
6		Y3705	박성찬	2023-03-25	이하늘	카톡채널	160,000	3회
7		밴드를 통해 등록한 회원명			✕		총 등록비(단위:원)	

❶ [E7] 셀을 클릭하여 =INDEX를 입력한 후 Ctrl+A를 누릅니다. [인수 선택] 대화상자에서 행과 열로 위치를 지정하는 첫 번째 인수를 선택한 후 <확인>을 클릭합니다.

❷ [함수 인수] 대화상자에서 각각의 입력 칸에 필요한 내용을 입력한 후 함수를 중첩하기 위해 **수식 입력줄의** MATCH를 클릭합니다.

▶ **1차 함수 풀이**

함수식 : =INDEX(범위,행 번호,열 번호)
 - B1:H6 : 찾고자 하는 데이터(값)가 들어 있는 범위를 지정합니다.
 - MATCH() : 등록경로가 밴드인 회원명을 찾기 위해 범위를 기준으로 찾고자 하는 '행(밴드)'의 위치를 함수로 지정
   합니다.
 - 2 : 등록경로가 밴드인 회원명을 찾기 위해 범위를 기준으로 찾고자 하는 '열(회원명)'의 위치를 지정합니다.
 ※ 중첩 함수를 사용해야 하기 때문에 <확인>을 누르지 않고 수식 입력줄의 'MATCH'를 클릭합니다.

---

❸ 새로운 [함수 인수] 대화상자에서 각각의 입력 칸에 필요한 내용을 입력한 후 <확인>을 클릭합니다.

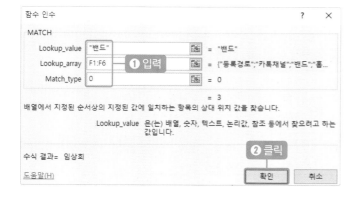

▶ **2차 함수 풀이**

함수식 : =MATCH(찾는값,범위,검색 옵션)
 - "밴드" : 찾고자 하는 '값(밴드 또는 [F3])'을
   지정합니다.
 - F1:F6 : 찾을 값(밴드)이 포함된 '범위'를 지정
   합니다.
 - 0 : 조건(밴드)과 정확하게 일치하는 값을 찾기
   위해 '0' 또는 'FALSE'를 입력합니다.

❹ **정답 : =INDEX(B1:H6,MATCH("밴드",F1:F6,0),2)**

함수를 이용하여 값 계산하기

☞ (1)~(6) 셀은 반드시 주어진 함수를 이용하여 값을 구하시오(결과값을 직접 입력하면 해당 셀은 0점 처리됨).

1. 순위 구하기(IF, RANK.EQ 함수)

(1) 순위 ⇒ 상반기 판매량의 내림차순 순위를 1~3까지 구하고, 그 외에는 공백으로 표시하시오(IF, RANK.EQ 함수).

❶ 04차시(문제).xlsx 파일을 실행한 후 [제1작업] 시트를 선택합니다. 상반기 판매량에 대한 순위를 구하기 위해 [I5] 셀을 클릭합니다.

❷ 선택된 셀에 =IF(RANK.EQ(G5,$G$5:$G$12)<=3,RANK.EQ(G5,$G$5:$G$12),"")를 입력합니다.

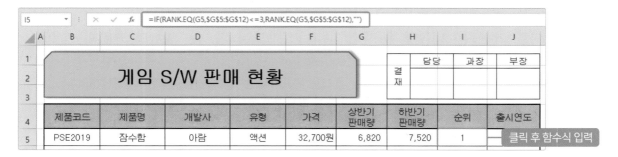

❸ 함수 결과가 구해지면 [I5] 셀의 채우기 핸들(➕)을 [I12] 셀까지 드래그합니다.

제품코드	제품명	개발사	유형	가격	상반기 판매량	하반기 판매량	순위	출시연도
PSE2019	잠수함	아람	액션	32,700원	6,820	7,520	1	
SCA2020	좀비5	지성소프트	액션	28,400원	4,852	5,180	3	
SAV2017	제로2	지성소프트	어드벤처	32,700원	4,501	3,870		
SCC2021	골프	아람	스포츠	30,500원	4,782	4,820		
KAV2018	풋볼	지성소프트	스포츠	34,900원	4,890	7,510	2	
SCE2018	릴리 스토리	소리아	액션	32,600원	2,570	2,500		
PSA2021	다나의 눈	소리아	어드벤처	28,400원	3,570	3,790		
SAB2019	아소의 나라	소리아	어드벤처	28,400원	2,780	2,450		
소리아 제품의 평균 가격					아람 제품의 총 상반기 판매량			

 **함수 마법사(𝑓ₓ)**

❶ 셀에 함수식을 바로 입력하기가 어려운 수험생은 '함수 마법사'를 이용하여 값을 계산합니다.

❷ 함수 마법사 사용 방법이 익숙하지 않은 수험생은 P61 '08. 자주 사용하는 중첩 함수' 부분을 다시 학습하시기 바랍니다.

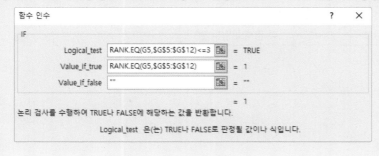

2. 출시연도 구하기(RIGHT 함수, & 연산자)

(2) 출시연도 ⇒ 제품코드의 마지막 네 글자를 추출하여 '년'을 붙이시오(RIGHT 함수, & 연산자)(예 : 2019년).

❶ 제품코드를 이용하여 출시연도를 구하기 위해 [J5] 셀을 클릭합니다.

❷ 선택된 셀에 =RIGHT(B5,4)&"년"을 입력합니다.

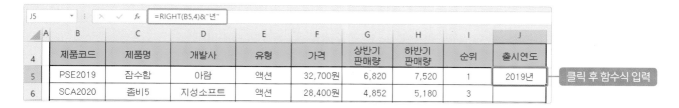

❸ 함수 결과가 구해지면 [J5] 셀의 채우기 핸들(✚)을 [J12] 셀까지 드래그합니다.

	제품코드	제품명	개발사	유형	가격	상반기 판매량	하반기 판매량	순위	출시연도
5	PSE2019	잠수함	아람	액션	32,700원	6,820	7,520	1	2019년
6	SCA2020	좀비5	지성소프트	액션	28,400원	4,852	5,180	3	2020년
7	SAV2017	제로2	지성소프트	어드벤처	32,700원	4,501	3,870		2017년
8	SCC2021	골프	아람	스포츠	30,500원	4,782	4,820		2021년
9	KAV2018	풋볼	지성소프트	스포츠	34,900원	4,890	7,510	2	2018년
10	SCE2018	릴리 스토리	소리아	액션	32,600원	2,570	2,500		2018년
11	PSA2021	다나의 눈	소리아	어드벤처	28,400원	3,570	3,790		2021년
12	SAB2019	아소의 나라	소리아	어드벤처	28,400원	2,780	2,450		2019년
13	소리아 제품의 평균 가격					아람 제품의 총 상반기 판매량			
14	최대 하반기 판매량					제품명	잠수함	가격	

3. 소리아 제품의 평균 가격 구하기(SUMIF, COUNTIF 함수)

(3) 소리아 제품의 평균 가격 ⇒ (SUMIF, COUNTIF 함수)

❶ 개발사가 소리아인 제품의 평균 가격을 구하기 위해 [E13] 셀을 클릭합니다.

❷ 선택된 셀에 =SUMIF(D5:D12,"소리아",F5:F12)/COUNTIF(D5:D12,"소리아")를 입력합니다.

4. 최대 하반기 판매량 구하기(MAX 함수)

(4) 최대 하반기 판매량 ⇒ 정의된 이름(하반기판매량)을 이용하여 구하시오(MAX 함수).

❶ 하반기 판매량 중 최대값을 구하기 위해 [E14] 셀을 클릭합니다.

❷ 선택된 셀에 =MAX(하반기판매량)을 입력합니다.

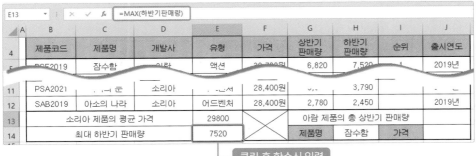

5. 아람 제품의 총 상반기 판매량 구하기(DSUM 함수)

(5) 아람 제품의 총 상반기 판매량 ⇒ 조건은 입력데이터를 이용하시오(DSUM 함수).

❶ 개발사가 아람인 제품의 상반기 판매량 총합계를 구하기 위해 [J13] 셀을 클릭합니다.

❷ 선택된 셀에 =DSUM(B4:H12,6,D4:D5)를 입력합니다.

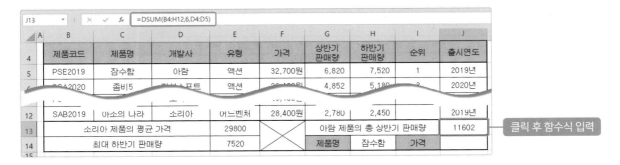

6. 제품명에 대한 가격 구하기(VLOOKUP 함수)

(6) 가격 ⇒ 「H14」 셀에서 선택한 제품명에 대한 가격을 표시하시오(VLOOKUP 함수).

❶ 「H14」 셀에서 선택한 제품명에 대한 가격을 표시하기 위해 [J14] 셀을 클릭합니다.

❷ 선택된 셀에 =VLOOKUP(H14,C5:H12,4,0)을 입력합니다.

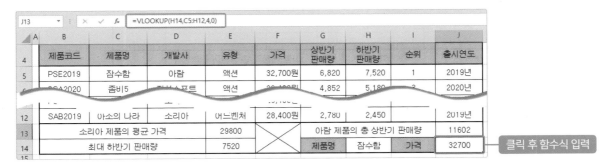

05 조건부 서식

(7) 조건부 서식의 수식을 이용하여 가격이 '30,000' 이하인 행 전체에 다음의 서식을 적용하시오(글꼴 : 파랑, 굵게).

❶ 조건부 서식을 지정하기 위해 **[B5:J12]** 영역을 드래그한 후 [홈] 탭-[스타일] 그룹에서 [조건부 서식(▦)]-
새 규칙을 클릭합니다.

➕ 조건부 서식에서 범위를 지정할 때 4행(필드명)이 포함되지 않도록 주의합니다.

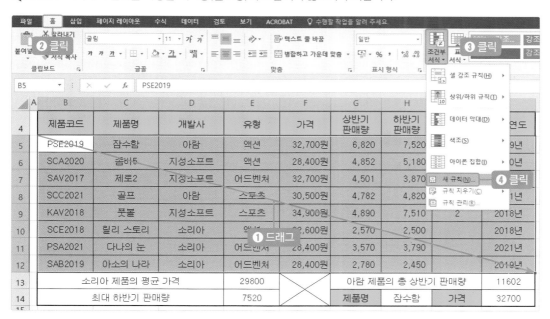

❷ 수식을 이용하여 조건부 서식을 지정하기 위해 [새 서식 규칙] 대화상자에서 ▶**수식을 사용하여 서식을**
지정할 셀 결정을 선택하고, 입력 칸에 **=$F5=<30000**을 입력한 후 <**서식**>을 클릭합니다.

➕ 조건부 서식에서 수식을 입력할 때 기준이 되는 열(가격)은 고정하고 행만 변경되도록 하기 위해 [F5] 셀을 클릭한 후 F4를 2번 눌러
열 고정 혼합 참조($F5)로 변경합니다.

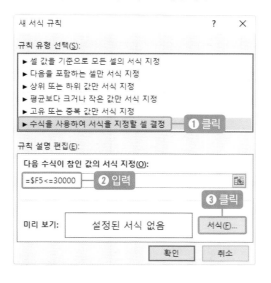

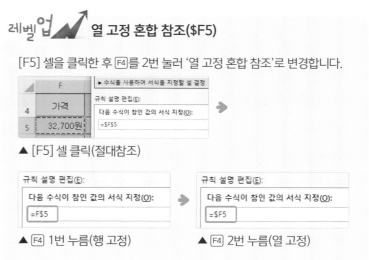

❸ [셀 서식] 대화상자에서 [글꼴] 탭을 클릭하여 **글꼴 스타일(굵게)**과 **색(파랑)**을 지정한 후 <확인>을 클릭합니다.

❹ [새 서식 규칙] 대화상자의 **미리 보기**에서 서식을 확인한 후 <확인>을 클릭합니다.

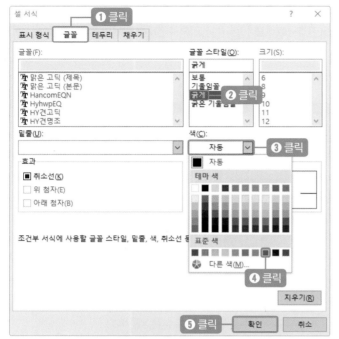

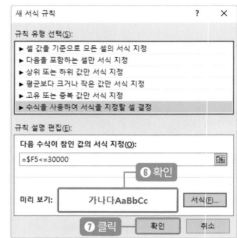

시험꿀팁

서식 지정에서 글꼴 스타일은 '굵게'와 '굵은 기울임꼴', 색은 '파랑'이 자주 출제됩니다.

❺ 가격이 '30,000' 이하인 행 전체에 조건부 서식(파랑, 굵게)이 적용된 것을 확인한 후 [Ctrl]+[S]를 눌러 파일을 저장합니다.

➕ 왼쪽 상단의 [빠른 실행 도구 모음]에서 '저장' 아이콘(💾)을 클릭하여 저장할 수도 있습니다.

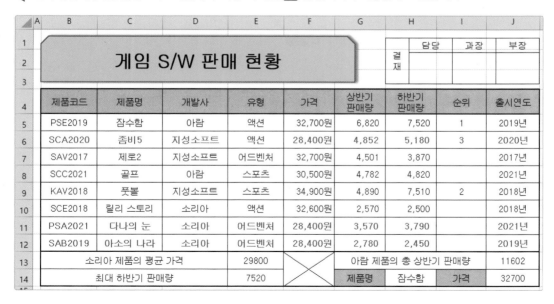

	제품코드	제품명	개발사	유형	가격	상반기 판매량	하반기 판매량	순위	출시연도
5	PSE2019	잠수함	아람	액션	32,700원	6,820	7,520	1	2019년
6	SCA2020	좀비5	지성소프트	액션	28,400원	4,852	5,180	3	2020년
7	SAV2017	제로2	지성소프트	어드벤처	32,700원	4,501	3,870		2017년
8	SCC2021	골프	아람	스포츠	30,500원	4,782	4,820		2021년
9	KAV2018	풋볼	지성소프트	스포츠	34,900원	4,890	7,510	2	2018년
10	SCE2018	릴리 스토리	소리아	액션	32,600원	2,570	2,500		2018년
11	PSA2021	다나의 눈	소리아	어드벤처	28,400원	3,570	3,790		2021년
12	SAB2019	아소의 나라	소리아	어드벤처	28,400원	2,780	2,450		2019년
13	소리아 제품의 평균 가격			29800		아람 제품의 총 상반기 판매량			11602
14	최대 하반기 판매량			7520		제품명	잠수함	가격	32700

 다음은 '관심 상품 TOP8 현황'에 대한 자료이다. 자료를 입력하고 조건에 맞도록 작업하시오.

소스파일: 04차시-1(문제).xlsx
완성파일: 04차시-1(완성).xlsx

《출력형태》

상품코드	상품명	제조사	분류	가격	점수 (5점 만점)	조회수	순위	상품평 차트
						결재	담당	대리	팀장
EA4-475	베이킹소다	JWP	생활용품	4,640원	4.6	23,869	(1)	(2)
SF4-143	모이스처페이셜크림	ANS	뷰티	19,900원	4.5	10,967	(1)	(2)
QA4-548	샘물 12개	MB	식품	6,390원	4.5	174,320	(1)	(2)
PF4-525	멸균흰우유 10개	MB	식품	17,800원	4.2	18,222	(1)	(2)
KE4-124	퍼펙트클렌징폼	ANS	뷰티	7,150원	4.5	14,825	(1)	(2)
DA7-125	섬유유연제	JWP	생활용품	14,490원	4.2	52,800	(1)	(2)
PF4-122	즉석밥 세트	ANS	식품	17,650원	5.0	30,763	(1)	(2)
WF1-241	롤화장지	JWP	생활용품	8,560원	4.0	12,870	(1)	(2)
최저 가격			(3)		생활용품 조회수 합계			(5)
뷰티 상품 개수			(4)		상품코드	EA4-475	점수 (5점 만점)	(6)

《조건》

☞ (1)~(6) 셀은 반드시 주어진 함수를 이용하여 값을 구하시오(결과값을 직접 입력하면 해당 셀은 0점 처리됨).

(1) 순위 ⇒ 가격의 내림차순 순위를 1~3까지만 구하고 그 외에는 공백으로 표현하시오(IF, RANK.EQ 함수).

(2) 상품평 차트 ⇒ 점수(5점 만점)를 반올림하여 정수로 구한 값의 수만큼 '★'을 표시하시오
     (REPT, ROUND 함수)(예 : 4.5 → ★★★★★).

(3) 최저 가격 ⇒ (MIN 함수)

(4) 뷰티 상품 개수 ⇒ 정의된 이름(분류)을 이용하여 구한 결과값에 '개'를 붙이시오
     (COUNTIF 함수, & 연산자)(예 : 1개).

(5) 생활용품 조회수 합계 ⇒ 조건은 입력데이터를 이용하시오(DSUM 함수).

(6) 점수(5점 만점) ⇒ 「H14」 셀에서 선택한 상품코드에 대한 점수(5점 만점)를 구하시오(VLOOKUP 함수).

(7) 조건부 서식의 수식을 이용하여 가격이 '8,000' 이하인 행 전체에 다음의 서식을 적용하시오(글꼴 : 파랑, 굵게).

2 다음은 'ICT 기반 스마트 팜 현황'에 대한 자료이다. 자료를 입력하고 조건에 맞도록 작업하시오.

소스파일: 04차시-2(문제).xlsx
완성파일: 04차시-2(완성).xlsx

《출력형태》

	관리코드	품목명	ICT 제어수준	시공업체	운영기간 (년)	시공비 (단위:천원)	농가면적	순위	도입연도
	SW4-118	수박	관수제어	JUM	4.1	1,580	6,800평	(1)	(2)
	PZ3-124	감귤	관수제어	GRN	1.7	3,250	12,500평	(1)	(2)
	HG7-521	포도	관수/병해충제어	GRN	1.5	3,150	11,500평	(1)	(2)
	LM6-119	망고	병해충제어	JUM	3.1	1,600	7,550평	(1)	(2)
	KB8-518	딸기	관수/병해충제어	SEON	4.2	1,850	8,250평	(1)	(2)
	PA5-918	사과	관수제어	GRN	4.2	1,550	5,250평	(1)	(2)
	PE2-422	복숭아	병해충제어	JUM	2.5	1,200	3,200평	(1)	(2)
	LS6-719	배	관수/병해충제어	SEON	3.2	2,000	8,500평	(1)	(2)
	관수제어 시공비(단위:천원)의 합계			(3)		최대 농가면적			(5)
	병해충제어 농가면적 평균			(4)		관리코드	SW4-118	시공비 (단위:천원)	(6)

ICT 기반 스마트 팜 현황

결재 | 담당 | 팀장 | 센터장

《조건》

☞ (1)~(6) 셀은 반드시 주어진 함수를 이용하여 값을 구하시오(결과값을 직접 입력하면 해당 셀은 0점 처리됨).

(1) 순위 ⇒ 시공비(단위:천원)의 내림차순 순위를 1~3까지만 구하고 그 외에는 공백으로 표현하시오
(IF, RANK.EQ 함수).

(2) 도입연도 ⇒ 「관리코드의 마지막 두 글자+2000」으로 구한 후 결과값에 '년'을 붙이시오
(RIGHT 함수, & 연산자)(예 : 2022년).

(3) 관수제어 시공비(단위:천원)의 합계 ⇒ 조건은 입력데이터를 이용하시오(DSUM 함수).

(4) 병해충제어 농가면적 평균 ⇒ 정의된 이름(농가면적)을 이용하여 구하시오(SUMIF, COUNTIF 함수).

(5) 최대 농가면적 ⇒ (LARGE 함수)

(6) 시공비(단위:천원) ⇒ 「H14」 셀에서 선택한 관리코드에 대한 시공비(단위:천원)를 구하시오(VLOOKUP 함수).

(7) 조건부 서식의 수식을 이용하여 시공비(단위:천원)가 '3,000' 이상인 행 전체에 다음의 서식을 적용하시오
(글꼴 : 파랑, 굵게).

3 다음은 '푸른길 작은 도서관 대출 현황'에 대한 자료이다. 자료를 입력하고 조건에 맞도록 작업하시오.

소스파일: 04차시-3(문제).xlsx
완성파일: 04차시-3(완성).xlsx

《출력형태》

					결재

푸른길 작은 도서관 대출 현황

결재	담당	대리	부장

관리코드	대출도서	대출자	학교명	대출일	누적 대출권수	도서 포인트	출판사	포인트 순위
3127-P	바다 목욕탕	전수민	월계초등학교	2022-05-03	1,024권	224	(1)	(2)
3861-K	땅콩 동그라미	박지현	산월초등학교	2022-05-08	954권	194	(1)	(2)
3738-G	모치모치 나무	김종환	수문초등학교	2022-05-02	205권	121	(1)	(2)
3928-G	해리포터	이지은	산월초등학교	2022-05-07	1,238권	250	(1)	(2)
3131-P	책 읽는 도깨비	정찬호	월계초등학교	2022-05-09	367권	122	(1)	(2)
3955-P	꼬마 지빠귀	권제인	수문초등학교	2022-05-11	107권	160	(1)	(2)
3219-K	퀴즈 과학상식	김승희	월계초등학교	2022-05-02	1,501권	315	(1)	(2)
3713-P	아기 고둥 두마리	유인혜	산월초등학교	2022-05-07	886권	154	(1)	(2)
최대 도서 포인트			(3)		월계초등학교 학생의 도서 포인트 합계			(5)
수문초등학교 학생의 누적 대출권수 평균			(4)		대출도서	바다 목욕탕	대출자	(6)

《조건》

☞ (1)~(6) 셀은 반드시 주어진 함수를 이용하여 값을 구하시오(결과값을 직접 입력하면 해당 셀은 0점 처리됨).

(1) 출판사 ⇒ 관리코드의 마지막 글자가 P이면 '풀잎', G이면 '가람' 그 외에는 '글송이'로 구하시오(IF, RIGHT 함수).

(2) 포인트 순위 ⇒ 도서 포인트의 내림차순 순위를 구한 결과값에 '위'를 붙이시오
(RANK.EQ 함수, & 연산자)(예 : 1위).

(3) 최대 도서 포인트 ⇒ (MAX 함수)

(4) 수문초등학교 학생의 누적 대출권수 평균 ⇒ 정의된 이름(학교명)을 이용하여 구하시오(SUMIF, COUNTIF 함수).

(5) 월계초등학교 학생의 도서 포인트 합계 ⇒ 조건은 입력데이터를 이용하시오(DSUM 함수).

(6) 대출자 ⇒ 「H14」셀에서 선택한 대출도서에 대한 대출자를 구하시오(VLOOKUP 함수).

(7) 조건부 서식의 수식을 이용하여 누적 대출권수가 '1,000' 이상인 행 전체에 다음의 서식을 적용하시오
(글꼴 : 파랑, 굵게).

4 다음은 '첨단문화센터 강좌 현황'에 대한 자료이다. 자료를 입력하고 조건에 맞도록 작업하시오.

소스파일: 04차시-4(문제).xlsx
완성파일: 04차시-4(완성).xlsx

《출력형태》

관리코드	강좌명	지점	강사명	수강인원	강의 시작일	수강료 (단위:원)	수강인원 순위	분류
							담당	과장	부장

첨단문화센터 강좌 현황

관리코드	강좌명	지점	강사명	수강인원	강의 시작일	수강료 (단위:원)	수강인원 순위	분류
CH005	캘리그라피	송파	김은경	38명	2022-05-11	98,000	(1)	(2)
CA002	미술 아트팡팡	송파	임송이	18명	2022-05-05	55,000	(1)	(2)
BH009	동화 속 쿠키나라	은평	양영아	55명	2022-05-02	35,000	(1)	(2)
AH001	피트니스 요가	구로	진현숙	68명	2022-05-07	120,000	(1)	(2)
CH007	서예교실	구로	권재웅	41명	2022-05-02	30,000	(1)	(2)
BC005	스위트 홈베이킹	송파	윤송이	58명	2022-05-13	60,000	(1)	(2)
AC003	필라테스	구로	박장원	21명	2022-05-21	70,000	(1)	(2)
CA006	성인 팝아트	은평	임진우	25명	2022-05-24	110,000	(1)	(2)
송파지점 수강인원 합계			(3)			최대 수강료(단위:원)		(5)
은평지점 수강인원 평균			(4)			강좌명	캘리그라피	강사명	(6)

《조건》

☞ (1)~(6) 셀은 반드시 주어진 함수를 이용하여 값을 구하시오(결과값을 직접 입력하면 해당 셀은 0점 처리됨).

(1) 수강인원 순위 ⇒ 수강인원의 내림차순 순위를 구하시오(RANK.EQ 함수).

(2) 분류 ⇒ 관리코드의 첫 번째 글자가 A이면 '스포츠', B이면 '요리', 그 외에는 '미술'로 구하시오(IF, LEFT 함수).

(3) 송파지점 수강인원 합계 ⇒ 조건은 입력데이터를 이용하고, 결과값에 '명'을 붙이시오
　　　　　　　　　　　　　(DSUM 함수, & 연산자)(예 : 1명).

(4) 은평지점 수강인원 평균 ⇒ (SUMIF, COUNTIF 함수)

(5) 최대 수강료(단위:원) ⇒ 정의된 이름(수강료)을 이용하여 구하시오(MAX 함수).

(6) 강사명 ⇒ 「H14」 셀에서 선택한 강좌명에 대한 강사명을 표시하시오(VLOOKUP 함수).

(7) 조건부 서식의 수식을 이용하여 수강료(단위:원)가 '100,000' 이상인 행 전체에 다음의 서식을 적용하시오
　　(글꼴 : 파랑, 굵게).

[제2작업] 목표값 찾기 및 필터

- [제1작업] 시트의 데이터를 복사하여 [제2작업] 시트에 붙여넣습니다.
- 조건에 맞춰 함수로 값을 계산한 후 원하는 목표값을 찾습니다.
- 고급필터를 이용하여 특정 조건에 만족하는 데이터만 추출합니다.

소스파일: 05차시_유형1(문제).xlsx 완성파일: 05차시_유형1(완성).xlsx

문제 미리보기 "제1작업" 시트의 「B4:H12」 영역을 복사하여 "제2작업" 시트의 「B2」 셀부터 모두 붙여넣기를 한 후 다음의 조건과 같이 작업하시오.

《조건》

(1) 목표값 찾기 – 「B11:G11」 셀을 병합하여 "아람 제품의 가격 평균"을 입력한 후 「H11」 셀에 아람 제품의 가격 평균을 구하시오. 단, 조건은 입력데이터를 이용하시오(DAVERAGE 함수, 테두리, 가운데 맞춤).
- '아람 제품의 가격 평균'이 '32,000'이 되려면 잠수함의 가격이 얼마가 되어야 하는지 목표값을 구하시오.

(2) 고급필터 – 유형이 '스포츠'이거나 하반기 판매량이 '3,000' 이하인 자료의 제품명, 가격, 상반기 판매량, 하반기 판매량 데이터만 추출하시오.
- 조건 범위 : 「B14」 셀부터 입력하시오.
- 복사 위치 : 「B18」 셀부터 나타나도록 하시오.

01 데이터 복사 및 붙여넣기

☞ "제1작업" 시트의 「B4:H12」 영역을 복사하여 "제2작업" 시트의 「B2」 셀부터 모두 붙여넣기를 한 후 다음의 조건과 같이 작업하시오.

❶ 05차시_유형1(문제).xlsx 파일을 실행한 후 **[제1작업]** 시트를 선택합니다. 데이터를 복사하기 위해 **[B4:H12]** 영역을 드래그한 후 [홈] 탭-[클립보드] 그룹에서 **복사(📄)**를 클릭합니다.

➕ 복사 바로 가기 키 : Ctrl+C

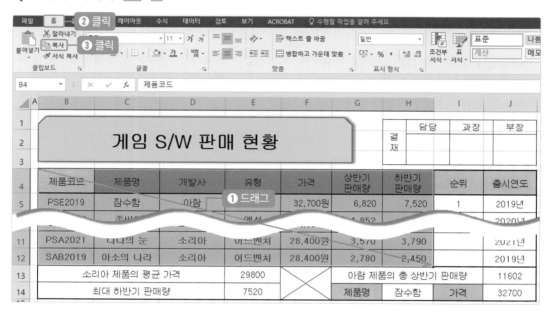

❷ 복사한 데이터를 붙여넣기 위해 **[제2작업]** 시트의 **[B2]** 셀을 선택한 후 [홈] 탭-[클립보드] 그룹에서 **붙여넣기(📋)**를 클릭합니다.

➕ 붙여넣기 바로 가기 키 : Ctrl+V

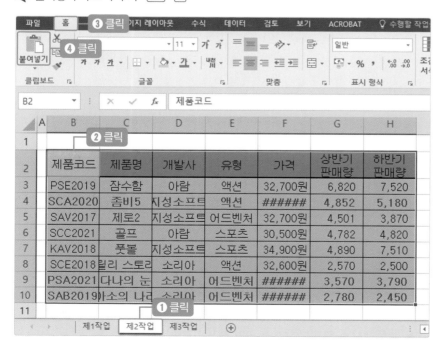

❸ 복사된 데이터의 열 너비를 조절하기 위해 [B:H] 열 머리글을 드래그한 후 **열 머리글 사이(+)를 더블클릭**합니다.

> ➕ • 열 머리글 경계선을 더블클릭하면 해당 열에서 가장 긴 글자에 맞추어 자동으로 열의 너비가 조절됩니다.
> • 자동으로 조절된 열의 너비가 《출력형태》에 비해 좁다고 판단되면 마우스로 드래그하여 열 너비를 넓혀줍니다.

02 목표값 찾기

1. 아람 제품 가격의 평균 구하기

> ⑴ 목표값 찾기 – 「B11:G11」 셀을 병합하여 "아람 제품의 가격 평균"을 입력한 후 「H11」 셀에 아람 제품의 가격 평균을 구하시오. 단, 조건은 입력데이터를 이용하시오(DAVERAGE 함수, 테두리, 가운데 맞춤).

❶ 셀을 병합하고 테두리를 지정하기 위해 [B11:G11] 영역을 드래그합니다. [홈] 탭-[맞춤] 그룹에서 **병합하고 가운데 맞춤()을 클릭한 후 아람 제품의 가격 평균**을 입력합니다.

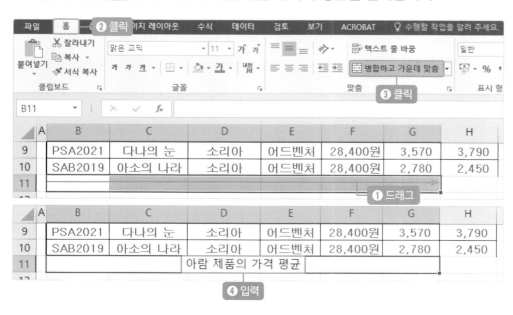

❷ 아람 제품의 가격 평균을 계산하기 위해 [H11] 셀을 선택하여 =DAVERAGE(B2:H10,5,D2:D3)를 입력한 후 [홈] 탭-[맞춤] 그룹에서 **가운데 맞춤(≡)**을 클릭합니다.

> ➕ 함수식 작성이 어려운 수험생은 '함수 마법사(ƒₓ)'를 이용합니다.

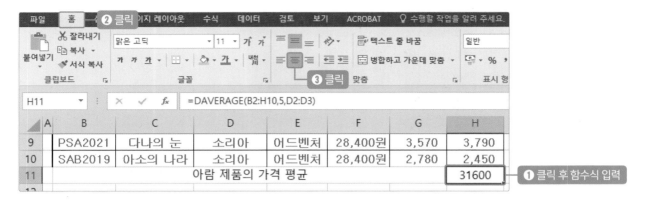

시험꿀팁

목표값 찾기에서 출제되는 함수는 'AVERAGE'와 'DAVERAGE' 함수가 번갈아가며 출제되고 있습니다.

❸ 테두리를 지정하기 위해 [B11:H11] 영역을 드래그한 후 [홈] 탭-[글꼴] 그룹에서 테두리(▦)의 목록 단추(▾)를 눌러 **모든 테두리(⊞)**를 선택합니다.

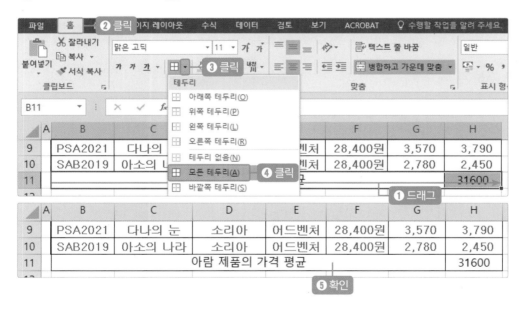

2. 목표값 찾기

> - '아람 제품의 가격 평균'이 '32,000'이 되려면 잠수함의 가격이 얼마가 되어야 하는지 목표값을 구하시오.

❶ 목표값 찾기를 실행하기 위해 [H11] 셀을 클릭한 후 [데이터] 탭-[예측] 그룹에서 [가상 분석(▦)]-**목표값 찾기**를 클릭합니다.

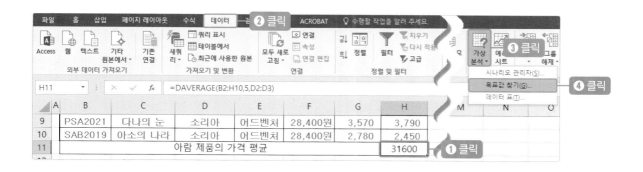

❷ [목표값 찾기] 대화상자에서 **수식 셀([H11])**, **찾는 값(32000)**, **값을 바꿀 셀([F3])**을 각각 선택 및 입력한 후 <확인>을 클릭합니다.

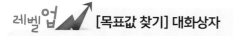 **[목표값 찾기] 대화상자**

❶ 수식 셀 : 원하는 결과값을 얻기 위해서 해당 셀은 반드시 수식으로 입력되어야 합니다.

❷ 찾는 값 : 수식 셀의 결과값을 기준으로 원하는 목표값을 입력합니다.

❸ 값을 바꿀 셀 : 목표값을 찾기 위해 값이 변경되어야 할 셀을 지정합니다.

❸ [목표값 찾기 상태] 대화상자에서 **목표값(32000)**을 확인한 후 <확인>을 클릭합니다.

➕ 목표값 32,000원을 찾기 위해 [F3] 셀의 값이 '32,700'에서 '33,500'으로 변경된 것을 확인합니다.

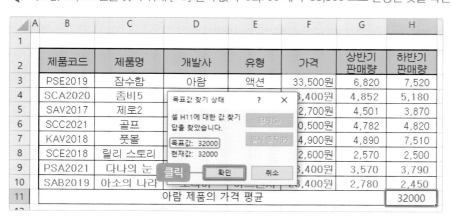

❹ 목표값 찾기 결과 확인이 끝나면 Ctrl+S를 눌러 파일을 저장합니다.

(2) 고급필터 – 유형이 '스포츠'이거나 하반기 판매량이 '3,000' 이하인 자료의 제품명, 가격, 상반기 판매량, 하반기 판매량 데이터만 추출하시오.
　　– 조건 범위 : 「B14」 셀부터 입력하시오.
　　– 복사 위치 : 「B18」 셀부터 나타나도록 하시오.

❶ 고급필터의 조건을 입력하기 위해 **유형([E2])** 과 **하반기 판매량([H2])** 셀을 선택한 후 [홈] 탭-[클립보드] 그룹에서 **복사(📋)** 를 클릭합니다.

➕ • 떨어져 있는 셀을 연속으로 선택할 때는 [Ctrl]을 누른 채 다음 셀을 클릭합니다.
　• 복사 바로 가기 키 : [Ctrl]+[C]

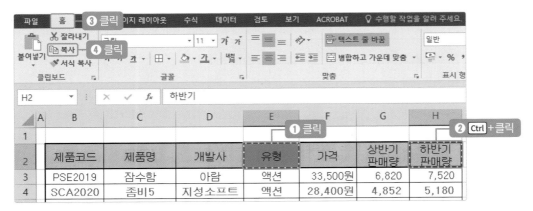

❷ 지정된 조건 범위에 붙여넣기 위해 **[B14]** 셀을 선택한 후 [홈] 탭-[클립보드] 그룹에서 **붙여넣기(📋)** 를 클릭합니다.

➕ 붙여넣기 바로 가기 키 : [Ctrl]+[V]

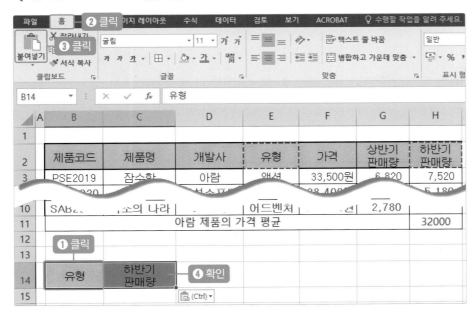

❸ 유형이 '스포츠'이거나, 하반기 판매량이 '3,000 이하'인 조건을 지정하기 위해 [B15] 셀에는 **스포츠**, [C16] 셀에는 **<=3000**으로 조건을 입력합니다.

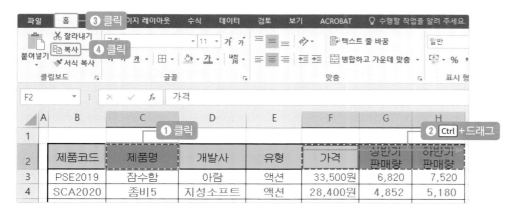

❹ 원본 데이터에서 특정 데이터만 추출하기 위해 **제품명([C2]), 가격([F2]), 상반기 판매량([G2]), 하반기 판매량([H2])** 셀을 선택한 후 [홈] 탭-[클립보드] 그룹에서 **복사(📋)**를 클릭합니다.

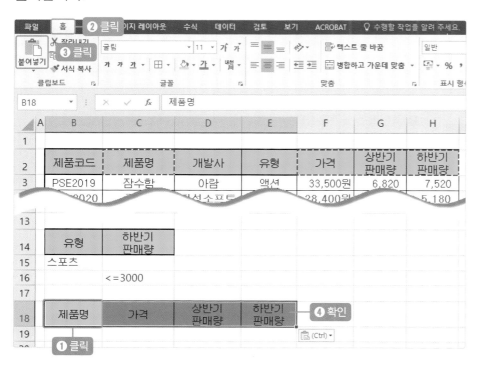

❺ 지정된 복사 위치에 붙여넣기 위해 [B18] 셀을 선택한 후 [홈] 탭-[클립보드] 그룹에서 **붙여넣기(📋)**를 클릭합니다.

레벨업 고급필터 조건 지정

❶ 고급필터에서 자주 사용하는 비교 연산자

연산자	의미	사용 예	연산자	의미	사용 예
>	크다(초과)	>5000	>=	크거나 같다(이상)	>=5000
<	작다(미만)	<5000	<=	작거가 같다(이하)	<=5000
<>	같지 않다	<>5000			

❷ 만능문자(*, ?)

- * : 모든 문자를 대치하는 문자로 문자 앞/뒤에 붙여 사용할 수 있습니다.
- ? : 하나의 문자를 대치하는 문자로 글자 수에 맞추어 문자의 앞/뒤에 붙여 사용할 수 있습니다.

사용 예	의미	사용 예	의미
이*	이로 시작하는 모든 문자열 (예 : 이름, 이순신, 이화여대)	이? 이??	이로 시작하는 두 글자(예 : 이름) 이로 시작하는 세 글자(예 : 이태원)
*이	이로 끝나는 모든 문자열 (예 : 오이, 고양이, 어린아이)	?이 ??이	이로 끝나는 두 글자(예 : 구이) 이로 끝나는 세 글자(예 : 어린이)
이	이가 포함된 모든 문자열 (예 : 다이소, 송이버섯)	?이?	중간에 이가 들어가는 세 글자 (예 : 아이콘)

❸ 고급필터에 자주 사용하는 논리 연산자

사용 예	의미
<table A/B/C, rows 13–15: 상품명 | 가격, 청소기 | >=100000>	❶ AND(~이고, ~이면서) 조건 : 같은 행에 입력합니다. ❷ 상품명이 '청소기'이면서(이고) 가격이 '100,000' 이상인 데이터를 추출합니다.
<table A/B/C, rows 13–15: 상품명 | 가격, <>청소기 | <=100000>	❶ AND(~이고, ~이면서) 조건 : 같은 행에 입력합니다. ❷ 상품명이 '청소기'가 아니면서(아니고) 가격이 '100,000' 이하인 데이터를 추출합니다.
<table A/B/C, rows 13–16: 사원명 | 입사연도, 이* | , | >=2021-01-01>	❶ OR(~또는, ~이거나) 조건 : 서로 다른 행에 입력합니다. ❷ 사원명이 '이'로 시작하거나(또는) 입사연도가 '2021-01-01'이후(해당일 포함)인 데이터를 추출합니다.

	B	C	
13			
14	**사원명**	**입사연도**	
15	*민지		
16		<=2021-01-01	

❶ OR(~또는, ~이거나) 조건 : 서로 다른 행에 입력합니다.

❷ 사원명이 '민지'로 끝나거나(또는) 입사연도가 '2021-01-01'이전(해당일 포함)인 데이터를 추출합니다.

	B	C	
13			
14	**사원명**	**입사연도**	
15	*나*		
16		2021-01-01	

❶ OR(~또는, ~이거나) 조건 : 서로 다른 행에 입력합니다.

❷ 사원명 중간에 '나'가 포함되거나(또는) 입사연도가 '2021-01-01'인 데이터를 추출합니다.

	B	C	
13			
14	**부서**	**매출액**	
15	영업1팀	>=1000000	
16	영업2팀	>=2000000	

❶ AND+OR 조건 : 2개의 조건을 동시에 입력합니다.

❷ 부서가 '영업1팀이면서 매출액이 1,000,000 이상'이거나, 부서가 '영업2팀이면서 매출액이 2,000,000 이상'인 데이터를 추출합니다.

❻ 고급필터를 작성하기 위해 [B2:H10] 영역을 드래그한 후 [데이터] 탭-[정렬 및 필터] 그룹에서 **고급**(📃고급)을 클릭합니다.

➕ 범위를 지정할 때 목표값 찾기를 위해 작성한 부분([B11:H11])은 선택되지 않도록 주의합니다.

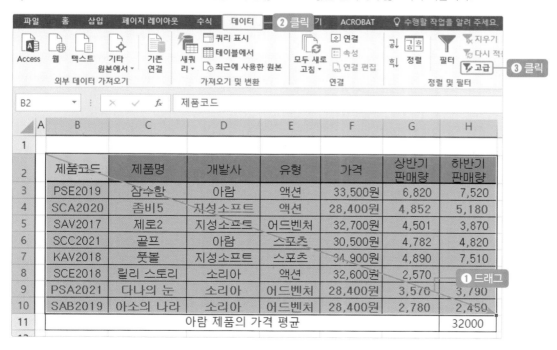

❼ [고급필터] 대화상자에서 **결과(다른 장소에 복사), 목록 범위(B2:H10), 조건 범위(B14:C16), 복사 위치 (B18:E18)**를 각각 지정한 후 <확인>을 클릭합니다.

➕ '조건 범위' 및 '복사 위치'는 해당 셀 범위를 마우스로 드래그하여 지정합니다.

	제품코드	제품명	개발사	유형	가격	상반기 판매량	하반기 판매량
3	PSE2019	잠수함	아람	액션	33,500원	6,820	7,520
4	SCA2020	좀비5	지성소프트	액션	28,400원	4,852	5,180
5	SAV2017	제로2	지성소프트	어드벤처	32,700원	4,501	3,870
6	SCC2021	골프	아람	스포츠	30,500원	4,782	4,820
7	KAV2018	풋볼	지성소프트	스포츠	34,900원	4,890	7,510
8	SCE2018	릴리 스토리	소리아	액션	32,600원	2,570	2,500
9	PSA2021	다나의 눈	소리아	어드벤처	28,400원	3,570	3,790
10	SAB2019	아소의 나라	소리아	어드벤처	28,400원	2,780	2,450
11	아람 제품의 가격 평균						32000

	유형	하반기 판매량
14		
15	스포츠	
16		<=3000

	제품명	가격	상반기 판매량	하반기 판매량
18				

고급 필터
결과
○ 현재 위치에 필터(F)
◉ 다른 장소에 복사(O) — ❶ 클릭
목록 범위(L): $B$2:$H$10
조건 범위(C): !!$B$14:$C$16 — ❷ 지정
복사 위치(T): :!$B$18:$E$18
☐ 동일한 레코드는 하나만(R)
❸ 클릭 [확인] [취소]

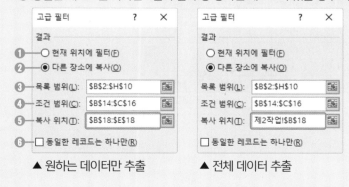

❽ 조건에 맞추어 데이터가 추출되면 Ctrl + S 를 눌러 파일을 저장합니다.

	제품코드	제품명	개발사	유형	가격	상반기 판매량	하반기 판매량
3	PSE2019	잠수함	아람	액션	33,500원	6,820	7,520
4	SCA2020	좀비5	지성소프트	액션	28,400원	4,852	5,180
5	SAV2017	제로2	지성소프트	어드벤처	32,700원	4,501	3,870
6	SCC2021	골프	아람	스포츠	30,500원	4,782	4,820
7	KAV2018	풋볼	지성소프트	스포츠	34,900원	4,890	7,510
8	SCE2018	릴리 스토리	소리아	액션	32,600원	2,570	2,500
9	PSA2021	다나의 눈	소리아	어드벤처	28,400원	3,570	3,790
10	SAB2019	아소의 나라	소리아	어드벤처	28,400원	2,780	2,450
11	아람 제품의 가격 평균						32000

	유형	하반기 판매량
15	스포츠	
16		<=3000

	제품명	가격	상반기 판매량	하반기 판매량
19	골프	30,500원	4,782	4,820
20	풋볼	34,900원	4,890	7,510
21	릴리 스토리	32,600원	2,570	2,500
22	아소의 나라	28,400원	2,780	2,450

레벨업 📈 열 너비 조절

고급 필터 작업 후 열 너비가 좁아서 데이터가 다 보이지 않을 경우에는 열의 너비를 적당히 조절합니다.

	유형	하반기 판매량
14	유형	하반기 판매량
15	스포츠	
16		<=3000

	제품명	가격	상반기 판매량	하반기 판매량
18	제품명	가격	상반기 판매량	하반기 판매량
19	골프	######	4,782	4,820
20	풋볼	######	4,890	7,510
21	릴리 스토리	######	2,570	2,500
22	아소의 나라	######	2,780	2,450

	유형	하반기 판매량
14	유형	하반기 판매량
15	스포츠	
16		<=3000

	제품명	가격	상반기 판매량	하반기 판매량
18	제품명	가격	상반기 판매량	하반기 판매량
19	골프	30,500원	4,782	4,820
20	풋볼	34,900원	4,890	7,510
21	릴리 스토리	32,600원	2,570	2,500
22	아소의 나라	28,400원	2,780	2,450

1 "제1작업" 시트의 「B4:H12」 영역을 복사하여 "제2작업" 시트의 「B2」 셀 부터 모두 붙여넣기를 한 후 다음의 조건과 같이 작업하시오.

소스파일: 05차시_유형1-1(문제).xlsx
완성파일: 05차시_유형1-1(완성).xlsx

《조건》

(1) 목표값 찾기 – 「B11:G11」 셀을 병합하여 "제조사 JWP 상품의 가격 평균"을 입력한 후 「H11」 셀에 제조사 JWP 상품의 가격 평균을 구하시오. 단, 조건은 입력데이터를 이용하시오 (DAVERAGE 함수, 테두리, 가운데 맞춤).

– '제조사 JWP 상품의 가격 평균'이 '9,500'이 되려면 베이킹소다의 가격이 얼마가 되어야 하는지 목표값을 구하시오.

(2) 고급필터 – 상품코드가 'P'로 시작하거나 조회수가 '100,000' 이상인 자료의 상품명, 제조사, 가격, 점수(5점 만점) 데이터만 추출하시오.

– 조건 범위 : 「B14」 셀부터 입력하시오.

– 복사 위치 : 「B18」 셀부터 나타나도록 하시오.

2 "제1작업" 시트의 「B4:H12」 영역을 복사하여 "제2작업" 시트의 「B2」 셀 부터 모두 붙여넣기를 한 후 다음의 조건과 같이 작업하시오.

소스파일: 05차시_유형1-2(문제).xlsx
완성파일: 05차시_유형1-2(완성).xlsx

《조건》

(1) 목표값 찾기 – 「B11:G11」 셀을 병합하여 "시공업체 JUM 품목의 시공비(단위:천원) 평균"을 입력한 후 「H11」 셀에 시공업체 JUM 품목의 시공비(단위:천원) 평균을 구하시오. 단, 조건은 입력데이터를 이용하시오 (DAVERAGE 함수, 테두리, 가운데 맞춤).

– '시공업체 JUM 품목의 시공비(단위:천원) 평균'이 '1,500'이 되려면 수박의 시공비(단위:천원)가 얼마가 되어야 하는지 목표값을 구하시오.

(2) 고급필터 – 관리코드가 'L'로 시작하거나 농가면적이 '5,000' 이하인 자료의 품목명, 운영기간(년), 시공비(단위:천원), 농가면적 데이터만 추출하시오.

– 조건 범위 : 「B14」 셀부터 입력하시오.

– 복사 위치 : 「B18」 셀부터 나타나도록 하시오.

3 "제1작업" 시트의 「B4:H12」 영역을 복사하여 "제2작업" 시트의 「B2」 셀부터 모두 붙여넣기를 한 후 다음의 조건과 같이 작업하시오.

소스파일: 05차시_유형1-3(문제).xlsx
완성파일: 05차시_유형1-3(완성).xlsx

《조건》

(1) 목표값 찾기 – 「B11:G11」 셀을 병합하여 "누적 대출권수 평균"을 입력한 후 「H11」 셀에 누적 대출권수 평균을 구하시오. (AVERAGE 함수, 테두리, 가운데 맞춤).
　　　　　– '누적 대출권수 평균'이 '790'이 되려면 전수민의 누적 대출권수가 얼마가 되어야 하는지 목표값을 구하시오.

(2) 고급필터 – 학교명이 '산월초등학교' 이면서 누적 대출권수가 '900' 이상인 자료의 데이터만 추출하시오.
　　　　　– 조건 범위 : 「B14」 셀부터 입력하시오.
　　　　　– 복사 위치 : 「B18」 셀부터 나타나도록 하시오.

 4 "제1작업" 시트의 「B4:H12」 영역을 복사하여 "제2작업" 시트의 「B2」 셀부터 모두 붙여넣기를 한 후 다음의 조건과 같이 작업하시오.

소스파일: 05차시_유형1-4(문제).xlsx
완성파일: 05차시_유형1-4(완성).xlsx

《조건》

(1) 목표값 찾기 – 「B11:G11」 셀을 병합하여 "수강인원 평균"을 입력한 후 「H11」 셀에 수강인원 평균을 구하시오. (AVERAGE 함수, 테두리, 가운데 맞춤).
　　　　　– '수강인원 평균'이 '40'이 되려면 캘리그라피의 수강인원이 얼마가 되어야 하는지 목표값을 구하시오.

(2) 고급필터 – 지점이 '구로'이면서 수강료(단위:원)가 '100,000' 이하인 자료의 데이터만 추출하시오.
　　　　　– 조건 범위 : 「B14」 셀부터 입력하시오.
　　　　　– 복사 위치 : 「B18」 셀부터 나타나도록 하시오.

[제2작업] 필터 및 서식

- [제1작업] 시트의 데이터를 복사하여 [제2작업] 시트에 붙여넣습니다.
- 고급필터를 이용하여 특정 조건에 만족하는 데이터만 추출합니다.
- 고급필터 결과를 표 서식의 스타일로 지정합니다.

소스파일: 05차시_유형2(문제).xlsx   완성파일: 05차시_유형2(완성).xlsx

문제 미리보기 "제1작업" 시트의 「B4:H12」 영역을 복사하여 "제2작업" 시트의 「B2」 셀부터 모두 붙여넣기를 한 후 다음의 조건과 같이 작업하시오.

《조건》
(1) 고급필터 – 개발사가 '소리아'이면서 하반기 판매량이 '2,500' 이상인 데이터만 추출하시오.
- 조건 범위 : 「B14」 셀부터 입력하시오.
- 복사 위치 : 「B18」 셀부터 나타나도록 하시오.

(2) 표 서식 – 고급필터의 결과셀을 채우기 없음으로 설정한 후 '표 스타일 보통 6'의 서식을 적용하시오.
- 머리글 행, 줄무늬 행을 적용하시오.

⭐ 과정 미리보기   데이터 복사 및 붙여넣기 ➔ 필터 조건 입력 ➔ 고급필터 ➔ 채우기 없음 지정 ➔ 표 서식 적용

01 데이터 복사 및 붙여넣기

> ☞ "제1작업" 시트의 「B4:H12」 영역을 복사하여 "제2작업" 시트의 「B2」 셀부터 모두 붙여넣기를 한 후 다음의 조건과 같이 작업하시오.

❶ 05차시_유형2(문제).xlsx 파일을 실행한 후 [제1작업] 시트를 선택합니다. 데이터를 복사하기 위해 [B4:H12] 영역을 드래그한 후 [홈] 탭-[클립보드] 그룹에서 **복사(📄)**를 클릭합니다.

➕ 복사 바로 가기 키 : Ctrl+C

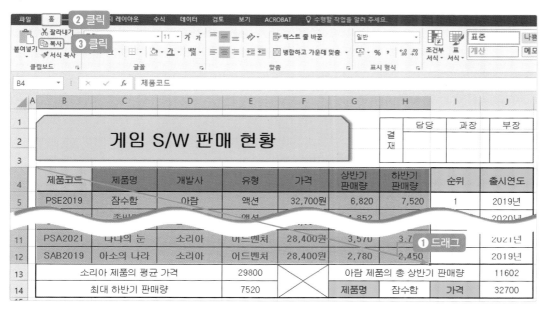

❷ 복사한 데이터를 붙여넣기 위해 [제2작업] 시트의 [B2] 셀을 선택한 후 [홈] 탭-[클립보드] 그룹에서 **붙여넣기(📋)**를 클릭합니다.

➕ 붙여넣기 바로 가기 키 : Ctrl+V

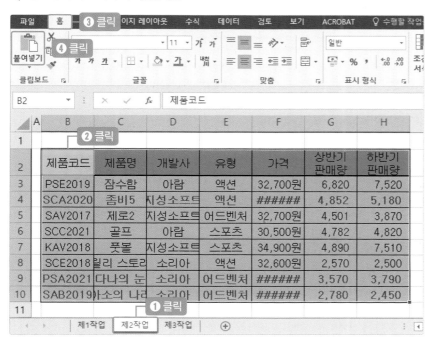

❸ 복사된 데이터의 열 너비를 조절하기 위해 [B:H] 열 머리글을 드래그한 후 **열 머리글 사이(✛)를** 더블클릭합니다.

➕ • 열 머리글 경계선을 더블클릭하면 해당 열에서 가장 긴 글자에 맞추어 자동으로 열의 너비가 조절됩니다.
　• 자동으로 조절된 열의 너비가 《출력형태》에 비해 좁다고 판단되면 마우스로 드래그하여 열 너비를 넓혀줍니다.

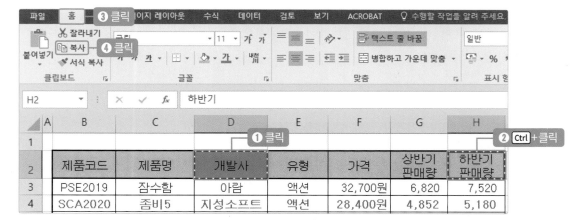

02 　 고급필터

　(1) 고급필터 – 개발사가 '소리아'이면서 하반기 판매량이 '2,500' 이상인 데이터만 추출하시오.
　　　　– 조건 범위 : 「B14」 셀부터 입력하시오.
　　　　– 복사 위치 : 「B18」 셀부터 나타나도록 하시오.

❶ 고급필터의 조건을 입력하기 위해 **개발사([D2])와 하반기 판매량([H2])** 셀을 선택한 후 [홈] 탭–[클립보드] 그룹에서 **복사(📋)를** 클릭합니다.

➕ • 떨어져 있는 셀을 연속으로 선택할 때는 Ctrl 을 누른 채 다음 셀을 클릭합니다.
　• 복사 바로 가기 키 : Ctrl + C

❷ 지정된 조건 범위에 붙여넣기 위해 **[B14]** 셀을 선택한 후 [홈] 탭–[클립보드] 그룹에서 **붙여넣기(📋)를** 클릭합니다.

➕ 붙여넣기 바로 가기 키 : Ctrl + V

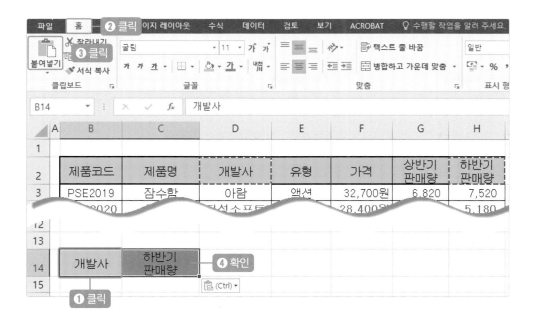

❸ 개발사가 '소리아'이면서 하반기 판매량이 '2,500 이상'인 조건을 지정하기 위해 [B15] 셀에는 **소리아**,
[C15] 셀에는 **>=2500**으로 조건을 입력합니다.

	A	B	C	D	E	F	G	H
9		PSA2021	다나의 눈	소리아	어드벤처	28,400원	3,570	3,790
10		SAB2019	아소의 나라	소리아	어드벤처	28,400원	2,780	2,450
11								
12								
13								
14		개발사	하반기 판매량					
15		소리아	>=2500	← 입력				
16								

❹ 고급필터를 작성하기 위해 [B2:H10] 영역을 드래그한 후 [데이터] 탭-[정렬 및 필터] 그룹에서 **고급**
(▼고급)을 클릭합니다.

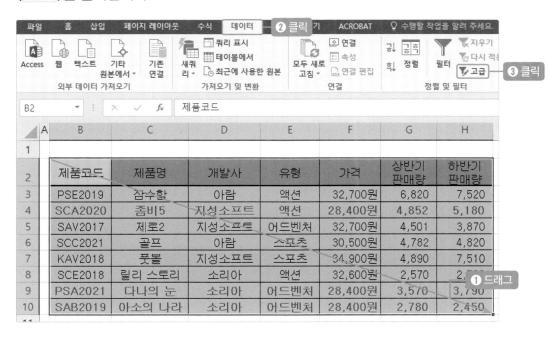

❺ [고급필터] 대화상자에서 **결과(다른 장소에 복사)**, **목록 범위(B2:H10)**, **조건 범위(B14:C15)**, **복사 위치 (B18)**를 각각 지정한 후 <확인>을 클릭합니다.

➕ '조건 범위' 및 '복사 위치'는 해당 셀 범위를 마우스로 드래그하여 지정합니다.

	A	B	C	D	E	F	G	H
2		제품코드	제품명	개발사	유형	가격	상반기 판매량	하반기 판매량
3		PSE2019	잠수함	아람	액션	32,700원	6,820	7,520
4		SCA2020	좀비5	지성소프트	액션	28,400원	4,852	5,180
5		SAV2017	제로2	지성소프트	어드벤처	32,700원	4,501	3,870
6		SCC2021	골프	아람	스포츠	30,500원	4,782	4,820
7		KAV2018	풋볼	지성소프트	스포츠	34,900원	4,890	7,510
8		SCE2018	릴리 스토리	소리아	액션	32,600원	2,570	2,500
9		PSA2021	다나의 눈	소리아	어드벤처	28,400원	3,570	3,790
10		SAB2019	아소의 나라	소리아	어드벤처	28,400원	2,780	2,450

	개발사	하반기 판매량
14		
15	소리아	>=2500

고급 필터

결과
○ 현재 위치에 필터(F)
◉ 다른 장소에 복사(O) — **❶ 클릭**

목록 범위(L): $B$2:$H$10
조건 범위(C): !!$B$14:$C$15 — **❷ 지정**
복사 위치(T): 제2작업!$B$18

☐ 동일한 레코드는 하나만(R)

❸ 클릭 확인 취소

❻ 조건에 맞추어 데이터가 추출되면 결과를 확인합니다.

	A	B	C	D	E	F	G	H
2		제품코드	제품명	개발사	유형	가격	상반기 판매량	하반기 판매량
3		PSE2019	잠수함	아람	액션	32,700원	6,820	7,520
4		SCA2020	좀비5	지성소프트	액션	28,400원	4,852	5,180
5		SAV2017	제로2	지성소프트	어드벤처	32,700원	4,501	3,870
6		SCC2021	골프	아람	스포츠	30,500원	4,782	4,820
7		KAV2018	풋볼	지성소프트	스포츠	34,900원	4,890	7,510
8		SCE2018	릴리 스토리	소리아	액션	32,600원	2,570	2,500
9		PSA2021	다나의 눈	소리아	어드벤처	28,400원	3,570	3,790
10		SAB2019	아소의 나라	소리아	어드벤처	28,400원	2,780	2,450
14		개발사	하반기 판매량					
15		소리아	>=2500					
18		제품코드	제품명	개발사	유형	가격	상반기 판매량	하반기 판매량
19		SCE2018	릴리 스토리	소리아	액션	32,600원	2,570	2,500
20		PSA2021	다나의 눈	소리아	어드벤처	28,400원	3,570	3,790

03 표 서식

(2) 표 서식 – 고급필터의 결과셀을 채우기 없음으로 설정한 후 '표 스타일 보통 6'의 서식을 적용하시오.
– 머리글 행, 줄무늬 행을 적용하시오.

❶ 고급필터로 추출된 결과셀의 채우기 색을 삭제하기 위해 [B18:H20] 영역을 드래그한 후 [홈] 탭–[글꼴] 그룹에서 채우기 색(🖌)의 목록 단추(▾)를 눌러 **채우기 없음**을 클릭합니다.

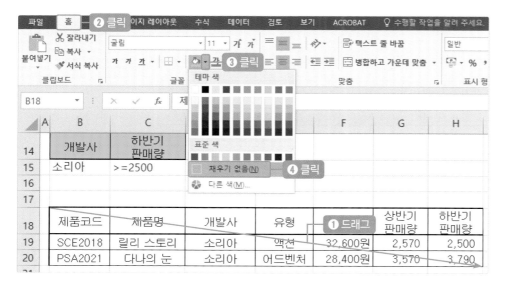

❷ 조건에 맞추어 표 스타일을 적용하기 위해 [홈] 탭–[스타일] 그룹에서 [표 서식(📋)]–보통–**표 스타일 보통 6**을 클릭합니다.

➕ 영역 지정이 해제되었을 경우 [B18:H20]을 다시 영역으로 지정한 후 표 서식을 작업합니다.

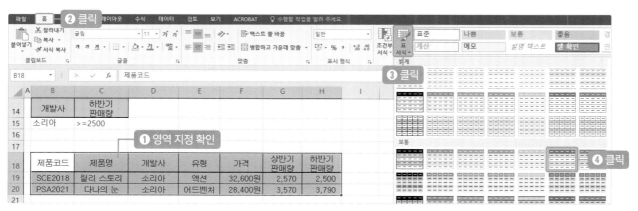

❸ [표 서식] 대화상자에서 **데이터 범위($B$18:$H$20)**를 확인한 후 <확인>을 클릭합니다.

	제품코드	제품명	개발사	유형	가격	상반기 판매량	하반기 판매량
18	제품코드	제품명	개발사	유형	가격	상반기 판매량	하반기 판매량
19	SCE2018	릴리 스토리	소리아	액션	32,600원	2,570	2,500
20	PSA2021	다나의 눈	소리아	어드벤처	28,400원	3,570	3,790

표 서식 ? ✕
표에 사용할 데이터를 지정하십시오(W).
=$B$18:$H$20
☑ 머리글 포함(M)
클릭 | 확인 | 취소

❹ 표 스타일 옵션을 지정하기 위해 [표 도구-디자인] 탭-[표 스타일 옵션] 그룹에서 **머리글 행**과 **줄무늬 행**이 선택(✓)되었는지 확인합니다.

> ➕ ・표 스타일 옵션을 지정하기 위해서는 표 스타일이 적용된 범위([B18:H20])를 클릭해야 활성화됩니다.
> ・표 서식을 적용한 후 열 간격이 좁거나 ###으로 표시되면 열의 너비를 조절합니다.

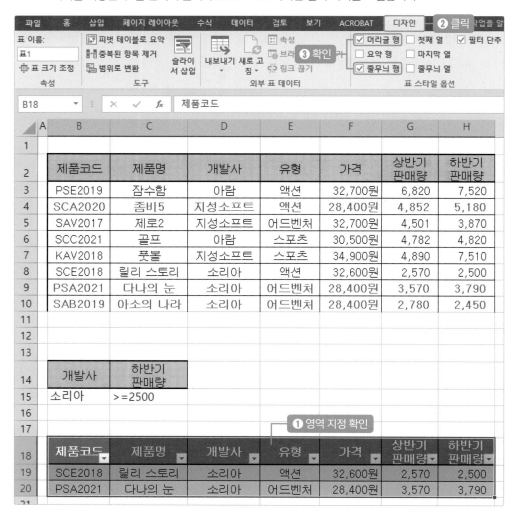

❺ 모든 작업이 완료되면 [Ctrl]+[S]를 눌러 파일을 저장합니다.

 "제1작업" 시트의 「B4:H12」 영역을 복사하여 "제2작업" 시트의 「B2」 셀부터 모두 붙여넣기를 한 후 다음의 조건과 같이 작업하시오.

소스파일: 05차시_유형2-1(문제).xlsx
완성파일: 05차시_유형2-1(완성).xlsx

《조건》

⑴ 고급필터 – 분류가 '시뮬레이션'이 아니면서 수익금(백만 달러)이 '1,000' 이상인 자료의 관리코드, 게임명, 수익금 (백만 달러), 서비스 시작일 데이터만 추출하시오.
  – 조건 범위 : 「B14」 셀부터 입력하시오.
  – 복사 위치 : 「B18」 셀부터 나타나도록 하시오.

⑵ 표 서식 – 고급필터의 결과셀을 채우기 없음으로 설정한 후 '표 스타일 보통 7'의 서식을 적용하시오.
  – 머리글 행, 줄무늬 행을 적용하시오.

 "제1작업" 시트의 「B4:H12」 영역을 복사하여 "제2작업" 시트의 「B2」 셀부터 모두 붙여넣기를 한 후 다음의 조건과 같이 작업하시오.

소스파일: 05차시_유형2-2(문제).xlsx
완성파일: 05차시_유형2-2(완성).xlsx

《조건》

⑴ 고급필터 – 과정이 '체험'이 아니면서 신청인원이 '30' 이상인 자료의 관리번호, 캠프명, 시작일, 비용(단위:원) 데이터만 추출하시오.
  – 조건 범위 : 「B14」 셀부터 입력하시오.
  – 복사 위치 : 「B18」 셀부터 나타나도록 하시오.

⑵ 표 서식 – 고급필터의 결과셀을 채우기 없음으로 설정한 후 '표 스타일 보통 7'의 서식을 적용하시오.
  – 머리글 행, 줄무늬 행을 적용하시오.

3 "제1작업" 시트의 「B4:H12」 영역을 복사하여 "제2작업" 시트의 「B2」 셀부터 모두 붙여넣기를 한 후 다음의 조건과 같이 작업하시오.

소스파일: 05차시_유형2-3(문제).xlsx
완성파일: 05차시_유형2-3(완성).xlsx

《조건》

(1) 고급필터 – 기부금 총금액이 '200,000' 이하이거나 기부방법이 '지로'인 자료의 성명, 기부금 총금액, 기부방법, 성별 데이터만 추출하시오.
　　　　　 – 조건 범위 : 「B14」 셀부터 입력하시오.
　　　　　 – 복사 위치 : 「B18」 셀부터 나타나도록 하시오.

(2) 표 서식 – 고급필터의 결과셀을 채우기 없음으로 설정한 후 '표 스타일 보통 6'의 서식을 적용하시오.
　　　　　 – 머리글 행, 줄무늬 행을 적용하시오.

4 "제1작업" 시트의 「B4:H12」 영역을 복사하여 "제2작업" 시트의 「B2」 셀부터 모두 붙여넣기를 한 후 다음의 조건과 같이 작업하시오.

소스파일: 05차시_유형2-4(문제).xlsx
완성파일: 05차시_유형2-4(완성).xlsx

《조건》

(1) 고급필터 – 분류가 '의류'이거나 주문량이 '300' 이상인 자료의 데이터만 추출하시오.
　　　　　 – 조건 범위 : 「B14」 셀부터 입력하시오.
　　　　　 – 복사 위치 : 「B18」 셀부터 나타나도록 하시오.

(2) 표 서식 – 고급필터의 결과셀을 채우기 없음으로 설정한 후 '표 스타일 보통 3'의 서식을 적용하시오.
　　　　　 – 머리글 행, 줄무늬 행을 적용하시오.

[제3작업] 정렬 및 부분합

- [제1작업] 시트의 데이터를 복사하여 [제2작업] 시트에 붙여넣습니다.
- 데이터를 오름차순 또는 내림차순으로 정렬합니다.
- 부분합을 작성한 후 윤곽을 지웁니다.

소스파일: 06차시_유형1(문제).xlsx　　완성파일: 06차시_유형1(완성).xlsx

출제 유형 미리보기　"제1작업" 시트의 「B4:H12」 영역을 복사하여 "제3작업" 시트의 「B2」 셀부터 모두 붙여넣기를 한 후 다음의 조건과 같이 작업하시오.

《조건》
(1) 부분합 - 《출력형태》처럼 정렬하고, 제품명의 개수와 하반기 판매량의 평균을 구하시오.
(2) 윤곽 - 지우시오.
(3) 나머지 사항은 《출력형태》에 맞게 작성하시오.

《출력형태》

◢	A	B	C	D	E	F	G	H
1								
2		제품코드	제품명	개발사	유형	가격	상반기 판매량	하반기 판매량
3		SAV2017	제로2	지성소프트	어드벤처	32,700원	4,501	3,870
4		PSA2021	다나의 눈	소리아	어드벤처	28,400원	3,570	3,790
5		SAB2019	아소의 나라	소리아	어드벤처	28,400원	2,780	2,450
6					어드벤처 평균			3,370
7			3		어드벤처 개수			
8		PSE2019	잠수함	아람	액션	32,700원	6,820	7,520
9		SCA2020	좀비5	지성소프트	액션	28,400원	4,852	5,180
10		SCE2018	릴리 스토리	소리아	액션	32,600원	2,570	2,500
11					액션 평균			5,067
12			3		액션 개수			
13		SCC2021	골프	아람	스포츠	30,500원	4,782	4,820
14		KAV2018	풋볼	지성소프트	스포츠	34,900원	4,890	7,510
15					스포츠 평균			6,165
16			2		스포츠 개수			
17					전체 평균			4,705
18			8		전체 개수			

★ **과정 미리보기**　데이터 복사 및 붙여넣기 ➡ 데이터 정렬 ➡ 1차 부분합 작성 ➡ 2차 부분합 작성 ➡ 윤곽 지우기

01 데이터 복사 및 붙여넣기

> ☞ "제1작업" 시트의 「B4:H12」 영역을 복사하여 "제3작업" 시트의 「B2」 셀부터 모두 붙여넣기를 한 후 다음의 조건과 같이 작업하시오.

❶ 06차시_유형1(문제).xlsx 파일을 실행한 후 **[제1작업]** 시트를 선택합니다. 데이터를 복사하기 위해 **[B4:H12]** 영역을 드래그한 후 [홈] 탭-[클립보드] 그룹에서 **복사(🖹)**를 클릭합니다.

➕ 복사 바로 가기 키 : Ctrl+C

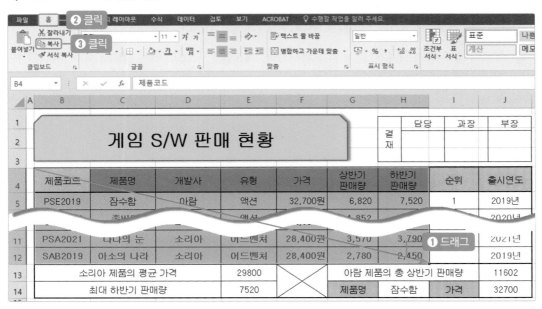

❷ 복사한 데이터를 붙여넣기 위해 **[제3작업]** 시트의 **[B2]** 셀을 선택한 후 [홈] 탭-[클립보드] 그룹에서 **붙여넣기(🖹)**를 클릭합니다.

➕ 붙여넣기 바로 가기 키 : Ctrl+V

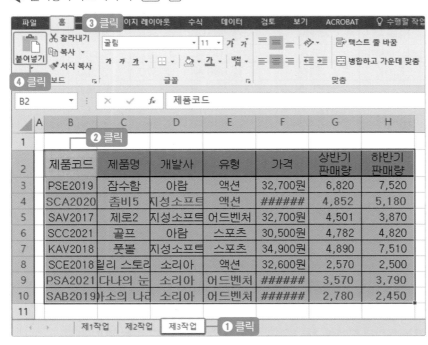

❸ 복사된 데이터의 열 너비를 조절하기 위해 [B:H] 열 머리글을 드래그한 후 **열 머리글 사이(+)를** 더블클릭
합니다.

	제품코드	제품명	개발사	유형	가격	상반기 판매량	하반기 판매량
	PSE2019	잠수함	아람	액션	32,700원	6,820	7,520
	SCA2020	좀비5	지성소프트	액션	28,400원	4,852	5,180
	SAV2017	제로2	지성소프트	어드벤처	32,700원	4,501	3,870
	SCC2021	골프	아람	스포츠	30,500원	4,782	4,820
	KAV2018	풋볼	지성소프트	스포츠	34,900원	4,890	7,510
	SCE2018	릴리 스토리	소리아	액션	32,600원	2,570	2,500
	PSA2021	다나의 눈	소리아	어드벤처	28,400원	3,570	3,790
	SAB2019	아소의 나라	소리아	어드벤처	28,400원	2,780	2,450

02 정렬

(1) 부분합 – 《출력형태》처럼 정렬하고, 제품명의 개수와 하반기 판매량의 평균을 구하시오.

❶ 부분합에서 사용할 그룹화 항목을 정렬하기 위해 **유형([E2])**을 선택한 후 [데이터] 탭-[정렬 및 필터] 그룹에서 **텍스트 내림차순 정렬(흭↓)**을 클릭합니다.

➕ 정렬 작업은 《출력형태》에서 부분합으로 그룹화된 항목(유형)을 참고하여 '오름차순' 또는 '내림차순'으로 정렬합니다.

제품코드	제품명	개발사	유형	가격	상반기 판매량	하반기 판매량
PSE2019	잠수함	아람	액션	32,700원	6,820	7,520
SCA2020	좀비5	지성소프트	액션	28,400원	4,852	5,180
SAV2017	제로2	지성소프트	어드벤처	32,700원	4,501	3,870
SCC2021	골프	아람	스포츠	30,500원	4,782	4,820
KAV2018	풋볼	지성소프트	스포츠	34,900원	4,890	7,510
SCE2018	릴리 스토리	소리아	액션	32,600원	2,570	2,500
PSA2021	다나의 눈	소리아	어드벤처	28,400원	3,570	3,790
SAB2019	아소의 나라	소리아	어드벤처	28,400원	2,780	2,450

❷ 정렬된 데이터의 순서가 《출력형태》와 동일한지 확인합니다.

제품코드	제품명	개발사	유형	가격	상반기 판매량	하반기 판매량
SAV2017	제로2	지성소프트	어드벤처	32,700원	4,501	3,870
PSA2021	다나의 눈	소리아	어드벤처	28,400원	3,570	3,790
SAB2019	아소의 나라	소리아	어드벤처	28,400원	2,780	2,450
PSE2019	잠수함	아람	액션	32,700원	6,820	7,520
SCA2020	좀비5	지성소프트	액션	28,400원	4,852	5,180
SCE2018	릴리 스토리	소리아	액션	32,600원	2,570	2,500
SCC2021	골프	아람	스포츠	30,500원	4,782	4,820
KAV2018	풋볼	지성소프트	스포츠	34,900원	4,890	7,510

레벨업 📈 텍스트 정렬

❶ 오름차순 정렬 : 한글(ㄱ, ㄴ, ㄷ...), 숫자(1, 2, 3...), 영문(A, B, C...)

❷ 내림차순 정렬 : 한글(ㅎ, ㅍ, ㅌ...), 숫자(10, 9, 8...), 영문(Z, Y, X...)

부분합

(1) 부분합 – 《출력형태》처럼 정렬하고, 제품명의 개수와 하반기 판매량의 평균을 구하시오.
(2) 윤곽 –지우시오.

1. 부분합

❶ 부분합을 작성하기 위해 범위([B2:H10]) 내에서 임의의 셀(예 : [B2])을 선택한 후 [데이터] 탭–[윤곽선] 그룹에서 **부분합(▦)**을 클릭합니다.

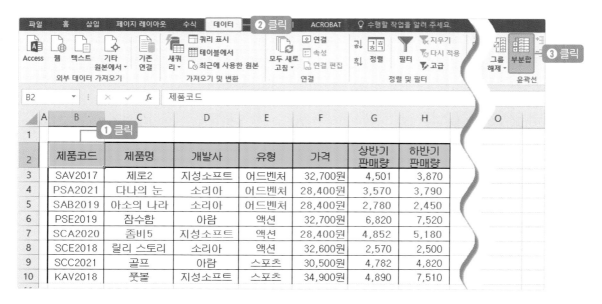

❷ [부분합] 대화상자에서 **그룹화할 항목(유형), 사용할 함수(개수), 부분합 계산 항목(제품명)**을 지정한 후 <확인>을 클릭합니다.

➕ 부분합을 작성할 때는 《조건》 및 《출력형태》를 참고하여 작업하며, 불필요한 '부분합 계산 항목(예 : 하반기판매량)'은 선택을 해제시킵니다.

시험꿀팁

부분합을 작성할 때는 《조건》 순서('제품명의 개수' → '하반기 판매량의 평균')에 맞추어 작성합니다.

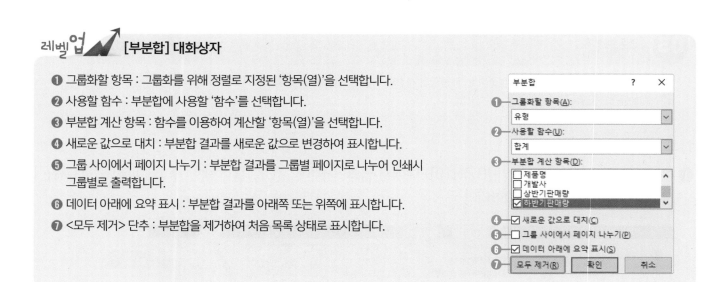

레벨업 [부분합] 대화상자

❶ 그룹화할 항목 : 그룹화를 위해 정렬로 지정된 '항목(열)'을 선택합니다.

❷ 사용할 함수 : 부분합에 사용할 '함수'를 선택합니다.

❸ 부분합 계산 항목 : 함수를 이용하여 계산할 '항목(열)'을 선택합니다.

❹ 새로운 값으로 대치 : 부분합 결과를 새로운 값으로 변경하여 표시합니다.

❺ 그룹 사이에서 페이지 나누기 : 부분합 결과를 그룹별 페이지로 나누어 인쇄시 그룹별로 출력합니다.

❻ 데이터 아래에 요약 표시 : 부분합 결과를 아래쪽 또는 위쪽에 표시합니다.

❼ <모두 제거> 단추 : 부분합을 제거하여 처음 목록 상태로 표시합니다.

❸ 1차 부분합 결과가 나오면 2차 부분합을 작성하기 [데이터] 탭-[윤곽선] 그룹에서 **부분합(圖)**을 클릭합니다.

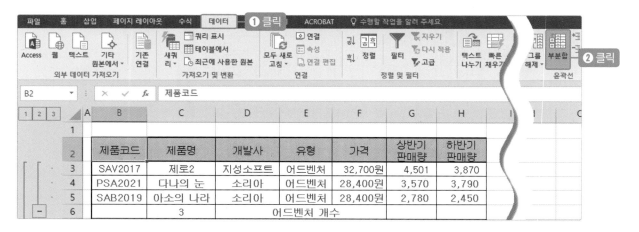

❹ [부분합] 대화상자에서 **그룹화할 항목(유형), 사용할 함수(평균), 부분합 계산 항목(하반기판매량), 새로운 값으로 대치(선택 해제)**를 지정한 후 **<확인>**을 클릭합니다.

➕ 2차 부분합 작성 시 '새로운 값으로 대치' 항목과 이전 부분합 계산 항목(제품명)의 선택을 해제해야 합니다.

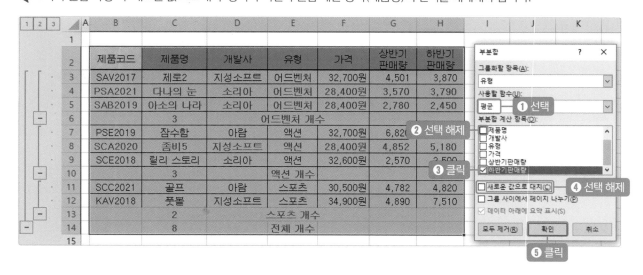

2. 윤곽 지우기　　(2) 윤곽 – 지우시오.

❶ 부분합 왼쪽에 표시된 윤곽을 지우기 위해 [데이터] 탭-[윤곽선] 그룹에서 그룹 해제(그룹 해제▾)-**윤곽 지우기**를 클릭합니다.

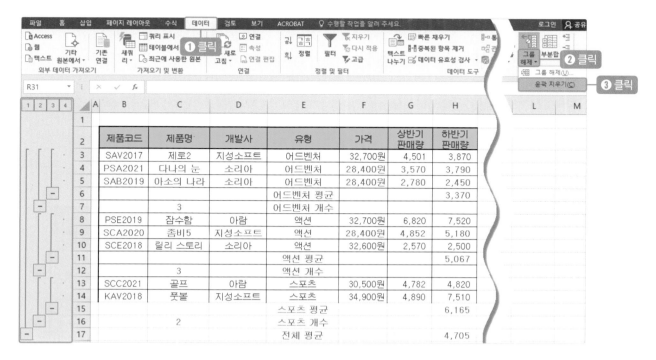

❷ 윤곽이 지워지면 [E] 열의 열 너비를 조절하기 위해 열 머리글의 경계선을 더블클릭합니다. 모든 작업이 완료되면 Ctrl+S를 눌러 파일을 저장합니다.

➕ 부분합 작성 후 열 간격이 좁거나 '###'으로 표시되면 열의 너비를 조절합니다.

	A	B	C	D	E	F	G	H
1								
2		제품코드	제품명	개발사	유형	가격	상반기 판매량	하반기 판매량
3		SAV2017	제로2	지성소프트	어드벤처	32,700원	4,501	3,870
4		PSA2021	다나의 눈	소리아	어드벤처	28,400원	3,570	3,790
5		SAB2019	아소의 나라	소리아	어드벤처	28,400원	2,780	2,450
6					어드벤처 평균			3,370
7			3		어드벤처 개수			
8		PSE2019	잠수함	아람	액션	32,700원	6,820	7,520
9		SCA2020	좀비5	지성소프트	액션	28,400원	4,852	5,180
10		SCE2018	릴리 스토리	소리아	액션	32,600원	2,570	2,500
11					액션 평균			5,067
12			3		액션 개수			
13		SCC2021	골프	아람	스포츠	30,500원	4,782	4,820
14		KAV2018	풋볼	지성소프트	스포츠	34,900원	4,890	7,510
15					스포츠 평균			6,165
16			2		스포츠 개수			
17					전체 평균			4,705
18			8		전체 개수			

1 "제1작업" 시트의 「B4:H12」 영역을 복사하여 "제3작업" 시트의 「B2」 셀부터 모두 붙여넣기를 한 후 다음의 조건과 같이 작업하시오.

소스파일: 06차시_유형1-1(문제).xlsx
완성파일: 06차시_유형1-1(완성).xlsx

《조건》

⑴ 부분합 – 《출력형태》처럼 정렬하고, 상품명의 개수와 가격의 평균을 구하시오.

⑵ 윤곽 –지우시오.

⑶ 나머지 사항은《출력형태》에 맞게 작성하시오.

《출력형태》

A	B	C	D	E	F	G	H
1							
2	상품코드	상품명	제조사	분류	가격	점수 (5점 만점)	조회수
3	QA4-548	샘물 12개	MB	식품	6,390원	4.5	174,320
4	PF4-525	멸균흰우유 10개	MB	식품	17,800원	4.2	18,222
5	PF4-122	즉석밥 세트	ANS	식품	17,650원	5.0	30,763
6				식품 평균	13,947원		
7		3		식품 개수			
8	EA4-475	베이킹소다	JWP	생활용품	4,640원	4.6	23,869
9	DA7-125	섬유유연제	JWP	생활용품	14,490원	4.2	52,800
10	WF1-241	롤화장지	JWP	생활용품	8,560원	4.0	12,870
11				생활용품 평균	9,230원		
12		3		생활용품 개수			
13	SF4-143	모이스쳐페이셜크림	ANS	뷰티	19,900원	4.5	10,967
14	KE4-124	퍼펙트클렌징폼	ANS	뷰티	7,150원	4.5	14,825
15				뷰티 평균	13,525원		
16		2		뷰티 개수			
17				전체 평균	12,073원		
18		8		전체 개수			

2 "제1작업" 시트의 「B4:H12」 영역을 복사하여 "제3작업" 시트의 「B2」 셀부터 모두 붙여넣기를 한 후 다음의 조건과 같이 작업하시오.

소스파일: 06차시_유형1-2(문제).xlsx
완성파일: 06차시_유형1-2(완성).xlsx

《조건》

(1) 부분합 –《출력형태》처럼 정렬하고, 품목명의 개수와 시공비(단위:천원)의 평균을 구하시오.

(2) 윤곽 –지우시오.

(3) 나머지 사항은《출력형태》에 맞게 작성하시오.

《출력형태》

관리코드	품목명	ICT 제어수준	시공업체	운영기간 (년)	시공비 (단위:천원)	농가면적
KB8-518	딸기	관수/병해충제어	SEON	4.2	1,850	8,250평
LS6-719	배	관수/병해충제어	SEON	3.2	2,000	8,500평
			SEON 평균		1,925	
	2		SEON 개수			
SW4-118	수박	관수제어	JUM	4.1	1,580	6,800평
LM6-119	망고	병해충제어	JUM	3.1	1,600	7,550평
PE2-422	복숭아	병해충제어	JUM	2.5	1,200	3,200평
			JUM 평균		1,460	
	3		JUM 개수			
PZ3-124	감귤	관수제어	GRN	1.7	3,250	12,500평
HG7-521	포도	관수/병해충제어	GRN	1.5	3,150	11,500평
PA5-918	사과	관수제어	GRN	4.2	1,550	5,250평
			GRN 평균		2,650	
	3		GRN 개수			
			전체 평균		2,023	
	8		전체 개수			

3 "제1작업" 시트의 「B4:H12」 영역을 복사하여 "제3작업" 시트의 「B2」 셀부터 모두 붙여넣기를 한 후 다음의 조건과 같이 작업하시오.

소스파일: 06차시_유형1-3(문제).xlsx
완성파일: 06차시_유형1-3(완성).xlsx

《조건》

(1) 부분합 –《출력형태》처럼 정렬하고, 대출자의 개수와 누적 대출권수의 평균을 구하시오.

(2) 윤곽 –지우시오.

(3) 나머지 사항은《출력형태》에 맞게 작성하시오.

《출력형태》

	관리코드	대출도서	대출자	학교명	대출일	누적 대출권수	도서 포인트
	3127-P	바다 목욕탕	전수민	월계초등학교	2022-05-03	1,024권	224
	3131-P	책 읽는 도깨비	정찬호	월계초등학교	2022-05-09	367권	122
	3219-K	퀴즈 과학상식	김승희	월계초등학교	2022-05-02	1,501권	315
				월계초등학교 평균		964권	
			3	월계초등학교 개수			
	3738-G	모치모치 나무	김종환	수문초등학교	2022-05-02	205권	121
	3955-P	꼬마 지빠귀	권제인	수문초등학교	2022-05-11	107권	160
				수문초등학교 평균		156권	
			2	수문초등학교 개수			
	3861-K	땅콩 동그라미	박지현	산월초등학교	2022-05-08	954권	194
	3928-G	해리포터	이지은	산월초등학교	2022-05-07	1,238권	250
	3713-P	아기 고등 두마리	유인혜	산월초등학교	2022-05-07	886권	154
				산월초등학교 평균		1,026권	
			3	산월초등학교 개수			
				전체 평균		785권	
			8	전체 개수			

4 "제1작업" 시트의 「B4:H12」 영역을 복사하여 "제3작업" 시트의 「B2」 셀부터 모두 붙여넣기를 한 후 다음의 조건과 같이 작업하시오.

소스파일: 06차시_유형1-4(문제).xlsx
완성파일: 06차시_유형1-4(완성).xlsx

《조건》

(1) 부분합 - 《출력형태》처럼 정렬하고, 강좌명의 개수와 수강인원의 평균을 구하시오.

(2) 윤곽 - 지우시오.

(3) 나머지 사항은 《출력형태》에 맞게 작성하시오.

《출력형태》

	B	C	D	E	F	G	H
2	관리코드	강좌명	지점	강사명	수강인원	강의 시작일	수강료 (단위:원)
3	BH009	동화 속 쿠키나라	은평	양영아	55명	2022-05-02	35,000
4	CA006	성인 팝아트	은평	임진우	25명	2022-05-24	110,000
5			은평 평균		40명		
6		2	은평 개수				
7	CH005	캘리그라피	송파	김은경	38명	2022-05-11	98,000
8	CA002	미술 아트팡팡	송파	임송이	18명	2022-05-05	55,000
9	BC005	스위트 홈베이킹	송파	윤송이	58명	2022-05-13	60,000
10			송파 평균		38명		
11		3	송파 개수				
12	AH001	피트니스 요가	구로	진현숙	68명	2022-05-07	120,000
13	CH007	서예교실	구로	권재웅	41명	2022-05-02	30,000
14	AC003	필라테스	구로	박장원	21명	2022-05-21	70,000
15			구로 평균		43.3333명		
16		3	구로 개수				
17			전체 평균		40.5명		
18		8	전체 개수				

[제3작업] 피벗 테이블

- [제1작업] 시트의 데이터를 이용하여 피벗 테이블을 작성합니다.
- 행 필드의 데이터를 그룹화하고 열 필드를 정렬합니다.
- 《조건》에 맞추어 피벗 테이블 옵션을 지정합니다.

소스파일: 06차시_유형2(문제).xlsx   완성파일: 06차시_유형2(완성).xlsx

출제 유형 미리보기   "제1작업" 시트를 이용하여 "제3작업" 시트에 조건에 따라 《출력형태》와 같이 작업합니다.

《조건》

(1) 가격 및 개발사별 제품명의 개수와 하반기 판매량의 평균을 구하시오.

(2) 가격을 그룹화하고, 개발사를 《출력형태》와 같이 정렬하시오.

(3) 레이블이 있는 셀 병합 및 가운데 맞춤 적용 및 빈 셀은 '**'로 표시하시오.

(4) 행의 총합계는 지우고, 나머지 사항은 《출력형태》에 맞게 작성하시오.

《출력형태》

A	B	C	D	E	F	G	H
1							
2		개발사 ↲					
3		지성소프트			아람		소리아
4	가격 ▼	개수 : 제품명	평균 : 하반기 판매량	개수 : 제품명	평균 : 하반기 판매량	개수 : 제품명	평균 : 하반기 판매량
5	27001-30000	1	5,180	**	**	2	3,120
6	30001-33000	1	3,870	2	6,170	1	2,500
7	33001-36000	1	7,510	**	**	**	**
8	총합계	3	5,520	2	6,170	3	2,913

★ **과정 미리보기**   범위 및 삽입 위치 지정 ➔ 피벗 테이블 작성 ➔ 행 필드 그룹화 ➔ 열 필드 정렬 ➔ 피벗 테이블 옵션 지정

피벗 테이블 작성

(1) 가격 및 개발사별 제품명의 개수와 하반기 판매수량의 평균을 구하시오.

❶ 06차시_유형2(문제).xlsx 파일을 실행한 후 [제1작업] 시트를 선택합니다. 피벗 테이블을 작성하기 위해 [B4:H12] 영역을 드래그한 후 [삽입] 탭-[표] 그룹에서 **피벗 테이블(**📋**)**을 클릭합니다.

❷ [피벗 테이블 만들기] 대화상자에서 **표/범위(제1작업!$B$4:$H$12)**를 확인한 후 피벗 테이블 보고서 넣을 위치를 **기존 워크시트**로 선택합니다. 위치 입력 칸이 활성화되면 [제3작업] 시트의 [B2] 셀을 선택하고 <확인>을 클릭합니다.

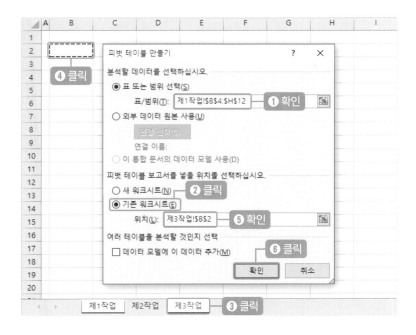

❸ 필드를 추가하기 위해 [피벗 테이블 필드] 작업 창에서 **가격** 필드를 **행 영역**으로 드래그합니다.

➕ • [피벗 테이블 필드] 작업 창이 활성화되지 않을 경우에는 [피벗 테이블 도구-분석] 탭-[표시] 그룹에서 '필드 목록(▤)'을 클릭합니다.
  • 《조건》과 《출력형태》를 참고하여 필드를 필요한 영역에 배치합니다.

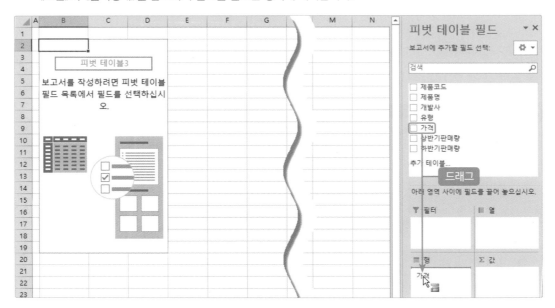

❹ 똑같은 방법으로 **개발사** 필드는 **열 영역**으로, **제품명**과 **하반기판매량**은 **값 영역**으로 각각 드래그합니다.

➕ 값 영역에 추가되는 필드는 순서(제품명 → 하반기판매량)가 바뀌지 않도록 주의합니다.

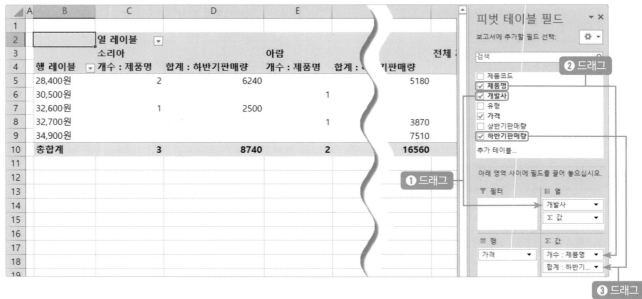

레벨업 📈 **필드 삭제**

삭제할 필드를 워크시트 쪽으로 드래그합니다.

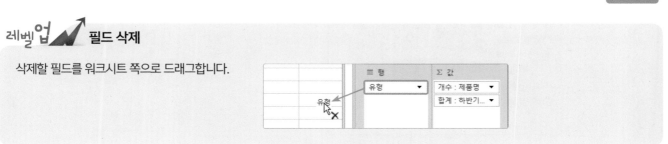

02 값 필드 설정 및 그룹 지정, 열 레이블 정렬

⑴ 가격 및 개발사별 제품명의 개수와 하반기 판매수량의 평균을 구하시오.
⑵ 가격을 그룹화하고, 개발사를《출력형태》와 같이 정렬하시오.

❶ 필드의 함수와 이름을 변경하기 위해 값 영역에서 **합계 : 하반기판매량**을 클릭한 후 [**값 필드 설정**]을 선택합니다.

❷ [값 필드 설정] 대화상자-[값 요약 기준] 탭에서 **평균**을 선택한 후 사용자 지정 이름 입력 칸 뒤쪽에 **판매량**을 입력하고 <확인>을 클릭합니다.

> 💬 '판매량'을 입력할 때 한 칸 띄운 후 내용을 입력합니다.(하반기 판매량)

❸ 변경된 함수와 필드명을 확인합니다.

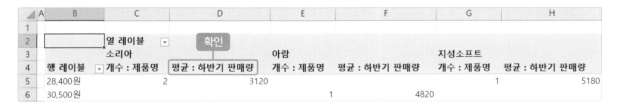

❹ 행 필드를 그룹화하기 위해 [B5] 셀 위에서 마우스 오른쪽 버튼을 클릭하여 [**그룹**]을 선택합니다. [그룹화] 대화상자에서 **시작(1), 끝(36000), 단위(3000)**를 입력한 후 <확인>을 클릭합니다.

그룹화 작업

❶ 그룹화 작업은 '숫자(시작, 끝, 단위)'와 '날짜(분기, 월, 일 등)'가 자주 출제됩니다.

❷ 날짜 그룹화는 단위(일, 월, 분기, 연)를 선택하면 되지만 숫자 그룹화는 '최소값', '최대값', '단위'를 판단하여 그룹화 값을 지정해야 합니다.

　– 시작(최소값) : 201, 끝(최대값) : 500, 단위(201~300) : 100

　– 단위 구분 : 오단위(1~5, 7~11), 십단위(1~10, 15~24, 1~20),
　　　　　　　백단위(1~100, 51~150, 1~200), 천단위(1~1000, 1~2000)

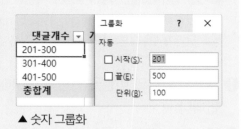

▲ 숫자 그룹화

❺ 열 필드를 정렬하기 위하여 목록 단추(▼)를 눌러 **텍스트 내림차순 정렬**을 클릭합니다.

❻ 그룹 지정 및 정렬 작업이 완료되면 《출력형태》와 동일한지 확인합니다.

열 필드 정렬

❶ 《출력형태》에서 열 레이블의 목록 단추(개발사 ↓) 모양을 확인하면 정렬을 쉽고 빠르게 구분할 수 있습니다.

　– ↓ : 내림차순 정렬 / ↑ : 오름차순 정렬 / ▼ : 드래그 정렬

❷ 목록 단추가 ▼ 모양일 때는 정렬할 필드를 마우스로 드래그하여 이동시킵니다.

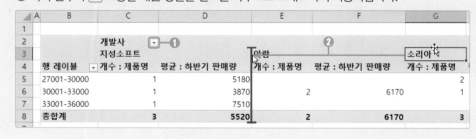

(3) 레이블이 있는 셀 병합 및 가운데 맞춤 적용 및 빈 셀은 '**'로 표시하시오.

(4) 행의 총합계는 지우고, 나머지 사항은 《출력형태》에 맞게 작성하시오.

❶ 피벗 테이블 옵션을 설정하기 위해 피벗 테이블 위에서 마우스 오른쪽 버튼을 클릭하여 [피벗 테이블 옵션]을 선택합니다.

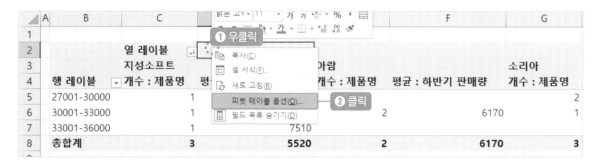

❷ [피벗 테이블 옵션] 대화상자-[레이아웃 및 서식] 탭에서 **레이블이 있는 셀 병합 및 가운데 맞춤** 항목을 선택(✓)한 후 빈 셀 표시 입력 칸에 **을 입력합니다.

❸ [요약 및 필터] 탭을 클릭하여 **행 총합계 표시**의 선택을 해제한 후 <확인>을 클릭합니다.

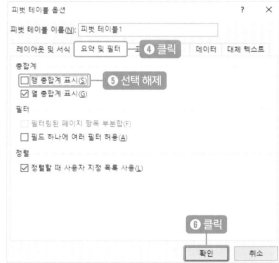

❹ 피벗 테이블 옵션 지정이 끝나면 《출력형태》와 동일한지 확인합니다.

❺ 행과 열 레이블의 이름을 변경하기 위해 [C2] 셀은 **개발사**, [B4] 셀은 **가격**을 입력합니다.

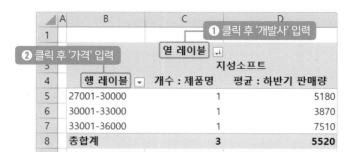
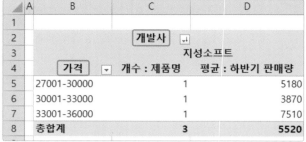

❻ 《출력형태》와 동일하게 서식을 지정하기 위해 [C5:H8] 영역을 드래그합니다. [홈] 탭-[맞춤] 그룹에서 **가운데 맞춤**(≡)을 클릭한 후 [표시 형식] 그룹에서 **쉼표 스타일**(,)을 선택합니다.

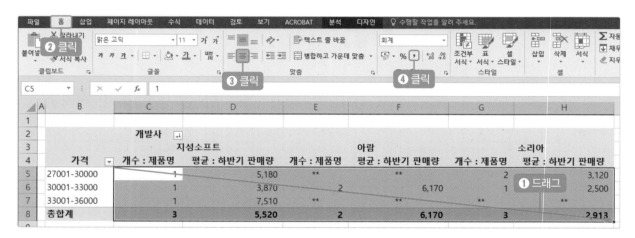

❼ 모든 작업이 완료되면 Ctrl + S 를 눌러 파일을 저장합니다.

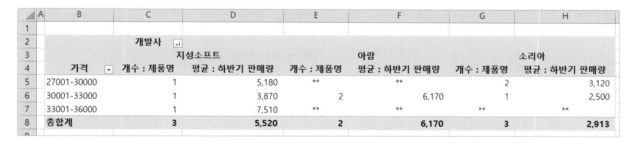

1 "제1작업" 시트를 이용하여 "제3작업" 시트에 조건에 따라 《출력형태》와 같이 작업하시오.

소스파일: 06차시_유형2-1(문제).xlsx
완성파일: 06차시_유형2-1(완성).xlsx

《조건》

(1) 만족도 및 분류별 게임명의 개수와 수익금(백만 달러)의 평균을 구하시오.

(2) 만족도를 그룹화하고, 분류를 《출력형태》와 같이 정렬하시오.

(3) 레이블이 있는 셀 병합 및 가운데 맞춤 적용 및 빈 셀은 '***'로 표시하시오.

(4) 행의 총합계는 지우고, 나머지 사항은 《출력형태》에 맞게 작성하시오.

《출력형태》

A	B	C	D	E	F	G	H
1							
2		분류 ▾					
3			역할수행		아케이드		시뮬레이션
4	만족도 ▾	개수 : 게임명	평균 : 수익금(백만 달러)	개수 : 게임명	평균 : 수익금(백만 달러)	개수 : 게임명	평균 : 수익금(백만 달러)
5	4.1-4.4	1	1,600	1	163	1	2,120
6	4.4-4.7	2	252	***	***	1	179
7	4.7-5	***	***	2	936	***	***
8	총합계	3	701	3	678	2	1,150

ㄴ 그룹화 : 시작(4.1), 끝(4.9), 단위(0.3)

2 "제1작업" 시트를 이용하여 "제3작업" 시트에 조건에 따라 《출력형태》와 같이 작업하시오.

소스파일: 06차시_유형2-2(문제).xlsx
완성파일: 06차시_유형2-2(완성).xlsx

《조건》

(1) 신청인원 및 과정별 캠프명의 개수와 비용(단위:원)의 평균을 구하시오.

(2) 신청인원을 그룹화하고, 과정을 《출력형태》와 같이 정렬하시오.

(3) 레이블이 있는 셀 병합 및 가운데 맞춤 적용 및 빈 셀은 '**'로 표시하시오.

(4) 행의 총합계는 지우고, 나머지 사항은 《출력형태》에 맞게 작성하시오.

《출력형태》

A	B	C	D	E	F	G	H
1							
2		과정 ▾					
3			과학		리더십		체험
4	신청인원 ▾	개수 : 캠프명	평균 : 비용(단위:원)	개수 : 캠프명	평균 : 비용(단위:원)	개수 : 캠프명	평균 : 비용(단위:원)
5	15-24	**	**	2	190,000	**	**
6	25-34	2	302,500	1	190,000	1	200,000
7	35-44	1	370,000	**	**	1	295,000
8	총합계	3	325,000	3	190,000	2	247,500

3 "제1작업" 시트를 이용하여 "제3작업" 시트에 조건에 따라 《출력형태》와 같이 작업하시오.

소스파일: 06차시_유형2-3(문제).xlsx
완성파일: 06차시_유형2-3(완성).xlsx

《조건》

(1) 가입일자 및 기부방법별 성별의 개수와 기부금 총금액의 평균을 구하시오.

(2) 가입일자를 그룹화하고, 기부방법을 《출력형태》와 같이 정렬하시오.

(3) 레이블이 있는 셀 병합 및 가운데 맞춤 적용 및 빈 셀은 '***'로 표시하시오.

(4) 행의 총합계는 지우고, 나머지 사항은 《출력형태》에 맞게 작성하시오.

《출력형태》

A	B	C	D	E	F	G	H
1							
2		기부방법 ↵					
3			휴대폰결제		지로		자동이체	
4	가입일자 ▾	개수 : 성별	평균 : 기부금 총금액	개수 : 성별	평균 : 기부금 총금액	개수 : 성별	평균 : 기부금 총금액
5	2019년	1	1,110,000	***	***	2	960,000
6	2020년	1	130,000	2	244,000	***	***
7	2021년	1	600,000	***	***	1	165,000
8	총합계	3	613,333	2	244,000	3	695,000

└── 그룹화 : 단위(연)

4 "제1작업" 시트를 이용하여 "제3작업" 시트에 조건에 따라 《출력형태》와 같이 작업하시오.

소스파일: 06차시_유형2-4(문제).xlsx
완성파일: 06차시_유형2-4(완성).xlsx

《조건》

(1) 방송일 및 분류별 상품명의 개수와 쇼핑가(단위:원)의 평균을 구하시오.

(2) 방송일을 그룹화하고, 분류를 《출력형태》와 같이 정렬하시오.

(3) 레이블이 있는 셀 병합 및 가운데 맞춤 적용 및 빈 셀은 '*'로 표시하시오.

(4) 행의 총합계는 지우고, 나머지 사항은 《출력형태》에 맞게 작성하시오.

《출력형태》

A	B	C	D	E	F	G	H
1							
2		분류 ▾					
3			생활가전		화장품		의류	
4	방송일 ▾	개수 : 상품명	평균 : 쇼핑가(단위:원)	개수 : 상품명	평균 : 쇼핑가(단위:원)	개수 : 상품명	평균 : 쇼핑가(단위:원)
5	3월	1	1,050,000	1	38,000	*	*
6	4월	1	129,000	*	*	1	82,700
7	5월	1	608,000	2	50,750	1	114,400
8	총합계	3	595,667	3	46,500	2	98,550

[제4작업] 그래프

- 데이터 범위를 지정하여 차트를 삽입한 후 차트 레이아웃과 스타일을 변경합니다.
- 차트 영역, 그림 영역, 차트 제목, 계열, 범례 등을 《조건》에 맞게 변경합니다.
- 도형을 삽입한 후 내용을 입력합니다.

소스파일: 07차시(문제).xlsx   완성파일: 07차시(완성).xlsx

출제 유형 미리보기   "제1작업" 시트를 이용하여 조건에 따라 《출력형태》와 같이 작업하시오.

《조건》

(1) 차트 종류 ⇒ <묶은 세로 막대형>으로 작업하시오.
(2) 데이터 범위 ⇒ "제1작업" 시트의 내용을 이용하여 작업하시오.
(3) 위치 ⇒ "새 시트"로 이동하고, "제4작업"으로 시트 이름을 바꾸시오.
(4) 차트 디자인 도구 ⇒ 레이아웃 3, 스타일 1을 선택하여 《출력형태》에 맞게 작업하시오.
(5) 영역 서식 ⇒ 차트 : 글꼴(굴림, 11pt), 채우기 효과(질감-파랑 박엽지)
                    그림 : 채우기(흰색, 배경1)
(6) 제목 서식 ⇒ 차트 제목 : 글꼴(굴림, 굵게, 20pt), 채우기(흰색, 배경1), 테두리
(7) 서식 ⇒ 하반기 판매량 계열의 차트 종류를 <표식이 있는 꺾은선형>으로 변경한 후 보조 축으로 지정하시오.
            계열 : 《출력형태》를 참조하여 표식(마름모, 크기 10)과 레이블 값을 표시하시오.
            눈금선 : 선 스타일-파선
            축 : 《출력형태》를 참조하시오.
(8) 범례 ⇒ 범례명을 변경하고 《출력형태》를 참조하시오.
(9) 도형 ⇒ '모서리가 둥근 사각형 설명선'을 삽입한 후 《출력형태》와 같이 내용을 입력하시오.
(10) 나머지 사항은 《출력형태》에 맞게 작성하시오.

《출력형태》

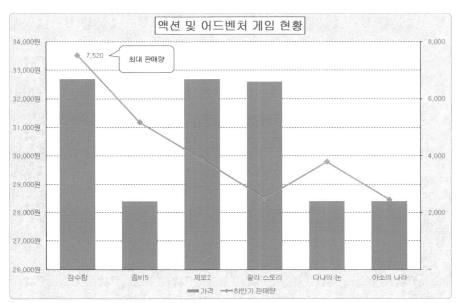

주의 ☞ 시트명 순서가 차례대로 "제1작업", "제2작업", "제3작업", "제4작업"이 되도록 할 것.

⭐ **과정 미리보기**   범위 지정 ➔ 차트 삽입 ➔ 레이아웃 및 스타일 변경 ➔ 세부 구성 요소(제목, 범례 등) 변경 ➔ 도형 삽입

(1) 차트 종류 ⇒ <묶은 세로 막대형>으로 작업하시오.
(2) 데이터 범위 ⇒ "제1작업" 시트의 내용을 이용하여 작업하시오.
(3) 위치 ⇒ "새 시트"로 이동하고, "제4작업"으로 시트 이름을 바꾸시오.

❶ 07차시(문제).xlsx 파일을 실행한 후 [제1작업] 시트를 선택합니다. 차트 데이터 범위를 지정하기 위해 **제품명([C4:C7], [C10:C12]), 가격([F4:F7], [F10:F12]), 하반기 판매량([H4:H7], [H10:H12])**을 영역으로 지정합니다.

➕ 떨어져 있는 셀을 연속으로 선택할 때는 Ctrl을 누른 채 다음 셀을 선택합니다.

	제품코드	제품명	개발사	유형	가격	상반기 판매량	하반기 판매량	순위	출시연도
5	PSE2019	잠수함	아람	액션	32,700원	6,820	7,520	1	2019년
6	SCA2020	좀비5	지성소프트	액션	28,400원	4,852	5,180	3	2020년
7	SAV2017	제로2	지성소프트	어드벤처	32,700원	4,501	3,870		2017년
8	SCC2021	골프	아람	스포츠	30,500원	4,782	4,820		2021년
9	KAV2018	풋볼	지성소프트	스포츠	34,900원	4,890	7,510	2	2018년
10	SCE2018	릴리 스토리	소리아	액션	32,600원	2,570	2,500		2018년
		다나의 눈	소리아	어드벤처	28,400원	3,570	3,790		2021년
12	SAB2019	아소의 나라	소리아	어드벤처	28,400원	2,780	2,450		2019년

레벨업 **차트 데이터 범위 지정**

차트를 만들 데이터 범위는 《출력형태》의 '가로(항목) 축'과 '범례'를 참고하여 영역을 지정합니다.

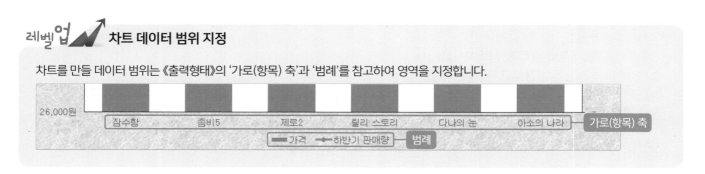

26,000원

| 잠수함 | 좀비5 | 제로2 | 릴리 스토리 | 다나의 눈 | 아소의 나라 | 가로(항목) 축 |

━ 가격 ━ 하반기 판매량 범례

❷ 차트를 만들 데이터 범위가 지정되면 [삽입] 탭-[차트] 그룹에서 **추천 차트**( )를 클릭합니다.

	제품코드	제품명	개발사	유형	가격	상반기 판매량	하반기 판매량	순위	출시연도
5	PSE2019	잠수함	아람	액션	32,700원	6,820	7,520	1	2019년
6	SCA2020	좀비5	지성소프트	액션	28,400원	4,852	5,180	3	2020년
7	SAV2017	제로2	지성소프트	어드벤처	32,700원	4,501	3,870		2017년
8	SCC2021	골프	아람	스포츠	30,500원	4,782	4,820		2021년
9	KAV2018	풋볼	지성소프트	스포츠	34,900원	4,890	7,510	2	2018년
10	SCE2018	릴리 스토리	소리아	액션	32,600원	2,570	2,500		2018년
11	PSA2021	다나의 눈	소리아	어드벤처	28,400원	3,570	3,790		2021년
12	SAB2019	아소의 나라	소리아	어드벤처	28,400원	2,780	2,450		2019년

❸ [차트 삽입] 대화상자에서 [모든 차트] 탭-[콤보( )]를 선택합니다.

❹ 이중축 혼합형 차트(콤보 차트)를 만들기 위해 **하반기판매량** 계열의 차트 종류를 **표식이 있는 꺾은선형**으로 변경한 후 **보조 축**으로 지정하고 <확인>을 클릭합니다.

➕ 계열별(가격-묶은 세로 막대형, 하반기판매량-표식이 있는 꺾은선형) 차트 종류는《출력형태》를 참고하여 작업합니다.

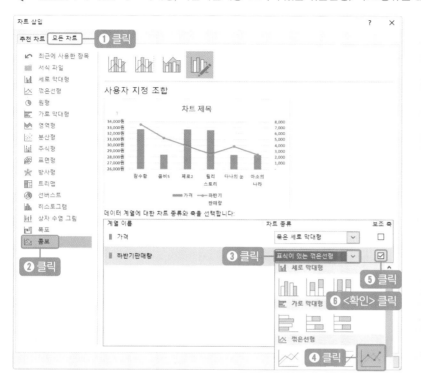

시험꿀팁

콤보 차트를 만들 때 차트 모양이 《출력형태》와 다를 경우에는 계열별로 차트 종류를 서로 바꿔서 지정합니다.

[예]
가격 → 표식이 있는 꺾은선형으로 변경,
하반기판매량 → 묶은 세로 막대형으로 변경

❺ 차트가 삽입되면 [차트 도구-디자인] 탭-[위치] 그룹에서 **차트 이동**( )을 클릭합니다.

❻ [차트 이동] 대화상자에서 **새 시트**를 선택한 후 시트 이름을 **제4작업**으로 변경하고 <확인>을 클릭합니다.

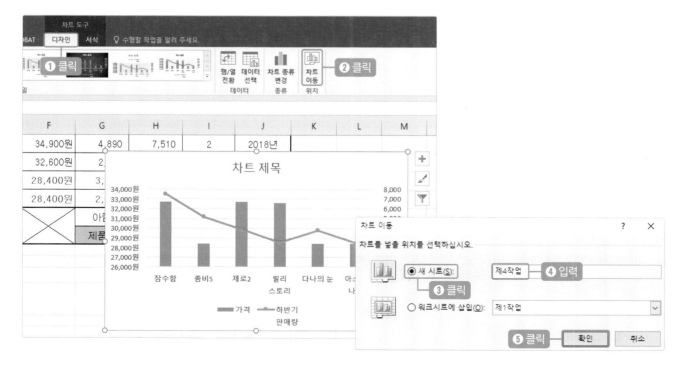

❼ [제4작업] 시트가 만들어지면 맨 끝으로 드래그하여 시트를 이동시킵니다.

레벨업 📈 차트 구성 요소

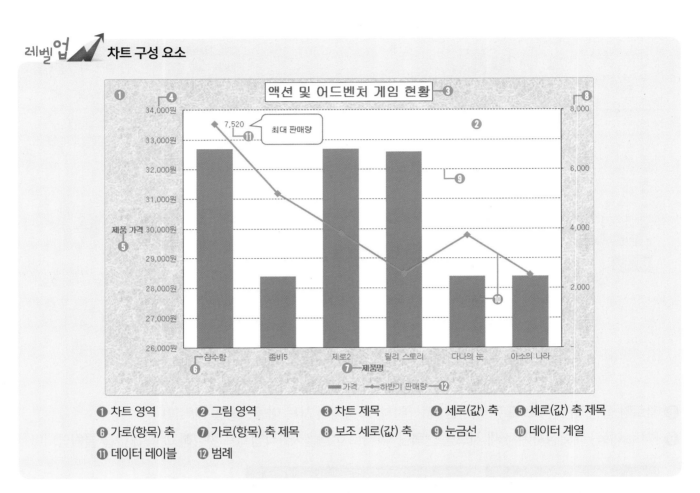

❶ 차트 영역　　❷ 그림 영역　　❸ 차트 제목　　❹ 세로(값) 축　　❺ 세로(값) 축 제목
❻ 가로(항목) 축　　❼ 가로(항목) 축 제목　　❽ 보조 세로(값) 축　　❾ 눈금선　　❿ 데이터 계열
⓫ 데이터 레이블　　⓬ 범례

02 차트 디자인(레이아웃 및 스타일) 변경하기

(4) 차트 디자인 도구 ⇒ 레이아웃 3, 스타일 1을 선택하여 《출력형태》에 맞게 작업하시오.

❶ 차트 레이아웃을 변경하기 위해 [차트 도구-디자인] 탭-[차트 레이아웃] 그룹에서 [빠른 레이아웃(📊)]-레이아웃 3(📊)을 선택합니다.

❷ 차트 스타일을 변경하기 위해 [차트 도구-디자인] 탭-[차트 스타일] 그룹에서 **스타일 1**()을 선택합니다.

❸ 차트 레이아웃과 스타일이 변경되면 《출력형태》와 동일한지 확인합니다.

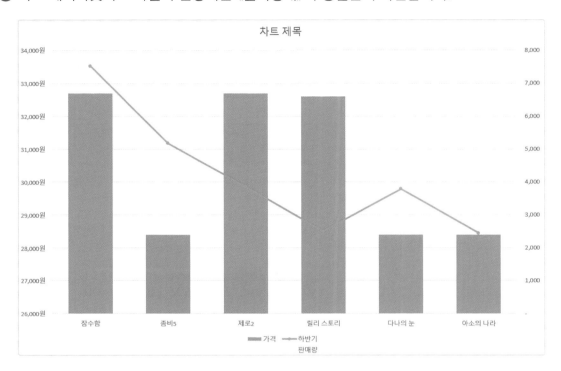

---

03 차트 영역 서식 지정하기

(5) 영역 서식 ⇒ 차트 : 글꼴(굴림, 11pt), 채우기 효과(질감-파랑 박엽지), 그림 : 채우기(흰색, 배경1)

❶ 차트의 글꼴과 크기를 변경하기 위해 차트 영역을 클릭한 후 [홈] 탭-[글꼴] 그룹에서 **글꼴(굴림)**과 **글꼴 크기(11)**를 지정합니다.

❷ 차트 영역을 질감으로 채우기 위해 **차트 영역을 더블클릭**합니다.

➕ 차트 영역 위에서 마우스 오른쪽 버튼을 클릭하여 [차트 영역 서식]을 선택해도 됩니다.

❸ 화면 오른쪽 [차트 영역 서식] 작업 창에서 **채우기 및 선(◇)**을 클릭한 후 **채우기-그림 또는 질감 채우기**를 선택합니다.

❹ 질감 메뉴가 활성화되면 **질감(▦▾)**을 클릭하여 **파랑 박엽지**를 선택합니다.

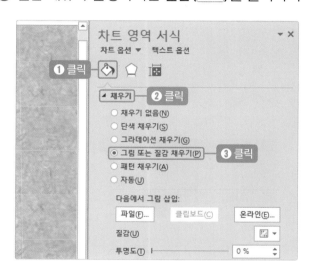
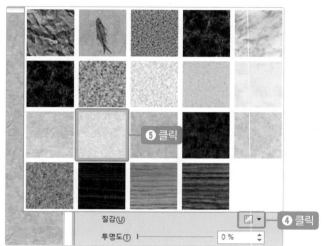

시험꿀팁

차트 영역의 질감은 '파랑 박엽지'와 '분홍 박엽지'가 번갈아가며 출제되고 있습니다.

❺ 그림 영역을 단색으로 채우기 위해 **그림 영역을 클릭**합니다.

➕ 화면 오른쪽 서식 작업 창이 닫혔을 경우에는 '그림 영역'을 더블클릭합니다.

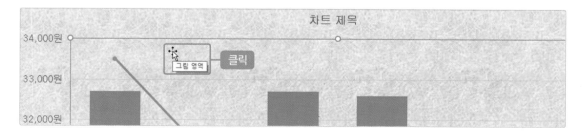

❻ 화면 오른쪽 [그림 영역 서식] 작업 창에서 **채우기-단색 채우기**를 선택한 후 채우기 색(◇▾)을 클릭하여 **흰색, 배경 1**을 선택합니다.

➕ 오른쪽 작업 창이 활성화된 상태에서 특정 요소(예 : 그림 영역)를 선택하면 해당 요소로 메뉴가 변경됩니다.

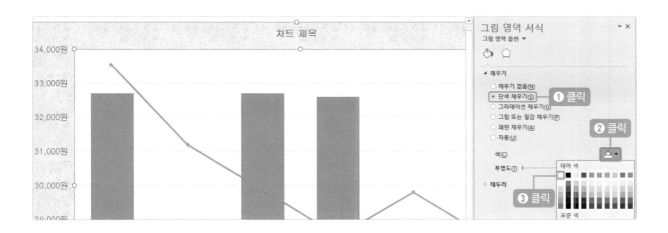

04 차트 제목 작성하기

⑥ 제목 서식 ⇒ 차트 제목 : 글꼴(굴림, 굵게, 20pt), 채우기(흰색, 배경1), 테두리

❶ 차트 제목을 입력하기 위해 차트 제목을 선택한 후 다시 **제목 안쪽을 클릭**합니다. 텍스트 상자 안쪽에 커서가 깜빡거리면 Delete 또는 Back Space 를 이용하여 내용(차트 제목)을 삭제합니다.

➕ 차트 제목을 선택한 후 텍스트를 드래그(차트 제목)하여 새로운 제목을 바로 입력할 수도 있습니다.

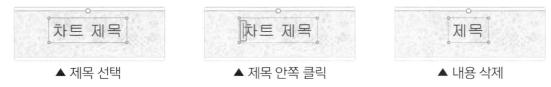

| ▲ 제목 선택 | ▲ 제목 안쪽 클릭 | ▲ 내용 삭제 |

❷ 《출력형태》를 참고하여 제목(**액션 및 어드벤처 게임 현황**)을 입력한 후 Esc 를 누릅니다.

➕ 제목 입력 후 마우스를 이용하여 제목의 테두리를 클릭해도 됩니다.

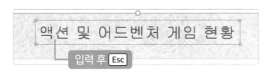

❸ 차트 제목의 글꼴과 채우기 서식을 변경하기 위해 [홈] 탭-[글꼴] 그룹에서 **글꼴(굴림), 글꼴 크기(20), 굵게(가), 채우기 색(흰색, 배경 1)**을 각각 지정합니다.

❹ 차트 제목에 테두리를 지정하기 위해 [차트 도구-서식] 탭-[도형 스타일] 그룹에서 [도형 윤곽선]-**검정, 텍스트 1**을 클릭합니다.

05 차트 서식 지정하기-1(표식 및 레이블 값)

(7) 서식 ⇒ 계열 : 《출력형태》를 참조하여 표식(마름모, 크기 10)과 레이블 값을 표시하시오.

❶ 계열의 표식과 크기를 변경하기 위해 **하반기판매량** 계열을 클릭합니다.

　❖ 화면 오른쪽 서식 작업 창이 닫혔을 경우에는 '하반기판매량' 계열을 더블클릭합니다.

레벨업 📈 차트 요소 선택

❶ [차트 도구-서식] 탭의 [현재 선택 영역] 그룹에서 목록 단추(⌄)를 눌러 원하는 차트 요소(예 : 계열 "하반기판매량")를 빠르게 선택할 수 있습니다.

❷ 요소를 선택한 후 **선택 영역 서식**(🖋)을 클릭하면 화면 오른쪽에 서식 창이 활성화됩니다.

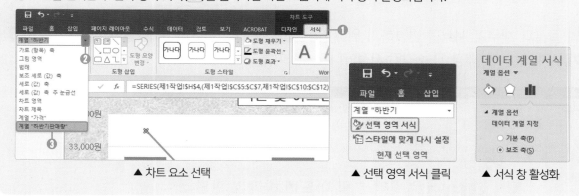

▲ 차트 요소 선택　　　　▲ 선택 영역 서식 클릭　　　▲ 서식 창 활성화

❷ 화면 오른쪽 [데이터 계열 서식] 작업 창에서 **채우기 및 선(◇)**을 클릭한 후 **표식(∿)**을 선택합니다.

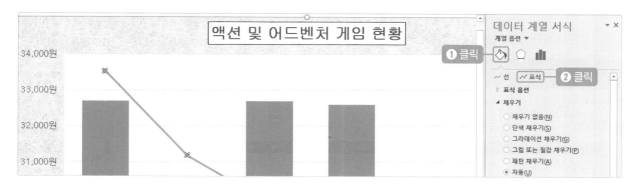

❸ 표식 메뉴가 활성화되면 **표식 옵션-기본 제공**을 클릭한 후 **형식(◆)**과 **크기(10)**를 변경합니다.

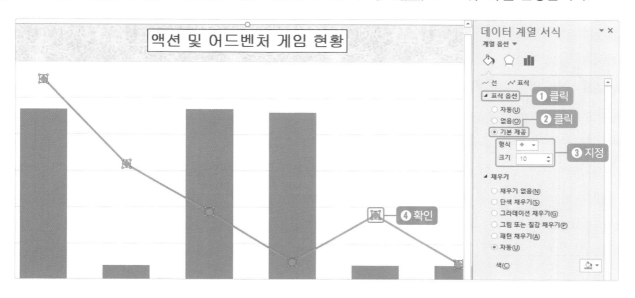

2. 데이터 레이블 표시하기

(7) 서식 ⇒ 계열 :《출력형태》를 참조하여 레이블 값을 표시하시오.

❶ 데이터 레이블을 표시하기 위해 **하반기판매량** 계열이 선택된 상태에서 **잠수함** 요소만 클릭합니다.

💬 계열 선택이 해제되었을 경우 '하반기판매량' 계열을 클릭한 후 '잠수함' 요소만 다시 선택합니다.

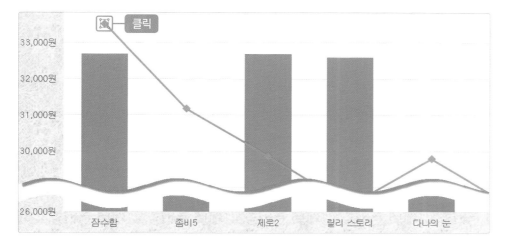

❷ [차트 도구-디자인] 탭-[차트 레이아웃] 그룹에서 [차트 요소 추가(📊)]-데이터 레이블-오른쪽(📈)을 클릭합니다.

➕ 데이터 레이블 위치(왼쪽, 오른쪽, 위쪽 등)는 《출력형태》를 참고하여 지정합니다.

레벨업 묶은 세로 막대형에 데이터 레이블 표시

❶ 묶은 세로 막대형 계열을 선택한 후 특정 요소만 다시 클릭합니다.
❷ [차트 요소 추가(📊)]-데이터 레이블을 클릭하여 레이블이 표시될 위치를 지정합니다.

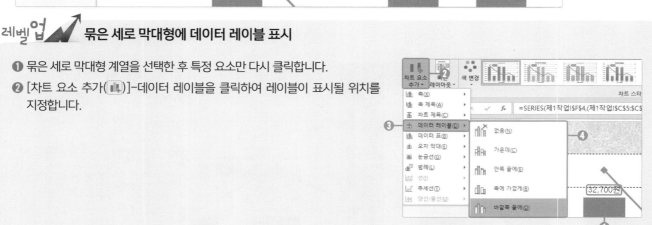

(06) 차트 서식 지정하기-2(눈금선 및 축)

⑺ 서식 ⇒ 눈금선 : 선 스타일-파선, 축 : 《출력형태》를 참조하시오.

1. 눈금선 변경하기

❶ 눈금선을 파선으로 변경하기 위해 **눈금선을** 클릭합니다.

➕ [차트 도구-서식] 탭의 [현재 선택 영역] 그룹에서 '세로 (값) 축 주 눈금선'으로 선택할 수도 있습니다.

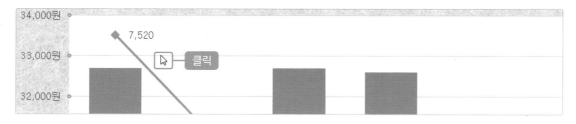

❷ 화면 오른쪽 [주 눈금선 서식] 작업 창에서 채우기 및 선(◇)을 확인한 후 **실선**을 클릭합니다.

➕ 실선을 선택하면 색은 '검정색'으로 지정됩니다. 만약, 검정색이 아닌 경우에는 색을 '검정' 또는 '진한 회색' 계열로 변경합니다.

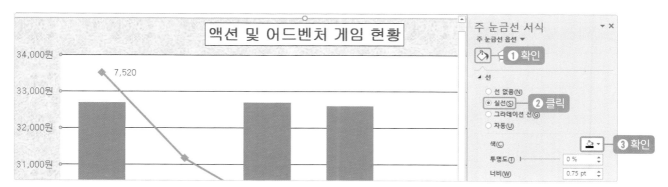

시험꿀팁

차트 작업 시 눈금선의 색상은 《조건》에 없기 때문에 임의의 색(검정 또는 진한 회색 계열)을 선택합니다.

❸ 눈금선이 실선으로 변경되면 대시 종류(▦▾)를 **파선(─ ─ ─ ─ ─)**으로 선택합니다.

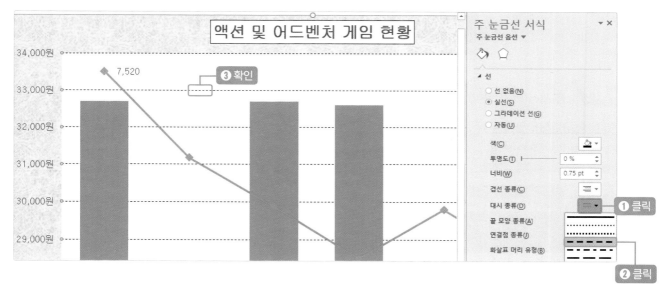

2. 축 서식 변경하기   축 : 《출력형태》를 참조하시오.

❶ 축 서식을 변경하기 위해 **보조 세로(값) 축**을 클릭합니다. 화면 오른쪽 [축 서식] 작업 창에서 **축 옵션(▥)-
축 옵션**을 선택합니다.

❷ 축 옵션 메뉴가 활성화되면 단위-주 값을 **2000**으로 변경한 후 눈금-주 눈금을 **바깥쪽**으로 지정합니다.

➕ 축의 최소값, 최대값, 단위 등은 《출력형태》를 참고하여 작업합니다.

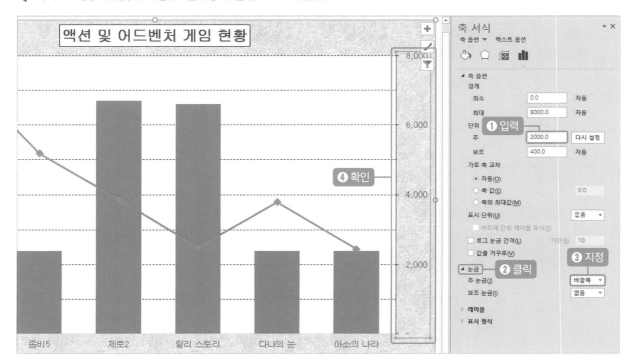

레벨업 축 서식(표시 형식)

❶ 축의 최소값(0 또는 -)이 《출력형태》와 다를 경우에는 화면 오른쪽 [축 서식] 작업 창에서 **축 옵션(📊)-표시 형식**을 클릭합니다.

❷ 축의 최소값이 '-'이면 범주를 '회계'로 지정한 다음 기호(없음 또는 ₩)를 확인하여 선택합니다.

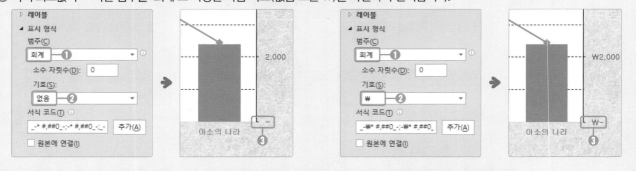

❸ 축의 최소값이 '0'이면 범주를 '숫자'로 지정한 다음 '1000 단위 구분 기호 사용' 유무를 확인하여 선택합니다.

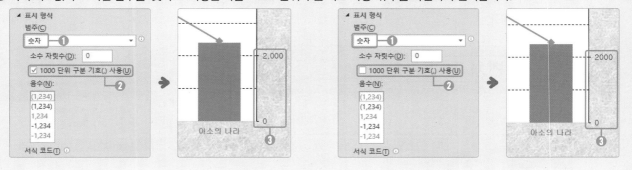

❸ 세로(값) 축에 실선을 지정하기 위해 **세로(값) 축**을 선택합니다. 화면 오른쪽 [축 서식] 작업 창에서 채우기 및 선(🖌)을 선택한 후 **선-실선**을 클릭합니다.

➕ 실선을 선택하면 색은 검정색으로 지정됩니다. 만약, 검정색이 아닐 경우에는 색을 '검정' 또는 '진한 회색' 계열로 변경합니다.

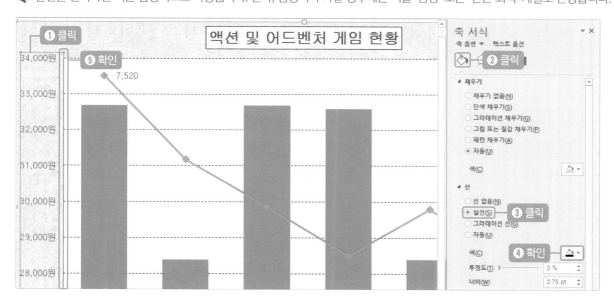

❹ 가로(항목) 축에 실선을 지정하기 위해 **가로(항목) 축**을 선택합니다. 화면 오른쪽 [축 서식] 작업 창에서 채우기 및 선(🖌)에서 **선-실선**을 클릭합니다.

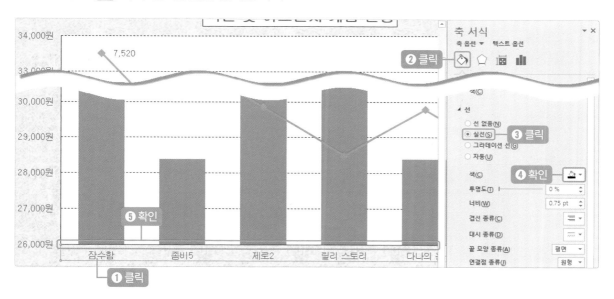

07 범례명 변경하기

⑻ 범례 ⇒ 범례명을 변경하고 《출력형태》를 참조하시오.

❶ 범례명을 변경하기 위해 차트 위에서 마우스 오른쪽 버튼을 클릭하여 [데이터 선택]을 클릭합니다.

➕ [차트 도구-디자인] 탭-[데이터] 그룹에서 '데이터 선택(📊)'을 클릭해도 됩니다.

❷ [데이터 원본 선택] 대화상자의 범례 항목(계열)에서 **하반기판매량**을 선택한 후 <편집>를 클릭합니다.

❸ [계열 편집] 대화상자에서 계열 이름을 **하반기 판매량**으로 입력한 <확인>을 클릭합니다.

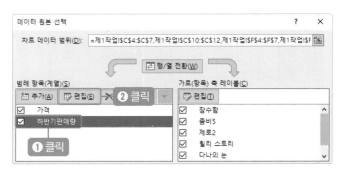

❹ [데이터 원본 선택] 대화상자에서 <확인>을 누른 후 범례명이 《출력형태》와 동일한지 확인합니다.

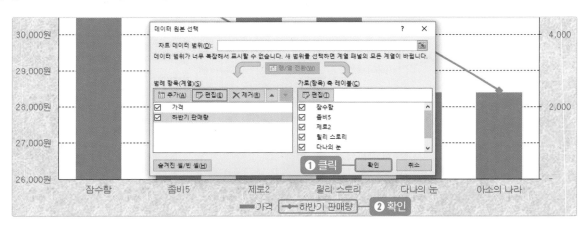

 **범례 위치 변경**

범례를 선택한 후 [차트 도구-디자인] 탭-[차트 레이아웃] 그룹에서 [차트 요소 추가(📊)]-범례에서 원하는 위치(오른쪽, 위쪽, 왼쪽, 아래쪽)를 선택합니다.

⑻ 도형 삽입하기

(9) 도형 ⇒ '모서리가 둥근 사각형 설명선'을 삽입한 후 《출력형태》와 같이 내용을 입력하시오.

❶ 도형을 삽입하기 위해 차트를 선택한 후 [삽입] 탭-[일러스트레이션] 그룹에서 [도형(▽)]-설명선-**모서리가 둥근 사각형 설명선**(▢)을 클릭합니다.

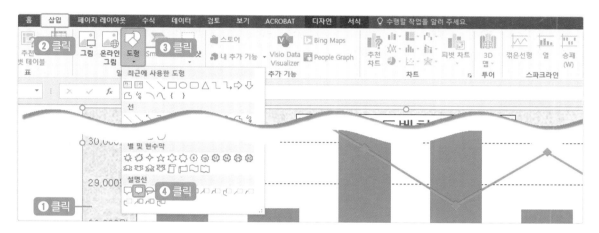

❷ 마우스 포인터가 '+' 모양으로 변경되면 적당한 위치를 드래그하여 도형을 삽입한 후 **최대 판매량**을 입력하고 [Esc]를 누릅니다.

➕ 도형이 선택되지 않으면 마우스를 이용하여 도형의 테두리를 클릭합니다.

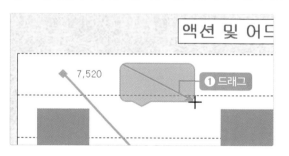

❸ 도형에 서식을 지정하기 위해 [홈] 탭-[글꼴] 그룹에서 **글꼴(굴림), 글꼴 크기(11), 글꼴 색(검정, 텍스트 1), 채우기 색(흰색, 배경 1)**을 각각 지정합니다.

➕ 도형의 글꼴(맑은 고딕 → 굴림)은 변경하지 않아도 감점되지 않습니다.

❹ 텍스트를 정렬하기 위하여 [홈] 탭-[맞춤] 그룹에서 세로 **가운데 맞춤**(≡)과 가로 **가운데 맞춤**(≡)을 각각 클릭합니다.

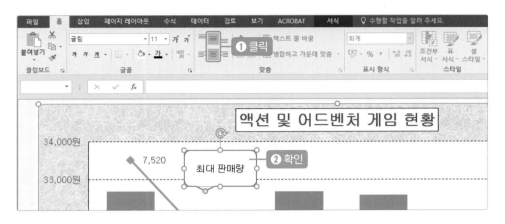

❺ 서식 지정이 끝나면 《출력형태》를 참고하여 도형의 크기 및 위치를 변경한 후 모양을 변형합니다.

➕ 위치 변경(⊹), 크기 조절점(○), 모양 변형 조절점(◎)

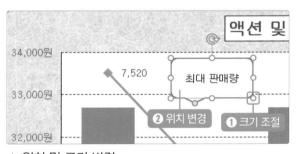

▲ 위치 및 크기 변경

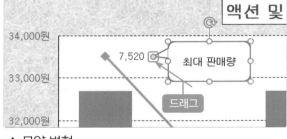

▲ 모양 변형

❻ 모든 작업이 완료되면 Ctrl + S 를 눌러 파일을 저장합니다.

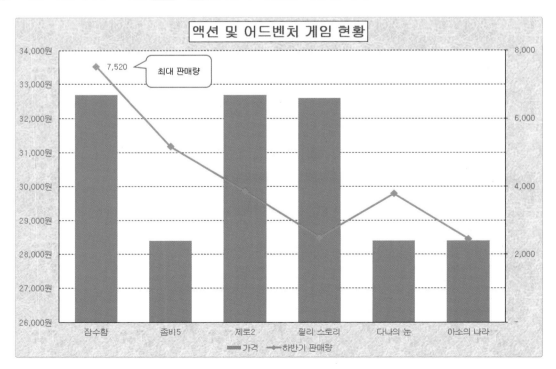

소스파일 : 07차시-1(문제).xlsx
완성파일 : 07차시-1(완성).xlsx

 "제1작업" 시트를 이용하여 조건에 따라 《출력형태》와 같이 작업하시오.

《조건》

⑴ 차트 종류 ⇒ <묶은 세로 막대형>으로 작업하시오.

⑵ 데이터 범위 ⇒ "제1작업" 시트의 내용을 이용하여 작업하시오.

⑶ 위치 ⇒ "새 시트"로 이동하고, "제4작업"으로 시트 이름을 바꾸시오.

⑷ 차트 디자인 도구 ⇒ 레이아웃 3, 스타일 1을 선택하여 《출력형태》에 맞게 작업하시오.

⑸ 영역 서식 ⇒ 차트 : 글꼴(굴림, 11pt), 채우기 효과(질감-파랑 박엽지)

　　　　　　　　그림 : 채우기(흰색, 배경1)

⑹ 제목 서식 ⇒ 차트 제목 : 글꼴(굴림, 굵게, 20pt), 채우기(흰색, 배경1), 테두리

⑺ 서식 ⇒ 점수(5점 만점) 계열의 차트 종류를 <표식이 있는 꺾은선형>으로 변경한 후 보조 축으로 지정하시오.

　　　　계열 : 《출력형태》를 참조하여 표식(세모, 크기 10)과 레이블 값을 표시하시오.

　　　　눈금선 : 선 스타일-파선

　　　　축 : 《출력형태》를 참조하시오.

⑻ 범례 ⇒ 범례명을 변경하고 《출력형태》를 참조하시오.

⑼ 도형 ⇒ '모서리가 둥근 사각형 설명선'을 삽입한 후 《출력형태》와 같이 내용을 입력하시오.

⑽ 나머지 사항은 《출력형태》에 맞게 작성하시오.

《출력형태》

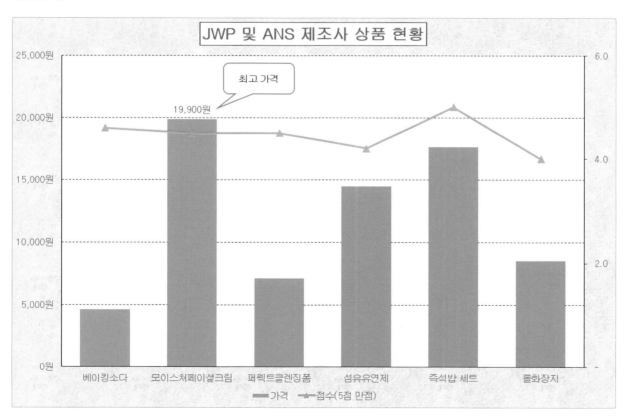

주의 ☞ 시트명 순서가 차례대로 "제1작업", "제2작업", "제3작업", "제4작업"이 되도록 할 것.

2 "제1작업" 시트를 이용하여 조건에 따라《출력형태》와 같이 작업하시오.

소스파일: 07차시-2(문제).xlsx
완성파일: 07차시-2(완성).xlsx

《조건》

(1) 차트 종류 ⇒ <묶은 세로 막대형>으로 작업하시오.

(2) 데이터 범위 ⇒ "제1작업" 시트의 내용을 이용하여 작업하시오.

(3) 위치 ⇒ "새 시트"로 이동하고, "제4작업"으로 시트 이름을 바꾸시오.

(4) 차트 디자인 도구 ⇒ 레이아웃 3, 스타일 1을 선택하여《출력형태》에 맞게 작업하시오.

(5) 영역 서식 ⇒ 차트 : 글꼴(굴림, 11pt), 채우기 효과(질감-파랑 박엽지)
　　　　　　　　그림 : 채우기(흰색, 배경1)

(6) 제목 서식 ⇒ 차트 제목 : 글꼴(굴림, 굵게, 20pt), 채우기(흰색, 배경1), 테두리

(7) 서식 ⇒ 농가면적 계열의 차트 종류를 <표식이 있는 꺾은선형>으로 변경한 후 보조 축으로 지정하시오.
　　　　계열 :《출력형태》를 참조하여 표식(마름모, 크기 10)과 레이블 값을 표시하시오.
　　　　눈금선 : 선 스타일-파선
　　　　축 :《출력형태》를 참조하시오.

(8) 범례 ⇒ 범례명을 변경하고《출력형태》를 참조하시오.

(9) 도형 ⇒ '사각형 설명선'을 삽입한 후《출력형태》와 같이 내용을 입력하시오.

(10) 나머지 사항은《출력형태》에 맞게 작성하시오.

《출력형태》

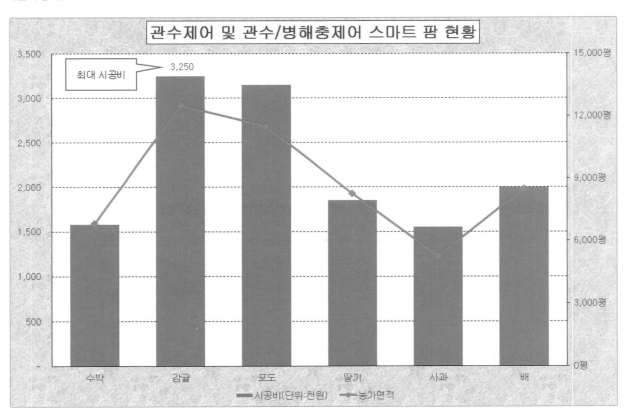

주의 ☞ 시트명 순서가 차례대로 "제1작업", "제2작업", "제3작업", "제4작업"이 되도록 할 것.

3 "제1작업" 시트를 이용하여 조건에 따라《출력형태》와 같이 작업하시오.

소스파일: 07차시-3(문제).xlsx
완성파일: 07차시-3(완성).xlsx

《조건》

⑴ 차트 종류 ⇒ <묶은 세로 막대형>으로 작업하시오.

⑵ 데이터 범위 ⇒ "제1작업" 시트의 내용을 이용하여 작업하시오.

⑶ 위치 ⇒ "새 시트"로 이동하고, "제4작업"으로 시트 이름을 바꾸시오.

⑷ 차트 디자인 도구 ⇒ 레이아웃 3, 스타일 1을 선택하여《출력형태》에 맞게 작업하시오.

⑸ 영역 서식 ⇒ 차트 : 글꼴(굴림, 11pt), 채우기 효과(질감-분홍 박엽지)

　　　　　　　그림 : 채우기(흰색, 배경1)

⑹ 제목 서식 ⇒ 차트 제목 : 글꼴(굴림, 굵게, 20pt), 채우기(흰색, 배경1), 테두리

⑺ 서식 ⇒ 누적 대출권수 계열의 차트 종류를 <표식이 있는 꺾은선형>으로 변경한 후 보조 축으로 지정하시오.

　　　　계열 :《출력형태》를 참조하여 표식(네모, 크기 10)과 레이블 값을 표시하시오.

　　　　눈금선 : 선 스타일-파선

　　　　축 :《출력형태》를 참조하시오.

⑻ 범례 ⇒ 범례명을 변경하고《출력형태》를 참조하시오.

⑼ 도형 ⇒ '타원형 설명선'을 삽입한 후《출력형태》와 같이 내용을 입력하시오.

⑽ 나머지 사항은《출력형태》에 맞게 작성하시오.

《출력형태》

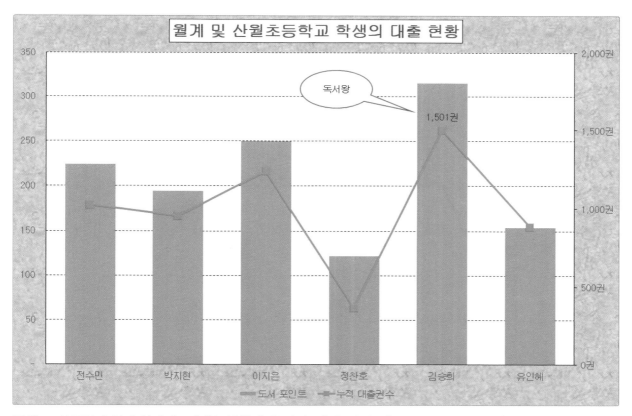

주의 ☞ 시트명 순서가 차례대로 "제1작업", "제2작업", "제3작업", "제4작업"이 되도록 할 것.

4 "제1작업" 시트를 이용하여 조건에 따라 《출력형태》와 같이 작업하시오.

소스파일: 07차시-4(문제).xlsx
완성파일: 07차시-4(완성).xlsx

《조건》

(1) 차트 종류 ⇒ <묶은 세로 막대형>으로 작업하시오.

(2) 데이터 범위 ⇒ "제1작업" 시트의 내용을 이용하여 작업하시오.

(3) 위치 ⇒ "새 시트"로 이동하고, "제4작업"으로 시트 이름을 바꾸시오.

(4) 차트 디자인 도구 ⇒ 레이아웃 3, 스타일 1을 선택하여 《출력형태》에 맞게 작업하시오.

(5) 영역 서식 ⇒ 차트 : 글꼴(굴림, 11pt), 채우기 효과(질감-분홍 박엽지)
　　　　　　　　 그림 : 채우기(흰색, 배경1)

(6) 제목 서식 ⇒ 차트 제목 : 글꼴(굴림, 굵게, 20pt), 채우기(흰색, 배경1), 테두리

(7) 서식 ⇒ 수강인원 계열의 차트 종류를 <표식이 있는 꺾은선형>으로 변경한 후 보조 축으로 지정하시오.
　　　　　 계열 : 《출력형태》를 참조하여 표식(세모, 크기 10)과 레이블 값을 표시하시오.
　　　　　 눈금선 : 선 스타일-파선
　　　　　 축 : 《출력형태》를 참조하시오.

(8) 범례 ⇒ 범례명을 변경하고 《출력형태》를 참조하시오.

(9) 도형 ⇒ '모서리가 둥근 사각형 설명선'을 삽입한 후 《출력형태》와 같이 내용을 입력하시오.

(10) 나머지 사항은 《출력형태》에 맞게 작성하시오.

《출력형태》

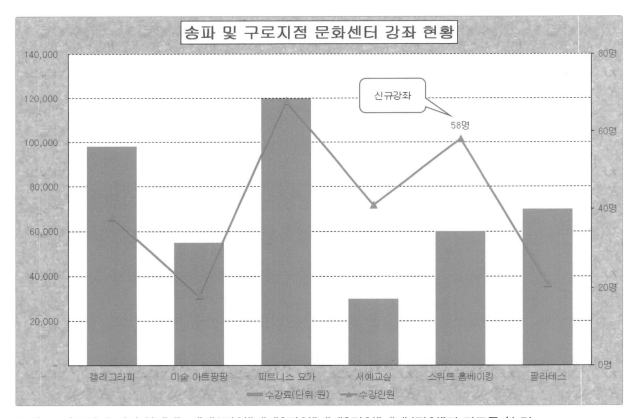

주의 ☞ 시트명 순서가 차례대로 "제1작업", "제2작업", "제3작업", "제4작업"이 되도록 할 것.

☆

2

실전
모의고사

—

정보기술자격(ITQ) 실전모의고사

과 목	코 드	문제유형	시험시간	수험번호	성 명
한글엑셀	1122	A	60분		

수험자 유의사항

◎ 수험자는 문제지를 받는 즉시 문제지와 **수험표상의 시험과목(프로그램)이 동일한지 반드시 확인**하여야 합니다.

◎ 파일명은 본인의 "수험번호-성명"으로 입력하여 답안폴더(내 PC₩문서₩ITQ)에 하나의 파일로 저장해야 하며, 답안문서 파일명이 "수험번호-성명"과 일치하지 않거나, 답안파일을 전송하지 않아 미제출로 처리될 경우 실격 처리합니다 (예:12345678-홍길동.xlsx).

◎ 답안 작성을 마치면 파일을 저장하고, '답안 전송' 버튼을 선택하여 감독위원 PC로 답안을 전송하십시오. 수험생 정보와 저장한 파일명이 다를 경우 전송되지 않으므로 주의하시기 바랍니다.

◎ 답안 작성 중에도 **주기적으로 저장하고, '답안 전송'**하여야 문제 발생을 줄일 수 있습니다. 작업한 내용을 저장하지 않고 전송할 경우 이전에 저장된 내용이 전송되오니 이점 유의하시기 바랍니다.

◎ 답안문서는 지정된 경로 외의 다른 보조기억장치에 저장하는 경우, 지정된 시험 시간 외에 작성된 파일을 활용할 경우, 기타 통신수단(이메일, 메신저, 네트워크 등)을 이용하여 타인에게 전달 또는 외부 반출하는 경우는 부정 처리합니다.

◎ 시험 중 부주의 또는 고의로 시스템을 파손한 경우는 수험자가 변상해야 하며, <수험자 유의사항>에 기재된 방법대로 이행하지 않아 생기는 불이익은 수험생 당사자의 책임임을 알려 드립니다.

◎ 문제의 조건은 MS오피스 2016 버전으로 설정되어 있으니 유의하시기 바랍니다.

◎ 시험을 완료한 수험자는 답안파일이 전송되었는지 확인한 후 감독위원의 지시에 따라 문제지를 제출하고 퇴실합니다.

답안 작성요령

◎ 온라인 답안 작성 절차

　수험자 등록 ⇒ 시험 시작 ⇒ 답안파일 저장 ⇒ 답안 전송 ⇒ 시험 종료

◎ 문제는 총 4단계, 즉 제1작업부터 제4작업까지 구성되어 있으며 반드시 제1작업부터 순서대로 작성하고 조건대로 작업하시오.

◎ 모든 작업시트의 A열은 열 너비 '1'로, 나머지 열은 적당하게 조절하시오.

◎ 모든 작업시트의 테두리는 《출력형태》와 같이 작업하시오.

◎ 해당 작업란에서는 각각 제시된 조건에 따라 《출력형태》와 같이 작업하시오.

◎ 답안 시트 이름은 "제1작업", "제2작업", "제3작업", "제4작업"이어야 하며 답안 시트 이외의 것은 감점 처리됩니다.

◎ 각 시트를 파일로 나누어 작업해서 저장할 경우 실격 처리됩니다.

kpc 한국생산성본부

☞ 다음은 '2023년 피트니스 센터 회원등록 현황'에 대한 자료이다. 자료를 입력하고 조건에 맞도록 작업하시오.

《출력형태》

회원코드	회원명	등록일	담당자	등록경로	등록비 (단위:원)	등록횟수	운동종류	등록월
H2834	김미지	2023-06-03	이하늘	카톡채널	80,000	3	(1)	(2)
P2543	임상희	2023-09-14	김미래	홈페이지	140,000	2	(1)	(2)
H1296	이희열	2023-10-05	이정혁	홈페이지	50,000	5	(1)	(2)
Y4621	고현욱	2023-02-07	김미래	카톡채널	230,000	4	(1)	(2)
Y3705	박성찬	2023-03-25	이하늘	카톡채널	160,000	3	(1)	(2)
H6019	이찬혁	2023-08-16	이정혁	밴드	218,000	1	(1)	(2)
P4572	나애리	2023-05-26	이하늘	홈페이지	308,000	7	(1)	(2)
P1367	박정운	2023-09-16	김미래	홈페이지	77,000	4	(1)	(2)
밴드를 통해 등록한 회원명		(3)			카톡채널을 통해 등록한 회원의 총 등록비(단위:원)			(5)
홈페이지를 통해 등록한 회원수		(4)		회원코드	H2834		등록비 (단위:원)	(6)

결재 / 담당 / 과장 / 차장

《조건》

○ 모든 데이터의 서식에는 글꼴(굴림, 11pt), 정렬은 숫자 및 회계 서식은 오른쪽 정렬, 나머지 서식은 가운데 정렬로 작성하며 예외적인 것은 《출력형태》를 참조하시오.

○ 제 목 ⇒ 도형(양쪽 모서리가 잘린 사각형)과 그림자(오프셋 오른쪽)를 이용하여 작성하고 "2023년 피트니스 센터 회원 등록 현황"을 입력한 후 다음 서식을 적용하시오
　　　　　(글꼴-굴림, 24pt, 검정, 굵게, 채우기-노랑).

○ 임의의 셀에 결재란을 작성하여 그림으로 복사 기능을 이용하여 붙이기 하시오(단, 원본 삭제).

○ 「B4:J4, G14, I14」 영역은 '주황'으로 채우기 하시오.

○ 유효성 검사를 이용하여 「H14」 셀에 회원코드(「B5:B12」 영역)가 선택 표시되도록 하시오.

○ 셀 서식 ⇒ 「H5:H12」 영역에 셀 서식을 이용하여 숫자 뒤에 '회'를 표시하시오(예 : 1회).

○ 「G5:G12」 영역에 대해 '등록비'로 이름정의를 하시오.

☞ (1)~(6) 셀은 반드시 **주어진 함수를 이용**하여 값을 구하시오(결과값을 직접 입력하면 해당 셀은 0점 처리됨).

(1) 운동종류 ⇒ 회원코드의 첫 번째 값이 H이면 '헬스', P이면 'PT', 그 외에는 '스피닝'으로 표시하시오(IF, LEFT 함수).

(2) 등록월 ⇒ 등록일의 월을 추출한 결과값에 '월'을 붙이시오(MONTH 함수, & 연산자)(예 : 1월).

(3) 밴드를 통해 등록한 회원명 ⇒ 등록경로가 밴드인 회원명을 구하시오(INDEX, MATCH 함수).

(4) 홈페이지를 통해 등록한 회원수 ⇒ 등록경로가 홈페이지인 회원의 수를 구하시오(COUNTIF 함수).

(5) 카톡채널을 통해 등록한 회원의 총 등록비(단위:원) ⇒ 정의된 이름(등록비)을 이용하여 구하시오(SUMIF 함수).

(6) 등록비(단위:원) ⇒ 「H14」 셀에서 선택한 회원코드에 대한 등록비(단위:원)를 구하시오(VLOOKUP 함수).

(7) 조건부 서식의 수식을 이용하여 등록횟수가 '4' 이상인 행 전체에 다음의 서식을 적용하시오(글꼴 : 파랑, 굵게).

제2작업 필터 및 서식 (80점)

☞ **"제1작업"** 시트의 「B4:H12」 영역을 복사하여 **"제2작업"** 시트의 「B2」 셀부터 모두 붙여넣기를 한 후 다음의 조건과 같이 작업하시오.

《조건》

(1) 고급 필터 – 등록일이 '2023-05-31' 이전(해당일 포함)이거나, 등록횟수가 '4' 이상인 자료의 회원코드, 회원명, 담당자, 등록비(단위:원) 데이터만 추출하시오.
    – 조건 범위 : 「B14」 셀부터 입력하시오.
    – 복사 위치 : 「B18」 셀부터 나타나도록 하시오.

(2) 표 서식 – 고급필터의 결과셀을 채우기 없음으로 설정한 후 '표 스타일 보통 2'의 서식을 적용하시오.
    – 머리글 행, 줄무늬 행을 적용하시오.

제3작업 피벗 테이블 (80점)

☞ **"제1작업"** 시트를 이용하여 **"제3작업"** 시트에 조건에 따라 《출력형태》와 같이 작업하시오.

《조건》

(1) 등록일 및 등록경로별 회원명의 개수와 등록비(단위:원)의 평균을 구하시오.
(2) 등록일을 그룹화하고, 등록경로를 《출력형태》와 같이 정렬하시오.
(3) 레이블이 있는 셀 병합 및 가운데 맞춤 적용 및 빈 셀은 '***'로 표시하시오.
(4) 행의 총합계는 지우고, 나머지 사항은 《출력형태》에 맞게 작성하시오.

《출력형태》

등록일	등록경로		등록경로		등록경로	
	홈페이지		카톡채널		밴드	
	개수 : 회원명	평균 : 등록비(단위:원)	개수 : 회원명	평균 : 등록비(단위:원)	개수 : 회원명	평균 : 등록비(단위:원)
1사분기	***	***	2	195,000	***	***
2사분기	1	308,000	1	80,000	***	***
3사분기	2	108,500	***	***	1	218,000
4사분기	1	50,000	***	***	***	***
총합계	4	143,750	3	156,667	1	218,000

☞ **"제1작업"** 시트를 이용하여 조건에 따라《출력형태》와 같이 작업하시오.

《조건》

(1) 차트 종류 ⇒ <묶은 세로 막대형>으로 작업하시오.

(2) 데이터 범위 ⇒ "제1작업" 시트의 내용을 이용하여 작업하시오.

(3) 위치 ⇒ "새 시트"로 이동하고, "제4작업"으로 시트 이름을 바꾸시오.

(4) 차트 디자인 도구 ⇒ 레이아웃 3, 스타일 1을 선택하여《출력형태》에 맞게 작업하시오.

(5) 영역 서식 ⇒ 차트 : 글꼴(굴림, 11pt), 채우기 효과(질감-분홍 박엽지)

　　　　　　　그림 : 채우기(흰색, 배경 1)

(6) 제목 서식 ⇒ 차트 제목 : 글꼴(굴림, 굵게, 20pt), 채우기(흰색, 배경 1), 테두리

(7) 서식 ⇒ 등록비(단위:원) 계열의 차트 종류를 <표식이 있는 꺾은선형>으로 변경한 후 보조 축으로 지정하시오.

　　　　계열 :《출력형태》를 참조하여 표식(세모, 크기 10)과 레이블 값을 표시하시오.

　　　　눈금선 : 선 스타일-파선

　　　　축 :《출력형태》를 참조하시오.

(8) 범례 ⇒ 범례명을 변경하고《출력형태》를 참조하시오.

(9) 도형 ⇒ '모서리가 둥근 사각형 설명선'을 삽입한 후《출력형태》와 같이 내용을 입력하시오.

(10) 나머지 사항은《출력형태》에 맞게 작성하시오.

《출력형태》

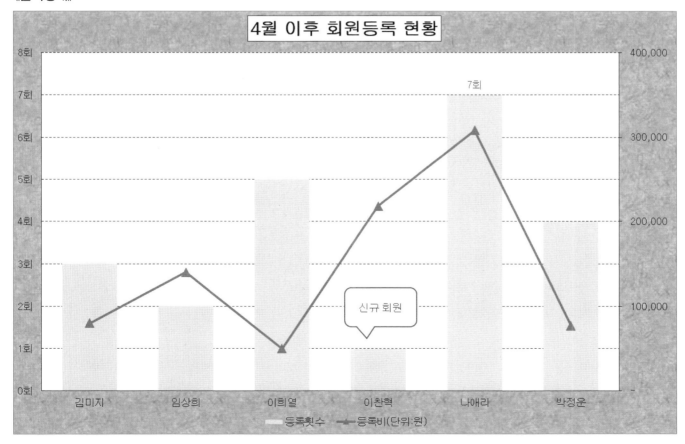

주의 ☞ 시트명 순서가 차례대로 "제1작업", "제2작업", "제3작업", "제4작업"이 되도록 할 것.

정보기술자격(ITQ) 실전모의고사

과 목	코 드	문제유형	시험시간	수험번호	성 명
한글엑셀	1122	A	60분		

수험자 유의사항

◎ 수험자는 문제지를 받는 즉시 문제지와 **수험표상의 시험과목(프로그램)이 동일한지 반드시 확인**하여야 합니다.

◎ 파일명은 본인의 "수험번호-성명"으로 입력하여 답안폴더(내 PC₩문서₩ITQ)에 하나의 파일로 저장해야 하며, 답안문서 파일명이 "수험번호-성명"과 일치하지 않거나, 답안파일을 전송하지 않아 미제출로 처리될 경우 실격 처리합니다 (예:12345678-홍길동.xlsx).

◎ 답안 작성을 마치면 파일을 저장하고, '답안 전송' 버튼을 선택하여 감독위원 PC로 답안을 전송하십시오. 수험생 정보와 저장한 파일명이 다를 경우 전송되지 않으므로 주의하시기 바랍니다.

◎ 답안 작성 중에도 **주기적으로 저장하고, '답안 전송'**하여야 문제 발생을 줄일 수 있습니다. 작업한 내용을 저장하지 않고 전송할 경우 이전에 저장된 내용이 전송되오니 이점 유의하시기 바랍니다.

◎ 답안문서는 지정된 경로 외의 다른 보조기억장치에 저장하는 경우, 지정된 시험 시간 외에 작성된 파일을 활용할 경우, 기타 통신수단(이메일, 메신저, 네트워크 등)을 이용하여 타인에게 전달 또는 외부 반출하는 경우는 부정 처리합니다.

◎ 시험 중 부주의 또는 고의로 시스템을 파손한 경우는 수험자가 변상해야 하며, <수험자 유의사항>에 기재된 방법대로 이행하지 않아 생기는 불이익은 수험생 당사자의 책임임을 알려 드립니다.

◎ 문제의 조건은 MS오피스 2016 버전으로 설정되어 있으니 유의하시기 바랍니다.

◎ 시험을 완료한 수험자는 답안파일이 전송되었는지 확인한 후 감독위원의 지시에 따라 문제지를 제출하고 퇴실합니다.

답안 작성요령

◎ 온라인 답안 작성 절차

　　수험자 등록 ⇒ 시험 시작 ⇒ 답안파일 저장 ⇒ 답안 전송 ⇒ 시험 종료

◎ 문제는 총 4단계, 즉 제1작업부터 제4작업까지 구성되어 있으며 반드시 제1작업부터 순서대로 작성하고 조건대로 작업 하시오.

◎ 모든 작업시트의 A열은 열 너비 '1'로, 나머지 열은 적당하게 조절하시오.

◎ 모든 작업시트의 테두리는 《출력형태》와 같이 작업하시오.

◎ 해당 작업란에서는 각각 제시된 조건에 따라 《출력형태》와 같이 작업하시오.

◎ 답안 시트 이름은 "제1작업", "제2작업", "제3작업", "제4작업"이어야 하며 답안 시트 이외의 것은 감점 처리됩니다.

◎ 각 시트를 파일로 나누어 작업해서 저장할 경우 실격 처리됩니다.

☞ 다음은 '**겨울가전 최신 상품 목록**'에 대한 자료이다. 자료를 입력하고 조건에 맞도록 작업하시오.

《출력형태》

	제품코드	모델명	방식	제조사	가격	소비전력(W)	등록일	순위	비고
							결재	담당	팀장	본부장
			겨울가전 최신 상품 목록							
BK1-021	프리그 전기요	전기요	대진전자	83,300	90	2022-10-23	(1)	(2)
RA2-019	라셀트리	전기매트	액세트리	151,260	190	2023-04-15	(1)	(2)
HL3-099	더 케어 슬림	온수매트	대성셀틱	220,760	350	2023-10-15	(1)	(2)
RD1-035	라디라이트	전기매트	신일전자	210,000	75	2023-09-05	(1)	(2)
OE1-082	에어로 실버	온수매트	경동나비엔	80,860	240	2022-09-03	(1)	(2)
OE1-076	샤오미 슬림	전기매트	샤오미	139,860	180	2023-11-21	(1)	(2)
BE2-073	보이로 전기요	전기요	이메텍	163,800	120	2022-10-08	(1)	(2)
HE2-052	무자계 전기요	전기요	대원전자	95,000	135	2023-09-19	(1)	(2)
온수매트 가격 평균			(3)		두 번째로 높은 소비전력			(5)
전기요 최고 가격			(4)		제품코드	BK1-021	소비전력(W)	(6)

《조건》

○ 모든 데이터의 서식에는 글꼴(굴림, 11pt), 정렬은 숫자 및 회계 서식은 오른쪽 정렬, 나머지 서식은 가운데 정렬로 작성하며 예외적인 것은《출력형태》를 참조하시오.

○ 제 목 ⇒ 도형(사다리꼴)과 그림자(오프셋 대각선 오른쪽 아래)를 이용하여 작성하고 "겨울가전 최신 상품 목록"을 입력한 후 다음 서식을 적용하시오 (글꼴-굴림, 24pt, 검정, 굵게, 채우기-노랑).

○ 임의의 셀에 결재란을 작성하여 그림으로 복사 기능을 이용하여 붙이기 하시오(단, 원본 삭제).

○「B4:J4, G14, I14」영역은 '주황'으로 채우기 하시오.

○ 유효성 검사를 이용하여「H14」셀에 제품코드(「B5:B12」영역)가 선택 표시되도록 하시오.

○ 셀 서식 ⇒「F5:F12」영역에 셀 서식을 이용하여 숫자 뒤에 '원'을 표시하시오(예 : 83,300원).

○「G5:G12」영역에 대해 '소비전력'으로 이름정의를 하시오.

☞ (1)~(6) 셀은 반드시 **주어진 함수를 이용**하여 값을 구하시오(결과값을 직접 입력하면 해당 셀은 0점 처리됨).

(1) 순위 ⇒ 정의된 이름(소비전력)을 이용하여 내림차순 순위를 구한 결과값에 '위'를 붙이시오(RANK.EQ 함수, & 연산자)(예 : 1위).

(2) 비고 ⇒ 제품코드의 세 번째 글자가 1이면 '싱글', 2이면 '슈퍼 싱글', 그 외에는 '더블'로 구하시오(IF, MID 함수).

(3) 온수매트 가격 평균 ⇒ (SUMIF, COUNTIF 함수)

(4) 전기요 최고 가격 ⇒ 조건은 입력데이터를 이용하시오(DMAX 함수).

(5) 두 번째로 높은 소비전력 ⇒ 정의된 이름(소비전력)을 이용하여 구하시오(LARGE 함수).

(6) 소비전력(W) ⇒「H14」셀에서 선택한 제품코드에 대한 소비전력(W)을 구하시오(VLOOKUP 함수).

(7) 조건부 서식의 수식을 이용하여 소비전력(W)이 '150' 이하인 행 전체에 다음의 서식을 적용하시오(글꼴 : 파랑, 굵게).

제2작업　　목표값 찾기 및 필터 (80점)

☞ **"제1작업"** 시트의 「B4:H12」 영역을 복사하여 **"제2작업"** 시트의 「B2」 셀부터 모두 붙여넣기를 한 후 다음의 조건과 같이 작업하시오.

《조건》

(1) 목표값 찾기 – 「B11:G11」 셀을 병합하여 "전기요의 가격 평균"을 입력한 후 「H11」 셀에 전기요의 가격 평균을 구하시오. 단, 조건은 입력데이터를 이용하시오(DAVERAGE 함수, 테두리, 가운데 맞춤).
　　　　　　– '전기요의 가격 평균'이 '120,000'이 되려면 무자계 전기요의 가격이 얼마가 되어야 하는지 목표값을 구하시오.

(2) 고급필터 – 제품코드가 'B'로 시작하거나, 소비전력(W)이 '100' 이하인 자료의 모델명, 방식, 제조사, 가격 데이터만 추출하시오.
　　　　　　– 조건 범위 : 「B14」 셀부터 입력하시오.
　　　　　　– 복사 위치 : 「B18」 셀부터 나타나도록 하시오.

제3작업　　정렬 및 부분합 (80점)

☞ **"제1작업"** 시트의 「B4:H12」 영역을 복사하여 **"제3작업"** 시트의 「B2」 셀부터 모두 붙여넣기를 한 후 다음의 조건과 같이 작업하시오.

《조건》

(1) 부분합 – 《출력형태》처럼 정렬하고, 가격의 최대값과 소비전력의 평균을 구하시오.
(2) 윤곽 – 지우시오.
(3) 나머지 사항은 《출력형태》에 맞게 작성하시오.

《출력형태》

	A	B	C	D	E	F	G	H
1								
2		제품코드	모델명	방식	제조사	가격	소비전력(W)	등록일
3		HL3-099	더 케어 슬림	온수매트	대성셀틱	220,760원	350	2023-10-15
4		OE1-082	에어로 실버	온수매트	경동나비엔	80,860원	240	2022-09-03
5				**온수매트 평균**			295	
6				온수매트 최대값		220,760원		
7		RA2-019	라셀트리	전기매트	액세트리	151,260원	190	2023-04-15
8		RD1-035	라디라이트	전기매트	신일전자	210,000원	75	2023-09-05
9		OE1-076	샤오미 슬림	전기매트	샤오미	139,860원	180	2023-11-21
10				전기매트 평균			148	
11				전기매트 최대값		210,000원		
12		BK1-021	프리그 전기요	전기요	대진전자	83,300원	90	2022-10-23
13		BE2-073	보이로 전기요	전기요	이메틱	163,800원	120	2022-10-08
14		HE2-052	무자계 전기요	전기요	대원전자	95,000원	135	2023-09-19
15				전기요 평균			115	
16				전기요 최대값		163,800원		
17				**전체 평균**			173	
18				전체 최대값		220,760원		

☞ **"제1작업"** 시트를 이용하여 조건에 따라《출력형태》와 같이 작업하시오.

《조건》

(1) 차트 종류 ⇒ <묶은 세로 막대형>으로 작업하시오.

(2) 데이터 범위 ⇒ "제1작업" 시트의 내용을 이용하여 작업하시오.

(3) 위치 ⇒ "새 시트"로 이동하고, "제4작업"으로 시트 이름을 바꾸시오.

(4) 차트 디자인 도구 ⇒ 레이아웃 3, 스타일 1을 선택하여《출력형태》에 맞게 작업하시오.

(5) 영역 서식 ⇒ 차트 : 글꼴(굴림, 11pt), 채우기 효과(질감-파랑 박엽지)

　　　　　　　　그림 : 채우기(흰색, 배경 1)

(6) 제목 서식 ⇒ 차트 제목 : 글꼴(굴림, 굵게, 20pt), 채우기(흰색, 배경 1), 테두리

(7) 서식 ⇒ 가격 계열의 차트 종류를 <표식이 있는 꺾은선형>으로 변경한 후 보조 축으로 지정하시오.

　　　　계열 :《출력형태》를 참조하여 표식(마름모, 크기 10)과 레이블 값을 표시하시오.

　　　　눈금선 : 선 스타일-파선

　　　　축 :《출력형태》를 참조하시오.

(8) 범례 ⇒ 범례명을 변경하고《출력형태》를 참조하시오.

(9) 도형 ⇒ '모서리가 둥근 사각형 설명선'을 삽입한 후《출력형태》와 같이 내용을 입력하시오.

(10) 나머지 사항은《출력형태》에 맞게 작성하시오.

《출력형태》

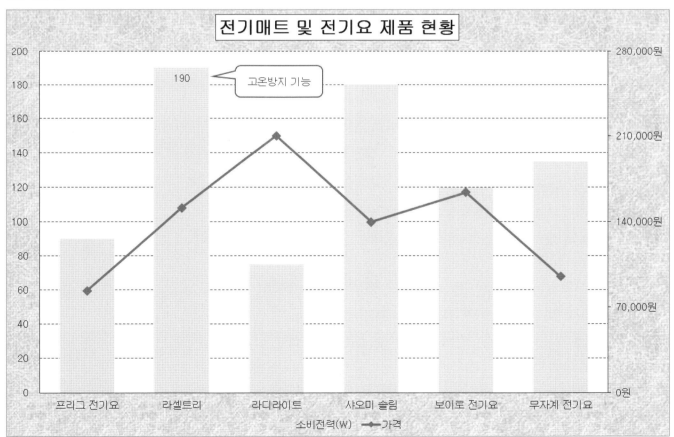

주의 ☞ 시트명 순서가 차례대로 "제1작업", "제2작업", "제3작업", "제4작업"이 되도록 할 것.

정보기술자격(ITQ) 실전모의고사

과 목	코 드	문제유형	시험시간	수험번호	성 명
한글엑셀	1122	A	60분		

수험자 유의사항

◎ 수험자는 문제지를 받는 즉시 문제지와 **수험표상의 시험과목(프로그램)이 동일한지 반드시 확인**하여야 합니다.

◎ 파일명은 본인의 "수험번호-성명"으로 입력하여 답안폴더(내 PC\문서\ITQ)에 하나의 파일로 저장해야 하며, 답안문서 파일명이 "수험번호-성명"과 일치하지 않거나, 답안파일을 전송하지 않아 미제출로 처리될 경우 실격 처리합니다 (예:12345678-홍길동.xlsx).

◎ 답안 작성을 마치면 파일을 저장하고, '답안 전송' 버튼을 선택하여 감독위원 PC로 답안을 전송하십시오. 수험생 정보와 저장한 파일명이 다를 경우 전송되지 않으므로 주의하시기 바랍니다.

◎ 답안 작성 중에도 **주기적으로 저장하고, '답안 전송'**하여야 문제 발생을 줄일 수 있습니다. 작업한 내용을 저장하지 않고 전송할 경우 이전에 저장된 내용이 전송되오니 이점 유의하시기 바랍니다.

◎ 답안문서는 지정된 경로 외의 다른 보조기억장치에 저장하는 경우, 지정된 시험 시간 외에 작성된 파일을 활용할 경우, 기타 통신수단(이메일, 메신저, 네트워크 등)을 이용하여 타인에게 전달 또는 외부 반출하는 경우는 부정 처리합니다.

◎ 시험 중 부주의 또는 고의로 시스템을 파손한 경우는 수험자가 변상해야 하며, <수험자 유의사항>에 기재된 방법대로 이행하지 않아 생기는 불이익은 수험생 당사자의 책임임을 알려 드립니다.

◎ 문제의 조건은 MS오피스 2016 버전으로 설정되어 있으니 유의하시기 바랍니다.

◎ 시험을 완료한 수험자는 답안파일이 전송되었는지 확인한 후 감독위원의 지시에 따라 문제지를 제출하고 퇴실합니다.

답안 작성요령

◎ 온라인 답안 작성 절차

  수험자 등록 ⇒ 시험 시작 ⇒ 답안파일 저장 ⇒ 답안 전송 ⇒ 시험 종료

◎ 문제는 총 4단계, 즉 제1작업부터 제4작업까지 구성되어 있으며 반드시 제1작업부터 순서대로 작성하고 조건대로 작업 하시오.

◎ 모든 작업시트의 A열은 열 너비 '1'로, 나머지 열은 적당하게 조절하시오.

◎ 모든 작업시트의 테두리는 《출력형태》와 같이 작업하시오.

◎ 해당 작업란에서는 각각 제시된 조건에 따라 《출력형태》와 같이 작업하시오.

◎ 답안 시트 이름은 "제1작업", "제2작업", "제3작업", "제4작업"이어야 하며 답안 시트 이외의 것은 감점 처리됩니다.

◎ 각 시트를 파일로 나누어 작업해서 저장할 경우 실격 처리됩니다.

kpc 한국생산성본부

☞ 다음은 '**우리 홈쇼핑 가전 제품 판매 현황**'에 대한 자료이다. 자료를 입력하고 조건에 맞도록 작업하시오.

《출력형태》

상품코드	상품명	방송일	분류	판매가격	판매수량 (단위:대)	상품평 (단위:건)	방송요일	배송비
						결재	담당	팀장	부장

상품코드	상품명	방송일	분류	판매가격	판매수량 (단위:대)	상품평 (단위:건)	방송요일	배송비
W2113	워시타워 드럼 세탁기	2023-02-08	세탁기	1,298	4,456	356	(1)	(2)
R1210	비스포크 김치 냉장고	2023-04-01	냉장고	2,799	1,822	1,657	(1)	(2)
R1213	캐리어 클라윈드 냉장고	2023-03-10	냉장고	1,899	2,344	875	(1)	(2)
C3115	스마트 벽걸이 TV	2023-01-12	TV	3,500	854	34	(1)	(2)
W2117	그랑데 드럼 세탁기	2023-03-15	세탁기	1,798	3,012	1,125	(1)	(2)
R1215	오브제컬렉션 냉장고	2023-04-12	냉장고	2,425	987	67	(1)	(2)
C3119	QLED 벽걸이 TV	2023-02-20	TV	3,985	2,167	1,785	(1)	(2)
R1218	인공지능 냉장고	2023-01-17	냉장고	1,750	1,788	895	(1)	(2)
세탁기 판매수량(단위:대) 평균			(3)	✕		최다 상품평(단위:건)		(5)
비스포크 김치 냉장고 판매순위			(4)		상품코드	W2113	분류	(6)

《조건》

○ 모든 데이터의 서식에는 글꼴(굴림, 11pt), 정렬은 숫자 및 회계 서식은 오른쪽 정렬, 나머지 서식은 가운데 정렬로 작성하며 예외적인 것은 《출력형태》를 참조하시오.

○ 제 목 ⇒ 도형(양쪽 모서리가 잘린 사각형)과 그림자(오프셋 아래쪽)를 이용하여 작성하고 "우리 홈쇼핑 가전 제품 판매 현황"을 입력한 후 다음 서식을 적용하시오
     (글꼴-굴림, 24pt, 검정, 굵게, 채우기-노랑).

○ 임의의 셀에 결재란을 작성하여 그림으로 복사 기능을 이용하여 붙이기 하시오(단, 원본 삭제).

○ 「B4:J4, G14, I14」 영역은 '주황'으로 채우기 하시오.

○ 유효성 검사를 이용하여 「H14」 셀에 상품코드(「B5:B12」 영역)가 선택 표시되도록 하시오.

○ 셀 서식 ⇒ 「F5:F12」 영역에 셀 서식을 이용하여 숫자 뒤에 '천원'을 표시하시오(예 : 3,525천원).

○ 「H5:H12」 영역에 대해 '상품평'으로 이름정의를 하시오.

☞ (1)~(6) 셀은 반드시 **주어진 함수를 이용**하여 값을 구하시오(결과값을 직접 입력하면 해당 셀은 0점 처리됨).

(1) 방송요일 ⇒ 방송일에 대한 요일을 구하시오(CHOOSE, WEEKDAY 함수)(예 : 월).

(2) 배송비 ⇒ 판매가격이 2,500 이상이면 '무료배송', 그 외에는 '30,000원'으로 표시하시오(IF 함수).

(3) 세탁기 판매수량(단위:대) 평균 ⇒ 반올림하여 정수로 표시하시오. 단, 조건은 입력데이터를 이용하시오(ROUND, DAVERAGE 함수).

(4) 비스포크 김치 냉장고 판매순위 ⇒ 비스포크 김치 냉장고 판매수량(단위:대)의 내림차순 순위를 구한 후 결과값에 '위'를 붙이시오(RANK.EQ 함수, & 연산자)(예 : 3위).

(5) 최다 상품평(단위:건) ⇒ 정의된 이름(상품평)을 이용하여 구하시오(LARGE 함수).

(6) 분류 ⇒ 「H14」 셀에서 선택한 상품코드에 대한 분류를 구하시오(VLOOKUP 함수).

(7) 조건부 서식의 수식을 이용하여 상품평(단위:건)이 '1,000' 이상인 행 전체에 다음의 서식을 적용하시오
   (글꼴 : 파랑, 굵은 기울임꼴).

☞ "**제1작업**" 시트의 「B4:H12」 영역을 복사하여 "**제2작업**" 시트의 「B2」 셀부터 모두 붙여넣기를 한 후 다음의 조건과 같이 작업하시오.

《조건》

(1) 고급 필터 – 상품코드가 'R'로 시작하면서 판매수량(단위:대)이 '1,800' 초과인 자료의 데이터만 추출하시오.
　　　　　　　– 조건 범위 : 「B14」 셀부터 입력하시오.
　　　　　　　– 복사 위치 : 「B18」 셀부터 나타나도록 하시오.

(2) 표 서식 – 고급필터의 결과셀을 채우기 없음으로 설정한 후 '표 스타일 보통 7'의 서식을 적용하시오.
　　　　　　– 머리글 행, 줄무늬 행을 적용하시오.

제3작업　　피벗 테이블　　(80점)

☞ "**제1작업**" 시트를 이용하여 "**제3작업**" 시트에 조건에 따라 《출력형태》와 같이 작업하시오.

《조건》

(1) 방송일 및 분류별 상품명의 개수와 판매수량(단위:대)의 평균을 구하시오.
(2) 방송일을 그룹화하고, 분류를 《출력형태》와 같이 정렬하시오.
(3) 레이블이 있는 셀 병합 및 가운데 맞춤 적용 및 빈 셀은 '***'로 표시하시오.
(4) 행의 총합계는 지우고, 나머지 사항은 《출력형태》에 맞게 작성하시오.

《출력형태》

A	B	C	D	E	F	G	H
1							
2		분류 ▾					
3			냉장고			TV		세탁기	
4	방송일 ▾	개수 : 상품명	평균 : 판매수량(단위:대)	개수 : 상품명	평균 : 판매수량(단위:대)	개수 : 상품명	평균 : 판매수량(단위:대)
5	1월	1	1,788	1	854	***	***
6	2월	***	***	1	2,167	1	4,456
7	3월	1	2,344	***	***	1	3,012
8	4월	2	1,405	***	***	***	***
9	총합계	4	1,735	2	1,511	2	3,734

☞ **"제1작업"** 시트를 이용하여 조건에 따라 《출력형태》와 같이 작업하시오.

《조건》

(1) 차트 종류 ⇒ <묶은 세로 막대형>으로 작업하시오.

(2) 데이터 범위 ⇒ "제1작업" 시트의 내용을 이용하여 작업하시오.

(3) 위치 ⇒ "새 시트"로 이동하고, "제4작업"으로 시트 이름을 바꾸시오.

(4) 차트 디자인 도구 ⇒ 레이아웃 3, 스타일 1을 선택하여 《출력형태》에 맞게 작업하시오.

(5) 영역 서식 ⇒ 차트 : 글꼴(굴림, 11pt), 채우기 효과(질감-양피지)

　　　　　　　　 그림 : 채우기(흰색, 배경 1)

(6) 제목 서식 ⇒ 차트 제목 : 글꼴(굴림, 굵게, 20pt), 채우기(흰색, 배경 1), 테두리

(7) 서식 ⇒ 판매가격 계열의 차트 종류를 <표식이 있는 꺾은선형>으로 변경한 후 보조 축으로 지정하시오.

　　　　 계열 : 《출력형태》를 참조하여 표식(네모, 크기 10)과 레이블 값을 표시하시오.

　　　　 눈금선 : 선 스타일-파선

　　　　 축 : 《출력형태》를 참조하시오.

(8) 범례 ⇒ 범례명을 변경하고 《출력형태》를 참조하시오.

(9) 도형 ⇒ '타원형 설명선'을 삽입한 후 《출력형태》와 같이 내용을 입력하시오.

(10) 나머지 사항은 《출력형태》에 맞게 작성하시오.

《출력형태》

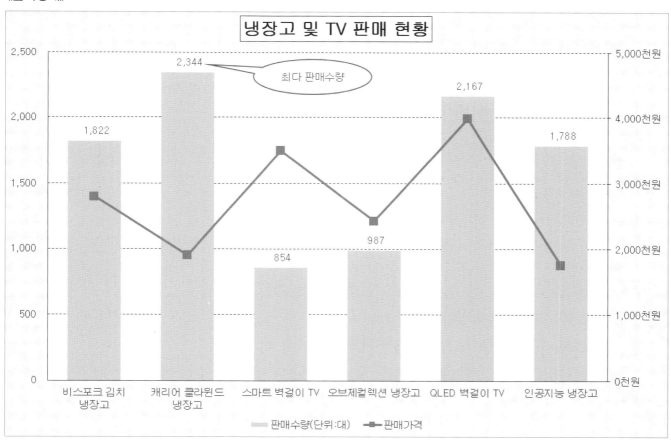

주의 ☞ 시트명 순서가 차례대로 "제1작업", "제2작업", "제3작업", "제4작업"이 되도록 할 것.

정보기술자격(ITQ) 실전모의고사

과 목	코 드	문제유형	시험시간	수험번호	성 명
한글엑셀	1122	A	60분		

수험자 유의사항

◎ 수험자는 문제지를 받는 즉시 문제지와 **수험표상의 시험과목(프로그램)이 동일한지 반드시 확인**하여야 합니다.

◎ 파일명은 본인의 "수험번호−성명"으로 입력하여 답안폴더(내 PC₩문서₩ITQ)에 하나의 파일로 저장해야 하며, 답안문서 파일명이 "수험번호−성명"과 일치하지 않거나, 답안파일을 전송하지 않아 미제출로 처리될 경우 실격 처리합니다 (예:12345678-홍길동.xlsx).

◎ 답안 작성을 마치면 파일을 저장하고, '답안 전송' 버튼을 선택하여 감독위원 PC로 답안을 전송하십시오. 수험생 정보와 저장한 파일명이 다를 경우 전송되지 않으므로 주의하시기 바랍니다.

◎ 답안 작성 중에도 **주기적으로 저장하고, '답안 전송'**하여야 문제 발생을 줄일 수 있습니다. 작업한 내용을 저장하지 않고 전송할 경우 이전에 저장된 내용이 전송되오니 이점 유의하시기 바랍니다.

◎ 답안문서는 지정된 경로 외의 다른 보조기억장치에 저장하는 경우, 지정된 시험 시간 외에 작성된 파일을 활용할 경우, 기타 통신수단(이메일, 메신저, 네트워크 등)을 이용하여 타인에게 전달 또는 외부 반출하는 경우는 부정 처리합니다.

◎ 시험 중 부주의 또는 고의로 시스템을 파손한 경우는 수험자가 변상해야 하며, <수험자 유의사항>에 기재된 방법대로 이행하지 않아 생기는 불이익은 수험생 당사자의 책임임을 알려 드립니다.

◎ 문제의 조건은 MS오피스 2016 버전으로 설정되어 있으니 유의하시기 바랍니다.

◎ 시험을 완료한 수험자는 답안파일이 전송되었는지 확인한 후 감독위원의 지시에 따라 문제지를 제출하고 퇴실합니다.

답안 작성요령

◎ 온라인 답안 작성 절차

  수험자 등록 ⇒ 시험 시작 ⇒ 답안파일 저장 ⇒ 답안 전송 ⇒ 시험 종료

◎ 문제는 총 4단계, 즉 제1작업부터 제4작업까지 구성되어 있으며 반드시 제1작업부터 순서대로 작성하고 조건대로 작업 하시오.

◎ 모든 작업시트의 A열은 열 너비 '1'로, 나머지 열은 적당하게 조절하시오.

◎ 모든 작업시트의 테두리는 《출력형태》와 같이 작업하시오.

◎ 해당 작업란에서는 각각 제시된 조건에 따라 《출력형태》와 같이 작업하시오.

◎ 답안 시트 이름은 "제1작업", "제2작업", "제3작업", "제4작업"이어야 하며 답안 시트 이외의 것은 감점 처리됩니다.

◎ 각 시트를 파일로 나누어 작업해서 저장할 경우 실격 처리됩니다.

☞ 다음은 '**전국 어린이집 주요 현황**'에 대한 자료이다. 자료를 입력하고 조건에 맞도록 작업하시오.

《출력형태》

분류코드	어린이집명	지역	분류	등록률(%)	정원 (단위:명)	인원	순위	평가 등급
							담당	팀장	부장
BB9002	아이꿈 어린이집	부산	가정	72	25	20	(1)	(2)
SA1003	서울숲속 어린이집	서울	국공립	98	123	121	(1)	(2)
DN6007	아이터 어린이집	대구	국공립	97	138	134	(1)	(2)
GA3014	영재 어린이집	강원	직장	96	145	139	(1)	(2)
GB6015	간성 어린이집	강원	국공립	83	118	98	(1)	(2)
BA6036	쨍쨍 어린이집	부산	직장	96	139	134	(1)	(2)
DD4023	고운 어린이집	대구	가정	74	23	17	(1)	(2)
SN8163	ABC 어린이집	서울	가정	63	32	20	(1)	(2)
직장 어린이집의 인원 평균			(3)		가장 많은 인원			(5)
가정 어린이집의 인원 합계			(4)		분류코드	BB9002	지역	(6)

(결재란: 담당 / 팀장 / 부장)

《조건》

○ 모든 데이터의 서식에는 글꼴(굴림, 11pt), 정렬은 숫자 및 회계 서식은 오른쪽 정렬, 나머지 서식은 가운데 정렬로 작성하며 예외적인 것은 《출력형태》를 참조하시오.

○ 제 목 ⇒ 도형(평행 사변형)과 그림자(오프셋 대각선 왼쪽 아래)를 이용하여 작성하고 "전국 어린이집 주요 현황"을 입력한 후 다음 서식을 적용하시오

   (글꼴-굴림, 24pt, 검정, 굵게, 채우기-노랑).

○ 임의의 셀에 결재란을 작성하여 그림으로 복사 기능을 이용하여 붙이기 하시오(단, 원본 삭제).

○ 「B4:J4, G14, I14」 영역은 '주황'으로 채우기 하시오.

○ 유효성 검사를 이용하여 「H14」 셀에 분류코드(「B5:B12」 영역)가 선택 표시되도록 하시오.

○ 셀 서식 ⇒ 「H5:H12」 영역에 셀 서식을 이용하여 숫자 뒤에 '명'을 표시하시오(예 : 121명).

○ 「E5:E12」 영역에 대해 '분류'로 이름정의를 하시오.

☞ (1)~(6) 셀은 반드시 **주어진 함수를 이용**하여 값을 구하시오(결과값을 직접 입력하면 해당 셀은 0점 처리됨).

(1) 순위 ⇒ 인원의 내림차순 순위를 구한 결과값에 '위'를 붙이시오(RANK.EQ 함수, & 연산자)(예 : 1위).

(2) 평가 등급 ⇒ 분류코드의 두 번째 글자가 A이면, 'A등급', B이면 'B등급', 그 외에는 공백으로 구하시오.(IF, MID 함수).

(3) 직장 어린이집의 인원 평균 ⇒ 정의된 이름(분류)을 이용하여 분류가 '직장'인 어린이집의 인원 평균을 구하시오(SUMIF, COUNTIF 함수).

(4) 가정 어린이집의 인원 합계 ⇒ 분류가 '가정'인 어린이집의 인원 합계를 구하시오. 단, 조건은 입력데이터를 이용하시오(DSUM 함수).

(5) 가장 많은 인원 ⇒ (MAX 함수)

(6) 지역 ⇒ 「H14」 셀에서 선택한 분류코드에 대한 지역을 구하시오(VLOOKUP 함수).

(7) 조건부 서식의 수식을 이용하여 인원이 '100' 이상인 행 전체에 다음의 서식을 적용하시오(글꼴 : 파랑, 굵게).

☞ **"제1작업"** 시트의 「B4:H12」 영역을 복사하여 **"제2작업"** 시트의 「B2」 셀부터 모두 붙여넣기를 한 후 다음의 조건과 같이 작업하시오.

《조건》

(1) 목표값 찾기 – 「B11:G11」 셀을 병합하여 "가정 어린이집의 인원 평균"을 입력한 후 「H11」 셀에 가정 어린이집의 인원 평균을 구하시오. 단, 조건은 입력데이터를 이용하시오(DAVERAGE 함수, 테두리, 가운데 맞춤).

     – 가정 어린이집의 인원 평균이 '20'이 되려면 ABC 어린이집의 인원이 얼마가 되어야 하는지 목표값을 구하시오.

(2) 고급필터 – 지역이 '서울'이거나 정원(단위:명)이 '50' 이하인 자료의 데이터만 추출하시오.

     – 조건 범위 : 「B14」 셀부터 입력하시오.

     – 복사 위치 : 「B18」 셀부터 나타나도록 하시오.

☞ **"제1작업"** 시트의 「B4:H12」 영역을 복사하여 **"제3작업"** 시트의 「B2」 셀부터 모두 붙여넣기를 한 후 다음의 조건과 같이 작업하시오.

《조건》

(1) 부분합 – 《출력형태》처럼 정렬하고, 어린이집명의 개수와 인원의 합계를 구하시오.
(2) 윤곽 – 지우시오.
(3) 나머지 사항은 《출력형태》에 맞게 작성하시오.

《출력형태》

A	B	C	D	E	F	G	H
1							
2	분류코드	어린이집명	지역	분류	등록률(%)	정원 (단위:명)	인원
3	GA3014	영재 어린이집	강원	직장	96	145	139명
4	BA6036	쨍쨍 어린이집	부산	직장	96	139	134명
5				직장 요약			273명
6		2		**직장 개수**			
7	SA1003	서울숲속 어린이집	서울	국공립	98	123	121명
8	DN6007	아이터 어린이집	대구	국공립	97	138	134명
9	GB6015	간성 어린이집	강원	국공립	83	118	98명
10				국공립 요약			353명
11		3		**국공립 개수**			
12	BB9002	아이꿈 어린이집	부산	가정	72	25	20명
13	DD4023	고운 어린이집	대구	가정	74	23	17명
14	SN8163	ABC 어린이집	서울	가정	63	32	20명
15				가정 요약			57명
16		3		**가정 개수**			
17				총합계			683명
18		8		**전체 개수**			

☞ "제1작업" 시트를 이용하여 조건에 따라 《출력형태》와 같이 작업하시오.

《조건》

(1) 차트 종류 ⇒ <묶은 세로 막대형>으로 작업하시오.

(2) 데이터 범위 ⇒ "제1작업" 시트의 내용을 이용하여 작업하시오.

(3) 위치 ⇒ "새 시트"로 이동하고, "제4작업"으로 시트 이름을 바꾸시오.

(4) 차트 디자인 도구 ⇒ 레이아웃 3, 스타일 1을 선택하여 《출력형태》에 맞게 작업하시오.

(5) 영역 서식 ⇒ 차트 : 글꼴(굴림, 11pt), 채우기 효과(질감-꽃다발)

　　　　　　　　그림 : 채우기(흰색, 배경 1)

(6) 제목 서식 ⇒ 차트 제목 : 글꼴(굴림, 굵게, 20pt), 채우기(흰색, 배경 1), 테두리

(7) 서식 ⇒ 정원(단위:명) 계열의 차트 종류를 <표식이 있는 꺾은선형>으로 변경한 후 보조 축으로 지정하시오.

　　　　계열 : 《출력형태》를 참조하여 표식(세모, 크기 10)과 레이블 값을 표시하시오.

　　　　눈금선 : 선 스타일-파선

　　　　축 : 《출력형태》를 참조하시오.

(8) 범례 ⇒ 범례명을 변경하고 《출력형태》를 참조하시오.

(9) 도형 ⇒ '사각형 설명선'을 삽입한 후 《출력형태》와 같이 내용을 입력하시오.

(10) 나머지 사항은 《출력형태》에 맞게 작성하시오.

《출력형태》

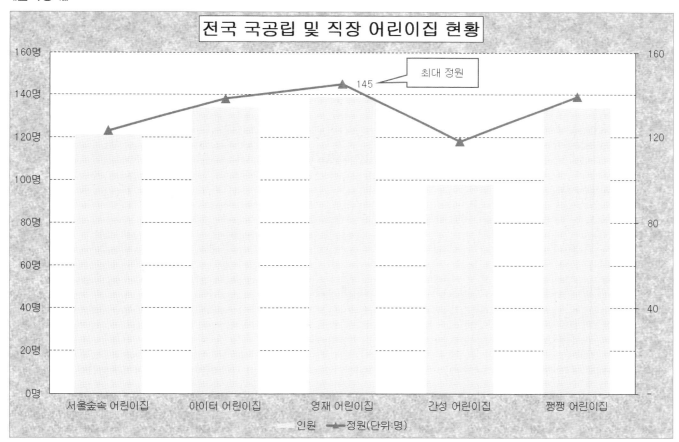

주의 ☞ 시트명 순서가 차례대로 "제1작업", "제2작업", "제3작업", "제4작업"이 되도록 할 것.

정보기술자격(ITQ) 실전모의고사

과 목	코 드	문제유형	시험시간	수험번호	성 명
한글엑셀	1122	A	60분		

수험자 유의사항

◎ 수험자는 문제지를 받는 즉시 문제지와 **수험표상의 시험과목(프로그램)이 동일한지 반드시 확인**하여야 합니다.

◎ 파일명은 본인의 "수험번호-성명"으로 입력하여 답안폴더(내 PC\문서\ITQ)에 하나의 파일로 저장해야 하며, 답안문서 파일명이 "수험번호-성명"과 일치하지 않거나, 답안파일을 전송하지 않아 미제출로 처리될 경우 실격 처리합니다 (예:12345678-홍길동.xlsx).

◎ 답안 작성을 마치면 파일을 저장하고, '답안 전송' 버튼을 선택하여 감독위원 PC로 답안을 전송하십시오. 수험생 정보와 저장한 파일명이 다를 경우 전송되지 않으므로 주의하시기 바랍니다.

◎ 답안 작성 중에도 **주기적으로 저장하고, '답안 전송'**하여야 문제 발생을 줄일 수 있습니다. 작업한 내용을 저장하지 않고 전송할 경우 이전에 저장된 내용이 전송되오니 이점 유의하시기 바랍니다.

◎ 답안문서는 지정된 경로 외의 다른 보조기억장치에 저장하는 경우, 지정된 시험 시간 외에 작성된 파일을 활용할 경우, 기타 통신수단(이메일, 메신저, 네트워크 등)을 이용하여 타인에게 전달 또는 외부 반출하는 경우는 부정 처리합니다.

◎ 시험 중 부주의 또는 고의로 시스템을 파손한 경우는 수험자가 변상해야 하며, <수험자 유의사항>에 기재된 방법대로 이행하지 않아 생기는 불이익은 수험생 당사자의 책임임을 알려 드립니다.

◎ 문제의 조건은 MS오피스 2016 버전으로 설정되어 있으니 유의하시기 바랍니다.

◎ 시험을 완료한 수험자는 답안파일이 전송되었는지 확인한 후 감독위원의 지시에 따라 문제지를 제출하고 퇴실합니다.

답안 작성요령

◎ 온라인 답안 작성 절차

　　수험자 등록 ⇒ 시험 시작 ⇒ 답안파일 저장 ⇒ 답안 전송 ⇒ 시험 종료

◎ 문제는 총 4단계, 즉 제1작업부터 제4작업까지 구성되어 있으며 반드시 제1작업부터 순서대로 작성하고 조건대로 작업하시오.

◎ 모든 작업시트의 A열은 열 너비 '1'로, 나머지 열은 적당하게 조절하시오.

◎ 모든 작업시트의 테두리는《출력형태》와 같이 작업하시오.

◎ 해당 작업란에서는 각각 제시된 조건에 따라《출력형태》와 같이 작업하시오.

◎ 답안 시트 이름은 "제1작업", "제2작업", "제3작업", "제4작업"이어야 하며 답안 시트 이외의 것은 감점 처리됩니다.

◎ 각 시트를 파일로 나누어 작업해서 저장할 경우 실격 처리됩니다.

☞ 다음은 '유아 전동자동차 판매 현황'에 대한 자료이다. 자료를 입력하고 조건에 맞도록 작업하시오.

《출력형태》

상품코드	상품명	분류	제조사	탑승 가능 무게(kg)	상품가격 (단위:원)	판매수량	사은품	판매 순위
							담당	팀장	본부장

유아 전동자동차 판매 현황

상품코드	상품명	분류	제조사	탑승 가능 무게(kg)	상품가격 (단위:원)	판매수량	사은품	판매 순위
DC02-2	아우디 Z8	3인승	몬스터	30	623,000	285	(1)	(2)
HG02-1	벤츠 Z3	1인승	붕붕카	15	420,000	281	(1)	(2)
HG01-2	그릭블루 L2	1인승	몬스터	18	357,000	321	(1)	(2)
TC01-3	판도라 S9	2인승	몬스터	15	534,000	93	(1)	(2)
TC04-3	트윈 L5	2인승	베베카	16	652,000	126	(1)	(2)
DF03-1	제프 V3	3인승	베베카	25	724,000	98	(1)	(2)
HW02-2	볼보 V5	1인승	붕붕카	17	392,000	150	(1)	(2)
DE01-1	랭글러 V8	3인승	붕붕카	28	445,000	351	(1)	(2)
분류가 3인승인 제품의 판매수량 평균		(3)			최대 탑승 가능 무게(kg)			(5)
분류가 1인승인 제품의 판매수량 합계		(4)		상품코드	DC02-2	판매금액		(6)

《조건》

○ 모든 데이터의 서식에는 글꼴(굴림, 11pt), 정렬은 숫자 및 회계 서식은 오른쪽 정렬, 나머지 서식은 가운데 정렬로 작성하며 예외적인 것은 《출력형태》를 참조하시오.

○ 제 목 ⇒ 도형(육각형)과 그림자(오프셋 아래쪽)를 이용하여 작성하고 "유아 전동자동차 판매 현황"을 입력한 후 다음 서식을 적용하시오

　　　　(글꼴-굴림, 24pt, 검정, 굵게, 채우기-노랑).

○ 임의의 셀에 결재란을 작성하여 그림으로 복사 기능을 이용하여 붙이기 하시오(단, 원본 삭제).

○ 「B4:J4, G14, I14」 영역은 '주황'으로 채우기 하시오.

○ 유효성 검사를 이용하여 「H14」 셀에 상품코드(「B5:B12」 영역)가 선택 표시되도록 하시오.

○ 셀 서식 ⇒ 「H5:H12」 영역에 셀 서식을 이용하여 숫자 뒤에 '대'를 표시하시오(예 : 93대).

○ 「F5:F12」 영역에 대해 '무게'로 이름정의를 하시오.

☞ (1)~(6) 셀은 반드시 **주어진 함수를 이용**하여 값을 구하시오(결과값을 직접 입력하면 해당 셀은 0점 처리됨).

(1) 사은품 ⇒ 상품코드의 마지막 글자가 1이면 '배터리 충전킷', 2이면 '보조 리모컨', 3이면 '쿨시트'로 구하시오(CHOOSE, RIGHT 함수).

(2) 판매 순위 ⇒ 판매수량의 내림차순 순위를 구하시오(RANK.EQ 함수).

(3) 분류가 3인승인 제품의 판매수량 평균 ⇒ 반올림하여 정수로 구하시오. 단, 조건은 입력데이터를 이용하시오(ROUND, DAVERAGE 함수)(예 : 451.6 → 452).

(4) 분류가 1인승인 제품의 판매수량 합계 ⇒ 결과값 뒤에 '대'를 붙이시오(SUMIF 함수, & 연산자)(예 : 224대).

(5) 최대 탑승 가능 무게(kg) ⇒ 정의된 이름(무게)을 이용하여 구하시오(MAX 함수).

(6) 판매금액 ⇒ 「H14」 셀에서 선택한 상품코드에 대한 「상품가격(단위:원) × 판매수량」을 구하시오(VLOOKUP 함수).

(7) 조건부 서식의 수식을 이용하여 판매수량이 '300' 이상인 행 전체에 다음의 서식을 적용하시오(글꼴 : 빨강, 굵게).

☞ **"제1작업"** 시트의 「B4:H12」 영역을 복사하여 **"제2작업"** 시트의 「B2」 셀부터 모두 붙여넣기를 한 후 다음의 조건과 같이 작업하시오.

《조건》

(1) 고급 필터 – 분류가 '3인승'이면서 판매수량이 '200' 이상인 자료의 데이터만 추출하시오.
  – 조건 범위 : 「B14」 셀부터 입력하시오.
  – 복사 위치 : 「B18」 셀부터 나타나도록 하시오.

(2) 표 서식 – 고급필터의 결과셀을 채우기 없음으로 설정한 후 '표 스타일 보통 6'의 서식을 적용하시오.
  – 머리글 행, 줄무늬 행을 적용하시오.

제3작업 피벗 테이블 (80점)

☞ **"제1작업"** 시트를 이용하여 **"제3작업"** 시트에 조건에 따라 《출력형태》와 같이 작업하시오.

《조건》

(1) 탑승 가능 무게(kg) 및 분류별 상품명의 개수와 상품가격(단위:원)의 평균을 구하시오.
(2) 탑승 가능 무게(kg)를 그룹화하고, 분류를 《출력형태》와 같이 정렬하시오.
(3) 레이블이 있는 셀 병합 및 가운데 맞춤 적용 및 빈 셀은 '*'로 표시하시오.
(4) 행의 총합계는 지우고, 나머지 사항은 《출력형태》에 맞게 작성하시오.

《출력형태》

A	B	C	D	E	F	G	H
1							
2		분류 ↓					
3			3인승		2인승		1인승
4	탑승 가능 무게(kg) ↓	개수 : 상품명	평균 : 상품가격(단위:원)	개수 : 상품명	평균 : 상품가격(단위:원)	개수 : 상품명	평균 : 상품가격(단위:원)
5	15-21	*	*	2	593,000	3	389,667
6	22-28	2	584,500	*	*	*	*
7	29-35	1	623,000	*	*	*	*
8	총합계	3	597,333	2	593,000	3	389,667

☞ **"제1작업"** 시트를 이용하여 조건에 따라《출력형태》와 같이 작업하시오.

《조건》

(1) 차트 종류 ⇒ <묶은 세로 막대형>으로 작업하시오.

(2) 데이터 범위 ⇒ "제1작업" 시트의 내용을 이용하여 작업하시오.

(3) 위치 ⇒ "새 시트"로 이동하고, "제4작업"으로 시트 이름을 바꾸시오.

(4) 차트 디자인 도구 ⇒ 레이아웃 3, 스타일 1을 선택하여《출력형태》에 맞게 작업하시오.

(5) 영역 서식 ⇒ 차트 : 글꼴(굴림, 11pt), 채우기 효과(질감-파피루스)

                        그림 : 채우기(흰색, 배경 1)

(6) 제목 서식 ⇒ 차트 제목 : 글꼴(굴림, 굵게, 20pt), 채우기(흰색, 배경 1), 테두리

(7) 서식 ⇒ 상품가격(단위:원) 계열의 차트 종류를 <표식이 있는 꺾은선형>으로 변경한 후 보조 축으로 지정하시오.

       계열 :《출력형태》를 참조하여 표식(마름모, 크기 10)과 레이블 값을 표시하시오.

       눈금선 : 선 스타일-파선

       축 :《출력형태》를 참조하시오.

(8) 범례 ⇒ 범례명을 변경하고《출력형태》를 참조하시오.

(9) 도형 ⇒ '모서리가 둥근 사각형 설명선'을 삽입한 후《출력형태》와 같이 내용을 입력하시오.

(10) 나머지 사항은《출력형태》에 맞게 작성하시오.

《출력형태》

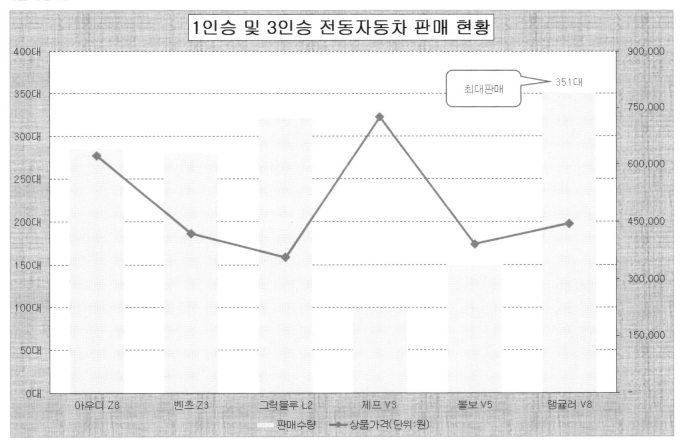

주의 ☞ 시트명 순서가 차례대로 "제1작업", "제2작업", "제3작업", "제4작업"이 되도록 할 것.

정보기술자격(ITQ) 실전모의고사

과 목	코 드	문제유형	시험시간	수험번호	성 명
한글엑셀	1122	A	60분		

수험자 유의사항

◎ 수험자는 문제지를 받는 즉시 문제지와 **수험표상의 시험과목(프로그램)이 동일한지 반드시 확인**하여야 합니다.

◎ 파일명은 본인의 "수험번호−성명"으로 입력하여 답안폴더(내 PC₩문서₩ITQ)에 하나의 파일로 저장해야 하며, 답안문서 파일명이 "수험번호−성명"과 일치하지 않거나, 답안파일을 전송하지 않아 미제출로 처리될 경우 실격 처리합니다 (예:12345678−홍길동.xlsx).

◎ 답안 작성을 마치면 파일을 저장하고, '답안 전송' 버튼을 선택하여 감독위원 PC로 답안을 전송하십시오. 수험생 정보와 저장한 파일명이 다를 경우 전송되지 않으므로 주의하시기 바랍니다.

◎ 답안 작성 중에도 **주기적으로 저장하고, '답안 전송'**하여야 문제 발생을 줄일 수 있습니다. 작업한 내용을 저장하지 않고 전송할 경우 이전에 저장된 내용이 전송되오니 이점 유의하시기 바랍니다.

◎ 답안문서는 지정된 경로 외의 다른 보조기억장치에 저장하는 경우, 지정된 시험 시간 외에 작성된 파일을 활용할 경우, 기타 통신수단(이메일, 메신저, 네트워크 등)을 이용하여 타인에게 전달 또는 외부 반출하는 경우는 부정 처리합니다.

◎ 시험 중 부주의 또는 고의로 시스템을 파손한 경우는 수험자가 변상해야 하며, <수험자 유의사항>에 기재된 방법대로 이행하지 않아 생기는 불이익은 수험생 당사자의 책임임을 알려 드립니다.

◎ 문제의 조건은 MS오피스 2016 버전으로 설정되어 있으니 유의하시기 바랍니다.

◎ 시험을 완료한 수험자는 답안파일이 전송되었는지 확인한 후 감독위원의 지시에 따라 문제지를 제출하고 퇴실합니다.

답안 작성요령

◎ 온라인 답안 작성 절차

　　수험자 등록 ⇒ 시험 시작 ⇒ 답안파일 저장 ⇒ 답안 전송 ⇒ 시험 종료

◎ 문제는 총 4단계, 즉 제1작업부터 제4작업까지 구성되어 있으며 반드시 제1작업부터 순서대로 작성하고 조건대로 작업 하시오.

◎ 모든 작업시트의 A열은 열 너비 '1'로, 나머지 열은 적당하게 조절하시오.

◎ 모든 작업시트의 테두리는 《출력형태》와 같이 작업하시오.

◎ 해당 작업란에서는 각각 제시된 조건에 따라 《출력형태》와 같이 작업하시오.

◎ 답안 시트 이름은 "제1작업", "제2작업", "제3작업", "제4작업"이어야 하며 답안 시트 이외의 것은 감점 처리됩니다.

◎ 각 시트를 파일로 나누어 작업해서 저장할 경우 실격 처리됩니다.

☞ 다음은 '마린상가 임대관리 현황'에 대한 자료이다. 자료를 입력하고 조건에 맞도록 작업하시오.

《출력형태》

	결재	과장	팀장	대표

마린상가 임대관리 현황

임대코드	입주상가	구분	실평수	월임대료(단위:원)	입주일	임대 계약기간	보증금(단위:만원)	위치
LC12-2	GS25	편의시설	17	900,000	2023-03-20	2	(1)	(2)
LR13-1	우리분식	음식점	19	1,000,000	2023-01-20	5	(1)	(2)
LA11-3	코딩영재교실	학원	33	1,350,000	2023-02-25	3	(1)	(2)
LR22-2	굽네치킨	음식점	15	850,000	2023-02-20	4	(1)	(2)
LA23-2	고릴라미술	학원	19	950,000	2023-01-10	2	(1)	(2)
LA31-3	GNB영어	학원	25	1,050,000	2023-03-10	3	(1)	(2)
LC22-1	알파문고	편의시설	13	1,000,000	2023-03-25	5	(1)	(2)
LC33-1	크린토피아	편의시설	11	930,000	2023-02-10	3	(1)	(2)
편의시설 월임대료(단위:원) 평균			(3)		최대 임대 계약기간			(5)
2023-03-01 이후 입주한 입주상가 수			(4)		임대코드	LC12-2	임대 계약기간	(6)

《조건》

○ 모든 데이터의 서식에는 글꼴(굴림, 11pt), 정렬은 숫자 및 회계 서식은 오른쪽 정렬, 나머지 서식은 가운데 정렬로 작성하며 예외적인 것은《출력형태》를 참조하시오.

○ 제 목 ⇒ 도형(배지)과 그림자(오프셋 오른쪽)를 이용하여 작성하고 "마린상가 임대관리 현황"을 입력한 후 다음 서식을 적용하시오
　　　　　(글꼴-굴림, 24pt, 검정, 굵게, 채우기-노랑).

○ 임의의 셀에 결재란을 작성하여 그림으로 복사 기능을 이용하여 붙이기 하시오(단, 원본 삭제).

○「B4:J4, G14, I14」영역은 '주황'으로 채우기 하시오.

○ 유효성 검사를 이용하여「H14」셀에 임대코드(「B5:B12」영역)가 선택 표시되도록 하시오.

○ 셀 서식 ⇒「H5:H12」영역에 셀 서식을 이용하여 숫자 뒤에 '년'을 표시하시오(예 : 3년).

○「G5:G12」영역에 대해 '입주일'로 이름정의를 하시오.

☞ (1)~(6) 셀은 반드시 **주어진 함수를 이용**하여 값을 구하시오(결과값을 직접 입력하면 해당 셀은 0점 처리됨).

(1) 보증금(단위:만원) ⇒ 임대코드 4번째 글자가 1이면 '5,000', 2이면 '3,000' 3이면 '2,000'으로 구하시오(CHOOSE, MID 함수).

(2) 위치 ⇒ 임대코드 마지막 글자를 구한 결과값에 '층'을 붙이시오(RIGHT 함수, & 연산자)(예 : 1층).

(3) 편의시설 월임대료(단위:원) 평균 ⇒ 조건은 입력 데이터를 이용하고, 반올림하여 천원 단위까지 구하시오(ROUND, DAVERAGE 함수)(예 : 1,234,567 → 1,235,000).

(4) 2023-03-01 이후 입주한 입주상가 수 ⇒ 해당일(2023-03-01)을 포함하여 그 이후 입주한 입주상가 수를 정의된 이름(입주일)을 이용하여 구하시오(COUNTIF 함수).

(5) 최대 임대 계약기간 ⇒ (MAX 함수)

(6) 임대 계약기간 ⇒「H14」셀에서 선택한 임대코드에 대한 임대 계약기간을 구하시오(VLOOKUP 함수).

(7) 조건부 서식의 수식을 이용하여 임대 계약기간이 '4년' 이상인 행 전체에 다음의 서식을 적용하시오(글꼴 : 파랑, 굵게).

목표값 찾기 및 필터 (80점)

☞ **"제1작업"** 시트의 「B4:H12」 영역을 복사하여 **"제2작업"** 시트의 「B2」 셀부터 모두 붙여넣기를 한 후 다음의 조건과 같이 작업하시오.

《조건》

(1) 목표값 찾기 – 「B11:G11」 셀을 병합하여 "월임대료(단위:원)의 전체 평균"을 입력한 후 「H11」 셀에 월임대료(단위:원)의 전체 평균을 구하시오(AVERAGE 함수, 테두리, 가운데 맞춤).
 　　　　　 – '월임대료(단위:원)의 전체 평균'이 '1,000,000'이 되려면 GNB영어의 월임대료(단위:원)가 얼마가 되어야 하는지 목표값을 구하시오.

(2) 고급필터 – 구분이 '편의시설'이거나, 실평수가 '15' 미만인 자료의 임대코드, 입주상가, 월임대료(단위:원), 입주일 데이터만 추출하시오.
 　　　　 – 조건 범위 : 「B14」 셀부터 입력하시오.
 　　　　 – 복사 위치 : 「B18」 셀부터 나타나도록 하시오.

제3작업 **정렬 및 부분합** (80점)

☞ **"제1작업"** 시트의 「B4:H12」 영역을 복사하여 **"제3작업"** 시트의 「B2」 셀부터 모두 붙여넣기를 한 후 다음의 조건과 같이 작업하시오.

《조건》

(1) 부분합 – 《출력형태》처럼 정렬하고, 입주상가의 개수와 월임대료(단위:원)의 평균을 구하시오.
(2) 윤곽 – 지우시오.
(3) 나머지 사항은 《출력형태》에 맞게 작성하시오.

《출력형태》

A	B	C	D	E	F	G	H
1							
2	임대코드	입주상가	구분	실평수	월임대료(단위:원)	입주일	임대계약기간
3	LR13-1	우리분식	음식점	19	1,000,000	2023-01-20	5년
4	LR22-2	굽네치킨	음식점	15	850,000	2023-02-20	4년
5			음식점 평균		925,000		
6		2	음식점 개수				
7	LC12-2	GS25	편의시설	17	900,000	2023-03-20	2년
8	LC22-1	알파문고	편의시설	13	1,000,000	2023-03-25	5년
9	LC33-1	크린토피아	편의시설	11	930,000	2023-02-10	3년
10			편의시설 평균		943,333		
11		3	편의시설 개수				
12	LA11-3	코딩영재교실	학원	33	1,350,000	2023-02-25	3년
13	LA23-2	고릴라미술	학원	19	950,000	2023-01-10	2년
14	LA31-3	GNB영어	학원	25	1,050,000	2023-03-10	3년
15			학원 평균		1,116,667		
16		3	학원 개수				
17			전체 평균		1,003,750		
18		8	전체 개수				

☞ **"제1작업"** 시트를 이용하여 조건에 따라《출력형태》와 같이 작업하시오.

《조건》

(1) 차트 종류 ⇒ <묶은 세로 막대형>으로 작업하시오.

(2) 데이터 범위 ⇒ "제1작업" 시트의 내용을 이용하여 작업하시오.

(3) 위치 ⇒ "새 시트"로 이동하고, "제4작업"으로 시트 이름을 바꾸시오.

(4) 차트 디자인 도구 ⇒ 레이아웃 3, 스타일 1을 선택하여《출력형태》에 맞게 작업하시오.

(5) 영역 서식 ⇒ 차트 : 글꼴(굴림, 11pt), 채우기 효과(질감-꽃다발)

                그림 : 채우기(흰색, 배경 1)

(6) 제목 서식 ⇒ 차트 제목 : 글꼴(굴림, 굵게, 20pt), 채우기(흰색, 배경 1), 테두리

(7) 서식 ⇒ 임대 계약기간 계열의 차트 종류를 <표식이 있는 꺾은선형>으로 변경한 후 보조 축으로 지정하시오.

       계열 :《출력형태》를 참조하여 표식(마름모, 크기 10)과 레이블 값을 표시하시오.

       눈금선 : 선 스타일-파선

       축 :《출력형태》를 참조하시오.

(8) 범례 ⇒ 범례명을 변경하고《출력형태》를 참조하시오.

(9) 도형 ⇒ '모서리가 둥근 사각형 설명선'을 삽입한 후《출력형태》와 같이 내용을 입력하시오.

(10) 나머지 사항은《출력형태》에 맞게 작성하시오.

《출력형태》

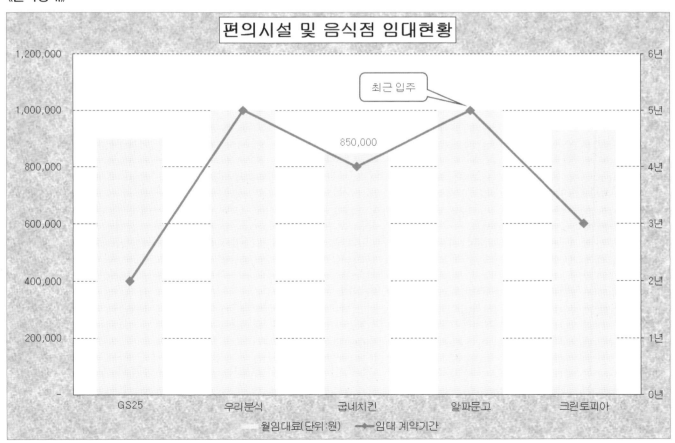

주의 ☞ 시트명 순서가 차례대로 "제1작업", "제2작업", "제3작업", "제4작업"이 되도록 할 것.

정보기술자격(ITQ) 실전모의고사

과 목	코 드	문제유형	시험시간	수험번호	성 명
한글엑셀	1122	A	60분		

수험자 유의사항

◎ 수험자는 문제지를 받는 즉시 문제지와 **수험표상의 시험과목(프로그램)이 동일한지 반드시 확인**하여야 합니다.

◎ 파일명은 본인의 "수험번호-성명"으로 입력하여 답안폴더(내 PC₩문서₩ITQ)에 하나의 파일로 저장해야 하며, 답안문서 파일명이 "수험번호-성명"과 일치하지 않거나, 답안파일을 전송하지 않아 미제출로 처리될 경우 실격 처리합니다 (예:12345678-홍길동.xlsx).

◎ 답안 작성을 마치면 파일을 저장하고, '답안 전송' 버튼을 선택하여 감독위원 PC로 답안을 전송하십시오. 수험생 정보와 저장한 파일명이 다를 경우 전송되지 않으므로 주의하시기 바랍니다.

◎ 답안 작성 중에도 **주기적으로 저장하고, '답안 전송'**하여야 문제 발생을 줄일 수 있습니다. 작업한 내용을 저장하지 않고 전송할 경우 이전에 저장된 내용이 전송되오니 이점 유의하시기 바랍니다.

◎ 답안문서는 지정된 경로 외의 다른 보조기억장치에 저장하는 경우, 지정된 시험 시간 외에 작성된 파일을 활용할 경우, 기타 통신수단(이메일, 메신저, 네트워크 등)을 이용하여 타인에게 전달 또는 외부 반출하는 경우는 부정 처리합니다.

◎ 시험 중 부주의 또는 고의로 시스템을 파손한 경우는 수험자가 변상해야 하며, <수험자 유의사항>에 기재된 방법대로 이행하지 않아 생기는 불이익은 수험생 당사자의 책임임을 알려 드립니다.

◎ 문제의 조건은 MS오피스 2016 버전으로 설정되어 있으니 유의하시기 바랍니다.

◎ 시험을 완료한 수험자는 답안파일이 전송되었는지 확인한 후 감독위원의 지시에 따라 문제지를 제출하고 퇴실합니다.

답안 작성요령

◎ 온라인 답안 작성 절차

　수험자 등록 ⇒ 시험 시작 ⇒ 답안파일 저장 ⇒ 답안 전송 ⇒ 시험 종료

◎ 문제는 총 4단계, 즉 제1작업부터 제4작업까지 구성되어 있으며 반드시 제1작업부터 순서대로 작성하고 조건대로 작업하시오.

◎ 모든 작업시트의 A열은 열 너비 '1'로, 나머지 열은 적당하게 조절하시오.

◎ 모든 작업시트의 테두리는 《출력형태》와 같이 작업하시오.

◎ 해당 작업란에서는 각각 제시된 조건에 따라 《출력형태》와 같이 작업하시오.

◎ 답안 시트 이름은 "제1작업", "제2작업", "제3작업", "제4작업"이어야 하며 답안 시트 이외의 것은 감점 처리됩니다.

◎ 각 시트를 파일로 나누어 작업해서 저장할 경우 실격 처리됩니다.

☞ 다음은 '캠핑아 놀자! 닷컴 대여 현황'에 대한 자료이다. 자료를 입력하고 조건에 맞도록 작업하시오.

《출력형태》

대여코드	제품명	제조사	분류	판매가격 (단위:원)	대여 수량	대여가격 (단위:원)	배송지	대여 순위
M-215	오토6 윈도우	패스트캠프	원터치텐트	108,900	850	16,500	(1)	(2)
T-127	우드무늬 롤	다니고	테이블	49,000	346	36,000	(1)	(2)
D-214	실타프 메쉬 스크린	힐맨	타프	75,500	1,020	25,000	(1)	(2)
J-321	팀버리지 롤링	코스트코	테이블	63,900	1,342	21,000	(1)	(2)
P-346	원터치 육각형	로티캠프	원터치텐트	99,900	289	33,000	(1)	(2)
C-121	접이식 오토캠핑	쿨맨	테이블	43,540	1,821	14,500	(1)	(2)
P-145	티클라 원터치	빈슨메시프	원터치텐트	38,900	1,678	12,500	(1)	(2)
D-362	렉타 사각 그늘막	유니앤유	타프	30,540	2,312	10,000	(1)	(2)
원터치텐트 제품의 대여 수량 합계		분류 (3)			최다 대여 수량			(5)
타프 제품의 대여가격(단위:원) 평균		(4)			제품명	오토6 윈도우	대여가격 (단위:원)	(6)

(제목 영역: 캠핑아 놀자! 닷컴 대여 현황 / 결재: 담당, 팀장, 본부장)

《조건》

○ 모든 데이터의 서식에는 글꼴(굴림, 11pt), 정렬은 숫자 및 회계 서식은 오른쪽 정렬, 나머지 서식은 가운데 정렬로 작성하며 예외적인 것은 《출력형태》를 참조하시오.

○ 제 목 ⇒ 도형(빗면)과 그림자(오프셋 대각선 오른쪽 위)를 이용하여 작성하고 "캠핑아 놀자! 닷컴 대여 현황"을 입력한 후 다음 서식을 적용하시오

　　　　　　(글꼴–굴림, 24pt, 검정, 굵게, 채우기–노랑).

○ 임의의 셀에 결재란을 작성하여 그림으로 복사 기능을 이용하여 붙이기 하시오(단, 원본 삭제).

○ 「B4:J4, G14, I14」 영역은 '주황'으로 채우기 하시오.

○ 유효성 검사를 이용하여 「H14」 셀에 제품명(「C5:C12」 영역)이 선택 표시되도록 하시오.

○ 셀 서식 ⇒ 「G5:G12」 영역에 셀 서식을 이용하여 숫자 뒤에 '개'를 표시하시오(예 : 1,020개).

○ 「H5:H12」 영역에 대해 '대여가격'으로 이름정의를 하시오.

☞ (1)~(6) 셀은 반드시 **주어진 함수를 이용**하여 값을 구하시오(결과값을 직접 입력하면 해당 셀은 0점 처리됨).

(1) 배송지 ⇒ 대여코드 세 번째 글자가 1이면 '서울', 2이면 '인천', 3이면 '부산'으로 표시하시오(CHOOSE, MID 함수).

(2) 대여 순위 ⇒ 대여 수량의 내림차순 순위를 구한 후 결과값에 '위'를 붙이시오(RANK.EQ 함수, & 연산자)(예 : 1위).

(3) 원터치텐트 제품의 대여 수량 합계 ⇒ 조건은 입력데이터를 이용하시오(DSUM 함수).

(4) 타프 제품의 대여가격(단위:원) 평균 ⇒ 정의된 이름(대여가격)을 이용하여 구하시오(SUMIF, COUNTIF 함수).

(5) 최다 대여 수량 ⇒ (LARGE 함수)

(6) 대여가격(단위:원) ⇒ 「H14」 셀에서 선택한 제품명에 대한 대여가격(단위:원)을 구하시오(VLOOKUP 함수).

(7) 조건부 서식의 수식을 이용하여 대여가격(단위:원)이 '15,000' 이하인 행 전체에 다음의 서식을 적용하시오

　　(글꼴 : 파랑, 굵은 기울임꼴).

☞ **"제1작업"** 시트의 「B4:H12」 영역을 복사하여 **"제2작업"** 시트의 「B2」 셀부터 모두 붙여넣기를 한 후 다음의 조건과 같이 작업하시오.

《조건》

(1) 고급 필터 – 분류가 '테이블'이거나 대여 수량이 '1500' 이상인 자료의 제품명, 제조사, 판매가격(단위:원), 대여 수량 데이터만 추출하시오.
　　　　　– 조건 범위 : 「B14」 셀부터 입력하시오.
　　　　　– 복사 위치 : 「B18」 셀부터 나타나도록 하시오.

(2) 표 서식 – 고급필터의 결과셀을 채우기 없음으로 설정한 후 '표 스타일 보통 7'의 서식을 적용하시오.
　　　　　– 머리글 행, 줄무늬 행을 적용하시오.

☞ **"제1작업"** 시트를 이용하여 **"제3작업"** 시트에 조건에 따라 《출력형태》와 같이 작업하시오.

《조건》

(1) 대여 수량 및 분류별 제품명의 개수와 대여가격(단위:원)의 최대값을 구하시오.
(2) 대여 수량을 그룹화하고, 분류를 《출력형태》와 같이 정렬하시오.
(3) 레이블이 있는 셀 병합 및 가운데 맞춤 적용 및 빈 셀은 '***'로 표시하시오.
(4) 행의 총합계는 지우고, 나머지 사항은 《출력형태》에 맞게 작성하시오.

《출력형태》

	A	B	C	D	E	F	G	H
1								
2			분류 ▼					
3				테이블		원터치텐트		타프
4		대여 수량 ▼	개수 : 제품명	최대값 : 대여가격(단위:원)	개수 : 제품명	최대값 : 대여가격(단위:원)	개수 : 제품명	최대값 : 대여가격(단위:원)
5		1-600	1	36,000	1	33,000	***	***
6		601-1200	***	***	1	16,500	1	25,000
7		1201-1800	1	21,000	1	12,500	***	***
8		1801-2400	1	14,500	***	***	1	10,000
9		총합계	3	36,000	3	33,000	2	25,000

☞ **"제1작업"** 시트를 이용하여 조건에 따라《출력형태》와 같이 작업하시오.

《조건》

(1) 차트 종류 ⇒ <묶은 세로 막대형>으로 작업하시오.

(2) 데이터 범위 ⇒ "제1작업" 시트의 내용을 이용하여 작업하시오.

(3) 위치 ⇒ "새 시트"로 이동하고, "제4작업"으로 시트 이름을 바꾸시오.

(4) 차트 디자인 도구 ⇒ 레이아웃 3, 스타일 1을 선택하여《출력형태》에 맞게 작업하시오.

(5) 영역 서식 ⇒ 차트 : 글꼴(굴림, 11pt), 채우기 효과(질감-분홍 박엽지)

　　　　　　　그림 : 채우기(흰색, 배경 1)

(6) 제목 서식 ⇒ 차트 제목 : 글꼴(굴림, 굵게, 20pt), 채우기(흰색, 배경 1), 테두리

(7) 서식 ⇒ 대여가격(단위:원) 계열의 차트 종류를 <표식이 있는 꺾은선형>으로 변경한 후 보조 축으로 지정하시오.

　　　　계열 :《출력형태》를 참조하여 표식(세모, 크기 10)과 레이블 값을 표시하시오.

　　　　눈금선 : 선 스타일-파선

　　　　축 :《출력형태》를 참조하시오.

(8) 범례 ⇒ 범례명을 변경하고《출력형태》를 참조하시오.

(9) 도형 ⇒ '모서리가 둥근 사각형 설명선'을 삽입한 후《출력형태》와 같이 내용을 입력하시오.

(10) 나머지 사항은《출력형태》에 맞게 작성하시오.

《출력형태》

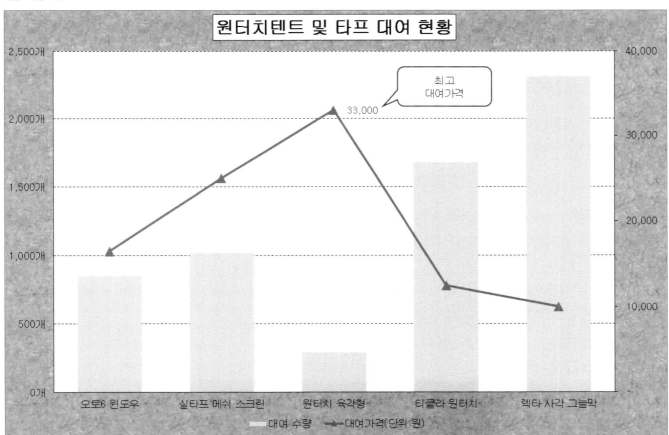

주의 ☞ 시트명 순서가 차례대로 "제1작업", "제2작업", "제3작업", "제4작업"이 되도록 할 것.

정보기술자격(ITQ) 실전모의고사

과 목	코 드	문제유형	시험시간	수험번호	성 명
한글엑셀	1122	A	60분		

수험자 유의사항

◎ 수험자는 문제지를 받는 즉시 문제지와 **수험표상의 시험과목(프로그램)이 동일한지 반드시 확인**하여야 합니다.

◎ 파일명은 본인의 "수험번호-성명"으로 입력하여 답안폴더(내 PC\문서\ITQ)에 하나의 파일로 저장해야 하며, 답안문서 파일명이 "수험번호-성명"과 일치하지 않거나, 답안파일을 전송하지 않아 미제출로 처리될 경우 실격 처리합니다 (예:12345678-홍길동.xlsx).

◎ 답안 작성을 마치면 파일을 저장하고, '답안 전송' 버튼을 선택하여 감독위원 PC로 답안을 전송하십시오. 수험생 정보와 저장한 파일명이 다를 경우 전송되지 않으므로 주의하시기 바랍니다.

◎ 답안 작성 중에도 **주기적으로 저장하고, '답안 전송'**하여야 문제 발생을 줄일 수 있습니다. 작업한 내용을 저장하지 않고 전송할 경우 이전에 저장된 내용이 전송되오니 이점 유의하시기 바랍니다.

◎ 답안문서는 지정된 경로 외의 다른 보조기억장치에 저장하는 경우, 지정된 시험 시간 외에 작성된 파일을 활용할 경우, 기타 통신수단(이메일, 메신저, 네트워크 등)을 이용하여 타인에게 전달 또는 외부 반출하는 경우는 부정 처리합니다.

◎ 시험 중 부주의 또는 고의로 시스템을 파손한 경우는 수험자가 변상해야 하며, <수험자 유의사항>에 기재된 방법대로 이행하지 않아 생기는 불이익은 수험생 당사자의 책임임을 알려 드립니다.

◎ 문제의 조건은 MS오피스 2016 버전으로 설정되어 있으니 유의하시기 바랍니다.

◎ 시험을 완료한 수험자는 답안파일이 전송되었는지 확인한 후 감독위원의 지시에 따라 문제지를 제출하고 퇴실합니다.

답안 작성요령

◎ 온라인 답안 작성 절차

　수험자 등록 ⇒ 시험 시작 ⇒ 답안파일 저장 ⇒ 답안 전송 ⇒ 시험 종료

◎ 문제는 총 4단계, 즉 제1작업부터 제4작업까지 구성되어 있으며 반드시 제1작업부터 순서대로 작성하고 조건대로 작업하시오.

◎ 모든 작업시트의 A열은 열 너비 '1'로, 나머지 열은 적당하게 조절하시오.

◎ 모든 작업시트의 테두리는 《출력형태》와 같이 작업하시오.

◎ 해당 작업란에서는 각각 제시된 조건에 따라 《출력형태》와 같이 작업하시오.

◎ 답안 시트 이름은 "제1작업", "제2작업", "제3작업", "제4작업"이어야 하며 답안 시트 이외의 것은 감점 처리됩니다.

◎ 각 시트를 파일로 나누어 작업해서 저장할 경우 실격 처리됩니다.

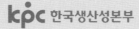

☞ 다음은 '**성수옥 아궁지 가맹점 현황**'에 대한 자료이다. 자료를 입력하고 조건에 맞도록 작업하시오.

《출력형태》

관리번호	매장명	지역	매장규모 (제곱미터)	개점일	개설비용 (단위:십만원)	전월매출	매장유형	개점연도
					담당	본부장	대표	결재
CH-201	상동점	경기	30	2022-02-20	485	8,230	(1)	(2)
CH-101	강남점	서울	45	2021-07-10	678	7,557	(1)	(2)
GH-102	성수본점	서울	50	2020-03-10	783	11,350	(1)	(2)
GH-202	분당점	경기	32	2020-12-20	477	7,237	(1)	(2)
GH-301	흥덕점	청주	29	2021-07-10	398	9,336	(1)	(2)
CH-103	송파점	서울	28	2023-02-20	588	8,755	(1)	(2)
CH-203	배곧점	경기	48	2021-09-10	523	10,205	(1)	(2)
CH-302	서원점	청주	43	2020-05-20	403	9,450	(1)	(2)
서울 매장규모(제곱미터) 평균			(3)		최대 전월매출			(5)
경기 전월매출 합계			(4)		매장명	상동점	전월매출	(6)

《조건》

○ 모든 데이터의 서식에는 글꼴(굴림, 11pt), 정렬은 숫자 및 회계 서식은 오른쪽 정렬, 나머지 서식은 가운데 정렬로 작성하며 예외적인 것은 《출력형태》를 참조하시오.

○ 제 목 ⇒ 도형(사다리꼴)과 그림자(오프셋 위쪽)를 이용하여 작성하고 "성수옥 아궁지 가맹점 현황"을 입력한 후 다음 서식을 적용하시오
   (글꼴-굴림, 24pt, 검정, 굵게, 채우기-노랑).

○ 임의의 셀에 결재란을 작성하여 그림으로 복사 기능을 이용하여 붙이기 하시오(단, 원본 삭제).

○ 「B4:J4, G14, I14」 영역은 '주황'으로 채우기 하시오.

○ 유효성 검사를 이용하여 「H14」 셀에 매장명(「C5:C12」 영역)이 선택 표시되도록 하시오.

○ 셀 서식 ⇒ 「H5:H12」 영역에 셀 서식을 이용하여 숫자 뒤에 '천원'을 표시하시오(예 : 8,230천원).

○ 「D5:D12」 영역에 대해 '지역'으로 이름정의를 하시오.

☞ (1)~(6) 셀은 반드시 **주어진 함수를 이용**하여 값을 구하시오(결과값을 직접 입력하면 해당 셀은 0점 처리됨).

(1) 매장유형 ⇒ 관리번호의 첫 번째 글자가 G이면 '직영점', 그 외에는 '가맹점'으로 구하시오(IF, LEFT 함수).

(2) 개점연도 ⇒ 개점일의 연도를 구한 결과에 '년'을 붙이시오(YEAR 함수, & 연산자)(예 : 2020년).

(3) 서울 매장규모(제곱미터) 평균 ⇒ 정의된 이름(지역)을 이용하여 구하시오(SUMIF, COUNTIF 함수).

(4) 경기 전월매출 합계 ⇒ 지역이 경기인 매장의 전월매출 합계를 구하시오. 단, 조건은 입력데이터를 이용하시오(DSUM 함수).

(5) 최대 전월매출 ⇒ (MAX 함수)

(6) 전월매출 ⇒ 「H14」 셀에서 선택한 매장명에 대한 전월매출을 구하시오(VLOOKUP 함수).

(7) 조건부 서식의 수식을 이용하여 지역이 '서울'인 행 전체에 다음의 서식을 적용하시오(글꼴 : 빨강, 굵게).

☞ **"제1작업"** 시트의 「B4:H12」 영역을 복사하여 **"제2작업"** 시트의 「B2」 셀부터 모두 붙여넣기를 한 후 다음의 조건과 같이 작업하시오.

《조건》

(1) 목표값 찾기 - 「B11:G11」 셀을 병합하여 "전월매출 전체 평균"을 입력한 후 「H11」 셀에 전월매출의 전체 평균을 구하시오(AVERAGE 함수, 테두리, 가운데 맞춤).
　　　　　　　 - '전월매출 전체 평균'이 '9,100'이 되려면 상동점의 전월매출이 얼마가 되어야 하는지 목표값을 구하시오.

(2) 고급필터 - 지역이 '서울'이 아니면서 매장규모(제곱미터)가 '40' 이하인 자료의 매장명, 개점일, 개설비용(단위:십만원), 전월매출 데이터만 추출하시오.
　　　　　 - 조건 범위 : 「B14」 셀부터 입력하시오.
　　　　　 - 복사 위치 : 「B18」 셀부터 나타나도록 하시오.

☞ **"제1작업"** 시트의 「B4:H12」 영역을 복사하여 **"제3작업"** 시트의 「B2」 셀부터 모두 붙여넣기를 한 후 다음의 조건과 같이 작업하시오.

《조건》

(1) 부분합 - 《출력형태》처럼 정렬하고, 매장명의 개수와 전월매출의 평균을 구하시오.
(2) 윤곽 - 지우시오.
(3) 나머지 사항은 《출력형태》에 맞게 작성하시오.

《출력형태》

A	B	C	D	E	F	G	H
1							
2	관리번호	매장명	지역	매장규모 (제곱미터)	개점일	개설비용 (단위:십만원)	전월매출
3	CH-201	상동점	경기	30	2022-02-20	485	8,230천원
4	GH-202	분당점	경기	32	2020-12-20	477	7,237천원
5	CH-203	배곧점	경기	48	2021-09-10	523	10,205천원
6			경기 평균				8,557천원
7		3	경기 개수				
8	CH-101	강남점	서울	45	2021-07-10	678	7,557천원
9	GH-102	성수본점	서울	50	2020-03-10	783	11,350천원
10	CH-103	송파점	서울	28	2023-02-20	588	8,755천원
11			서울 평균				9,221천원
12		3	서울 개수				
13	GH-301	흥덕점	청주	29	2021-07-10	398	9,336천원
14	CH-302	서원점	청주	43	2020-05-20	403	9,450천원
15			청주 평균				9,393천원
16		2	청주 개수				
17			전체 평균				9,015천원
18		8	전체 개수				

☞ "**제1작업**" 시트를 이용하여 조건에 따라 《출력형태》와 같이 작업하시오.

《조건》

(1) 차트 종류 ⇒ <묶은 세로 막대형>으로 작업하시오.

(2) 데이터 범위 ⇒ "제1작업" 시트의 내용을 이용하여 작업하시오.

(3) 위치 ⇒ "새 시트"로 이동하고, "제4작업"으로 시트 이름을 바꾸시오.

(4) 차트 디자인 도구 ⇒ 레이아웃 3, 스타일 1을 선택하여 《출력형태》에 맞게 작업하시오.

(5) 영역 서식 ⇒ 차트 : 글꼴(굴림, 11pt), 채우기 효과(질감-파랑 박엽지)

                 그림 : 채우기(흰색, 배경 1)

(6) 제목 서식 ⇒ 차트 제목 : 글꼴(굴림, 굵게, 20pt), 채우기(흰색, 배경 1), 테두리

(7) 서식 ⇒ 개설비용(단위:십만원) 계열의 차트 종류를 <표식이 있는 꺾은선형>으로 변경한 후 보조 축으로 지정하시오.

         계열 :《출력형태》를 참조하여 표식(마름모, 크기 10)과 레이블 값을 표시하시오.

         눈금선 : 선 스타일-파선

         축 :《출력형태》를 참조하시오.

(8) 범례 ⇒ 범례명을 변경하고《출력형태》를 참조하시오.

(9) 도형 ⇒ '타원형 설명선'을 삽입한 후《출력형태》와 같이 내용을 입력하시오.

(10) 나머지 사항은《출력형태》에 맞게 작성하시오.

《출력형태》

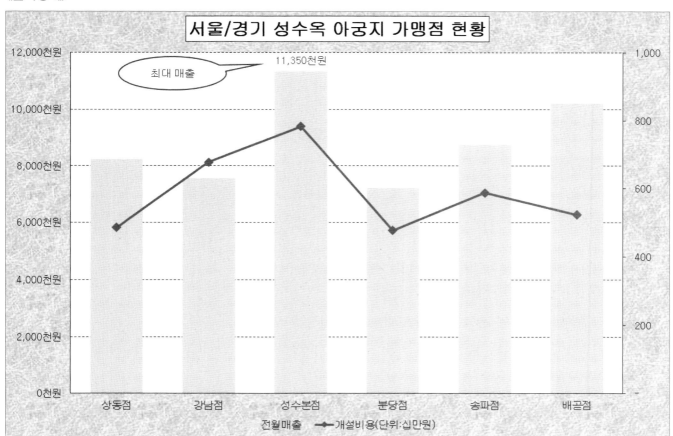

주의 ☞ 시트명 순서가 차례대로 "제1작업", "제2작업", "제3작업", "제4작업"이 되도록 할 것.

정보기술자격(ITQ) 실전모의고사

과 목	코 드	문제유형	시험시간	수험번호	성 명
한글엑셀	1122	A	60분		

수험자 유의사항

◎ 수험자는 문제지를 받는 즉시 문제지와 **수험표상의 시험과목(프로그램)이 동일한지 반드시 확인**하여야 합니다.

◎ 파일명은 본인의 "수험번호-성명"으로 입력하여 답안폴더(내 PC\문서\ITQ)에 하나의 파일로 저장해야 하며, 답안문서 파일명이 "수험번호-성명"과 일치하지 않거나, 답안파일을 전송하지 않아 미제출로 처리될 경우 실격 처리합니다 (예:12345678-홍길동.xlsx).

◎ 답안 작성을 마치면 파일을 저장하고, '답안 전송' 버튼을 선택하여 감독위원 PC로 답안을 전송하십시오. 수험생 정보와 저장한 파일명이 다를 경우 전송되지 않으므로 주의하시기 바랍니다.

◎ 답안 작성 중에도 **주기적으로 저장하고, '답안 전송'**하여야 문제 발생을 줄일 수 있습니다. 작업한 내용을 저장하지 않고 전송할 경우 이전에 저장된 내용이 전송되오니 이점 유의하시기 바랍니다.

◎ 답안문서는 지정된 경로 외의 다른 보조기억장치에 저장하는 경우, 지정된 시험 시간 외에 작성된 파일을 활용할 경우, 기타 통신수단(이메일, 메신저, 네트워크 등)을 이용하여 타인에게 전달 또는 외부 반출하는 경우는 부정 처리합니다.

◎ 시험 중 부주의 또는 고의로 시스템을 파손한 경우는 수험자가 변상해야 하며, <수험자 유의사항>에 기재된 방법대로 이행하지 않아 생기는 불이익은 수험생 당사자의 책임임을 알려 드립니다.

◎ 문제의 조건은 MS오피스 2016 버전으로 설정되어 있으니 유의하시기 바랍니다.

◎ 시험을 완료한 수험자는 답안파일이 전송되었는지 확인한 후 감독위원의 지시에 따라 문제지를 제출하고 퇴실합니다.

답안 작성요령

◎ 온라인 답안 작성 절차

   수험자 등록 ⇒ 시험 시작 ⇒ 답안파일 저장 ⇒ 답안 전송 ⇒ 시험 종료

◎ 문제는 총 4단계, 즉 제1작업부터 제4작업까지 구성되어 있으며 반드시 제1작업부터 순서대로 작성하고 조건대로 작업 하시오.

◎ 모든 작업시트의 A열은 열 너비 '1'로, 나머지 열은 적당하게 조절하시오.

◎ 모든 작업시트의 테두리는 《출력형태》와 같이 작업하시오.

◎ 해당 작업란에서는 각각 제시된 조건에 따라 《출력형태》와 같이 작업하시오.

◎ 답안 시트 이름은 "제1작업", "제2작업", "제3작업", "제4작업"이어야 하며 답안 시트 이외의 것은 감점 처리됩니다.

◎ 각 시트를 파일로 나누어 작업해서 저장할 경우 실격 처리됩니다.

☞ 다음은 '**평생학습관 요리 수강 현황**'에 대한 자료이다. 자료를 입력하고 조건에 맞도록 작업하시오.

《출력형태》

	담당	팀장	부장
결재			

평생학습관 요리 수강 현황

코드	과목	분류	담당자	댓글개수	수강인원(단위:명)	수강료	결제방법	순위
K279	궁중요리	한식	문강희	462	56	140,000	(1)	(2)
B164	크림브륄레	제과제빵	서지호	272	31	120,000	(1)	(2)
B170	티라미슈	제과제빵	이송이	340	27	155,000	(1)	(2)
B168	마카롱	제과제빵	이기영	319	39	150,000	(1)	(2)
C282	드립커피	음료	홍순희	298	25	85,000	(1)	(2)
B377	크림케이크	제과제빵	김진수	423	49	160,000	(1)	(2)
K180	갈비찜	한식	송효정	390	50	170,000	(1)	(2)
C390	칵테일	음료	임서경	307	24	90,000	(1)	(2)
한식 수강료 합계			(3)			최다 댓글개수		(5)
제과제빵 수강인원(단위:명) 평균			(4)			과목	궁중요리	담당자	(6)

《조건》

○ 모든 데이터의 서식에는 글꼴(굴림, 11pt), 정렬은 숫자 및 회계 서식은 오른쪽 정렬, 나머지 서식은 가운데 정렬로 작성하며 예외적인 것은《출력형태》를 참조하시오.

○ 제 목 ⇒ 도형(팔각형)과 그림자(오프셋 대각선 오른쪽 아래)를 이용하여 작성하고 "평생학습관 요리 수강 현황"을 입력한 후 다음 서식을 적용하시오
(글꼴-굴림, 24pt, 검정, 굵게, 채우기-노랑).

○ 임의의 셀에 결재란을 작성하여 그림으로 복사 기능을 이용하여 붙이기 하시오(단, 원본 삭제).

○「B4:J4, G14, I14」영역은 '주황'으로 채우기 하시오.

○ 유효성 검사를 이용하여「H14」셀에 과목(「C5:C12」영역)이 선택 표시되도록 하시오.

○ 셀 서식 ⇒「H5:H12」영역에 셀 서식을 이용하여 숫자 뒤에 '원'을 표시하시오(예 : 155,000원).

○「F5:F12」영역에 대해 '댓글개수'로 이름정의를 하시오.

☞ (1)~(6) 셀은 반드시 **주어진 함수를 이용**하여 값을 구하시오(결과값을 직접 입력하면 해당 셀은 0점 처리됨).

(1) 결제방법 ⇒ 코드의 두 번째 값이 1이면 '신용카드', 2이면 '체크카드', 3이면 '현금'으로 표시하시오(CHOOSE, MID 함수).

(2) 순위 ⇒ 수강인원(단위:명)의 내림차순 순위를 구한 결과값에 '위'를 붙이시오(RANK.EQ 함수, & 연산자)(예 : 1위).

(3) 한식 수강료 합계 ⇒ 단, 조건은 입력데이터를 이용하시오(DSUM 함수).

(4) 제과제빵 수강인원(단위:명) 평균 ⇒ (SUMIF, COUNTIF 함수).

(5) 최다 댓글개수 ⇒ 정의된 이름(댓글개수)을 이용하여 구하시오(MAX 함수).

(6) 담당자 ⇒「H14」셀에서 선택한 과목에 대한 담당자를 구하시오(VLOOKUP 함수).

(7) 조건부 서식의 수식을 이용하여 수강인원(단위:명)이 '50' 이상인 행 전체에 다음의 서식을 적용하시오
(글꼴 : 파랑, 굵은 기울임꼴).

☞ **"제1작업"** 시트의 「B4:H12」 영역을 복사하여 **"제2작업"** 시트의 「B2」 셀부터 모두 붙여넣기를 한 후 다음의 조건과 같이 작업하시오.

《조건》

(1) 고급 필터 - 코드가 'B'로 시작하면서, 수강인원(단위:명)이 '30' 이상인 자료의 과목, 분류, 담당자, 수강료 데이터만 추출하시오.
  - 조건 범위 : 「B14」 셀부터 입력하시오.
  - 복사 위치 : 「B18」 셀부터 나타나도록 하시오.

(2) 표 서식 - 고급필터의 결과셀을 채우기 없음으로 설정한 후 '표 스타일 보통 5'의 서식을 적용하시오.
  - 머리글 행, 줄무늬 행을 적용하시오.

☞ **"제1작업"** 시트를 이용하여 **"제3작업"** 시트에 조건에 따라 《출력형태》와 같이 작업하시오.

《조건》

(1) 댓글개수 및 분류별 과목의 개수와 수강인원(단위:명)의 평균을 구하시오.
(2) 댓글개수를 그룹화하고, 분류를 《출력형태》와 같이 정렬하시오.
(3) 레이블이 있는 셀 병합 및 가운데 맞춤 적용 및 빈 셀은 '**'로 표시하시오.
(4) 행의 총합계는 지우고, 나머지 사항은 《출력형태》에 맞게 작성하시오.

《출력형태》

A	B	C	D	E	F	G	H
1							
2		분류 ↵					
3			한식			제과제빵		음료
4	댓글개수 ▼	개수 : 과목	평균 : 수강인원(단위:명)	개수 : 과목	평균 : 수강인원(단위:명)	개수 : 과목	평균 : 수강인원(단위:명)
5	201-300	**	**	1	31	1	25
6	301-400	1	50	2	33	1	24
7	401-500	1	56	1	49	**	**
8	총합계	2	53	4	37	2	25

☞ **"제1작업"** 시트를 이용하여 조건에 따라 《출력형태》와 같이 작업하시오.

《조건》

(1) 차트 종류 ⇒ <묶은 세로 막대형>으로 작업하시오.

(2) 데이터 범위 ⇒ "제1작업" 시트의 내용을 이용하여 작업하시오.

(3) 위치 ⇒ "새 시트"로 이동하고, "제4작업"으로 시트 이름을 바꾸시오.

(4) 차트 디자인 도구 ⇒ 레이아웃 3, 스타일 1을 선택하여 《출력형태》에 맞게 작업하시오.

(5) 영역 서식 ⇒ 차트 : 글꼴(굴림, 11pt), 채우기 효과(질감-파피루스)

　　　　　　　　 그림 : 채우기(흰색, 배경 1)

(6) 제목 서식 ⇒ 차트 제목 : 글꼴(굴림, 굵게, 20pt), 채우기(흰색, 배경 1), 테두리

(7) 서식 ⇒ 수강인원(단위:명) 계열의 차트 종류를 <표식이 있는 꺾은선형>으로 변경한 후 보조 축으로 지정하시오.

　　　　계열 : 《출력형태》를 참조하여 표식(마름모, 크기 10)과 레이블 값을 표시하시오.

　　　　눈금선 : 선 스타일-파선

　　　　축 : 《출력형태》를 참조하시오.

(8) 범례 ⇒ 범례명을 변경하고 《출력형태》를 참조하시오.

(9) 도형 ⇒ '모서리가 둥근 사각형 설명선'을 삽입한 후 《출력형태》와 같이 내용을 입력하시오.

(10) 나머지 사항은 《출력형태》에 맞게 작성하시오.

《출력형태》

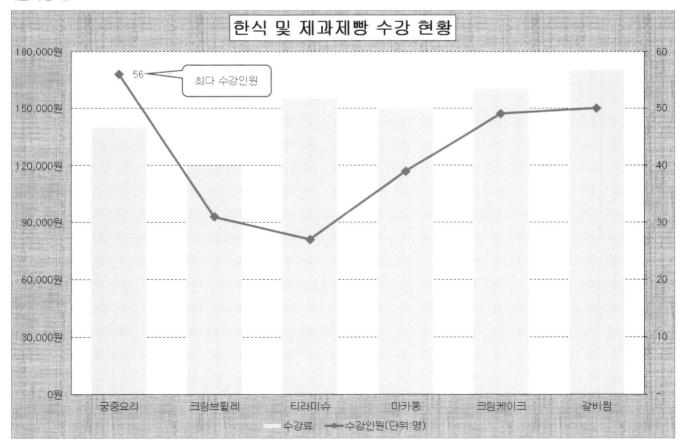

주의 ☞ 시트명 순서가 차례대로 "제1작업", "제2작업", "제3작업", "제4작업"이 되도록 할 것.

정보기술자격(ITQ) 실전모의고사

과 목	코 드	문제유형	시험시간	수험번호	성 명
한글엑셀	1122	A	60분		

수험자 유의사항

◎ 수험자는 문제지를 받는 즉시 문제지와 **수험표상의 시험과목(프로그램)이 동일한지 반드시 확인**하여야 합니다.

◎ 파일명은 본인의 "수험번호–성명"으로 입력하여 답안폴더(내 PC\문서\ITQ)에 하나의 파일로 저장해야 하며, 답안문서 파일명이 "수험번호–성명"과 일치하지 않거나, 답안파일을 전송하지 않아 미제출로 처리될 경우 실격 처리합니다 (예:12345678-홍길동.xlsx).

◎ 답안 작성을 마치면 파일을 저장하고, '답안 전송' 버튼을 선택하여 감독위원 PC로 답안을 전송하십시오. 수험생 정보와 저장한 파일명이 다를 경우 전송되지 않으므로 주의하시기 바랍니다.

◎ 답안 작성 중에도 **주기적으로 저장하고, '답안 전송'**하여야 문제 발생을 줄일 수 있습니다. 작업한 내용을 저장하지 않고 전송할 경우 이전에 저장된 내용이 전송되오니 이점 유의하시기 바랍니다.

◎ 답안문서는 지정된 경로 외의 다른 보조기억장치에 저장하는 경우, 지정된 시험 시간 외에 작성된 파일을 활용할 경우, 기타 통신수단(이메일, 메신저, 네트워크 등)을 이용하여 타인에게 전달 또는 외부 반출하는 경우는 부정 처리합니다.

◎ 시험 중 부주의 또는 고의로 시스템을 파손한 경우는 수험자가 변상해야 하며, <수험자 유의사항>에 기재된 방법대로 이행하지 않아 생기는 불이익은 수험생 당사자의 책임임을 알려 드립니다.

◎ 문제의 조건은 MS오피스 2016 버전으로 설정되어 있으니 유의하시기 바랍니다.

◎ 시험을 완료한 수험자는 답안파일이 전송되었는지 확인한 후 감독위원의 지시에 따라 문제지를 제출하고 퇴실합니다.

답안 작성요령

◎ 온라인 답안 작성 절차

　　수험자 등록 ⇒ 시험 시작 ⇒ 답안파일 저장 ⇒ 답안 전송 ⇒ 시험 종료

◎ 문제는 총 4단계, 즉 제1작업부터 제4작업까지 구성되어 있으며 반드시 제1작업부터 순서대로 작성하고 조건대로 작업 하시오.

◎ 모든 작업시트의 A열은 열 너비 '1'로, 나머지 열은 적당하게 조절하시오.

◎ 모든 작업시트의 테두리는 《출력형태》와 같이 작업하시오.

◎ 해당 작업란에서는 각각 제시된 조건에 따라 《출력형태》와 같이 작업하시오.

◎ 답안 시트 이름은 "제1작업", "제2작업", "제3작업", "제4작업"이어야 하며 답안 시트 이외의 것은 감점 처리됩니다.

◎ 각 시트를 파일로 나누어 작업해서 저장할 경우 실격 처리됩니다.

☞ 다음은 '**온라인 반찬 매출 현황**'에 대한 자료이다. 자료를 입력하고 조건에 맞도록 작업하시오.

《출력형태》

	담당	팀장	이사
결재			

온라인 반찬 매출 현황

반찬코드	반찬명	분류	검색태그	마진율	판매수량	판매금액 (단위:원)	인기 순위	조리방법
E121	진미채볶음	밑반찬	인기	32%	250	750,000	(1)	(2)
K242	열무김치	김치	저장	28%	116	580,000	(1)	(2)
C121	감자스팸볶음	어린이	아이	35%	320	1,280,000	(1)	(2)
K252	총각김치	김치	저장	27%	162	1,296,000	(1)	(2)
E122	오이무침	밑반찬	제철	30%	190	570,500	(1)	(2)
C213	햄계란찜	어린이	아이	36%	225	900,000	(1)	(2)
E211	우엉조림	밑반찬	부모님	25%	167	501,000	(1)	(2)
K262	깍두기	김치	저장	32%	147	808,500	(1)	(2)
밑반찬의 개수			(3)			최대 마진율		(5)
김치 판매금액(단위:원)의 합계			(4)		반찬코드	E121	판매수량	(6)

《조건》

○ 모든 데이터의 서식에는 글꼴(굴림, 11pt), 정렬은 숫자 및 회계 서식은 오른쪽 정렬, 나머지 서식은 가운데 정렬로 작성하며 예외적인 것은 《출력형태》를 참조하시오.

○ 제 목 ⇒ 도형(한쪽 모서리가 잘린 사각형)과 그림자(오프셋 오른쪽)를 이용하여 작성하고 "온라인 반찬 매출 현황"을 입력한 후 다음 서식을 적용하시오
　　　　　 (글꼴-돋움, 24pt, 검정, 굵게, 채우기-노랑).

○ 임의의 셀에 결재란을 작성하여 그림으로 복사 기능을 이용하여 붙이기 하시오(단, 원본 삭제).

○ 「B4:J4, G14, I14」 영역은 '주황'으로 채우기 하시오.

○ 유효성 검사를 이용하여 「H14」 셀에 반찬코드(「B5:B12」 영역)가 선택 표시되도록 하시오.

○ 셀 서식 ⇒ 「G5:G12」 영역에 셀 서식을 이용하여 숫자 뒤에 '개'를 표시하시오(예 : 116개).

○ 「F5:F12」 영역에 대해 '마진율'로 이름정의를 하시오.

☞ (1)~(6) 셀은 반드시 **주어진 함수를 이용**하여 값을 구하시오(결과값을 직접 입력하면 해당 셀은 0점 처리됨).

(1) 인기 순위 ⇒ 판매수량의 내림차순 순위를 구한 결과값에 '위'를 붙이시오(RANK.EQ 함수, & 연산자)(예 : 1위).

(2) 조리방법 ⇒ 반찬코드의 마지막 글자가 1이면 '볶음/조림', 2이면 '무침', 그 외에는 '찜'으로 구하시오(IF, RIGHT 함수).

(3) 밑반찬의 개수 ⇒ 분류가 밑반찬인 반찬의 개수를 구하시오(COUNTIF 함수).

(4) 김치 판매금액(단위:원)의 합계 ⇒ 반올림하여 천원 단위까지 구하시오(ROUND, SUMIF 함수)
　　　　　　　　　　　　　　　　　(예 : 1,723,500 → 1,724,000).

(5) 최대 마진율 ⇒ 정의된 이름(마진율)을 이용하여 구하시오(MAX 함수).

(6) 판매수량 ⇒ 「H14」 셀에서 선택한 반찬코드에 대한 판매수량을 구하시오(VLOOKUP 함수).

(7) 조건부 서식의 수식을 이용하여 마진율이 '35%' 이상인 행 전체에 다음의 서식을 적용하시오(글꼴 : 파랑, 굵게).

☞ **"제1작업"** 시트의 「B4:H12」 영역을 복사하여 **"제2작업"** 시트의 「B2」 셀부터 모두 붙여넣기를 한 후 다음의 조건과 같이 작업하시오.

《조건》

(1) 목표값 찾기 – 「B11:G11」 셀을 병합하여 "밑반찬의 판매수량 평균"을 입력한 후 「H11」 셀에 밑반찬의 판매수량 평균을 구하시오. 단, 조건은 입력데이터를 이용하시오(DAVERAGE 함수, 테두리, 가운데 맞춤).
    – '밑반찬의 판매수량 평균'이 '205'가 되려면 우엉조림의 판매수량이 얼마가 되어야 하는지 목표값을 구하시오.

(2) 고급필터 – 분류가 '김치'가 아니면서 마진율이 '35%' 미만인 자료의 데이터만 추출하시오.
    – 조건 범위 : 「B14」 셀부터 입력하시오.
    – 복사 위치 : 「B18」 셀부터 나타나도록 하시오.

제3작업   **정렬 및 부분합**   (80점)

☞ **"제1작업"** 시트의 「B4:H12」 영역을 복사하여 **"제3작업"** 시트의 「B2」 셀부터 모두 붙여넣기를 한 후 다음의 조건과 같이 작업하시오.

《조건》

(1) 부분합 – 《출력형태》처럼 정렬하고, 반찬명의 개수와 판매금액(단위:원)의 합계를 구하시오.
(2) 윤곽 – 지우시오.
(3) 나머지 사항은 《출력형태》에 맞게 작성하시오.

《출력형태》

A	B	C	D	E	F	G	H
1							
2	반찬코드	반찬명	분류	검색태그	마진율	판매수량	판매금액 (단위:원)
3	C121	감자스팸볶음	어린이	아이	35%	320개	1,280,000
4	C213	햄계란찜	어린이	아이	36%	225개	900,000
5			어린이 요약				2,180,000
6		2	어린이 개수				
7	E121	진미채볶음	밑반찬	인기	32%	250개	750,000
8	E122	오이무침	밑반찬	제철	30%	190개	570,500
9	E211	우엉조림	밑반찬	부모님	25%	167개	501,000
10			밑반찬 요약				1,821,500
11		3	밑반찬 개수				
12	K242	열무김치	김치	저장	28%	116개	580,000
13	K252	총각김치	김치	저장	27%	162개	1,296,000
14	K262	깍두기	김치	저장	32%	147개	808,500
15			김치 요약				2,684,500
16		3	김치 개수				
17			총합계				6,686,000
18		8	전체 개수				

☞ **"제1작업"** 시트를 이용하여 조건에 따라《출력형태》와 같이 작업하시오.

《조건》

(1) 차트 종류 ⇒ <묶은 세로 막대형>으로 작업하시오.

(2) 데이터 범위 ⇒ "제1작업" 시트의 내용을 이용하여 작업하시오.

(3) 위치 ⇒ "새 시트"로 이동하고, "제4작업"으로 시트 이름을 바꾸시오.

(4) 차트 디자인 도구 ⇒ 레이아웃 3, 스타일 1을 선택하여《출력형태》에 맞게 작업하시오.

(5) 영역 서식 ⇒ 차트 : 글꼴(굴림, 11pt), 채우기 효과(질감-양피지)

                그림 : 채우기(흰색, 배경 1)

(6) 제목 서식 ⇒ 차트 제목 : 글꼴(돋움, 굵게, 20pt), 채우기(흰색, 배경 1), 테두리

(7) 서식 ⇒ 판매수량 계열의 차트 종류를 <표식이 있는 꺾은선형>으로 변경한 후 보조 축으로 지정하시오.

        계열 :《출력형태》를 참조하여 표식(세모, 크기 10)과 레이블 값을 표시하시오.

        눈금선 : 선 스타일-파선

        축 :《출력형태》를 참조하시오.

(8) 범례 ⇒ 범례명을 변경하고《출력형태》를 참조하시오.

(9) 도형 ⇒ '사각형 설명선'을 삽입한 후《출력형태》와 같이 내용을 입력하시오.

(10) 나머지 사항은《출력형태》에 맞게 작성하시오.

《출력형태》

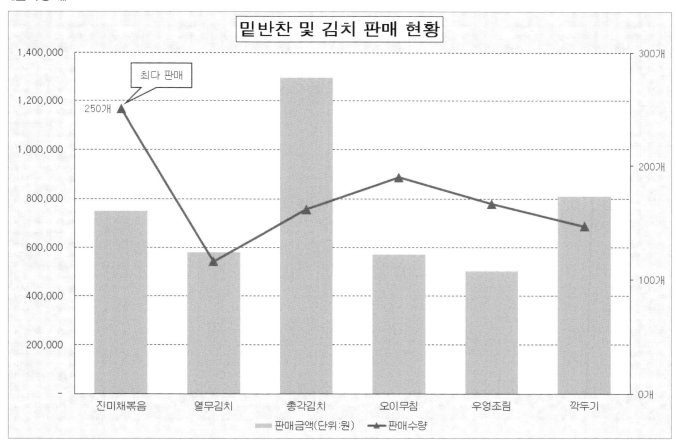

주의 ☞ 시트명 순서가 차례대로 "제1작업", "제2작업", "제3작업", "제4작업"이 되도록 할 것.

MEMO

3

최신
기출문제

—

정보기술자격(ITQ) 최신기출문제

과 목	코 드	문제유형	시험시간	수험번호	성 명
한글엑셀	1122	A	60분		

수험자 유의사항

◎ 수험자는 문제지를 받는 즉시 문제지와 **수험표상의 시험과목(프로그램)이 동일한지 반드시 확인**하여야 합니다.

◎ 파일명은 본인의 "수험번호-성명"으로 입력하여 답안폴더(내 PC₩문서₩ITQ)에 하나의 파일로 저장해야 하며, 답안문서 파일명이 "수험번호-성명"과 일치하지 않거나, 답안파일을 전송하지 않아 미제출로 처리될 경우 실격 처리합니다 (예:12345678-홍길동.xlsx).

◎ 답안 작성을 마치면 파일을 저장하고, '답안 전송' 버튼을 선택하여 감독위원 PC로 답안을 전송하십시오. 수험생 정보와 저장한 파일명이 다를 경우 전송되지 않으므로 주의하시기 바랍니다.

◎ 답안 작성 중에도 **주기적으로 저장하고, '답안 전송'**하여야 문제 발생을 줄일 수 있습니다. 작업한 내용을 저장하지 않고 전송할 경우 이전에 저장된 내용이 전송되오니 이점 유의하시기 바랍니다.

◎ 답안문서는 지정된 경로 외의 다른 보조기억장치에 저장하는 경우, 지정된 시험 시간 외에 작성된 파일을 활용할 경우, 기타 통신수단(이메일, 메신저, 네트워크 등)을 이용하여 타인에게 전달 또는 외부 반출하는 경우는 부정 처리합니다.

◎ 시험 중 부주의 또는 고의로 시스템을 파손한 경우는 수험자가 변상해야 하며, <수험자 유의사항>에 기재된 방법대로 이행하지 않아 생기는 불이익은 수험생 당사자의 책임임을 알려 드립니다.

◎ 문제의 조건은 MS오피스 2016 버전으로 설정되어 있으니 유의하시기 바랍니다.

◎ 시험을 완료한 수험자는 답안파일이 전송되었는지 확인한 후 감독위원의 지시에 따라 문제지를 제출하고 퇴실합니다.

답안 작성요령

◎ 온라인 답안 작성 절차

　　수험자 등록 ⇒ 시험 시작 ⇒ 답안파일 저장 ⇒ 답안 전송 ⇒ 시험 종료

◎ 문제는 총 4단계, 즉 제1작업부터 제4작업까지 구성되어 있으며 반드시 제1작업부터 순서대로 작성하고 조건대로 작업하시오.

◎ 모든 작업시트의 A열은 열 너비 '1'로, 나머지 열은 적당하게 조절하시오.

◎ 모든 작업시트의 테두리는 《출력형태》와 같이 작업하시오.

◎ 해당 작업란에서는 각각 제시된 조건에 따라 《출력형태》와 같이 작업하시오.

◎ 답안 시트 이름은 "제1작업", "제2작업", "제3작업", "제4작업"이어야 하며 답안 시트 이외의 것은 감점 처리됩니다.

◎ 각 시트를 파일로 나누어 작업해서 저장할 경우 실격 처리됩니다.

kpc 한국생산성본부

☞ 다음은 '**푸른중고나라 자동차 판매관리**'에 대한 자료이다. 자료를 입력하고 조건에 맞도록 작업하시오.

《출력형태》

관리코드	제조사	구분	차종	주행거리 (km)	연식	판매가	연료	판매가 순위
			푸른중고나라 자동차 판매관리			결재	담당 대리 팀장	
S1-001	현대	승용차	아반떼X	13,226	2020년	5,150,000	(1)	(2)
R2-001	쌍용	레저	렉스턴20	32,545	2019년	4,500,000	(1)	(2)
S3-002	기아	승용차	뉴K5	16,298	2021년	4,350,000	(1)	(2)
S1-003	쌍용	승용차	체어맨W	33,579	2020년	6,150,000	(1)	(2)
R1-002	현대	레저	싼타페S	51,232	2018년	3,200,000	(1)	(2)
S2-004	기아	승용차	더모닝	25,337	2020년	2,050,000	(1)	(2)
R2-003	기아	레저	카니발21	12,593	2021년	6,750,000	(1)	(2)
S3-005	현대	승용차	소나타V	27,352	2019년	3,950,000	(1)	(2)
승용차 평균 주행거리(km)			(3)			최저 주행거리(km)		(5)
연식이 2020년인 차종수			(4)			관리코드	S1-001 판매가	(6)

《조건》

○ 모든 데이터의 서식에는 글꼴(굴림, 11pt), 정렬은 숫자 및 회계 서식은 오른쪽 정렬, 나머지 서식은 가운데 정렬로 작성하며 예외적인 것은 《출력형태》를 참조하시오.

○ 제 목 ⇒ 도형(배지)과 그림자(오프셋 오른쪽)를 이용하여 작성하고 "푸른중고나라 자동차 판매관리"를 입력한 후 다음 서식을 적용하시오
　　　　　(글꼴-굴림, 24pt, 검정, 굵게, 채우기-노랑).

○ 임의의 셀에 결재란을 작성하여 그림으로 복사 기능을 이용하여 붙이기 하시오(단, 원본 삭제).

○ 「B4:J4, G14, I14」 영역은 '주황'으로 채우기 하시오.

○ 유효성 검사를 이용하여 「H14」 셀에 관리코드(「B5:B12」 영역)가 선택 표시되도록 하시오.

○ 셀 서식 ⇒ 「H5:H12」 영역에 셀 서식을 이용하여 숫자 뒤에 '원'을 표시하시오(예 : 5,150,000원).

○ 「G5:G12」 영역에 대해 '연식'으로 이름정의를 하시오.

☞ (1)~(6) 셀은 반드시 **주어진 함수를 이용**하여 값을 구하시오(결과값을 직접 입력하면 해당 셀은 0점 처리됨).

(1) 연료 ⇒ 관리코드의 두 번째 글자가 1이면 '가솔린', 2이면 '디젤', 3이면 '하이브리드'로 구하시오(CHOOSE, MID 함수).

(2) 판매가 순위 ⇒ 판매가의 내림차순 순위를 구한 결과값에 '위'를 붙이시오(RANK.EQ 함수, & 연산자)(예 : 1위).

(3) 승용차 평균 주행거리(km) ⇒ 조건은 입력 데이터를 이용하고, 반올림하여 십 단위까지 구하시오
　　　　　　　　　　　　　　　(ROUND, DAVERAGE 함수)(예 : 35,168 → 35,170).

(4) 연식이 2020년인 차종수 ⇒ 정의된 이름(연식)을 이용하여 구하시오(COUNTIF 함수).

(5) 최저 주행거리(km) ⇒ (MIN 함수)

(6) 판매가 ⇒ 「H14」 셀에서 선택한 관리코드에 대한 판매가를 구하시오(VLOOKUP 함수).

(7) 조건부 서식의 수식을 이용하여 판매가가 '5,000,000' 이상인 행 전체에 다음의 서식을 적용하시오(글꼴 : 파랑, 굵게).

목표값 찾기 및 필터   (80점)

☞ **"제1작업"** 시트의 「B4:H12」 영역을 복사하여 **"제2작업"** 시트의 「B2」 셀부터 모두 붙여넣기를 한 후 다음의 조건과 같이 작업하시오.

《조건》

(1) 목표값 찾기 - 「B11:G11」 셀을 병합하여 "판매가 전체 평균"을 입력한 후 「H11」 셀에 판매가 전체 평균을 구하시오 (AVERAGE 함수, 테두리, 가운데 맞춤).
  - '판매가 전체 평균'이 '4,600,000'이 되려면 아반떼X의 판매가가 얼마가 되어야 하는지 목표값을 구하시오.
(2) 고급필터 - 제조사가 '쌍용'이거나, 주행거리(km)가 '50,000' 이상인 자료의 관리코드, 차종, 주행거리(km), 판매가 데이터만 추출하시오.
  - 조건 범위 : 「B14」 셀부터 입력하시오.
  - 복사 위치 : 「B18」 셀부터 나타나도록 하시오.

제3작업 **정렬 및 부분합**   (80점)

☞ **"제1작업"** 시트의 「B4:H12」 영역을 복사하여 **"제3작업"** 시트의 「B2」 셀부터 모두 붙여넣기를 한 후 다음의 조건과 같이 작업하시오.

《조건》

(1) 부분합 - 《출력형태》처럼 정렬하고, 차종의 개수와 판매가의 평균을 구하시오.
(2) 윤곽 - 지우시오.
(3) 나머지 사항은 《출력형태》에 맞게 작성하시오.

《출력형태》

A	B	C	D	E	F	G	H
1							
2	관리코드	제조사	구분	차종	주행거리 (km)	연식	판매가
3	S1-001	현대	승용차	아반떼X	13,226	2020년	5,150,000원
4	R1-002	현대	레저	싼타페S	51,232	2018년	3,200,000원
5	S3-005	현대	승용차	소나타V	27,352	2019년	3,950,000원
6		현대 평균					4,100,000원
7		현대 개수		3			
8	R2-001	쌍용	레저	렉스턴20	32,545	2019년	4,500,000원
9	S1-003	쌍용	승용차	체어맨W	33,579	2020년	6,150,000원
10		쌍용 평균					5,325,000원
11		쌍용 개수		2			
12	S3-002	기아	승용차	뉴K5	16,298	2021년	4,350,000원
13	S2-004	기아	승용차	더모닝	25,337	2020년	2,050,000원
14	R2-003	기아	레저	카니발21	12,593	2021년	6,750,000원
15		기아 평균					4,383,333원
16		기아 개수		3			
17		전체 평균					4,512,500원
18		전체 개수		8			

☞ **"제1작업"** 시트를 이용하여 조건에 따라《출력형태》와 같이 작업하시오.

《조건》

(1) 차트 종류 ⇒ <묶은 세로 막대형>으로 작업하시오.

(2) 데이터 범위 ⇒ "제1작업" 시트의 내용을 이용하여 작업하시오.

(3) 위치 ⇒ "새 시트"로 이동하고, "제4작업"으로 시트 이름을 바꾸시오.

(4) 차트 디자인 도구 ⇒ 레이아웃 3, 스타일 1을 선택하여《출력형태》에 맞게 작업하시오.

(5) 영역 서식 ⇒ 차트 : 글꼴(굴림, 11pt), 채우기 효과(질감-분홍 박엽지)
　　　　　　　　그림 : 채우기(흰색, 배경 1)

(6) 제목 서식 ⇒ 차트 제목 : 글꼴(굴림, 굵게, 20pt), 채우기(흰색, 배경 1), 테두리

(7) 서식 ⇒ 판매가 계열의 차트 종류를 <표식이 있는 꺾은선형>으로 변경한 후 보조 축으로 지정하시오.
　　　　계열 :《출력형태》를 참조하여 표식(마름모, 크기 10)과 레이블 값을 표시하시오.
　　　　눈금선 : 선 스타일-파선
　　　　축 :《출력형태》를 참조하시오.

(8) 범례 ⇒ 범례명을 변경하고《출력형태》를 참조하시오.

(9) 도형 ⇒ '모서리가 둥근 사각형 설명선'을 삽입한 후《출력형태》와 같이 내용을 입력하시오.

(10) 나머지 사항은《출력형태》에 맞게 작성하시오.

《출력형태》

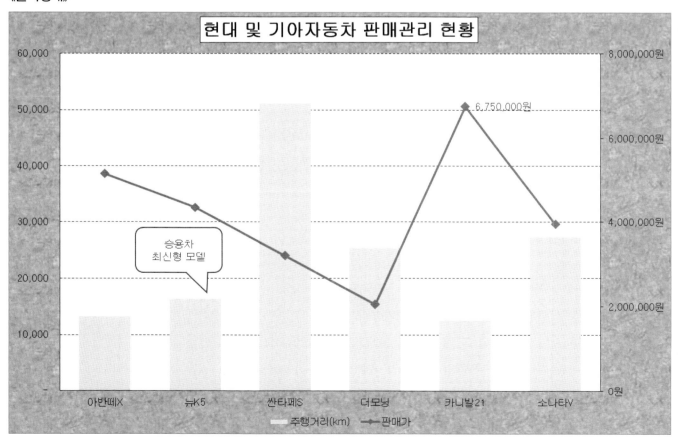

주의 ☞ 시트명 순서가 차례대로 "제1작업", "제2작업", "제3작업", "제4작업"이 되도록 할 것.

정보기술자격(ITQ) 최신기출문제

과 목	코 드	문제유형	시험시간	수험번호	성 명
한글엑셀	1122	A	60분		

수험자 유의사항

◎ 수험자는 문제지를 받는 즉시 문제지와 **수험표상의 시험과목(프로그램)이 동일한지 반드시 확인**하여야 합니다.

◎ 파일명은 본인의 "수험번호-성명"으로 입력하여 답안폴더(내 PC₩문서₩ITQ)에 하나의 파일로 저장해야 하며, 답안문서 파일명이 "수험번호-성명"과 일치하지 않거나, 답안파일을 전송하지 않아 미제출로 처리될 경우 실격 처리합니다 (예:12345678-홍길동.xlsx).

◎ 답안 작성을 마치면 파일을 저장하고, '답안 전송' 버튼을 선택하여 감독위원 PC로 답안을 전송하십시오. 수험생 정보와 저장한 파일명이 다를 경우 전송되지 않으므로 주의하시기 바랍니다.

◎ 답안 작성 중에도 **주기적으로 저장하고, '답안 전송'**하여야 문제 발생을 줄일 수 있습니다. 작업한 내용을 저장하지 않고 전송할 경우 이전에 저장된 내용이 전송되오니 이점 유의하시기 바랍니다.

◎ 답안문서는 지정된 경로 외의 다른 보조기억장치에 저장하는 경우, 지정된 시험 시간 외에 작성된 파일을 활용할 경우, 기타 통신수단(이메일, 메신저, 네트워크 등)을 이용하여 타인에게 전달 또는 외부 반출하는 경우는 부정 처리합니다.

◎ 시험 중 부주의 또는 고의로 시스템을 파손한 경우는 수험자가 변상해야 하며, <수험자 유의사항>에 기재된 방법대로 이행하지 않아 생기는 불이익은 수험생 당사자의 책임임을 알려 드립니다.

◎ 문제의 조건은 MS오피스 2016 버전으로 설정되어 있으니 유의하시기 바랍니다.

◎ 시험을 완료한 수험자는 답안파일이 전송되었는지 확인한 후 감독위원의 지시에 따라 문제지를 제출하고 퇴실합니다.

답안 작성요령

◎ 온라인 답안 작성 절차

   수험자 등록 ⇒ 시험 시작 ⇒ 답안파일 저장 ⇒ 답안 전송 ⇒ 시험 종료

◎ 문제는 총 4단계, 즉 제1작업부터 제4작업까지 구성되어 있으며 반드시 제1작업부터 순서대로 작성하고 조건대로 작업 하시오.

◎ 모든 작업시트의 A열은 열 너비 '1'로, 나머지 열은 적당하게 조절하시오.

◎ 모든 작업시트의 테두리는 《출력형태》와 같이 작업하시오.

◎ 해당 작업란에서는 각각 제시된 조건에 따라 《출력형태》와 같이 작업하시오.

◎ 답안 시트 이름은 "제1작업", "제2작업", "제3작업", "제4작업"이어야 하며 답안 시트 이외의 것은 감점 처리됩니다.

◎ 각 시트를 파일로 나누어 작업해서 저장할 경우 실격 처리됩니다.

☞ 다음은 '**밀키트 베스트 판매 현황**'에 대한 자료이다. 자료를 입력하고 조건에 맞도록 작업하시오.

《출력형태》

코드	제품명	분류	판매수량	출시일	가격 (단위:원)	전월대비 성장률(%)	제조공장	순위
					MD	팀장	본부장	
K3237	시래기된장밥	채식	90,680	2020-10-25	12,400	15.7	(1)	(2)
E2891	구운폴렌타	글루텐프리	7,366	2021-10-31	12,000	152.0	(1)	(2)
E1237	감바스피칸테	저탄수화물	78,000	2020-12-01	19,000	55.0	(1)	(2)
C2912	공심채볶음	채식	6,749	2021-07-08	6,900	25.0	(1)	(2)
J1028	관서식스키야키	저탄수화물	5,086	2021-05-10	25,000	25.0	(1)	(2)
E3019	비건버섯라자냐	글루텐프리	5,009	2021-10-05	15,000	102.5	(1)	(2)
K1456	춘천식닭갈비	저탄수화물	94,650	2020-07-08	13,000	10.0	(1)	(2)
K2234	산채나물비빔	채식	5,010	2021-01-05	8,600	30.5	(1)	(2)
채식 제품 수			(3)		최대 판매수량			(5)
저탄수화물 전월대비 성장률(%) 평균			(4)		코드	K3237	판매수량	(6)

(확인란: MD / 팀장 / 본부장)

《조건》

○ 모든 데이터의 서식에는 글꼴(굴림, 11pt), 정렬은 숫자 및 회계 서식은 오른쪽 정렬, 나머지 서식은 가운데 정렬로 작성하며 예외적인 것은 《출력형태》를 참조하시오.

○ 제 목 ⇒ 도형(순서도: 화면 표시)과 그림자(오프셋 오른쪽)를 이용하여 작성하고 "밀키트 베스트 판매 현황"을 입력한 후 다음 서식을 적용하시오

(글꼴-굴림, 24pt, 검정, 굵게, 채우기-노랑).

○ 임의의 셀에 결재란을 작성하여 그림으로 복사 기능을 이용하여 붙이기 하시오(단, 원본 삭제).

○ 「B4:J4, G14, I14」 영역은 '주황'으로 채우기 하시오.

○ 유효성 검사를 이용하여 「H14」 셀에 코드(「B5:B12」 영역)가 선택 표시되도록 하시오.

○ 셀 서식 ⇒ 「E5:E12」 영역에 셀 서식을 이용하여 숫자 뒤에 '박스'를 표시하시오(예 : 90,680박스).

○ 「D5:D12」 영역에 대해 '분류'로 이름정의를 하시오.

☞ (1)~(6) 셀은 반드시 **주어진 함수를 이용**하여 값을 구하시오(결과값을 직접 입력하면 해당 셀은 0점 처리됨).

(1) 제조공장 ⇒ 코드의 두 번째 글자가 1이면 '평택', 2이면 '정읍', 3이면 '진천'으로 표시하시오(CHOOSE, MID 함수).

(2) 순위 ⇒ 전월대비 성장률(%)의 내림차순 순위를 구하시오(RANK.EQ 함수).

(3) 채식 제품 수 ⇒ 결과값에 '개'를 붙이시오. 단, 조건은 입력데이터를 이용하시오(DCOUNTA 함수, & 연산자)(예 : 1개).

(4) 저탄수화물 전월대비 성장률(%) 평균 ⇒ 정의된 이름(분류)을 이용하여 구하시오(SUMIF, COUNTIF 함수).

(5) 최대 판매수량 ⇒ (MAX 함수)

(6) 판매수량 ⇒ 「H14」 셀에서 선택한 코드에 대한 판매수량을 구하시오(VLOOKUP 함수).

(7) 조건부 서식의 수식을 이용하여 판매수량이 '90,000' 이상인 행 전체에 다음의 서식을 적용하시오(글꼴 : 파랑, 굵게).

필터 및 서식 (80점)

☞ "제1작업" 시트의 「B4:H12」 영역을 복사하여 "제2작업" 시트의 「B2」 셀부터 모두 붙여넣기를 한 후 다음의 조건과 같이 작업하시오.

《조건》

(1) 고급 필터 – 코드가 'K'로 시작하거나, 판매수량이 '10,000' 이상인 자료의 코드, 제품명, 가격(단위:원), 전월대비 성장률(%) 데이터만 추출하시오.
    – 조건 범위 : 「B14」 셀부터 입력하시오.
    – 복사 위치 : 「B18」 셀부터 나타나도록 하시오.

(2) 표 서식 – 고급필터의 결과셀을 채우기 없음으로 설정한 후 '표 스타일 보통 6'의 서식을 적용하시오.
    – 머리글 행, 줄무늬 행을 적용하시오.

제3작업 **피벗 테이블** (80점)

☞ "제1작업" 시트를 이용하여 "제3작업" 시트에 조건에 따라 《출력형태》와 같이 작업하시오.

《조건》

(1) 가격(단위:원) 및 분류별 제품명의 개수와 전월대비 성장률(%)의 평균을 구하시오.
(2) 가격(단위:원)을 그룹화하고, 분류를 《출력형태》와 같이 정렬하시오.
(3) 레이블이 있는 셀 병합 및 가운데 맞춤 적용 및 빈 셀은 '**'로 표시하시오.
(4) 행의 총합계는 지우고, 나머지 사항은 《출력형태》에 맞게 작성하시오.

《출력형태》

가격(단위:원) ▼	분류 ↵						
	채식		저탄수화물		글루텐프리	
	개수 : 제품명	평균 : 전월대비 성장률(%)	개수 : 제품명	평균 : 전월대비 성장률(%)	개수 : 제품명	평균 : 전월대비 성장률(%)
1-10000	2	28	**	**	**	**
10001-20000	1	16	2	33	2	127
20001-30000	**	**	1	25	**	**
총합계	3	24	3	30	2	127

☞ **"제1작업"** 시트를 이용하여 조건에 따라《출력형태》와 같이 작업하시오.

《조건》

(1) 차트 종류 ⇒ <묶은 세로 막대형>으로 작업하시오.

(2) 데이터 범위 ⇒ "제1작업" 시트의 내용을 이용하여 작업하시오.

(3) 위치 ⇒ "새 시트"로 이동하고, "제4작업"으로 시트 이름을 바꾸시오.

(4) 차트 디자인 도구 ⇒ 레이아웃 3, 스타일 1을 선택하여《출력형태》에 맞게 작업하시오.

(5) 영역 서식 ⇒ 차트 : 글꼴(굴림, 11pt), 채우기 효과(질감-분홍 박엽지)
　　　　　　　　그림 : 채우기(흰색, 배경 1)

(6) 제목 서식 ⇒ 차트 제목 : 글꼴(굴림, 굵게, 20pt), 채우기(흰색, 배경 1), 테두리

(7) 서식 ⇒ 판매수량 계열의 차트 종류를 <표식이 있는 꺾은선형>으로 변경한 후 보조 축으로 지정하시오.
　　　계열 :《출력형태》를 참조하여 표식(세모, 크기 10)과 레이블 값을 표시하시오.
　　　눈금선 : 선 스타일-파선
　　　축 :《출력형태》를 참조하시오.

(8) 범례 ⇒ 범례명을 변경하고《출력형태》를 참조하시오.

(9) 도형 ⇒ '모서리가 둥근 사각형 설명선'을 삽입한 후《출력형태》와 같이 내용을 입력하시오.

(10) 나머지 사항은《출력형태》에 맞게 작성하시오.

《출력형태》

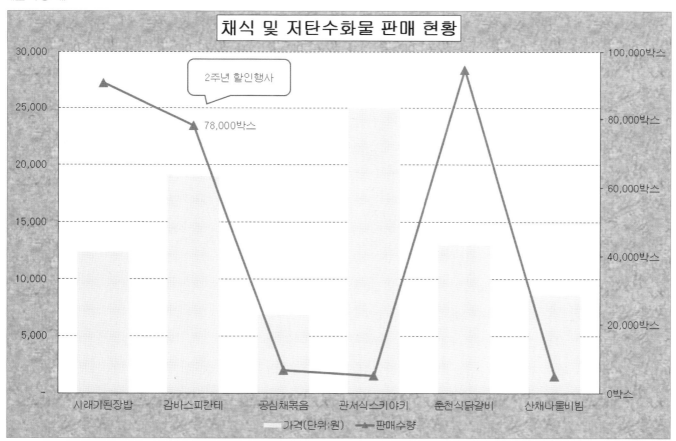

주의 ☞ 시트명 순서가 차례대로 "제1작업", "제2작업", "제3작업", "제4작업"이 되도록 할 것.

정보기술자격(ITQ) 최신기출문제

과 목	코 드	문제유형	시험시간	수험번호	성 명
한글엑셀	1122	A	60분		

수험자 유의사항

◎ 수험자는 문제지를 받는 즉시 문제지와 **수험표상의 시험과목(프로그램)이 동일한지 반드시 확인**하여야 합니다.

◎ 파일명은 본인의 "수험번호-성명"으로 입력하여 답안폴더(내 PC\문서\ITQ)에 하나의 파일로 저장해야 하며, 답안문서 파일명이 "수험번호-성명"과 일치하지 않거나, 답안파일을 전송하지 않아 미제출로 처리될 경우 실격 처리합니다 (예:12345678-홍길동.xlsx).

◎ 답안 작성을 마치면 파일을 저장하고, '답안 전송' 버튼을 선택하여 감독위원 PC로 답안을 전송하십시오. 수험생 정보와 저장한 파일명이 다를 경우 전송되지 않으므로 주의하시기 바랍니다.

◎ 답안 작성 중에도 **주기적으로 저장하고, '답안 전송'**하여야 문제 발생을 줄일 수 있습니다. 작업한 내용을 저장하지 않고 전송할 경우 이전에 저장된 내용이 전송되오니 이점 유의하시기 바랍니다.

◎ 답안문서는 지정된 경로 외의 다른 보조기억장치에 저장하는 경우, 지정된 시험 시간 외에 작성된 파일을 활용할 경우, 기타 통신수단(이메일, 메신저, 네트워크 등)을 이용하여 타인에게 전달 또는 외부 반출하는 경우는 부정 처리합니다.

◎ 시험 중 부주의 또는 고의로 시스템을 파손한 경우는 수험자가 변상해야 하며, <수험자 유의사항>에 기재된 방법대로 이행하지 않아 생기는 불이익은 수험생 당사자의 책임임을 알려 드립니다.

◎ 문제의 조건은 MS오피스 2016 버전으로 설정되어 있으니 유의하시기 바랍니다.

◎ 시험을 완료한 수험자는 답안파일이 전송되었는지 확인한 후 감독위원의 지시에 따라 문제지를 제출하고 퇴실합니다.

답안 작성요령

◎ 온라인 답안 작성 절차

  수험자 등록 ⇒ 시험 시작 ⇒ 답안파일 저장 ⇒ 답안 전송 ⇒ 시험 종료

◎ 문제는 총 4단계, 즉 제1작업부터 제4작업까지 구성되어 있으며 반드시 제1작업부터 순서대로 작성하고 조건대로 작업 하시오.

◎ 모든 작업시트의 A열은 열 너비 '1'로, 나머지 열은 적당하게 조절하시오.

◎ 모든 작업시트의 테두리는 《출력형태》와 같이 작업하시오.

◎ 해당 작업란에서는 각각 제시된 조건에 따라 《출력형태》와 같이 작업하시오.

◎ 답안 시트 이름은 "제1작업", "제2작업", "제3작업", "제4작업"이어야 하며 답안 시트 이외의 것은 감점 처리됩니다.

◎ 각 시트를 파일로 나누어 작업해서 저장할 경우 실격 처리됩니다.

☞ 다음은 '**인기 빔 프로젝터 판매 정보**'에 대한 자료이다. 자료를 입력하고 조건에 맞도록 작업하시오.

《출력형태》

제품코드	제품명	해상도	부가기능	소비자가 (원)	무게	밝기 (안시루멘)	밝기 순위	배송방법
						결재	담당 / 책임 / 팀장	
VS4-101	뷰소닉피제이	FHD	게임모드	679,150	2.5	3,800	(1)	(2)
LG2-002	시네빔오공케이	FHD	HDTV수신	575,990	1.0	600	(1)	(2)
SH1-102	샤오미엠프로	4K UHD	키스톤보정	234,970	2.3	220	(1)	(2)
PJ2-002	프로젝트매니아	FHD	내장스피커	385,900	0.3	700	(1)	(2)
LV1-054	레베타이포	HD	내장스피커	199,000	1.0	180	(1)	(2)
LG3-003	시네빔피에치	HD	키스톤보정	392,800	0.7	550	(1)	(2)
EP2-006	엡손이에치	FHD	게임모드	747,990	2.7	3,300	(1)	(2)
VQ4-001	벤큐더블유	4K UHD	게임모드	938,870	4.2	3,000	(1)	(2)
해상도 HD 제품의 소비자가(원) 평균			(3)			두 번째로 높은 소비자가(원)		(5)
게임모드 제품 중 최소 무게			(4)			제품코드	VS4-101 / 밝기(안시루멘)	(6)

《조건》

○ 모든 데이터의 서식에는 글꼴(굴림, 11pt), 정렬은 숫자 및 회계 서식은 오른쪽 정렬, 나머지 서식은 가운데 정렬로 작성하며 예외적인 것은 《출력형태》를 참조하시오.

○ 제 목 ⇒ 도형(양쪽 모서리가 잘린 사각형)과 그림자(오프셋 오른쪽)를 이용하여 작성하고 "인기 빔 프로젝터 판매 정보"를 입력한 후 다음 서식을 적용하시오

       (글꼴-굴림, 24pt, 검정, 굵게, 채우기-노랑).

○ 임의의 셀에 결재란을 작성하여 그림으로 복사 기능을 이용하여 붙이기 하시오(단, 원본 삭제).

○ 「B4:J4, G14, I14」 영역은 '주황'으로 채우기 하시오.

○ 유효성 검사를 이용하여 「H14」 셀에 제품코드(「B5:B12」 영역)가 선택 표시되도록 하시오.

○ 셀 서식 ⇒ 「G5:G12」 영역에 셀 서식을 이용하여 숫자 뒤에 'kg'을 표시하시오(예 : 2.5kg).

○ 「D5:D12」 영역에 대해 '해상도'로 이름정의를 하시오.

☞ (1)~(6) 셀은 반드시 **주어진 함수를 이용**하여 값을 구하시오(결과값을 직접 입력하면 해당 셀은 0점 처리됨).

(1) 밝기 순위 ⇒ 밝기(안시루멘)의 내림차순 순위를 구한 결과에 '위'를 붙이시오(RANK.EQ 함수, & 연산자)(예 : 1위).

(2) 배송방법 ⇒ 제품코드의 세 번째 글자가 1이면 '해외배송', 2이면 '직배송', 그 외에는 '기타'로 구하시오(IF, MID 함수).

(3) 해상도 HD 제품의 소비자가(원) 평균 ⇒ 정의된 이름(해상도)을 이용하여 구하시오(SUMIF, COUNTIF 함수).

(4) 게임모드 제품 중 최소 무게 ⇒ 부가기능이 게임모드인 제품 중 최소 무게를 구하시오. 단, 조건은 입력 데이터를 이용하시오(DMIN 함수).

(5) 두 번째로 높은 소비자가(원) ⇒ (LARGE 함수)

(6) 밝기(안시루멘) ⇒ 「H14」 셀에서 선택한 제품코드에 대한 밝기(안시루멘)를 구하시오(VLOOKUP 함수).

(7) 조건부 서식의 수식을 이용하여 무게가 '1.0' 이하인 행 전체에 다음의 서식을 적용하시오(글꼴 : 파랑, 굵게).

목표값 찾기 및 필터 (80점)

☞ **"제1작업"** 시트의 「B4:H12」 영역을 복사하여 **"제2작업"** 시트의 「B2」 셀부터 모두 붙여넣기를 한 후 다음의 조건과 같이 작업하시오.

《조건》

(1) 목표값 찾기 - 「B11:G11」 셀을 병합하여 "해상도 FHD 제품의 무게 평균"을 입력한 후 「H11」 셀에 해상도 FHD 제품의 무게 평균을 구하시오. 단, 조건은 입력데이터를 이용하시오(DAVERAGE 함수, 테두리, 가운데 맞춤).
　　　　　　- '해상도 FHD 제품의 무게 평균'이 '1.6'이 되려면 뷰소닉피제이의 무게가 얼마가 되어야 하는지 목표값을 구하시오.

(2) 고급필터 - 제품코드가 'L'로 시작하거나 소비자가(원)가 '300,000' 이하인 자료의 제품명, 해상도, 소비자가(원), 밝기(안시루멘) 데이터만 추출하시오.
　　　　　　- 조건 범위 : 「B14」 셀부터 입력하시오.
　　　　　　- 복사 위치 : 「B18」 셀부터 나타나도록 하시오.

정렬 및 부분합 (80점)

☞ **"제1작업"** 시트의 「B4:H12」 영역을 복사하여 **"제3작업"** 시트의 「B2」 셀부터 모두 붙여넣기를 한 후 다음의 조건과 같이 작업하시오.

《조건》

(1) 부분합 - 《출력형태》처럼 정렬하고, 제품명의 개수와 소비자가(원)의 평균을 구하시오.
(2) 윤곽 - 지우시오.
(3) 나머지 사항은 《출력형태》에 맞게 작성하시오.

《출력형태》

A	B	C	D	E	F	G	H
1							
2	제품코드	제품명	해상도	부가기능	소비자가 (원)	무게	밝기 (안시루멘)
3	LV1-054	레베타이포	HD	내장스피커	199,000	1.0kg	180
4	LG3-003	시네빔피에치	HD	키스톤보정	392,800	0.7kg	550
5			HD 평균		295,900		
6		2	HD 개수				
7	VS4-101	뷰소닉피제이	FHD	게임모드	679,150	2.5kg	3,800
8	LG2-002	시네빔오공케이	FHD	HDTV수신	575,990	1.0kg	600
9	PJ2-002	프로젝트매니아	FHD	내장스피커	385,900	0.3kg	700
10	EP2-006	엡손이에치	FHD	게임모드	747,990	2.7kg	3,300
11			FHD 평균		597,258		
12		4	FHD 개수				
13	SH1-102	샤오미엠프로	4K UHD	키스톤보정	234,970	2.3kg	220
14	VQ4-001	벤큐더블유	4K UHD	게임모드	938,870	4.2kg	3,000
15			4K UHD 평균		586,920		
16		2	4K UHD 개수				
17			전체 평균		519,334		
18		8	전체 개수				

☞ **"제1작업"** 시트를 이용하여 조건에 따라《출력형태》와 같이 작업하시오.

《조건》

(1) 차트 종류 ⇒ <묶은 세로 막대형>으로 작업하시오.

(2) 데이터 범위 ⇒ "제1작업" 시트의 내용을 이용하여 작업하시오.

(3) 위치 ⇒ "새 시트"로 이동하고, "제4작업"으로 시트 이름을 바꾸시오.

(4) 차트 디자인 도구 ⇒ 레이아웃 3, 스타일 1을 선택하여《출력형태》에 맞게 작업하시오.

(5) 영역 서식 ⇒ 차트 : 글꼴(굴림, 11pt), 채우기 효과(질감-파랑 박엽지)
    그림 : 채우기(흰색, 배경 1)

(6) 제목 서식 ⇒ 차트 제목 : 글꼴(굴림, 굵게, 20pt), 채우기(흰색, 배경 1), 테두리

(7) 서식 ⇒ 무게 계열의 차트 종류를 <표식이 있는 꺾은선형>으로 변경한 후 보조 축으로 지정하시오.
    계열 :《출력형태》를 참조하여 표식(세모, 크기 10)과 레이블 값을 표시하시오.
    눈금선 : 선 스타일-파선
    축 :《출력형태》를 참조하시오.

(8) 범례 ⇒ 범례명을 변경하고《출력형태》를 참조하시오.

(9) 도형 ⇒ '모서리가 둥근 사각형 설명선'을 삽입한 후《출력형태》와 같이 내용을 입력하시오.

(10) 나머지 사항은《출력형태》에 맞게 작성하시오.

《출력형태》

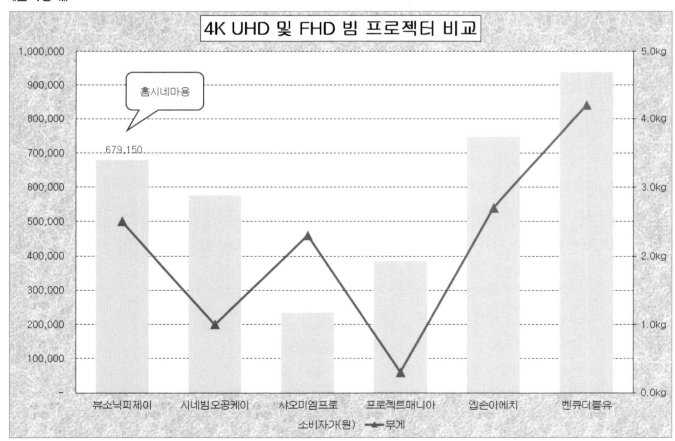

주의 ☞ 시트명 순서가 차례대로 "제1작업", "제2작업", "제3작업", "제4작업"이 되도록 할 것.

정보기술자격(ITQ) 최신기출문제

과 목	코 드	문제유형	시험시간	수험번호	성 명
한글엑셀	1122	A	60분		

수험자 유의사항

◎ 수험자는 문제지를 받는 즉시 문제지와 **수험표상의 시험과목(프로그램)이 동일한지 반드시 확인**하여야 합니다.

◎ 파일명은 본인의 "수험번호-성명"으로 입력하여 답안폴더(내 PC\문서\ITQ)에 하나의 파일로 저장해야 하며, 답안문서 파일명이 "수험번호-성명"과 일치하지 않거나, 답안파일을 전송하지 않아 미제출로 처리될 경우 실격 처리합니다 (예:12345678-홍길동.xlsx).

◎ 답안 작성을 마치면 파일을 저장하고, '답안 전송' 버튼을 선택하여 감독위원 PC로 답안을 전송하십시오. 수험생 정보와 저장한 파일명이 다를 경우 전송되지 않으므로 주의하시기 바랍니다.

◎ 답안 작성 중에도 **주기적으로 저장하고, '답안 전송'**하여야 문제 발생을 줄일 수 있습니다. 작업한 내용을 저장하지 않고 전송할 경우 이전에 저장된 내용이 전송되오니 이점 유의하시기 바랍니다.

◎ 답안문서는 지정된 경로 외의 다른 보조기억장치에 저장하는 경우, 지정된 시험 시간 외에 작성된 파일을 활용할 경우, 기타 통신수단(이메일, 메신저, 네트워크 등)을 이용하여 타인에게 전달 또는 외부 반출하는 경우는 부정 처리합니다.

◎ 시험 중 부주의 또는 고의로 시스템을 파손한 경우는 수험자가 변상해야 하며, <수험자 유의사항>에 기재된 방법대로 이행하지 않아 생기는 불이익은 수험생 당사자의 책임임을 알려 드립니다.

◎ 문제의 조건은 MS오피스 2016 버전으로 설정되어 있으니 유의하시기 바랍니다.

◎ 시험을 완료한 수험자는 답안파일이 전송되었는지 확인한 후 감독위원의 지시에 따라 문제지를 제출하고 퇴실합니다.

답안 작성요령

◎ 온라인 답안 작성 절차

수험자 등록 ⇒ 시험 시작 ⇒ 답안파일 저장 ⇒ 답안 전송 ⇒ 시험 종료

◎ 문제는 총 4단계, 즉 제1작업부터 제4작업까지 구성되어 있으며 반드시 제1작업부터 순서대로 작성하고 조건대로 작업하시오.

◎ 모든 작업시트의 A열은 열 너비 '1'로, 나머지 열은 적당하게 조절하시오.

◎ 모든 작업시트의 테두리는 《출력형태》와 같이 작업하시오.

◎ 해당 작업란에서는 각각 제시된 조건에 따라 《출력형태》와 같이 작업하시오.

◎ 답안 시트 이름은 "제1작업", "제2작업", "제3작업", "제4작업"이어야 하며 답안 시트 이외의 것은 감점 처리됩니다.

◎ 각 시트를 파일로 나누어 작업해서 저장할 경우 실격 처리됩니다.

kpc 한국생산성본부

☞ 다음은 '**우드크리닝 4월 작업 현황**'에 대한 자료이다. 자료를 입력하고 조건에 맞도록 작업하시오.

《출력형태》

	A	B	C	D	E	F	G	H	I	J
1								결 재	담당	팀장	부장
2		우드크리닝 4월 작업 현황									
3											
4		관리번호	고객명	구분	작업	작업일	파견인원	비용(단위:원)	지역	작업요일
5		H01-1	임동진	홈크리닝	입주청소	2022-04-11	3	450,000	(1)	(2)
6		F01-2	고인돌	사무실크리닝	인테리어청소	2022-04-27	2	520,000	(1)	(2)
7		S01-1	김나래	특수크리닝	전산실청소	2022-04-23	5	1,030,000	(1)	(2)
8		F02-1	이철수	사무실크리닝	계단청소	2022-04-14	4	330,000	(1)	(2)
9		H02-2	나영희	홈크리닝	에어컨청소	2022-04-19	1	150,000	(1)	(2)
10		H03-1	박달재	홈크리닝	줄눈시공	2022-04-09	3	240,000	(1)	(2)
11		S02-2	한우주	특수크리닝	건물외벽청소	2022-04-23	4	1,250,000	(1)	(2)
12		F03-1	최고봉	사무실크리닝	바닥왁스작업	2022-04-29	2	400,000	(1)	(2)
13		홈크리닝 비용(단위:원) 합계			(3)			가장 빠른 작업일		(5)
14		사무실크리닝 작업 개수			(4)		관리번호	H01-1	파견인원	(6)

《조건》

○ 모든 데이터의 서식에는 글꼴(굴림, 11pt), 정렬은 숫자 및 회계 서식은 오른쪽 정렬, 나머지 서식은 가운데 정렬로 작성하며 예외적인 것은 《출력형태》를 참조하시오.

○ 제 목 ⇒ 도형(십자형)과 그림자(오프셋 오른쪽)를 이용하여 작성하고 "우드크리닝 4월 작업 현황"을 입력한 후 다음 서식을 적용하시오
  (글꼴-굴림, 24pt, 검정, 굵게, 채우기-노랑).

○ 임의의 셀에 결재란을 작성하여 그림으로 복사 기능을 이용하여 붙이기 하시오(단, 원본 삭제).

○ 「B4:J4, G14, I14」 영역은 '주황'으로 채우기 하시오.

○ 유효성 검사를 이용하여 「H14」 셀에 관리번호(「B5:B12」 영역)가 선택 표시되도록 하시오.

○ 셀 서식 ⇒ 「G5:G12」 영역에 셀 서식을 이용하여 숫자 뒤에 '명'을 표시하시오(예 : 3명).

○ 「F5:F12」 영역에 대해 '작업일'로 이름정의를 하시오.

☞ (1)~(6) 셀은 반드시 **주어진 함수를 이용**하여 값을 구하시오(결과값을 직접 입력하면 해당 셀은 0점 처리됨).

(1) 지역 ⇒ 관리번호의 마지막 글자가 1이면 '서울', 그 외에는 '경기/인천'으로 표시하시오(IF, RIGHT 함수).

(2) 작업 요일 ⇒ 작업일의 요일을 구하시오(CHOOSE, WEEKDAY 함수)(예 : 월요일).

(3) 홈크리닝 비용(단위:원) 합계 ⇒ 조건은 입력데이터를 이용하시오(DSUM 함수).

(4) 사무실크리닝 작업 개수 ⇒ 결과값에 '개'를 붙이시오(COUNTIF 함수, & 연산자)(예 : 1개).

(5) 가장 빠른 작업일 ⇒ 정의된 이름(작업일)을 이용하여 구하시오(MIN 함수)(예 : 2022-04-01).

(6) 파견인원 ⇒ 「H14」 셀에서 선택한 관리번호에 대한 파견인원을 구하시오(VLOOKUP 함수).

(7) 조건부 서식의 수식을 이용하여 비용(단위:원)이 '1,000,000' 이상인 행 전체에 다음의 서식을 적용하시오
  (글꼴 : 파랑, 굵게).

☞ **"제1작업"** 시트의 「B4:H12」 영역을 복사하여 **"제2작업"** 시트의 「B2」 셀부터 모두 붙여넣기를 한 후 다음의 조건과 같이 작업하시오.

《조건》

(1) 고급 필터 – 구분이 '특수크리닝'이 아니면서 비용(단위:원)이 '400,000' 이상인 자료의 관리번호, 고객명, 작업, 작업일 데이터만 추출하시오.
  – 조건 범위 : 「B14」 셀부터 입력하시오.
  – 복사 위치 : 「B18」 셀부터 나타나도록 하시오.

(2) 표 서식 – 고급필터의 결과셀을 채우기 없음으로 설정한 후 '표 스타일 보통 7'의 서식을 적용하시오.
  – 머리글 행, 줄무늬 행을 적용하시오.

☞ **"제1작업"** 시트를 이용하여 **"제3작업"** 시트에 조건에 따라 《출력형태》와 같이 작업하시오.

《조건》

(1) 작업일 및 구분별 고객명의 개수와 비용(단위:원)의 평균을 구하시오.
(2) 작업일을 그룹화하고, 구분을 《출력형태》와 같이 정렬하시오.
(3) 레이블이 있는 셀 병합 및 가운데 맞춤 적용 및 빈 셀은 '***'로 표시하시오.
(4) 행의 총합계는 지우고, 나머지 사항은 《출력형태》에 맞게 작성하시오.

《출력형태》

◢A	B	C	D	E	F	G	H
1							
2		구분 ↓					
3			홈크리닝		특수크리닝		사무실크리닝	
4	작업일 ▼	개수 : 고객명	평균 : 비용(단위:원)	개수 : 고객명	평균 : 비용(단위:원)	개수 : 고객명	평균 : 비용(단위:원)
5	2022-04-01 - 2022-04-10	1	240,000	***	***	***	***
6	2022-04-11 - 2022-04-20	2	300,000	***	***	1	330,000
7	2022-04-21 - 2022-04-30	***	***	2	1,140,000	2	460,000
8	총합계	3	280,000	2	1,140,000	3	416,667

☞ **"제1작업"** 시트를 이용하여 조건에 따라 《출력형태》와 같이 작업하시오.

《조건》

(1) 차트 종류 ⇒ <묶은 세로 막대형>으로 작업하시오.

(2) 데이터 범위 ⇒ "제1작업" 시트의 내용을 이용하여 작업하시오.

(3) 위치 ⇒ "새 시트"로 이동하고, "제4작업"으로 시트 이름을 바꾸시오.

(4) 차트 디자인 도구 ⇒ 레이아웃 3, 스타일 1을 선택하여 《출력형태》에 맞게 작업하시오.

(5) 영역 서식 ⇒ 차트 : 글꼴(굴림, 11pt), 채우기 효과(질감-파랑 박엽지)

　　　　　　　 그림 : 채우기(흰색, 배경 1)

(6) 제목 서식 ⇒ 차트 제목 : 글꼴(굴림, 굵게, 20pt), 채우기(흰색, 배경 1), 테두리

(7) 서식 ⇒ 파견인원 계열의 차트 종류를 <표식이 있는 꺾은선형>으로 변경한 후 보조 축으로 지정하시오.

　　　　 계열 : 《출력형태》를 참조하여 표식(마름모, 크기 10)과 레이블 값을 표시하시오.

　　　　 눈금선 : 선 스타일-파선

　　　　 축 : 《출력형태》를 참조하시오.

(8) 범례 ⇒ 범례명을 변경하고 《출력형태》를 참조하시오.

(9) 도형 ⇒ '모서리가 둥근 사각형 설명선'을 삽입한 후 《출력형태》와 같이 내용을 입력하시오.

(10) 나머지 사항은 《출력형태》에 맞게 작성하시오.

《출력형태》

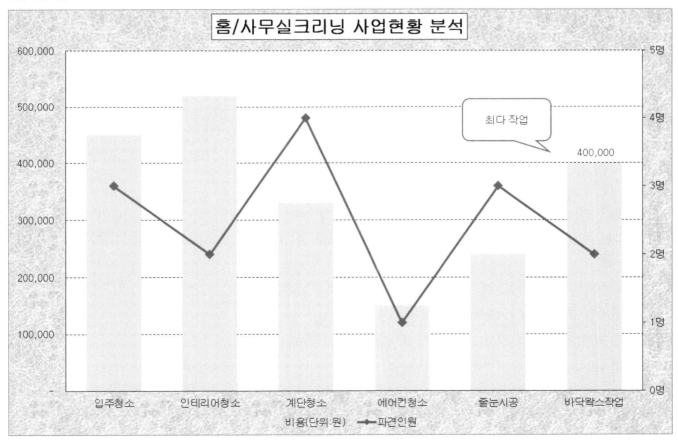

주의 ☞ 시트명 순서가 차례대로 "제1작업", "제2작업", "제3작업", "제4작업"이 되도록 할 것.

정보기술자격(ITQ) 최신기출문제

과 목	코 드	문제유형	시험시간	수험번호	성 명
한글엑셀	1122	A	60분		

수험자 유의사항

◎ 수험자는 문제지를 받는 즉시 문제지와 **수험표상의 시험과목(프로그램)이 동일한지 반드시 확인**하여야 합니다.

◎ 파일명은 본인의 "수험번호-성명"으로 입력하여 답안폴더(내 PC₩문서₩ITQ)에 하나의 파일로 저장해야 하며, 답안문서 파일명이 "수험번호-성명"과 일치하지 않거나, 답안파일을 전송하지 않아 미제출로 처리될 경우 실격 처리합니다 (예:12345678-홍길동.xlsx).

◎ 답안 작성을 마치면 파일을 저장하고, '답안 전송' 버튼을 선택하여 감독위원 PC로 답안을 전송하십시오. 수험생 정보와 저장한 파일명이 다를 경우 전송되지 않으므로 주의하시기 바랍니다.

◎ 답안 작성 중에도 **주기적으로 저장하고, '답안 전송'**하여야 문제 발생을 줄일 수 있습니다. 작업한 내용을 저장하지 않고 전송할 경우 이전에 저장된 내용이 전송되오니 이점 유의하시기 바랍니다.

◎ 답안문서는 지정된 경로 외의 다른 보조기억장치에 저장하는 경우, 지정된 시험 시간 외에 작성된 파일을 활용할 경우, 기타 통신수단(이메일, 메신저, 네트워크 등)을 이용하여 타인에게 전달 또는 외부 반출하는 경우는 부정 처리합니다.

◎ 시험 중 부주의 또는 고의로 시스템을 파손한 경우는 수험자가 변상해야 하며, <수험자 유의사항>에 기재된 방법대로 이행하지 않아 생기는 불이익은 수험생 당사자의 책임임을 알려 드립니다.

◎ 문제의 조건은 MS오피스 2016 버전으로 설정되어 있으니 유의하시기 바랍니다.

◎ 시험을 완료한 수험자는 답안파일이 전송되었는지 확인한 후 감독위원의 지시에 따라 문제지를 제출하고 퇴실합니다.

답안 작성요령

◎ 온라인 답안 작성 절차

   수험자 등록 ⇒ 시험 시작 ⇒ 답안파일 저장 ⇒ 답안 전송 ⇒ 시험 종료

◎ 문제는 총 4단계, 즉 제1작업부터 제4작업까지 구성되어 있으며 반드시 제1작업부터 순서대로 작성하고 조건대로 작업 하시오.

◎ 모든 작업시트의 A열은 열 너비 '1'로, 나머지 열은 적당하게 조절하시오.

◎ 모든 작업시트의 테두리는《출력형태》와 같이 작업하시오.

◎ 해당 작업란에서는 각각 제시된 조건에 따라《출력형태》와 같이 작업하시오.

◎ 답안 시트 이름은 "제1작업", "제2작업", "제3작업", "제4작업"이어야 하며 답안 시트 이외의 것은 감점 처리됩니다.

◎ 각 시트를 파일로 나누어 작업해서 저장할 경우 실격 처리됩니다.

kpc 한국생산성본부

☞ 다음은 '데이터분석 교육 온라인 신청 현황'에 대한 자료이다. 자료를 입력하고 조건에 맞도록 작업하시오.

《출력형태》

과목코드	강좌명	강사명	분류	개강일	신청인원	수강료 (단위:원)	수강기간	신청인원 순위
		확인	담당	팀장	부장			

데이터분석 교육 온라인 신청 현황

과목코드	강좌명	강사명	분류	개강일	신청인원	수강료 (단위:원)	수강기간	신청인원 순위
A-1431	R 머신러닝	김혜지	데이터사이언스	2022-06-01	670	260,000	(1)	(2)
C-3315	엑셀 통계	박정우	통계분석	2022-02-01	2,325	160,000	(1)	(2)
P-2421	빅데이터기사 필기	강석원	자격증	2022-04-01	550	280,000	(1)	(2)
T-1341	파이썬 딥러닝	홍길순	데이터사이언스	2022-03-02	1,455	380,000	(1)	(2)
S-2432	빅데이터기사 실기	이경호	자격증	2022-03-02	458	300,000	(1)	(2)
M-3145	다층선형모델분석	이덕수	통계분석	2022-05-02	125	420,000	(1)	(2)
D-2514	R 데이터분석	임홍우	데이터사이언스	2022-07-01	450	275,000	(1)	(2)
G-3234	시계열분석	정유진	통계분석	2022-05-02	1,280	350,000	(1)	(2)
자격증 강좌 개수			(3)			최대 수강료(단위:원)		(5)
데이터사이언스 강좌의 신청인원 합계			(4)		강좌명	R 머신러닝	신청인원	(6)

《조건》

○ 모든 데이터의 서식에는 글꼴(굴림, 11pt), 정렬은 숫자 및 회계 서식은 오른쪽 정렬, 나머지 서식은 가운데 정렬로 작성하며 예외적인 것은《출력형태》를 참조하시오.

○ 제 목 ⇒ 도형(십자형)과 그림자(오프셋 위쪽)를 이용하여 작성하고 "데이터분석 교육 온라인 신청 현황"을 입력한 후 다음 서식을 적용하시오
　　　　　(글꼴-굴림, 24pt, 검정, 굵게, 채우기-노랑).

○ 임의의 셀에 결재란을 작성하여 그림으로 복사 기능을 이용하여 붙이기 하시오(단, 원본 삭제).

○ 「B4:J4, G14, I14」 영역은 '주황'으로 채우기 하시오.

○ 유효성 검사를 이용하여 「H14」 셀에 강좌명(「C5:C12」 영역)이 선택 표시되도록 하시오.

○ 셀 서식 ⇒ 「G5:G12」 영역에 셀 서식을 이용하여 숫자 뒤에 '명'을 표시하시오(예 : 670명).

○ 「H5:H12」 영역에 대해 '수강료'로 이름정의를 하시오.

☞ (1)~(6) 셀은 반드시 **주어진 함수를 이용**하여 값을 구하시오(결과값을 직접 입력하면 해당 셀은 0점 처리됨).

(1) 수강기간 ⇒ 과목코드 세 번째 글자가 1이면 '240일', 2이면 '120일', 3이면 '90일'로 구하시오(CHOOSE, MID 함수).

(2) 신청인원 순위 ⇒ 신청인원의 내림차순 순위를 구한 결과에 '위'를 붙이시오(RANK.EQ 함수, & 연산자)(예 : 1위).

(3) 자격증 강좌 개수 ⇒ (COUNTIF 함수)

(4) 데이터사이언스 강좌의 신청인원 합계 ⇒ 반올림하여 십명 단위까지 구하시오. 단, 조건은 입력데이터를 이용하시오
　　　　　(ROUND, DSUM 함수)(예 : 5,327 → 5,330).

(5) 최대 수강료(단위:원) ⇒ 정의된 이름(수강료)을 이용하여 구하시오(LARGE 함수).

(6) 신청인원 ⇒ 「H14」 셀에서 선택한 강좌명에 대한 신청인원을 구하시오(VLOOKUP 함수).

(7) 조건부 서식의 수식을 이용하여 신청인원이 '1,000' 이상인 행 전체에 다음의 서식을 적용하시오(글꼴 : 파랑, 굵게).

제2작업　　목표값 찾기 및 필터　　(80점)

☞ **"제1작업"** 시트의 「B4:H12」 영역을 복사하여 **"제2작업"** 시트의 「B2」 셀부터 모두 붙여넣기를 한 후 다음의 조건과 같이 작업하시오.

《조건》

(1) 목표값 찾기 – 「B11:G11」 셀을 병합하여 "데이터사이언스의 수강료(단위:원) 평균"을 입력한 후 「H11」 셀에 데이터사이언스의 수강료(단위:원) 평균을 구하시오. 단, 조건은 입력데이터를 이용하시오(DAVERAGE 함수, 테두리, 가운데 맞춤).
　　　　　　　– '데이터사이언스의 수강료(단위:원) 평균'이 '310,000'이 되려면 R 머신러닝의 수강료(단위:원)가 얼마가 되어야 하는지 목표값을 구하시오.

(2) 고급필터 – 분류가 '통계분석'이거나 수강료(단위:원)가 '350,000' 이상인 자료의 데이터만 추출하시오.
　　　　　　– 조건 범위 : 「B14」 셀부터 입력하시오.
　　　　　　– 복사 위치 : 「B18」 셀부터 나타나도록 하시오.

제3작업　　정렬 및 부분합　　(80점)

☞ **"제1작업"** 시트의 「B4:H12」 영역을 복사하여 **"제3작업"** 시트의 「B2」 셀부터 모두 붙여넣기를 한 후 다음의 조건과 같이 작업하시오.

《조건》

(1) 부분합 –《출력형태》처럼 정렬하고, 강좌명의 개수와 신청인원의 평균을 구하시오.
(2) 윤곽 – 지우시오.
(3) 나머지 사항은《출력형태》에 맞게 작성하시오.

《출력형태》

A	B	C	D	E	F	G	H
1							
2	과목코드	강좌명	강사명	분류	개강일	신청인원	수강료 (단위:원)
3	C-3315	엑셀 통계	박정우	통계분석	2022-02-01	2,325명	160,000
4	M-3145	다층선형모델분석	이덕수	통계분석	2022-05-02	125명	420,000
5	G-3234	시계열분석	정유진	통계분석	2022-05-02	1,280명	350,000
6				통계분석 평균		1,243명	
7		3		통계분석 개수			
8	P-2421	빅데이터기사 필기	강석원	자격증	2022-04-01	550명	280,000
9	S-2432	빅데이터기사 실기	이경호	자격증	2022-03-02	458명	300,000
10				자격증 평균		504명	
11		2		자격증 개수			
12	A-1431	R 머신러닝	김혜지	데이터사이언스	2022-06-01	670명	260,000
13	T-1341	파이썬 딥러닝	홍길순	데이터사이언스	2022-03-02	1,455명	380,000
14	D-2514	R 데이터분석	임홍우	데이터사이언스	2022-07-01	450명	275,000
15				데이터사이언스 평균		858명	
16		3		데이터사이언스 개수			
17				전체 평균		914명	
18		8		전체 개수			

☞ **"제1작업"** 시트를 이용하여 조건에 따라《출력형태》와 같이 작업하시오.

《조건》

(1) 차트 종류 ⇒ <묶은 세로 막대형>으로 작업하시오.

(2) 데이터 범위 ⇒ "제1작업" 시트의 내용을 이용하여 작업하시오.

(3) 위치 ⇒ "새 시트"로 이동하고, "제4작업"으로 시트 이름을 바꾸시오.

(4) 차트 디자인 도구 ⇒ 레이아웃 3, 스타일 1을 선택하여《출력형태》에 맞게 작업하시오.

(5) 영역 서식 ⇒ 차트 : 글꼴(굴림, 11pt), 채우기 효과(질감-분홍 박엽지)

　　　　　　　 그림 : 채우기(흰색, 배경 1)

(6) 제목 서식 ⇒ 차트 제목 : 글꼴(굴림, 굵게, 20pt), 채우기(흰색, 배경 1), 테두리

(7) 서식 ⇒ 신청인원 계열의 차트 종류를 <표식이 있는 꺾은선형>으로 변경한 후 보조 축으로 지정하시오.

　　　 계열 :《출력형태》를 참조하여 표식(세모, 크기 10)과 레이블 값을 표시하시오.

　　　 눈금선 : 선 스타일-파선

　　　 축 :《출력형태》를 참조하시오.

(8) 범례 ⇒ 범례명을 변경하고《출력형태》를 참조하시오.

(9) 도형 ⇒ '모서리가 둥근 사각형 설명선'을 삽입한 후《출력형태》와 같이 내용을 입력하시오.

(10) 나머지 사항은《출력형태》에 맞게 작성하시오.

《출력형태》

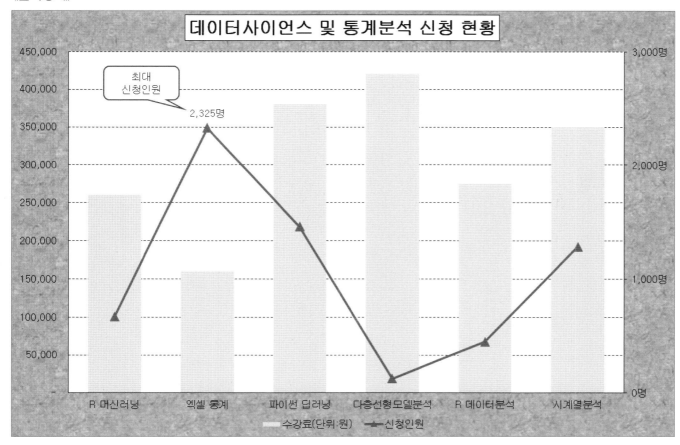

주의 ☞ 시트명 순서가 차례대로 "제1작업", "제2작업", "제3작업", "제4작업"이 되도록 할 것.

MEMO